科学出版社“十四五”普通高等教育本科规划教材

中西医疼痛管理

主　审　季　光　徐桂华

主　编　周谊霞

科学出版社

北　京

内 容 简 介

本教材是科学出版社"十四五"普通高等教育本科规划教材之一，旨在培养兼具中西医疼痛管理思维和技能的专业人才。本教材系统阐述了疼痛的基础理论、评估方法、中西医治疗技术及其最新研究进展。内容涵盖疼痛的定义、分类、发生机制，以及现代疼痛评估工具如数字评分法、视觉模拟评分法等，同时融入中医四诊合参评估技术。治疗部分详细介绍了药物治疗、物理疗法、中医特色疗法（如针灸、推拿、拔罐等）及介入性治疗技术，并通过典型案例分析展示了中西医协同在疼痛管理中的应用。此外，教材还探讨了特殊人群如老年人、儿童的疼痛管理策略，以及疼痛管理领域的未来发展趋势。

作为一本全国首创的中西医疼痛管理教材，本书适合高等医学院校学生作为教材使用，还可作为临床医护人员、疼痛科医师及中医药爱好者的参考用书。

图书在版编目（CIP）数据

中西医疼痛管理 / 周谊霞主编. -- 北京 : 科学出版社, 2025. 9. -- (科学出版社"十四五"普通高等教育本科规划教材). -- ISBN 978-7-03-082504-9

Ⅰ. R441.1；R473

中国国家版本馆 CIP 数据核字第 2025TF1057 号

责任编辑：刘 亚 / 责任校对：刘 芳
责任印制：徐晓晨 / 封面设计：蓝正设计

科 学 出 版 社 出版
北京东黄城根北街 16 号
邮政编码：100717
http://www.sciencep.com
固安县铭成印刷有限公司印刷
科学出版社发行 各地新华书店经销
*
2025 年 9 月第 一 版 开本：787×1092 1/16
2025 年 9 月第一次印刷 印张：20 1/4
字数：544 000
定价：88.00 元
（如有印装质量问题，我社负责调换）

《中西医疼痛管理》编委会

主　审　季　光　徐桂华

主　编　周谊霞

副主编　马武开　马雪玲　刘晓辉

编　委　（以姓氏笔画为序）

于　扬（苏州大学）

马武开（贵州中医药大学）

马雪玲（北京中医药大学）

左　蕾（重庆医科大学附属第一医院）

伍林飞（四川大学华西医院）

刘晓辉（河南中医药大学）

祁俊菊（贵州大学）

宋庆迎（贵州中医药大学第二附属医院）

张朔玮（云南中医药大学）

周谊霞（贵州中医药大学）

熊江艳（贵州中医药大学第一附属医院）

Zizhen Zhang（University of Calgary，Canada）

秘　书　熊江艳

《中西医疼痛管理》数字内容编委会

前　言

疼痛，作为继呼吸、脉搏、体温和血压之后的第五大生命体征，已成为人们尤其是老年人寻求医疗或护理服务的重要原因，严重影响着患者的生存质量。面对疼痛发病率日益增高的现状，疼痛管理作为医疗卫生服务的重要组成部分，其重要性不言而喻。我国自 2007 年起规定二级以上医院增设疼痛科，以应对这一公共卫生挑战。然而，疼痛管理人才的培养并非一蹴而就，尤其是兼具中西医疼痛管理思维和技能的专业人才极为匮乏，成为制约我国疼痛管理事业发展的关键因素。在此背景下，我们顺应时势，集合了国内多位中西医疼痛管理领域的专家学者，结合丰富的临床与教学经验，精心编写了这本教材。

本教材以习近平新时代中国特色社会主义思想为指导，深入贯彻党的二十大精神，积极响应国家"中西医并重、中西药并用"的政策方针。在编写过程中，我们注重理论与实践相结合，既保留了疼痛管理的基础理论，又融入了最新的研究成果和技术进展；既体现了现代医学在疼痛管理方面的精准与高效，又彰显了中医药在疼痛管理中的独特优势，实现了中西医的有机结合和优势互补。

本教材有幸获贵州省高层次创新型人才"百层次人才"项目（黔科合平台人才-GCC[2023]085）与"四新"视域下中西医疼痛管理课程思政融合创新教学模式探索与实践项目的支持，同时也得到贵州中医药大学"战略性新兴领域新课程及创新教材建设"教师教学发展团队的协作，在此一并表示衷心的感谢！

我们相信，通过本教材的学习，读者将能够掌握中西医疼痛管理的核心理念和实践技能，为成为具备跨文化、跨学科能力的疼痛管理专业人才打下坚实基础。同时，我们也期待本教材能够为推动疼痛管理学科的发展、提升我国疼痛管理服务水平做出积极贡献。

作为一本全国首创的中西医疼痛管理教材，编审团队在成书之际倾尽全力，投入大量心力与时间，付出了诸多艰辛努力，然不足之处在所难免，在此真诚地期待广大读者、同道能够不吝赐教，提出宝贵的批评与建议，以便我们在后续的工作中不断改进。在此，我们诚挚地感谢所有参与教材编写、审校和出版工作的同仁们，以及广大师生和读者的支持与关注。同时，教材编审工作得到了贵州中医药大学、北京中医药大学、上海中医药大学、南京中医药大学、四川大学华西医院、苏州大学、贵州大学、河南中医药大学、云南中医药大学、重庆医科大学附属第一医院、广东药科大学附属第一医院、贵州中医药大学第一附属医院、贵州中医药大学第二附属医院等十余所高等院校的大力支持，对此我们深表感谢！

《中西医疼痛管理》编委会

2025年6月

目　　录

第一章　疼痛管理概述

学习目标

❖ **知识目标**

1. 掌握：疼痛管理的相关概念，中西医对疼痛的认识，中西医疼痛管理的方法。
2. 熟悉：疼痛管理的意义以及疼痛的诊疗范畴。
3. 了解：疼痛管理的发展，不同国家与地区疼痛管理的异同。

❖ **能力目标**

通过本章节的学习，能认识到忽视或无效疼痛管理可能对患者造成的身体、心理和社会层面的负面影响。

❖ **思政目标**

通过视频了解感受疼痛患者的日常生活，理解疼痛管理对维护患者尊严及生命质量的价值，提升人文关怀的意识。

第一节　疼痛的概念与疼痛管理的发展

一、疼痛的概念

（一）现代医学对疼痛的概述

现代医学认为疼痛是一种与损伤或痛苦有关的主观感受，因其受到文化、认知、地域、宗教、性别等多种因素影响及疼痛的复杂性，人们很难准确而全面地定义疼痛。1994年国际疼痛研究学会（International Association for the Study of Pain，IASP）首次将疼痛定义为：疼痛是组织损伤或与潜在的组织损伤相关的一种不愉快的主观感觉和情感体验。按疼痛的持续时间可分为急性疼痛与慢性疼痛。急性疼痛是指继发于肢体创伤而产生的疼痛，这种疼痛可能随着创伤恢复而减轻，通常疼痛的持续时间短于 3 个月；慢性疼痛是指超过组织愈合时间或者疼痛反复发作，持续时间超过 3 个月。

（二）中医学对疼痛的概述

疼痛在中医学中被认为是身体内外产生的一种难以忍受的苦楚，被定义为“痛证”，常因人体脏腑功能、经络功能、气血功能以及津液失调而引起，如头痛、腰痛、胸痛、胃脘痛、肋痛等。

二、疼痛管理的发展

（一）现代疼痛管理的发展

医学疼痛管理的历史可以追溯到人类对疼痛本质及其治疗方法的不断探索与研究。公元前 1500

年，古埃及就已使用大麻、罂粟等进行止痛。最早的疼痛门诊位于希腊神庙，疼痛患者由医师、教士负责治疗。1936 年美国麻醉学家 Rovenstine 教授创建了疼痛门诊（pain clinic），使疼痛管理走上了专业化道路，起到了划时代的作用。19 世纪中叶以后，随着麻醉学的兴起，疼痛管理开始进入了一个新的阶段，1960 年 Bonica 在华盛顿建立了世界上第一个“多学科疼痛门诊”，以后世界各国相继建立疼痛门诊或疼痛治疗中心。1973 年，IASP 正式成立；1975 年 *pain* 杂志创刊，1984 年 *pain Clinic* 杂志创刊。近 40 年来，疼痛诊疗工作得到了迅猛发展，对疼痛机制和治疗的研究也更加深入。美国疼痛学会 1987 年调查显示，全美共有 299 所疼痛治疗诊所，41 所多学科疼痛治疗中心，而日本 1992 年全国 82 所大学医学院附属医院只有 3 所没有疼痛治疗诊所。1995 年，美国疼痛学会主席 James Campbell 提出将疼痛列为“第五大生命体征”。2000 年第十届国际疼痛学会大会上，与会专家达成了共识，即慢性疼痛是一种疾病。在 2001年亚太地区疼痛论坛上，大会提出了“消除疼痛是患者的基本权利”。在 2002 年 8 月第 10 届 IASP 大会上，与会专家达成基本共识：“慢性疼痛是一种疾病。”2004 年，IASP 确定 10 月 11 日是第一个“世界镇痛日”，中华医学会疼痛分会确定从当天开始的一周为第一个“中国镇痛周”。2018 年，在 WHO 发布的最新国际疾病分类 ICD-11 中，慢性疼痛有了疾病编码（MG30），正式成为一种疾病。目前发达国家已将疼痛作为除体温、脉搏、呼吸和血压以外的“第五生命体征”来评估与处理。

我国现代疼痛诊疗工作始于 20 世纪 50 年代，有少数的医院开设了疼痛门诊或病房，运用神经阻滞的方法治疗疼痛。1983 年成立了中国软组织疼痛研究会（现为中医药研究促进会软组织疼痛分会），举办了全国软组织疼痛学术会议和临床技术培训班，对腰臀腿痛、颈肩臂痛、关节痛进行了深入的专题研讨。1988 年成立了中华医学会麻醉学分会疼痛治疗学组。1989 年，在韩济生院士带领下，成立了跨学科的中华疼痛学会即国际疼痛学会中国分会，同时召开了第一届东西方疼痛会议，促进了国内外疼痛学术交流以及疼痛基础研究与临床工作的合作，极大地提高了我国疼痛医学水平，相继创办了《中国疼痛医学杂志》《中国麻醉与镇痛》和《疼痛》，出版了《临床疼痛诊疗指南》和《临床疼痛诊疗操作规范》。2007 年，成立了世界疼痛医师协会中国分会。2007 年，卫生部颁布文件要求全国二级以上的医院成立疼痛科（一级诊疗科目），这在我国疼痛医学发展史上具有里程碑意义，也开创了世界疼痛学史的先河，在一定意义上使我国疼痛医学走在了世界的前列。2020 年我国疼痛质量控制中心成立，对疼痛管理的质量和安全进行了更严格的监管。《中国疼痛医学发展报告（2020）》显示，中国慢性疼痛患者超过 3 亿人，疼痛已成为继心脑血管疾病、肿瘤之后的第三大健康问题。2023 年国家卫生健康委医政司发布《关于印发疼痛综合管理试点医院名单的通知》，全国各地有多家综合医院、专科医院及中医类医院入选疼痛综合管理试点医院名单。疼痛综合管理试点医院的建立对疼痛学科的建设、疼痛医生的培养、研究生的培养基地、药理研究基地的建设、科研成果的推广转化都有着重要的现实意义和深远的历史意义。

（二）中医学疼痛管理的发展

中医学疼痛管理的发展是一个悠久且不断深化的过程，其历史可追溯至数千年前。从早期的扁鹊时代开始，中医学就运用砭石、针灸、热敷、按摩等原始而有效的方法来治疗疼痛。

进入金元时期，中医学疼痛管理取得了显著的发展，补土派李东垣等医家提出了“通则不痛，痛则不通”的学术观点，强调了治疗疼痛的关键在于疏通经络。同时，王好古等医家也提出了实证治疗的理论，为疼痛治疗提供了新的思路。明代温补学派医家如薛立斋、汪石山、张介宾等则结合自己的临证经验，提出了以温补治痛的方法，并创立了“不荣则痛”的痛证病机学说，进一步丰富了中医学疼痛管理的理论体系。20 世纪 50 年代，世界各国开始设立疼痛门诊或病室，虽然主要是西医体系下的变革，但也为中医疼痛管理的规范化提供了借鉴。随着中医理论的逐步成熟，《内经》时代对疼痛进行了更为细致的分类，并提出了基于经络穴位理论的针灸治疗方法，这为后世的疼痛管理奠定了坚实的基础。1989 年 11 月，在我国疼痛医学奠基人韩济生院士的倡导下，成立了中华医学会疼痛学分会，这标志着中医疼痛管理开始走向专业化和规范化。这一时期，中医疼痛管理开始注重理论与实践的结合，针灸、推拿等传统疗法得到了更为广泛的应用和研究。1992 年，成立了国际疼痛学会中国分会（CASP）及中华医学会疼痛学分会，韩济生院士担任主席，这进一步推动了中医疼痛管理的学术化进程。1995 年创办了《中国疼痛医学杂志》，为提高我国疼痛医学的医疗和科研质量起到了巨大促进作用。随着国内外疼痛学术会议的召开及疼痛学专著、专业杂志的出版，中医疼痛管理的理论和技术得到了更为广泛的传播和交流。2007 年，中国原卫计委发布了关于疼痛科成立的 227 号文件，要求二级医院设立专门的疼痛科，这标志着中医疼痛管理正式成为现代医学体系中的一个重要分支。2011 年以后，随着疼痛学科的不断发展，中医疼痛管理开始注重与国际接轨，引入了大量的国际先进疼痛介入治疗技术，并积极参与国际疼痛学术会议和交流。

近代以来，中医学疼痛管理在继承传统的基础上，积极借鉴现代医学成果，进行了全面系统的梳理和机理研究。借助现代医学技术，不断创新，从细胞水平和分子水平对痛证机理进行了深入探讨，引入了电针、激光针灸、深层组织按摩、触发点疗法等新技术，同时结合个性化中药方剂、中西医结合策略以及特色疗法如棍针疗法和火熨术，为患者提供了更为精准、安全、有效的疼痛治疗方案，提高了疼痛治疗的疗效。同时，随着疼痛学科的建立，中医学疼痛管理也逐渐走向专业化、系统化。中医疼痛学以历代中医文献为依据，结合临床实际，将痛证的病机系统总结为“痛证病机五论”，为痛证的辨证论治奠定了坚实的理论基础。

综上所述，中医学疼痛管理的发展是一个不断演变和深化的过程，其历史悠久、理论体系独特且丰富，为疼痛治疗提供了宝贵的经验和思路。在现代社会，中医学疼痛管理仍然具有重要的临床价值和应用前景。

第二节　疼痛的流行病学特点与诊疗范畴

一、疼痛的流行病学特点

疼痛发病率和患病率的调查结果在很大程度上与诊断标准、调查方法、地区差异、文化差异等有密切关系。全球疼痛患者逐年递增，疼痛已成为危害人类健康的主要“杀手”，在较大程度上影响了患者的生活质量。调查结果显示，国内部分城市成年人慢性疼痛发病率大于 50%。理论上，几乎 95%以上的急性疼痛、80%～85%的癌痛和 50%～60%以上的慢性疼痛能通过现有的药物治疗得到有效的控制，但现实情况并非如此。仅 9.15%的患者选择疼痛专业治疗，疼痛得到完全缓解的仅占就医人数的 11.41%。有国外文献报道，尽管高效的镇痛药物和新的镇痛技术不断问世并应用于临床，仍有 50%～70%的外科手术患者的急性术后疼痛得不到最有效的缓解。而慢性疼痛的患者除了疼痛外，通常还存在抑郁和功能障碍，过量服用麻醉药还可出现自杀倾向等不良反应。

二、疼痛的诊疗范畴

疼痛是一种复杂且多变的感官体验，它不仅是机体受到伤害的直接反应，更是一个动态变化的过程，涉及生理、心理和社会因素的交织影响。由于其复杂性和多变性，疼痛的管理往往需要疼痛科、神经科、心理科以及康复科等多学科的协作，以确保患者能够获得全面、有效的治疗与关怀。

1. 头面部痛

头面部痛亦是临床常见的一大类疾病，如偏头痛、三叉神经痛、流行性腮腺炎、眼痛、颞下颌关节紊乱综合征、牙髓炎等。

2. 颈肩及上肢疼痛

常见导致颈肩、上肢部疼痛的疾病有颈椎病、落枕、肩关节周围炎、肱骨外上髁炎、腕管综合征等。

3. 胸腹部疼痛

常见导致胸腹部疼痛的疾病包括外伤、肋软骨炎、胸膜炎、冠心病、胃肠功能紊乱、反流性食管炎、胆囊炎、胰腺炎、肝炎、肝癌等。

4. 腰部疼痛及下肢疼痛

常见导致腰部及下肢疼痛的疾病包括腰椎间盘突出症、腰椎管狭窄症、腰肌劳损、坐骨神经痛、骨关节炎、风湿性关节炎、强直性脊柱炎、骨质疏松、下肢脉管炎及骨折。

5. 关节软组织疼痛

肌肉软组织遍布全身，是机体最易受到损伤的组织，也是临床上最常见的疼痛性疾病，如肌筋膜疼痛综合征、腱鞘炎、纤维肌痛综合征等。

6. 神经病理性疼痛

IASP 将神经病理性疼痛定义为："由躯体感觉系统的损伤或者疾病而导致的疼痛"，是临床上常见且难治的病理性疼痛，可以表现为躯体疼痛、内脏疼痛和神经痛的症状。包括如带状疱疹后遗神经痛、糖尿病性神经痛、复杂性区域疼痛综合征、中枢痛、脊髓损伤后疼痛、幻肢痛等。

7. 癌性疼痛

癌性疼痛是疼痛部位需要修复或调节的信息传到神经中枢后引起的感觉，是造成癌晚期患者主要痛苦的原因之一。约 25%的初诊患者会发生癌性疼痛，60%～80%的患者存在癌性疼痛。疼痛得不到有效缓解，可能引起患者焦虑、抑郁、失眠等症状的发生，严重影响患者的日常活动、社会交往及生活质量。

8. 特殊人群的疼痛

特殊人群在遭受疼痛时，其感受往往更加复杂且独特。如对于老年人来说，疼痛不仅仅是身体上的不适，更可能伴随着对生命脆弱性的深刻感知，每一次疼痛都仿佛在提醒他们岁月的无情；儿童在经历疼痛时，往往无法准确表达，他们的哭泣和不安是内心恐惧与无助的直接反映，疼痛对他们来说是一种难以言喻的噩梦；妇科疼痛是指女性生殖器官及其周围组织出现的疼痛或不适感，可能由感染、炎症、肿瘤等多种妇科疾病引起，常伴随月经、性生活等生理活动加剧，严重影响女性的生活质量、日常活动及心理健康，需及时诊断与治疗；男科疼痛是男性生殖器官及其周围组织的疼痛或不适感，可能源于炎症、损伤、结石、肿瘤等疾病，严重影响生活质量及日常活动。

9. 心理性疼痛

心理性疼痛是由情感、心理状态等因素引起的疼痛，无明确器质性病变，与大脑和神经系统的复杂交互作用有关。患者常出现烦躁、愤怒、焦虑、抑郁等负面情绪，甚至可能受到家庭和社会的误解，致使患者无法正常生活与工作。

10. 临终患者的疼痛

临终患者的疼痛是一种复杂而多维的体验，可能源于肿瘤本身、肿瘤治疗或其他与肿瘤无关的因素。这种疼痛不仅涉及生理层面，还伴随着认知、情绪和动机等多维度的改变。

第三节 中西医疼痛管理的必要性及方法技术概述

一、中西医疼痛管理的必要性

现代医学与中医学在探究疼痛这一复杂生理心理现象时，均关注到疼痛原因广泛多样、表现形式复杂多样及个体感受差异显著的特点。因此，为患者实施中西医疼痛管理，融合现代医学与中医

“以整体观念施治”，实施个体化综合治疗，实现优势互补，减轻患者的痛苦和提高治疗有效性。

1. 疼痛病因的多样性

（1）现代医学对疼痛病因的分类　现代医学可根据疼痛部位可将其分为头部疼痛、胸背部疼痛、腰腹部疼痛、四肢疼痛；根据疼痛性质分为钝痛、锐痛、压痛、跳痛、烧灼痛、牵涉痛；根据疼痛持续时间分为急性疼痛和慢性疼痛；根据疼痛原因可分生理性疼痛与病理性疼痛；根据国际疼痛分级标准可分为无痛、轻度疼痛、中度疼痛、重度疼痛和严重疼痛 5 个等级。

（2）中医学对疼痛病因的分类　中医学对疼痛的分类细致入微，主要包括寒痛、热痛、湿痛、风痛、气滞痛、血瘀痛、虚痛和实痛等多种类型。这些分类不仅基于疼痛的直接感受，还深入探讨了疼痛的病因、症状表现以及患者的体质特点。如寒痛通常表现为冷痛、拘急，得温则减；热痛则表现为灼痛、喜凉；湿痛常伴有沉重感，缠绵难愈；风痛则游走不定，变幻无常。气滞痛往往与情志不畅有关，表现为胀痛、窜痛；血瘀痛则疼痛固定，刺痛拒按。虚痛多因正气不足，表现为隐痛、绵绵不绝；实痛则由邪气过盛引起，疼痛剧烈，拒按。这些分类体现了中医学对疼痛病因病机的深刻理解和全面把握，为临床诊断和治疗提供了重要的参考依据。

2. 疼痛表现形式复杂

疼痛作为一种主观感受，常涉及多个维度和层面，这不仅体现在疼痛的性质、强度和持续时间上，还受个体心理、生理状态及社会文化背景等多重因素的影响。

（1）疼痛的性质不同　从疼痛的性质来看，它可以表现为锐痛、钝痛、胀痛、压痛等多种形式。锐痛通常尖锐而短暂，如针扎般；钝痛则较为缓和但持久；胀痛则伴随组织肿胀感；压痛是在触摸或按压特定部位时引发的疼痛。这些性质的差异使得疼痛的描述和诊断变得复杂。

（2）疼痛的强度不同　疼痛的强度也是一个重要维度，从轻微不适到难以忍受的剧痛，个体差异极大。同样的刺激，在不同人身上可能引发截然不同的疼痛反应。

（3）疼痛的持续时间不同　疼痛的持续时间也各不相同，可以是瞬间即逝的急性疼痛，也可以是长期存在的慢性疼痛。慢性疼痛往往对患者的生活质量造成严重影响，其管理和治疗也更为棘手。

此外，疼痛还受个体心理状态的影响。焦虑、抑郁等情绪状态可能加剧疼痛感受，而积极的心理状态则有助于缓解疼痛。同时，生理因素如年龄、性别、遗传等也会对疼痛的表现形式产生影响。

最后，社会文化背景也是不可忽视的因素。不同文化对疼痛的认知和表达存在差异，这可能导致在跨文化背景下疼痛评估和治疗的误解和困难。

综上所述，疼痛的表现形式复杂性体现在其性质、强度、持续时间以及受个体心理、生理状态和社会文化背景等多重因素的共同影响上。因此，在疼痛管理和治疗中，需要综合考虑这些因素，制定个性化的治疗方案，以最大限度地减轻患者的疼痛负担。

3. 疼痛感受个体差异大

疼痛感受器分布于皮肤深层或浅表的各处神经末梢，一旦组织受到伤害，受损细胞就会释放产生痛感的化学物质，如前列腺素和缓激肽等，被这些化学物质激活的伤害性感受器便会发出信号传入大脑，于是，我们就感受到了疼痛。虽然每个人的疼痛感受器分布基本相同，但疼痛受个体差异、生理状态、心理状态、文化背景和疼痛经历影响因素较大，因此，个体对疼痛的感受差异较大。年轻人的生理机能相对较强，神经传导速度快，对疼痛的感知和反应通常比较敏锐；随着年龄的增长，老年人的机体各组织器官功能逐渐衰退，神经递质合成减少，可能导致中枢神经系统对疼痛信号的敏感性降低，因此年轻人比老年人对疼痛更为敏感；女性体内的神经纤维受体通常比男性更多，因此女性对疼痛的反应可能更强烈、更敏感。

二、中西医疼痛管理方法与技术概述

（一）药物治疗

药物缓解疼痛是一个多途径、协同作用的治疗方案，它们各自通过不同的机制作用于人体，共同促进疼痛的减轻与恢复。

1. 西药止痛

在西药中，其处方药、局部外用药、非甾体抗炎药、阿片类药物，以及肌肉松弛剂对身体止痛均发挥着关键作用。

（1）处方药 针对特定病因，如神经痛、关节炎等，通过更强的药效和更精准的靶点治疗，达到深度缓解疼痛的效果。

（2）局部外用药 如贴膏、喷雾等，直接作用于疼痛部位，通过皮肤吸收，快速发挥药效，减少全身不良反应，特别适用于局部疼痛的治疗。

（3）非甾体抗炎药 包括阿司匹林、对乙酰氨基酚等，通过抑制炎症介质释放、降低体温等机制，有效缓解轻度至中度疼痛。

（4）阿片类药物 包括吗啡、可待因、芬太尼等，用于重度疼痛的治疗，通过作用于中枢神经系统，减少疼痛信号的传递，实现快速镇痛。

（5）肌肉松弛剂 通过放松紧张或痉挛的肌肉，减轻由此引起的疼痛与不适，特别适用于因肌肉紧张而导致的疼痛问题。这些药物不仅可以直接缓解疼痛感，还能通过改善疼痛相关的生理病理过程，促进身体的自然康复。

2. 中药调理

中药缓解疼痛是根据疼痛的不同病因和患者的个体体质，灵活采用中药复方或单味药进行辨证施治。通过调整人体阴阳平衡、疏通经络气血、活血化瘀、祛风散寒等多种途径，中药能够有针对性地缓解各类疼痛症状，促进身体康复。

（二）非药物疗护

疼痛管理是一个多维度、综合性的治疗过程，其中物理疗法、心理治疗、中医止痛技术等均扮演着重要角色，它们各自以独特的方式作用于人体，共同促进疼痛的缓解与康复。

1. 物理疗法

利用光、电、热、磁等物理因子，通过改善局部血液循环、缓解肌肉紧张与痉挛、促进炎症消散等方式，有效减轻疼痛。

2. 心理疗法

关注疼痛带来的心理影响，通过认知行为疗法、放松训练等手段，帮助患者调整心态，减轻焦虑与抑郁，从而间接缓解疼痛感。

3. 中医止痛技术

以其独特的经络理论与刺激方法，调节人体气血运行，达到疏通经络、调和阴阳、缓解疼痛的目的。

综上所述，物理疗法、心理治疗、中医止痛技术在缓解疼痛方面各具特色，相辅相成。这些方法通过不同的机制作用于人体，既针对疼痛的直接原因，又关注疼痛带来的心理与生理影响，共同为患者提供一个全面、综合的疼痛缓解方案。

第四节　疼痛管理学特点与未来疼痛管理的研究方向

一、疼痛管理学的特点

疼痛管理学是一门融合了医学、护理学、心理学及康复学等多学科知识的综合性学科，其特点在于强调个性化、精准化、综合性和持续性的疼痛管理策略。该学科不仅关注疼痛本身的治疗，更重视患者的整体康复和心理状态，通过全面评估疼痛状况、疼痛原因、疼痛性质及耐受性等，制定个性化的疼痛护理计划。在护理过程中，疼痛管理综合运用药物治疗、物理疗法、心理疗法、针灸、拔罐、推拿及按摩等多种手段，旨在全面、有效地缓解患者的疼痛，同时促进患者的身心健康。此外，还注重其疼痛管理过程的持续性和动态性，要求医护人员定期评估患者的疼痛状况和治疗效果，及时调整治疗方案，以确保疼痛管理的有效性和患者的舒适度。总之，疼痛管理以其跨学科性、个性化、精准化、综合性和持续性的疼痛管理策略，为患者提供全面、专业、细致的疼痛护理服务，致力于提升患者的生活质量，促进患者的整体康复。

二、未来疼痛管理的研究方向

1. 疼痛管理规范化

疼痛管理的规范化是确保患者疼痛得到有效控制、提升医疗质量和安全性的关键环节。它要求医疗机构建立全面的疼痛评估体系，采用标准化的评估工具和方法，对患者的疼痛进行全面、客观、动态的评估，确保疼痛被及时、准确地识别。在此基础上，制定个性化的疼痛管理计划，根据疼痛的性质、强度、持续时间及患者的身体状况、心理需求和社会文化背景，合理选择药物、物理疗法、心理干预等综合治疗措施，实现疼痛的有效缓解。同时，疼痛管理的规范化还强调对治疗效果的动态监测评估，及时调整治疗方案，确保疼痛管理的有效性和安全性。此外，加强医护人员的疼痛管理培训，提升其疼痛管理知识和技能，也是疼痛管理规范化的重要内容。通过建立健全的疼痛管理制度和流程，形成多学科协作的疼痛管理团队，共同为患者提供全面、专业、个性化的疼痛管理服务，从而提高患者的生活质量，促进医疗服务的持续改进和优化。

2. 个性化疼痛管理

个性化疼痛管理是指根据患者疼痛的具体特点、身体状况及个人需求制定符合患者自身特点的综合疼痛治疗方案。可以中医的望、闻、问、切与西医的标准化评估工具为出发点，进而全面、细致地分析患者的疼痛性质、强度、持续时间及其与生理、心理和社会因素的关联，确保疼痛被精准识别。随后，将西医的药物、神经阻滞技术联合中药或中医外治法（如物理疗法、针灸、推拿等疗法），为患者制定个性化的治疗方案，旨在从多角度、多层次缓解患者疼痛，同时促进身体的自我修复与功能恢复。此外，个性化疼痛管理还注重治疗过程中的动态监测与评估，根据患者的反应与病情变化灵活调整治疗方案，确保治疗效果最大化。

3. 疼痛的预防与康复

疼痛的预防与康复是一个综合性的健康策略，旨在通过科学的预防措施减少疼痛的发生，以及通过系统的康复手段促进疼痛患者身体功能的恢复。在预防方面，它强调改善生活方式、增强身体素质、避免过度劳损和及时治疗潜在疾病，以减少疼痛诱因。在康复阶段，则侧重于采用物理治疗、康复训练、心理支持等多种手段，帮助患者缓解疼痛、恢复关节活动度、增强肌肉力量，从而加速身体康复进程，改善生活质量。疼痛预防与康复的实施不仅能够有效减轻个人和社会的医疗负担，还能促进患者的身心健康，实现全面、持久的健康效益。

第二章　疼痛的基础理论与知识

学习目标

❖ 知识目标

1. 掌握：中医学、现代医学对疼痛的认识以及对疼痛的分类。
2. 熟悉：疼痛的发生机制；中医学及现代医学对疼痛的诊断方法。
3. 了解：疼痛的历史沿革；疼痛的解剖生理学基础。

❖ 思政目标

了解中医文化的博大精深和源远流长，珍视和传承优秀传统文化。结合中医的整体观和现代医学的循证思维，辨证地认识疼痛管理的系统性、科学性和重要性。尊重关爱生命，树立正确的专业价值观，培养职业道德和人文关怀精神。

第一节　中医学对疼痛的认识

一、疼痛的历史沿革

（一）中医学诊治疼痛的起源阶段

中医学对于疼痛的认识由来已久，我国历史上第一部字典《说文解字》中提及："痛，病也"，说明疼痛是一种疾病，这个观点自古有之。

1.《黄帝内经》奠定了中医学对疼痛认识的理论基础

我国现存最早的中医典籍《黄帝内经》中就有专门阐述疼痛的篇章，其中《素问·举痛论》论述最为详细。根据各种疼痛的病因、病机、临床特点，将疼痛划分为 14 类：痛或卒然而止者，或痛甚不休者，或痛甚不可按者，或按之而痛止者，或按之无益者，或喘动应手者，或心与背相引而痛者，或胁肋与少腹相引而痛者，或腹痛引阴股者，或痛宿昔而成积者，或卒然痛死不知人，或痛而呕者，或腹痛而后泄者，或痛而闭不通者。这是首次对疼痛进行归类的医学著作。中医认为疼痛与寒气密切相关，《举痛论》中所论述的 14 类疼痛中有 13 类皆因寒气而起，如："寒气客于经脉之中，与炅气相薄，则脉满，满则痛而不可按也。寒气稽留，炅气从上，则脉充大而血气乱，故痛甚不可按也。"除了将疼痛进行分类外，《黄帝内经》还根据疼痛的特征将疼痛描述为酸痛、胀痛、刺痛等，并且阐述了针灸、拔火罐、热疗、气功、按摩、水疗等治疗疼痛的方法。

2.《伤寒杂病论》创立疼痛辨证施治的开端

东汉医学家张仲景所著《伤寒杂病论》对中医疼痛认识与治疗的贡献主要有两方面：一是根据疼痛的位置、性质、时间、阶段等特征分为太阳、少阳、阳明、太阴、厥阴、少阴 6 类，该分类使中医对疼痛的诊治有了更为清楚的认识，书中还详细阐述了身痛、腹痛、腰痛、四肢痛、关节痛等多种疼痛；二是给出了具体治疗疼痛的方剂，例如麻黄汤、桂枝汤治风寒头身痛之汗法，四逆散治疗肝郁腹痛之和法，甘草汤、桔梗汤治少阴咽痛之清温并用法，针刺止痛等，该书开辟了“以理立法，以法立方”的新格局，体现了理法方药环环相扣的严密性。《金匮要略》关于疼痛的内容也较为丰富，前22篇涉及疼痛的有21篇章，包括心痛、腹痛、关节痛、胁痛等，并详细阐述了疼痛相对应的疾病，例如：心胸背痛主要见于胸痹、心痛等；胁痛主要见于腹满、寒疝、悬饮等；腹痛主要见于腹满、寒疝、妊娠腹痛、产后腹痛、奔豚气、蛔虫症、肠痈等；咽喉痛主要见于阴阳毒；身痛、关节痛主要见于湿病、历节、中风等。该书主要以甘缓补虚、解表祛邪、温阳散寒、活血化瘀4种止痛方法为主。上述两本医学著作皆为后世疼痛的辨证论治提供了更加清晰的理论指导。

（二）中医学诊治疼痛的充实与发展阶段

经过两晋、唐宋、元明清，中医疼痛理论得到不断充实与发展。唐代医学家孙思邈所著的《备急千金要方》总结了唐代以前的医学成就，对疼痛诊治也有所涉及，例如《卷十三·心脏方》关于心腹痛的论述：“寒气卒客于五脏六腑，则发卒心痛胸痹。感于寒，微者为咳，甚者为痛为泄，厥心痛与背相引，善瘈如物从后触其心。身伛偻者肾心痛也。厥心痛腹胀满。心痛甚者，胃心痛也。厥心痛如以针锥刺其心，心痛甚者脾心痛也。厥心痛，色苍苍如死灰状，终日不得太息者，肝心痛也。”书中提及用九痛丸治疗九种心痛（虫心痛、注心痛、风心痛、悸心痛、食心痛、饮心痛、冷心痛、热心痛、久心痛），熨蒸法、五辛汤等治疗心腹冷痛。

宋代王怀隐、陈昭遇等耗时14年所编的《太平圣惠方》是北宋大型官修方书，简称《圣惠方》，汇集宋代以前的医药方剂及民间验方，对理法方药的统一做出了巨大贡献，极大地丰富了中医治疗疼痛的内容。《圣惠方》记载心腹痛和腰痛的治疗内容十分丰富，其中对腹痛的论述保存了《诸病源候论》里病因病机、诊查等内容，并且根据腹痛的伴随症状及患者年龄等因素选用方剂，体现了以病论方、以病论药的思想。《圣惠方》中对腹痛的诊察主要运用望诊、脉诊。该书列举了腹痛几种脉象：紧、微、弦、沉而弱、伏、劳、浮而大等，这些脉象也反映了腹痛病症的寒热虚实。如卷一里描写到：“辨七表八里脉法”云：“关脉紧，心下痛。”“关脉微，胃中寒，心下痛。”其通过面色特征诊察腹痛的大致部位和寒热虚实性质，面色青黄、青黑，青是疼痛的主要面色。如卷第四十三“治冷气心腹痛诸方”云：“治积冷气攻心腹痛，四肢多冷，面色青黄……”

元代医学名家朱丹溪开创了先脉诊、次论因、再辨证、然后施治的诊疗规范，其所著的《丹溪心法》论述了头痛、心痛、脾痛、腰痛等内容。在头痛方面，朱丹溪主张头痛病因多为痰、气，遂提出了痰厥头痛和气滞头痛，详细记载于《丹溪心法·头痛》中：“头痛多主于痰，甚者火多，有可吐者，有可下者。”又提出头风“属痰者多，有热有风有血虚”。丹溪还根据自己的临床经验体会，提出头痛不愈可加引经药，增强疗效，使药达病所，如“太阳川芎，阳明白芷，少阳柴胡，太阴细辛，厥阴吴茱萸”，至今对临床仍有指导意义。朱丹溪对于气滞、痰阻止痛有深刻的认识，书中还有关于心腹痛的描述，如“食积痰饮，或气与食相郁不散”发为心腹痛；“死血食积湿痰结滞，妨碍升降”发为腹痛。

“通则不痛，痛则不通”意为如果气血畅通就不会疼痛，反过来如果疼痛就说明气血不通，出自《黄帝内经》中的《举痛论》：“经脉流行不止、环周不休，寒气入经而稽迟……客于脉中则气不通，故卒然而痛。”然而，最早明确提出“通则不痛，痛则不通”观点的是明代李中梓，在其所著的《医宗必读·心腹诸痛》中记载：“近世治痛有以诸痛属实，痛无补法者；以通则不痛，痛则不通者；有以痛随利减者，互相传授，以为不易之法。”明朝王纶《明医杂著·头痛》中有关头痛的论述中提出：“久头痛，感风寒便发，寒月须重棉厚帕包裹者，此属瘀热，本热而标寒……毛窍常疏，故风寒易入，外寒束其内热，闭逆而痛。”由此可见，王纶认为瘀热内伏乃是偏头痛的病机之一。

清代胡廷光所著的《伤科汇纂》中所辑的《正体类要》《可法良规》涉及疼痛的内容也颇丰。如明代薛己《正体类要》中：“肌肉间作痛者，营卫之气滞也，用复元通气散。筋骨作痛者，肝肾之气也，用六味地黄丸。内伤下血作痛者，脾胃之气虚也，用补中益气汤。外伤出血作痛者，脾肺之气虚也，用八珍汤。大凡下血不止脾胃之气脱也，吐泻不食，脾胃之气败也，苟预为调补脾胃，则无此患矣。”《可法良规》中：“凡伤损之，多有患处作痛。若出血过多而痛者，血虚火盛也，宜甘降虚火，甘温以养脾气。若汗出多而痛者，肝木火盛也，宜辛凉以清肝火；寒以生肝血。”

（三）中医学诊治疼痛的创新阶段

中医疼痛诊治的创新阶段始于现代。长期以来医学界对于疼痛的认识比较片面，认为疼痛只是疾病的症状，只要将疾病治好，疼痛就会消失。自 21 世纪以来，疼痛已成为继体温、脉搏、呼吸、血压之后的第 5 大生命体征，由于国际社会对疼痛的重视，中医对于疼痛的认知和实践也在不断加深、不断创新。1998 年我国成立国家中医药管理局医政司疼痛协作组；2010 年 6 月成立中华中医药学会疼痛学分会，该学会是全国中医药疼痛从业者的学术交流服务机构，同时引导疼痛行业进行技术创新和培训交流并负责疼痛领域课题的研究与申报工作。相关学会的成立弘扬并发展了传统中医治痛疗法，有效推动传统医学与现代医学有机结合。各地中医学者以中医疼痛理论为指导，对疼痛开展了广泛的研究，使中医从辨证论治、疗效评定等方面更加规范化。中医在疼痛防治方面已取得一定成绩，有关疼痛的中医药研究文献和论著日益增多，中医已有专门的疼痛治疗科室——中医疼痛科，该科室除利用传统的针灸、针刀、按摩、艾灸、牵引、中药汤剂等中医特色疗法外，还创新了理疗方法、新药物剂型，如气雾剂、滴丸、栓剂、含化片等，充分发挥了中医药在治疗疼痛方面的优势和特色。随着国家对中医药的重视和大力发展，中医药在治疗疼痛方面的理论及实践水平将会不断提高，完整的中医疼痛理论体系终将建立。

二、疼痛的病因

《古今医鉴·胁痛》曰：“若因暴怒伤触，悲哀气结，饮食过度，冷热失调，跌仆伤形，或痰积流注于血，与血相搏，皆能为痛。”可见引发痛证的原因很多，大体来讲，不外乎外因、内因、不内外因三种。

1. 外感六淫

所谓六淫，是风、寒、暑、湿、燥、火六种外感病邪的统称。人类在长期的生产实践中，逐渐适应了自然界阴阳相移、寒暑更作的正常变化。但如果气候变化异常，六气发生太过或不及，或非其时而有其气，以及气候变化过于急骤，六气则成为六淫而致病。或者气候正常，但人体正气不足，机体不能适应，六气亦可成为致病因素。人体感受六淫，机体发生气血阴阳的改变，常常产生疼痛。

（1）寒邪 寒邪是引起疼痛最常见的原因，临床上许多痛证究其病因，都是由寒邪所致。①寒为阴邪，易伤阳气，若直中脾胃，损伤脾阳，可见脘腹冷痛。②寒性凝滞，主痛，易使经脉气血凝结阻滞不通则发生疼痛。如风寒感冒，寒邪客于肌表，经络气血凝滞可见头身肢体疼痛；寒邪侵袭关节，可见关节冷痛；寒邪客于肝脉，可见少腹或阴部等肝脉所过部位疼痛。③寒性收引，寒邪客于经络关节，导致筋脉挛缩拘急，可见关节屈伸不利、挛急而痛。寒邪致痛的特点是痛的定处，拘急不可屈伸，遇寒痛剧，遇温则减。

（2）风邪 风为百病之长，其性开泄，常挟寒、湿、暑、燥、热而侵袭人体，也是引起疼痛的重要因素。①风为阳邪，易袭阳位，常伤及人体的头面而致头痛、项背疼痛。②风善行而数变，风邪夹杂寒湿侵入筋脉、关节，则表现为游走性关节疼痛，痛无定处。

（3）火邪 临床上火热之邪致痛也是比较常见的。①火性炎上，火热之邪易侵袭人体上部，表现为目赤肿痛，或牙龈、耳内肿痛。②火热易伤津耗气，消灼煎熬津液而出现口舌生疮、咽喉肿痛。③火邪易致阳性疮痈，若火邪入于血中，聚结于局部，燔灼腐败血肉而出现红肿热痛。火邪致痛的特点是疼痛伴灼热红肿，舌质红、苔黄，脉数。

（4）湿邪　湿邪致病在夏秋之交的长夏多见，每遇阴雨天加重。①湿为阴邪，易伤阳气，常易困脾而致脾阳不振，可出现腹泻腹痛。②湿性重浊，侵袭肌表可表现为四肢酸楚沉重；阻滞经络关节，可见关节疼痛不利。湿邪致痛多发生于身体下部，苔白腻，脉濡滑。

（5）暑邪　暑邪为火热之气所化，是独见于夏令气候中的一种致病因素，夏天伤暑常常首先引起头痛，出现昏蒙不清的感觉。同时，暑多夹湿，常兼湿邪合而致病。

（6）燥邪　燥邪伤人也可引起疼痛，肺为娇脏，其性喜润恶燥，因此燥易伤肺，若外感燥邪，或燥伤肺络，可见咽痛、头痛、胸痛等症状。

此外，一种具有强烈传染性的外邪——疫疠之邪也是引起疼痛的重要因素，几乎所有的疫病，疼痛皆为主要见症之一，如痄腮患者有严重的腮颊肿痛；疫疠、霍乱伴有剧烈的脘腹疼痛；大头瘟，其致痛欲死。

2. 内伤七情

七情，指喜、怒、忧、思、悲、恐、惊七种情志活动，是人的精神意识对外界事物的反应。作为病因是指这些活动突然的、或过于强烈的、持久的精神刺激，引起脏腑气血功能失调而致病。《素问·举痛论》："怒则气上，喜则气缓，悲则气消，恐则气下……惊则气乱……思则气结。"正常的情绪变化能促进气机的正常运行和脏腑生理功能，异常的情绪变化则可导致气机紊乱和脏腑功能失调。七情或直接伤及内脏或影响脏腑气机而致痛，最易伤及心肝脾三脏。

（1）气滞　为情志等因素导致脏腑气机失调而引起的疼痛。特点是以胀痛为主，且流窜不定，常因情志不遂而加重。疼痛常出现在胸、胁、脘、腹部。如大笑不休可出现咳嗽咽痛、胸痛和上腹痛；盛怒之后常出现头痛头晕、胸胁胀痛；肝气郁结久而致脾运化失司，或思虑太过致脾气郁结，则表现为脘腹胀痛；多愁善感或郁郁寡欢者，久则耗散肺阴，可出现胸闷胸痛。

（2）血瘀　常与气郁日久，血行不畅有关。血瘀致痛的特点是痛如针刺刀割，痛处固定不移，甚者可触及包块，舌质紫暗，脉沉涩或细涩。如瘀阻于心则见胸闷心痛，阻于肺则见胸痛气促，阻于肝则见胁痛，阻于胞宫则见痛经，阻于肢体肌肤则见局部肿痛，阻于脑络则见头痛昏仆等。

（3）虚痛　虚性疼痛多为津液匮乏，阳气亏虚，脏腑、经络失于温养所致。特点是痛势绵绵，时作时止，喜温喜按，舌淡，脉细弱无力。如肾阳虚可见腰膝酸软、肢体冷痛等。

3. 不内外因

常见的有饮食因素、劳倦过度和外伤虫咬。

（1）饮食失宜　包括饮食不节，饮食不洁，饮食偏嗜。如饮食过量，暴饮暴食，造成食滞中焦，则可出现胃脘疼痛，或摄食过少导致气血不足，脏腑组织不荣而痛；饮食不洁，进食腐败、有毒的食物可致腹痛，甚至吐泻并作；过食生冷，寒伤中阳，耗伤脾胃阳气，则可出现脘腹冷痛、泄泻等病症。

（2）劳逸过度　主要指劳力、劳神、房劳过度，或者过度安逸，过劳则气血精微消耗，容易导致虚性疼痛的发生，《素问·举痛论》曰："劳则气耗"，如房劳过度是内伤性腰痛的主要原因；过劳还可以导致筋骨伤痛，《素问·宣明五气》曰："久立伤骨，久行伤筋。"另外，过于安逸，气机缓滞，可导致经脉、脏腑气血不畅而引起疼痛。

（3）外伤虫咬　跌打损伤、烧伤、创伤、虫兽咬伤等，损伤直接作用于人体肌肤筋骨，多以疼痛为首症。

三、疼痛的病机

中医学认为，痛是人体的脏腑、气血、津液等因失衡或虚损而产生的一种难以忍受的苦楚，疼是指痛中带有一些酸感，或者指余痛。我们把以"疼痛"为主要症状的疾病称为"痛证"。临床上痛证的表现多种多样，病因病机也有所不同，因此治疗痛证的方法也是多样化的。随着中医学的不断发展，痛证也逐步形成了系统的中医理论和独特的治疗经验。

《素问·举痛论》云："经脉流行不止，环周不休，寒气入经而稽迟，泣而不行……客于脉中则气不通，故卒然而痛"，可见，发生在人体任何部位的疼痛，其病理都是在经脉之中，然后具体体现在气血方面。中医学对于痛证病机的总结，是从虚与实的角度来阐述的，将疼痛发生的主要原因归纳为"不通则痛"和"不荣则痛"两个方面，这也是中医治疗疼痛的主要理论指导。

（一）不通则痛

中医学认为，痛证发生的主要病机是"不通"，包括各种原因引起的脏腑机能失调或障碍、气血运行不畅或经脉阻滞等。早在《黄帝内经》中已有关于"不通则痛"的相关论述，明代著名医家李中梓在《医宗必读·心腹诸痛》中提出"不通则痛"的观点，首次明确了"不通则痛"的学说。

1. 经脉之气不通

人体经脉之气，周流全身，循行不止，上下内外，无所不及。但外感六淫之邪、气滞血瘀、寒湿互结、痰阻中焦等诸多因素都可使经脉壅闭、气血不通，阴阳之气互搏而攻冲经脉，致气血逆乱，从而表现为疼痛。

（1）外邪阻滞 外感六淫之邪不论是单独侵袭人体致病，还是联合致病，最终都可能导致经脉气血的闭阻。如风邪袭表，风性轻扬，故常泛留在皮毛、肌肉、腠理之间，导致经脉之气闭阻不通，表现为头痛、颈项强痛、肌肉酸痛。《诸病源候论》云："风在于皮肤，淫淫跃跃，若划若刺，一身尽痛。"又如寒邪致痛，寒凝肌表则经脉不利，表现为肢体筋肉疼痛。《素问·举痛论》云："寒气客于经脉之中，与炅气相搏则脉满，满则痛而不可按也，寒气稽留，炅气从上，则脉充大而血气乱，故痛甚而不可按也。"若风寒湿三邪兼夹侵袭人体，闭留于经脉、关节，则表现为肌肉、四肢关节的疼痛，且疼痛游走不定。

（2）升降失常 中医学将人体内气的运动称为"气机"，气机的活动是有升有降，升降有序的。引起疼痛的升降失常，其原因常与人的情志活动有关。脏腑精气是情志活动的物质基础，所以脏腑气血通畅，则情志活动正常且积极。若七情太过，则会导致气机升降失常，经脉之气运行受阻，不通而痛。如悲伤肺，肺主肃降，过悲则肺气难降，进而影响整个机体的气机升降，气机不降而滞，出现胸满闷胀，周身窜痛；又如怒伤肝，暴怒之下，肝失疏泄，则气机郁滞，气为血之帅，气滞又可使血流不行，脉道不通，所以临床上气滞与血瘀常常是相继出现的，气滞同时兼有血瘀，常常表现为局部疼痛，脉象弦涩等。当然，通过影响气机升降致痛的原因还有很多，比如跌仆损伤，血溢脉外，或瘀阻脉中，皮肉筋骨之脉道不通而痛。《临证指南医案》指出："积伤入络，气血皆瘀，则流行失司，所谓痛则不通也。"

（3）气血不通 气血不通常与脾失健运有关。如饮食不节，过食肥甘厚味、辛辣炙煿，或饥饱无常，损伤了脾胃功能，致湿热内生，或寒湿化生湿热，日久炼液为痰，痰浊阻滞经脉，则气血运行障碍，可表现为各种疼痛。又或忧思过度，脾气虚损而引起水液代谢障碍，聚湿生痰，痰阻经脉而痛。另外，饮食不洁，可招致湿、热、毒蕴积，阻滞于经脉，气血不通而发生疼痛。

（4）经脉挛缩 经脉是气血将营养物质输送到全身各组织脏器的运行通路，和调于五脏，洒陈于六腑。经脉在人体分布均匀，脉气通畅，若外邪侵犯，刺激经脉挛缩拘急，导致牵引作痛。如寒邪侵袭血脉，血凝气滞，经脉不通则痛；同时血气滞涩，营养物质输送的通路不畅，导致经脉自身失于濡养，反过来又会引起或加剧脉络拘急而牵引致痛。《举痛论》云："寒气客于脉外则脉寒，脉寒则缩蜷，缩蜷则脉绌急，绌急则外引小络，故卒然而痛。"

2. 脏腑之气不通

《五脏别论》云："六腑者，传化物而不藏，故实而不能满也。"脏腑之气即由五脏六腑所化生的气，而且具有各自的特异性，如脾气升清，肝气疏泄。而六腑以通为用，其气机以降为顺，如果外邪、痰浊、瘀血、燥屎、虫结、体内滞留之气等阻于腑道，则气机阻滞或上逆而出现疼痛。如《症因脉治》指出："血分素热又喜辛辣之物，以伤其阴血，则停积于中，而成死血之痛。"又云："湿主生生之令，饮食不谨，湿热内生，则虫积而痛矣。”如外感寒邪侵袭，直中脏腑，腑气凝结不通则脘腹痛甚；饮食不洁，损伤脾胃，脾失健运而化生湿热、痰浊，或饮食不洁导致虫邪等阻滞气机，也可见各种腹痛；若肝气犯胃，胃纳通降失司，中焦气滞，则可见胃脘胀痛；若阳明邪热搏结、燥屎秘结，阻碍腑气通畅，大肠传导失职，则可见便秘、腹痛，甚至可出现头痛。

（二）不荣则痛

“不荣”是“不通”的恶果，因为“不通”，导致机体缺乏或失去营养濡润而“不荣”，气血不足，气机不畅进而发展为更严重的“不通”，两者形成恶性循环而致病。《素问·脏气法时论》曰：“肾病者，虚则胸中痛。”《灵枢·五邪》曰：“阳气不足，阴气有余，故寒中肠鸣腹痛。”从而指出了肾虚、血脉亏虚或阳虚是致痛的病因，明代著名医家张介宾明确提出了“不荣则痛”的病理学说。中医学认为，“不荣”可分为 3 种情况，即气血不足、阴精亏虚、阳气虚衰。

1. 气血不足

①元气亏虚。常见于饮食不节、过度劳倦，或大病久病之后，耗伤元气，使经脉脏腑荣养缺失而发为各种痛证。元气虚于上，脑府失于荣养则出现头晕头痛等症；元气虚于下，脏腑升举无力则出现腹痛、肛门坠胀、腰膝酸冷软痛等症。②血气亏虚。如各种原因引起的血虚，上不能荣养清窍则可见头晕头痛，或不能荣养滋润四肢则可见肢体酸痛。如《质疑录》曰：“肝血不足，则为筋挛……为目眩，为头痛，为胁肋痛，为少腹痛，为疝痛诸证，凡此皆肝血不荣也。”气为血之帅，血为气之母，二者相互依存、相互作用，因此气病及可致血病，而血病必及气病，最终导致气血不足，经脉脏腑、四肢百骸不荣而痛。

2. 阴精亏虚

阴精亏虚主要表现为阴血津液缺乏、虚火旺盛，机体外感燥邪，或七情太过郁而化火，或热病后虚火内生，或大汗、呕吐、泄泻、多尿，或高热等，皆可导致阴精亏虚。阴精损耗，阴液不足，不能濡润，则经脉、脏腑失荣而出现疼痛。如胃阴不足，胃失濡养，和降失常而见胃部隐痛或灼痛。或由素体虚弱、房劳、多产等导致肝肾之阴不足，骨髓经脉不充，失于荣养，则可出现腰膝酸软、足跟痛等。《灵枢·阴阳二十五人》曰：“血气皆少则喜转筋，踵下痛。”

3. 阳气虚衰

阳气虚衰常见于先天禀赋不足、素体阳虚，或年老体衰、久病体虚，或暴病伤阳，或过汗伤阳，外邪直中，饮食所伤等，导致经脉、脏腑失于温煦、荣养而出现疼痛。如心阳不足，心脉失于荣养则心胸痹痛；肾阳不足，肾府失于温煦则出现腰膝酸软冷痛。如《医宗金鉴》曰：“筋骨间作痛者，肝肾之气伤也。”

由于人体的气、血、阴、阳是相互影响，并可相互转化的，血虚日久可致阴虚，气虚日久渐成阳虚；气虚不能生血，阳虚则难以化生阴液，所以临床上气、血、阴、阳虚损所致痛证常相兼互见，不能截然分开。另外，中医理论中用来解释由血虚、气虚、肝血虚、肾阳虚等原因所导致的痛证，还有“不营则痛”“不充则痛”“失养则痛”之说，但不营、不充、失养都可理解为人体脏腑、经络失于荣养的状态，亦属于不荣则痛的病机理论范畴。

第二节　现代医学对疼痛的认识

一、疼痛的基本概念

（一）疼痛的定义

IASP 于 2020 年公布了修改后的疼痛的定义：疼痛是一种与实际或潜在的组织损伤相关的不愉

快的感觉和情绪体验，或与此相似的经历。

与之前沿用了 40 年的旧定义（疼痛是一种与实际或潜在组织损伤有关的不愉快的感觉和情绪体验，或者对这种损伤的描述）相比，新定义做出了两处调整：一是减少对组织损伤的强调，因为越来越多的研究表明很多疼痛并不一定依赖于组织损伤，而是与神经系统的功能障碍有关；二是淡化了疼痛对于个体表达能力的依赖，婴儿、老人甚至动物可能无法用语言描述疼痛，但疼痛感受仍然客观存在。此外，IASP 通过 6 条关键注释对疼痛的定义进行了扩展说明：

1）疼痛始终是一种个体化的主观体验，并受到生理因素、心理因素和社会因素的影响。

2）疼痛和伤害性感受（nociception）并不是等同的。伤害性感受是神经系统对有害刺激的编码和处理，它是疼痛产生的生物学基础，但不能仅凭感觉神经元的活动来推断疼痛。

3）疼痛习得于生活经验。

4）个体对自身疼痛的主诉应该受到尊重。

5）尽管疼痛通常起一种警示和保护的作用，但异常的疼痛可能对身体机能、心理健康和社会功能有不利影响。

6）语言描述仅仅是表达疼痛的方式之一，语言交流障碍并不代表一个人或动物不存在疼痛感受。

（二）疼痛的多维度

疼痛是一种多维度的综合体验，包括感觉-辨别维度（sensory-discriminative dimension）、情感-动机维度（affective-motivational dimension）以及认知-评价维度（cognitive-evaluative dimension）。感觉-辨别维度指对伤害性刺激发生的部位、强度、时间或其他物理特征的识别和处理；情感-动机维度反映疼痛造成的不愉快程度；认知-评价维度指对疼痛意义和后果的评估。因此，疼痛体验不仅仅取决于伤害性刺激的强度，还受情绪、注意力、认知状态和其他心理因素的影响。

（三）疼痛的生理意义

在正常的生理状态下，疼痛对机体具有重要的警示和保护意义，可以帮助机体及时发现伤害性刺激，并采取规避或干预措施。这种情况下的疼痛是“好痛”，是功大于过的。少数患有先天性无痛综合征者，由于无法感受到疼痛，可能因无法察觉到外伤或内脏疾患而受到严重伤害。然而，在组织炎症、神经损伤、肿瘤浸润等病理情况下，疼痛常持续数周或数月，甚至可能导致神经系统的敏感性提高，对原本不会产生疼痛感觉的刺激也产生疼痛。这种情况下的痛是“坏痛”，完全失去了积极的警示作用，只会给患者带来痛苦。因此，管理慢性疼痛是临床医学界的一项重大工作。

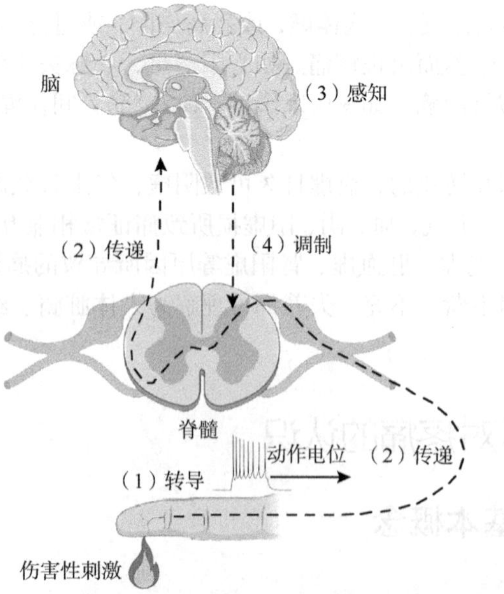

图 2-1 疼痛的产生过程：转导、传递、感知和调制

二、疼痛的产生机制

伤害性感受是疼痛的生物学基础，它起始于外周伤害感受器（nociceptor）对伤害性刺激的响应和编码，不同类型的伤害性刺激被转换为神经电信号，以神经冲动的形式在神经纤维上传递，经过多级神经元的传递和整合，最终在大脑皮层特定区域解码，并形成痛觉。如图 2-1 所示，疼痛的产生一般需经过四个过程，即转导（transduction）、传递（transmission）、感知（perception）和调

制（modulation）。

（一）疼痛的转导

外周伤害感受器将各种伤害性刺激信号转换为神经电信号的过程称为转导。这一过程是由伤害性感受神经元末梢上表达的特异性离子通道介导的，当它们被相应的刺激激活后，离子通道打开，阳离子内流，当膜电位去极化达到阈值电位时，引发动作电位，产生神经冲动并沿着神经纤维传递。神经冲动即神经元的放电，不同刺激会诱发特异性的神经元产生多种多样的放电模式，这些电信号的组合排列可视作是神经系统的语言。

1. 伤害性刺激

指能够激活伤害感受器的与实际或潜在的组织损伤相关的刺激，按刺激的性质可分为机械刺激、温度刺激和化学刺激。

（1）伤害性机械刺激 包括但不限于直接作用于皮肤、肌肉、骨骼的机械压力，内脏器官的扩张和牵拉，血压和组织渗透压的改变。已有研究证明多种离子通道可以感知机械刺激，包括 TRP（瞬时受体电位）离子通道、KCNK（双孔域钾）离子通道、DEG/ENaC（退化蛋白家族上皮钠）离子通道、Piezo2（压电式机械敏感）离子通道。

（2）伤害性温度刺激 人体中伤害性热刺激和冷刺激的温度阈值分别在 43～46℃和 15～10℃。感受热刺激的主要离子通道是辣椒素受体（TRPV1），它既可被辣椒素激活，也可被高于 43℃的热刺激激活，因此吃辣椒有灼热的感觉。2021 年美国科学家 David Julius 因对 TRPV1 的研究获得诺贝尔生理学或医学奖。感受冷刺激的离子通道是 TRPM8，它可被薄荷醇和低于 25℃的冷刺激激活。

（3）伤害性化学刺激 当组织受损或发生炎症时会释放多种致痛的化学物质。另外，某些营养物质及其代谢产物、有毒或刺激性化学物质、酸碱度都可能有致痛作用。常见的伤害性化学刺激包括：①受损组织释放的化学物质：缓激肽（BK）、前列腺素（PEGs）、5-羟色胺（5-HT）、三磷酸腺苷（ATP）、组胺、蛋白酶、溶血磷脂酸（LPA）、内皮素（ET）、氢离子等。②免疫细胞释放的细胞因子：白细胞介素（IL-1，IL-17）、肿瘤坏死因子（TNF-α）、趋化因子（CCL2，CXCL1）等。③神经末梢释放的神经递质和调质：谷氨酸（glutamate）、γ-氨基丁酸（GABA）、乙酰胆碱（ACh）、P 物质（SP）、降钙素基因相关肽（CGRP）、血管活性肠肽（VIP）、甘丙肽（galanin）、阿片肽、生长抑素（SOM）、胆囊收缩素（CCK）、促肾上腺皮质激素释放因子（CRF）、脑源性神经营养因子（BDNF）、大麻素（CB）、去甲肾上腺素（NE）、神经肽 Y（NPY）。

2. 伤害感受器

伤害感受器（nociceptor）是初级感觉神经元（primary sensory neurons）中的一群特定神经元，负责感知和响应各种伤害性刺激，将其转化为神经电信号。它们通常属于假单极神经元，胞体发出的单支轴突分叉为两支，一支为周围神经轴突，支配外周的各种组织和器官，另一支为中枢神经轴突，将外周接收到的信息传入到中枢神经系统。

按照支配区域和神经元胞体位置的不同，伤害感受器可分为脊髓伤害感受器、三叉神经伤害感受器和迷走神经伤害感受器。

脊髓伤害感受器 它们的胞体位于脊髓两侧的背根神经节（dorsal root ganglion，DRG），周围神经轴突支配躯干和四肢的皮肤、肌肉、关节和内脏器官，中枢轴突将伤害性刺激信号传递到脊髓背角的次级神经元。

三叉神经伤害感受器 三叉神经是第 5 对脑神经，感觉神经的胞体位于颞骨岩部尖端的三叉神经节（trigeminal ganglion，TG），主要支配头面部，并将伤害性刺激信号传入至延髓背角的三叉神经脊束核。

迷走神经伤害感受器 传统观点认为迷走神经通常只参与调控内脏的生理功能，但最新的研究表明迷走神经可能也编码内脏伤害性刺激。迷走神经是第 10 对脑神经，胞体位于颈部的结状神经节（nodose ganglion，NG），周围轴突遍布除了脾和胆囊外的所有脏器，中枢轴突投射到延髓背侧的孤束核。

按照编码刺激类型的不同，伤害感受器可分为机械刺激伤害感受器、温度刺激伤害感受器、化学刺激伤害感受器、多模态伤害感受器。多模态伤害感受器是指可以同时编码多种类型的伤害性刺激的伤害感受器。

如表 2-1 所示，外周神经纤维通常根据直径大小和传导速度可分为 Aα、Aβ、Aδ 和 C 类。大直径神经元发出有髓鞘的 Aα 和 Aβ 轴突纤维，传导速度极快，主要传递本体感觉和触觉信息；中等直径的神经元发出薄髓鞘的 Aδ 纤维，主要介导伤害性感觉信息；小直径神经元发出无髓鞘的 C 类轴突纤维，传导速度慢，主要介导非伤害性温度觉、痒觉和伤害性感觉信息的传递。普遍认为 Aδ 纤维介导快速、定位明确、尖锐的刺痛，而 C 类纤维传导延迟的、定位模糊的疼痛。

表 2-1　神经纤维依据直径和传导速度的分类

纤维类别	直径（μm）	传导速度（m/s）	支配组织
Aα（Ⅰ类）	13（12～20）	75（70～120）	肌梭、腱器官
Aβ（Ⅱ类）	9（6～12）	55（25～70）	皮肤
Aδ（Ⅲ类）	3（2～5）	11（10～25）	皮肤、肌肉、关节、内脏
C（Ⅳ类）	1（0.3～3）	1（0.5～2）	皮肤、肌肉、关节、内脏

（二）疼痛的传递

编码伤害性刺激的电信号在伤害感受器的神经末梢产生后沿着特定的神经通路传递，经过初级感觉神经元、次级感觉神经元、丘脑，最后到达皮层及相关脑区的过程即疼痛信息的传递。次级感觉神经元（secondary sensory neurons）是痛觉传导通路中的关键组成部分，它们接收来自初级伤害感受器的信号，并将其传递到更高级的神经中枢。通过脊髓伤害感受器传递的信号通路是最主要的、已被广泛深入研究的信号通路，这一通路中的次级感觉神经元位于脊髓背角。

1. 脊髓背角

脊髓的灰质呈蝴蝶形状，瑞典神经解剖学家 Rexed 根据细胞构筑特征将脊髓的灰质分为 10 层，其中与感觉传入有关的是背角的Ⅰ-Ⅳ层。Aδ 伤害性传入纤维主要终止在Ⅰ层，C 类伤害性纤维主要终止在Ⅰ和Ⅱ层。来自外周的伤害性传入信息在脊髓背角进行第一次换元，即两个神经元之间通过突触交换信息。

突触是神经元之间或神经元与肌细胞、腺体之间传递信息的接触点，它是神经系统中信息传递和加工的基本结构和功能单元。突触的结构包括突触前膜、突触间隙和突触后膜。

（1）突触前膜　上游神经元的轴突末梢，包含突触小泡，其中含有神经递质。神经递质是在神经元之间传递信号的化学物质，例如常见的兴奋性神经递质谷氨酸（glutamate），常见的抑制性神经递质γ-氨基丁酸（GABA）。当神经冲动传递到突触前膜之后，神经递质从突触小泡中释放到突触间隙。

（2）突触间隙　突触前膜和突触后膜之间的狭小空间即为突触间隙。

（3）突触后膜　通常是另一个神经元的树突或胞体，释放到突触间隙的神经递质作用于突触后膜的特异性受体，产生动作电位。

脊髓背角神经元可以分为两大类：中间神经元和投射神经元。中间神经元又分为以谷氨酸为主要递质的兴奋性神经元和以 GABA 和甘氨酸为主要递质的抑制性神经元。其中抑制性神经元约占 20%～30%。几乎所有的外周伤害性传入末梢都释放谷氨酸，伤害性信息可以直接激活投射神经元或通过前馈兴奋性环路激活投射神经元，将伤害性信息向中枢传递。

2. 脊髓上行传导通路

对脊髓投射神经元进行顺行示踪显示，自脊髓背角浅层发出的神经纤维束，沿脊髓上行并投射到丘脑和脑干的多个脑区。这些纤维束通常在脊髓白质前连合处发生交叉，然后上行至对侧的脑区，这意味着身体一侧的感觉信息通常在脊髓交叉后传递到对侧的大脑进行处理。根据这些纤维束的起点和终点，脊髓上行传导通路分为脊髓丘脑束、脊髓脑干束、脊髓网状束、背柱内侧丘系、脊髓下丘脑束、脊颈束。

脊髓丘脑束（spinothalamic tract）被认为是伤害性刺激信息上传的主要通路。它起始于脊髓背角的投射神经元，终止于丘脑腹后外侧核、腹后内侧核、后核、腹后核、髓板内核群等脑区。

3. 丘脑

如上所述，丘脑的多个区域接受来自脊髓背角浅层的投射，另外，脑干的多个脑区也接受脊髓背角的投射，例如脑桥网状核、臂旁核、导水管周围灰质、延髓头端腹内侧区、楔形核等。这些核团是痛觉信息传递的第三级神经元，是信息到达皮层之前的整合中枢，尤其是丘脑，被广泛认为是感觉信息的整合和中继中心。

丘脑是间脑中最大的卵圆形灰质核团，位于第三脑室的两侧，是仅次于大脑皮层的第二大神经元聚集区。在皮层不发达的动物和鸟类中，丘脑是高级感觉中枢，而人类的大脑皮层高度发达，丘脑在人类是次于皮层的皮层下感觉中枢，除了嗅觉外的其他各种感觉通路在到达皮层之前都要在丘脑整合中继。丘脑的腹内侧核、腹外侧核、背内侧核、腹后核等多个区域接收伤害性刺激信息，进行初步的分析和整合后，将其继续传递至躯体感觉皮层、前扣带皮层、岛叶皮层等高级中枢。

（三）疼痛的感知

知觉是大脑皮层独有的功能。丘脑将伤害性刺激信号传递到多个皮层区域进行解码，产生与意识相关的多维度的疼痛感受。然而，至今为止，究竟哪些皮层区域负责痛觉的产生过程仍没有完全明确。在人体上进行的影像学检测发现，短暂的皮肤热痛刺激可以激活皮层和皮质下多个脑区，最明显和普遍的激活发生在躯体感觉皮层、前扣带皮层和岛叶皮层。

（1）躯体感觉皮层（somatosensory cortex） 位于大脑皮层前顶叶区的中央后回，负责处理对侧肢体的感觉传入，包括痛觉、温度觉和触觉等。主要接收来自丘脑腹后核和腹内侧核后部的投射。在清醒猴的体感皮层可记录到对伤害性刺激有反应的神经元，而且这些反应与刺激的强度和位置相对应。躯体感觉皮层受损的患者不能定位和描述痛刺激的性质，提示其可能负责编码痛刺激的空间、时间和强度信息。

（2）前扣带皮层（anterior cingulate cortex） 位于大脑皮层额叶内侧与胼胝体相邻处，主要接收来自内侧丘脑的输入，包括丘脑前核、背内侧核的腹尾侧部、屏状核等。大鼠和猴的前扣带皮层均可对伤害性刺激有反应。催眠结合功能成像的研究显示，前扣带皮层的活性与受试者的不愉快情绪正相关。前扣带皮层损伤的患者对痛刺激产生的负性情绪明显减轻，提示该脑区主要编码疼痛的情绪和情感维度。

（3）岛叶皮层（insular cortex） 位于大脑外侧沟深处，呈圆锥形，被周围的额叶、顶叶和颞叶所遮盖。它主要接受来自丘脑腹内侧的投射。在大鼠和猴，约40%的岛叶皮层神经元对伤害性刺激有反应，尤其是对内脏刺激和渗透压刺激敏感。岛叶皮层也参与产生疼痛的不愉快感受，岛叶损毁的患者痛阈是正常的，但对痛刺激的行为反应是不正常的。

（四）疼痛的调制

疼痛的产生基于外周伤害感受器的转导、脊髓和丘脑的传递以及皮层的感知，但疼痛又不仅仅取决于伤害性信息自下而上的传递和处理，还取决于下行疼痛调控系统自上而下的调制，如图2-2所示。下行疼痛调控系统起始于下丘脑、杏仁核、前扣带皮层等多个区域，通过中脑导水管周围灰质投射到延髓，最终在脊髓水平增强或抑制伤害性感受信号。中脑导水管周围灰质到延髓头端腹内侧区的神经环路是迄今研究最深入的下行疼痛调控环路，其对疼痛的调控是双向的，既可以抑制也可以易化。

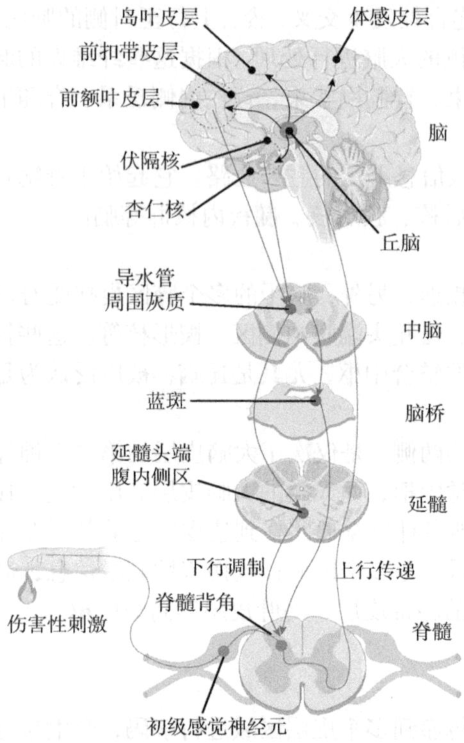

图 2-2　疼痛的上行传导和下行调制通路

1. 痛觉下行抑制系统

20 世纪 60 年代的研究发现在第三脑室尾端开始，沿着中脑导水管到第四脑室的区域注射微量吗啡均有镇痛作用，一般认为最有效的区域在中脑导水管周围灰质的腹外侧区。后续的研究工作陆续证实了由中脑导水管周围灰质、延髓头端腹内侧核群和部分脑桥背外侧网状结构（蓝斑核群）组成的脑干痛觉下行抑制系统，经脊髓背外侧束下行对脊髓背角的痛觉信息传入产生抑制性调制。下行抑制系统通过释放多种神经递质发挥作用，例如 5-羟色胺、脑啡肽、去甲肾上腺素等，它们在脊髓背角激活各自的特异性受体，抑制伤害性初级传入和脊髓伤害性信息的上传。

中脑导水管周围灰质除了接受脊髓的传入纤维外，还接受来自皮层、间脑和脑干的神经投射。中脑导水管周围灰质的传出纤维主要终止在延髓头端腹内侧核群和脑桥外侧网状核，少量直接到达脊髓背角。电刺激和微量吗啡注入中脑导水管周围灰质显著抑制动物的疼痛反应和脊髓背角神经元的活动。研究表明中脑导水管周围灰质的下行抑制作用需要其他核团中继，其中延髓头端腹内侧核群是研究较为充分的核团。

2. 痛觉下行易化系统

疼痛下行抑制系统的研究已获得广泛认可，但研究者偶然发现电刺激中脑导水管周围灰质或延髓头端腹内侧核对脊髓背角神经元有兴奋作用并降低了热痛的阈值。这种促进疼痛的作用被称为疼痛的易化。研究者陆续发现电刺激猫、猴、大鼠的脑干内侧网状结构可兴奋部分脊髓投射神经元。

在中脑导水管周围灰质或延髓头端腹内侧核中存在两类痛觉调制神经元，一类被称为启动神经元（on-cell），其特点是在动物疼痛反应出现前，该群神经元的放电突然增加；另一类叫作停止神经元（off-cell），在疼痛反应停止前的数百毫秒，该神经元的放电突然停止。一般认为 on-cell 增强伤害性信息的传递从而产生疼痛的易化效应，而 off-cell 抑制伤害性信息的传递而产生镇痛效应。有研究表明，电刺激中脑导水管周围灰质可兴奋延髓头端腹内侧核中 58%的 on-cell 和 44%的 off-cell，提示内源性疼痛调制系统对脊髓伤害性输入具有双向调节作用。通常低强度的电刺激可激活易化系统，而高强度电刺激可同时激活易化和抑制系统。抑制作用通常有明显的量效关系，而易化作用则并不因刺激强度的增大而增大。因此，在正常生理性条件下，下行抑制作用可能掩盖了易化作用，而在病理条件下，易化系统增强和抑制系统削弱可能导致痛觉的敏化。

综上所述，疼痛不仅仅是神经系统对伤害性刺激的编码和解码，还受到内源性疼痛调控系统的精密调制。这也反映了疼痛的个体差异性，在经历相似的伤害性刺激时，不同个体受到生理状态、心理状态和社会因素的影响产生不同的疼痛感受，这说明疼痛始终是一种个体化的主观体验。

第三节　现代医学对疼痛的分类

由于疼痛的复杂多样性，疼痛的分类标准也非常多样化，常见的分类依据包括疼痛产生的原因，持续时间，部位，疼痛性质、强度、发作规律、表现形式、刺激源性质等等。

一、疼痛的一般分类

1. 起因

依据产生的原因，疼痛可分为伤害性疼痛，神经病理性疼痛和伤害可塑性疼痛。

（1）伤害性疼痛（nociceptive pain） 指伤害感觉神经元被实际或潜在的非神经组织损伤激活所引起的疼痛。通常被视为一种保护机制，警告我们身体可能受到的或即将发生的伤害。

（2）神经病理性疼痛（neuropathic pain） 指由体感神经系统的损伤或疾病引起的疼痛。病因包括但不限于神经系统病变、病毒感染、神经毒性、缺血性神经损伤、神经递质功能障碍等。

（3）伤害感受可塑性疼痛（nociplastic pain） 指尽管没有明确的实际或潜在的组织损伤导致外周伤害感受器激活，或没有证据表明体感神经系统的疾病或损伤导致疼痛，但由改变的伤害性感受引起的疼痛。这个概念是由国际疼痛研究协会在2017年引入的，用于描述一类特殊的疼痛状态，它既不是由炎症或组织损伤引起的伤害性疼痛，也不是由神经损伤引起的神经病理性疼痛，而是由中枢神经系统对疼痛和感觉处理的改变导致的。神经影像学研究显示了伤害可塑性疼痛患者的大脑网络连接发生了改变，为这种神经可塑性改变导致的疼痛提供了证据。伤害可塑性疼痛在多种慢性疼痛状况中占有重要地位，例如纤维肌痛、头痛和下背痛。

2. 持续时间

按持续时间，疼痛可分为慢性疼痛和急性疼痛。

（1）慢性疼痛 持续或反复发生超过3个月的疼痛。

（2）急性疼痛 未超过3个月的疼痛。

3. 部位

按疼痛发生的部位，可以分为内脏痛和躯体痛。

（1）内脏痛 发生于内脏器官的疼痛，通常弥散、模糊、难以定位。

（2）躯体痛 发生于皮肤、肌肉、骨骼、关节和其他非内脏组织的疼痛，通常感觉尖锐，可以准确定位。

4. 疼痛性质

依据疼痛性质，可分为刺痛（快痛或第一痛）、灼痛（慢痛或第二痛）和钝痛（内脏和深部组织痛）。

（1）刺痛 通常被描述为尖锐、定位明确的疼痛，像针扎或刀割。通常与伤害感受器的激活有关，例如外伤或手术切口引起的疼痛。

（2）灼痛 通常被描述为热感或烧灼感，与温度伤害感受器的激活有关。常见于神经损伤或炎症性疾病，如带状疱疹、糖尿病性神经病变。

（3）钝痛 持续的、不尖锐的疼痛，感觉较为模糊，定位不明确。通常与深层组织损伤有关，如深部肌肉、关节或内脏器官。

5. 疼痛强度

按疼痛强度可分为轻度痛、中度痛、重度痛、极度痛。

（1）轻度痛 可以忍受，不会显著影响正常生活，睡眠不受干扰。

（2）中度痛 疼痛明显，足以引起不适，可能干扰睡眠和情绪，通常可以通过使用非处方镇痛药控制。

（3）重度痛 疼痛剧烈，难以忍受，严重影响睡眠和日常活动，需要强效镇痛药物或其他医疗干预措施。

（4）极度痛 疼痛程度极高，患者极度不适，可能伴有出汗、恶心、呕吐及血压、脉搏变化，通常需要紧急医疗处理。

6. 发作规律

按疼痛发作规律可分为一过性疼痛、间歇性疼痛、周期性疼痛和持续性疼痛。

（1）**一过性疼痛** 疼痛在短时间内出现一次或数次，很快就消失。

（2）**间歇性疼痛** 发作没有规律性的疼痛。

（3）**周期性疼痛** 疼痛的发生有一个大致规律的时间间隔。

（4）**持续性疼痛** 指持续的或反复发作的疼痛。

7. 表现形式

按表现形式可分为原发痛、牵涉痛和放射痛。

（1）**原发痛** 组织内的神经末梢直接被伤害性刺激激活而产生的疼痛，疼痛部位与刺激部位一致。

（2）**牵涉痛** 当某些内脏器官发生病变时，常在体表的特定区域引起疼痛的感觉，如心绞痛引起左上肢牵涉痛。

（3）**放射痛** 指伤害感受神经元的一个分支受到刺激时，还可累及该神经其他分支支配的区域而产生疼痛，例如腰椎间盘突出引起的下肢放射痛。

8. 刺激源性质

按刺激来源的性质可分为机械性痛、温度性痛和化学性痛。

（1）**机械性痛** 组织在外力作用下会产生机械性变形，当刺激强度超过机械性伤害感受器的阈值时，伤害感受器被激活，产生机械性疼痛。

（2）**温度性痛** 即特定的对温度敏感的伤害性感受器被热刺激或冷刺激激活后产生的疼痛。

（3）**化学性痛** 当组织受损或有炎症反应时会释放多种化学物质，化学性伤害感受器被其激活后产生的疼痛为化学性痛。

二、慢性疼痛分类

除了外伤导致急性疼痛外，大部分疾病都伴随着持续的或反复发生的慢性疼痛。虽然慢性疼痛通常不会致命，但它是人类痛苦的最主要原因之一。国际疾病分类（International Classification of Diseases，ICD）是由世界卫生组织制定和维护的一个国际标准，用于统一记录、分析和解释所有已知疾病、损伤和导致死亡的原因。目前使用的第 11 版（ICD-11）于 2018 年由世界卫生大会批准，这一版本对慢性疼痛的分类进行了重大更新，是由国际疼痛研究学会与世界卫生组织合作对慢性疼痛的分类进行了扩展和细化。如图 2-3 所示，这一分类系统将慢性疼痛分成七个类别：慢性原发性疼痛、慢性癌相关疼痛、慢性术后或创伤后疼痛、慢性神经病理性疼痛、慢性继发性头痛或颌面疼痛、慢性继发性内脏疼痛、慢性继发性肌肉骨骼疼痛。其中的后 6 种疼痛都属于慢性继发性疼痛。图中黑色实线表示直接从属关系，红色箭头表示需要鉴别诊断。

1. 慢性原发性疼痛（chronic primary pain）

在某些疾病中，疼痛可能是唯一的或主要的症状，在这种情况下，慢性疼痛本身可被视为一种独立的疾病，例如纤维肌痛、非特异性下背痛。慢性原发性疼痛又可分为以下几个类别：慢性广泛性疼痛、复杂区域疼痛综合征、慢性原发性头痛或颌面疼痛、慢性原发性内脏疼痛以及慢性继发性肌肉骨骼疼痛。

2. 慢性继发性疼痛（chronic secondary pain）

在多数疾病中，由已知的、明确的病理状态或损伤引起的疼痛，是继发于起始病变的症状之一。

（1）**慢性癌相关疼痛** 由肿瘤本身或针对肿瘤的治疗（手术、化学疗法或放射疗法）造成的慢性疼痛。

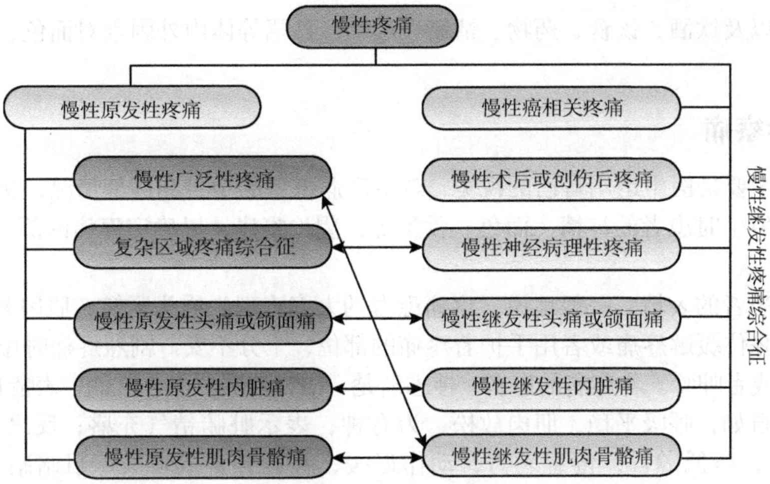

图 2-3　国际疾病分类标准对慢性疼痛的分类

（2）**慢性术后或创伤后疼痛**　手术后或非手术创伤后超出预期愈合时间（通常定义为 3 个月）的持续存在的疼痛。

（3）**慢性神经病理性疼痛**　体感神经系统的损伤或疾病造成的慢性疼痛，通常局限在受影响神经支配的区域。

（4）**慢性继发性头痛或颌面疼痛**　由其他疾病诱发的慢性头痛或颌面疼痛，病因可能涉及各种颅内病变如脑血管疾病、颅内感染、颅脑外伤，全身性疾病如发热、内环境紊乱、滥用精神活性药物等。

（5）**慢性继发性内脏疼痛**　由内脏器官病变诱发的慢性内脏痛，病因可能包括物理因素（牵拉、梗阻）、血管机制（局部缺血、血栓）或慢性炎症。

（6）**慢性继发性肌肉骨骼疼痛**　由骨骼、关节、肌肉或相关软组织病变诱发的慢性疼痛，基础病因可能包括感染、自身免疫，以及骨骼、关节、肌腱、肌肉的解剖结构改变，运动神经系统病变。

第四节　中医学对疼痛的诊断

一、中医学对疼痛的诊断方法

中医学运用四诊合参的方法对疼痛进行诊断与评估。四诊即望、闻、问、切，是中国古代名医扁鹊在总结前人经验的基础上提出的，搜集临床资料要求客观、准确、全面、系统，因此要做到“四诊并用”“四诊并重”。一般情况下，运用四诊采集患者信息时应在安静、整洁、空气流通的诊室中进行，室内的温度、湿度、气压等要保持在舒适的范围内，尽量使医生各种感觉的敏感度少受影响；诊室应备有四诊操作所需要的物品和设备，如脉枕、手电筒、压舌板等；操作需患者暴露身体时，要注意保护其隐私；四诊操作最好选择在白天进行，晚间就诊的患者必要时可在白天再进行复诊。在进行四诊时，要注意患者的身心状态，让患者在心情平静、呼吸均匀、全身放松、主动配合的状态下接受检查；遇到患者不能配合进行某些操作，如神志昏迷、神乱、语言障碍、听力障碍、患者不愿意配合等情况，操作者可根据实际情况灵活掌握，尽可能地获取患者的信息。患者一般采取坐位或仰卧位，医生应根据诊察需要，指导患者改变体位或做出相应动作以配合检查。根据望诊、切诊需要，让患者充分暴露受检部位，并注意双侧对比等；切诊时，应嘱患者注意解除压迫被诊手臂的压迫物，如手表、挎包、扣紧的袖口等。在进行判断时应注意年龄、性别、体质、种族、季节、昼夜、地理环境以及饮酒、饮食、药物、情绪、运动、日晒等体内外因素对面色、舌象、脉象等的影响。

（一）望诊察痛

望诊察痛，主要是医生运用自己的视觉，观察疼痛患者的全身和局部情况，获取与疼痛相关的资料，包括疼痛发生时患者的神情、面色、舌象等，望诊察痛，以确定疼痛的部位、程度及性质。

1. 望神情

主要是观察患者的表情。一般地说，疼痛患者的大多表现为眉头紧皱，肌肉紧张，咬着牙齿，攥着拳头，取屈膝位缓解疼痛或者用手护着疼痛的部位，十分不安。剧烈疼痛时患者面色青灰，大汗淋漓，会大叫或者呻吟。若疼痛的患者，神志清楚，语言流利，面色红润，表情自然，反应灵敏，动作灵活，体态自如，呼吸平稳，肌肉放松，为有神，表示脏腑精气充盛；反之，若患者精神不振，健忘，嗜睡，声低懒言，倦怠乏力，动作迟缓，甚则神昏或言失，目暗睛迷，瞳神呆滞，面色晦暗，表情淡漠，反应迟钝，动作失灵，强迫体位。呼吸异常，为神气不足或失神，表示脏腑精气亏损。

2. 望皮肤

指观察面部及其他部位皮肤的颜色与光泽。中医认为，微黄透红、明润光泽是黄种人的正常面色，是健康的面色。面色明润是指面色光明润泽，是精气充盈的表现。面色青黑可见于各种疼痛。面部五色鲜艳，患者面部色红、色青、或色黄，但颜色鲜艳，光泽度高，甚至油光满面，多见于急性痛症；提示体内实邪较重，或湿邪、或热邪、或寒邪，治疗时注意清热解毒，或理气利湿，或温经驱寒。面色暗浊，浮、散者病程尚短、病情尚轻，善治；若面色暗浊，沉、抟者病程尚长、病情较重，难治。青主肝、主寒；黄主脾、主湿；黑主肾、主瘀。面部色斑比较分散，多与气滞有关，治疗时应疏肝行气；面部色斑浓密，聚集或片状存在，多与血行不畅有关。

3. 望舌象

望舌时患者的体位和伸舌姿势：患者可取坐位或仰卧位，但必须使舌体面对着光线，以便于观察。要求患者自然伸舌，舌体放松，舌面平展，舌尖略向下，充分暴露舌体，不可过度用力伸舌。伸舌时间不应过长，以免舌体过分卷曲紧张，或伸舌时间过长，引起舌色及舌面干湿度等改变。望舌下络脉时，让患者张口，将舌体向上腭方向翘起，舌尖轻抵上腭，勿用力太过，勿用上牙挤压舌尖，使舌体自然放松，舌下络脉充分显露。

（1）望舌的顺序 一般先看舌尖，再看舌中、舌侧，最后看舌根部。先观察舌质的神、色、形、态，再看舌苔的苔质和苔色。望舌时注意既要迅速敏捷，又要全面准确，尽量缩短患者伸舌的时间。

（2）望舌的内容 首先是舌质，包括舌神、舌色、舌形、舌态、舌下络脉 5 个方面。舌神主要观察舌体颜色是否红活明润，舌体运动是否灵活自如，舌苔是否有根等，以辨有神无神。舌色主要观察舌体颜色的浅深以辨别舌色的淡红、淡白、红、绛、青、紫等变化，同时注意舌色的变化在舌的不同部位是否存在差异等。舌形主要观察舌的老与嫩、胖与瘦或肿胀、舌上有无点刺及点刺的颜色、出现部位，舌上有无裂纹，舌边有无齿痕等。舌态主要观察舌体运动的柔软、强硬状态，有无不自主震颤或吐舌、舔舐动作、有无伸缩障碍、歪斜、运动不灵等，以辨别痿软舌、强硬舌、歪斜舌、颤动舌、吐弄舌、短缩舌等。舌下络脉主要观察舌系带两侧的大络脉有无长短、粗细、颜色、怒张、弯曲等改变，观察舌系带周围细小脉络的颜色、形态以及有无紫暗的珠状结节和紫色脉络。其次是舌苔，包括舌质、苔色。苔质主要观察舌苔的有无及多少等，观察透过舌苔能否隐隐见到舌体、舌苔表面津液的多少，以辨别舌苔的厚、薄与润、滑、燥等；观察舌苔致密程度，颗粒大小，必要时借助揩舌、刮舌等方法，以区分腐苔与腻苔；观察舌苔是否有剥脱及剥脱的位置、范围及特征等，以区分前剥舌、中剥舌、根剥舌、花剥舌、镜面舌等。观察舌苔颜色的浅深变化，以辨别白苔、黄苔、灰苔、黑苔等；观察时应注意舌面上不同部位舌苔的颜色变化及舌面上多种颜色的相兼出现。此外，注意区分饮食或药物造成的染苔，如有怀疑可结合问诊帮助判断。

例如三叉神经痛患者舌体薄、舌红、前半部分无苔且有裂纹，是阴血亏虚之象，中后部苔腻说明湿浊内蕴，属阴虚夹湿证。胃痛伴幽门螺旋杆菌感染者舌红、苔黄腻。胃脘痛患者的舌质淡白，舌体肥大而舌苔薄白，多为虚寒型，常见症状为胃脘冷痛，喜热，喜按，形寒肢冷，口流清水，呃逆呕吐，食欲不振，食后腹胀，腹泻不止；舌质红或舌体瘦，舌面干燥无苔多为阴虚型，常见症状为胃脘灼痛，食少，口燥咽干，大便干结；舌质边稍红，苔薄白，多为肝郁气滞型，常见症状为胃脘胀满，痛连两胁，胸闷嗳气，善叹息，常因情绪变化而痛增；舌质暗或舌有瘀斑，多为瘀血型，常见症状为胃脘疼痛，多反复发作，经久不愈，胃脘刺痛或刀割样痛，痛处固定拒按，呕血或黑便。

（二）闻诊察痛

闻诊察痛，则凭听觉和嗅觉，闻感患者疼痛发出的声音、气味，以辨别疼痛的特性和部位。

1. 听声音察痛

五声指呼、笑、歌、哭、呻，五音指角、徵、宫、商、羽，分别与肝、心、脾、肺、肾相对应。正常情况下，声音反映人们情态的变化。在病理情况下，则分别反映五脏的病变，尤其在情志方面的病变，往往出现五声的异常表现及音调变化，以此推断五脏的病变。一是发声：头项强痛，身体疼痛，见鼻塞声重者，为感受风寒湿之邪。呻吟不止，或哀号啼叫，多是身有难忍痛楚；语声寂然，喜惊呼者，为骨节间痛；小儿阵哭拒食，辗转不安，或眉皱腹曲，或直声往来而无泪者，多为腹痛。二是语言：语言难出，皱眉缩颈者，为咽痛；腹痛便闭而谵语者，为燥屎内结；狂言乱语，少腹硬满疼痛者，为下焦蓄血。三是呼吸：气喘惟呼出为快，声高息涌，胸部疼痛，为肺有实热，或痰热内停；喘而无力，胸部隐痛，为心肺气虚：呼吸气短，口渴，四肢历节痛，为饮停胸中；短气胸痛，为肺气不足。四是咳嗽：咳声沉闷或重浊，头身疼痛者，为外感风寒湿；咳声清脆，胸痛者，为燥热伤肺；咳声不扬，痰稠色黄，不易咯出，咽喉干痛者，属于肺热；咳声如犬吠，咽喉肿痛者，为白喉。五是呕吐：呕吐，胸胁水痛，为肝气犯胃：呕吐并见下利，腹中绞痛者，为霍乱；呕吐并见便闭，绕脐疼痛者，为燥屎内结；呕吐脓汁，胃脘痛者，属胃痈。六是呃逆：呃声高亢，胃脘疼痛，为外邪客胃；呃声低微，胃脘隐痛，为中气不足。七是嗳气：嗳腐吞酸，脘腹满痛，为食积内停；嗳声响亮，频频发作，胸肋胀痛，属肝气犯胃。八是叹息：常与胸肋胀痛并见，多为肝气郁结。九是肠鸣：脘部有振水声，推之漉漉作响，胃脘疼痛者，为痰饮停聚；腹中雷鸣切痛，为寒邪直中。

2. 嗅气味察痛

一是口气：口臭者，可见于龋齿牙痛、食积胃痛；口气臭秽牙痛者，为胃热；口气酸馊，脘腹疼痛者，为宿食内停；口气腐臭，心胸疼痛者，见于肺痈、胃痈。二是鼻气：鼻出臭气，流浊涕不止，上颌及眼眶疼痛者，为鼻渊。三是痰涎：吐痰腥臭，胸部疼痛者，为肺痈。四是二便：小便清利，脘腹冷痛者，为内有寒邪；小便黄赤浊臭，便时小腹疼痛，或尿道疼痛，为湿热下注膀胱；大便臭如败卵，或屁出酸臭，脘腹胀满疼痛者，为饮食停积。

（三）问诊察痛

问诊察痛，主要是通过询问患者或陪诊者，以了解疼痛发生、发展的过程、现在症状及其有关情况。

就疼痛患者的具体情况，例如出诊或复诊、急性疾病或慢性疾病等，对诊察过程中发现的问题及疾病相关问题进行系统而全面的询问。对于初诊的疼痛患者，首先询问主诉，其次围绕主诉对其现病史及既往史进行详细询问，必要时再对其家族史、个人史等进行询问；对于急性疼痛的患者，首先通过对患者或陪诊者的扼要询问，抓住主症，并进行重点检查，以迅速救治患者或缓解患者的病痛。待病情缓解或稳定后再对其他与病情相关的内容进行详细询问；对于反复就诊、已建立病案的患者，首先浏览其以往的就诊记录，了解其既往史及最近的病情情况，再询问本次就诊的问题或最近的病情变化及治疗效果等。

1. 问疼痛发病情况

围绕患者的主诉，询问此次疼痛的具体时间、地点、起病缓急，可能的原因或诱因（如饮食、劳逸、情志、环境、气候等）。例如以怒为主的情志波动诱发或加重的疼痛，头痛多为一侧，肋痛则攻窜不定，腹痛多在少腹；进食诱发疼痛者，多见于咽喉痛，常为风热、湿热所致的肿痛。疼痛因食冷、热、酸、辣等刺激性食物诱发或加重者，常见于胃痛和牙痛；疼痛遇风寒诱发或加重者，常见于风寒型头痛。严重者每遇刮风天气，即发头部剧痛，《内经》称之为“首风”。疼痛遇寒冷诱发或加重者，见于四肢痛之属于痛痹者和寒湿困阻之腰痛、寒邪直中之腹痛、寒客胃痛、寒痰阻络之面痛等证。

询问患者从疼痛到就诊时的发展情况，了解疼痛的演变及其发展趋势。一般按照疼痛时间的先后顺序进行询问，包括疼痛前的先兆症状、疼痛后某一阶段出现的症状、疼痛的性质、程度及其变化特点；疼痛何时加重或减轻、何时出现新的疼痛；疼痛变化有无规律（如昼夜变化、早、中、晚的变化、进食前后的变化等）及疼痛缓解（如服药、休息）、加剧的因素等。例如疼痛发生在饮食前后者，多为脾胃病变。食前（饥饿时）疼痛，多是虚证；食后疼痛，多是实证；妇女在月经前后疼痛者，有实有虚，临床以腹、腰、乳等部位疼痛多见。凡经前疼痛者，多是实证。如经前腹痛，则为肝郁气滞，或寒湿凝滞，或湿热郁结所致；经前乳房胀痛，则为肝郁气滞所致。凡经期疼痛者，既有实证，也有虚证。如经期腹痛，为瘀血阻滞、寒湿或湿热下注、肝郁气滞所致；疼痛在大小便前后发生者，有虚实之别，临床常见于小腹、尿道和肛门部位。小便时小腹灼热疼痛者，为湿热下注膀胱所致；小便时尿道疼痛，则为心火亢盛，或湿热下注，或气滞血瘀所致。小便后小腹胀痛者，多为肝郁气滞；小便后尿道疼痛，多为虚证，如《伤寒论》禹余粮丸证之“小便已阴疼”，即为发汗太过，阴阳两虚所致。大便时肛门或腹部疼痛剧烈，则为湿热燥火蕴结所致，常见于肛裂。

2. 问诊治经过

询问患者疼痛发作后到此次就诊前所接受过的诊断与治疗情况，按时间顺序进行询问。如在何处做过何种检查，结果如何；得出何种诊断，依据和结论是什么；接受过哪些治疗，以及用药情况（包括药名、用量、用药途径和时间等），治疗或用药后的效果及反应如何。

3. 问疼痛部位

应详细询问患者的疼痛部位，如头、颈项、胸、胁、胃脘、腹、腰、背、四肢、周身等。

（1）**头痛** 询问患者头痛的具体部位是整个头部，还是头的某一部位（如前额连及眉棱骨、后枕连项背、头两侧、巅顶等）。头痛临床上极为常见，可在各种急、慢性疾病中出现，诸如外感、内伤、痰饮、瘀血皆可引起头痛，故对本证应仔细询问，认真辨证。外邪侵袭六经，皆可引起头痛，然痛位不一，当进一步询问痛位以辨病位：头后部痛，下连项背者，为病在太阳经；前额部痛，连眉棱骨者，为病在阳明经；两侧疼痛，连及耳部者，为病在少阳经；全头重痛，腹满自汗者，为病在太阴经；头痛连齿，为病在少阴经；巅顶疼痛，牵引头角，指甲微青者，为病在厥阴经。

（2）**颈项痛** 询问患者项痛的确切部位，以及是否掣及肩背，是否伴随头项活动障碍等。若项痛连头，多为外感风寒，太阳经气郁滞。若颈痛或引肩胛，为手太阳经脉病变。若颈项痛引肩背、腰部，为邪伤肾脏，《内经》称为“阴痹”。扭伤性颈项痛，多表现为单侧，痛向肩背放射，并有负重感。落枕颈项痛，表现为左右一侧或双侧，转动时痛剧，其痛可向肩背放射。

（3）**胸痛** 询问患者胸痛的确切部位，是整个胸部还是某一局部，如虚里、胸骨后、左胸、右胸、乳房等；是否牵引或放射到其他部位，如肩背、两胁、内臂等；与呼吸及胸廓的活动是否有关，与情绪的变化是否有关，是否伴随胁痛、背痛、胃脘痛等。胸痛憋闷，或连及肩臂者，为胸痹。胸阳不振，痰浊内阻，或气虚血瘀，心脉不畅，均可致此。左侧胸部疼痛剧烈，宛如锥刺，连及左侧肩背或左臂内侧，每突然发作，面色青灰，手足青至节者，为真心痛。乃心脉急骤闭阻所致，每多危急，正如《灵枢·厥病》所说："真心痛手足青至节，心痛甚，旦发夕死。"胸部硬满疼痛，下连腹部，旁及两胁，手不可近者，为大结胸，乃水热互结所致。胸痛身热，咳吐脓血痰，味腥臭者，为肺痈。胸痛潮热盗汗，咳痰带血者，为肺痨。胸痛咳喘，不能平卧，痰白量多者，为痰湿犯肺。胸痛连及胁肋，每因情志刺激诱发，此为肝气郁结，胸中气机不利所致。胸部刺痛，部位不移者，为瘀血阻滞。

（4）**胃脘痛**　询问胃脘疼痛是否牵涉其他部位（如腹部、胁部、背部等）、疼痛发作的时间是饭前还是饭后，是日间还是夜间等。胃脘冷痛暴剧，乃寒邪直中胃腑；胃脘胀满疼痛，多是饮食停滞；胃脘胀痛，牵连胁部，属肝气犯胃；胃脘灼痛，痛势急迫，属肝胃郁热；胃脘刺痛，部位固定者，乃瘀血阻于胃络；胃脘隐痛，或为胃阴不足，或为脾胃虚寒，使络脉失养之故。

（5）**胁痛**　询问胁痛的具体部位是双侧还是单侧，是否牵涉其他部位（如背部、胸部等），有无咳嗽、深呼吸时疼痛加剧的情况等。

（6）**腹痛**　询问腹痛的具体部位（如全腹、大腹、脐腹、小腹、少腹等），是否牵涉其他部位（如胃脘、腰背等）及部位发生转移，是否与排便、排尿有关，妇女应注意询问是否与月经周期有关等。

（7）**四肢痛**　询问肢体疼痛的具体部位，如上肢、下肢，双侧、单侧，手、足等；疼痛是在肌肉、筋脉还是关节等。

（8）**腰痛**　询问腰痛的具体部位，如单侧、双侧、脊柱，上部或下部等；是否牵涉其他部位，如腹部、下肢等；妇女应注意询问与月经周期是否有关等。

（9）**背痛**　询问患者背痛的具体部位，如上、中、下、两侧、居中等；是否牵涉其他部位，如腰、胸、胁等。

4. 问疼痛的特性

疼痛的特性往往反映着疾病的特征，因此询问疾病的特性是问诊察痛中的重要内容。例如胀痛多因肝郁气滞、肝阳上亢、感受风热及痰食内停所致，可见于多种疼痛中。胀痛见于头部，则为肝阳上亢、肝火上炎、或感受风热；胀痛见于胃脘，则为肝气犯胃，或饮食停滞；胀痛见于腹部，多为肝脾不和，或饮食停滞；若见于小腹，则为湿热下注。刺痛多是瘀血阻滞、湿热蕴积，火热熏灼及寒热外感等。刺痛见于目部，多为心肝火毒；刺痛见于茎中，为心经火热下移于小肠；刺痛见于小腹，则为湿热下注，砂石阻滞；刺痛见于咽喉，为外感风热，风寒，或湿热上攻，或郁火结于咽喉。绞痛多为砂石阻滞、瘀血阻络及蛔虫窜扰所致。绞痛见于腰部或小腹部，多是砂石阻滞，见于石淋；绞痛见于胸部，多为心血瘀阻之真心痛；绞痛见于茎中，为瘀血阻滞；绞痛见于腹中，多是蛔虫内扰，常见于蛔虫性肠梗阻。牵引痛指一处疼痛向别处牵引。牵引疼痛多与经脉相连，或与部位邻近有关。若头痛牵连项背，为风寒中于足太阳经；牙痛牵引头脑，或连及唇舌颊腮者，为胃火上攻；肩痛连及臂、背者，多见于痹证；面痛连及头角者，每因肝火上犯；胸痛连及两胁者，多为结胸证；胁痛牵连胃脘者，为肝郁气滞。

（四）切诊察痛

切诊察痛，则是通过切脉、触按身体一定的部位，来探查疼痛的部位、程度和特性等。

诊脉时患者的体位：可取端坐位或仰卧位，前臂自然向前平伸，与心脏近于同一水平，呈直腕、仰掌、手指微微弯曲姿势，并将手腕部放置于脉枕或其他软质物上，使寸口部充分伸展，以保持局部气血流畅，便于切脉。如果患者被迫处于半仰卧位，则可将其手以放松状态放置于医生手上，医生站立于病床的侧边，以手代枕，将患者的手腕托于手掌上。诊脉部位的选择：切脉通常切按寸口部位。当寸口正常位置未感觉到脉动时，应注意是否为斜飞脉或反关脉，并按照其脉行位置进行切按。根据需要还可以采用三部九候诊法或人迎寸口诊法，具体诊脉的方法可参考寸口诊法。

寸口诊法操作步骤：首先是调息，医生调匀呼吸，宁静心神，全神贯注，可以自己的呼吸计算患者脉搏跳动的至数。其次是指法，指法第一步是布指：用左手或右手的示指、中指与环指诊脉。首先示指，中指与环指的指端平齐，自然弯曲呈弓形，然后以中指确定关脉部位（高骨定关），示指按于关前的寸脉，环指按于关后的尺脉，指腹紧贴于脉动部位，与被诊者体表约呈 45°角。依据患者身高、臂长的差别调整布指的疏密。患者身高臂长者，布指宜疏，反之宜密。第二步是一指定三关：对于小儿，运用左手或右手的拇指或示指总候三部，以掌后高骨定位，诊脉时用一指分别向两侧滑动或挪动的方式体察三部脉象。第三步是运指：分别运用不同指力，采用轻取、中取、重取的方式，并依照先轻后重的顺序和视具体情况运用总按、单按、一指定三关等指法体察脉象。诊脉时间要求上，每手诊脉时间不少于 1 min，两手以 3 min 为宜，以体察可能发生的脉象变化。

进行脉象诊察时要注意识别八个基本要素。一是脉位，通过指力的轻重变化，诊察脉动显现最为明显的部位，辨别脉位的浅深，以区分浮脉、沉脉、伏脉等。二是脉率，以医者的呼吸或借助钟表，计算一息或 1 min 内脉动的次数，辨别脉搏频率的快慢，以区分迟脉、缓脉、数脉、疾脉等。三是脉力，根据脉搏应指的力度，诊察脉搏的强弱，以区分虚脉、实脉等。四是脉长，依据脉动应指的轴向范围，诊察脉动的长短，并注意寸、关、尺三部是否均有脉动，以区分长脉、短脉等。五是脉宽，依据脉搏应指的径向范围，诊察脉道的粗细，以区分洪脉、细脉等。六是脉律，根据脉搏应指的节律是否一致、有无歇止及歇止有无规律；脉搏应指的力度、大小是否一致等，诊察脉搏的均匀度，以区分促脉、结脉、代脉等。七是脉紧张度，根据脉管应指的软或硬、紧急或弛缓及柔韧度等，诊察脉象的紧张度，以区分紧脉、弦脉、濡脉等。八是脉流利度，根据脉搏应指的圆滑或坚涩等，诊察脉搏的流利度，以区分滑脉、涩脉等。

1. 疼痛的脉象特点

脉象是人体脏腑阴阳气血状态的外在反应，疼痛出现时脉象会有相应的改变。例如沉脉主疼痛，《脉确》曰："浮为痛积外相攻，沉为痛积内相迫。"又《脉诀乳海》云"寸部而见沉脉，为阴寒之气干于肺，而作引痛。"沉脉主里，所主疼痛多为邪郁于里，或正气不足所致。伏脉主疼痛，且多见痛极之证，可见各种暴痛或剧烈疼痛。如《脉象统类》曰："痛甚者脉必伏。"《脉贯》云："痛极壅闭者，脉多伏匿。"《脉义简摩》亦提到"而凡痛极气闭，荣卫壅滞不通者，脉必伏匿""伏脉，为痛极，为霍乱，为疝瘕"。伏脉重手推筋着骨所得，甚则伏而不见，为邪气深伏，或气机逆乱而厥，或气机不通，脉气不得宣通的脉象表现。伏脉为闭塞之候，不通则痛，闭塞所致疼痛则为痛极，故伏脉主疼痛症多为痛极之证。紧脉主寒痛，《古今医统》云："紧脉主邪气盛，为诸痛。"紧主寒，寒邪收引，使得脉道拘急，不通而痛。紧为收敛之象，犹如天地之秋冬，故主寒邪；阳气困凝，故主诸痛。

2. 不同部位疼痛的脉象特点

头痛的脉象常寸部独异，脉位上多表为浮。头痛在脉象上表现为脉浮时多为外感引起，风、寒、湿、热等淫邪上扰清窍皆可引起，风为百病之长，外邪上犯时多依附于风，故外感头痛皆有风邪为患，因风邪挟寒、挟热、挟湿等的不同，其病证又有各异，但症状多为发病急，病程短，病势较剧，且痛无休止，常伴有恶寒，发热等表证。脉形多为高紧张度，在脉形的表现上，头痛时多出现弦脉、紧脉。弦为肝脉，肝主调畅气机，喜柔和而恶刚硬，肝疏泄失司，气机郁滞，或痰饮内阻，或经络不通，因此而引起的头痛均可见于弦脉。脉象多数少迟，若脉短涩则说明头痛预后不良，因脉涩主血少血瘀，短主气不及，脉形短涩说明头痛因于气虚血瘀，故预后不良。

胸痛脉象多表现为寸部独异。寸沉、寸弦、寸涩均主胸痛，沉脉反映病在里，若邪滞于里，气血被遏，脉气内敛，不通则痛，心阳虚弱，水气凌心导致的心痛亦可表现为沉脉。寒邪壅盛、饮停胸胁、阳气虚衰均可导致胸痛，因此表现为沉脉；弦脉主病，实证为多，常由疏泄失常，气机阻滞，气血不和所致。胸中有寒邪凝滞，血脉拘急而致疼痛，脉象为弦，弱虚证、虚寒之证，常兼合他脉；胸为心之所居，心主血脉，如血瘀或血少均可导致心痛，此时可现涩脉。阴维为病苦心痛，阴维脉为奇经八脉之一，其循行经胁部与足厥阴经相合然后上行，故其病可导致心痛，阴维脉之气血异常时在脉象上体现为从尺外斜上至寸而沉，阴维脉亦可主胸痛的发生。脉象亦可多为相兼脉，胸痛一证，常常几种证候相互兼见，因此胸痛时常见相兼脉出现，如寒凝兼血瘀胸痛、气滞兼血瘀胸痛、痰热犯肺相兼等。气血相互依存，血的运行靠气的推动，气的运转又需血的滋润，故气滞血瘀常相兼出现，脉象亦表现为相兼脉。

胃脘痛脉象多独异于关部，胃脘痛的病位在胃，胃脘部位于身体中部，故胃脘痛的脉象多表现为关部独异。脉象多实少虚，多由外感淫邪、饮食不节、嗜食生冷，或忧思恼怒等因所致气机不畅，从而导致胃脘部的病变。然胃之受纳，腐熟及消化功能，又要依赖于脾气的运化，肝气的疏泄，与肾阳的温煦，故胃脘痛也与脾、肝、肾的病变有关。引起胃脘痛的病因病机多样，多由实邪引起，因此脉象也多实少虚。关沉主胃脘痛，胃寒初期多属实，若病情迁延，必耗伤中阳，中阳虚更易受寒发病，此时表现为胃痛缠绵，虚寒胃痛脉象为沉。脉象短涩为食滞胃脘痛，内伤胃脘痛多由食滞胃脘引起，胃之特性以降为顺，以通为用，宿食停滞，胃脘部不通则痛，脉象可短涩。脉弦为情志内伤导致的胃脘痛，情志不遂，肝木不疏，刑克脾土，脾胃升降失司，可表现为胃脘痛，脉象多弦。脉象见滑多见于痰阻所致的胃脘痛，此外，胃脘痛时亦可见伏脉、迟脉、动脉等。

二、中医学对疼痛的辨证

中医学认为疼痛所涉及的领域较为广泛，病因复杂。其病情有轻重缓急之别，病性有寒热虚实之异，病位有脏络深浅之分，病程有长短久暂之辨。故临床需对患者疼痛情况进行全面的思量，仔细观察辨别，增强治疗的针对性。

1. 辨主次，务在止痛

所谓主证，指能够揭示疾病本质，可以作为辨证主要依据的证候，它可以随着病机的转化而转变。临床辨证确定了主证，即是确定了疾病首先需要解决的问题。但是疼痛常与其他症状共存，所以辨证时需要抓住主证，可以从患者的主诉、表现等方面追根溯源。例如“腹痛”往往与发热、腹胀、便秘或呕吐、泄泻并存，若腹痛症状最先出现且难以忍受，而其他症状逐渐出现，则腹疼痛的诊断自可当机立断；但若先出现发热，吐泻等症，后出现腹痛，且疼痛不严重，则难以下腹疼痛的定论，此时患者的病情难以区分主次，需采用四诊合参的方式，从疾病的因果关系入手以确定主证。其次，抓主证必须详细询问患者的相关病史及治疗经过，因为病程阶段不同，其主证、次证可以相互转化。如悬饮初期，其主要证候表现为胸闷、咳嗽、气短、呼吸不畅等，采用宣肺逐水法治疗后，饮邪得以祛除，伴随胸闷、气短诸症消失，但随后出现的胸痛加剧、干咳、咳则胸痛加剧等症，表明目前胸痛上升为主证。由此说明，确定主证的要旨在于衡量病情的轻重缓急，分析疾病的先后因果，审辨证候的真假虚实。

就一般情况而言，疼痛大多具有起病急促、发展迅速或病情较重的特点。强烈而持久的疼痛，不但会使患者身心遭受难以承受的折磨，而且可以导致患者出现厥脱。所以疼痛的管理，主要在于运用简单有效的方法，迅速缓解患者的疼痛。如肩凝证可用热熨法，急性腰痛可用手针疗法，腰胯痛可用水针疗法等。

总之，“务在止痛”实际上是“急则治标”的缓兵之计，其目的是尽快缓解患者疼痛，使病势发展得以遏制，为后续的治疗争取更多的时间。但是，并不是所有的疼痛都必须立刻止痛，这样容易掩盖真实的病情，从而难以辨证论治、对症下药导致耽误病机。所以，对部分疼痛而言，需从疼痛的部位、性质、程度、缓解或加重因素等方面寻找原因以确定病证。例如临床上常见的急性腹痛，在确诊之前，不可冒然治疗止痛，以免掩盖真正的病情，对患者造成不良后果。

2. 辨缓急，标本兼顾

《素问·标本病传论》曰：“病有标本……知标本者，万举万当。”辨疼痛，也必须权衡标本缓急，做到有的放矢，不误病机。临床应以“急则治其标，缓则治其本”为原则，对卒痛、剧痛当从标从急治。然而，当疼痛缓解后，应从其疼痛的位置、特性、持续时间等方面出发，并结合并发症状，参照舌脉，分析疾病的性质，寻求病因，进而溯本论治，这对提高治疗效果和疾病的预后具有重要意义。如“真心痛”发作之时，不仅表现为胸痛，常牵涉至肩部、背部，患者疼痛难忍，重则有厥脱之象，故治疗时宜选用噙化疗法联合针刺迅速止痛。等疼痛缓解后，当根据其舌脉之象，调气补血、平衡阴阳。若患者表现为心悸气短，畏寒无汗，四肢发冷，痛无定时，舌色暗淡，脉沉涩者，为心阳亏虚，治当温补心阳，复振阳气，则既有利于调畅血脉，又可防止疼痛复发。同时还应嘱患者起居有常，饮食有节，调摄精神，综合调理，有利于疾病的早日康复。

部分疼痛临床症状较为复杂，标本俱急，不宜单独治标或单独治本者，则应采用“标本同治”之法，减少“虚虚实实”的错误。如素体气血亏虚，又因感受风寒之邪所致的痹证，其疼痛既有因气血亏虚所导致的“本虚”，又有风寒阻络所导致的“标实”，治疗时若单用疏风散寒则气血益伤，或仅用补益气血则邪气又不能除，此两者都有失偏颇，故治之必须扶正祛邪，标本兼顾。

3. 辨病性，分而治之

疼痛的病性，有虚实寒热的差别，宜详察细辨，分而治之。《质疑录》关于“凡痛而胀闭者多实，不胀不闭者多虚；痛而喜寒者多实热，喜热者多虚寒；饱而甚者多实，饥则甚者多虚；脉实气粗者多实。脉虚少气者多虚；新病壮年者多实，愈攻愈剧者多虚”之论，言简义赅，实则为辨疼痛之病性的重要理论，具体阐述如下。

（1）寒痛 其痛多剧烈，得温则减。冷痛在临床较为常见，若是寒凝经脉，使经脉拘急，也可以出现掣痛、急痛、牵引痛等，为寒邪凝滞，经脉闭阻。治法宜辛温散寒，同时据其经络所属，分别配伍引经止痛药。

若痛势绵绵，喜温喜按，时作时止，伴畏寒肢冷，小便清长，舌苔薄白，脉沉弦或沉迟无力者，多属阳气亏虚，脉络失养，无以温煦所致。治宜温补阳气，散寒止痛，并视其主脏，使治疗主次分明。

（2）热痛 痛或剧或缓，得冷则减。临床以灼痛多见。若是热与湿合或与痰结，其痛多剧，常表现为割痛。此外，阴虚火旺，上熏于鼻咽，可见干痛；热盛肉腐，疮疡成脓，可见跳痛等。多为热邪壅滞，气血阻塞，或阴虚火旺，灼经伤脉所致。治法宜清热泻火、通里攻下；或滋阴清热，缓急止痛。

（3）虚痛 虚痛大多喜温喜按，休息后痛减。其中，阴血不足，多见隐痛；阳气衰竭，多见绵痛；肾精亏损，多见空痛；中气下陷，多见坠痛。多因精、气、血、津液、阴、阳等不足，使络脉失养所致。《质疑录》有言：“治表虚而痛者，阳不足也，非温经不可；里虚而痛者，阴不足也，非养荣不可；上虚而痛者，心脾受伤也，非补中不可；下虚而痛者，脱泄亡阴也，非速补脾肾，温补命门不可。凡属诸病之虚者，不可以不补也。”故治法应为补虚止痛，并依其本质之异，而分别采用相应的补虚之法。

（4）实痛 大多起病急促，病程短暂，病情重，变化快，其疼痛多为胀痛、刺痛、结痛、掣痛、绞痛等，痛势剧烈而拒按，多为气滞、血瘀、寒凝、虫积、食滞等实邪阻滞脏腑，遏壅经络，不通则痛。治疗需据病邪性质及所阻部位之不同，而采用不同的“通”“利”之剂，如痰邪者当化之，食滞者宜理之。

此外，临床上常见也有本虚标实，寒热夹杂的疼痛。如疼痛本由气血阴阳的不足，脏腑功能衰弱所致，久而久之，可造成气滞、血瘀、痰阻、寒凝等多种病理变化，致使疼痛加重。而实痛经久不愈，伤气耗血，可发展为虚实夹杂之证。此类疼痛，属“不荣则痛”与“不通则痛”并存，治疗时应当权衡主次，通补并用，标本兼顾。

4. 辨病位，脏络异治

病位可反映疾病之轻重和病势之进退。因此，详察病位，是辨证论治过程中重要的一环。

疼痛的病位甚为广泛，涉及五脏六腑，经络气血，上下表里。《医醇賸义·卷四》有言：“人之一身，自顶至踵，俱有痛病。”人体以脏腑为中心，并通过经络与五官、九窍四肢百骸相互沟通，故疼痛的病位可用脏腑、经络以概之。痛在脏腑者，外感、内伤皆可引起，以内伤为常见，多病位深而病情重，其病多发于脏腑所处部位，如肝病及胁，肺病及胸，胃病之脘痛等。痛在经络者，多由外感所致，以实痛常见，多病位浅而病情较轻。其可由经络本身或者脏腑功能失调所致。疼痛的部位多表现在经络的循行路线上，如头痛一证，病在太阳经，多表现为头枕部为甚，下连项背；若病在阳明经，多见于前额部痛，连及眉棱骨；病在少阳经，则头两侧痛，可连及耳部；病在太阴经，多表现为全头重痛；病在少阴经，头痛连齿；病在厥阴经者，巅顶疼痛，连及头角。

对病在脏腑的疼痛，应视其具体所属脏腑及病性之异，选择适宜的调补之法，从而疏理气机，促进脏腑功能协调，气机通畅，则疼痛得愈。还应考虑到脏腑之间的关系，溯本求源，找出病位。如胃脘痛，除胃腑本身的原因可导致疼痛外，因脾肾阳衰或肝气犯胃，胃失温养或肝胃不和而致者亦复不少，治当分清主次，或脾肾兼顾，或疏肝理气。

对于病在经络的疼痛，治疗上首先应根据病邪性质之差异而采取相应疗法，以祛除实邪，通经活络。其次，还要根据脏腑与经络的关系，调整脏腑之功能。如可用暖肝散寒法治疗阴囊睾丸冷痛紧缩者；采用补肝益肾法治疗足跟空痛者等，脏络同治，更利于提高疗效。此外，病程长而病情顽固者，可配伍虫蚁类等性烈之药来疏通经络，以提高疗效。再者，治疗经络疼痛，还应据其经络所属，而选用引经药，使药力直达病位所在。

5. 辨病程，法随证转

疾病症状并非一成不变，它会随着治疗、病程、病情的发展而变化。病程长短以阶段性来区分，它不仅能反映出病位之浅深，病情之轻重，病势之进退，而且可以揭示病机转化和疾病预后。故治疗方案也应随着病程长短和证候变化，作合适的调整，方能不误病机，提高效率。如外感疼痛的初期，邪气未盛，正气未衰，病情轻浅，治宜解表散邪，扬而祛之；若病程延长，邪气渐盛，正气日伤，治疗当以祛邪为主，亦应顾护正气，扶正祛邪。内伤疼痛的初期，虽多属实，需用峻剂而治者，宜暂用，以免伤及正气；进入中期，邪未去而正气渐伤，治当祛邪扶正兼顾，攻邪勿忘扶正；病至后期，邪未衰而正气益虚，治疗应注意调补气血，调养脏腑，使正气复而邪易祛。如胃痛因食生冷，导致寒积胃脘时，治宜温胃散寒，理气止痛；若日久不愈，损伤脾阳，又当以温阳益气，散寒止痛为法。又如肝经火热上犯所致目痛，初则当以清肝泻火为主，日久损伤肝肾之阴者，又当用补益肝肾之法善后。由是观之，病程的长短是判断病机转化的一个重要方面。临床应根据病情的动态变化，辨证论治，方能提高疗效。

第五节　现代医学对疼痛的诊断

疼痛是患者寻求医疗协助的最常见原因之一，全球范围约有 30%的人口受到慢性疼痛的困扰。在某些疾病中，疼痛可能是唯一的或最主要的症状，在这种情况下，慢性疼痛本身可被视为一种独立的疾病，例如纤维肌痛、偏头痛、三叉神经痛。而在更多的疾病中，疼痛是继发于其他组织损伤或病理改变的。在患者没有明确外伤的情况下，对疼痛的诊断具有一定的挑战性。由于疼痛始终是个人主观的知觉体验，很难设计某种仪器对主观感受进行客观的测量。在多数情况下，医生依赖患者对疼痛的口头描述，同时结合病史、体格检查和其他辅助检查手段做出诊断。

一、病 史 采 集

病史采集是医生诊治患者的第一步，病史的完整性和准确性对疾病的诊治有很大的影响。问诊是病史采集的主要手段，通过问诊可以了解患者的基本情况、主要症状、既往病史等信息，对于疾病的初步诊断和选择有针对性的辅助检查手段至关重要。由于缺乏对疼痛的客观检测手段，对于以疼痛为主诉症状的患者来说，问诊就尤为重要。

1. 患者基本情况

记录患者的基本信息，包括姓名、年龄、性别、民族、婚姻状况、籍贯、职业、住址等。简要了解患者的一般状况，包括精神状态、体力状态、食欲、睡眠、体重变化等。

2. 疼痛相关情况

对于以疼痛为主诉症状的患者，有必要详细了解以下相关情况：

1）疼痛的起病时间、前驱症状。

2）疼痛的发作规律、持续时间。

3）疼痛的部位。

4）疼痛的性质（刺痛、灼痛、钝痛、跳痛、痉挛痛）。

5）疼痛的强度。

6）缓解或加剧疼痛的因素。

3. 健康史、个人史、家族史

多种因素可能影响疼痛，除了年龄、性别、肥胖程度外，还有必要了解既往病史、遗传因素、手术史、饮食偏好、情绪障碍、有毒物质接触史等等。

（1）既往健康史 包括曾经患过的疾病（包括精神疾病）、手术史、过敏史、输血史、药物使用历史。

（2）个人史

1）社会经历：包括出生地、居留地（注意地方病流行区和疫源地）。

2）职业及工作条件：曾经从事过的工种、劳动环境、化学毒物、放射性物质接触史。

3）习惯和嗜好：饮食偏好、烟酒及其他嗜好、麻醉品和毒品接触史。

（3）家族史

1）直系亲属的健康与疾病情况：是否有与患者同样的疾病，已死亡直系亲属的死因。

2）是否有家族遗传病：如高血压、冠心病、肥胖、哮喘、痛风、糖尿病、肿瘤、癫痫、精神病。

3）家族中是否有结核、肝炎、性病等传染病。

在临床实践中，对患者来说，要把疼痛感受描述得清楚准确，让医生完整清晰地理解，通常并不是一件容易的事情。因此，结合有针对性的体格检查和其他辅助检查是必要的。

二、体 格 检 查

也称为物理检查，指医生利用感官和简单的器械来检查患者的身体，用以评估患者的健康状况和疾病相关症状，并做出初步的诊断。

1. 一般检查

一般情况观察：患者的整体外观、意识状态、面容表情、步态、姿势（是否有保护性体位）；

生命体征测量：体温、脉搏、呼吸频率和血压；

皮肤：颜色、弹性、纹理、瘢痕、出血点等；

淋巴结：全身淋巴结是否肿大、压痛、活动；

其他：其他身体部位的外观、形态等。

2. 骨关节检查

观察病变关节是否有畸形、肿胀、瘢痕等异常；触诊关节周围骨性标志、肌肉、韧带等，注意是否有压痛和肿块；评估关节活动范围。针对不同的关节有特定的体征测试，例如针对肩关节的搭肩试验，又称肩关节内收试验，患者肘关节屈曲位，将手搭于对侧肩部，如果手不能搭于对侧肩部或搭上后肘部不能贴近胸壁，即为阳性，提示可能有肩关节脱位。

3. 神经反射检查

神经反射由反射弧完成，包括感受器、传入神经、中枢、传出神经、效应器。反射包括浅反射和深反射，浅反射指刺激皮肤或黏膜引起的反射，深反射指刺激骨膜、肌腱，经深部感受器完成的反射，又称腱反射。通过检查患者的神经反射可以评估疼痛是否来源于神经损伤或功能障碍，并辅助定位神经损伤的位置。脊髓损伤患者通常有脊髓损伤平面下的感觉减退、肌力下降、肌肉萎缩。上运动神经元损伤患者有腱反射亢进，下运动神经元损伤患者有腱反射减弱或消失。

4. 神经系统检查

针对神经走向和支配区域进行体格检查，有助于诊断疼痛的性质。例如神经叩击试验，检查者用叩诊锤叩击一侧肢体的 5 个位置，上肢的两个位置分别在手腕和肘部，下肢的三个位置分别在膝盖的外侧、脚背和内踝的下方。如果有叩击点的远端放射性的异常感觉，提示糖尿病性周围神经病。

5. 运动功能检查

肌肉的运动受神经的支配。主要运动功能检查指标包括肌力和肌张力。肌力指肌肉运动时的最大收缩力，检查时令患者做肢体伸屈动作，检查者从相反方向测试患者对阻力的克服力。肌张力指静息状态下的肌肉紧张度，以触摸肌肉的硬度及伸屈肢体时感知的阻力判断。肌力和肌张力检查有助于评估疼痛的性质、原因和影响范围。例如，肌力减弱可能与神经根压迫或周围神经病变有关，而肌张力的改变可能与中枢神经系统病变有关。

三、辅 助 检 查

1. 疼痛的影像学诊断

（1）X 线 利用 X 射线穿透人体组织并生成内部结构图像，是初步诊断疼痛的常用手段之一，尤其是评估骨骼、关节、牙齿等结构的病变。特点是快速、简便、成本低。

（2）CT 计算机断层扫描利用 X 射线在不同角度进行扫描，生成人体横截面的图像，与 X 线片相比具有更高的软组织分辨率，能够发现 X 线漏诊的一些微小骨折，常用于诊断椎间盘病变、椎管狭窄、脊柱创伤等。

（3）超声 利用超声波在人体内反射来生成图像，常用于检查内脏器官的异常。无辐射、快捷、成本低。

（4）磁共振 利用磁场使人体组织成像，具有良好的软组织分辨率，无电离辐射。新兴的功能性核磁共振利用磁场造影来测量神经元活动所引发的血流动力学改变，可用于评估疼痛强度、产生疼痛的脑区、治疗效果等。

2. 实验室检查

（1）肌电图（electromyography，EMG） 使用电极在皮肤表面或肌肉内部记录肌肉收缩和放松时产生的电信号，可用于评估周围神经、神经肌肉接头以及肌肉本身的功能状态。

（2）心电图（electrocardiography，ECG） 可记录心脏的电活动，对于胸痛的鉴别诊断至关重要，可以帮助区分心血管疾病引起的胸痛。

（3）电生理学检测（神经传导速度测试） 评估神经纤维的传导速度和波幅是否正常，有助于诊断周围神经损伤，如多发性周围神经病、糖尿病性周围神经病变、尿毒症性周围神经病、吉兰-巴雷综合征等。

3. 其他检查

血液检查、尿液检查、脑脊液检查、遗传学筛查等手段可用于检测是否存在感染、免疫系统异常、肝肾功能异常、中枢神经系统异常、家族遗传风险等情况，有助于分析疼痛的性质和原因，做出准确的诊断。

第三章　疼痛的评估与管理概述

学习目标

❖ **知识目标**

1. 掌握：疼痛评估的要点、方法和注意事项，疼痛患者的管理程序，疼痛患者护理计划及措施。

2. 熟悉：各类评估工具的适用范围、适应人群、优缺点、常见中西医疼痛疗护方法与技术。

3. 了解：疼痛管理中的预防与康复。

❖ **能力目标**

通过本章节的学习，能够熟练进行病史资料的采集，运用各种疼痛评估量表，进行疼痛的精准评估及实施相应的方案。

❖ **思政目标**

通过案例模拟合作在疼痛管理中的关键作用，提升团队精神和协作能力，体验到团队合作在疼痛管理中的关键作用。

第一节　疼痛的评估方法

疼痛评估在医疗护理中占据着举足轻重的地位。它不仅是确保患者得到适当治疗的前提，也是衡量治疗效果和患者康复进展的重要指标。通过准确、全面的疼痛评估，医护人员能够了解患者的疼痛程度、性质及持续时间，从而制定有效的个性化疼痛管理方案。此外，动态疼痛评估还能帮助监测疼痛的变化，及时调整治疗方案，避免药物滥用风险和降低潜在的不良反应。因此，疼痛评估不仅是缓解患者痛苦的关键步骤，也是提升医疗服务质量和患者满意度的必要环节。

导入案例 3-1

患者，张某，男性，62 岁。自述肺癌病史 2 年余，近期因病情进展出现持续性胸痛，疼痛区域主要位于右侧胸壁，并向背部放射。疼痛性质为钝痛，偶尔伴有尖锐刺痛，夜间加重，严重影响睡眠质量。患者自述疼痛导致呼吸受限，日常活动能力大幅下降，情绪低落，时有焦虑抑郁情绪。患者面色晦暗，形体消瘦，舌淡暗，苔薄白，舌下络脉迂曲，脉弦细涩。西医查体：胸部 CT 显示肺癌病灶增大，侵犯胸膜，伴有胸腔积液。疼痛评估（VAS 评分）为 8 分，提示重度疼痛。体格检查发现右侧胸壁压痛明显，呼吸音减弱，叩诊呈浊音。患者因长期疼痛影响，食欲下降，体重减轻，营养状况欠佳。中医望闻问切诊断：患者舌淡暗、苔薄白、舌下络脉迂曲、脉弦细涩，结合其疼痛性质及全身症状，提示可能存在气滞血瘀、脏腑功能失调的中医证候。

1. 该患者疼痛评估的最佳工具？

2. 请结合该患者的病情，你认为可以给予患者哪些现代医学、中医学的止痛方法？

一、疼痛的评估

（一）现代医学常用的疼痛评估方法

1. 疼痛程度的评估

（1）语言分级评分法（verbal rating scale，VRS）　由一系列描绘疼痛的形容词组成。最轻度疼痛的描述常被评为 0 分，以后每级增加 1 分，使每个级别都有相应的评分标准，便于定量分析疼痛。其又可分为四点语言分级评分法、五点语言分级评分法、六点语言分级评分法见表 3-1。其中六点语言测定评分法利用疼痛对行为的影响来表达疼痛强度，贴近患者的生活，有一定的客观性，便于理解，也适合于出院后随访，临床较为常用。

表 3-1　六点语言分级评分法量表

0	1	2	3	4	5
无痛	有疼痛但常被忽视	有疼痛，无法忽视，不干扰注意力	有疼痛，无法忽视，干扰注意力	有疼痛，无法忽视，所有日常活动均受影响，但能满足基本生理需求，如进食、排便等	存在剧烈疼痛，无法忽视，所有日常活动都受影响，需休息或卧床休息

（2）Wong-Baker 面部表情量表　见图 3-1，该量表 1990 年开始被运用于临床疼痛程度的评估。该量表由 6 种面部表情组成，用微笑、悲伤至哭泣等表情来表达疼痛程度。在进行疼痛评估时，要求患者选择一张最能表达其疼痛的脸谱。这种评估方法简单、直观、形象，易于掌握，不需要任何附加设备，特别适用于急性疼痛者、老人、小儿、文化程度较低者、表达能力丧失者及认知功能障碍者。

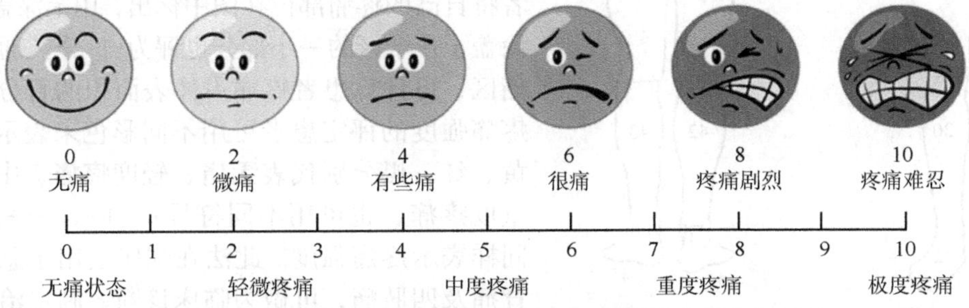

图 3-1　Wong-Baker 面部表情量表

（3）视觉模拟评分法（visual analogue scale，VAS）　见图 3-2，是由一条 10 cm 直线组成，1～4 cm 表示轻微疼痛，表现为钝性疼痛、不适、重物压迫感、炎性痛；5～6 cm 表示中度疼痛，表现为烧灼感、痉挛、跳痛、刺痛、压痛和触痛；7～9 cm 表示严重疼痛，表现为对正常生活造成影响；10 cm 表示剧烈疼痛，疼痛无法控制。患者将自己所能感受的疼痛强度在直线上进行标记，刻度线左端（或上端）至标记点之间的距离为该患者的疼痛强度。VAS 简单、快速、精确、易操作，在临床上广泛应用于评价疼痛程度。它不仅用来测定疼痛的强弱程度，也可以测定疼痛的缓解程度及其他方面，如：情感、功能水平的程度等。VAS 的缺点是不能做患者之间的比较，而只能对患者治疗前后做评价。

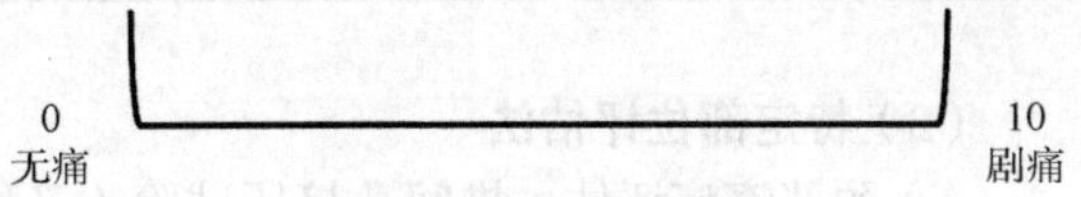

图 3-2　视觉模拟量表

（4）数字疼痛评分量表（numerical pain rating scale，NPRS）　见图 3-3，是在 VAS 基础上发展而来的，此方法由 0～10 共 11 个点组成，数字从低到高表示从无痛到最痛，0 分表示无痛，10 分表示剧痛，由患者自己选择不同分值来量化疼痛程度，评分越高则疼痛强度越大，NPRS 通常用来测试患者过去 24 h 内的疼痛强度或报告平均疼痛强度，其有效性和可靠性均较高，能够更加直观的表现疼痛分级，对于每一次分级的疼痛都能具体描述，是目前应用得最广泛的工具，有研究认为其信度及效度优于其他量表而被推荐用于患者的疼痛评估，但不适用于有沟通障碍者。

图 3-3 数值评分量表（NRS）

数值 1～3 表示轻微不适，4～6 表示中等疼痛，7～10 表示严重的疼痛

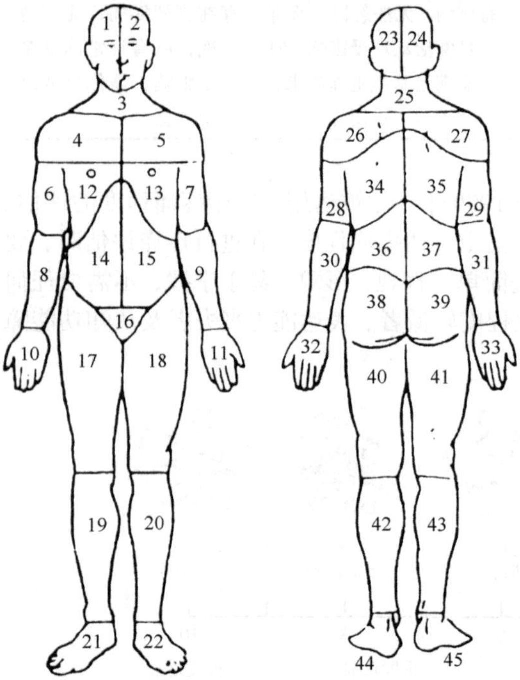

图 3-4 人体 45 区域体表面积分布图

2. 疼痛部位的评估工具

（1）45 区体表面积评分法 见表 3-2，此法由 Ransford 等人提出，又被称为 45 区人体评分法（45 body areas rating scale，BARS-45）。它是由人体正、反两面直观图组成，因而可以应用于那些有交流障碍的患者。医生或患者均可在人体图上画出疼痛的位置，因而可直接提供患者较为准确的疼痛位置和范围。此法把人体表面分成 45 个区域，每个区域内标有该区号码。人体前面分为 22 个区，背面分为 23 个区。每个区不论大小均为 1 分（图 3-4，表 3-2），患者将自己的疼痛部位在图中标出，用笔涂盖。即便只涂盖了一个区的一小部分也评为 1 分。通过这些疼痛区，可计算患者疼痛占体表面积的百分比。对于疼痛强度的评定患者可用不同彩色来表示。如绿、黄、红、黑分别代表无痛、轻度疼痛、中度疼痛、重度疼痛，也可用不同符号+、++、+++、++++，同样表示疼痛强度。此法在临床上用于急慢性颈腰背痛及四肢痛，可做为临床诊断、制定治疗计划及疗效比较的方法。

表 3-2 疼痛躯体表面积的百分比

疼痛区号码	各占体表面积百分比	疼痛区号码	各占体表面积百分比
25，26，27	0.5	38，39	2.50
4，5，16	1.00	14，15	3.00
3，8，9，10，11，30，31，32，33	1.50	19，20，42，43	3.50
1，2，21，22，23，24，44，45	1.75	34，35	4.00
6，7，12，13，28，29，36，37	2.00	17，18，40，41	4.75

（2）特定部位评估法

1）颈部疼痛评估：椎间孔挤压试验（又称压顶试验）患者取坐位，测量者站于其身后，双手交叉相扣，以手掌面下压患者头顶，两前臂掌侧夹患者头两侧保护，不使头颈歪斜，以免挤压时造成意外。当用力挤压时，颈部或上肢出现疼痛加重，即为阳性。该试验是使椎间孔变窄，从而加重对颈神经根的刺激，故出现疼痛或放射痛。多见于神经根型颈椎病或颈椎间盘突出症。

臂丛牵拉试验：患者取坐位，头微屈。测量者站于患者被检查侧，一手置于该侧头部，将头部向对侧推，另一手握患肢腕部作相对牵引。如出现放射痛则为阳性。多见于神经根型颈椎病。

颈椎间孔分离试验（颈椎拔伸试验）：患者取坐位，测量者站于其身后，以两手托住患者下颌，并以胸或腹部抵住其枕部，逐渐向上牵引颈椎，如患者感到颈部和上肢的疼痛减轻，即为阳性。该试验可以拉开狭窄的椎间孔，减少对神经根的挤压和刺激，从而减轻疼痛。多见于神经根型颈椎病。

2）胸部疼痛评估：胸廓挤压试验首先检查者两手掌分别置于患者胸骨和后背处，前后相对用力挤压；再行侧方挤压，将两手分别置于胸廓两侧，向中间挤压，若引起患者骨折处剧烈疼痛，则提示胸廓挤压试验阳性。用于诊断肋骨骨折和胸肋关节脱位。

3）腰与下肢的疼痛评估：直腿抬高试验，患者取仰卧位，双下肢平放，检查者一手握患者被检查侧下肢踝部，一手按膝保持该下肢伸直，逐渐抬高患者下肢，正常者可以抬高 70°～90°而无任何不适感觉；若小于以上角度即感到该下肢有麻木感或放射性疼痛则为阳性，多见于坐骨神经痛。

髋外展外旋试验（“4”字试验）：患者取仰卧位，健肢伸直，患肢膝关节屈曲、髋关节屈曲、外展、外旋，将患肢外踝放于另一侧膝关节上，呈“4”字形。测量者一手放在屈曲的膝关节内侧，另一手放在对侧髂嵴部，然后两手向下按压，若被检查侧骶髂关节处出现疼痛即为阳性。说明有骶髂关节病变。

3. 多维疼痛评估工具

（1）McGill 疼痛问卷（McGill pain questionnaire，MPQ）　是由学者 Melzack 和 Torgerson 于 1971 年设计完成，该量表的主要作用是评估患者对疼痛的感觉、情感以及评价维度。该量表包含各种描述疼痛的形容词，以强度递增的方式排列。该量表共 20 组，分 4 类，其中 1～10 组为感觉类（sensory）、11～15 组为情感类（affective）、16 组为评价类（evaluation）、17～20 组为非特异性类（miscellaneous）。医护人员进行疼痛评估时，患者可在每一组词中选出最贴近自己疼痛感受的词，若没有合适的词可以不选。MPQ 量表内容丰富，因此该量表适用于科研及调查详细的疼痛相关信息。由于该问卷包含的词类比较抽象、复杂，对患者理解力有一定的要求，且评估时间较长，因此临床应用具有一定局限性。

（2）简明疼痛评估量表（brief pain inventory，BPI）　由美国威斯康星医学院癌症照护症状评估合作中心的疼痛研究小组研发，主要适用于癌症疼痛的评估。BPI 对感觉、情感、评价三个内容进行量化，可以评估疼痛的原因、部位、性质、疼痛对生活的影响等，评估所需时间段，适用于各类疼痛患者的评估。

（3）生活质量综合评定问卷（generic quality of life inventory，GQOL）　由李凌江、杨德森于 1998 年完成编制，是生活质量的综合性问卷，是社区人群生活质量的主要评估工具，也可作为特定人群（如老年人、慢性病患者等）生活质量的综合评定问卷。该量表包括躯体功能、心理功能、社会功能、物质生活状态 4 个维度 20 个因子 74 个条目，每个条目评分均为 1～5 分。每个因子包括客观指标与主观满意度两个条目，各因子总分最高 20 分，最低 4 分，其中客观条目占 10 分，主观满意条目占 10 分，均以正向积分的结果参与分析，即评分越高，生活质量越好。

4. 行为测量法

（1）儿童疼痛的行为测定量表（face，legs，activity，cry，consolability，FLACC）　见表 3-3，由面部表情、腿、体位、哭、安慰 5 个项目组成，分值 0～10 分，分值越高，认为疼痛越严重。0 表示放松、舒服，1～3 表示轻微不适，4～6 表示中度疼痛，7～10 表示严重疼痛。评分者需观察患儿 10 min，观察外露的身体和下肢，根据观察的患儿情况与量表中的内容对照，将所有项目的评分相加即为患儿最后评估总分。当患儿 FLACC 疼痛评分<3 分时，护理人员可对患儿进行非药物镇

痛护理；FLACC 疼痛评分＞3 分时及时进行镇痛治疗。常用于 2 个月至 7 岁患儿或无法自我报告的儿童术后疼痛的评估，是住院手术患儿首推的评估方法。

表 3-3 儿童疼痛的行为测定量表

项目（得分）	0	1	2
面部表情（Face）	无特定表情或笑容	偶尔面部扭曲或皱眉	持续颤抖下巴，紧缩下颚，紧皱眉头
脚部活动（Legs）	正常体位或放松状态	不适，无法休息，肌肉或神经紧张，肢体间断弯曲/伸展	踢或拉直腿，高张力，扩大肢体弯曲或伸直，发抖
体位（Activity）	安静平躺，正常体位，可顺利移动	急促不安，来回移动，紧张，移动犹豫	卷曲或痉挛，来回摆动，头部左右摇动，揉搓身体某部位
哭闹（Cry）	不哭不闹	呻吟或啜泣，偶尔哭泣，叹息	不断哭泣，尖叫或抽呻吟
可安慰度（Consolability）	平静的，满足的，放松，不要求安慰	可通过偶尔身体接触消除疑虑，分散注意	安慰有困难

（2）危重症患者疼痛观察工具（critical-care pain observation tool，CPOT） 见表 3-4，是由加拿大学者 Gelinas 等于 2006 年设计的一种疼痛评估工具，它通过观察患者的面部表情、肢体活动、肌张力和通气依从性（插管患者）或发声（非插管患者）四个方面的表现，将每个方面的表现赋予 0～2 分，然后将这四个条目的得分相加得到总分 0～8 分，分数越高表示患者的疼痛程度越高。

表 3-4 重症监护疼痛观察工具（CPOT）

指标	描述	评分	分数
面部表情	未看到肌肉紧张	自然放松	0
	表现出皱眉、眉毛放低、眼眶紧绷和提肌缩短	紧张	1
	以上面部表情全部变化加上眼睑轻度闭合	扮鬼脸	2
体动	不动（不表示不存在疼痛）无体动	无体动	0
	迟缓慎重的运动，碰触或抚摸悲伤部位，经过运动寻求关注	保护性体动	1
	拉拽管道，试图坐起来，运动肢体烈摇动，不依据指挥，攻击工作人员	烦躁不安	2
肌肉紧张（经过被动的屈曲和伸展上肢来评估）	对被动运动不做抵抗	放松	0
	对被动运动做抵抗	紧张和肌肉紧张	1
	对被动运动强烈抵抗，没法将其完成	极度紧张或僵直	2
对呼吸机的适应性	无警报发生，痛快的接受机械运气	耐受呼吸机或机械通气	0
	警报自动停止	咳嗽但是耐受	1
	人机不同步，机械通气阻断，频频报警	抗衡呼吸机	2
发声	用正常腔调讲话或不发声	正常腔调讲话或不发声	0
	惋惜，呻吟	惋惜，呻吟	1
	喊叫，呜咽	喊叫，呜咽	2

（3）非语言成人疼痛评估量表（nonverbal adult pain assessment scale，NVPS） 见表 3-5，

是由 Odhner 等于 2003 年设计，适用于气管插管和镇静的创伤患者的疼痛评估工具，通过观察患者的面部表情、活动（运动）、身体姿势以及生理指标（包括生命体征和皮肤、瞳孔、出汗、脸红或苍白等生理反应）来评估疼痛程度，每个方面赋予 0～2 分，总分 0～10 分，分数越高表示疼痛程度越高。

表 3-5　非语言成人疼痛评估量表（NVPS）

项目	分值描述	得分
面部表情	表情自然	0
	偶尔有鬼脸表情、流泪、皱眉、皱额头、淡漠	1
	频繁有鬼脸表情、流泪、皱眉、皱额头，下颌常颤抖或紧咬	2
活动、运动	活动、运动	0
	缓慢谨慎的运动，通过动作寻求关注	1
	不安，躁动和（或）退缩移动	2
保护动作	静卧，手指未指向身体任何部位	0
	紧绷，夹紧身体	1
	僵直，僵硬	2
生理指标 1	生命体征平稳	0
（SBR、HR 在过去 1 h 变化）	以下任一指标：SBR＞20 mmHg，或 HR＞20 次/min	1
	以下任一指标：SBR＞30 mmHg，或 HR＞25 次/min	2
呼吸	RR、SPO_2 平稳，人机顺应	0
	以下任一指标 RR＞基线值 10 次/min 或 SPO_2＜基线值 5%，中度人机对抗	1
	以下任一指标 RR＞基线值 20 次/min 或 SPO_2＜基线值 10%，重度人机对抗	2

5. 心理评估

心理评估是通过一系列标准化、系统化的方法和手段，对个体的心理活动、心理状态以及心理特征进行全面、客观、科学的测量、分析和评价的过程。

（1）汉密尔顿焦虑量表（Hamilton anxiety rating scale，HAMA）　见表 3-6，是由 M.Hamilton 于 1959 年开发的，是一个广泛使用且经过验证的焦虑评估工具，它基于 14 个参数（如焦虑情绪、紧张、恐惧、失眠、躯体主诉和行为等）来衡量患者的焦虑严重程度，采用 0～4 分的五级评分系统，总分范围 14～30 分，据此可将焦虑程度划分为轻度（14～17 分）、中度（18～24 分）和严重（25～30 分）。

表 3-6　汉密尔顿焦虑评定量表（HAMA）

评分标准：0 分：无症状；1 分：轻；2 分：中等；3 分：重度；4 分：极重度

	症状	内容	评分
1	焦虑心境	担心、担忧，感到有最坏的事情将要发生，容易被激惹	
2	紧张	紧张感、易疲劳、不能放松，情绪反应，易哭、颤抖、感到不安	
3	害怕	害怕黑暗、陌生人、一人独处、动物、乘车或旅行及人多的场合	
4	失眠	难以入睡、易醒、睡得不深、多梦、梦魇、夜惊、睡醒后感到疲倦	
5	认知功能	或称记忆力、注意力障碍。注意力不能集中，记忆力差	
6	抑郁心境	丧失兴趣、对以往爱好的事务缺乏快感、忧郁、早醒、昼重夜轻	
7	躯体性焦虑（肌肉系统症状）	肌肉酸痛、活动不灵活、肌肉经常抽动、肢体抽动、牙齿打颤、声音发抖	
8	感觉系统症状	视物模糊、发冷发热、软弱无力感、浑身刺痛	
9	心血管系统症状	心动过速、心悸、胸痛、血管跳动感、昏倒感、心搏脱漏	

续表

评分标准：0 分：无症状；1 分：轻；2 分：中等；3 分：重度；4 分：极重度			
	症状	内容	评分
10	呼吸系统症状	时常感到胸闷、窒息感、叹息、呼吸困难	
11	胃肠消化道症状	吞咽困难、嗳气、食欲不佳、消化不良（进食后腹痛、胃部烧灼痛、腹胀、恶心、饱胀感）、肠鸣、腹泻、便秘、体重减轻	
12	生殖、泌尿系统症状	尿意频繁、尿急、停经、性冷淡、过早射精、勃起不能、阳萎	
13	自主神经系统症状	口干、潮红、苍白、易出汗、立毛反射增强、紧张性头痛、毛发竖起	
14	与人谈话时的行为表现	①一般表现：紧张、不能松弛、忐忑不安、咬手指、紧握拳、摸弄手帕、面肌抽动、不停顿足、手发抖、皱眉、表情僵硬、肌张力高、叹息样呼吸、面色苍白；②生理表现：吞咽、频繁打呃、安静时心率快、呼吸加快（20 次/min 以上），腱反射亢进、震颤、瞳孔放大、眼睑跳动、易出汗、眼球突出	
	总分		

（2）汉密尔顿抑郁量表（Hamilton Depression Scale，HAMD） 见表 3-7，是由 M.Hamilton 于 1960 年编制的一种广泛应用的抑郁评估工具，包括 17 项、21 项和 24 项 3 种版本，其中 24 项版本最为详尽。该量表评估了情绪、有罪感、自杀观念、睡眠障碍、工作和兴趣等多个抑郁症状，采用 0～4 分的五级评分法（部分项目为 0～2 分三级评分），分数越高表示抑郁症状越严重。评定需由 2 名经过培训的评定者通过交谈与观察进行，通常评估入组时及前一周的情况，并在治疗后 2～6 周复评以监测病情变化。根据总分，抑郁程度可分为无或极轻、轻度、中度和严重 4 个等级。HAMD 在临床上具有重要价值，能指导治疗方案制定和效果评估，但需注意其受医生主观因素影响及评估过程复杂耗时的局限性。

表 3-7 汉密尔顿抑郁量表（HAMD）

		项目	得分
1	抑郁情绪	0=无症状 1=只有问到时才叙述 2=在谈话时自发表达 3=不用语言也可以从表情、姿势、声音或欲哭中流露出这种情绪 4=患者的言语和非言语表达（表情、动作）几乎完全表现为这种情绪	
2	有罪感	0=无症状 1=责备自己，感到自己已连累他人 2=认为自己犯了罪，或反复思考以往的过失或错误 3=认为目前的疾病是对自己错误的惩罚，或有罪恶妄想 4=罪恶妄想伴有指责或威胁性幻觉	
3	自杀	0=无症状 1=觉得活着没有意义 2=希望自己已经死去，或经常想到与死有关的事 3=消极观念（自杀念头） 4=有严重自杀行为	

续表

项目			得分
4	入睡困难	0=无症状 1=主诉有入睡困难，即上床后半小时仍不能入睡 2=主诉每晚均有入睡困难	
5	睡眠不深	0=无症状 1=睡眠浅，多恶梦 2=半夜（晚12点以前）曾醒来（不包括上厕所）	
6	早醒	0=无症状 1=有早醒，比平时早醒1小时，但能重新入睡 2=早醒后无法重新入睡	
7	工作和兴趣	0=无症状 1=提问时才叙述 2=自发地直接或间接表达对工作或学习兴趣下降，如感到无精打采、犹豫不决、不能坚持或强迫才能工作或活动 3=活动时间减少或效率降低，住院患者每天参加病室劳动或娱乐不满3 h 4=因目前的疾病而停止工作，住院者不参加任何活动或者没有他人帮助便不能完成病室日常事务	
8	迟滞	0=无症状 1=精神检查中发现轻度迟滞 2=精神检查中发现明显迟缓 3=精神检查进行困难 4=完全不能回答问题（木僵）	
9	激越	0=无症状 1=检查时表现得有些心神不定 2=明显的心神不定或小动作多 3=不能静坐，检查中曾起立 4=搓手、咬手指、扯头发、咬嘴唇	
10	精神性焦虑	0=无症状 1=及时叙述 2=自发地表达 3=表情和言语流露出明显焦虑 4=明显惊恐	
11	躯体性焦虑	0=无症状 1=轻度 2=中度，有肯定的上述症状 3=重度，上述症状严重，影响生活，需加处理 4=严重影响生活和活动	
12	胃肠道症状	0=无症状 1=食欲减退，但不需要他人鼓励便自行进食 2=进食需他人催促或请求和需要应用泻药或助消化药	

续表

		项目	得分
13	全身症状	0=无症状 1=四肢背部或颈部沉重感、背痛 头痛 肌肉疼痛，全身乏力或疲倦 2=症状明显	
14	性症状	0=无症状 1=轻度 2=重度 3=不能肯定，或该项对被评者不适合（不计入总分）	
15	疑病	0=无症状 1=对身体过分关注 2=反复考虑健康问题 3=有疑病妄想 4=伴幻觉的疑病妄想	
16	体重减轻	A. 根据病史评定 0=无症状 1=患者叙述可能有体重减轻 2=肯定体重减轻 B. 医师测定体重 0=体重记录表明 1 星期内减轻不到 0.5 kg 1=体重记录表明 1 星期内减轻 0.5 kg 以上 2=体重记录表明 1 星期内减轻 1 kg 以上	
17	自知力	0=知道自己有病，表现为抑郁 1=知道自己有病，但归咎于伙食太差、环境问题、工作过忙、病毒感染、需要休息等 2=完全否认有病	

（二）中医学疼痛的评估方法

中医学运用四诊合参的方法对疼痛进行评估。四诊既是中医辨证论治及收集临床资料的重要方法，又是中医学对疼痛评估的重要方法。其中望诊是四诊之首，是指通过视觉观察患者的神、色、形、态的变化，以评估和确定疼痛的部位、程度及性质。闻诊是运用听觉和嗅觉，听患者说话的声音、呼吸、咳嗽、呕吐、呃逆、嗳气等声音，嗅诊患者的体味、口臭、痰涕、二便的气味，以评估和辨别疼痛的特性和部位。问诊是通过询问患者及其家属起病和转变的相关情况，了解和评估疼痛发生、发展的过程、现在症状及其有关情况。切诊就是通过脉诊（切脉）和触诊，掌握脉象，触按患者的体表病变部分，探查患者的体温、硬软、拒按或喜按等，以探查和评估疼痛的部位、程度和性质等。《丹溪心法》云："欲知其内者，当以观乎外；诊于外者，斯以知其内。盖有诸内者形诸外。"疼痛亦不例外，合理运用四诊评估疼痛在体表所显现的征象和体征，就可断知疼痛的病史、病因、病机，从而为治疗疼痛提供客观依据。

四诊合参的评估方法详见第二章第四节。

二、疼痛患者的管理程序

（一）疼痛管理措施的评估

1. 病史采集

病史采集是医疗过程中的关键环节，涉及对患者病情的全面了解，包括患者主诉、现病史、既往史、家族史、饮食习惯、生活环境等，以便医护人员能够做出准确的诊断和治疗计划。

2. 辅助检查

辅助检查在临床诊断和治疗过程中，为了确定病情、评估病变程度或监测疗效而进行的非侵入性或侵入性检查方法，这些检查可以帮助医生获取更多关于患者身体状况的信息，为确诊和治疗提供依据。

（1）**体格检查**　是对患者的生长发育、营养状况、体型、呼吸、脉搏、血压等进行全面的评估。

（2）**实验室检查**　通过采集患者的血液、尿液、粪便等标本进行化验，从而辅助疾病的诊断。

血常规：检查血液中的红细胞、白细胞、血小板等数量和质量，判断是否存在贫血、感染等情况。

尿常规：检查尿液的颜色、透明度、比重、酸碱度等，以及是否存在蛋白质、红细胞、白细胞等异常成分。

粪便常规：检查粪便的形状、颜色、气味等，以及是否存在寄生虫卵、红细胞、白细胞等异常成分。

肝肾功能检查：评估肝脏和肾脏的功能状态，包括转氨酶、胆红素、尿素氮、肌酐等指标。

电解质检查：检查血液中的钾、钠、氯、钙等电解质的含量，判断是否存在电解质紊乱。

（3）**影像学检查**　利用 X 线、超声波、CT、核磁共振成像（MRI）等技术对患者的身体进行检查。这些检查能够清晰地显示身体内部的结构和病变情况，为医务工作者提供直观的诊断依据。

X 线检查：检查骨骼、肺部等部位的病变情况。

B 超检查：检查腹部、盆腔等部位的器官结构和病变情况。

CT 检查：检查头部、胸部、腹部等部位的病变情况，具有更高的分辨率和准确性。

核磁共振成像：检查软组织、神经系统等部位的病变情况，具有无创、无辐射的优点。

（4）**内镜检查**　是一种使用内窥镜经口腔或肛门途径，观察身体内部情况的方法。

胃镜检查：观察食管、胃、十二指肠等部位的病变情况。

肠镜检查：观察大肠和直肠的病变情况。

支气管镜检查：观察支气管和肺部的病变情况。

（5）**病理学检查**　通过切取、钳取或穿刺等方法取出病变组织，然后进行病理学检查，能够明确病变的性质。

3. 评估的记录

对患者进行疼痛评估后的详细、全面记录患者的基本信息包括姓名、年龄、性别、疼痛的部位、疼痛的性质、疼痛的强度、持续时间及疼痛对患者生活或工作的影响，以便于医护人员了解患者的疼痛状况，制定个性化的疼痛管理方案。

4. 评估时的注意事项

（1）**倾听患者的主诉**　疼痛是一种主观感受，缺乏客观指标，因此应充分相信患者的主诉，并将其作为评估疼痛的重要依据；此外，应引导患者将最主要的问题阐明，避免表述混乱，防止遗漏重要病史。

（2）**疼痛经历与药物依赖**　询问患者是否有急慢性疼痛的经历，以及是否有乙醇或药物依赖史，这有助于解释患者对某些药物的恐惧或拒绝服用的行为。

（3）注重患者的心理状态 明确患者目前是否存在抑郁或焦虑，以及抑郁或焦虑的程度，了解过去是否有类似的感受，是否接受过心理治疗。

（二）疼痛患者管理的问题与计划

1. 疼痛患者常见的管理问题

（1）评估不准确 由于疼痛是一种主观感受，缺乏客观指标，其次医护人员的经验和专业知识不足，也可能导致评估不准确。

（2）评估不及时 在患者疼痛发作时，若未能及时进行评估，可能会延误疼痛治疗，导致疼痛加重。

（3）药物选择不当 未根据患者的疼痛类型、程度、持续时间等因素选择合适的药物；药物剂量不准确，可能导致镇痛效果不佳或药物不良反应增加。

（4）物理治疗和心理治疗不足 物理治疗（如热敷、冷敷等）和心理治疗在疼痛管理中具有重要作用，但往往被忽视或执行不足。

（5）疼痛管理的持续性和有效性 由于各种原因（如患者不配合、药物不良反应等），疼痛治疗可能无法持续进行；疼痛管理措施可能未能达到预期效果，导致疼痛反复或加重。

2. 疼痛患者的管理目标

（1）控制疼痛 通过有效的疼痛评估和疼痛管理，最大限度地减轻或消除患者的疼痛，使其能够舒适地生活和工作。

（2）最小化不良反应 在选择疼痛治疗药物和方法时，充分考虑患者的身体状况和个体差异，尽量减少药物或治疗带来的不良反应，确保治疗的安全性和有效性。

（3）提高患者生活质量 疼痛管理不仅关注疼痛的缓解，还致力于改善患者的整体生活质量，包括提高患者的睡眠质量、精神状态、日常活动能力等。

（4）促进患者康复 对于因疾病或手术等原因导致的疼痛，管理目标还包括促进患者的康复进程，使其能够更快地恢复正常的生理功能和社会活动能力。

3. 疼痛患者的管理计划

（1）疼痛评估 ①评估工具：使用 NRS（数字评分法）、VRS（语言描述评分法）等标准化疼痛评估量表，确保评估结果的准确性和一致性。②评估内容：全面了解患者的疼痛状况，包括疼痛的部位、性质、程度、持续时间等。③评估频率：入院时、手术后、特殊治疗前后等关键时间点进行常规疼痛评估。根据病情变化及疼痛程度，随时进行动态评估，及时调整治疗方案。对于危重患者、术后患者等高风险人群，增加评估频次。

（2）疼痛原因分析 分析患者疼痛的原因，包括疾病本身、手术后、创伤后或其他相关因素，以便选择针对性的治疗方法。

（3）治疗方法选择 根据患者的具体情况，选择合适的治疗方法，包括药物治疗（非甾体抗炎药、阿片类药物、局部麻醉药）、物理治疗（冷热敷、电刺激、推拿等）、心理治疗等。

（4）治疗计划制定 制定详细的治疗计划，包括治疗的目标、方法、频率和时间等。确保治疗计划具有个体化、综合化、规范化的特点，以满足患者的具体需求。

（5）健康教育 向患者介绍疼痛的定义、分类、评估方法以及常见误区，提高患者对疼痛的认知水平，向患者介绍非药物和药物疼痛缓解方法，如物理疗法、心理疗法、药物治疗等，帮助患者建立个性化的疼痛管理方案。同时鼓励家属参与患者的疼痛管理过程，提供情感支持，共同促进患者的康复。

（6）治疗效果评估与调整 ①定期评估：定期评估治疗效果，包括疼痛程度、生活质量等方面的改善情况。②方案调整：根据评估结果，对治疗计划进行必要的调整，以确保治疗的有效性和持续性。

（三）疼痛患者管理计划的实施

1. 疼痛患者的管理措施

（1）**药物治疗** 根据疼痛的性质和程度，选择合适的药物进行治疗。轻度疼痛可选用非处方药，如布洛芬、对乙酰氨基酚等；中度至重度疼痛可能需要使用处方药，如吗啡、可待因、曲马多等。

注意药物的不良反应和依赖性，确保用药安全。在使用药物时，务必遵循医嘱，注意药物的剂量和使用频率。

（2）**非药物治疗**

物理治疗：包括冷热疗法、针灸、推拿、电刺激等，可以帮助缓解肌肉紧张，促进血液循环，从而减轻疼痛。

心理治疗：通过心理咨询、放松训练、认知行为疗法等心理干预手段，帮助患者调整心态，减轻焦虑和抑郁情绪，从而降低疼痛感知。

生活方式调整：保持良好的作息习惯，保证充足的睡眠，进行适当的运动，保持健康的饮食习惯等，都有助于提高身体免疫力，减轻疼痛。

2. 管理实施的记录

记录使用缓解疼痛的药物名称、剂量、给药途径、给药时间以及患者的反应情况，包括疼痛缓解程度、药物不良反应等及采取的物理治疗（如冷敷、热敷、按摩、针灸等）、心理治疗（如认知行为疗法、放松训练等）以及生活方式调整措施（如改善睡眠、调整饮食等）的实施情况，以及患者的反馈和效果。

（四）疼痛患者管理实施效果的评价

1. 评价的内容

（1）**疼痛控制效果** 这是评价疼痛管理实施效果的核心指标，通过对比患者接受管理前后的疼痛程度、发作频率、持续时间等，评估管理措施是否有效减轻患者的疼痛感。

（2）**患者的心理状态** 疼痛往往伴随着焦虑、抑郁等负面情绪，因此评价疼痛管理实施效果时，还需要关注患者的心理状态是否得到改善，如情绪是否更加稳定、焦虑抑郁程度是否降低等。

（3）**日常生活能力** 疼痛可能影响患者的日常生活能力，如行走、穿衣、洗漱等。因此，评价疼痛管理实施效果时，需要评估患者这些能力的恢复情况，以判断管理措施是否有助于患者恢复正常的日常生活。

（4）**情感与社会功能** 疼痛患者可能因疼痛而减少社交活动，影响人际关系和情感交流。评价管理效果时，应关注患者社交活动的恢复情况，以及是否能够更好地与他人进行情感交流。

（5）**认知与行为** 疼痛可能导致患者注意力分散、记忆力下降等认知障碍，以及出现不良行为反应。因此，评价疼痛管理实施效果时，也需要考虑患者的认知和行为是否得到改善。

2. 评价时的注意事项

（1）**确保评价方法的科学性与客观性** ①选择可靠的评价量表：应依据易于使用、结果可靠、可重复性强、患者易于接受等特点来选择评价量表。疼痛是一种主观的感受和体验，临床上衡量疼痛在很大程度上依赖患者与医护人员之间的交流，应充分相信患者的主诉。②多种评价方法结合使用：采用语言描述评分法（VRS）、视觉模拟评分法（VAS）、数字分级法（NRS）、面部疼痛表情量表修订版（FPS-R）等多种评价方法，以更全面地评估患者的疼痛状况。

（2）**全面考虑疼痛的影响因素** ①心理状态的影响：心理状态与疼痛的关系密切，尤其是癌性疼痛患者，心理问题常会影响疼痛的评价结果。因此，在评价过程中要注意心理状态的评价，明确患者是否存在抑郁或焦虑，以及抑郁或焦虑的程度。②个体差异的考虑：疼痛的感受存在个体差异，不同患者对疼痛的耐受度和敏感度不同。因此，在评价疼痛管理效果时，应充分考虑患者的个体差异，避免一概而论。

（3）关注疼痛管理的长期效果 ①持续监测与评估：疼痛管理是一个持续的过程，需要定期对患者进行疼痛评估，以监测疼痛管理效果的变化。这有助于及时调整治疗方案，确保疼痛得到有效控制。②预防疼痛复发：在评价疼痛管理效果时，不仅要关注当前的疼痛状况，还要关注疼痛复发的可能性。通过采取预防措施，如改善生活方式、加强锻炼等，降低疼痛复发的风险。

（4）确保评价过程的公正性与透明度 ①避免主观偏见：评价人员应保持客观公正的态度，避免将个人主观偏见带入评价过程。在评价过程中，应严格遵循评价标准和方法，确保评价结果的准确性。②加强沟通与反馈：评价人员应与患者保持密切沟通，及时了解患者的疼痛状况和需求。同时，应向患者提供评价结果的反馈，让患者了解自己的疼痛管理效果，以便更好地配合治疗。

（5）注重患者的主观感受与满意度 ①尊重患者的主诉：疼痛是一种主观感受，患者的疼痛主诉是评价疼痛管理效果的重要依据。在评价过程中，应充分尊重患者的主诉，认真倾听患者的感受和意见。②提高患者满意度：通过改善服务质量、优化治疗方案等措施，提高患者对疼痛管理的满意度。患者的满意度是衡量疼痛管理效果的重要指标之一，也是改进疼痛管理工作的重要依据。

第二节 常见中西医疼痛疗护方法与技术

一、药物治疗

大多数来医院就诊的患者都会经历疼痛，且表现形式多样，因此医护人员需根据疼痛的表现形式、个体差异等为患者进行个体化疼痛管理。

（一）现代医学药物止痛

1. 药物分类

现代医学将止痛药主要分为麻醉性镇痛药、非甾体类抗炎药（NSAIDs）、解痉止痛药和其他类型止痛药。

（1）麻醉性止痛药 麻醉性镇痛药是指在不影响患者的神智和意识条件下，具有选择性镇痛作用的一类药物，同时能减轻疼痛引起的负面情绪，主要指阿片类药物。本类药镇痛作用强，但反复使用易成瘾，一旦停药会产生撤药症状，故又称为成瘾性镇痛药，临床必须严格管控，限制使用。常见的止痛药可分为天然阿片生物碱（吗啡、可待因）和人工合成镇痛药（哌替啶芬太尼等）根据对阿片受体亲和力分为弱阿片类药（可待因）和强阿片类药（吗啡、芬太尼）。

吗啡 是强阿片类药物的经典代表药，也是其他新型镇痛药物药效比较的标准参照药物。它对于各种持续性疼痛、均有效，可用于术后疼痛、创伤性疼痛、心绞痛、各种慢性疼痛、非恶性顽固性疼痛及癌性疼痛的治疗：其对于源于躯体的持续性钝痛的镇痛效果最好，其次是持续性内脏源性疼痛，对于间断性疼痛、神经源性疼痛及活动引起的疼痛反应较差或无反应。

[临床应用] 镇痛：吗啡对各种疼痛都有效，但因易成瘾，故仅用于其他镇痛药无效的严重创伤、烧伤等引起的急性锐痛。对心肌梗死引起的剧痛，若血压正常时，可用吗啡止痛，同时还能使患者镇静、消除焦虑不安情绪和扩张外周血管，降低外周阻力，减轻心脏负担，有利于治疗。

心源性哮喘：这是左心衰竭引起的症状，表现为急性肺水肿而导致缺氧和CO堆积，产生呼吸困难；CO_2的蓄积又可刺激呼吸中枢兴奋，使患者有呼吸急促、憋气和喘息现象。对心源性哮喘的治疗，除应用强心苷、氨茶碱和吸氧外，小剂量的吗啡（5 mg）可产生良好效果。吗啡抑制呼吸中枢可降低呼吸中枢对CO_2的敏感性，使呼吸频率减慢深度加深，增加换气量，减轻喘息症状。同时由于吗啡扩张外周血管，降低外周阻力和对中枢的镇静作用，均有利于缓解患者焦虑情绪，并能减轻心脏负荷，促进病情改善。其他原因引起的肺水肿也可应用小剂量吗啡治疗。

止泻：适用于急慢性消耗性腹泻，可减轻症状，一般选用阿片或复方樟脑酊。对有感染者应加用抗菌药。

[不良反应] 对吗啡产生过敏反应者少见，常见不良反应有：

治疗量可引起恶心、呕吐、排尿困难、呼吸抑制和便秘等。

急性中毒：剂量过大可引起昏迷，呼吸高度抑制，瞳孔呈针尖大小，发绀，血压下降，尿少及脊髓兴奋，腱反射亢进等，不及时抢救可死于呼吸麻痹。抢救措施主要是对症治疗，常用呼吸兴奋剂，人工呼吸、输液，吸氧等。同时选用吗啡对抗剂纳洛酮、烯丙吗啡对维持呼吸循环功能也很重要。

耐受性：吗啡易产生耐受性，开始用量宜选小剂量（约半个治疗量），逐渐加大以找到最佳有效剂量，各种止痛药交替使用，可延缓耐受性发生。

成瘾性（慢性中毒）：治疗剂量每日给药3次，连续用药1～2周就可能产生成瘾，引起精神依赖和躯体依赖性，一旦停药会出现撤药综合征，表现有烦躁不安、失眠、打呵欠、流涕、肌肉痛、震颤、盗汗、腹绞痛、呕吐、瞳孔散大甚至虚脱等。成瘾后患者出现强迫性觅药行为，危害极大。

[禁忌证] 禁用于分娩止痛。哺乳妇女和婴儿止痛。支气管哮喘、多痰咳嗽、肺心病、颅内压增高、痢疾、消化道和泌尿道阻塞性疾病及严重肝功能障碍患者，禁用吗啡类药物。

可待因 为阿片所含生物碱之一，又称甲基吗啡，进入体内后脱去第三位甲基，转化为吗啡而发挥药理作用。其药理作用与吗啡相似，但比吗啡弱，镇痛作用只有吗啡的1/12，镇咳和呼吸抑制作用为1/3～1/4，无明显镇静作用，其他恶心、呕吐、降压、便秘等作用均较轻。临床主要用于镇咳、镇痛，与阿司匹林联用可增强止痛效果。可待因为中枢性镇咳药，使用时不宜单用，否则可能导致痰液潴留及胸闷。本品口服易吸收，经肝代谢为无活性成分由肾排出，可待因产生欣快感和成瘾性虽比吗啡弱，但久用也能成瘾，并与吗啡之间有交叉成瘾性。用量超出60 mg后易产生烦躁不安、兴奋等现象。

（2）非甾体类抗炎药（NSAIDs） 也称解热镇痛抗炎药，是临床上常用的一类止痛药，具有抗炎、抗风湿、止痛、退热和抗凝血作用的药物。对创伤性剧痛和内脏绞痛无效，而对常见的慢性钝痛如头痛、牙痛、关节痛、神经痛、月经痛等效果好。具有中等强度止痛作用，约为可待因的1/10，久用不易成瘾，也不引起呼吸抑制，故临床广泛应用。本类药物镇痛作用部位主要在外周，即神经末梢的痛觉感受器，与药物抑制神经末梢部位前列腺素合成有关。在临床上广泛用于骨关节炎、类风湿性关节炎、多种发热、术后疼痛、肿瘤骨破坏性疼痛等多种疼痛的缓解。常见药物包括阿司匹林、对乙酰氨基酚、吲哚美辛等。

阿司匹林 又名乙酰水杨酸，具有解热、镇痛、抗风湿和抑制血小板聚集作用。口服后主要在小肠迅速吸收，其吸收率和程度受到溶解度、胃肠道pH及食物的影响，服药后1～2 h达到血药峰值，在吸收过程中能被存于胃肠黏膜、血浆、红细胞及肝中的酯酶迅速分解为水杨酸，并以盐的形式分布到全身各组织器官。也能透入关节腔和脑脊液起作用，并能进入乳汁和胎盘。阿司匹林主要经肝代谢后由肾排出，也有部分原形由肾排出。排泄率与尿液pH值显著相关，尿呈碱性时可排出85%以上，而尿呈酸性时仅排出 5%左右，因此酸性尿有利本药在肾小管内再吸收，而使血药浓度维持长久，增强疗效；而尿呈碱性时，增加药物的排泄，有利药物中毒的解救。

[临床应用] 解热、镇痛、抗炎、抗风湿、疗效迅速、作用较强。常与其他药物组成复方制剂，用于发烧、头痛、肌肉痛、神经痛、关节痛等治疗。

预防血栓形成 阿司匹林抑制血小板聚集作用与其抑制前环氧化酶作用有关，通过抑制环氧化酶，使血栓素（TXA2）的合成受到抑制，从而抑制血小板聚集，结果延长出血时间，影响凝血功能。临床常采用小剂量（50 mg/d）用于防止血栓形成。常选作预防手术后的血栓形成和心肌梗死发生。

[不良反应及用药须知]

胃肠道反应　最为常见，由于药物呈酸性，口服可直接刺激胃黏膜引起上腹部不适，表现为恶心、呕吐、食欲不振等，大剂量服用可引起消化道出血或溃疡形成，除药物刺激作用外，还可能与本药抑制前列腺素合成有关，近年来研究证明前列腺素对胃黏膜有保护作用，胃部的前列腺素合成减少，可引起胃酸分泌增加和局部血流量减少，故胃溃疡病患者禁用阿司匹林。临床选用肠溶片可减轻药物对胃的刺激作用，另外饭后服药及适当同服胃黏膜保护剂都可减轻本药的胃肠道反应。

凝血障碍　阿司匹林抑制血小板聚集，可延长出血时间，大剂量服药（3 g/d 以上）还能抑制凝血因子Ⅱ的合成而导致出血倾向，此时可用维生素 K 防治，凡有严重肝病、血友病和维生素 K 缺乏症者，禁用阿司匹林，有出血倾向和近期脑出血史者也应禁用。为避免手术中出血过多，大手术前一周应停用本类药。长期大剂量应用阿司匹林者应密切观察有无瘀斑或黏膜出血等出血情况。

过敏反应　少数人对阿司匹林有过敏反应，可引起荨麻疹、血管神经性水肿、哮喘甚至过敏性休克。阿司匹林哮喘常在服药 20 min 至 2 h 内发生，可用肾上腺素和抗组胺药物治疗，有哮喘病史者应禁用阿司匹林及其复方制剂。在应用阿司匹林等药前，应询问患者有无过敏史。

水杨酸反应　大剂量长期服用易发生水杨酸中毒症状，表现为头痛、眩晕、恶心呕吐、耳鸣、听力下降、视力模糊甚至精神失常、酸碱平衡失调和出血等。严重者应立即停药，给予对症治疗，可静脉滴入碳酸氢钠碱化尿液，加速水杨酸盐的排出。

对乙酰氨基酚（Paracetamol）　又称扑热息痛或醋氨酚（acetaminophen），它是非那西丁（phenacetin）在体内的代谢产物，有解热镇痛作用。作用缓和持久，镇痛效果与阿司匹林相当，但对胃肠道刺激性较低，不引起凝血障碍。口服易吸收，服后 30～60 min 血药浓度达高峰，在肝内代谢，约 80%与葡萄糖醛酸结合失活，17%转为羟基化代谢产物，最后经肾排出，用量过大时，其羟基化代谢产物能氧化血红蛋白，而形成高铁血红蛋白血症，使组织缺氧，发绀及溶血性贫血。长期使用对肝损害较重，可引起急性肝坏死，还可致肾损害，引起肾乳头坏死和间质性肾炎，血小板减少等，偶见过敏反应，如皮疹，严重者伴有药热及黏膜损害。

布洛芬　又名异丁苯丙酸，有解热、镇痛、抗风湿作用，临床主要用于抗风湿治疗，药效并不比阿司匹林强，由于不良反应较少，临床常选用治疗风湿和类风湿性关节炎。常见不良反应有轻度消化不良、转氨酶升高、皮疹、头痛，偶见溃疡病加重等。

（3）解痉止痛类药物　解痉止痛药主要用于缓解平滑肌痉挛引起的疼痛，如胃肠道痉挛、胆道痉挛等，常见的解痉止痛药包括硫酸阿托品片、颠茄片等，有明显的外周抗胆碱作用。适用：胃肠道、胆管、胰管引起的绞痛，血管痉挛引发的疼痛等。禁忌：青光眼患者、前列腺肥大者、颅内压增高、脑出血急性期患者、恶性肿瘤患者。

不良反应：可有口干、面红、心率增快、视近物模糊等。

（4）其他　现代医学中，除了麻醉性止痛药、非甾体类抗炎药（NSAIDs）、糖皮质激素，还包括神经性止痛药、抗抑郁类止痛药和抗焦虑类止痛药。它们具有独特的作用机制和适用范围，能够为不同类型的疼痛提供有效的治疗选择。神经性止痛药，用于治疗神经性疼痛，如三叉神经痛、带状疱疹后遗神经痛等。常见的神经性止痛药包括卡马西平、普瑞巴林、加巴喷丁等；抗抑郁类止痛药和抗焦虑类止痛药：这类药物主要用于治疗由心理因素引起的疼痛，如慢性疼痛伴随的抑郁、焦虑等情绪障碍，通过改善患者的心理状态，间接缓解疼痛感觉。

2. 应用原则

止痛药的用药原则旨在确保患者在安全和最低不良反应的前提下，达到良好的止痛效果，并提高患者的治疗体验和满意度。

（1）遵医嘱用药　患者在接受止痛药治疗时，应严格遵循医生的处方和用药指导。

（2）**按时给药** 按医嘱所规定的时间给药，下一次剂量应在前次给药效果消失之前给药，以维持有效的血药浓度，保证疼痛连续缓解。

（3）**按阶梯给药** 选用药物应由弱到强，逐渐升级，尽可能避免耐药性的发生。轻度疼痛可选择非甾体类抗炎药（NSAIDs）等，中度疼痛可考虑弱阿片类药物，重度疼痛则可能需要使用强阿片类药物。

（4）**个体化给药** 根据患者的疼痛程度、个人体质、既往用药史，及药代动力学特征综合选择用药。

（二）中药止痛

1. 中药炮制

中药炮制是指在中医药理论的指导下，对中药材进行净制、切制以及蒸、炒、煅、炙、浸、泡等多种方法，最终将其制成饮片以供中医临床使用或中药制剂生产。这一独特技术不仅能使中药药性更为缓和，还能减毒存效，促进药物间的协同作用。作为中国的传统制药技术，中药炮制历史悠久，可追溯至春秋战国时期，随着时间的推移，炮制技术逐渐发展和完善。汉代《神农本草经》对有毒药物炮制方法与机理作了一定的解释；梁代《本草经集注》将零散的炮制方法进行了第一次归纳总结；宋代《雷公炮炙论》是我国第一部炮制专著。金元明时期，炮制理论逐渐形成和完善；清代则是炮制品种和技术的扩大应用时期；现代则是炮制技术的振兴和发展时期。

2. 配伍原则

中药配伍原则是指在中医药理论指导下，根据药物的性质、功效及药性相宜关系，合理选择并搭配中药，遵循君臣佐使的组方原则，通过相须相使增强药效、相畏相杀减轻毒性，避免相恶相反产生不良反应，并参考五行生克制化规律，以达到提高药物疗效、确保用药安全的目的。

3. 经典止痛方剂

中医认为疼痛是由各种原因引起身体某些部位的经络气血运行不畅而致，其核心是气血运行障碍，并具体概括为“不通则痛”。脏腑经络失于濡养，亦可导致疼痛，是为“不荣则痛”。

（1）**不通则痛** 部分适用于“不通则痛”的止痛方药，见表3-8。

表3-8 “不通则痛”的止痛方药

汤剂	组成	功用	主治	运用
木瓜丸	木瓜、牛膝、狗脊、海风、鸡血藤、威灵仙、白芷、川乌、草乌、当归、川芎、人参	补益强壮 祛风湿 通经络 止痹痛	风寒湿邪痹阻经络	通过针对病因（风寒湿邪）、病机（经络阻滞、气血不畅）等辨证要点，加木瓜、牛膝、狗脊，三者合用，共奏祛风湿、强筋骨、止痹痛之功。
芍药汤	芍药一两、当归半两、黄连半两、槟榔 木香 甘草各二钱、大黄三钱、黄芩半两、官桂二钱半	清热燥湿 调气和血	湿热痢疾	本方临床应用以痢下赤白，腹痛里急，苔腻微黄为辨证要点。痢疾初起有表证者忌用
银翘散	连翘一两、银花一两、苦桔梗、薄荷、牛蒡子各六钱、竹叶四钱、生甘草五钱、芥穗四钱、淡豆豉五钱	辛凉透表 清热解暑	温病初起 邪郁肺卫证	本方是治疗风温初起之风热表证的常用方。临床应用以发热，微恶寒，咽痛，口渴，脉浮数为辨证要点
柴胡疏肝散	陈皮、柴胡各二钱川芎、香附、枳壳 芍药各一钱半、甘草五分	疏肝理气 活血止痛	肝气郁滞证	本方为疏肝行气止痛的常用方。临床运用以胁肋胀痛，脉弦为辨证要点。胁肋痛甚者，酌加郁金、青皮、当归、乌药等以增强其行气活血之力

（2）**不荣则痛** 部分适用于“不荣则痛”的止痛方药，见表3-9。

表3-9 “不荣则痛”的止痛方药

汤剂	组成	功用	主治	运用
知柏地黄丸	熟地黄八钱、山萸肉、干山药各四钱、泽泻 牡丹皮 白茯苓各三钱、知母、黄柏各二钱	滋阴降火	阴虚火旺证	本方是治疗肾阴虚证的基础方。临床应用当以腰膝酸疼，头晕目眩，口燥咽干，舌红少苔，脉沉细数为辨证要点
黄芪建中汤	桂枝三两、甘草二两、大枣十二枚、芍药六两、生姜三两、胶饴一升、黄芪一两半	温中补气 和里缓急	阴阳气血俱虚证	本方是温中补虚，缓急止痛之剂。临床应用以脘腹挛痛，喜温喜按，舌淡苔白，脉细弦为辨证要点。若气滞者，可加木香行气止痛
吴茱萸汤	吴茱萸一升、人参三两、生姜六两、大枣十二枚	温中补虚 降逆止呕	肝胃虚寒 浊阴上逆证	本方临床以食后欲呕，或巅顶疼痛，干呕吐涎沫，舌苔白滑，脉沉弦为辨证要点头痛较甚者，可加川芎以加强止痛之功
补中益气汤	黄芪一钱 甘草五分 人参 当归白术各三分 橘皮二或三分 升麻二或三分 柴胡二或三分	补中益气 升阳举陷	脾虚气陷证 气虚发热证	本方临床以体倦乏力，少气懒言，面色黄，脉虚软无力为辨证要点。兼头痛者，轻者加蔓荆子，重者加川芎，以助升阳止证痛之力；兼腹痛者，加白芍以缓急止痛

4. 传统中药剂型

如丸剂、散剂、汤剂虽有优势，但存在体积大、吸收不佳、药效缓慢及使用不便等缺陷，导致部分患者抗拒治疗。针对痛证，其急重剧烈的特点要求迅速有效的止痛手段。因此，改良镇痛中药剂型需加快起效、提升效率与效果，并简化应用、多样化给药途径，以增强疗效。随着我国医疗药物事业的发展，一些新的速效药物的剂型不断出现，如注射剂、气雾剂、滴丸剂、贴膏剂、橡皮硬膏剂、膜剂、鼻吸剂、鼻塞剂等。下面就速效剂型的作用特点及其在痛证上的应用进行重点介绍，具体内容如下，见表3-10。

表3-10 速效剂型

剂型	概念	作用原理	举例
注射剂	注射剂是指将药液注入体内的一种灭菌或无菌制剂	①因药液直接进入组织及血管，所以吸收快，作用迅速、可靠、剂量准确；②不经过胃肠道，药物不受消化液及食物的影响，适用于不适合口服的药物给药；③适用于不能吞咽及昏迷患者	①柴胡注射液：用于治疗感冒头痛、胁痛、经行腹痛；②伊痛舒注射液、穿山龙注射液；③银黄注射液：用于外感风湿咽痛、喉痹；④复方丹参注射液及丹参注射液：用于胸痹心痛
吸入气雾剂	吸入气雾剂是指将液体药剂与抛射剂装封于耐压容器中，借抛射剂的压力，定量地将药物以雾状喷出的一种制剂	药物通过口腔或呼吸道吸入，起全身治疗作用，由于药物能直接到达作用部位或吸收部位，所以作用迅速	①宽胸气雾剂、心痛气雾剂：用于胸痹心痛；②口腔炎喷雾剂：用于口腔溃疡、黏膜红肿、疼痛
滴丸剂	滴丸剂是指将药物溶解、乳化、混悬于适宜的熔融基质中，滴入不相混溶的冷却液中，并使其冷却、凝固成的丸剂	药物在基质中形成固态分散体系，药物以分子状态分布其中，口服后，基质溶解，药物则以分子状态释放而被迅速吸收，所以作用快，并能提高难溶药物的生物利用度，提高疗效	如苏冰滴丸可用于胸阳痹阻之胸痹心痛

续表

剂型	概念	作用原理	举例
贴膏剂	贴膏剂是指将药物与基质混合，涂布在衬料上，外面再以薄膜覆盖的外用半固体制剂	药物通过皮肤吸收，起全身治疗作用，其特点是作用持久	如心绞痛宁膏，贴于胸前区，每1～2个月，7 d更换一次，用于治疗胸痹心痛
橡皮硬膏剂	橡皮硬膏剂是指以橡胶、树脂、油脂等混合制成基质，再将药物与其混合，涂布在衬料上制成的一种外用制剂	药物也是通过皮肤吸收，起全身治疗作用，作用快而持久	如麝香心绞痛膏，它贴于心胸痛处与心俞穴，每日更换一次，可用于治疗胸痹
膜剂	膜剂是指将药物溶解或分散在多聚物膜片中而制成的膜状剂型	可供内服（口服、口含、舌下）、外用（皮肤、黏膜）、腔道（阴道）应用。特点是体积小、质轻，携带方便，可以发挥速效作用，但只适合于小剂量药物	如口腔溃疡药膜用于口腔黏膜溃疡疼痛
鼻吸剂	鼻吸剂是指将挥发性药物密封于容器中、通过鼻腔吸入，进入肺部吸收，发挥全身治疗作用	通过鼻腔吸入，进入到肺部吸收，发挥作用较快	如心舒静鼻吸剂用于治疗胸痹心痛、外伤型胸痛及胁痛
鼻塞剂	鼻塞剂是指药物制成鼻塞剂，同时塞入患侧鼻孔，可起到止痛作用	药物在局部作用，发挥疗效	牙痛乐鼻塞剂可用于龋齿性牙痛及头痛

二、非药物疗护

（一）现代医学的非药物疗护方法与技术

现代医学非药物疗法是指一系列不通过化学药物干预的治疗方式，如利用热、冷、电等物理因子、神经调控技术、心理治疗等促进身体自然恢复和调整内外环境的平衡。

1. 物理疗法

物理疗法是利用物理因子对人体进行治疗的方法，包括热疗、冷疗、电疗、磁疗等。

（1）热疗　热疗是通过加热人体局部或全身，促进血液循环、缓解肌肉紧张和疼痛的方法。常用的热疗方式有热敷、热水浴、红外线照射等。热疗适用于慢性疼痛、肌肉紧张等。

（2）冷疗　冷疗是利用低于人体温度的物质作用于体表皮肤，通过神经传导引起皮肤和内脏器官血管的收缩，从而减轻疼痛。常用的冷疗方式有冰袋、冷湿敷等。冷疗适用于急性损伤初期、牙痛、烫伤等。

（3）电疗　电疗是利用电流或电磁场对人体进行治疗的方法，如经皮神经电刺激（TENS）、干扰电流疗法等。电疗可以通过刺激神经末梢、促进血液循环和缓解肌肉紧张来减轻疼痛。

（4）磁疗　磁疗是利用磁场对人体进行治疗的方法。磁场可以影响人体的电流和生物磁场，从而调节生理功能、缓解疼痛。磁疗适用于各种慢性疼痛、关节炎等。

2. 神经调节技术

神经调节技术是通过物理、化学或生物手段调节神经系统的功能来缓解疼痛的方法。常见的神经调节技术为电磁刺激类技术。

如脊髓电刺激术是通过在脊髓周围植入电极，向脊髓发送微弱的电信号，以调节疼痛信号的传递。脊髓电刺激适用于慢性疼痛、脊髓损伤性疼痛等。

3. 心理治疗

心理治疗在疼痛管理中也发挥着重要作用。慢性疼痛患者常伴有焦虑、抑郁等心理问题，这些问题会加剧疼痛的感受。心理治疗可以帮助患者调整心态、缓解焦虑抑郁情绪，从而减轻疼痛。常见的心理治疗方法包括认知行为疗法、放松训练等。

（二）中医的非药物疗护方法与技术

中医非药物治疗方法作为我国传统医学的重要组成部分，包括饮食、情志及中医适宜技术等等多种疗法，这些疗法以其独特的理论体系和显著的临床效果，在防病治病方面发挥着重要作用。

1. 中医饮食管理

饮食可以养生，也可治病。早在周代我国就有专门的“食医”。这就说明在治病或治痛时，需配合饮食治疗调摄。临床上有些疼痛需节制饮食。如食滞胃脘而痛者，可禁食 6～12 h；食滞腹痛者，应禁食或少食；真心痛者，饮食宜清淡，不宜饱食，尤其是晚餐不可过饱。饮食管理不仅要求注意进食的数量，而且对饮食的软、硬、冷、热亦不可忽视。如脾胃虚寒之脘腹冷痛常因进食生冷而加重；湿热或火（热）毒下注之痔疮，以及胃火上冲之牙痛，常因食辛辣之品而诱发或加重。因此，疼痛的饮食管理中，必须注重饮食的选择。以头痛为例，属于气血亏虚或肾虚者，宜少食咸；痰浊头痛宜忌食肥甘厚味；肝阳头痛宜忌食辛辣动火之品。

2. 情志管理

《古今医统》说：“以五志诱之，然后药之，取效易……而先定其心志，然后济之以药，是得治之要也。”可见在疼痛中，情志管理是必不可少的管理手段。疼痛管理人员应以热情友好、诚恳耐心的态度对待患者，消除患者紧张、悲观情绪，增加患者安全感、信任感，增强克服疼痛的信心。协调患者之间的关系，争取多方支持配合。消除患者对陌生环境的紧张、不安、孤独、焦虑心理。充分运用语言、文字、表情等方式，适当的安慰、劝解、启迪、疏导、支持患者，对患者进行适当的心理调整，唤起患者防治疼痛的积极性。

3. 中医常用止痛技术

（1）**针灸疗法**　针灸疗法由“针”和“灸”两种技术组成。其中，“针”疗法主要利用各种不同形状的针具，通过刺激人体特定的穴位，以调整气血流通，达到治疗疾病的目的。这种疗法认为，人体穴位与经络相连，通过针刺可以疏通经络、调和气血、平衡阴阳，从而治疗各种疾病。“灸”疗法则是通过燃烧艾叶等材料，对穴位进行热刺激，以达到温通气血、散寒止痛的效果。艾叶具有温经散寒、行气活血的功效，通过灸疗可以温补阳气、祛除寒邪，促进气血运行。

（2）**刮痧技术**　刮痧技术是在中医经络腧穴理论指导下的一种外治技术。它应用边缘钝滑的器具，如牛角刮板、砭石刮板或匙，蘸上刮痧油、水或润滑剂等介质，在体表一定部位反复刮动，使局部出现瘀斑。通过疏通腠理、驱邪外出，以及疏通经络、调和营卫、调和脏腑功能，刮痧技术能够达到防治疾病的目的。在治疗疼痛方面，刮痧技术能够疏通经络气血，缓解局部紧张和痉挛，从而减轻疼痛。

（3）**拔罐技术**　拔罐技术是以罐为工具，利用燃烧、抽吸、蒸汽等方法形成罐内负压，使罐吸附于腧穴或相应体表部位，使局部充血或出现瘀斑，以达到温通经络、祛风散寒、消肿止痛、吸脓排毒等防治疾病的效果。拔罐技术包括留罐法、闪罐法及走罐法等多种方法。在治疗疼痛时，拔罐技术能够疏通经络气血，调节脏腑功能，从而缓解疼痛。特别是对于风寒湿邪侵袭引起的疼痛，拔罐技术具有显著的治疗效果。

（4）**穴位敷贴技术**　穴位敷贴技术是将药物制成一定剂型，敷贴到人体穴位上，通过刺激激发经气运行，达到通经活络、清热解毒、活血化瘀、消肿止痛、行气消痞、扶正强身的作用。皮肤的吸收功能是穴位敷贴技术的基础。药物直接作用于皮肤表面，通过角质层、毛囊、皮脂腺等途径进入体内。药物中的小分子成分可以透过角质层细胞间的脂质双分子层进行扩散，进入真皮层的毛细血管，进而进入血液循环。穴位敷贴技术具有操作便捷、不良反应小、疗效显著等优点。在治疗疼痛方面，穴位敷贴技术能够直接作用于疼痛部位相关的穴位，通过刺激穴位，调节气血运行，缓解疼痛。同时，药物的有效成分还能够通过皮肤吸收进入体内，发挥全身性的治疗作用。

（5）**中药泡洗技术**　中药泡洗技术是借助泡洗时洗液的温热效应及药物本身的功效，浸洗全身或局部皮肤，达到活血、消肿、止痛、祛瘀生新等作用的一种操作方法。中药泡洗技术包括全身泡洗技术和局部泡洗技术两种方法。全身泡洗技术适用于全身性疼痛或需要全身调理的情况；局部泡洗技术则适用于局部疼痛或需要局部治疗的情况。中药泡洗技术的原理在于，药物成分可以直接作用于泡洗部位的皮肤、肌肉和关节等组织，通过渗透作用进入体内，发挥药效。同时，温热效应也能够促进气血运行，加速新陈代谢，有助于缓解疼痛和消除炎症。在治疗疼痛方面，中药泡洗技术能够直接作用于疼痛部位，通过药物的渗透作用和温热效应的刺激作用，达到活血、消肿、止痛的效果。

（6）**中药冷敷技术**　中药冷敷技术是将中药洗剂、散剂、酊剂等制剂冷敷于患处，通过中药透皮吸收及低于皮温的物理因子刺激机体，达到降温、止痛、止血、消肿、减轻炎性渗出的效果。中药冷敷技术适用于外伤、骨折、脱位、软组织损伤的初期等情况。在这些情况下，局部组织充血、水肿、炎症反应明显，使用中药冷敷技术能够迅速降低局部温度，收缩血管，降低血管通透性，从而减轻肿胀和疼痛。

（7）**中药湿热敷技术**　中药湿热敷技术是将中药煎汤或其他溶媒浸泡后加热，将浸有药液的敷料敷于患处，通过疏通气机、调和气血、平衡阴阳的作用机制达到疏通腠理、清热解毒、消肿止痛的治疗效果。与冷敷相比，湿热敷的温度较高，能够促进局部血液循环和新陈代谢，促进炎症介质吸收。同时，中药的有效成分也能够通过透皮吸收进入体内发挥药效。中药湿热敷技术适用于各种急慢性疼痛以及炎症性疾病等。在治疗过程中，需要根据患者的具体情况选择合适的药物和方剂进行煎汤或浸泡。然后将浸有药液的敷料加热至适当温度后敷于患处。敷料的温度应适中以免烫伤皮肤。在敷药过程中需要不断观察患者的反应和病情变化，如有不适应立即停止敷药并采取相应的处理措施。

除了以上提到的几种中医止痛技术外，临床上还有中药离子导入技术、穴位注射技术等多种方法可供选择。这些方法各有特点，适用于不同类型的疼痛和疾病情况。在选择具体的治疗方法时，需要根据患者的具体病情、体质以及医生的指导进行综合考虑和决策。

第三节　疼痛管理中的预防与康复

一、疼痛的预防

1. 现代医学对疼痛预防的理念

现代医学高度重视通过一系列综合措施来有效预防疼痛疾病的发生与发展，强调预防为主和疼痛自我管理的重要性，倡导保持合理膳食结构、避免刺激性食物，坚持适量运动以提升身体机能，确保规律作息与充足睡眠，以及维持心情舒畅与积极心态等健康生活方式，同时采用多学科协作模式，加强公众及医务人员对疼痛的认知教育，创新非药物治疗方法，并鼓励定期进行体检以早期发现并管理潜在疼痛问题，这些综合策略共同致力于减少疼痛性疾病的困扰，显著提升患者的生活质量。

2. 中医对疼痛预防的思想

中医疼痛预防的思想，根植于“未病先防”的深远智慧之中，强调通过细致入微地调整气血运行与平衡阴阳关系，来预防疼痛的发生。在这一理念下，中医倡导通过合理的饮食、适度的运动、规律的作息以及良好的心态，来滋养气血，使其如潺潺流水般顺畅无阻，避免气滞血瘀之痛。同时，中医亦注重调和阴阳，认为阴阳平衡是人体健康的基石，任何疼痛与疾病都是阴阳失衡的结果。通过中药调理、针灸推拿等手法，中医致力于恢复与维持体内阴阳的动态平衡，从而有效预防疼痛，让身体回归自然和谐的状态，实现真正的身心安康。

二、疼痛患者的康复护理

1. 现代医学康复护理措施

（1）药物治疗 药物治疗是疼痛康复中最基本、最常用的方法。根据疼痛的性质和程度，医生会选择不同的药物进行治疗：非甾体类抗炎药（NSAIDs）如布洛芬、双氯芬酸钠等，主要用于轻中度疼痛的治疗，具有抗炎、镇痛的作用。阿片类镇痛药：适用于重度疼痛，如癌症疼痛、术后疼痛等，具有强效镇痛作用，但需注意成瘾性和不良反应。抗抑郁药和抗惊厥药：在治疗神经病理性疼痛中发挥着重要作用，通过调节神经递质和神经元的兴奋性来缓解疼痛。

（2）物理治疗 物理治疗是通过物理因子（如电、光、声、磁、热等）对人体产生作用，以达到缓解疼痛、促进功能恢复的目的。如电刺激疗法：利用电流刺激神经和肌肉，促进局部血液循环，缓解疼痛和肌肉痉挛。热疗和冷疗：通过加热或冷却的方式，改善局部血液循环，减轻炎症和疼痛。超声波疗法：利用超声波的振动和温热效应，促进组织修复和缓解疼痛。

（3）功能锻炼 通过特定的运动训练，增强肌肉力量、提高关节灵活性，从而促进身体功能的恢复。根据患者运动的力源可分为两大类功能锻炼。①主动运动：患者自主进行关节活动、肌肉收缩等运动，以增强肌肉力量和关节稳定性。②助力运动和被动运动：在患者力量不足或无法自主活动时，由治疗师或器械提供助力，帮助患者进行关节活动和肌肉收缩。

（4）心理治疗 心理治疗在疼痛康复中同样不可忽视。认知行为疗法、放松训练等心理治疗方法可以帮助患者调整对疼痛的认知，减轻心理压力，从而缓解疼痛。这些方法通过改变患者的思维方式和行为习惯，提高其对疼痛的耐受力和自我管理能力。

（5）神经阻滞疗法与手术疗法 神经阻滞疗法：通过药物注射阻断疼痛的神经传导通路，从而达到镇痛的目的。这种方法适用于某些特定类型的疼痛，如三叉神经痛、带状疱疹后遗神经痛等。

2. 中医康复护理的特色

中医疼痛康复措施将中医理论与现代康复理念进行融合，通过非侵入性的手段帮助患者缓解疼痛、促进功能恢复。在这一体系中，中医养生功法如太极拳和八段锦等，以其独特的运动形式和显著的养生效果，成为了不可或缺的重要组成部分。

（1）太极拳 是一种注重内外兼修、刚柔相济的传统武术，其动作缓慢、流畅，具有显著的养生效果。通过拉伸肌肉、关节和筋腱，促进局部血液循环，加速炎症物质代谢，有效缓解疼痛；同时，它还能增强肌肉的耐力和柔韧性，提高关节稳定性，减少因肌肉紧张和关节僵硬带来的疼痛；此外，太极拳练习需集中注意力，排除杂念，有助于减轻压力、焦虑和抑郁等负面情绪，从而间接缓解由心理因素引发的疼痛。

（2）八段锦 是一种简单易学、效果显著的传统健身功法，由八个动作组成，每个动作都针对不同的身体部位进行锻炼。通过有效拉伸全身肌肉与筋腱，增强身体柔韧性，减少因肌肉紧张和筋腱僵硬导致的疼痛；同时，它还能促进血液循环，加速新陈代谢，缓解因血液循环不畅引发的疼痛；此外，八段锦的动作还能刺激内脏器官，促进其功能协调与平衡，从而改善因脏腑功能失调造成的疼痛。

在练习中医养生功法如太极拳和八段锦时，需循序渐进地增加练习难度，注意呼吸的自然、均匀与深长，并保持练习的连续性和规律性，以确保其显著的养生效果。这些功法以其独特的运动形式，在疼痛康复中发挥着重要作用，帮助患者有效缓解疼痛、恢复功能，从而提高生活质量。

第四章　头面部疼痛

学习目标

❖ 知识目标

1. 掌握：常见头面部疼痛疾病的临床表现，对偏头痛、颈源性头痛、三叉神经痛、牙痛等的疼痛评估方法以及相应的治护原则，针对头面部疼痛疾病的健康教育。

2. 熟悉：头面部疼痛的概念与分类，头面部疼痛疾病的疼痛特点，中医学对头面部疼痛的病因病机认识，对非药物干预的不良反应与注意事项。

3. 了解：中医学对头面部疼痛的辨证方法，药物治疗头面部疼痛的不良反应与注意事项。

❖ 能力目标

培养学生对头面痛患者正确进行病史资料采集、中西医诊断、病情评估、制定合理的中西医疼痛管理措施的能力，并能按照流程对头面痛患者实施规范化管理与健康指导措施，缓解患者疼痛、提高生活质量。

❖ 思政目标

结合三叉神经痛诊疗病例，让学生了解中西医结合在缓解患者疼痛、提高生活质量方面的独特优势。同时，强调在治疗过程中对患者心理状态的关注与支持，培养学生的同理心和人文关怀精神。

头面部疼痛的管理是一个复杂且涉及多个方面的过程，包括病因诊断、疼痛评估、药物治疗、非药物干预以及心理支持等。头面部疼痛不仅给患者带来身体的不适，还可能引发焦虑、抑郁等心理问题，严重影响患者身体健康与生活质量。因此，有效的疼痛管理对于改善患者整体健康状况至关重要。为此，需要提高患者对疼痛管理和预防的认知，指导患者保持良好的生活习惯，避免诱发疼痛的因素，如保持规律的作息、避免过度劳累等。通过系统的管理措施，可以有效地控制头面部疼痛，降低对患者生活的影响，提高患者的生活质量。

导入案例 4-1

患者，男，58 岁，退休工人。因右侧面部阵发性剧烈疼痛 2 年就诊。2 年前，患者无明显诱因出现右侧面部剧烈疼痛，呈电击样或刀割样，持续数秒至数分钟不等，常由洗脸、刷牙、咀嚼等动作诱发。疼痛发作频率逐渐增加，严重影响日常生活。自诉高血压病史 10 年余，规律服药控制。

1. 该患者亟待解决的疼痛管理问题有哪些？

2. 请结合该患者的病情，制定一份以患者为中心的中西医疼痛管理方案。

第一节　中医对头面部疼痛的认识

头面部疼痛是常见的临床症状与疾病，可能由多种病因引起，包括神经系统、血管系统、肌肉骨骼系统等。正确的诊断和治疗依赖于病史、体检和必要的辅助检查。

一、头 痛

1. 头痛概述

头痛是临床常见症状，既可单独出现，也可并发于多种急慢性疾病中。根据病因不同，头痛分为外感和内伤两大类。外感头痛包括风寒、风热、风湿等，内伤头痛则涉及肝阳上亢、肾精不足、气血亏虚、痰浊阻络、瘀血阻络等因素。

2. 头痛的病因病机

（1）**外感头痛** 主要由风邪夹寒、湿、热、暑等外邪侵袭人体，致使头部经络痹阻，气血不畅，不通则痛。如风寒头痛常见于冬季，表现为恶风畏寒、遇风尤剧。风湿头痛则多见于湿重天气，表现为头重如裹。

（2）**内伤头痛** 内伤头痛多因情志不遂、饮食不节、病后体虚等原因，导致肝、脾、肾等脏腑功能失调。例如，肝阳上亢型头痛常见于情绪激动或劳累后加重。气血亏虚型头痛则在疲劳后加重，伴有乏力、面色苍白等症状。

3. 头痛的辨证论治

（1）**风寒头痛** 症见恶风畏寒，头痛项强，舌淡、苔薄白，脉浮紧。治宜疏风散寒，常用川芎茶调散加减。

（2）**风湿头痛** 症见头重如裹，肢体困重，舌苔白腻，脉濡滑。治宜祛风胜湿，常用羌活胜湿汤加减。

（3）**风热头痛** 症见头痛胀重，面红目赤，口渴欲饮，舌边尖红、苔黄，脉浮数。治宜疏风清热，常用芎芷石膏汤加减。

（4）**肝阳上亢头痛** 症见头胀痛累及颈项，心烦易怒，夜寐不安，舌红、苔黄，脉弦数。治宜平肝潜阳息风，常用天麻钩藤饮加减。

（5）**痰浊头痛** 症见头痛昏蒙，胸膈满闷，呕恶痰涎，舌胖、苔白腻，脉弦滑。治宜健脾化痰降逆，常用半夏白术天麻汤加减。

（6）**瘀血阻络头痛** 症见头痛反复，日轻夜重，痛处固定拒按，舌紫暗或有瘀斑，脉涩。治宜活血化瘀通窍，常用通窍活血汤加减。

（7）**气血亏虚头痛** 症见头痛绵绵，神疲乏力，面色㿠白，舌淡、苔薄，脉细弱。治宜益气升清养血，常用益气聪明汤加减。

（8）**肾精亏损头痛** 症见头痛且晕，耳鸣失眠，腰酸腿软，舌红、少苔，脉细无力。治宜滋阴补肾填精益髓，常用大补元煎加减。

其他治疗方法：除药物内治外，针灸、推拿、拔罐、耳穴疗法、物理治疗等都是头痛的有效辅助治疗方法。

二、牙 痛

1. 牙痛概述

牙痛，是指牙齿因各种原因引起的疼痛，或牙龈和牙周组织疼痛。其常见表现包括自发性疼痛、阵发性加重、夜间痛、对外界冷刺激或热刺激敏感等。这些症状可能单独出现，也可能伴随其他问题，如牙龈肿胀、出血或口腔异味。根据病因不同，牙痛可分为多种类型，每种类型的疼痛特点和治疗方式也有所不同。

2. 牙痛的病因病机

牙痛的发生与脏腑功能失调、气血失调、阴阳失衡等因素密切相关。根据不同的病因病机，牙痛可分为多种类型，如风火牙痛、胃火牙痛、虚火牙痛等证型。主要包括以下几点：

（1）**风火侵袭** 风为阳邪，易化热化火，当风火之邪侵犯牙龈时，可导致牙龈红肿焮痛。

（2）**胃火上炎** 胃经有热，或过食辛辣厚味，使胃火上炎至牙龈，引起牙痛。

（3）**肾虚火旺** 肾主骨生髓，齿为骨之余。当肾阴亏虚，虚火上炎时，可导致牙齿隐隐作痛，且伴有腰膝酸软等症状。

（4）**气血不足** 气血是人体生命活动的基本物质，也是牙齿健康的基础。当气血不足时，牙齿失养，容易出现酸痛无力的症状。

3. 牙痛的辨证论治

（1）**风火牙痛** 通常表现为牙齿疼痛剧烈，遇风加重，牙龈红肿，甚至出血。这种类型的牙痛多因外感风热之邪所致，治疗时需疏风清热，解毒消肿。常用的中药有金银花、连翘、竹叶等，它们具有清热解毒、疏散风热的功效。

（2）**胃火牙痛** 则多由饮食不节、嗜食辛辣炙煿之品导致。患者常感牙齿剧烈疼痛，牙龈红肿明显，伴有口臭、口渴、便秘等症状。治疗此类牙痛，当以清胃泻火为主，可用黄连、生石膏等药物，以清泻胃中实火，缓解疼痛。

（3）**虚火牙痛** 则多见于体弱久病之人，或长期熬夜、过度劳累者。此类牙痛隐隐作痛，时轻时重，牙龈无明显红肿，但可能伴有腰膝酸软、头晕耳鸣等阴虚症状。治疗时应滋阴降火，可选用知母、黄柏等药物，以滋养肾阴，平抑虚火。

除了内服药物治疗外，中医还注重局部治疗与整体调理相结合。对于牙痛患者，除了服用中药外，还可以采用针灸、拔罐、按摩等物理疗法来缓解疼痛。同时，根据患者的体质和病情，中医会给予饮食调养和生活方式的建议，如避免食用辛辣刺激性食物、保持充足睡眠等。

三、眼　痛

1. 眼痛概述

眼痛是一种常见的眼科症状，可能由多种原因引起，包括视疲劳、眼部炎症、眼压异常、外伤等。眼痛程度各异，有的可能仅表现为轻度不适，有的则可能剧烈难忍，严重影响日常生活和工作。

2. 眼痛的病因病机

（1）**气血失和** 各种原因导致的眼部气血运行不畅，不通则痛。气血瘀滞、气血亏虚均可导致眼部失养而疼痛。

（2）**火热上攻** 肝火、胃火、肺火等火热之邪上攻眼部，灼伤目络，导致眼部红肿疼痛。

（3）**阴虚火旺** 素体阴虚或后天耗伤阴精，阴虚则不能制约阳亢，虚火上炎，导致目睛干涩疼痛。

（4）**外邪侵袭** 外感六淫侵袭眼部，导致眼部经脉受阻，气血不畅而疼痛。

（5）**脾虚湿盛** 饮食不节、劳倦过度等因素导致脾胃受损，水湿内生，上蒙清窍，亦可引发眼痛。

3. 眼痛的辨证论治

（1）风热侵袭证

症状　目赤肿痛，畏光流泪，伴头痛发热等全身症状。

治则　疏风清热，解毒散邪。

常用药物　金银花、连翘、薄荷、牛蒡子等。

（2）肝火上炎证

症状　目赤肿痛，头晕耳鸣，口苦咽干，烦躁易怒。

治则 清肝泻火，滋阴降火。

常用药物 龙胆草、黄芩、栀子、泽泻等。

（3）肝肾阴虚证

症状 眼睛干涩疼痛，夜间加重，伴眩晕耳鸣，腰膝酸软。

治则 滋补肝肾，益精明目。

常用药物 枸杞子、菊花、熟地黄、山药等。

（4）气血不足证

症状 眼睛酸涩疼痛，视力模糊，面色苍白或萎黄，乏力气短。

治则 益气补血，明目止痛。

常用药物 党参、白术、茯苓、当归等。

（5）湿热内蕴证

症状 眼睑肿胀疼痛，眵多黏结，小便短赤，大便溏泄。

治则 清热利湿，解毒消肿。

常用药物 杏仁、滑石、通草、淡竹叶等。

四、耳　　痛

1. 耳痛概述

耳痛主要表现为耳朵或其周围区域出现不同程度的疼痛感。耳痛可能由多种原因引起，包括感染、创伤、耳部疾病等。在中医理论中，耳痛常被归类为“耳胀”“耳闭”等范畴，认为其发病与风、热、湿、瘀等邪气有关，同时与肝肾脾等脏腑的功能失调密切相关。

2. 耳痛的病因病机

（1）病因

1）外邪侵袭：风、寒、暑、湿、燥、火六淫之邪均可侵袭耳窍，导致耳痛。其中，风热邪毒最为常见，如外感风热之邪，循经上扰耳窍，可引发耳痛。

2）肝火上炎：情志不遂，肝郁化火，或暴怒伤肝，肝胆之火循经上窜耳窍，导致耳痛。此类耳痛多伴有头痛、眩晕、口苦咽干等症状。

3）肾精亏损：肾开窍于耳，长期劳累、房事不节等因素可导致肾精亏损，耳失濡养，从而引发耳痛。此类耳痛常伴有耳聋、耳鸣、腰膝酸软等症状。

4）脾胃湿热：饮食不节，过食肥甘厚味，酿生湿热，上蒸耳窍，亦可导致耳痛。此类耳痛多伴有耳内流脓、听力下降等症状。

（2）病理机制 耳痛的病理机制主要在于邪气阻滞耳窍，或正气不足，耳窍失养。具体而言，可分为以下几个方面：

1）邪实阻滞：外感风热、肝火上炎、脾胃湿热等邪气，均可阻滞耳窍，导致气血不畅，不通则痛。

2）正虚失养：肾精亏损、脾胃虚弱等导致正气不足，耳窍失养，亦可引发耳痛。此类耳痛往往病程较长，迁延难愈。

3）气血瘀阻：耳胀反复发作，或病情迁延日久不愈，可导致邪毒滞留，气血瘀阻，进一步加重耳痛。

3. 耳痛的辨证论治

（1）风热侵袭型 治宜疏风清热、解毒止痛。常用银翘散加减治疗，药用金银花、连翘、薄荷、牛蒡子等。同时，可配合外用药物如黄连滴耳液等以增强疗效。

（2）肝胆火盛型 治宜清肝泻胆、降火止痛。龙胆泻肝汤加减是常用方剂，药用龙胆草、栀子、黄芩、柴胡等。此外，针灸治疗亦是不错的选择，可选取肝俞、胆俞、行间等穴位进行针刺或艾灸。

（3）**湿热蕴结型**　治宜清热利湿、化浊通窍。常用药物有龙胆泻肝汤合三仁汤加减，药用黄芩、黄连、苍术、薏苡仁等。同时，保持耳部清洁干燥，避免水湿侵入尤为重要。

（4）**肾虚亏虚型**　治宜补肾填精、聪耳止痛。可用耳聋左慈丸加减治疗，药用熟地黄、山药、山茱萸等。此外，艾灸肾俞、命门等穴位亦可起到温阳补肾的作用。

五、痄　腮

1. 痄腮概述

痄腮，是由感受风温邪毒引起的时行疾病，以发热、耳下腮部漫肿疼痛为主要临床特征。本病一年四季皆可发生，尤以冬春季多见。在儿童中发病率较高，且易在学校和幼儿园等儿童聚集场所造成流行。

2. 痄腮的病因病机

痄腮的病因主要与感受风温邪毒有关。风温邪毒从口鼻肌表而入，侵犯足少阳胆经。胆经起于眼外眦，经耳前耳后下行于身之两侧，终止于两足第四趾端。当少阳受邪，毒热循经上攻腮颊，与气血相搏，气滞血郁，运行不畅，凝滞腮颊，导致局部漫肿、疼痛。若热甚化火，则可能出现高热不退、烦躁头痛等症状。此外，足少阳胆经与足厥阴肝经互为表里，若热毒炽盛，正气不支，邪陷厥阴，扰动肝风，蒙蔽心包，可出现高热不退、抽搐、昏迷等症。若邪毒内传，引睾窜腹，则可见睾丸肿胀、疼痛或少腹疼痛。

3. 痄腮的辨证论治

（1）**邪犯少阳证**　轻微发热恶寒，一侧或两侧耳下腮部漫肿疼痛，咀嚼不便，或伴头痛、咽痛、纳少，舌红、苔薄白或淡黄，脉浮数。治法：疏风清热，散结消肿。常用中药包括牛蒡子、荆芥、桔梗、甘草、连翘、金银花、板蓝根、夏枯草、赤芍、僵蚕等。

（2）**热毒壅盛证**　高热不退，腮部肿胀疼痛，坚硬拒按，张口、咀嚼困难，烦躁不安，口渴引饮，或伴头痛、呕吐，咽部红肿，食欲不振，尿少黄赤，舌红、苔黄，脉滑数。治法：清热解毒，软坚散结。常用中药包括黄芩、黄连、连翘、板蓝根、升麻、柴胡、牛蒡子、马勃、玄参、桔梗、薄荷、甘草、陈皮、僵蚕等。

（3）**邪陷心肝证**　高热不退，神昏，嗜睡，项强，反复抽风，腮部肿胀疼痛，肿硬拒按，头痛，呕吐，舌红、苔黄，脉洪数。治法：清热解毒，熄风开窍。常用中药包括山栀、黄连、连翘、生甘草、水牛角、生地黄、牡丹皮、赤芍、竹叶、玄参、芦根、薄荷等。

（4）**毒窜睾腹证**　病至后期，腮部肿胀渐消，一侧或两侧睾丸肿胀疼痛，或伴少腹疼痛，痛甚者拒按，舌红、苔黄，脉数。治法：清肝泻火，活血止痛。常用中药包括龙胆草、栀子、黄芩、黄连、柴胡、川楝子、延胡索、荔枝核、桃仁等。

除了药物治疗外，针灸和外敷疗法也是治疗痄腮的重要手段。针灸疗法通过取翳风、颊车、合谷等穴位进行泻法强刺激，以达到清热解毒、消肿止痛的效果。在外敷疗法方面，青黛散、紫金锭、如意金黄散等药物均可用醋或水调匀后外敷患处，有助于缓解肿痛症状。

六、其他头面部疼痛

（一）三叉神经痛

1. 概述

三叉神经痛是一种以面部三叉神经分布区域内反复发作的阵发性、短暂剧烈疼痛为主要特征的疾病，疼痛性质如刀割、针刺、撕裂或烧灼，令人难以忍受。其发作具有突发突止的特点，且在面部有明确的触发点（扳机点），如说话、咀嚼甚至轻触面部即可引发疼痛。

2. 三叉神经痛病因病机

（1）**外感风寒或风热** 中医认为，风寒或风热侵袭人体，导致经脉闭阻不通，从而引发疼痛。风寒之邪易凝滞血脉，使气血运行不畅，而风热则可上扰清窍，致使面部经络受阻。

（2）**内伤七情与饮食劳倦** 长期的精神紧张、情志不舒，以及过度劳累和饮食不当，均可导致体内气血失调，进而影响面部三叉神经的正常功能。特别是肝火偏旺或胃热炽盛者，更易诱发此病。

（3）**痰火瘀血** 中医还强调痰火和瘀血在疾病发生发展中的作用。痰火上攻可导致面部气血不畅，而瘀血阻滞则使经络不通，二者均可加剧疼痛。

3. 三叉神经痛辨证论治

（1）**风寒型** 治疗以疏风散寒为主，常用药物如川芎茶调散等。此类患者往往伴有恶寒肢冷等症状，需注重保暖并避免风寒侵袭。

（2）**风热型** 治疗以疏风清热为主，选用方剂如芎芷石膏汤加减。患者常有口干欲饮、面目红赤等表现，应注意清热解毒并保持饮食清淡。

（3）**肝肾阴虚肝风内动型** 治疗以滋阴潜阳、息风止痛为主，常用方剂如杞菊地黄丸加味。这类患者多伴有眩晕耳鸣、烦躁易怒等症状，需重视平肝潜阳并调整作息。

（4）**痰火上攻型** 治疗以化痰泻火为主，选用方剂如半夏白术天麻汤或二陈汤加味。患者常有面胀灼痛、头昏沉等症状，需加强化痰利湿的治疗。

（5）**脾气虚弱型** 治疗以补脾益气为主，常用方剂如六君子汤加味。这类患者多伴有胸胁胀满、纳呆等症状，需注意饮食调养并增强脾胃功能。

（二）舌咽神经痛

1. 概述

舌咽神经痛是一种神经性疼痛疾病，涉及舌咽神经分布区域。舌咽神经是混合神经，发自延髓，经颈静脉孔出颅，广泛分布于舌后 1/3、咽、扁桃体及部分耳部区域。当这条神经受到异常刺激时，便会产生剧烈的疼痛感，这种疼痛通常是突然发作并迅速停止，每次发作持续数秒至数十秒不等。舌咽神经痛的发病率虽不高，但其剧烈程度却常使患者难以忍受。

2. 舌咽神经痛的病因病机

中医认为，舌咽神经痛可能与“热邪内结”有关，即体内热邪积聚导致疼痛。舌咽神经痛的中医病机可能涉及“瘀血阻络”，即血液循环受阻导致疼痛。中医有“痛则不通，不通则痛”的说法，因此活血通络是治疗的基本方法。此外，舌咽神经痛可能与“肾阴亏虚、虚火上炎”有关，即肾阴不足导致虚火上炎，引起疼痛。舌咽神经痛也可能与“风寒外袭”有关，表现为突然发作的一侧舌后部或咽部或下颌部及颈部的阵发性剧痛，得温痛减，遇风寒则加重。

现代医学认为，舌咽神经痛的病因与发病机制可能与以下几方面相关：

（1）**血管压迫** 这是最常见的病因之一，舌咽神经与周围血管关系紧密，当血管发生搏动性变化时，易对神经造成压迫，导致神经敏感区出现异常放电，进而引发疼痛。

（2）**颅外因素** 茎突过长也是一个重要的致病因素。当茎突过长时，它可能会直接刺激或压迫舌咽神经，从而诱发疼痛。

（3）**肿瘤压迫** 虽然较少见，但颈部或颅内肿瘤的生长也可能侵犯舌咽神经，导致疼痛的发生。

（4）**情绪与疲劳** 情绪紧张、激动以及过度疲劳等因素也被认为与舌咽神经痛的发生有关。

3. 舌咽神经痛的辨证论治

在中医理论中，舌咽神经痛被归类为“风火上扰”或“经络阻滞”的范畴。治疗上强调辨证施治，即根据患者的具体症状来制定个性化的治疗方案。

（1）**风火上扰** 引起的舌咽神经痛，中医常用清热解毒、熄风止痉的方法来治疗。通过服用具有这些功效的中药方剂，可以有效缓解疼痛，改善患者的症状。

（2）**经络阻滞** 导致的舌咽神经痛，中医则采用活血化瘀、通络止痛的治疗原则。针灸和推拿作为中医的重要治疗手段，可以通过刺激经络穴位来疏通气血、缓解疼痛。同时，中药熏蒸也是一种有效的辅助治疗方法，通过热蒸汽携带药物成分作用于患处，以达到温经散寒、活血止痛的效果。

第二节 现代医学对头面部疼痛的认识

头面部疼痛是一类复杂的临床症状，涉及多种疾病，病因与发病机制复杂，诊疗方法多样，以下是部分常见头面部疼痛疾病。

一、头 痛

1. 头痛的病因与发病机制

头面部组织如头皮、面部、口腔及咽喉等部位富含神经纤维，对疼痛极其敏感，一旦发生病变或受到刺激就可引起各种头痛。而颅骨与脑组织则缺乏痛觉神经纤维，一般不引起头痛。

头痛发生的机制尚未明确，学说众多。目前已形成的基本共识是头痛的发生与多种因素有关，包括：血管收缩与扩张以及由此引起的脑血流变化、大脑功能障碍、脑膜受到刺激和牵张、脑神经痛觉纤维活化、脑神经组织中致痛物质生成增加、颅周和颈项部肌肉异常收缩等。

（1）**血管病变** 血管收缩与扩张；血管炎症；血管活性多肽及血小板释放5-羟色胺（5-HT）等因素都可以诱发或加重头痛，如偏头痛的发作。

（2）**脑膜刺激** 炎症、出血直接刺激脑膜引起头痛。此外，脑水肿、颅内高压牵拉脑膜也可以引起头痛。

（3）**肌肉异常收缩** 炎症、外伤等各种因素可导致头颈、肩部肌肉异常收缩，引起紧张型头痛。

（4）**神经病变** 含有痛觉纤维的脑神经与颈神经受到刺激、压迫或牵拉产生神经痛。

（5）**血中致痛物质的作用** 缓激肽、5-羟色胺、前列腺素等致痛物质刺激血管或痛觉感受器引发头痛。

2. 头痛的分类

国际头痛学会（International Headache Society，IHS）于1988年首次制定了头痛的国际分类与诊断标准，将头痛分为原发性头痛和继发性头痛两大类。2004年，IHS在保留第1版头痛国际分类基本结构和大部分内容的基础上，发布了第2版头痛疾病的国际分类（ICHD-2），将头痛分为3类，即原发性头痛，继发性头痛和颜面神经痛。2018年，在第一版国际头痛疾病分类（ICHD-1）发表后30年，ICHD-3在Cephalgia正式发表，将头痛分为三大组共计14类：原发性头痛；继发性头痛；脑神经痛、中枢和原发性颜面痛及其他头痛。因头痛种类繁多，本章只选择性学习几种常见头痛疾病如原发性头痛中的偏头痛，紧张型头痛；继发性头痛中的颈源性头痛；脑神经痛（如三叉神经痛，舌咽神经痛）。

3. 头痛的临床表现及诊断

（1）**偏头痛** 偏头痛首次发病大多在青年或成年早期，但也有于儿童期发病者。在ICHD-2中将偏头痛细分为6个亚型，其中以无先兆偏头痛（约占80%）和有先兆偏头痛（占15%～18%）常见。各亚型临床表现不一，病人可以有两种或以上类型的偏头痛发作。偏头痛的特点有以下几方面：

1）头痛呈发作性，大约持续4～72 h。间歇期无症状。

2）头痛大多为一侧，也有两侧同时出现。疼痛通常局限于额颞部和枕部，也可放射至颈肩部。

3）头痛初期或严重头痛患者多呈搏动性剧烈疼痛，随后也可以转为持续性钝痛。

4）多为中、重度疼痛。

5）可伴有恶心、呕吐，畏光、畏声。

6）日常体力活动（如散步或上下阶梯）可加重头痛，黑暗、安静的环境中休息则可缓解头痛。

7）有先兆症状。偏头痛在头痛出现之前可有先兆症状，视觉先兆症状最常见，如视野缺损，亮光、闪烁暗点、黑矇、偏盲，视物失真等。其次为躯体感觉先兆症状，如一侧肢体或面部麻木、感觉异常等。其他先兆症状还有乏力，眼肌麻痹，面瘫，眩晕，出汗，恶心、呕吐，心动过速等。先兆症状多于头痛发作前1 h内发生，可持续数分钟至1 h。

（2）紧张型头痛 好发于青年，一般20岁左右发病，多见于女性，没有明确的家族史。紧张型头痛的特点包括：

1）头痛大多为慢性起病，常表现为持续性，整天或常年头痛。

2）头痛为双侧颞部非搏动性钝痛，也可同时出现枕部、顶部和全头痛。通常伴随有头顶部重压感或头部束带样紧箍感。通常伴随着头部的压力或头部带箍。

3）为轻度或中度头痛。

4）一般不伴恶心、呕吐，也不因体力活动加重头痛。

5）部分患者伴有精神紧张，抑郁或焦虑。

6）体格检查一般无阳性体征，部分患者可能有斜方肌或后颈部肌肉压痛。

（3）颈源性头痛 一般中年发病，女性多见，男女比例为1∶4。颈源性头痛的临床表现十分复杂，国际头痛协会、国际疼痛学会、颈源性头痛国际研究组织及世界颈源性头痛协会对其临床表现的描述存在部分差异。

颈源性头痛的特点：

1）头痛多为单侧，一般不向对侧转移。疼痛起始于颈、枕部，可迁延至同侧颞顶部、前额。

2）疼痛性质为非搏动性、非撕裂样刺痛、钝痛。

3）头痛呈阵发性，亦可转为持续性疼痛阵发性加剧。头痛发作持续时间不定，通常为数小时。

4）可伴有颈部活动范围受限，同侧肩（或臂）痛。

5）可伴有头晕、耳鸣，恶心、呕吐等表现。

6）颈部活动或特定姿势可加剧疼痛。

7）对颈部相应组织进行阻滞治疗后可减轻头痛程度。

4. 治疗要点

（1）偏头痛治疗要点

1）一般治疗：头痛发作期和急性期患者应当在安静环境中卧床充分休息，避免过度疲劳和精神紧张，避免声音、光线的刺激，以免加重头痛。节制饮食，忌食刺激性食物以免诱发头痛。

2）药物治疗：治疗偏头痛的药物分为急性发作期治疗药物与发作间期预防性治疗药物。急性发作期治疗目的是迅速缓解头痛，消除伴随症状并恢复患者日常功能。急性期治疗药物又分为两大类：非特异性治疗药物（NSAIDs、巴比妥类镇静药、阿片类药）与偏头痛特异性治疗药物（曲坦类药、麦角碱类药）。间歇期预防性治疗目的是减轻发作程度，降低发作频率，增加急性发作期治疗疗效，减轻功能损害但不能根治偏头痛。预防性治疗药物主要有β受体阻滞剂、抗癫痫药、抗抑郁药、钙通道阻滞剂等。预防性治疗的原则是：①排除止痛药物的滥用。②根据循证医学原则选择疗效确切且不良反应小的药物。③药物从小剂量开始，逐渐滴定增加剂量。④在4～8周内应综合评估疗效。⑤坚持疗程足够，3～6个月后再逐渐减量至停药。⑥确立合理的期望值，有助于提高患者对偏头痛药物治疗的依从性。

由于治疗偏头痛的药物大多对胃肠道、心血管、中枢神经等系统具有不良反应，故需严格限制剂量。有消化性溃疡、高血压、冠心病、周围血管疾病及严重肝肾功能不全的患者应慎用或禁用。

此外，频繁使用巴比妥类与阿片类药物则会产生药物依赖，甚至引起慢性难治性头痛，也应慎用，仅适用于其他治疗无效的严重病例。

偏头痛药物选择应综合考虑头痛患者的个体情况（头痛程度、伴随症状）、药物的药理作用与不良反应、既往用药史及其他因素。可采用“阶梯选药法”，首选 NSAIDs，效果不佳再换用偏头痛特异性药物。亦可“分层选药法”，对于轻、中度头痛患者或虽然是严重头痛但以往在头痛发作期对 NSAIDs 治疗反应好者，可选择 NSAIDs；中重度头痛或对 NSAIDs 治疗反应差者则直接选用偏头痛特异性药物；有严重恶心、呕吐的患者，宜选用胃肠外给药。

3）神经阻滞疗法：偏头痛急性发作期采取神经阻滞治疗具有良好的效果，结合药物治疗往往能够迅速缓解头痛。

星状神经节阻滞：当偏头痛发作时，一般行患侧星状神经节阻滞，每 2～3 d 一次，6～10 d 为一疗程，也可左右两侧星状神经节交替进行。抑或采用直线偏振光近红外线治疗仪又称超激光疼痛治疗仪（Superlizer）照射星状神经节。

眶上神经与枕大、枕小神经联合阻滞：对于前头痛患者可采用眶上神经阻滞，后头痛患者则采用枕大、枕小神经阻滞，治疗效果较理想。也可与星状神经节阻滞同时或交替进行。

颞浅动脉旁痛点区域阻滞：对于颞侧的偏头痛，可采用颞浅动脉旁痛点阻滞的方法。

4）微创介入治疗：有报道对于病程较长、发作频繁的偏头痛患者，在神经阻滞治疗有效的基础上进行星状神经节、眶上神经、枕大神经、枕小神经脉冲射频调理治疗取得了较好的疗效。但尚需进一步多中心、大样本研究。

5）心理治疗：流行病学调查已证实，患者焦虑、精神紧张、极度疲倦、情绪抑郁以及各种各样自主神经功能不稳定占诱发因素的第一位。而临床上许多偏头痛患者治疗效果不满意的原因，是不能有效地去除患者的这些情绪因素，所以国内外众多的神经科和各科医师在治疗这些患者时，往往采取综合治疗，而其中很重要的方法就是对患者进行心理治疗。偏头痛的心理治疗常包括支持疗法、行为疗法、暗示疗法、森田疗法等。

（2）紧张型头痛治疗要点 紧张型头痛通常与压力、肌肉紧张或不良生活习惯相关，可反复发作，故应包括急性发作期治疗与预防性治疗，联合使用药物与非药物干预措施。

1）药物治疗：①急性期治疗：可短期使用对乙酰氨基酚或非甾体抗炎镇痛药物（布洛芬、塞莱昔布、依托考昔等）治疗，但需注意评估并预防药物导致的消化系统、心血管系统、肾脏等不良反应，避免长期或过量使用，胃肠道不良反应高风险者需联合使用质子泵抑制剂（如奥美拉唑）。②预防性治疗：适用于慢性紧张型头痛或频繁发作。可使用三环类抗抑郁药如阿米替林（从小剂量开始，需持续 2～3 个月）以及其他抗抑郁药文拉法辛、米氮平（对合并焦虑/抑郁者有效）。 伴有明显肌紧张者可短期使用肌肉松弛剂如替扎尼定等。

2）非药物治疗（关键措施）：十分重要，可减少止痛药依赖，包括①认知行为疗法。②物理治疗：颈肩部按摩、热敷；物理疗法（超声、电疗）；针灸（部分患者有效）。③生活方式调整，如规律作息、充足睡眠；避免久坐、电脑前长时间固定姿势，适度有氧运动（如瑜伽、游泳），放松训练（深呼吸、渐进性肌肉放松）。④患者教育：记录头痛日记（诱因、频率、用药情况）；避免咖啡因、酒精、吸烟等诱因。

（3）颈源性头痛治疗要点 颈源性头痛应评估患者颈椎病变及疼痛病情的严重程度，采取阶梯化、综合性治疗原则。

1）药物治疗：NSAIDs（非甾体抗炎镇痛药）缓解炎症和疼痛，肌松药替扎尼定或乙哌立松缓解肌肉痉挛，合并有神经根压迫者可使用加巴喷丁或普瑞巴林治疗神经病理性疼痛。

2）物理治疗：可短期使用颈托固定以减少颈部活动，但应避免长期依赖。急性期可冷敷（48h 内），慢性期热敷可缓解肌肉紧张。此外，也可采用电脑中频，直线偏振红外光，超声波等物理治疗。

3）手法治疗：颈椎关节松动术（由康复医师操作）；软组织松解（如激痛点按摩）。

4）运动疗法：颈椎稳定性训练，肩背部强化训练，胸锁乳突肌、斜方肌拉伸训练等。

5）神经阻滞：枕大神经/枕小神经阻滞，颈椎小关节注射治疗等。

6）介入治疗：针对颈椎小关节或脊神经支的慢性疼痛可采取射频治疗。

7）手术治疗：颈椎间盘突出较重、骨赘压迫神经或脊髓所导致的颈源性头痛，可采取颈椎间盘切除术、椎间孔扩大术等治疗。

8）心理干预：慢性疼痛患者可能合并焦虑/抑郁，需心理疏导或药物干预。

9）预防并避免复发：调整生活方式，避免低头久坐（电脑/手机），睡眠时选择颈椎支撑枕（避免过高或过平），游泳（尤其蛙泳）、八段锦等低冲击运动。

二、牙　痛

1. 牙痛的病因与发病机制

（1）牙源性牙痛

1）龋齿：是最常见的牙痛原因之一，它是细菌在牙齿表面形成酸性物质，导致牙齿硬组织脱矿，形成龋洞。当龋洞较深时，会触及或接近牙髓，引起疼痛。这种疼痛可能在进食冷热酸甜食物或食物嵌入龋洞时加剧。

2）牙髓炎：通常由深龋未及时治疗引起，细菌进一步侵入牙髓腔，导致牙髓发炎。牙髓炎引起的疼痛往往剧烈且难以忍受，可能表现为自发性阵发性剧痛，且夜间疼痛加重。冷刺激可能暂时缓解疼痛（化脓性牙髓炎），而热刺激则可能加剧疼痛。

3）根尖周炎：是由牙髓炎进一步发展而来，或直接由创伤及化学药物刺激根尖部引起。它导致根尖部位出现急性炎症反应，表现为持续性牙齿疼痛和明显的咬合痛。患者还可能感到牙齿有伸长感，叩诊时疼痛加剧。

4）智齿冠周炎：是智齿萌出过程中，空间不足或位置异常导致牙龈瓣下方形成盲袋，食物残渣和细菌易在此积聚，引发炎症。这种炎症不仅会导致智齿区域疼痛，还可能伴有张口受限、吞咽疼痛等症状。

（2）非牙源性疾病　非牙源性疾病也可能引起牙痛，如心绞痛、三叉神经痛等。这些疾病的疼痛可能牵涉至牙齿，造成误诊。例如，心绞痛患者可能因心脏问题而感到下颌牙齿区域的疼痛；三叉神经痛则可能导致单侧面部剧烈疼痛，包括上下颌牙齿。

2. 牙痛的临床表现

（1）龋齿　患者常在冷热刺激时感到一过性疼痛，这种疼痛通常持续几秒钟。当进行叩诊和探诊时，洞底会表现出明显的敏感性，但没有自发痛。

（2）急、慢性牙髓炎　急性牙髓炎表现为自发性、阵发性和放射性疼痛，疼痛难以定位且冷热刺激会加重。慢性牙髓炎则表现为长期存在的牙痛，通常可以定位到具体的患牙，伴有轻微的叩痛或不适感。

（3）根尖周炎　患者会感到定位明确的自发性跳痛和咬合痛，不敢用患牙咀嚼食物，伴有严重的叩痛。牙髓活力测试无反应，相应牙的根部红肿、触痛、松动，并可能诱发颌面部间隙感染，导致淋巴结肿大压痛及全身症状。

（4）智齿冠周炎　第三磨牙周围牙龈红肿，可能出现咀嚼和吞咽困难、张口受限，以及下颌淋巴结肿大、压痛等症状，体温升高。

（5）牙周脓肿　脓肿部位靠近龈缘，有显著的牙周袋和牙齿松动。X线显示牙槽骨吸收，颌下、颈部淋巴结压痛，体温升高，全身不适。

（6）三叉神经痛　三叉神经痛通常表现为突发性疼痛，疼痛性质可为电击样、刀割样、火烧样、针刺样或撕裂样，疼痛程度通常较剧烈。疼痛发作特点为持续数秒至数分钟，可连续发生。疼痛范围通常局限于三叉神经分布的区域，如面部、口腔及下颌部位。患者面部有扳机点，阵发性电击样剧痛，白天较重，冷热刺激正常，口服卡马西平有效。

3. 牙痛的治疗

（1）龋齿　使用脱敏药物治疗，或者通过进行充填修复，以减少牙本质暴露，从而缓解牙齿敏感症状。

（2）急、慢性牙髓炎　急性牙髓炎需要进行根管治疗使牙髓失活，并进行冠修复保护。慢性牙髓炎同样需要根管治疗，以彻底消除感染源。

（3）根尖周炎　根管治疗是常用的治疗方法，通过清除感染组织并进行充填和修复，以恢复牙齿健康。

（4）智齿冠周炎　通常需要先进行抗炎治疗，然后拔除智齿或修整牙龈。

（5）牙周脓肿　系统化的牙周治疗是必要的，包括局部冲洗和使用抗菌药物，必要时可全身用抗菌药物。

（6）三叉神经痛　给予卡马西平、奥卡西平等抗癫痫药物治疗以及三叉神经阻滞治疗，必要时可以选择三叉神经微创介入手术治疗（射频手术、微球囊压迫术、微血管减压术等）。

三、结　膜　炎

1. 结膜炎的病因与发病机制

（1）感染性结膜炎的病因与发病机制

1）细菌感染

常见细菌：金黄色葡萄球菌、链球菌、铜绿假单胞菌等。

感染途径：手-眼接触是最常见的传播途径。用手揉眼睛时，如果手上有致病菌，就可能将细菌带入眼中，引发感染。此外，使用受污染的毛巾、化妆品或在公共泳池游泳也可能导致细菌性结膜炎。

发病机制：细菌进入眼部后，迅速繁殖并释放毒素，引起结膜组织炎症反应。免疫系统会识别并攻击这些细菌，导致局部血管扩张、充血、水肿及中性粒细胞浸润等症状。严重的细菌感染还可能导致角膜溃疡等并发症。

2）病毒感染

常见病毒：腺病毒、单纯疱疹病毒等。

感染途径：主要通过直接接触传播，如接触患者的眼睛分泌物或呼吸道飞沫等。

发病机制：病毒侵入结膜细胞后，利用细胞机制进行复制和扩散，导致细胞损伤和死亡。同时，病毒还会激活机体免疫应答，引起炎症反应。与细菌感染相比，病毒感染引起的结膜炎症状可能更为严重且持续时间更长。

3）真菌感染

常见真菌：白假丝酵母菌、曲霉菌等。

感染途径：通常发生在免疫功能低下或长期使用抗生素、皮质类固醇等药物患者，通过接触感染。

发病机制：真菌侵入结膜后，在局部组织中生长和繁殖，引起炎症反应和组织损伤。真菌感染的症状较为隐匿且难以根治，因此常常会导致慢性结膜炎的发生。

（2）非感染性结膜炎的病因与发病机制

1）过敏反应

过敏原：花粉、尘螨、动物皮屑等。

发病机制：当眼部接触到过敏原时，会引发机体免疫应答反应。肥大细胞脱颗粒释放组胺等介质，导致局部血管扩张、充血、水肿和瘙痒等症状。长期过敏反应还可导致结膜肥厚和瘢痕形成等不可逆的改变。

2）理化刺激

常见刺激因素：风沙、烟尘、紫外线等。

发病机制：外界刺激因素可以直接作用于结膜组织，引起局部损伤和炎症反应。例如，紫外线照射会导致结膜细胞 DNA 损伤和氧化应激反应；风沙和烟尘则会对结膜造成机械性摩擦和刺激。

2. 结膜炎的临床表现

（1）**细菌性结膜炎** 多见于儿童和青少年，起病急，症状重，分泌物多为黄白色，晨起时可将上下睫毛黏着。检查可见结膜充血、水肿，甚至结膜下出血点。

（2）**病毒性结膜炎** 常伴随上呼吸道感染，分泌物呈水样，结膜高度充血水肿，有时出现滤泡和假膜。患者多有疲劳、耳前淋巴结肿大等全身症状。

（3）**非感染性结膜炎** 主要由过敏原引起，表现为眼痒、流泪、结膜充血及水肿，常伴有黏液性分泌物和眼睑炎性肥厚。

3. 结膜炎的诊断

结膜炎的诊断主要依据临床表现，结合眼部检查和病原学检测。

4. 结膜炎的治疗

结膜炎的病因多种多样，包括感染性和非感染性两大类。每种病因都有其特定的发病机制和临床表现。因此，在治疗结膜炎时需要根据具体病因进行针对性的治疗，以达到最佳的治疗效果。同时，加强个人卫生习惯、避免接触过敏原和刺激源也是预防结膜炎的重要措施。一般来说，治疗结膜炎的方法包括以下几种：

细菌性结膜炎通常使用抗生素类眼药水或眼药膏治疗，病毒性结膜炎则以抗病毒药物治疗为主，过敏性结膜炎则采用抗过敏药物和抗炎药物治疗。

（1）**局部用药** 局部给药是治疗结膜炎的主要手段，包括滴眼液和眼膏。对于严重的结膜炎，需要在睡前使用眼膏，以确保药物在结膜囊内的停留时间和疗效。

1）细菌性结膜炎常用药物：眼部使用盐酸左氧氟沙星滴眼液、妥布霉素滴眼液、红霉素眼膏等抗菌药物。

2）病毒性结膜炎常用药物：眼部使用更昔洛韦眼用凝胶、阿昔洛韦滴眼液、盐酸吗啉胍滴眼液等抗病毒药物。

（2）**全身治疗** 对于淋球菌性结膜炎或沙眼衣原体结膜炎等较为严重的类型，除了局部用药外，还需全身使用抗生素进行治疗。

四、中 耳 炎

1. 中耳炎的病因与发病机制

（1）**化脓性中耳炎** 化脓性中耳炎通常由细菌感染引起的，常见的致病菌包括肺炎链球菌、流感嗜血杆菌和卡他莫拉菌等。感染通常通过咽喉部进入中耳，特别是在儿童中较为常见，因其咽鼓管结构尚未完全发育，更容易被细菌入侵。此外，游泳或洗澡时耳朵进水未及时清理，也为细菌繁殖提供了有利条件。

（2）**分泌性中耳炎** 这种中耳炎多因咽鼓管通气功能障碍引起，导致中耳积液。它也可能与上呼吸道感染后的免疫功能异常、过敏性鼻炎等因素有关。此外，头颈部肿瘤放疗后也可能导致咽鼓管功能障碍，从而引发分泌性中耳炎。

2. 中耳炎的临床表现

中耳炎的主要症状包括听力下降、耳痛、耳鸣和耳内闷胀感等。不同类型的中耳炎在临床表现上有所区别。

（1）**化脓性中耳炎** 急性期主要表现为剧烈的耳痛，常伴有全身症状如发热、寒战等。一旦鼓膜穿孔，疼痛可减轻但出现耳道流脓的现象。慢性期则表现为反复流脓或听力逐渐下降。

（2）**分泌性中耳炎** 患者主要表现为听力下降，可能伴随轻微的耳痛和耳内闷胀感。由于孩子表达能力有限，这种中耳炎在婴幼儿中不易被发现，家长需特别留意孩子的反应和行为变化。

3. 中耳炎的诊断

患者表现为听力下降、耳鸣、耳闷胀感，甚至平衡失调。儿童可能表现为语言发育迟缓、注意力不集中，成人则可能遭遇工作困扰、社交障碍。

要准确诊断中耳炎需要进一步结合以下辅助检查：

（1）**耳镜检查** 通过耳镜观察外耳和鼓膜的情况，可以发现鼓膜充血、肿胀或穿孔等迹象。

（2）**听力检查** 评估听力损失的程度和性质，帮助判断病情的严重程度。

（3）**血常规检查** 通过血常规结果可以了解感染的类型和严重程度，有助于选择适当的治疗方案。

（4）**耳部 CT 扫描** 当怀疑有并发症或其他耳部结构异常时，耳部 CT 扫描可以帮助进一步明确诊断。

4. 中耳炎的治疗

（1）**药物治疗** 急性化脓性中耳炎常用抗生素控制感染，同时使用滴耳液（如氧氟沙星滴耳液）进行局部治疗。分泌性中耳炎则可能需要类固醇激素和黏液促排剂减少炎症、促进积液排出。

（2）**手术治疗** 对于反复发作或严重的中耳炎，尤其是伴有鼓膜穿孔或胆脂瘤等情况时，可能需要进行手术治疗，如鼓室成形术或乳突根治术。

（3）**日常护理** 患者应注意保持耳部干燥清洁，避免水进入耳朵，同时加强锻炼提高免疫力，减少上呼吸道感染发生。

五、腮 腺 炎

1. 腮腺炎的病因与发病机制

腮腺炎的病因主要包括病毒性腮腺炎和细菌性腮腺炎。其中，病毒性腮腺炎最常见的是流行性腮腺炎，这是一种由腮腺炎病毒引起的急性呼吸道传染病。腮腺炎病毒属于副黏液病毒科，通过呼吸道飞沫和密切接触传播。发病机制主要为病毒从呼吸道侵入人体，在局部黏膜上皮细胞和局部淋巴结中复制后进入血流，播散到腮腺和中枢神经系统，引起腮腺炎和脑膜炎。病毒进一步繁殖后再次侵入血流并侵犯其他器官，如颌下腺、舌下腺、睾丸、胰腺等，引起相应临床表现。

2. 腮腺炎的临床表现

腮腺炎的临床表现包括：

（1）**发热、头痛、食欲不佳** 流行性腮腺炎起病急，常有这些前驱症状。

（2）**腮腺肿大** 以耳垂为中心，向前、后、下发展，边缘不清，轻度触痛，张口咀嚼及进食酸性饮食时疼痛加剧。

（3）**颌下腺或舌下腺肿大** 舌下腺肿大时可见舌及颈部肿胀，并出现吞咽困难。腮腺管口红肿：早期可有红肿，有助于诊断。

（4）**不典型病例** 可始终无腮腺肿胀，而以单纯睾丸炎、脑膜脑炎的症状出现。

3. 腮腺炎的诊断

腮腺炎诊断依据①根据流行情况及患者接触史，②发热、以耳垂为中心的腮腺肿大等临床表现。③血常规检查：白细胞数正常及降低（伴睾丸炎者白细胞计数可增高），血清及尿淀粉酶升高。特异性腮腺炎病毒抗体 IgM 阳性：1 个月内未注射疫苗，恢复期与急性期腮腺炎病毒抗体 IgG≥4 倍以上增高（含抗体阳转）可以确诊。

4. 腮腺炎的治疗

腮腺炎治疗包括：

（1）一般治疗 卧床休息，呼吸道隔离至腮腺肿大消退，进食清淡流质或半流质，勿进食酸味食物，减少唾液分泌。

（2）对症治疗 宜散风解表，清热解毒。必要时内服去痛片、阿司匹林等解热镇痛药。

（3）抗病毒治疗 如复方板蓝根冲剂、利巴韦林、干扰素等。

（4）重症并发症治疗 重症并发脑膜脑炎、严重睾丸炎、心肌炎时，可短期使用肾上腺皮质激素。

（5）其他保守治疗 炎症早期可用热敷、理疗、外敷等方法。碳酸氢钠溶液、复方氯己定含漱液等漱口剂有助于炎症控制。

（6）切开引流 内科保守治疗无效、腮腺发展至化脓时需切开引流。

第三节 头面部疼痛的管理

一、头面部疼痛的评估

医护人员在临床疼痛管理中只有遵循了疼痛评估总原则，即“常规评估、量化评估、全面评估、动态评估”，才能对头面痛患者的病情作出较为全面、客观、准确的评价。

1. 健康史

应当了解头面痛患者既往健康状况，职业与工作情况，有无头部外伤史及治疗史，有无头痛的家族病史等情况。

2. 身体状况评估

（1）评估头痛的部位、性质与程度 了解头痛患者是全头痛还是局部头痛；是搏动性疼痛或是刺痛、钻痛、钝痛、撕裂痛、紧缩痛；是轻度痛、中度痛还是无法忍受的极重度剧烈疼痛。如偏头痛患者通常表现为一侧颞部的搏动性疼痛，而紧张型头痛患者则表现为双侧枕部或全头部紧缩性或压迫性疼痛。

（2）评估头痛的规律 了解患者头痛发病的急缓，发作性还是持续性，持续时间，发作频率；诱发、加重或缓解头痛的因素，头痛与咳嗽、喷嚏、屏气、排便等（脑脊液压力暂时性升高）行为以及与气候、体位、饮食、情绪、睡眠、疲劳的关系。而新近发生的、与以往不同的头痛很可能是严重疾病的信号，如持续性、进行性加重的头痛可能为颅内占位性疾病所致的颅内高压症。

（3）了解有无先兆与伴发症状 如恶心、呕吐，头晕，嗜睡，面色苍白或潮红，视物不清、闪光、畏光、复视，耳鸣，失语，瘫痪，发热，晕厥或昏迷等。如偏头痛发作常伴有先兆症状及恶心、呕吐、畏光等表现，颅内感染引起的头痛常常伴有高热。

（4）体征 动态监测头面痛患者五大生命体征（呼吸、血压、脉搏、体温、疼痛评分）；检查意识是否清楚；有无眼睑下垂，瞳孔是否等大等圆，对光反射是否灵敏；有无脑膜刺激征及感觉与运动障碍等神经系统阳性体征。

（5）疼痛程度评估 使用疼痛数字评分法（NRS）、视觉模拟评分法（VAS）或面部表情评分法等评估疼痛程度。

3. 心理-社会支持状况

了解头面痛对患者的情绪、睡眠、日常生活、工作和社交能力的影响，如紧张型头痛病人因慢性头痛常伴失眠、焦虑或抑郁症状。了解患者与家属对头面痛及治疗方法的认知情况和接受程度。

4. 辅助检查

原发性头痛的诊断主要依据患者长期反复头痛发作的病史（含家族史）及临床症状与体格检查。脑电图（electroencephalogram，EEG）、经颅多普勒超声（transcranial Doppler，TCD）等检查不推荐作为常规检查。但出现以下情况必须进行 CT、MRI 等神经影像学检查或腰椎穿刺、脑脊液检查，了解有无脑出血、感染、肿瘤等器质性病变，排除继发性头痛：①头痛频率或程度急性加重。②头痛性质发生变化。③50 岁以后新出现的头痛或突然发生的剧烈头痛。④神经系统体格检查有异常发现。⑤有头晕、麻木等其他症状。⑥常规治疗无效的头痛。

二、头面部疼痛的辨证及诊断

1. 辨证

（1）辨外感、内伤 根据起病方式、病程长短、疼痛性质等特点进行辨证。外感头痛发病急，病势剧烈，表现为掣痛、跳痛、胀痛、重痛、痛无休止，常由外邪引起；内伤头痛起病缓慢，痛势较缓，表现为隐痛、空痛、昏痛、痛势悠悠，遇劳则剧，时作时止。

（2）辨疼痛性质 掣痛、跳痛多为阳亢、火热所致；重痛多为痰湿；冷感而刺痛，为寒厥；刺痛固定，常为瘀血；痛而胀者，多为阳亢；隐痛绵绵或空痛者，多精血亏虚；痛而昏晕者，多气血不足。

（3）辨疼痛部位 辨疼痛部位有助于分析病因及脏腑经络。气血、肝肾阴虚者，多以全头作痛；阳亢者痛在枕部，多连颈肌；寒厥者痛在巅顶；肝火者痛在两颞。就经络而言，前部为阳明经，后部为太阳经，两侧为少阳经，巅顶为厥阴经。

（4）辨诱发因素 因劳倦而发，多为内伤，气血阴精不足；因气候变化而发，常为寒湿所致；因情志波动而加重，与肝火有关；因饮酒或暴食而加重，多为阳亢；外伤之后而痛，应属瘀血。

2. 诊断

（1）病史 详细的病史询问能为诊断提供充分的依据，包括疼痛的性质、发作频率、持续时间、部位、伴随症状等。

（2）体格检查 全面详细的体格检查，尤其神经系统和头颅、五官的检查，有助于发现头痛的病变所在。

（3）辅助检查 影像学检查如头颅 CT、MRI（磁共振成像）或脑脊液检查等，可为诊断提供客观依据。对于发病年龄小于 45 岁，既往有类似头痛病史，此次头痛与之前相比无明显变化，且没有其他异常的神经系统症状或体征患者，通常无需影像学检查。

（4）诊断标准

1）国际头痛学会分类标准：国际头痛学会于 2018 年颁布了第三版《头痛疾病的国际分类》，提供了主要的头痛疾病类型的描述性定义和操作性强的诊断标准。

2）中医诊断标准：中医诊断头痛时会考虑头痛的主要位置以辨病位与病种，如前额痛多见于眼、鼻疾病及血劳等；一侧头痛多见于耳病及偏头风痛、面风痛等；头痛部位固定、持久，可见于脑瘤、颅脑痈；巅顶痛多见于郁证；枕部痛多见于项痹、风眩、脑瘤等。

三、头面部疼痛的管理

头面部疼痛是一种常见的临床症状，可能由多种原因引起，包括原发性头痛（如偏头痛、紧张型头痛)、继发性头痛(如由颅内病变引起的头痛)以及其他类型的头痛。有效的头面部疼痛管理需要综合考虑病因、症状、患者个体差异等因素。

1. 头面部疼痛问题

(1)**生活质量下降** 疼痛可能导致患者无法正常工作和生活,影响日常活动。

(2)**情绪问题** 长期疼痛可能导致焦虑、抑郁等情绪问题。

(3)**睡眠障碍** 疼痛可能导致失眠或睡眠质量下降。

(4)**社会功能受损** 疼痛可能导致患者社交活动减少,影响人际关系。

(5)**经济负担** 频繁就医和药物治疗可能导致患者承担较大的经济压力。

2. 头面部疼痛管理目标

(1)**减轻疼痛** 通过药物治疗、物理治疗等手段减轻患者的疼痛症状。

(2)**改善生活质量** 帮助患者恢复正常生活和工作,提高生活质量。

(3)**预防复发** 通过预防性治疗和生活方式调整减少头痛的发作频率。

(4)**心理支持** 提供心理咨询和治疗,帮助患者应对疼痛带来的情绪问题。

(5)**患者教育** 教育患者了解头痛的相关知识,提高自我管理能力。

3. 头面部疼痛管理计划

头面部疼痛管理计划应该具有个性化,根据患者具体情况制定。

(1)**评估疼痛** 详细评估疼痛的性质、频率、持续时间、触发因素等。

(2)**确定病因** 通过病史询问、体格检查和必要的辅助检查确定头痛的病因。

(3)**制定治疗方案** 根据病因和疼痛特点制定药物治疗、物理治疗、心理治疗等综合治疗方案。

(4)**生活方式调整** 指导患者调整生活习惯,如保持规律作息、避免已知的诱发因素等。

(5)**定期随访** 定期随访患者,评估治疗效果,调整治疗方案。

4. 头面部疼痛管理方法

(1)**心理治疗** 在头面部疼痛管理中占有重要地位,尤其对于那些疼痛与心理因素密切相关的患者。心理治疗方法包括:

1)认知行为疗法:帮助患者识别和改变不健康的思维和行为模式。

2)生物反馈:通过仪器帮助患者学习控制身体的生理反应,如肌肉紧张和心率。

3)放松训练:教授患者放松技巧,如深呼吸、渐进性肌肉放松等。

4)心理支持:提供情感支持和鼓励,帮助患者应对疼痛带来的情绪困扰。

(2)**药物治疗** 药物治疗是头面部疼痛管理的主要方法之一,包括:

1)急性期治疗:使用非甾体抗炎药(NSAIDs)、曲普坦类药物等缓解急性疼痛。

2)预防性治疗:对于频繁发作的头痛,使用β受体阻滞剂、抗抑郁药等预防头痛发作。

3)对症治疗:针对头痛伴随的症状,如恶心、呕吐,使用止吐等药物进行对症治疗。

(3)**微创介入治疗** 如神经阻滞、射频热凝术等,用于治疗难治性头痛。

(4)**中医技术** 中医技术在头面部疼痛的管理中也有广泛应用。

针灸、推拿、中药治疗、拔罐等中医治疗方法通过促进局部血液循环,缓解疼痛。

(5)**健康教育** 头面部疼痛的健康教育涉及多个方面,旨在帮助患者了解疼痛的原因、预防措施、治疗方法,并提高自我管理能力。

1)了解头面部疼痛的原因和机制

肌肉张力:肌肉张力过高会刺激神经,造成局部血液循环不良,形成肌肉痉挛,导致头面部疼痛。

情绪因素:胸锁乳突肌和斜方肌受情绪、压力支配,现代人因压力大而频繁出现头痛。

2)预防措施

避免外伤:注意自我保护和预防头颈部外伤,如有急性损伤,及时就医。

保持良好心情：避免过度脑力劳动或精神紧张，有助于预防头面部疼痛。

合理膳食和锻炼：维护心脑血管健康，有助于预防头面部疼痛。

避免强刺激：避免如闪光、噪声等强刺激诱发因素。

充足水分和适量咖啡因：多饮水，少饮用含酒精或咖啡因饮料。

规律睡眠：保持规律睡眠，有助于预防头痛。

3）日常护理

劳逸结合：工作时劳逸结合，避免长时间从事高强度脑力劳动，适当休息。

健康生活方式：在医生指导下保持健康的生活方式，避免各种头痛诱因。

充足睡眠：保证充足睡眠，缓解紧张焦虑情绪。

4）药物治疗和非药物干预

药物治疗：了解常用药物种类及作用机制，注意观察药物疗效和不良反应。

非药物干预：包括物理治疗如热敷、冷敷、电疗等，心理治疗如认知行为疗法、放松训练等。

5）心理护理与康复支持

心理压力管理：心理压力可能加重头面部疼痛感，通过有效的心理压力管理，可以帮助患者缓解疼痛、提高生活质量。

家属支持：家属是患者康复过程中的重要支持来源，鼓励家属参与患者的康复计划制定和实施。

6）并发症预防与处理

疼痛评估：定期对患者进行疼痛评估，了解疼痛程度、性质、部位等，为预防并发症提供依据。

合理使用镇痛药物：根据患者病情和疼痛程度，合理使用镇痛药物，预防疼痛性晕厥、恶心呕吐等并发症的发生。

第五章　颈、肩、上肢疼痛

学习目标

❖ 知识目标

1. 掌握：颈、肩、上肢疼痛常见病的临床表现，疼痛评估方法以及相应的治护原则，颈、肩、上肢疼痛常见病的健康教育。

2. 熟悉：颈、肩、上肢常见疼痛疾病的概念，熟悉颈、肩、上肢常见疼痛疾病的分类，现代医学对于颈、肩、上肢常见疼痛疾病特点的认识，中医学对颈、肩、上肢常见疼痛疾病的病因病机认识，以及对非药物干预的不良反应与注意事项。

3. 了解：中医学对颈、肩、上肢常见疼痛疾病的辨证方法，药物治疗对颈、肩、上肢常见疼痛疾病的不良反应与注意事项。

❖ 能力目标

能够正确地对颈、肩、上肢疼痛患者进行病史资料采集与评估、提出问题、制定合理的中西医管理措施及健康指导方案。

❖ 思政目标

结合颈、肩、上肢疼痛案例，了解中西医结合在缓解患者疼痛、提高生活质量方面的独特优势。强调在管理过程中对患者心理状态的关注和支持，培养学生的同理心和人文关怀精神，学会以患者为中心，提供全面、有效的疼痛管理教育服务。

颈、肩、上肢疼痛是临床上许多疾病的主要症状之一，是指由颈、肩、上肢部的关节、韧带、肌肉、筋膜病变以及颈、肩、上肢部的软组织劳损而引起的颈痛、肩痛、上背部痛、上肢痛等疼痛症候群。颈、肩、上肢疼痛病因复杂，现代医学认为，颈、肩、上肢痛可由组织退行性变、肌肉劳损、撞击、牵拉、扭挫等外伤、姿势不良、组织结构畸形等原因引起。中医学将颈、肩、上肢疼痛归属于“痹证”范畴，由于外伤、劳损、风寒湿邪侵袭、气血不和、经络不通等所致，病机主要为经络闭阻，气血阻滞，久则肌筋挛缩，关节功能障碍。目前，颈、肩、上肢疼痛的发病率逐渐上升，发病群体年轻化，给患者带来身体上和精神上的痛苦，严重影响其生活质量和工作效率，积极的预防和治疗干预对改善患者生活质量具有非常重要的意义。

导入案例 5-1

患者，周某，女性，49 岁。自诉有颈椎间盘突出症病史 3 年余，因劳累后出现颈肩部疼痛伴间断头晕、双上肢麻、肿、胀、痛加重一周，双手肿胀不能握拳、握物，右侧为甚，影响日常生活及活动，伴腹部胀痛不适。患者面色欠润，头发早白，舌暗红，苔白，舌底脉络瘀阻，怒张明显，脉弦涩。西医查体：左、右臂丛神经牵拉试验阳性，击顶试验阳性。颈椎生理曲度变直，颈部肌肉紧张，$C_{2/3}$ 棘间至 $C_{6/7}$ 棘间及两侧旁开 2 cm 处压痛，双侧斜方肌中部、胸锁乳突肌起点压痛，双侧肩胛内侧缘压痛，双侧肩胛骨内上角压痛，既往情绪烦躁易怒。

1. 该患者亟待解决的疼痛管理问题有哪些？
2. 请结合该患者的病情，制定一份以患者为中心的中西医疼痛管理方案。

第一节　中医对颈、肩、上肢疼痛的认识

一、颈 椎 病

1. 概述

颈椎病是指因颈椎间盘退行性变及其继发性病理改变，刺激或压迫邻近的神经、脊髓及血管等组织而引起一系列临床症状和体征的综合征。主要表现为颈肩部疼痛僵硬、头痛、头晕、上肢疼痛麻木等。颈椎病好发于40岁以上的中老年人，近年来呈现年轻化趋势。中医学并无颈椎病的病名，其部分症状属于“痹证”“痿证”“项强”“眩晕”等范畴。

2. 病因病机

中医认为颈椎病的发病，不外乎内因和外因两个方面。内因多由于中年以后，肝肾亏虚，筋骨失养，筋骨痿软、退化增生，或因先天不足、颈椎畸形而发病。外因多由感受风寒湿邪，或跌、仆、闪、挫及劳损等伤及筋骨、气血经络，致气血瘀滞、经脉闭阻而发病。

3. 辨证论治

（1）辨证要点　风寒湿之邪明显者，可辨为实证；病久入深，气血亏耗，损及脏腑，肝肾亏损，筋骨失养，可辨为虚证。若出现颈项窜痛或刺痛，头晕目眩，头部沉重感，伴有肢体麻木，舌质红或者暗红，多为风寒、血瘀、痰湿留着颈项，可辨为实证；若出现颈肩隐痛，眩晕头痛，耳鸣耳聋，失眠多梦，多为肝肾不足，可辨为虚证；若出现颈肩酸痛，头晕目眩，面色皖白，心悸气短，多为气血亏虚，可辨为虚证。临床往往虚实夹杂，以邪实为主者多见。

（2）辨证分型

1）风寒湿型

证候表现　颈、肩、上肢窜痛麻木，以痛为主，头部沉重感，颈部僵硬，活动不利，恶寒畏风。舌淡红、苔薄白，脉弦紧。

治疗原则　祛风散寒，除湿通络。

治疗代表方　桂枝附子汤加减。

2）气滞血瘀型

证候表现　颈肩部、上肢刺痛，痛处固定，伴有肢体麻木。舌质暗，脉弦。

治疗原则　活血化瘀，理气通络。

治疗代表方　活血止痛汤加减。

3）痰湿阻络型

证候表现　头晕目眩，头重如裹，四肢麻木不仁，纳呆。舌暗红、苔厚腻，脉弦滑。

治疗原则　化痰行瘀，蠲痹通络。

治疗代表方　羌活胜湿汤加减。

4）肝肾不足型

证候表现　眩晕头痛，耳鸣耳聋，失眠多梦，肢体麻木，面红目赤。舌红、少津，脉弦。

治疗原则　培补肝肾，通络止痛。

治疗代表方　独活寄生汤加减。

5）气血亏虚型

证候表现　头晕目眩，面色苍白，心悸气短，四肢麻木，倦怠乏力。舌淡、苔少，脉细弱。

治疗原则　益气养血，和营通络。

治疗代表方　归脾汤加减。

二、落　　枕

1. 概述

落枕，又称失枕，是颈部肌肉因睡眠姿势不良或感受风寒而致晨起后出现以颈项疼痛、僵硬、活动受限为主要表现的颈部软组织损伤。本病起病较快，病程较短，1 周内多能痊愈，但若恢复不彻底，易复发。落枕好发于青壮年，男性多于女性，冬春两季多发。

2. 病因病机

中医学认为落枕的病因病机主要有以下 3 个方面：①颈项部因风寒侵袭，致经气不畅，颈部肌肉气血凝滞，经络闭阻，不通则痛。②肝肾亏虚，平素缺乏锻炼，素体虚弱，气血不足，气血运行不畅，筋肉舒缩活动失调者，易患落枕。③睡眠时姿势不良，头颈过度偏转，或睡眠时枕头过高、过低或过硬，使颈部肌肉长时间受到牵拉，处于过度紧张状态，导致局部经筋受损。正如《诸病源候论·失枕候》记载："头项有风，在于筋之间，因卧而气血虚者，值风发动，故失枕。"

3. 辨证论治

（1）辨证要点　疼痛剧烈，遇寒痛剧，得温痛减，舌淡、苔白，脉弦紧，多为寒邪所致。痛有定处，舌紫暗，有瘀斑或瘀点，多以血瘀为主。

（2）辨证分型

1）风寒型

证候表现　颈项背部僵硬，拘紧麻木，可兼有恶风、发热、头痛等表证。舌淡、苔薄白，脉浮紧或浮数。

治疗原则　疏风散寒，除湿止痛。

治疗代表方　桂枝汤或葛根汤加减。

2）瘀滞型

证候表现　晨起颈项疼痛，活动不利，活动时患侧疼痛加剧，头部歪向患侧，局部有明显压痛点。舌紫暗、苔薄黄，脉弦数。

治疗原则　活血舒筋，行气止痛。

治疗代表方　和营止痛汤或活血舒筋汤加减。

三、肩关节周围炎

1. 概述

肩关节周围炎临床以肩部疼痛、肩关节活动受限为主要特征，中医学将肩痛归属于"痹证"范畴。根据其发病原因、临床表现和发病年龄等特点，有不同病名，因睡眠时肩部受凉引起的称"漏肩风"或"露肩风"；因肩部活动明显受限，形同冻结而称"冻结肩"；因多见于 50 岁以上患者，又称"五十肩"；还称"肩凝风""肩凝症"。

2. 病因病机

中医学认为，中老年人肝肾亏虚、气血不足、筋肉失于濡养、局部组织退行性变是本病的内因。加之肩部外伤劳损、风寒湿邪侵袭或因伤长期制动，易致肩部经脉不通，气血凝滞，肩关节疼痛、肌肉痉挛、活动不利，久则气血运行不畅，筋肉失养，致肩部肌肉萎缩。本病亦常见于肩部外伤后的患者，局部瘀血内阻，经行不畅，致经脉闭阻而致本病。外伤劳损为其外因，气血虚弱、血不荣筋为其内因，内外因相互作用，共同影响，引起肩痛。

3. 辨证论治

（1）辨证要点

1）辨虚实：病之初期以感受外邪或外伤引起，多属实证，表现为风寒痹阻、寒凝血瘀；痹久邪留伤正而致虚，且正虚每易反复感邪而致急性发作，表现为虚实夹杂；久病迁延或素体虚弱，多属虚证，表现为肝肾亏虚，或肺气不足。

2）辨病邪：风邪侵袭多表现为疼痛呈游走性；寒邪所致多表现为疼痛剧烈，痛有定处，遇寒痛增；湿邪所致多表现为重着、酸困疼痛，缠绵不愈；热邪或久而化热所致者，多表现为疼痛伴灼热感，遇热加重。

（2）辨证分型

1）风寒湿阻型

证候表现　可见肩部串痛，遇风寒痛增，得温痛缓，畏风恶寒，或肩部有沉重感。舌质淡、苔薄白或腻，脉弦滑或弦紧。

治疗原则　祛风散寒，舒筋通络。

治疗代表方　三痹汤或桂枝附子汤加减。

2）气血瘀滞型

证候表现　可见肩部肿胀，疼痛拒按，以夜间为甚。舌质暗或有瘀斑、苔白或薄白，脉弦或细涩。

治疗原则　活血化瘀，行气止痛。

治疗代表方　身痛逐瘀汤加减。

3）气血亏虚型

证候表现　可见肩部酸痛，劳累后疼痛加重，伴头晕目眩，气短懒言，心悸失眠，四肢乏力。舌质淡、苔少或白，脉细弱或沉。

治疗原则　益气养血，舒筋通络。

治疗代表方　当归鸡血藤汤或黄芪桂枝五物汤加减。

四、肱骨外上髁炎

1. 概述

肱骨外上髁炎，是指肘关节外侧、肱骨外上髁部局限性疼痛，并影响到伸腕和前臂旋转功能的急慢性、劳损性疾病。又称“网球肘”“伏案肘”“铁匠肘”等。本病好发于前臂劳动强度较大的人，如理发员、木匠、铁匠、厨师、折纸工；运动员中以网球、羽毛球、乒乓球运动员较多见。中年人多见，男多于女（3∶1），右侧多于左侧。本病中医称为“肘劳”，属“伤筋”范畴。

2. 病因病机

中医学认为从事旋前、伸腕等剧烈活动会导致肘部经气不通，气血阻滞不畅，不通则痛。此外长期反复牵拉、磨损，耗伤气血，筋骨失于濡养，筋肉失于温煦，卫外不固，风寒湿邪趁虚入侵，闭阻经络气血发为肘痛。

3. 辨证论治

（1）辨证要点

辨虚实　病之初期以感受外邪或外伤引起，多属实证，表现为瘀血阻滞，刺痛拒按；久病致虚，表现为酸痛反复发作，提物无力，喜按喜揉，伴有少气懒言。

（2）辨证分型

1）瘀血阻络证

证候表现　肘部肿痛或刺痛拒按，提物无力，活动痛增，夜间加重。舌质暗红、苔黄，脉弦涩。

治疗原则　活血化瘀，舒筋止痛。

治疗代表方　身痛逐瘀汤加减。

2）气血亏虚证

证候表现　起病时间较长，肘部酸痛反复发作，提物无力，肘外侧压痛，喜按喜揉，可见少气懒言，面色苍白。舌淡、苔白，脉沉细。

治疗原则　益气养血，舒筋通络。

治疗代表方　黄芪桂枝五物汤加减。

五、腕管综合征

1. 概述

腕管综合征好发于40～60岁的女性。以手部麻木，桡侧三指为主，持物（如抓车把、捏筷子）无力。夜间及阴雨天麻木加重，严重者可放射至前臂，甩手或活动手部可缓解，肌电图检查可见大鱼际肌等正中神经支配区呈失神经改变。中医属“痹证”范畴。

2. 病因病机

腕管综合征早期以“不通”为主，局部气滞血瘀，经脉闭阻，不通则痛；后期多因风寒湿及久劳致气血运行受阻而失养，故出现麻木疼痛，“不荣则痛”“气血虚少成麻木”。

3. 辨证论治

（1）气滞血瘀证

证候表现　由劳损所致，轻者手部麻木，甩手后缓解，重者麻木可放射至前臂，有夜间麻醒史。舌质暗红、苔薄白，脉弦细。

治疗原则　活血化瘀，通经活络。

代表方剂　小活络丹加减。

（2）气血两虚证

证候变现　局部皮肤发白，发凉，或皮肤干燥，漫肿。手部桡侧三指麻木，对掌功能障碍，拇短展肌萎缩。晚期大鱼际肌可有明显萎缩，拇指对掌功能受限。舌质淡苔、薄白，脉弦细无力。

治疗原则　益气补血，舒筋散结。

代表方剂　黄芪桂枝五物汤加减。

第二节　现代医学对颈、肩、上肢疼痛的认识

颈、肩、上肢疼痛是临床上很多疾病的主要症状之一，是由颈、肩、上肢的关节、韧带、肌肉、筋膜病变或软组织劳损引起的。现代医学认为颈、肩、上肢疼痛的病因复杂多样，既可由撞击、牵拉、扭挫等外伤引起，也可由组织退行性改变及劳损、骨质增生、椎间盘突出、炎症、不良姿势、组织结构畸形等原因引起。常见的涉及颈、肩、上肢疼痛的疾病有颈椎病、落枕、肩关节周围炎、肱骨外上髁炎、腕管综合征等。

一、颈　椎　病

颈椎病是由颈椎椎间盘退行性改变累及周围组织结构产生的临床综合征，由于颈椎长期劳损、骨质增生或椎间盘脱出、韧带增厚，致使颈脊髓、神经根、椎动脉受压迫，交感神经受到刺激，出现一系列功能障碍。随着生活方式和工作节奏的改变，长期伏案工作或低头使用手机等电子产品的人群增多，近年来颈椎病的患病率不断上升，且发病率有年轻化的趋势。《中国退行性脊柱健康报

告（2023）》估计我国成年人颈椎病发病率为 30%。

1. 病因与发病机制

（1）颈椎的退行性变 颈椎是脊椎椎骨中体积最小、但灵活性最大、活动频率最高的节段。颈椎间盘一般从 20 岁左右开始发生退行性改变，随着年龄增长及颈椎长期超负荷使用，中、老年人较易出现颈椎病症状。颈椎间盘退行性改变是颈椎病发生发展的首要因素。

（2）急、慢性损伤 患者长期进行超过颈椎负荷的各种活动，产生累积性损伤，例如不当的工作体位（如长期伏案工作、低头使用手机等造成颈后部肌肉韧带组织劳损），不良的睡眠姿势（枕头过高或过低使颈椎处于非生理性体位），过度的体育锻炼（超出颈部肌肉和颈椎耐受范围的运动）；部分患者因急性外伤导致颈部受到暴力损伤。上述急慢性因素可单独或叠加，导致或加剧颈椎病。

（3）先天性因素 少数患者有先天性颈椎畸形或发育性颈椎管狭窄，在此基础上，轻微的退行性病变便可诱发颈椎病。

2. 临床表现及辅助检查

（1）临床表现 根据受累组织的不同，颈椎病有不同的表现。

1）神经根型颈椎病：此型最常见，约占 50%～60%。临床上开始多表现为颈部疼痛和发僵，有些患者还有肩部及肩胛骨内侧缘疼痛，上肢放射性疼痛或麻木。疼痛和麻木沿受累神经根的走行和支配区放射，据此特征称为根性疼痛。疼痛或麻木可以呈发作性、也可以呈持续性。有时症状的出现与缓解和患者颈部的位置和姿势有明显关系。颈部活动、咳嗽、喷嚏、用力及深呼吸等可以造成症状的加重。患侧上肢感觉沉重、握力减退，有时出现持物坠落。后期可以出现肌肉萎缩。检查可见颈部肌肉痉挛，头多偏向患侧，且肩部上耸；颈部压痛明显，活动不同程度受限，受累神经根支配区皮肤感觉减退、感觉过敏、相关肌肉肌力减弱。臂丛牵拉试验、压头试验均可为阳性。

2）脊髓型颈椎病：约占颈椎病的 10%～15%。此型症状最严重。根据脊髓受压部位和程度不同，可产生不同的临床症状，如上肢表现有上肢麻木、疼痛，双手无力、不灵活，精细活动失调，握力减退；下肢多有麻木、沉重、步态不稳，有踩棉感，足尖拖地；躯干部可有紧束感。随着病情加重，可出现排尿排便功能障碍。查体可见感觉障碍，肌力减退，四肢腱反射活跃或亢进，腹壁反射、提睾反射和肛门反射减退或消失，Babinski 征、Hoffmann 征髌阵挛、踝阵挛等阳性。

3）交感型颈椎病：交感型颈椎病症状繁多，多数表现为交感神经兴奋症状，少数为交感神经抑制症状。椎动脉表面富含交感神经纤维，当交感神经功能紊乱时常常累及椎动脉，导致椎动脉的舒缩功能异常。因此，交感型颈椎病在出现全身多个系统症状的同时，常伴有椎-基底动脉系统供血不足的表现。这些症状包括头部症状，如头晕或眩晕、头痛或偏头痛、头沉、枕部痛，睡眠欠佳、记忆力减退、注意力不易集中等，偶有因头晕而跌倒者。眼耳鼻喉部症状，眼胀、干涩或多泪、视力变化、视物不清、雾视等；耳鸣、耳堵、听力下降；鼻塞、过敏性鼻炎样症状；咽部异物感、口干、声带疲劳等；味觉改变等。胃肠道症状，恶心甚至呕吐、腹胀、腹泻、消化不良、嗳气等。心血管症状，心悸、胸闷、心率变化、心律失常、血压变化等。面部或某一肢体多汗、无汗、畏寒或发热，有时感觉疼痛、麻木但是又不按神经节段或走行分布。以上症状往往与颈部活动有明显关系，坐位或站立时加重，卧位时减轻或消失。颈部活动多、长时间低头、在电脑前工作时间过长或劳累时明显，休息后好转。

4）椎动脉型颈椎病：主要表现颈性眩晕、头痛、猝倒、视觉障碍、耳鸣、听力降低等。眩晕发作可表现为旋转性、浮动性或摇晃性眩晕，头部活动时可诱发或加重。

5）颈型颈椎病：也称为软组织型颈椎病，多在夜间或晨起时发病，有自然缓解和反复发作的倾向，30～40 岁女性多见。患者多出现颈项强直伴疼痛，可有整个肩背疼痛发僵，不能作点头、仰头及转头活动，呈斜颈姿势。需要转颈时，躯干必须同时转动，也可出现头晕的症状。少数患者可出现反射性肩、臂、手疼痛或胀麻，咳嗽或打喷嚏时症状不加重。急性期颈椎活动受限，颈椎旁肌、T_1～T_7 椎旁肌或斜方肌、胸锁乳突肌有压痛，冈上肌、冈下肌也可有压痛。如有继发性前斜角肌痉挛，可在胸锁乳突肌内侧相当于 C_3～C_6 横突水平，触及痉挛的肌肉，稍用力压迫，即可出现肩、臂、手放射性疼痛。

6）食管压迫型颈椎病：此型较为少见，因颈椎椎体前缘增生的较大骨赘压迫食管而引起吞咽梗阻感或进行性吞咽困难，也可能由于骨刺形成过快，刺激食管周围软组织所致。

除上述常见的6种类型外，临床上也有同时兼具两种或多种表型的患者，被称为“混合型颈椎病”，这类患者临床表现多以某种类型为主，同时伴有其他类型的部分表现。

（2）辅助检查

1）X 线检查：X 线正、侧位片检查显示颈椎生理前凸变小或消失，椎间隙狭窄，骨质增生，钩椎关节增生；左、右斜位片视图见椎间孔变形、狭窄；过伸、过屈位可见颈椎节段性不稳等征象。

2）MRI、CT 检查：颈部 MRI 检查可以清晰显示出椎管内病变、脊髓形态改变及脊髓受压部位及形态改变，对于颈椎损伤、颈椎病及肿瘤的诊断具有重要价值。颈椎间盘 CT 检查可以判断后纵韧带是否钙化。

3）椎动脉造影：可显示椎动脉局部受压、阻塞、血流灌注不良等迹象。

3. 诊断与鉴别诊断

（1）诊断依据 诊断时，必须坚持临床症状、体征和影像学表现三结合且相互印证的原则，必须同时包含以下条件方可确立颈椎病的诊断：①具有颈椎病的临床症状；②影像学检查提示颈椎椎间盘或椎间关节有退行性改变；③影像学检查能解释临床症状。单纯依据临床症状或影像学表现皆不能诊断颈椎病。

（2）鉴别诊断 颈椎病应注意与颈肋综合征和前斜角肌综合征、椎管内外肿瘤、冻结肩、肩袖损伤、颈椎骨关节炎、脑血管病变、冠状动脉供血不足、神经官能症、更年期综合征、胸廓出口综合征、食管占位性病变等相鉴别。

4. 治疗要点

（1）非手术治疗 适用于神经根型、交感神经型、椎动脉型颈椎病。大部分患者可通过物理疗法、运动疗法、药物治疗来控制症状，包括牵引、颈托制动、理疗、按摩、药物治疗及纠正不良的睡眠和工作姿势，椎动脉型颈椎病还可结合高压氧治疗。另外，目前临床上常用的非手术治疗方法还有神经阻滞疗法、微创介入疗法等。

（2）手术治疗 适用于神经根型、交感神经型、椎动脉型颈椎病经非手术治疗半年以上症状无改善者，或者症状较严重影响生活、工作者。脊髓型颈椎病患者的病情出现进行性加重时，应积极采用手术治疗，常用术式有经前路椎间盘摘除植骨融合术、经后路椎管扩大成形术等，主要目的是解除局部压迫，重建颈椎稳定性。

二、落　　枕

也称为失枕，通常由于睡眠时颈部姿势不当或颈部肌肉、韧带长时间处于过度紧张状态所致，一般 3～5 d 可自愈。在现代医学中，落枕通常不被视作是一种疾病，而是一种症状，与急性颈痛综合征、颈肩部肌筋膜炎、急性颈椎关节周围炎、急性颈部软组织损伤等有类似的表现。落枕在临床上很常见，但由于其自限性，临床上通常不需要进行深入的辅助检查来精确定位病灶，因此缺乏对落枕的准确分类和流行病学调查。国外流行病学调查显示急性颈痛的发病率约为 14.6%。

1. 病因与发病机制

（1）肩颈部肌肉过度紧张 由于睡眠姿势不当、枕头过高或过低，导致颈部处于过伸或过屈状态，肩颈部肌肉或韧带被长时间过度拉伸或扭转，发生静力性损伤。

（2）肩颈部突然运动 挥动肢体或突然坐起等动作可能造成肩颈部肌肉扭伤。

（3）积累性损伤 肩颈部曾受过外伤或长时间劳损可能增加落枕的风险。

（4）其他　其他诱发因素可能包括睡眠时受寒、长时间伏案工作、应激或紧张状态。

2. 临床表现及辅助检查

（1）临床表现　典型症状包括：睡前无异常，晨起后出现颈肩部疼痛不适；颈部活动明显受限；单侧有症状者多见，将头转向患侧时疼痛明显加重；颈肩部肌肉有触痛，浅层肌肉有痉挛、僵硬，可触及条索状硬结。

（2）辅助检查　以体格检查为主。X 线、MRI、CT 等检查结果通常为阴性，或仅显示颈椎生理曲度改变，主要用于排查其他颈部疾病。

3. 诊断与鉴别诊断

（1）诊断依据　一般情况下，根据典型症状和体征即可确诊，必要时通过影像学检查排除其他颈部疾病。

（2）鉴别诊断　落枕需与其他有颈部疼痛症状的疾病进行鉴别，如颈椎病、骨折、肿瘤、脑膜炎等，可通过影像学检查明确。

4. 治疗要点

落枕是自限性疾病，通常 3～5 d 内可以自愈。治疗以缓解症状为主。

（1）休息　减少颈肩部活动，多卧床休息。

（2）物理疗法　通过热敷、按摩等手段帮助颈肩部肌肉放松、改善血液循环。

（3）药物治疗　如果症状比较严重，疼痛剧烈难忍，严重影响日常活动，可口服非甾体抗炎镇痛药缓解疼痛，也可考虑在医生指导下短期使用肌肉松弛剂。

三、肩关节周围炎

肩关节周围炎简称肩周炎，又称粘连性关节囊炎，是一种常见的肩关节疾病，是肩关节囊、滑囊、肌腱及肩周肌的慢性损伤性炎症，表现为肩关节僵硬、疼痛、活动受限。肩周炎的发病概率约为 2%～5%，40～70 岁为高发人群，故又俗称“五十肩”，女性发病率高于男性。临床上单侧发病较多见，右肩多于左肩，双肩同时发病者约为 8%～12%。四季均可发病，给患者的生活带来不便，严重影响着患者的生活质量。

1. 病因与发病机制

肩关节被包在结缔组织的囊膜里。如果肩关节周围的囊膜增厚收紧、导致肩关节活动受限，就会发生肩周炎。目前尚不完全清楚为什么会发生这种情况，但某些因素会增加患肩周炎的风险：

（1）肩关节周围病变　中老年人多由于肩关节周围软组织劳损或退变引起；肩关节急性损伤：肩部挫伤或肩关节脱位导致局部出现炎症，进而使关节囊和周围软组织粘连；肩部活动减少，肩关节脱位或骨折后固定期间没有进行功能锻炼。

（2）肩外疾病　颈椎病也可引起肩周炎，临床上多表现为先有颈椎病的症状和体征后发生肩周炎；另外冠心病发作时可引起肌痉挛，肩部活动受限而诱发肩周炎。

2. 临床表现及辅助检查

（1）临床表现　肩周炎通常发展缓慢，可分为 3 个阶段。

1）凝结阶段：肩部的任何运动都会导致疼痛，可放射至颈部及上臂中部，夜间可能加重，影响睡眠。此阶段可持续 2～9 个月。

2）冻结阶段：疼痛可能会减轻，然而肩部会变得僵硬，直到各个方向都不能活动，使用起来更加困难。此阶段持续 4～12 个月。

3）解冻阶段：肩部的运动能力开始好转。此阶段持续 5～24 个月。

（2）辅助检查

1）X 线：早期表现为肩峰下脂肪线模糊变形甚至消失，中晚期可见颈肩部关节囊、滑液囊、肌腱等处有淡而不均的钙化斑影、骨质增生、骨赘形成、骨质疏松、关节端增生、关节间隙变窄等迹象。

2）MRI：肩关节 MRI 可以确定肩关节周围结构是否正常，是否存在炎症。

3）其他：关节镜可发现肩肱关节囊纤维化、增厚等异常。

3. 诊断与鉴别诊断

（1）诊断依据 根据病史和临床症状多可诊断。X 线平片多无异常，后期部分患者可见骨质疏松，但无骨质破坏，可在肩峰下见到钙化阴影。

（2）鉴别诊断 临床上多种疾病可表现为肩部疼痛和肩关节活动受限：颈椎病、肩关节脱位、化脓性肩关节炎、肩关节结核、肩部肿瘤、风湿性、类风湿性关节炎、单纯性冈上肌腱损伤、肩袖撕裂、肱二头肌长头肌腱炎及腱鞘炎等。因为病因和病变部位不同，所以可根据不同的伴发症鉴别。

4. 治疗要点

（1）保守治疗 目前对肩周炎主要以非手术治疗为主，根据不同时期表现采取相应的治疗措施。急性期制动肩部，局部热疗。慢性期坚持锻炼并配合针灸、理疗、推拿等多种疗法。疼痛明显的患者给予抗炎镇痛药口服或外用。为了恢复关节活动度，应指导患者进行肩关节被动活动训练。物理疗法主要采用冲击波治疗、热敷、微波以及低频电刺激等措施，以辅助运动疗法的实施。痛点注射主要针对肩部僵硬显著的患者，使用局部麻醉剂注射至肩部肌肉压痛点，但应避免盲目持续应用，以免加重肩部僵硬症状。

（2）手术治疗 对于经过严格运动疗法而肩关节活动范围仍无改善者，应积极采取手术疗法，在关节镜下行关节囊松解术。但是对合并糖尿病的患者，肩部活动范围往往难以改善，应积极的采取手法松解，在全身麻醉下施行手法被动活动，也可以在内镜下或开放手术时进行手法松解。

四、肱骨外上髁炎

肱骨外上髁炎是一种常见的肘部疼痛症状，主要是由外伤、慢性劳损导致的手肘外侧前臂伸肌群与肱骨外上髁连接处的肌腱变性、退化和撕裂引起的，患者在用力抓握或提举物体时会感到肘部外侧疼痛。因最早在网球选手中经常观察到此类疾病，故俗称“网球肘”。好发于 30～50 岁人群，除网球、羽毛球、乒乓球运动员外，厨师、家庭主妇、砖瓦工、木工等长期反复使用肘部前臂伸肌用力的人也易患此病。

1. 病因与发病机制

肱骨外上髁炎本质是一种慢性损伤性炎症，前臂伸肌肌腱在抓握东西时会收缩、紧张，过度使用这些肌肉或急性扭伤可导致这些肌腱变形、退化或撕裂。多数起病缓慢，通常无外伤史。一般多见于需要反复旋转前臂、手腕伸展的成年人。此外，也可因前臂在旋前位时，腕关节的反复背伸活动，使肱骨外上髁附着处的伸腕肌腱附着处过度受牵拉导致劳损或扭伤。

2. 临床表现及辅助检查

（1）临床表现

1）肘关节外侧疼痛，前臂旋前时加重。在旋转背伸、提、拉、端、推等动作时更为剧烈，可能沿伸腕肌向下放射。初期常感觉伤肢酸痛乏力，逐渐发生肘外侧疼痛，多随运动量的增加而加重，休息后缓解。在重复损伤动作时，疼痛亦加重（其疼痛性质多为酸痛或刺痛）。

2）前臂旋转及握物无力，甚至持物坠落，拧毛巾、提物等动作有困难。

3）体格检查时在肱骨外上髁、桡骨头及两者之间有局限性、极敏锐的压痛。

（2）辅助检查 前臂伸肌腱牵拉试验（Mills 征）试验阳性，患者完成屈肘、半握拳、屈腕，然后前臂旋前、伸直肘关节等动作后出现肘外侧疼痛。一般无需做 X 线检查，X 线通常无改变，或偶见不规则的骨膜反应及少量钙化灶。

3. 诊断与鉴别诊断

（1）诊断依据　肱骨外上髁炎的诊断主要根据临床表现和体格检查。主要表现为肘关节外侧疼痛和压痛，可沿前臂向手放射，做前臂旋转动作时加剧；前臂伸肌腱牵拉试验（Mills 征）阳性。

（2）鉴别诊断

1）肘部骨折：也表现为肘关节疼痛，通常有明确外伤史，X 线检查可见骨折线。

2）肘关节炎：表现为肘关节活动时疼痛、活动受限，X 线检查可见肘关节间隙变窄，并伴有骨质增生。

3）剥脱性骨软骨炎：按压受影响关节有肿胀和压痛，X 线可见软骨结构异常。

4）肘部神经卡压症：穿过肘部的神经受到骨赘、肿瘤压迫时，可能产生肘关节外侧疼痛，可利用肌电图鉴别诊断。

4. 治疗要点

肱骨外上髁炎是自限性疾病，治疗的目的通常是消除或减轻症状。

（1）保守治疗

1）肘关节制动休息，避免引起疼痛的动作。

2）口服消炎止痛药或外用药膏。

3）在前臂使用护具限制活动。

4）理疗，急性期冰敷促进消肿止血，慢性期可通过按摩、电疗、磁疗、热疗、光疗、超声疗法等缓解疼痛。

5）封闭治疗：注射局部麻醉药和糖皮质激素的混合液，以达到抗炎止痛的效果。

（2）手术治疗　对于晚期或症状顽固者，若经过半年至一年保守治疗后，症状仍然严重、影响正常生活和工作，可考虑手术治疗。手术方式包括开放性手术和关节镜手术，以清除不健康组织，改善或重建局部血液循环，促进肌腱修复。

五、腕管综合征

腕管是位于手腕部前面的一个由腕骨和腕横韧带构成的管道，正中神经通过腕管后支配手内桡侧半的肌肉和皮肤。腕管综合征又称迟发型正中神经麻痹，是多种原因导致的腕管压力增高，压迫正中神经而引起的一系列症候群。本病终生发病率约为 10%～15%，与职业因素有关，好发于 30～60 岁女性，女性与男性比例为 2～5∶1。

1. 病因与发病机制

（1）外源性压迫　最常见来源于掌侧的腕横韧带浅面对腕管产生的压力。

（2）腕管管腔变小　腕横韧带可因外伤后瘢痕形成或内分泌病变等增厚；腕部骨折、脱位可导致腕管后壁或者侧壁凸向管腔，造成腕管狭窄。

（3）管腔内容物增多　腕管内腱鞘囊肿、脂肪瘤、神经腱膜瘤、外伤后血肿机化及滑囊炎等，另外，外来物质的沉积，类风湿关节炎中的滑膜增生都可能占据过多管腔内的容积。

（4）其他　木工、厨工、程序员等职业由于长期过度使用腕部也会发病。由于腕管内的压力在过度屈腕时是中立位的 100 倍，而过度伸腕时是中立位的 300 倍，这种压力的改变也是导致正中神经发生慢性损伤的原因。

2. 临床表现及辅助检查

（1）临床表现　中老年女性多见，有劳损病史者发病率高，男性患者多有职业病史。双侧受累高达 30%，其中绝经期女性占双腕发病者的 90%。典型症状为桡侧 3 个手指及环指桡侧半麻木或刺痛，持物无力，中指为甚。夜间加剧，皮肤温度升高时疼痛加剧，活动或甩手后可减轻；季节寒冷时患肢发凉、发绀、手指活动不灵活。

大鱼际肌萎缩，甚至出现间歇性发绀；严重者可出现拇指和（或）示指发绀、指尖坏死或萎缩性溃疡，发展为不可逆改变。

（2）辅助检查

1）电生理检查：可见指-腕段感觉神经传导异常、掌-腕关节间感觉神经传导异常及运动神经末端潜伏期延长。

2）影像学检查：X 线及 CT 检查结果多为阴性，多作为骨折、脱位、肿瘤等疾病的鉴别诊断。MRI 及 B 超可以观察正中神经的粗细、受压迫情况，并确定腕部关节周围组织结构是否正常。

3. 诊断与鉴别诊断

（1）诊断依据 根据患者病史、症状、体征、影像学和电生理学检查可诊断。

1）体征测试：①Tinel 征：用叩诊锤轻叩腕部正中神经对应的部位，如正中神经支配的区域出现麻木、疼痛或如同蚂蚁在皮肤上爬行的异常感觉，提示有腕管综合征；②Phalen 征：屈肘前臂上举，双腕同时屈曲 90°，屈腕时出现手指刺麻感或压迫腕部中间部位后出现刺麻感，如果在 60 s 内出现上述症状，提示有腕管综合征。

2）电生理学及影像学检查：进行肌电图或神经传导速度检查，若发现腕部正中神经传导速度变缓甚至波幅降低，可判定为腕管综合征。MRI 及 B 超可见正中神经是否存在受压迫情况。

（2）鉴别诊断

1）神经根型颈椎病：患者手臂及手掌部出现局部疼痛、感觉障碍或肌力减弱，但此病常伴有从颈肩向远端放射性疼痛，影像学检查显示神经根被压迫，且颈椎病 Tinel 征和 Phalen 征为阴性。

2）末梢神经炎：以手指麻木为主，疼痛较轻，多为双手。

3）脊髓空洞症：可表现为手部的感觉和运动障碍，影像学检查显示脊髓内有空洞，可作为鉴别依据。

4）特发性臂丛神经炎：患者会有手掌手指麻木、刺痛，但症状通常涉及整个上肢，脑脊液检查可能出现蛋白轻度升高，肌电图显示神经性改变。

4. 治疗要点

（1）非手术疗法 适用于病程短、症状轻、全身情况不允许或者不愿意接受手术的患者。休息、热敷，使用石膏托或夹板将腕关节固定于中立位或略伸位。口服抗炎镇痛药物、神经营养剂等。对于上述治疗无效的患者可以进行局部封闭治疗，如腕管内注射类固醇激素。

（2）手术治疗 在保守治疗无效或有明显手术适应证的情况下进行。特点是松解较彻底，是目前常用的治疗方法。主要手术指征包括骨折、脱位或占位性病变造成的正中神经卡压，大鱼际肌萎缩、正中神经分布区有明显感觉减退，神经电生理检查异常。此法适用于特发性病例和继发性病例。

手术包括传统开放性腕管减压术和关节镜下腕管松解术。前者为开放性手术，创伤较大，但效果通常很好；后者具有创伤小，出血少，手术时间短，术后恢复快等优点，可实现与常规手术同样的目的。

第三节　颈、肩、上肢疼痛的管理

一、颈　椎　病

1. 颈椎病的评估

（1）健康史 了解患者的年龄和职业，此次发病的诱因和情况，有无眩晕、头痛、视物模糊、耳鸣、心悸或猝倒等，以往有无类似情况发生，采取过何种治疗手段。

（2）身体状况评估 评估患者的意识和生命体征、生活自理能力、有无二便失控或失禁现象；

了解患者疼痛或放射性疼痛的部位、疼痛的性质及频率，取何种体位能减轻疼痛；患者四肢的感觉、运动和反射情况；患者颈椎病症状及严重程度可用量表进行评定，如田中靖久颈椎病症状量表（表 5-1）、颈椎日本骨科协会（JOA）颈椎评分量表（表 5-2）以及 Wong-Baker 面部表情量表等。

表 5-1　田中靖久颈椎病症状量表 20 分法

项目		评分标准	
1. 症状（共 9 分）	（1）颈肩部疼痛与不适感	正常	3
		偶有轻度痛感	2
		频发轻度颈肩痛，或偶发严重颈肩痛	1
		常有严重颈肩痛	0
	（2）上肢疼痛和（或）麻木	无	3
		偶有轻度上肢痛和（或）麻木	2
		常有上肢疼痛和（或）麻木，或偶有严重上肢疼痛和（或）麻木	1
		常有上肢疼痛和（或）麻木	0
	（3）手指疼痛和（或）麻木	无	3
		偶有轻度手指疼痛和（或）麻木	2
		常有手指疼痛和（或）麻木，或偶有严重手指疼痛和（或）麻木	1
		常有手指疼痛和（或）麻木	0
2. 工作和生活能力（共 3 分）		正常	3
		间歇性影响	2
		轻度障碍	1
		不能完成	0
3. 体征（共 8 分）	（1）椎间孔挤压试验	阴性	3
		有颈肩疼痛而无颈椎运动受限	2
		有上肢、手指疼痛而无颈椎运动受限或既有颈肩疼痛又有颈椎运动受限	1
		既有上肢、手指疼痛，又有颈椎运动受限	0
	（2）感觉	正常	2
		轻度障碍	1
		明显障碍	0
	（3）肌力	正常	2
		轻度减退	1
		明显减退	0
	（4）腱反射	正常	1
		减弱或消失	0
4. 手的功能（评分 0～2 分）		正常	0
		仅有无力、不适而无功能障碍	–1
		有功能障碍	–2

表 5-2 颈椎 JOA 评分表

项目	评分	功能状态
1. 上肢运动功能（4分）	0	不能持筷或持勺进餐
	1	能持勺，但不能持筷
	2	能持筷，但手不灵活
	3	能持筷及一般家务劳动
	4	基本正常
2. 下肢运动功能（4分）	0	不能行走
	1	即使平地行走也需用支撑物
	2	平地行走可不用支撑物，但上楼时需用
	3	平地行走或上楼不需用支撑物，但下肢不灵活
	4	基本正常
3. 感觉（上、下肢和躯干各2分，共6分）	0	有明显感觉障碍
	1	轻度感觉障碍或麻木
	2	基本正常
4. 膀胱功能（3分）	0	尿潴留
	1	高度排尿困难，费力、失禁或淋漓
	2	轻度排尿困难，尿频、尿踌躇
	3	正常

（3）辅助检查 了解患者的 X 线、CT、MRI 等检查结果，以判断病情和可能采取的治疗和管理措施。

（4）心理-社会支持状况 患者及家属对该病的认识、心理状态、有无焦虑及焦虑原因；家庭及社会对患者的支持程度。

2. 颈椎病的管理

（1）颈椎病的管理问题

1）焦虑或恐惧：与颈椎病影响学习、工作、生活或担心手术预后有关。

2）疼痛、肢体麻木、耳鸣、眩晕：与颈椎病导致神经受压有关。

3）躯体移动障碍：与颈椎病所致神经根或脊髓损害有关。

4）知识缺乏：缺乏疾病防治及手术后功能锻炼相关知识。

5）潜在并发症：失用性肌萎缩，手术后呼吸困难，呼吸系统、泌尿系统感染等。

（2）颈椎病的管理目标 颈痛病因复杂，症状和体征各异，因此应根据不同类型颈椎病的不同病理阶段选择相应治疗和管理方案。主要管理目标是缓解颈部疼痛，改善临床症状和体征，提高生活质量。

（3）颈椎病的管理计划 推荐采用个性化多模式、多方案的联合治疗管理方案。包括心理治疗、药物治疗及中西医结合治疗、健康教育和功能锻炼等多种管理措施，去除使神经血管受损害的压迫因素；消炎（无菌性炎症）、止痛；治疗软组织损伤，以恢复颈椎的稳定性。坚持颈部功能锻炼，以增强颈部肌肉的肌力，加强颈椎的稳定性又可恢复颈部活动功能，养成良好的生活习惯，纠正不良体位。

（4）颈椎病的管理方法

1）心理护理：颈痛病程较长，症状易反复，患者易情绪低落、急躁，因此心理治疗时应向患者介绍本疾病的发生、发展及转归，取得患者的理解和配合，多与患者沟通，及时消除不良情绪。

分享成功病例，帮助患者树立战胜疾病的信心。提供患者必要的生活协助，鼓励家属参与。充分理解和尊重患者；尽力做好解释及安慰工作，帮助患者消除焦虑等不良情绪，使患者以最佳的状态配合治疗。

2）药物治疗：急性发作期疼痛剧烈患者，严格遵医嘱正确使用镇痛药，并观察用药后效果及不良反应。遵医嘱服用药物，勿随意增减药量或停药。祛风散寒类中药宜饭后温服，活血化瘀类中药宜饭后温服，补益类药物宜饭前服用。外敷金黄散等中药时，应注意观察有无过敏反应。但各种药物的应用均须经临床医师根据病情反复调整并观察疗效，避免重复用药。疼痛管理护士应向患者及家属详细介绍各种止痛药物知识，避免造成药物滥用和药物依赖的现象，保证患者的用药安全。

3）现代医学技术在颈椎病的运用

牵引治疗：常用枕颌布带牵引法，有助于解除颈部肌肉痉挛，使肌肉放松，缓解疼痛；松解软组织粘连，牵伸挛缩的关节囊和韧带；改善或恢复颈椎的正常生理弯曲；使椎间孔增大，解除神经根的刺激和压迫；拉大椎间隙，减轻椎间盘内压力。调整小关节的微细异常改变，使关节嵌顿的滑膜或关节突关节的错位得到复位。

牵引前应耐心向患者进行牵引相关知识宣教，使患者主动配合牵引；牵引时应循序渐进，牵引持续时间及重量应根据患者耐受程度给予调整；颌枕吊带固定的位置要正确；牵引绳要求结实、光滑、无伸缩性，牵引砝码要有明确的重量标志；牵引期间注意观察下颌部、枕后及耳廓等部位的皮肤情况，防止压疮；对于持续头部牵引的患者，翻身时需保持头、颈、躯干在同一水平线上，避免因翻身不当加重病情。

颈区支具固定：颈区支具固定对减轻颈区疼痛有良好的效果。在急性期能够有效限制活动；对于长期卧床或术后准备开始下床活动的患者也有一定的帮助作用，特别是反复发作的患者，在牵引和正骨推拿纠正错位关节后短期应用 2～4 周，具有良好效果。

颈区支具在使用前应向患者解释支具固定的作用、目的、注意事项及正确的佩戴方法等，使患者配合治疗及管理，克服急躁情绪；佩戴支具时需专业人员进行相关指导；颈区支具固定时应松紧适度，密切观察患者呼吸等一般情况，尤其是老年人，应保持颈区舒适；佩戴过程中如有不适，应立即通知医护人员，尽早采取措施。

神经阻滞疗法：是将药物直接注射到神经根附近，解除神经根由于局部受压迫引起的炎性水肿，同时阻断痛觉传递路径的恶性循环。包括星状神经节阻滞治疗、颈椎旁神经阻滞治疗、颈部硬膜外神经阻滞治疗等。

微创介入疗法：是指应用影像设备引导定位代替传统肉眼直视，用穿刺针代替手术刀，力求以最小的切口途径和最少的组织损伤，完成对体内病灶的观察、诊断及治疗的新技术。目前微创介入疗法已被广泛用于颈椎病疼痛的治疗，如椎间盘镜手术、椎间盘髓核切吸术、臭氧消融术及胶原酶溶解术、射频热凝成形术、等离子射频成形术等。一般患者应根据病情选择 2～3 种方法，正规治疗一段时间后，症状多能缓解或消失。

冲击波治疗：在医生的指导下对疼痛点和扳机点进行治疗，每次 2000～3000 次，每周 1～2 次，4 次为一疗程。冲击波治疗可以有效改善病情。但冲击波治疗后 1～2 d 会有疼痛加重的情况，此时应该向患者及家属说明属于正常现象，避免对患者造成心理影响。

微波疗法：主要是应用热作用产生于深部组织，尤其是肌肉组织，波长为 1000～1 mm 的超高频电磁波治疗，其作用范围较局限，对骨质增生和椎间盘变性的脊椎综合征患者均可选用。

红光疗法及红外线疗法：属光辐射热疗法，采用红光照射颈肩背部，每次 15～20 min，1 次/d，根据患者病情确定具体疗程。

4）中医技术在颈椎病的运用：根据患者证型可采用中药熏蒸、中药塌渍、中药外敷、中药离子导入、拔罐、艾灸等中医管理技术，以缓解疼痛。风寒湿型患者，可给予中药熏蒸、艾灸，如用艾条灸大椎、风池、足三里穴各 15 min。气滞血瘀型患者可给予艾灸、穴位按摩，如用艾条灸中脘、气海、足三里各 15 min，或用示指、中指指腹点按鸠尾、中脘及脐周 1 cm 的阿是穴，各 3 min。气血亏虚型可给予艾灸、耳穴压豆；痰湿阻络型可给予中药熏蒸和中药塌渍；肝肾不足型可给予艾灸和足浴。另外，使用高频电针用于顽固痛点的针灸疗法效果也非常显著。

（5）颈椎病的健康教育

1）注意颈部保暖：避免空调、电风扇直吹颈部，防风寒湿邪侵袭。

2）改变不良姿势：避免长时间伏案工作、低头玩手机、卧床屈颈看书等。保持良好坐姿，坐位时头正、身直，不扭曲颈部；座椅高度要适中，以端坐时双脚刚能触及地面为宜，双肩后展，视线应与电脑屏幕平齐；每隔 1～2 h，活动颈部，以减轻颈部肌肉紧张。

3）保持良好睡眠体位：睡眠时头颈与躯干在一条直线上，避免颈部弯曲、过伸。睡眠时选择合适的枕头，以中间低两端高、透气性好、长度超过肩宽 10～16 cm、高度以头颈部压下后一拳头高为宜，为防止颈区扭曲，侧卧时枕头高度应尽量与肩部处于同一高度。不宜采用俯卧位。

4）坚持颈部功能锻炼：缓解期可在颈托保护下行颈部拔伸、项臂争力、耸肩、扩胸等锻炼。康复期可间断佩戴颈围，开始进行仰首观天、翘首望月、项臂争力等锻炼，每天 2～3 次，每次 2～3 组动作，每个动作 10～15 次。康复后要长期坚持做耸肩、扩胸、项臂争力、颈部的保健“米”字操等锻炼，保持颈部肌肉的强度及稳定性，预防复发。各种功能锻炼动作要缓慢，以不疲劳为度，注意循序渐进，防止因过度活动而导致颈部拉伤。指导患者掌握正确的训练方法，运动应缓慢进行，幅度由小渐大，循序渐进，避免病情加重。颈椎不稳及椎间盘突出较多者需慎重进行锻炼。

5）做好自我保护，避免颈部受伤：乘车、体育锻炼时做好自我保护，避免头颈部受伤。开车、乘车注意系好安全带或扶好扶手，防止急刹车致颈部受伤等，避免头部猛烈扭转。如发生颈部外伤，应及时就医治疗。

6）调整心理状态：由于颈痛多为慢性，恢复时间较长，指导患者要调整好心理状态，有耐心和信心。

7）遵医嘱定期到医院复诊。

二、落　　枕

1. 落枕的评估

评估患者疼痛的部位、持续时间、性质、特点、诱发因素等。

2. 落枕的管理

（1）落枕的管理问题

1）疼痛及躯体活动障碍：与颈部肌肉僵硬，活动受限有关。

2）知识缺乏：缺乏疾病防治及功能锻炼相关知识。

（2）落枕的管理方法

1）心理治疗：向患者耐心解释病情、治疗管理方案，使患者情绪稳定，保持心情开朗。

2）药物治疗：疼痛剧烈患者，遵医嘱正确应用镇痛药，并观察用药后效果及不良反应。常用的口服药物为非甾体抗炎药，包括布洛芬缓释胶囊、美洛昔康、塞来昔布等，起效迅速，能减轻组织炎症、肿胀，以缓解疼痛改善颈部功能。需要注意的是，长期服用此类药物会出现胃肠道及肾脏的不良反应。外贴伤湿止痛膏、跌打风湿膏时，应注意观察有无皮肤过敏反应。由于个体差异大，除常用非处方药外，应在医生指导下充分结合个人情况选择最合适的药物。

3）现代医学技术在落枕中的应用

物理疗法：通过热敷、按摩等手段帮助颈肩部肌肉放松、改善局部血液循环。

局部或痛点封闭：在局部或痛点注入局麻药（如利多卡因、普鲁卡因等）和类固醇药物（如醋酸泼尼松龙、曲安奈德、地塞米松等）。封闭治疗后可以减少局部无菌性炎症，解除痉挛，能明显缓解疼痛症状，这样可以在无痛情况下更好地锻炼颈部，促进康复。

4）中医技术在落枕的运用：可采用推拿手法、针灸疗法、拔火罐、中药外敷等中医技术，以疏通经络，缓解疼痛。

推拿手法：点穴止痛先点按两侧合谷、外关和落枕穴；每穴点按半分钟至 1 min，强刺激；点穴的同时应嘱患者活动颈部。待疼痛缓解后再进行以下手法治疗：①按揉松筋：在颈部施用一指禅推法、㨰法、点揉、拿法，使颈部及肩部肌肉放松。放松的重点是胸锁乳突肌和斜方肌。放松时应从上到下，从中央到两边，从健侧到患侧，力量从小到大，作用层次由浅至深，改善局部血液循环，从而缓解痉挛，达到止痛的目的。②扳法复位：若有棘突偏歪，可做颈椎定位旋转扳法。若有侧屈受限，可做颈椎侧扳法。③摇法助动：针对颈部功能受限，可做颈部摇法，以增加颈部活动范围，恢复其正常功能。④端提治乱：可通过颈部端提手法，纠正颈椎后关节的紊乱，同时也可缓解颈部肌肉痉挛。⑤擦法温通：在颈肩部做擦法以透热为度，用以改善局部血液循环，缓解肌肉痉挛，达到活血止痛的目的。

针灸疗法：可选用局部穴配远端穴。局部穴可选用阿是穴、风池、肩井等，远端穴选落枕穴、合谷、后溪、养老、外关、阳陵泉、悬钟。采用泻法。灸法主要适用于风寒型落枕，取穴：落枕穴、阿是穴，每穴灸 10～15 min。

拔火罐法：取大椎、肩井、天宗、阿是穴；疼痛轻者，可直接拔罐；疼痛较重者，可先在局部用皮肤针扣刺出血，然后再拔火罐；也可行走罐法。

中药外敷：颈部可用中药热敷（当归、羌活、红花、白芷、防风、乳香、没药、骨碎补、续断、宣木瓜、透骨草、川椒、川芎、片姜黄），使痛得热而解。

5）落枕的健康教育

注意颈项部保暖：勿直吹空调，避免受寒。

保持正确的睡眠姿势：避免不良的睡眠姿势，枕头不宜过高、过低或过硬，以侧卧位时头部与身体能平直为佳。枕头要置于颈项部，尽量不要在床上看书、看电视，避免颈部过屈、过伸，造成颈部肌肉紧张。睡眠时不要贪凉，避免凉水沐浴或冷风直吹颈项部，以免受风寒侵袭。

注意颈部保健：长期伏案工作时，经常起身抬头活动颈部，防止颈部慢性劳损。积极进行颈部的功能锻炼，可做颈部前屈、后仰、左右侧弯、左右旋转等活动锻炼。运动时注意强度要适宜，不做剧烈运动，避免损伤颈部。

饮食指导：以清淡易消化为原则，忌生冷油腻。风寒型落枕者可选择生姜红糖茶、桂枝大枣茶等疏风散寒之品。瘀滞型落枕者选择陈皮、佛手等行气散瘀之品。

三、肩关节周围炎

1. 肩关节周围炎的评估

（1）**健康史**　了解患者的年龄和职业，此次发病的诱因和情况，有无发生外伤或手术，以往有无类似情况发生，采取过何种治疗手段。

（2）**身体状况评估**　评估患者疼痛的部位及放射部位、性质、程度及规律，有无伴发症状；动态监测患者疼痛评分；评估患者精神状态、肩关节功能（表 5-3）等。

（3）**辅助检查**　了解患者的 X 线等检查结果，以判断病情、可能采取的治疗和管理措施。

（4）**心理-社会支持状况**　了解疼痛对患者的情绪、睡眠、日常生活、工作和社交的影响，患者有无焦虑及焦虑的原因，了解患者与家属对疾病及治疗方法的知晓情况和接受程度。

表 5-3 美国加州大学洛杉矶分校肩关节评分量表

（University of California at Los Angeles shoulder scores）

功能/治疗反应	评分	得分		
		第一次	第二次	第三次
疼痛				
持续性疼痛并且难以忍受；经常服用强镇痛药物	1			
持续性疼痛可以忍受；偶尔服用强镇痛药物	2			
休息时不痛或轻微痛，轻微活动时出现疼痛，经常服用水杨酸制剂	4			
仅在重体力劳动或激烈运动时出现疼痛，偶尔服用水杨酸制剂	6			
偶尔出现并且很轻微	8			
无疼痛	10			
功能				
不能使用上肢	1			
仅能轻微活动上肢	2			
能做轻家务劳动或大部分日常生活	4			
能做大部分家务劳动、购物、开车；能完成梳头、更衣等日常活动	6			
仅轻微活动受限；能举肩工作	8			
活动正常	10			
向前侧屈曲活动				
150°以上	5			
120°～150°	4			
90°～120°	3			
45°～90°	2			
30°～45°	1			
＜30°	0			
前屈曲力量（手测量）				
5 级（正常）	5			
4 级（良）	4			
3 级（可）	3			
2 级（差）	2			
1 级（肌肉收缩）	1			
0 级（无肌肉收缩）	0			
患者满意度				
满意、较以前好转	5			
不满意、比以前差	0			

注：总分为 35 分。优 34～35 分，良 29～33 分，差＜29 分

2. 肩关节周围炎的管理

（1）肩关节周围炎的管理问题

1）躯体活动障碍：与肩关节损伤或粘连固定有关。

2）穿着/修饰等自理缺陷：与肩关节疼痛和活动受限有关。

（2）肩关节周围炎的管理措施

1）心理治疗：肩周炎自然病程长、疗效慢、功能恢复不全，且治愈后有可能复发，患者容易出现情绪低落。部分患者因担心活动导致疼痛加重而对运动锻炼缺乏信心，容易急躁、焦虑。因此要关心患者，给予心理支持和正向激励，帮助患者树立信心，配合治疗，加强自主锻炼，以增进疗效，缩短病程，加速痊愈。

2）药物治疗：急性发作期患者，应遵医嘱及时给予患者镇痛药物治疗，可以根据患者个体差异指导镇痛药的使用；遵医嘱服药，勿随意增减药量或停药。注意观察药物疗效及不良反应。

3）现代医学技术在肩关节周围炎的应用

肩关节功能锻炼：有效的肩关节功能锻炼是粘连性肩关节囊炎最有效的治疗方法。早期被动进行肩关节牵拉训练，尽量恢复肩关节活动度。后期按照计划坚持自我锻炼。常用的方法有爬墙外展及上举、弯腰垂直旋转、滑车带臂上举及钟摆样运动等。功能锻炼具体过程：①直立位，两手握体操棒，两臂用力经前、后上举；或平握向前、左、右反复摆动。②直立位，患臂屈肘反复用掌心摸背或手背摸背。③直立位，两臂、肩侧屈，两手手指交叉相握置于颈后，尽量使肘向后打开，反复进行。④直立位，面向墙，患侧手扶墙，逐渐向上靠拢，直至前臂背侧贴住墙壁。⑤直立位，滑轮牵引训练或轮盘训练以活动肩关节。

关节镜术后：逐步进行功能锻炼，包括以下四个阶段：第1阶段（术后0～4周）：术后第2天即指导患者开始患侧肢体做钟摆样运动及患肩周围肌肉的等长收缩，逐渐过渡到90°以内的肩前屈及外展动作。第2阶段（术后4～8周）：逐步恢复肩前屈、外展、外旋、内旋的活动度，完成过头动作。第3阶段（术后8～12周）：进一步加强肩前屈、外展、外旋、内旋等肌力练习。手术后12周，患者基本可恢复日常生活和运动，但需注意运动量不可过大。

日常生活能力训练：肩关节活动范围的逐渐增加时，指导患者进行日常生活能力训练，如穿衣、洗脸、梳头等日常活动。

4）中医技术在肩关节周围炎的应用：可根据患者证型采用针灸疗法、推拿法、拔罐法、穴位贴敷等中医护理技术，以缓解疼痛。

针灸疗法：常用以下方法治疗肩周炎：毫针刺法、电针疗法、灸法、耳穴疗法、头针疗法、针挑疗法、激光针疗法、磁疗法等。常用的局部穴位有阿是穴、肩髃、肩贞。远端穴有曲池、合谷、三间、中渚、后溪、阳陵泉、条口等。

①毫针刺法：针刺深度在1～2寸，局部穴位采用强刺激，远端穴位采用中等强度的刺激。留针时间为20～30 min，留针过程中每5 min捻针1次。

②电针疗法：电针疗法取肩井、肩外俞、天宗、肩三针（即肩髃穴、位于腋前皱襞直上1.5寸的肩前穴、腋后皱襞直上1.5寸的肩后穴）、曲池、外关、颈椎夹脊。采用毫针刺法，每次取2～4个穴位，进针得气后接通电针治疗仪，采用变频波，电量以患者能耐受为度，每天1次，10次为1个疗程。

③灸法：使用灸法治疗时所选用的施灸部位与针刺治疗的局部穴位一致。包括经穴和阿是穴（压痛点），气滞血瘀者加内关、膈俞，气血虚者加足三里、气海。每穴灸10～15 min，可选用艾条灸、艾炷灸、温针灸的方法。施灸后局部出现微红、灼热属正常现象，无需处理。但治疗部位应避免受凉、受风。

④耳穴疗法：a. 耳针：治疗肩周炎常用肩、肩关节、锁骨、神门、肾上腺、肝、脾。肩、肩关节、锁骨为相应部位取穴，有活血通经止痛的作用；神门能消炎止痛；肾上腺有抗风湿、消肿止痛的作用；肝主筋、脾主肌肉，故取肝、脾，起到强筋生肌的作用。b. 耳穴压豆：风寒湿者选取肩、锁骨、神门、肾上腺、压痛点等穴；气血虚者选取肩、锁骨、肝、肾、压痛点等穴。

⑤头针疗法：采用毫针平刺，快速捻转，每次2 min，每日1次，每10次为1个疗程。所取反射区及位置如下：a. 运动区：位于前后正中线的中点向后0.5 cm向眉枕线与鬓角发际前缘的交点

作连线。b. 感觉区：位于运动区向后移 1.5 cm 的平行线。c. 足感区：位于前后正中线的中点旁开左右各 1 cm，向后引 3 cm，平行于正中线的两条线。

⑥针挑疗法：针挑疗法主要以阿是穴作为挑治的部位。挑治的方法主要以挑提法、挑摆法为主。急性期可加用挑罐法，慢性期则可加用挑灸法或挑筋法。1～3 d 挑 1 次，10 次 为 1 个疗程。针挑疗法对于初期、中期效果好，1～2 个疗程便可显效。对于冻结期患者经过一段时间治疗后也会有满意的疗效。

⑦激光针疗法：激光针疗法取肩髃、肩髎、肩内陵、臂臑、肩贞。使用氦-氖激光仪照射，每穴 5 min，每日 1 次，10 次为 1 疗程。

⑧磁疗法：磁疗法治疗肩周炎主要有以下方法：a. 震动磁疗法加直流恒定磁疗法，患者肩背靠于大型直流恒定磁疗机前面，肩前面用震动磁疗机头对准疼痛部位，并注意直流恒定磁疗机的一极与震动磁疗机头上的一极成南北极对称，将病变部位夹在两种磁疗机中间。每次治疗 20～30 min。b. 交变磁疗法，患者仰卧，将机头套于患肩之上，每次治疗 20～30 min。

推拿法：以选择手三阳经腧穴为主。主穴：肩井、肩髃、秉风、天宗、肩贞、曲池、手三里、合谷及肩臂部。初期疼痛较甚者，宜改善局部血液循环，加速渗出的吸收和排泄，促进病变组织的修复；后期以改善肩关节活动为主，松解关节粘连，加大关节活动度，滑利关节，促进关节功能恢复。常采用㨰法、揉法、拿捏法、点压法、弹拨法、摇法、扳法、拔伸法等手法。肩颈部推拿、按摩时，手法宜轻柔缓和，并注意观察患者的反应和局部变化情况，随时询问患者对推拿力度的感觉并及时调整。

拔罐法：在肩前穴和肩贞穴处拔罐，并走罐于肩关节周围。对肩部肿胀疼痛明显而瘀阻浅表者，可用皮肤针中、强度叩刺患部，使局部皮肤微微渗血，再加拔火罐；如瘀阻较深者，可用三棱针点刺 2～3 针，致少量出血，再加拔火罐，使瘀血外出，邪去络通。

穴位贴敷：风寒湿者，可将白芥子、斑蝥研末调成软膏贴敷于大椎、肩髃、肩贞、外关、合谷等穴；气滞血瘀者，可将制乳香、没药、冰片、血竭等药物研末，用药酒调和贴敷于肩关节周围阿是穴。

5）肩关节周围炎的健康教育

日常防护与避邪：避免过度劳累，注意肩部保暖，避免久居潮湿环境，避免久吹风扇，防止风寒湿邪侵袭。

防外伤：避免肩关节过度劳累及提重物，防止意外受伤。肩关节若发生骨折、脱位等外伤，应及时治疗，并在医生指导下及早行肩关节功能锻炼，防止周围软组织粘连，迁延不愈而形成肩关节周围炎。

适当进行肩关节功能锻炼：疾病早期患者肩关节的活动减少，主要是由于疼痛和肌肉痉挛所引起，此时可进行患肢的外展、上举、内旋、外旋等功能锻炼。疾病中后期出现肩关节周围粘连僵硬时，可指导患者反复做外展、上举、内旋、外旋、前屈、后伸、环转等功能锻炼，如"内外运旋""叉手托上""手拉滑车""手指爬墙"等动作。锻炼应以持之以恒、循序渐进、量力而行为原则，运动次数及量因人而异，动作要适度，切忌用力过猛。恢复期可选择肩部运动较多的运动方式，如游泳、球类运动、太极拳、五禽戏等，以增强肩关节周围肌肉和肌腱的强度。日常生活中注意保护肩关节，发作期尽量避免拿取重物；行热敷的患者要防止烫伤；多关注天气变化，做好肩部保暖。

四、肱骨外上髁炎的管理

1. 肱骨外上髁炎的评估

（1）健康史 了解患者的年龄、性别、职业特点、运动爱好，此次发病的诱因和情况，之前有无外伤，采取过何种治疗手段。

（2）身体状况评估 了解患者疼痛的部位、性质、频率以及程度，有无伴发症状，何种体位能减轻疼痛，动态监测患者疼痛评分，定期评估患者精神状态。

（3）**辅助检查**　了解患者的X线检查结果，以判断病情、可能采取的治疗和管理措施。

（4）**心理-社会支持状况**　了解肱骨外上髁炎对患者的情绪、睡眠、日常生活、工作和社交的影响。了解患者与家属对肱骨外上髁炎及治疗方法的知晓情况和接受程度。

2. 肱骨外上髁炎的管理

（1）肱骨外上髁炎的管理问题

1）疼痛：与肱骨外上髁慢性炎症有关。

2）焦虑或恐惧：与肘部活动障碍影响学习、工作、生活或担心预后有关。

3）知识缺乏：缺乏预防疾病及功能锻炼的相关知识。

（2）肱骨外上髁炎的管理措施

1）心理治疗：患者易出现焦虑或恐惧情绪，部分患者因肘部活动障碍影响学习、工作或生活，甚至担心预后，因此要关心患者，给予安慰和正面引导鼓励，帮助患者树立信心，配合治疗，加强自主锻炼，增进疗效，缩短病程，加速痊愈。

2）药物治疗：症状轻微的患者可遵医嘱外用非甾体类药物如扶他林软膏进行治疗，通过皮肤吸收达到消炎止痛的效果。症状严重者可遵医嘱口服双氯芬酸钠缓释片、布洛芬片、萘普生缓释片等药物，以缓解疼痛和消炎。

3）现代医学技术在肱骨外上髁炎的应用

手术治疗：适用于保守治疗无效者。有下列手术方式：伸肌总腱附着点松解术、环状韧带部分切除术、桡侧腕短伸肌延长术、皮下神经血管束切除术、桡神经关节支切除术、旋后肌浅层筋膜弓切开、桡神经深支松解术。

术后管理：1周内，制动，冰敷，主动活动手、腕、肩关节，被动活动肘关节，轻微牵拉锻炼。2～4周，冰敷，加强被动活动，辅助主动活动肘关节，轻微力量练习。5～7周，活动后冰敷，开始进行功能康复锻炼，轻柔按摩，使用支具。8～12周，必要时使用支具，特殊功能训练，逐渐恢复运动。4～6个月后，恢复正常生活、工作、运动。

封闭治疗：泼尼松龙25 mg加利多卡因2 mL，痛点注射，每周1次，3～5次为1个疗程，绝大部分可治愈。

功能锻炼：常用练习方法有：①坐在板凳上，前臂放松放于腿上，肘部伸直，手握哑铃，掌心向上，慢慢向上屈曲，至不能再弯的位置保持3～5 s，然后缓慢地放回原位。②掌朝下，重复上面的动作。③肘部呈90°，贴在身体的一侧，夹紧。手握哑铃，掌心向上，缓慢转动前臂，至掌心向下，然后慢慢转动前臂回到起始位置，以加强前臂，手腕的力量。④随身携带橡胶球或握力器，随时随地握力练习，在前臂感疲劳后稍休息，疲劳恢复，然后继续练习。一般练习为每周2次，1次10～15 min。

4）中医技术在肱骨外上髁炎的应用

推拿手法治疗：①局部按摩。医生一手托肘，另一手拇指在肘外侧做一指禅推法或指揉法。力量应柔和，重点是肱骨外上髁及其上下。②弹拨痛点。医生用拇指指端左右弹拨痛点5～10次，力量可稍大。③前臂摇法。医生用一手拇指点于痛点并做揉法，另一手握住患者腕部做前臂旋前摇法和旋后摇法。④牵拉肘外侧。医生一手托肘内侧，另一手握腕关节桡侧，两手相对用力，用以牵拉肘关节外侧。⑤局部推捋。涂少量按摩乳或红花油，医生用拇指螺纹面着力，上下推捋肘关节外侧。

针灸治疗：治宜舒筋通络、止痛，以阿是穴、局部穴、手阳明大肠经经穴为主。取穴：压痛点、曲池、肘髎、手三里、合谷。刺灸方法：针用泻法，并加灸；亦可配合刺络拔罐法，压痛点可采用多向刺法。本病以局部取穴为主，配合大肠经经穴，用以舒筋通络止痛。本病亦可在疼痛的局部进行围刺，或取阿是穴并针上加灸。每天1次，每次20 min。

中药外敷：治宜养血荣筋、舒筋活络止痛，外敷止痛膏或用海桐皮汤熏洗。

5）肱骨外上髁炎的健康教育

加强手臂、用手的力量练习和柔韧练习，运动前适当的热身活动，运动过程中要循序渐进，慢慢增加运动强度，不可使手臂过度疲劳。

运动中采用防护措施，如护腕和护肘，将腕、肘部保护起来。限制腕、肘部的翻转和伸直。也可选用松紧适中的弹性绷带，缓解疼痛的发生。

平时电脑打字、料理家务前，要充分做好热身运动，特别是手臂和手腕的内旋、外旋、背伸练习。

每次活动后，要重视放松练习。最好是按摩手臂，使肌肉更加柔软不僵硬，保证手臂肌肉与收缩的协调性，减少“网球肘”的产生。

五、腕管综合征的管理

1. 腕管综合征的评估

（1）健康史 了解患者的年龄、性别、职业特点运动爱好，此次发病的诱因和情况，之前有无外伤，采取过何种治疗手段。

（2）身体状况评估 了解患者疼痛的部位、性质、频率以及程度，有无伴发症状，动态监测患者疼痛评分，评估患者精神状态。

（3）辅助检查 了解患者的电生理检查、X 线检查结果，以判断病情、可能采取的治疗和管理措施。

（4）心理-社会支持状况 了解腕管综合征对患者的情绪、睡眠、日常生活、工作和社交的影响。了解患者与家属对腕管综合征及治疗方法的知晓情况和接受程度。

2. 腕管综合征的管理

（1）腕管综合征的管理问题

1）存在废用综合征的危险：与拇指和（或）示指发绀、指尖坏死、萎缩性溃疡有关。

2）知识缺乏：缺乏有关预防腕管综合征疾病的知识。

（2）腕管综合征的管理方法

1）心理治疗：患者易出现焦虑或恐惧情绪，部分患者因手部活动障碍影响学习、工作或生活，甚至担心预后，因此要关心患者，给予安慰和正面引导鼓励，帮助患者树立信心，配合治疗，加强自主锻炼，增进疗效，缩短病程，加速痊愈。

2）药物治疗：口服药物治疗：包括非甾体抗炎药、神经营养剂等。

局部封闭治疗：腕管内注射药物，常用注射药物为类固醇激素、普鲁卡因等。

3）现代医学技术在腕管综合征的应用

功能锻炼：为尽快恢复手部功能，应尽早进行手指的功能练习。经常进行背伸、屈曲、内收、外展及其他四指对指功能，有利于改善功能，加强肌肉力量；在去除石膏后行腕关节旋转、屈伸练习。

①腕关节活动训练：向前轻柔的弯曲腕关节（屈曲），在最屈曲的位置坚持 5 s。轻柔的向手背侧弯曲腕关节（背伸），在最背伸的位置上坚持 5 s。向手腕的桡侧和尺侧轻柔地活动腕关节，在最桡偏和尺偏的位置上各坚持 5 s，每天 3 组，每组 10 次，每次每个位置各坚持 5 s；10 次为 1 疗程。

②腕关节拉伸练习：用健侧手帮助练习患侧腕关节进行拉伸练习。先压住患侧手背使腕关节尽量屈曲，维持姿势不动。再扳住患侧手掌或手指使腕关节尽量背伸，维持姿势不动。注意保持患侧肘关节处在伸直位。每天 3 组，每组 3 次，每次每个位置坚持 15～30 s；10 次为 1 疗程。

③屈指肌腱滑动练习：手掌打开，五指并拢。缓慢将近节指间关节屈曲，使四指屈曲指向手掌，

并维持姿势不动。每天 3 组，每组 3 次，每次坚持 5 s；10 次为 1 疗程。

④肩胛骨挤压练习：坐位或站立位，手臂下垂，双肩自然放松。肩背部用力，将双侧肩胛骨向中间挤压，尽力使肩胛骨内缘汇合。在双侧肩胛骨最接近的位置上维持姿势不动，然后缓慢放松回到原位。注意保持躯干挺直。每天 3 组，每组 10 次，每次坚持 5 s；10 次为 1 疗程。

⑤腕关节背伸练习：掌心向下，手握一罐饮料或哑铃。匀速向上用力使腕关节背伸，然后缓慢放松回到原位。根据自己练习的情况可以适当增加哑铃重量。每次 3 组，每组 10 次；10 次为 1 疗程。

⑥握力练习：手握住橡皮球或橡皮圈。用力抓紧，并维持姿势不动。每天 3 组，每组 10 次，每次坚持 5 s；10 次为 1 疗程。

局部封闭治疗：醋酸泼尼松龙 25 mg、2%利多卡因 1 mL 加生理盐水 1 mL 混合均匀后于腕横韧带近侧缘向腕管内注射。

物理治疗：根据患者在进行功能训练中出现的不同症状给予中频脉冲、超短波等治疗，促进局部血液循环，消肿止痛，松解粘连。

4）中医技术在腕管综合征的应用

针刀闭合手术（或以针刀为治疗手段、以其他称谓命名的治疗方法）：针刀闭合手术治疗原则为疏通气血、松解粘连、解除卡压。操作方法主要有：

①腕横韧带松解术

体位　仰卧位，患肢掌心向上，握拳屈腕，腕下垫以薄枕。

体表定位　让患者用力握拳向掌侧屈腕，在腕部掌侧可见 3 条走行于皮下的隆起，中间者为掌长肌腱，桡侧的为桡侧腕屈肌腱，尺侧的为尺侧腕屈肌腱。

定进针刀四点　在远侧腕横纹尺侧腕屈肌腱的内侧缘。自尺侧腕屈肌的内侧缘与远侧腕横纹交叉点向远端移动 1.5～2 cm。在远侧腕横纹桡侧腕屈肌腱的内侧缘。自桡侧腕屈肌腱与远侧腕横纹交叉点向远端移动 1.5～2 cm。

消毒局麻　碘伏消毒 3 遍后铺无菌洞巾；用 0.5%～1%利多卡因每点处注射 1 ml。

施术方法　Ⅱ型 4 号针刀沿两侧屈肌腱内侧缘将腕横韧带分别松解。进针刀角度，上四点刀口线一律和肌腱平行，针体和腕平面成 90°角。缓慢进针达腕横韧带（手下有韧性阻力感，稍加用力进针有突破感）然后垂直提插前移进针刀，幅度 0.2～0.3 cm，纵向长度 0.8～1.6 cm。术毕，局部压迫止血 3～5 min 后，创可贴覆盖针眼。针刀治疗间隔 7～10 d。

②腕管出口松解术

体位　坐位。

定点　正中神经叩击试验阳性点。

消毒局麻　碘伏消毒 3 遍后铺无菌洞巾。用 0.5%～1%利多卡因每点处注射 1 ml。

施术方法　Ⅱ型 4 号斜刃针刀，刀口线与前臂纵轴平行，按进针刀四步规程，在定点处针刀体与皮肤 垂直刺入。刀下有坚韧感、落空感，即到达腕横韧带近端。此时将针刀体与腕横韧带平行松解部分腕管远端的腕横韧带约 0.5 cm。术毕，局部压迫止血 3～5 min 后，创可贴覆盖穿刺点。针刀治疗间隔 7～10 d。

③腕部正中神经触激术

体位　患者仰卧，前臂外展，掌心向上。

定点　桡骨茎突水平近侧腕横纹，桡侧腕屈肌与掌长肌之间定为进针刀点。

消毒局麻　碘伏消毒 3 遍后铺无菌洞巾。0.5%利多卡因定点处注射 1 mL。

施术方法　左手拇指在定点部位用力下压以分离神经及血管置拇指后方。右手持Ⅰ型 4 号针刀紧贴左拇指指甲刀口线与血管走行平行垂直刺入，进针刀深度 0.5～1.0 cm，出现向手掌桡侧放射的酸、麻、胀感后小幅度纵向、横向摆动针刀各 3 次，以患者耐受为度。术毕，局部压迫止血 3～5 min，

创可贴覆盖针眼。针刀治疗间隔 7～10 d。

中药泡洗法：手针刀术后 3 d，可应用黄芪、当归、赤芍、地龙、川芎、红花、桃仁等，双手浸泡在温药汤中，温度保持 40℃，每天 1 次，每次 20 min。10 次为 1 疗程。

针刺治疗：取阳溪、外关，合谷、劳宫等穴，得气后留针 15 min，每日或隔日 1 次，10 次 1 个疗程。或电针治疗：选取主穴曲池、内关，配穴手三里、臂中、合谷，主穴与配穴得气后各接电极一端，每次通电 20～30 min，用断续波，强度以出现肌肉抽动为度，每日 1 次，10 次为 1 疗程。

推拿手法治疗：以传统推拿手法与现代关节松动术相结合，运用推法、按法、弹拨法等梳理经筋，松解腕管周围软组织，滑利关节。行桡腕关节、拇指的掌腕关节牵引及滑动技术，最后顺肌腱由远心端向近心端用擦法放松。力量循序渐进，以患者耐受为度。先在外关、阳溪、鱼际、合谷、劳宫及痛点等穴位处，施以按压、揉摩手法。然后将患手轻度拔伸下缓缓旋转、并屈伸腕关节 3～5 次。接着左手握于患手腕上，右手拇、示指捏住患手拇、示、中、环指远节，向远心端迅速拔伸，以发出弹响为佳。以上手法可每日 1 次，10 次 1 个疗程。患者仰卧，前臂外展，掌心向上。于肱骨内、外上髁之间画一横线，该线与肱动脉交叉点内侧 0.5 cm 处弹拔正中神经每次弹拨 5～10 下，每日 1 次，10 次 1 个疗程。

5）腕管综合征的健康教育　在日常生活中应注意预防腕管综合征的发生，在手及腕部劳动强度大时注意休息，防止腕部正中神经持续受压，避免长时间手腕较大强度的活动，在劳动前和劳动后充分活动腕关节，有助于预防腕管综合征的发生。在工作场所，工人可以做放松活动，增加休息时间，佩戴夹板保持手腕伸直，并用正确的姿势和手腕的位置。穿无指手套，有利于保持手部温暖而灵活。可以根据人体工程学原理，重新设计工具和工具手柄，使职工的手腕保持自然的位置。

饮食指导：多食高蛋白、高维生素的食物，如玉米、小米、薏苡仁、燕麦、荞麦、豆类等的食物，以增加神经营养，促进神经恢复。

第六章　胸腹部疼痛

学习目标

❖ 知识目标

1. 掌握：胸腹部疼痛常见病的临床表现，对胸腹部疼痛评估方法和胸腹部疼痛的治护原则，对胸腹部疼痛疾病的健康教育。

2. 熟悉：现代医学中胸腹部疼痛的概念，熟悉胸腹部疼痛疾病的分类与疼痛特点，以及中医学对胸腹部疼痛疾病的病因病机认识，胸腹部疼痛采用非药物干预的不良反应与注意事项。

3. 了解：中医学对胸腹部疼痛疾病的辨证方法，药物治疗对胸腹部疼痛疾病的不良反应与注意事项，以及常见胸腹部疼痛疾病的流行病学特点。

❖ 能力目标

具备运用中医和现代医学正确鉴别胸腹部疼痛常见疾病的能力，并进行相应的治疗与处理。

❖ 思政目标

结合胸腹部疼痛案例，讲解孙思邈的医德观念，引导学生理解并内化高尚的医德情操。同时，结合现代医学的伦理规范，讨论如何在疼痛管理实践中践行这些理念。

人体内脏器官、血管、神经主要位于人体的胸腹部。胸腹部疼痛的病因复杂，疾病种类繁多，常见的病因有内脏疾病、骨骼疾病、脊柱源性疾病、软组织疾病和内分泌失调等，治疗应根据病因和病理变化不同，采取不同的疼痛治疗措施。胸腹壁表浅部位疼痛一般以躯体疼痛为主，如带状疱疹神经痛、肋间神经痛等，通常可以通过药物治疗和局部阻滞来缓解。癌性疼痛常常剧烈难忍，可采用 WHO 三阶梯治疗方法，对于顽固性癌痛可采用神经阻滞、化学性神经毁损或微创介入治疗术。急性胸腹内脏痛往往是胸腹脏器急性炎症、破裂、穿孔或出血等疾病伴随的重要症状，这类疾病病情复杂、危重，常需要紧急手术治疗。急性腹痛是腹部内脏性疼痛的常见急症表现，正确诊断和鉴别诊断十分重要，常见处理原则包括禁食、禁饮、胃肠减压、支持治疗、纠正内环境失衡、抗感染、抗休克、镇静镇痛等。

在胸部手术中，区域麻醉和多模式镇痛被广泛应用于疼痛管理，可以有效减轻术后疼痛，降低对阿片类镇痛药物的依赖，加速患者康复。

总之，胸腹部疼痛的管理需要综合考虑病因、疼痛程度、患者的整体状况和具体的手术程序。熟知胸腹部疾病相关知识，明确疼痛病因，做出正确诊断，并采取相应的疼痛管理方法，是胸腹部疼痛管理的关键。

导入案例 6-1

患者，李某，男，53 岁。腹痛急性发作，疼痛剧烈，得温痛减，腹部拘急，大便溏，次数约 5 次/d，每次量少，舌质淡，苔白，脉沉紧。西医查体：腹部中下部压痛明显，肠鸣音亢进。

1. 该患者亟待解决的疼痛管理问题有哪些？

2. 请结合该患者的病情，制定一份以患者为中心的中西医疼痛管理方案。

第一节 中医对胸腹部疼痛的认识

一、胸 痛

1. 胸痛的概述

胸痛是以左胸部及膻中穴区域阵发性或持续性疼痛为主症，严重时可放射至背部，并伴随气短、喘息、难以平卧等症状，其病因多与邪气痹阻心络、气血运行不畅有关，病变范围涉及心、肺、食管、胸膈、胸膜及胁肋等脏腑组织。该病多见于中老年人群，男性多于女性。

2. 胸痛的病因病机

本病的发生因内外合邪、脏腑失和所致，与年迈体虚、久病劳倦、饮食不节致内伤虚损，寒邪内侵、情志失调到外邪侵袭有关。其病位以心为主，涉及肝、脾、肾三脏，核心病机为外邪侵袭心脉或内生痰瘀阻滞，导致心脉挛急、气血运行失畅，进而引发疼痛及脏腑功能失调。主要表现为本虚标实、虚实夹杂之证，或以实证为主，或以虚证为主。

3. 胸痛的诊断与鉴别诊断

（1）诊断 根据临床表现结合相关辅助检查结果一般即可明确诊断。本病主要诊断依据为心前区疼痛，部分患者可能伴有疼痛牵涉肩背，或喘息、不能平卧等表现。典型发作常由外感寒邪、饮食过饱、过度劳累或情志刺激诱发，疼痛持续时间较短，经休息或药物干预后可得到缓解。但病情严重者，则可能出现持续性剧痛、汗出肢冷、心悸怔忡或心律失常等危急征象，甚至可能导致猝死。

（2）鉴别诊断 注意与真心痛、胃痛、悬饮相鉴别。

4. 胸痛的辨证施治

（1）辨证要点 胸痛的辨证需以疼痛性质及伴随症状为核心，区分实证与虚证。新发疼痛多见于年轻体壮者，实证较为多见；久病年老者，则以虚证为主。实证方面：若表现为胸闷痛，疼痛较轻但闷感明显，伴有频繁叹息、胁肋胀满、脉弦等症状，多为气滞所致；若胸痛且闷胀不适，伴有痰多、疲倦、舌苔腻、脉滑等，多属痰浊；遇寒时胸痛加剧，疼痛可彻背及肩，手足冰冷，脉弦紧，多是寒邪入侵；胸痛固定，多为刺痛，且面色晦暗、嘴唇发青、舌色暗、脉涩或有结代，多为瘀血阻滞。虚证方面：胸部隐痛，因劳累诱发，伴有气短、乏力、心慌、舌淡、脉细或结代，多是心气不足；胸痛同时伴有口干、盗汗、虚烦，舌红少津或舌苔剥脱，脉细或细数，多为心阴不足；胸痛时发时止，伴有形寒肢冷、面色苍白、倦怠、舌体胖大、苔白、脉细或沉迟结代，多是心阳不足；胸闷隐痛，心慌不安，睡眠少且健忘，舌淡、苔薄白，脉细或沉，为心血不足；若胸痛持续，喘息不能平卧，进而出现四肢厥冷、大汗淋漓、脉细欲绝，则是元阳暴脱的危急重症。

（2）辨证论治

1）心血瘀阻证：胸胁胀痛如刺，痛处固定，入夜尤甚，情志诱发，舌紫暗，脉弦涩或结代。治以活血化瘀，通络止痛。代表方药为血府逐瘀汤加减。

2）气滞心胸证：胸胁胀痛走窜，痛无定处，情志波动时加重，伴善太息、脘闷嗳气，舌淡红苔薄白，脉弦。治以疏肝理气，活血通络。代表方药为柴胡疏肝散加味。

3）痰浊闭阻证：胸闷如窒，痰多体倦，苔腻脉滑。治以通阳泄浊，豁痰宣痹。代表方药为瓜蒌薤白半夏汤加减。

4）寒凝心脉证：猝然冷痛彻背，遇寒加重，胸闷气短，苔薄白，脉沉紧。治以辛温散寒，宣通心阳。代表方药为当归四逆汤合乌头桂枝汤。

5）气阴两虚证：隐痛时作，遇劳则甚，气短盗汗，神疲乏力，或胸憋闷而刺痛，舌红少津，脉细数无力。治以益气养阴，活血通络。代表方药为生脉散合人参养荣汤加减。

6）心肾阴虚证：胸痛灼热，夜间加重，五心烦热，口干咽燥，腰膝酸软舌红少津，脉细数。

治以滋阴清火，养心和络。代表方药为天王补心丹加炙甘草汤加减。

7）心肾阳虚证：胸痛彻背，遇寒加重，得温则减，心悸汗出，腰酸乏力，伴畏寒肢厥，舌淡胖边有齿痕，苔白滑，脉沉迟无力。治以温补阳气，振奋心阳。代表方药为参附汤加右归饮加减。

二、胃 脘 痛

1. 胃脘痛的概述

胃脘痛亦称胃痛，是以胃脘部近心窝处疼痛为主症的病证，属中焦气机升降失常之疾。其发病多因外邪侵袭、饮食失宜、情志内伤、脏腑失调等诸因交织，导致中焦气机壅滞、胃络失和、胃体失养而发。该证以反复发作、迁延难愈为特点，多发于中青年群体，常伴脘腹胀满、嗳气泛酸、纳呆呕恶等兼症。疼痛性质随病机不同而呈多样性，或隐痛绵绵如虚证所现，或胀痛窜动属气滞之象，或刺痛拒按乃瘀血作祟，甚或绞痛阵发提示急重之候。

2. 胃脘痛的病因病机

与饮食伤胃、肝气犯胃、寒邪客胃、瘀血停胃、湿热阻胃、脾胃虚弱等相关，多在不节饮食、情志不遂、外感邪气等诱因下起病或复发，亦见久病或体弱者，缓慢起病，反复发作。病位在胃，与脾、肝密切相关，亦与胆、肾有关。病理性质有虚有实，或以实证为主，或以虚证为主。后期病机的转化则取决于机体脾胃功能的强弱、感邪的多少及初期治疗情况。

3. 胃脘痛的诊断与鉴别诊断

（1）诊断 通过特征性临床表现结合辅助检查一般可诊断。胃脘部疼痛为此病诊断主要依据，其疼痛性质或急或缓，常伴嗳气频作、胸脘灼热、泛吐酸水、纳呆食少、恶心欲呕等兼症。致病因素多与外感六淫侵袭、饮食失宜偏颇、情志失和、劳倦过度耗伤等密切相关。临床观察发现，其发病具有显著的时间节律性，以夏秋之交为高发时段，且病势缠绵难愈，呈现周期性反复发作的特征。

（2）鉴别诊断 注意与胸痹心痛、胃痞病、腹痛、胁痛、真心痛鉴别。

4. 胃脘痛的辨证施治

（1）辨证要点 胃脘疼痛的中医辨证可从病因病机及症状特征加以区分。寒邪犯胃者多现脘腹胀满、痛势急迫，遇温则舒而拒按，病程较短；脾胃虚寒证常见绵绵作痛，遇寒加重，温熨可缓，病程迁延。湿热蕴结或肝火犯胃者多突发灼痛，痛势剧烈；胃阴不足则表现为隐隐灼痛，饥不欲食，痛势缠绵。气机郁滞者多见脘胁窜痛，胀满走移；瘀血阻络者则以固定刺痛为特征，入夜尤甚。从病程辨，突发剧痛、体质壮实者多属实证；缓发隐痛、久病体弱者多为虚证。实证常见脘腹胀满、便秘拒按、食后痛增；虚证多伴脘软不胀、便溏喜按、空腹痛显。

（2）辨证论治

1）饮食伤胃证：脘腹胀满疼痛，拒按，食后尤甚，可伴恶心呕吐，嗳腐吞酸，矢气臭秽，苔厚腻或腐浊，中焦部苔色黄白相间，脉滑或实。治以消食化积，和胃止痛。代表方药为保和丸加减。

2）寒邪客胃证：脘痛暴作，得温痛减，遇寒痛增，可伴呕吐清涎，四肢不温等，苔薄白，脉紧。治以温胃散寒，理气止痛。代表方药为香苏散合良附丸加减。

3）肝气犯胃证：胀痛走窜，胁肋牵涉，遇怒痛增，伴口苦泛酸，口干、口苦，苔薄白，脉弦。治以疏肝和胃，理气止痛。代表方药为柴胡疏肝散加减。

4）瘀血停胃证：刺痛夜甚，痛处拒按；或伴呕血、黑便，舌紫，脉涩。治以理气活血，化瘀止痛。代表方药为失笑散合丹参饮加减。

5）脾胃虚寒证：隐痛绵绵，喜温喜按，食少便溏，舌淡或有齿印，苔白，脉细或沉。治以益气健脾，温中止痛。代表方药为黄芪建中汤加减。

6）胃阴亏虚证：灼痛嘈杂，饥不欲食，伴纳少消瘦，口渴思饮。舌红少津，脉细数。治以养阴生津，益胃止痛。代表方药为益胃汤合芍药甘草汤加减。

7）湿热中阻证：脘腹痞满灼痛，嘈杂反酸，肢体困重，小便黄赤，舌红，苔黄腻，脉滑数。治以清利湿热，理气和胃。代表方药为清中汤加减。

8）肝胃郁热证：胃脘灼痛，喜冷恶热，嘈杂吞酸，口苦胁胀，心烦易怒，舌红苔黄，脉弦数。治以疏肝泄热，理气和胃。代表方药为左金丸加味。

9）虫扰胃腑证：阵发钻顶样痛，痛时辗转反侧，痛止如常人，吐蛔或便蛔，苔白腻，脉弦细。治以驱蛔安胃、健脾化湿。代表方药为大建中汤加使君子、乌梅、苦楝根皮等。

三、胁　痛

1. 胁痛的概述

胁痛是以一侧或两侧胁肋部疼痛为主症的病证，属肝胆经气机失调之疾。其病位涵盖腋下至第十二肋骨部，其病机核心在于肝胆气血阴阳失调，与肝胆系统功能失和密切相关。现代临床观察表明，胁痛与胆囊炎、胆石症、病毒性肝炎、肋间神经痛及胰腺疾病等存在显著关联，呈现出多病源性的特点。

2. 胁痛的病因病机

本病的病位在肝胆，与脾、胃、肾相关，初起以实证为多见，总的病势以气滞为先，由气及血久则由实转虚。外邪侵犯、内伤情志、瘀血停积、痰湿郁热、劳欲过度等均有可能引起胁痛。

3. 胁痛的诊断与鉴别诊断

（1）诊断　通过临床表现和辅助检查结果通常可明确诊断。胁肋部疼痛为诊断此病的主要依据；疼痛的特点会随病因、病性、病程的不同而表现各异。常因感受外邪、饮食不节、情志内伤、劳欲久病或跌仆闪挫等因素而发病，伴口苦口干、烦躁易怒、身目发黄、恶心不欲食等。

（2）鉴别诊断　注意与胸痛、胃脘痛的鉴别。

4. 胁痛的辨证施治

（1）辨证要点　胁痛的辨证关键在于虚实属性的甄别。实性胁痛多呈现急性发作态势，痛势急迫且拒按，其病理基础常涉及气机壅滞、血络瘀阻或湿热蕴结；虚性胁痛则病程迁延，以绵绵隐痛、反复发作为特征，多因肝阴不足、脉络失于濡养所致。从病机定位而言，本病病位在肝胆，治疗当以疏利肝胆、调畅气血为总则。

（2）辨证论治

1）肝郁气滞证：胀痛走窜，情志诱发，伴胸闷气短、胃纳不佳，苔薄，脉弦。治以疏肝理气止痛。代表方药为柴胡疏肝散加减。

2）肝胆湿热证：灼痛口苦，身目黄染，苔黄腻，脉滑数。治以疏肝利胆、清利湿热。代表方药为龙胆泻肝汤加减。

3）瘀血阻络证：胁肋刺痛固定，夜间加重，舌紫暗或有瘀斑，脉涩。治以活血化瘀、理气止痛。代表方药为血府逐瘀汤或复元活血汤加减。

4）肝阴不足证：隐痛绵绵，疲劳加剧，口干咽燥，五心烦热，头晕目眩，舌红少苔，脉弦细而弱。治以滋养肝阴、柔肝止痛。代表方药为一贯煎加减。

四、腹　痛

1. 腹痛的概述

腹痛是指胃脘以下、耻骨联合以上部位疼痛，属六腑气机壅滞或五脏失养之证，多因外邪、饮食、气滞、阳虚等致气血不畅所致。腹痛又因正邪与正气的关系分为虚实之证。现代临床观察表明，腹痛与腹膜炎、胆囊炎、胰腺炎、肠道疾病如克罗恩病、结肠炎等疾病存在显著关联，呈现出多病源性的特点。

2. 腹痛的病因病机

腹痛的病因病机较为复杂，常见的病因有外邪入侵、饮食不节、情志失调、瘀血内阻、素体阳虚。病理属性有寒热虚实之分。病机包括中焦虚寒、寒邪直中、湿热内蕴、气滞血瘀等。

3. 腹痛的诊断与鉴别诊断

（1）诊断　腹痛作为临床常见证候，其病位涵盖胃脘下极至耻骨联合上缘区域，疼痛性质随病因病机差异呈现多样化特征，可见如锥刺样疼痛、闷痛或钝痛、绞结痛、绵绵隐痛等不同表现。该证常伴发脾胃运化失司之候，如脘痞腹胀、肠鸣辘辘、大便溏结不调等；急性发作阶段多兼见呕恶、泄泻或便秘、身热等急症征象。若因痫证扰动所致者，可伴发神识昏蒙、筋惕肉瞤、流涎及吞咽异常等特殊症状。本病发生多具明显诱因，起病常呈渐进性，其发作及加重多与饮食失节、情志怫郁、外感寒邪、劳倦过度等因素存在明确关联，且具有病程缠绵、反复发作的病理特点。因此，腹痛的诊断需要结合病位、病因病机、辨证分型、鉴别诊断和辅助检查结果来建立诊断。

（2）鉴别诊断　注意与胃痛、胁痛、淋证、痢疾、霍乱、癥积、外科或妇科腹痛、其他疾病如腹型过敏性紫癜、带状疱疹鉴别。

4. 腹痛的辨证施治

（1）辨证要点　腹痛的中医辨证体系包含五大核心维度：①病程特征方面，急性腹痛多因外邪骤袭或暴饮暴食引发，症见突发性剧痛伴呕恶身热；慢性腹痛则起于素体禀赋不足或情志失调，以反复隐痛、遇劳辄发为特点。②寒热属性中，热证者腹痛如灼，口渴饮冷，舌绛脉洪；寒证者痛势拘急，得温则缓，面青脉紧。③虚实之辨，虚证多现绵绵隐痛、饥时加剧，按之得舒；实证则见胀满刺痛、拒按拒压，饱食痛增。④气血病机层面，气滞者痛无定处，脘腹痞满如气窜；血瘀者痛如锥刺，固定不移伴舌黯瘀斑。⑤病位归属方面，脾胃失和常见脘腹弥漫性疼痛；胁下或少腹痛多属肝胆大肠；脐周痛则提示虫积或小肠病变，而小腹疼痛多与肾膀胱相关。

（2）辨证论治

1）寒邪内阻证：冷痛拘急，遇寒加剧，得温痛减。舌质淡、苔白，脉沉紧。治以温里散寒，理气止痛。代表方药为良附丸合正气天香散加减。

2）湿热壅滞证：灼痛拒按，得热痛增，伴身热自汗，便溏臭秽。舌红、苔黄腻。治以通腑泄热，行气导滞。代表方药为大承气汤加减。

3）饮食停滞证：胀满嗳腐，矢气酸臭，伴恶心呕吐。苔厚腻，脉滑实。治以消食导滞，理气止痛。代表方药为枳实导滞丸加减。

4）瘀血阻滞证：腹痛剧烈，刺痛固定，伴肌肤甲错，大便色黑等。舌紫暗，脉细涩。治以活血化瘀，理气止痛。代表方药为少腹逐瘀汤加减。

5）气机郁滞证：胀痛走窜，痛无定处，矢气则舒，忧思恼怒痛增。舌质红、苔薄白，脉弦。治以疏肝解郁，理气止痛。代表方药为柴胡疏肝散加减。

第二节　现代医学对胸部疼痛的认识

一、概　　述

胸部疼痛主要是指胸前区的疼痛和不适感，患者常主诉闷痛、紧缩感、烧灼感、针刺样痛、压榨感、撕裂样痛、刀割样痛等，以及一些难以描述的症状。胸痛的部位一般指从颈部到胸廓下端的范围内，有时可放射至颌面部、牙齿和咽喉部、肩背部、双上肢或上腹部。胸痛多见于男性，发生率随年龄增长而升高，其中有冠状动脉硬化性心脏病患者的胸痛风险最高。根据胸痛的风险程度可将胸痛分为致命性胸痛和非致命性胸痛，也可分为心源性胸痛和非心源性胸痛。急性胸痛常见原因为非心源性胸痛，但急性冠状动脉综合征（acute coronary syndromes，ACS）高居致命性胸痛病因首位。急性肺栓塞与主动脉夹层虽发生率较低，但临床上易漏诊或误诊。

不同病因的胸痛表现多样复杂，风险各不相同，处理也因病而异，若处理不当会延误治疗导致严重后果。因此需迅速辨别胸痛性质、准确评估风险，以确保高危胸痛患者得到及时有效的治疗。

二、病因与发病机制

1. 胸腔脏器的缺血缺氧

当冠状动脉的供血与心肌对血液的需求出现不匹配时，若冠状动脉的血流量无法满足心肌的代谢需求，便会导致心肌的缺血和缺氧。短暂的心肌缺血缺氧可引发心绞痛，而持续且严重的心肌缺血缺氧则可能导致心肌细胞坏死，形成心肌梗死。心肌缺血导致缺氧时，氧化代谢受阻，高能磷酸化合物的储备量下降，进而影响细胞功能。疼痛信号通过第 1 至第 5 胸交感神经节和相应的脊髓节段，传递至大脑产生痛感。这种痛感通常反映在相应脊髓节段的脊神经支配区域，表现为胸骨后以及双臂前内侧和小指部位，尤其是左侧更为明显。

2. 主动脉损伤病变

主动脉瘤、食管或胸导管破裂可能导致血胸、脓胸或乳糜胸。主动脉窦瘤体积增大至临界点时，瘤壁薄弱至破裂，可能引发心绞痛。主动脉夹层病因包括遗传性、退行性和外伤性。遗传性夹层可能与某些遗传综合征相关，或表现为非综合征型。退行性夹层较常见，无特定遗传背景。外伤性夹层可能与钝挫伤或医源性损伤有关。夹层可能压迫真腔，导致分支血管灌注不足，引起器官缺血。夹层发病机制尚不完全清楚，可能与基质金属蛋白酶活性增高有关，导致主动脉壁结构蛋白降解。

3. 胸膜疾病

胸膜疾病涉及胸膜腔解剖结构和生理功能异常，可能由胸膜本身或肺部、胸壁、膈肌、腹部脏器或全身性疾病引起。胸腔积液可能由多种因素引起，包括胸膜毛细血管静水压升高、胶体渗透压降低、胸膜通透性增加、淋巴回流受阻等。心功能不全或心包炎、低蛋白血症或肝硬化、炎症、肿瘤、癌性淋巴管阻塞、主动脉瘤破裂等都可能导致胸腔积液。大量气胸时，胸腔内压力变化可能压迫心脏和大血管，导致心率加快、血压下降，甚至休克。张力性气胸还可能引起纵隔移位，严重时可能造成循环障碍或窒息。

4. 炎症或肿瘤累及胸膜神经及其他组织

胸膜肿瘤和炎症均可引起胸膜病变，导致胸膜受损或炎性介质释放包括酶类、补体和生物活性物质，增加毛细血管通透性，引起蛋白质和细胞丰富的液体大量渗入胸膜腔。炎性因子或肿瘤相关物质增加毛细血管通透性，导致胸膜腔内液体积聚。这些情况直接刺激胸膜上的神经末梢，引发疼痛信号，并通过神经系统传递至大脑，释放致痛介质，如前列腺素、白三烯和缓激肽，加剧疼痛。胸膜增厚和粘连增加胸膜张力，拉伸神经末梢，肿瘤生长可能压迫周围组织，包括神经，导致胸痛。

5. 食管病变

感染性食管炎、嗜酸细胞性食管炎、药物相关性食管炎、贲门失弛缓症、食管癌等，可引发胸痛。食管肌肉痉挛和炎症反应可导致黏膜损伤和炎症介质释放，食管机械性梗阻（如肿瘤或狭窄）增加内部压力，食管化学性刺激（如胃食管反流病中的胃酸反流）可能引起灼热痛。食管病变与心脏神经部分重叠，可能导致神经反射性胸痛。食管病变影响血管可能引发缺血性疼痛，心理因素如焦虑和紧张也可能加剧胸痛。

6. 胸廓或肋软骨病变

胸痛可能由肋间神经痛、肋软骨炎、肋骨骨折、肋骨肿瘤增大或胸廓畸形（如鸡胸或漏斗胸）等多种因素引起，包括神经性疼痛和结构性疼痛。胸壁软组织损伤、胸膜炎、胸廓出口综合征以及肌肉或韧带拉伤都可能导致胸痛，这些病因通过各自不同的机制影响胸廓或肋软骨，引起疼痛。

三、临床表现

1. 疼痛部位

心绞痛通常引起胸骨后方疼痛，易扩散至心前区，疼痛范围如手掌大小。主动脉夹层的疼痛通常是突发且持续的撕裂样或刀割样剧烈疼痛，与夹层病变的起始位置密切相关。Stanford A 型夹层主要表现为胸背痛，而 Stanford B 型夹层则多表现为背痛和腹痛。大量胸腔积液时，疼痛主要在胸部，可能伴有胸痛和咳嗽。结核性胸膜炎或心力衰竭引起的胸腔积液也会导致胸部疼痛。气胸的疼痛通常在单侧前胸和腋下，可能放射至肩部、背部或上腹部。肋软骨炎的疼痛主要在双侧胸骨旁的胸壁，特别是在第 2～5 肋软骨交界处和肋胸骨连接处。肋间神经炎的疼痛通常影响 1～2 个肋间，可能沿神经路径有压痛感。

2. 疼痛性质

心绞痛常为一种压迫感或紧缩感。胸膜炎性胸痛通常由胸膜炎症引起，并且可能由肺炎、较少见的非特异性感染（例如病毒性胸膜炎）、肺栓塞、创伤或局部炎症引起的胸壁疼痛引起。突然发作的严重、尖锐或撕裂性疼痛提示胸主动脉瘤。短暂的神经紊乱或肢体脉搏消失，提示主动脉夹层。食管反流会在口腔中产生酸味，伴胸痛或咳嗽，尤其常见于平卧位和夜间。心源性胸痛也可能表现为上腹痛，因此上腹痛并不仅限于胃肠道疾病，也可能见于下壁心肌梗死。

3. 疼痛加重或缓解方式

心绞痛常表现为活动时或情绪激动时加重，休息或舌下含服硝酸甘油可缓解。急性主动脉综合征的疼痛常常持续不能缓解。心因性胸痛可能由生活压力引起，甚至可能在易感个体中导致急性冠状动脉综合征。如果疼痛由吸气触发或加重，常提示胸膜或胸壁的疾病。

4. 诱因

胸痛的触发因素通常包括身体活动、情绪波动（如愤怒、焦虑、极度兴奋等）、饮食过量、低温环境、吸烟、心率加快、血压降低等。疼痛往往在活动或情绪激动时出现，而不是在劳累之后。

5. 伴随症状

稳定型心绞痛可能伴有胸部压迫感、呼吸急促，有时会有灼热感，偶尔会有濒死感。胸腔积液量较多时，可伴有呼吸不畅、胸痛和咳嗽。由心力衰竭引起的胸腔积液则可能表现出心功能不全的症状。气胸则伴有呼吸困难和刺激性的干咳。结核性胸膜炎往往伴有发热、干咳和胸痛。

四、诊　断

1. 心绞痛

根据典型心绞痛的发作特点、缺血性心电图改变以及心肌损伤标志物检测，结合年龄和存在冠心病危险因素，除外其他原因所致的心绞痛，一般即可诊断。诊断未明确的症状不典型但病情稳定者，可作负荷心电图或负荷超声心动图、心肌灌注显像、冠脉造影等检查。

（1）实验室检查 血糖、血脂检测可了解冠心病危险因素；胸痛明显者需检测血清心肌损伤标志物，包括心肌肌钙蛋白 I 或 T、肌酸激酶（CK）及同工酶（CK-MB），据此与急性冠状动脉综合征相鉴别；氨基末端脑钠肽前体（NT-proBNP）有助于评估心功能状态；血常规可了解有无贫血；必要时检查甲状腺功能。

（2）心电图（ECG）检查 发作时多数患者 ECG 可见 ST-T 改变（低平或倒置）改变。稳定型心绞痛 ECG 负荷试验主要以 ST 段水平型或下斜型压低≥0.1 mV（J 点后 60～80 ms）持续 2 min 为运动试验阳性标准，不稳定型心绞痛禁做该试验。ECG 连续动态监测可发现 ST 段 T 波改变和各种心律失常。变异型心绞痛表现为一过性 ST 段抬高的动态改变。

（3）**超声心动图** 多数稳定型心绞痛患者静息时无异常，有陈旧性心肌梗死或严重心肌缺血者，可探测到坏死区或缺血区心室壁的运动异常。运动或药物负荷超声心动图可评价负荷状态下心肌灌注情况。

（4）**冠脉造影** 一般认为管腔直径减少70%～75%以上会严重影响血供，可明确诊断、指导治疗并评价预后。在长期稳定型心绞痛基础上，不稳定型心绞痛常有多支冠脉病变，而新发静息心绞痛可能只有单支冠脉病变。

（5）**CT 血管造影（CTA）** 主要用于判断冠脉管腔狭窄程度和管壁钙化情况，对判断管壁内斑块分布范围和性质也有一定意义。

（6）**放射性核素检查** 心肌灌注显像及负荷试验、放射性核素心腔造影、正电子发射断层心肌显像对心绞痛诊断具有一定的参考意义。

2. 肺血栓栓塞症

诊断一般按疑诊、确诊、求因3个步骤进行，如下：

（1）**疑诊** 当患者出现前述临床表现，特别是存在危险因素者，出现不明原因的呼吸困难、胸痛、晕厥、休克，或伴有不对称性下肢肿胀、疼痛等，应进行如下检查：

1）血浆D-二聚体：D-二聚体对急性PTE的诊断敏感度在92%～100%，对临床低可能性疑诊PTE患者具有较高的预测价值。若D-二聚体＜500 μg/L，可基本排除急性PTE。

2）动脉血气分析：肺血管阻塞≥15%以上即可出现低氧血症，急性PTE常表现为低氧血症、低碳酸血症和肺泡-动脉血氧分压差增大。部分患者的结果可以正常。

3）血浆肌钙蛋白：急性PTE并发右心功能不全可引起肌钙蛋白升高，水平越高，提示心肌损伤程度越严重，预后不良。

4）脑钠肽和N末端B型利钠肽原：急性PTE患者右心室后负荷增加，室壁张力增高，血BNP和NT-proBNP水平升高，升高的水平可反映右心功能不全及血流动力学紊乱的严重程度；若无明确心脏基础疾病患者BNP或NT-proBNP增高，需考虑PTE的可能。

5）心电图：大多数病例呈非特异性的心电图异常。较为多见的是窦性心动过速、V1～V4的T波改变和ST段异常；部分病例可出现SI QIII TIII征（即I导联S波加深，III导联出现Q/q波及T波倒置）。其他心电图改变包括完全或不完全右束支传导阻滞；肺型P波；电轴右偏，顺钟向转位等。

6）超声心动图：可见右心室后负荷增加表现，在少数PTE疑诊患者中，可同时发现右心房、右心室及肺动脉血栓。

（2）**确诊** 包括CT肺动脉造影、肺通气/灌注显像、磁共振肺动脉造影、肺动脉造影等。

1）肺动脉造影：为PTE诊断的金标准，敏感度及特异度均较高。直接征象有肺血管内造影剂充盈缺损，伴或不伴轨道征的血流阻断；间接征象有肺动脉造影剂流动缓慢，局部低灌注，静脉回流延迟等。如缺乏PTE的直接征象，则不能诊断PTE。肺动脉造影是一种有创性检查，发生致命或严重并发症的可能性分别为0.1%和1.5%，应严格掌握适应证。

2）CT肺动脉造影（CTPA）：可直观地显示肺动脉内血栓形态、部位及血管堵塞程度，目前已成为确诊PTE的首选检查方法。其直接征象为肺动脉内充盈缺损，部分或完全包围在不透光的血流之间（轨道征），或呈完全充盈缺损，远端血管不显影；间接征象包括肺野楔形突变、条带状密度增高影或盘状肺不张，中心肺动脉扩张及远端血管分支减少或消失等。

3）V/Q显像：典型征象是呈肺段分布的肺灌注缺损，并与通气显像不匹配，对远端肺栓塞诊断价值更高。由于许多疾病可以同时影响患者的肺通气和血流状况，致使V/Q显像在结果判定上较为复杂，需密切结合临床进行判读。

4）磁共振肺动脉造影（MRPA）：可直接显示肺动脉内的栓子及PTE所致的低灌注区，但对肺段以下水平的PTE诊断价值有限。

（3）求因

1）明确有无 DVT：对某一病例只要疑诊 PTE，无论其是否有 DVT 症状，均应进行下肢深静脉加压超声等检查，以明确有无 DVT 及栓子的来源。

2）寻找发生 DVT 和 PTE 的诱发因素：如制动、创伤、长期口服避孕药，以及易栓性疾病，如抗磷脂综合征等。注意患者有无遗传性易栓症倾向，尤其是对于年龄小于 50 岁，复发性 PTE 或有突出 VTE 家族史的患者。中国人群常见的易栓症表现包括抗凝血酶、蛋白 C 和蛋白 S 遗传性缺陷。对不明原因的 PTE 患者及考虑存在遗传性易栓症倾向的患者（早发、复发、少见部位 VTE、家族史），可考虑进行基因检测。对于老年患者，应警惕潜在的恶性肿瘤。

3. 主动脉夹层

对有高血压病史，不明原因的突发胸部、背部或腹部剧烈疼痛者，应考虑本病，结合典型的临床表现、体征和辅助检查可以确诊。一旦疑诊主动脉夹层，需尽快通过影像学检查，了解夹层类型、受累范围、破口位置、假腔内血栓、分支血管和主动脉瓣受累情况以及是否有心包积液等。全主动脉 CTA 是主动脉夹层的诊断首选和治疗后随访评价的主要手段。MRA 也可用于诊断主动脉夹层，但对于不能耐受较长检查时间的急性期病例受限。超声对近端主动脉夹层诊断率较高，但探查降主动脉受限。胸部 X 线片可见主动脉弓或纵隔增宽、主动脉局部隆起或大量胸腔积液等征象。

急性主动脉夹层容易误诊，除与急性心肌梗死鉴别外，应与急性心包炎、急性胸膜炎、肺栓塞、急腹症以及急性下肢动脉栓塞等鉴别。

4. 胸腔积液及气体

（1）胸腔积液

1）确定有无胸腔积液：中量以上的胸腔积液诊断不难，症状、体征常比较明显。少量胸腔积液仅表现肋膈角变钝，有时易与胸膜粘连相混淆，可行患侧卧位 X 线胸片检查，液体可散开于肺外带。超声、CT 等检查可确定有无胸腔积液。

2）区别漏出液和渗出液：诊断性胸腔穿刺可区别积液性质，漏出液外观清澈透明，无色或浅黄色，不凝固。而渗出液外观颜色深，呈透明或混浊的草黄、棕黄色或血性，可自行凝固。Light 标准通常用于区别漏出液和渗出液，主要测定胸腔积液中的蛋白质含量和乳酸脱氢酶（LDH），符合任意 1 项可判定为渗出液，3 项均不满足则为漏出液。

3）寻找胸腔积液的原因：漏出性胸腔积液的主要病因有①充血性心力衰竭；②肾病综合征；③肝硬化。渗出性胸腔积液常见病因包括肺炎旁胸腔积液、结核和恶性肿瘤。

（2）气胸　根据临床症状、体征及影像学表现一般可以确诊气胸，X 线或 CT 见气胸线是确诊依据。若突发呼吸困难而病情危重无法搬动患者行影像学检查时，应当机立断在患侧胸腔体征最明显处诊断性穿刺，如抽出气体，可证实气胸的诊断。

5. 肋软骨炎

胸前区持续性钝痛、胀痛，体格检查发现肋骨与软骨交界处局限性梭形肿胀隆起并有压痛，同时 X 线检查无胸壁异常，据此可以诊断为肋软骨炎。症状不典型者应注意与胸壁结核、冠心病、心绞痛和老年性肋软骨钙化相鉴别。

6. 肋间神经炎

依据患者典型的肋间神经痛症状，即自胸背部沿肋间神经走行向胸腹部放射的刀割样疼痛，肋间神经支配区皮肤感觉过敏或减退，应考虑为肋间神经痛。进一步进行相应的体格检查，如患侧的胸椎叩击痛，棘突、棘旁、肋间隙或胸壁压痛。

但肋间神经痛还是其他一些疾病的主要临床表现之一，因此必须确定原发性疾病，才可明确诊治。在排除胸椎等部位引起肋间神经疼痛的其他病变，并查不出任何阳性神经体征，则可以明确诊断为原发性肋间神经痛。

五、治　　疗

1. 治疗原发病

心绞痛患者可以通过药物治疗来缓解症状。发作时，可以使用扩张冠状动脉、降低血管阻力、增加血流量的药物，如硝酸甘油和硝酸异山梨酯。缓解期，可选择改善缺血、减轻症状的药物，如β受体阻滞剂、硝酸酯类药物、钙通道阻滞剂等。预防心肌梗死可使用抗血小板药物、环氧化酶抑制剂、P2Y12受体拮抗剂，以及调脂药物。肺血栓栓塞症患者应尽早开始抗凝治疗，如肝素或华法林。主动脉夹层治疗包括使用β受体阻滞剂或钙通道阻滞剂，如硝普钠降压。恶性胸腔积液需积极治疗原发肿瘤。气胸患者可通过胸腔穿刺、闭式引流、胸膜固定术等方法治疗。

2. 镇痛

对于肋软骨炎患者非甾体抗炎药（NSAIDs）是常用的治疗选择，尽管缺乏临床试验来验证其效果。值得注意的是，高剂量的NSAIDs可能增加胃炎或胃食管反流的风险。此外，有研究表明，在物理治疗师的指导下，针对性的伸展运动计划有助于缓解长期症状的患者疼痛，尽管效果可能有限。心肌梗死和主动脉夹层的镇痛常用吗啡和哌替啶。

3. 外科或介入护理

心绞痛患者可以通过多种介入性治疗，如经皮冠状动脉介入术和冠状动脉旁路移植术。肺血栓栓塞症患者可能需要导管定向溶栓和血栓抽吸，或局部小剂量溶栓治疗，以及肺动脉血栓切除术作为补救措施。主动脉腔内隔绝术用于治疗主动脉夹层。新技术如平行支架、分支支架、开窗技术和3D打印定制支架用于处理夹层累及重要分支的情况。对于反复发作的自发性气胸，外科手术切除肺大疱并加胸膜固定术是有效治疗方法。手术治疗也适用于长期气胸、血气胸、双侧气胸、复发性气胸、张力性气胸引流失败者或影像学显示有多发肺大疱的患者。

第三节　现代医学对腹部疼痛的认识

一、急性胰腺炎

急性胰腺炎（acute pancreatitis，AP）指胰腺分泌的胰酶在胰腺内被异常激活，对胰腺自身及其周围脏器产生消化作用而引起的炎症性疾病，是一种消化系统常见的急腹症。急性胰腺炎有多种致病危险因素，包括胆道疾病、高脂血症和饮酒等。我国以胆源性胰腺炎最为常见，近年来高脂血症性胰腺炎发病率有增高的趋势，已超越酒精性胰腺炎，位居第二。

（一）临床表现与诊断

1. 临床表现

由于病变程度不同，患者临床表现差异很大。

（1）**腹痛**　是本病的主要症状，常于饱餐和饮酒后突然发作，腹痛剧烈，呈持续性、刀割样疼痛，常持续24 h以上不能缓解。严重时疼痛范围呈束带状向腰背部放射，以左侧为主。

（2）**腹胀**　与腹痛同时存在，是腹腔神经丛激惹致肠麻痹所致。早期为反射性，继发感染后则由腹膜后的炎症刺激所致。腹膜后炎症越严重，腹胀越明显。腹水可加重腹胀，患者排便、排气停止。腹内压增高可引发腹腔间隔室综合征。

（3）**恶心、呕吐**　发作早且频繁，呕吐物为胃、十二指肠内容物，呕吐后腹痛不缓解。

（4）**发热**　早期可有低热，合并胆道感染时常伴寒战、高热。胰腺坏死合并感染时，持续高热为主要症状之一。

（5）休克和器官功能障碍 早期以低血容量性休克为主，后期合并感染性休克。伴急性呼吸功能衰竭时可出现呼吸困难和发绀，有胰性脑病者可引起中枢神经系统症状，如感觉迟钝、意识模糊甚至昏迷，重症者可并发弥散性血管内凝血功能障碍（DIC）。

2. 诊断

临床上符合以下3项特征中的2项，即可诊断为急性胰腺炎：①与急性胰腺炎临床表现相符合的腹痛；②血清淀粉酶和/或脂肪酶水平高于正常上限值3倍；③影像学改变符合急性胰腺炎特征，其中腹部CT扫描最具诊断价值。

（二）护理要点

1. 非手术治疗护理

（1）控制疼痛 协助患者取屈膝侧卧位，按摩背部。疼痛剧烈时，遵医嘱予以解痉、镇痛药。

（2）禁食、胃肠减压 目的是减少胰液分泌，防止呕吐，减轻腹胀并降低腹内压。

（3）营养支持 禁食期间给予肠外营养支持。轻症急性胰腺炎一般1周后进食无脂低蛋白流质饮食，并逐渐过渡至低脂饮食。中度和重症急性胰腺炎待病情稳定、淀粉酶恢复正常、肠麻痹消失后，可给予肠内营养支持，并逐步过渡至经口进食。

（4）静脉补液 重症急性胰腺炎患者易发生低钾、低钙血症，应密切监测电解质、酸碱平衡情况，准确记录出入量，休克时迅速补液扩容，维持循环稳定。

（5）降温 物理降温如冷敷、温水擦浴，必要时予药物降温。遵医嘱使用敏感且能通过血胰屏障的抗生素（如喹诺酮类、头孢他啶或亚胺培南等）控制感染。

（6）对症用药 遵医嘱使用质子泵抑制剂、H_2受体阻滞剂、生长抑素或胰蛋白酶抑制剂，以抑制胰腺分泌。呕吐控制后，可经胃管注入复方清胰汤等中药。

（7）心理护理 为患者提供安全舒适的环境，了解其感受，适当安慰和鼓励并讲解相关知识，协助患者保持良好的心态。

2. 术后护理

（1）病情观察 密切观察生命体征，准确记录24 h出入量。观察腹部体征，了解有无腹痛、腹胀及腹膜刺激征等。

（2）体位 患者麻醉未清醒前取平卧位，头偏向一侧，预防误吸导致窒息或吸入性肺炎。清醒且血压稳定者，改为半卧位，以保持呼吸道通畅、利于引流。

（3）引流管护理 妥善固定并注明管道名称及留置时间，检查引流管通畅度，定期更换引流装置，准确记录引流液的颜色、性状和量。

（4）伤口护理 观察伤口敷料是否清洁干燥，有无渗血、渗液。

（5）并发症的护理 如出血、胰瘘。

二、胃和十二指肠溃疡

胃和十二指肠溃疡（gastroduodenal ulcer）是指发生于胃十二指肠的局限性圆形或椭圆形的全层黏膜缺损。因溃疡的形成与胃酸-蛋白酶的消化作用有关，故又称为消化性溃疡（peptic ulcer，PU）。临床上十二指肠溃疡（duodenal ulcer，DU）较胃溃疡（gastric ulcer，GU）多见，约为3∶1。DU好发于青壮年，GU多见于中老年。男性患病较女性多，好发季节为秋冬和冬春之交。

（一）临床表现与诊断

1. 临床表现

临床表现不一，部分患者可无症状，或以出血、穿孔等并发症为首发症状。

（1）**腹痛** 上腹部疼痛是本病的主要症状，可为钝痛、灼痛、胀痛甚至剧痛，或呈饥饿样不适感。疼痛部位多位于上腹中部、偏右或偏左。DU 表现为空腹痛，即餐后 2～4 h 和/或午夜痛，进食或服用抗酸药后可缓解。GU 多在餐后 1 小时内出现，经 1～2 h 后逐渐缓解，至下餐进食后再次出现疼痛，午夜痛也可发生，但较 DU 少见。部分患者无上述典型疼痛，仅表现为无规律性的上腹隐痛不适，也可因并发症发生疼痛性质及节律的改变。

（2）**其他** 可伴有反酸、嗳气、恶心、呕吐、食欲缺乏等消化不良症状，也可有失眠、多汗、脉缓等自主神经功能失调表现。

（3）**并发症** ①出血：是消化性溃疡最常见的并发症，我国约 50%～70%的非静脉曲张破裂出血是消化性溃疡所致。②穿孔：1/3～1/2 的穿孔与服用 NSAID 有关，多数为老年患者，穿孔前可没有症状。③幽门梗阻：主要由 DU 或幽门管溃疡引起。上腹部空腹振水音、胃蠕动波以及空腹抽出胃液量＞200 mL 是幽门梗阻的特征性表现。④癌变：少数 GU 可发生癌变，DU 则极少见。

2. 诊断

慢性病程、周期性发作的节律性上腹痛且疼痛因进食或服用抗酸药而缓解，可初步诊断，确诊有赖于上消化道内镜检查。不能接受内镜检查者，可通过胃肠钡餐造影发现龛影亦可诊断溃疡，但难以鉴别良恶性。

（二）护理要点

1. 疼痛护理

指导并协助患者减轻疼痛，避免暴饮暴食和进食刺激性饮食，戒烟戒酒。DU 患者在疼痛前或疼痛时进食碱性食物（如苏打饼干等）。也可局部热敷或针灸止痛。

2. 休息与活动

溃疡活动期且症状较重患者，应卧床休息几天至 1～2 周，直至疼痛症状缓解。病情较轻者则应鼓励其适当活动，以分散注意力。

3. 用药护理

遵医嘱用药，观察药效及不良反应，常见如下：

（1）**质子泵抑制剂（PPI）** 奥美拉唑可引起头晕，用药期间避免开车或做其他必须高度集中注意力的工作。兰索拉唑可导致皮疹、瘙痒、头痛、口苦、肝功能异常等，轻度不良反应不影响继续用药，较为严重时应及时停药。泮托拉唑较少引起不良反应，偶可见头痛或腹泻。

（2）**H_2受体拮抗剂** 餐中或餐后即刻服用。服用抗酸药时两药应间隔 1 小时以上。静脉给药应控制速度以防低血压和心律失常的发生。西咪替丁对雄激素受体有亲和力，可导致男性乳腺发育、阳痿以及性功能紊乱等，用药期间监测肾功能。因药物可随母乳排出，哺乳期应停止用药。

（3）**弱碱性抗酸药** 如氢氧化铝凝胶等，应在饭后 1 小时和睡前服用。服用片剂时应嚼服，乳剂给药前应充分摇匀。避免与奶制品同时服用。氢氧化铝凝胶能阻碍磷的吸收，引起磷缺乏症甚至导致骨质疏松。长期大量服用还可引起严重便秘、代谢性碱中毒与钠潴留，甚至造成肾损害。

4. 饮食护理

（1）**进餐方式** 有规律地定时进食。在溃疡活动期，以少食多餐为宜，每天进餐 4～5 次，避免餐间进食和睡前进食，使胃酸分泌有规律。症状得到控制后应尽快恢复正常的饮食规律。饮食不宜过饱，以免胃窦部过度扩张而增加胃泌素的分泌。进餐时注意细嚼慢咽，避免进食过快，咀嚼可增加唾液分泌，具有稀释和中和胃酸的作用。

（2）**食物选择** 选择营养丰富、易消化、适量脂肪的食物。症状较重的患者以面食、软米饭或米粥为主。可适量摄取脱脂牛奶，宜安排在两餐之间饮用。应避免食用物理性和化学性刺激性强的食物。

（3）**营养监测** 定期监测体重、血清白蛋白和血红蛋白等营养指标。

三、原发性肝癌

原发性肝癌（primary liver cancer，PLC）指起源于肝细胞和肝内胆管上皮细胞的恶性肿瘤，包括肝细胞癌（hepatocellular carcinoma，HCC）、肝内胆管癌（intrahepatic cholangiocarcinoma，ICC）和混合性肝细胞-胆管癌（combined hepatocellular-cholangiocarcinoma，cHCC-CCA）3 种不同的病理类型，其中 HCC 占 75%～85%、ICC 占 10%～15%，日常所称的肝癌指 HCC。超过 80%的 HCC 源自肝硬化，导致慢性肝损害并最终发展为肝硬化的因素是 HCC 的危险因素。

（一）临床表现与诊断

1. 临床表现

早期缺乏典型症状，临床症状明显者，病情大多已进入中晚期。本病常在肝硬化的基础上发生，或者以转移病灶症状为首发表现，此时临床容易漏诊或误诊。中晚期临床表现如下：

（1）肝区疼痛 是肝癌最常见的症状，多呈右上腹持续性胀痛或钝痛，与癌肿生长、肝包膜受牵拉有关。如病变侵犯膈，疼痛可牵涉右肩或右背部。当肝表面的癌结节破裂，可突然引起剧烈腹痛，从肝区开始迅速延至全腹，出血量大时可导致休克。

（2）肝大 肝脏进行性增大，质地坚硬，表面凹凸不平，常有大小不等的结节，边缘钝而不整齐，常有不同程度的压痛。肝癌突出于右肋弓下或剑突下时，上腹可呈现局部隆起或饱满；如癌肿位于膈面，则主要表现为膈肌抬高而肝下缘下移。

（3）黄疸 一般出现在肝癌晚期，多为阻塞性黄疸，少数为肝细胞性黄疸。前者常因癌肿压迫或侵犯胆管或肝门转移性淋巴结肿大而压迫胆管造成阻塞所致；后者可由于癌组织肝内广泛浸润或合并肝硬化、慢性肝炎引起。

（4）肝硬化征象 在失代偿期肝硬化基础上发病者，可表现为腹腔积液迅速增加且难治，腹水多为漏出液；血性腹腔积液系肝癌侵犯肝包膜或向腹腔内破溃引起。门静脉高压导致食管胃底静脉曲张。

（5）全身性表现 进行性消瘦、发热、食欲减退、乏力、营养不良和恶病质等。部分患者以转移灶症状首发而就诊。

（6）副癌综合征 癌肿本身代谢异常或肝癌患者机体内分泌/代谢异常而出现的一组综合征，表现为自发性低血糖症、红细胞增多症；其他罕见的有高钙血症、高脂血症、类癌综合征等。

2. 诊断

肝癌的临床诊断应结合肝癌发生的高危因素、影像学特征以及血清学分子标志物综合考虑。依照我国《原发性肝癌诊疗指南（2022 年版）》推荐的诊断标准，对于有 HBV 或 HCV 感染，或有任何原因引起肝硬化者，满足下列两项中的任一项，即可临床诊断肝癌：

（1）具有两项典型的肝癌影像学特征（动态增强 CT、多参数 MRI、超声造影或肝细胞特异性对比剂 Gd-EOB-DTPA 增强 MRI），病灶直径≤2 cm。

（2）具有一项典型的肝癌影像学特征，同时合并病灶直径＞2 cm 或血清 AFP 升高，特别是持续升高。

以下情况应行肝病灶穿刺活检或密切随访血清 AFP 变化及影像学改变以明确诊断：①病灶直径≤2 cm，无或只有一项典型的肝癌影像学特征；②病灶直径＞2 cm，无典型的肝癌影像学特征。

（二）护理要点

1. 术前护理

（1）疼痛护理 评估疼痛发生的诱因、时间、部位、性质和程度，指导患者控制疼痛和分散注意力的方法。

（2）改善营养状况 对于营养不良患者首选肠内营养，宜采用高蛋白、高热量、高维生素、易消化饮食，少量多餐。合并肝硬化有肝功能损害者，应适当限制蛋白质摄入。必要时可给予肠外营养支持，输血浆或白蛋白等，以改善贫血、纠正低蛋白血症，提高机体抵抗力。

（3）护肝 保证充分睡眠和休息，禁酒。遵医嘱给予支链氨基酸治疗，避免使用肝毒性药物，用药期间应动态监测肝功能指标。

（4）维持体液平衡 对肝功能不良伴腹水者，严格控制水、钠盐的摄入量。准确记录 24 h 出入量。定期观察、记录体重及腹围变化。

（5）预防出血 术前 3 d 开始给予维生素 K_1，避免剧烈咳嗽、用力排便，避免进食干硬食物，遵医嘱应用 H_2受体拮抗剂，预防应激性溃疡出血，密切观察腹部体征。

2. 术后护理

（1）体位 清醒且血压稳定者，取半卧位，指导患者有节律地深呼吸以缓解疼痛。

（2）病情观察 观察生命体征、全身皮肤有无出血点、发绀及黄疸等。观察伤口渗血、渗液情况，观察有无腹痛、腹胀及腹膜刺激征。观察引流液的颜色、性状及量。

（3）营养支持 禁食，胃肠减压。遵医嘱静脉补液，待肠蠕动恢复后逐步给予流质、半流质、软食、普食。术后 2 周应补充适量白蛋白和血浆，提高机体抵抗力。广泛肝切除术后可使用肠内和/或肠外营养支持。

（4）并发症护理 如出血、膈下积液及脓肿、胆漏、肝性脑病等。

四、胆 囊 结 石

胆囊结石（cholecystolithiasis）指发生在胆囊内的结石，主要为胆固醇结石或以胆固醇为主的混合性结石和黑色素结石，常与急性胆囊炎并存。主要见于成人，女性多于男性。

（一）临床表现与诊断

1. 临床表现

典型症状为胆绞痛，仅少数患者出现。其他常见表现为急性或慢性胆囊炎，主要临床表现包括：

（1）胆绞痛 典型发作是在饱餐、进食油腻食物后或睡眠中体位改变时。右上腹或上腹部阵发性疼痛，或持续性疼痛阵发性加剧，常向右肩胛部或背部放射，可伴有恶心、呕吐。

（2）上腹隐痛 多数患者仅在进食过多、吃油腻食物、工作紧张或疲劳时感到上腹部或右上腹隐痛，或者有饱胀不适、嗳气、呃逆等，常被误诊为胃病。

（3）胆囊积液 胆囊结石长期嵌顿或阻塞胆囊管但未合并感染时，胆囊黏膜吸收胆汁中的胆色素，并分泌黏液性物质，导致胆囊积液。积液呈透明无色，称为白胆汁。

（4）Mirizzi 综合征 是一种特殊类型的胆囊结石，由于胆囊管与肝总管伴行过长或胆囊管与肝总管汇合位置过低，持续嵌顿于胆囊颈部的结石或较大的胆囊管结石压迫肝总管，引起肝总管狭窄。炎症反复发作导致胆囊肝总管瘘，胆囊管消失、结石部分或全部堵塞肝总管，引起反复发作的胆囊炎、胆管炎以及明显的梗阻性黄疸。胆道影像检查可见胆囊增大、肝总管扩张、胆总管正常。

2. 诊断

胆绞痛病史是诊断的重要依据，影像学检查可帮助确诊。首选超声检查，其诊断准确率接近 100%，其典型表现为强回声光团其后伴声影，可随体位改变而移动。约有 10%～15%的患者结石含钙量超过 10%，因此腹部 X 线也可显示，但要注意与右肾结石相鉴别。CT、MRI 也可显示胆囊结石，但一般不作为常规检查。

(二)护理要点

1. 术前护理

(1)缓解疼痛 评估疼痛的程度及与饮食、体位、睡眠的关系，观察疼痛的部位、性质、发作时间、诱因及缓解的相关因素，对诊断明确且剧烈疼痛者，遵医嘱应用抗炎利胆、解痉镇痛药物。

(2)合理饮食 进食低脂饮食，以防诱发急性胆囊炎影响手术治疗。

(3)皮肤准备 腹腔镜手术入路多在脐周，指导患者清洗脐部，脐部污垢可用松节油或液体石蜡清洁。

(4)呼吸道准备 患者术前应进行呼吸功能锻炼、避免感冒并戒烟等，以减少呼吸道分泌物潴留，利于术后康复。

2. 术后护理

(1)病情观察 观察生命体征、腹部体征，了解有无腹痛、腹胀及腹膜刺激征等。妥善固定引流管，观察并记录引流液的颜色、性状和量。

(2)体位与活动 清醒且血压稳定者，改为半卧位。指导患者有节律地深呼吸，达到放松和减轻疼痛的效果，鼓励并指导患者早期下床活动。

(3)饮食护理 腹腔镜术后禁食 6 h，术后 24 h 内饮食以无脂流质、半流质为主，逐渐过渡至低脂饮食。

(4)疼痛护理 评估并进行个体化疼痛管理，遵医嘱使用镇痛药物。

(5)伤口护理 保持伤口敷料清洁干燥，根据渗液、渗血等情况换药。

(6)并发症的护理 如出血、胆漏、CO_2气腹相关并发症。

第四节 胸腹部疼痛的管理

一、胸 痛

(一)胸部疼痛的评估

1. 健康史

了解患者年龄、职业，胸痛发病的诱因和具体情况，如剧烈运动、情绪激动或饮食后出现，是否伴有眩晕、头痛、视物模糊、耳鸣、心悸或晕厥等症状，既往疾病、用药史、既往胸痛史以及采取的治疗措施。

2. 身体状况评估

评估生命体征，判断危险性和潜在风险，决定是否抢救。若生命体征异常（如神志模糊、面色苍白、大汗、四肢厥冷、低血压、呼吸急促、低氧血症）者为高危，需紧急处理并明确病因。生命体征稳定者，评估以下方面：

1）观察患者面容、呼吸状态、体位和动作。

2）疼痛评估：评估胸痛的性质（如刺痛、钝痛、压迫感等）、部位、严重程度、持续时间、诱发因素和缓解方式，放射或涉及其他部位、伴随症状。意识清楚、能自主交流的患者，建议首选数字分级评分法（numerical rating scale，NRS）评估。意识障碍、认知障碍等不能完成疼痛自我报告者，建议选择面部表情量表、重症监护疼痛观察工具（Critical Care Pain Observation Tool，CPOT）、晚期痴呆疼痛评估量表（Pain Assessment in Advanced Dementia，PAINAD）。

3）观察胸部外形、对称性、呼吸运动是否均匀、检查胸壁有无压痛、肿块、皮下气肿等，听诊心脏包括心率、心律、心音的强弱和有无杂音。

4）检查颈部血管、腹部、四肢等，以排除其他可能导致胸痛的疾病。

3. 辅助检查

实验室检查如心肌损伤标志物、D-二聚体等，无创辅助检查如心电图、超声心动图、心脏负荷试验、胸片以及计算机断层扫描摄影术（CT）和磁共振成像（MRI）等。

4. 心理-社会支持状况

观察患者情绪状态，评估焦虑、抑郁、恐惧、紧张等。评估生活质量，包括日常活动影响和睡眠状况。检查认知功能，包括注意力、记忆力、思维和判断力。近期生活事件、工作压力或家庭问题等心理应激源。评估社会支持如家庭态度、支持程度和社会交往。考察经济状况，包括收入、医疗费用和工作经济影响。了解居住环境、生活习惯、工作环境和休闲活动。

（二）胸部疼痛的辨证及诊断（略，详见第一、二节）

1. 中医辨证

寒凝血瘀证胸痛、痰浊闭阻证胸痛、肺痈胸痛、肺痨胸痛。

2. 诊断

心绞痛、肺血栓栓塞症、主动脉夹层、胸腔积液或气胸、肋软骨炎、肋间神经炎。

（三）胸部疼痛的管理

1. 胸部疼痛的护理问题

（1）**疼痛** 与胸部组织损伤、炎症或压迫有关。

（2）**活动无耐力** 与疼痛导致的限制性呼吸困难或心脏功能障碍有关。

（3）**气体交换障碍** 与疼痛导致的呼吸模式改变有关。

（4）**恐惧** 与剧烈疼痛伴濒死感有关。

（5）**知识缺乏** 缺乏关于疼痛的原因、治疗和预防相关知识。

（6）**潜在并发症** 心律失常、心源性休克、心力衰竭、猝死等。

2. 胸部疼痛管理的目标

减轻或控制患者的疼痛，提高整体舒适度，提高患者体力活动和耐力，减轻焦虑情绪，维持有效的气体交换，增强患者疾病相关知识、自我管理和预防疾病的能力。

3. 胸部疼痛管理的计划

包括疼痛评估与监测、药物治疗、非药物治疗、活动与锻炼、心理支持、健康教育、营养支持、监测潜在并发症和随访管理等。旨在减轻患者痛苦，提高生活质量。计划应根据患者具体情况个性化制定，及时反馈与调整。

4. 胸部疼痛管理的方法

（1）**心理治疗** 通过认知行为疗法（CBT）来识别和改变负面思维模式，放松技巧如深呼吸、冥想、渐进性肌肉放松、正念干预以及虚拟显示疗法。心理教育提供疼痛管理、疾病知识和应对策略的教育。正念冥想教授患者提高对疼痛的感知和控制能力。情绪释放疗法帮助患者识别和表达与疼痛相关的情绪。支持小组提供情感支持和同伴经验分享。压力管理教授时间管理、问题解决和应对策略。放松训练如瑜伽、太极或音乐疗法减少肌肉紧张。

（2）**胸部疼痛的药物护理** 根据疼痛的性质和程度，轻至中度疼痛推荐非甾体抗炎药（NSAIDs），阿片类药物用于中至重度疼痛，首先考虑静脉给药途径。也可使用局部麻醉药、抗抑郁、肌肉松弛剂、抗焦虑、抗心绞痛、抗心律失常、抗血小板和抗凝血、激素类等药物。药物的选择和应用需根据患者的具体情况定制，以确保用药疗效与安全。同时监测患者的药物反应，药物或非药物干预后每 15 min 评估 1 次，根据需要调整治疗方案，直至疼痛缓解或消失。患者应遵医嘱按时按量服用药物，出现任何不良反应或药物反应时及时告知。

（3）现代医学技术在胸部疼痛的运用 冠状动脉疾病，经皮冠状动脉介入治疗（PCI）和冠状动脉搭桥手术（CABG）可以恢复心脏血液供应，减轻胸痛。经皮神经阻滞和胸椎旁神经阻滞等技术可以有效缓解疼痛。在心脏手术中，瓣膜置换和冠状动脉搭桥等手术可以治疗心脏病引起的胸痛。肺部手术，如肺叶切除术和胸腔镜手术，可以治疗肺部疾病引起的胸痛。放射治疗可用于治疗某些类型的胸壁或肺部肿瘤。物理治疗，如运动疗法、按摩、热敷等，有助于减轻疼痛和促进康复。疼痛管理技术，如神经阻滞和经皮电神经刺激（TENS），通过阻断疼痛信号或使用低强度电流刺激皮肤来缓解疼痛。远程监测技术，如可穿戴设备或植入式监测器，可以远程监测心脏功能和疼痛状况。

（4）中医技术在胸部疼痛的运用 中医技术在胸部疼痛的治疗中注重个体化治疗，通常与西医治疗相结合，以达到最佳的治疗效果。包括耳穴压豆技术、穴位贴敷、穴位按摩、针灸、中药离子导入、中药外敷以及情志调理等技术。

（四）胸部疼痛的健康教育

（1）疼痛病因 解释胸部疼痛可能的原因，强调识别疼痛性质（如尖锐、钝痛、压迫感等）和持续时间对于诊断的重要性。

（2）预防措施 教育患者保持健康的生活方式，如戒烟、限制饮酒、保持适当的体重、定期锻炼、充足的睡眠、减少压力和良好的饮食习惯等。鼓励患者了解并管理可能导致胸部疼痛的风险因素，如高血压、高胆固醇、糖尿病和家族病史。

（3）症状监测 教育患者识别疼痛加剧的迹象，如伴随症状（如呼吸困难、出汗、恶心等）或特定行为（如活动、情绪变化等），强调出现严重或持续性疼痛时及时就医的重要性。

（4）治疗方法 解释相关治疗方法，包括药物治疗、生活方式调整、手术治疗和心理治疗，强调遵医嘱和按计划治疗的重要性。

（5）自我管理 教授患者管理疼痛的方法，包括使用非药物方法（如深呼吸、热敷、冷敷等）和药物管理，鼓励患者参与疼痛管理计划，包括设定个人目标、记录疼痛变化情况和调整治疗策略。

（6）心理支持 强调心理因素在疼痛管理中的作用，并提供资源和支持，如心理治疗、支持小组和应对技巧。

二、腹　痛

（一）腹部疼痛的评估

1. 健康史

了解患者的年龄、职业，腹痛发病的诱因和具体情况、伴随症状，既往史、用药史、既往腹痛史以及采取的治疗措施。

2. 身体状况评估

评估腹痛性质、严重程度、部位、持续时间、伴随症状以及疼痛的诱发因素。优先使用 NRS 量表评估腹痛严重程度，对交流困难或不能正确使用 NRS 者可选择 Wong-Baker 面部表情量表。完成生命体征评估、体格检查、腹部触诊和听诊等。

3. 辅助检查

血液检查、尿液分析、影像学检查（如 X 线检查、CT 扫描或 MRI 检查）、内镜检查、超声检查等。

4. 心理-社会支持状况

患者是否存在焦虑、抑郁、恐惧或紧张等情绪表现，并评估其认知功能，包括注意力、记忆力、逻辑思维能力和判断力。患者是否有近期的生活事件、工作压力或家庭问题等心理应激源，以及患者面对腹痛和可能的疾病时所采取的应对策略。此外，评估患者的社会支持系统，包括家庭支持、朋友、同事和社会关系网络，以及腹痛对患者日常活动、睡眠质量和生活质量的影响。

（二）腹部疼痛的辨证及诊断（略，详见第一、三节）

1. 中医辨证

脾胃虚弱、肝气郁结、湿热蕴结、寒湿中阻、气滞血瘀、脾胃虚寒、肝胃不和。

2. 诊断

急性胰腺炎、胃和十二指肠溃疡病、原发性肝癌、胆囊结石。

（三）腹部疼痛的管理

1. 腹部疼痛的问题

（1）**疼痛** 与腹腔脏器或腹腔外脏器炎症、缺血、梗阻、溃疡或功能性疾病有关。

（2）**营养失调** 与食欲减退、恶心、呕吐或消化吸收障碍有关。

（3）**便秘** 与腹痛引起的活动量减少或使用止痛药物有关。

（4）**焦虑** 与剧烈腹痛、反复或持续腹痛不易缓解有关。

（5）**知识缺乏** 缺乏知晓腹痛的原因、预防措施和治疗相关知识。

（6）**潜在并发症** 出血、感染、消化道瘘、休克及 MODS 等。

2. 腹部疼痛管理的目标

确保患者疼痛减轻并有效使用疼痛管理策略，监测营养状况，确保患者摄入足够营养，体重维持或恢复。鼓励适量水分和膳食纤维摄入，减少便秘。提供心理支持，降低焦虑，增强患者自我管理和预防疾病能力。

3. 腹部疼痛管理的计划

腹部疼痛的管理计划包括疼痛评估与监测、药物治疗、非药物治疗、活动与锻炼、心理支持、健康教育、营养支持、监测潜在并发症和跟踪与随访。计划应根据患者具体情况个性化制定，并根据反馈和病情变化适时调整。

4. 腹部疼痛管理的方法

（1）**心理治疗** 认知行为疗法（CBT）旨在改变患者的负面思维模式，并教授患者放松技巧以缓解紧张情绪；心理教育则着重提高患者对疼痛管理、疾病相关知识及应对策略的理解；正念冥想通过增强对疼痛的感知和控制能力，帮助患者减少对疼痛的过度关注；情绪释放疗法鼓励患者识别和有效表达与疼痛相关的情绪；支持小组为患者提供情感上的支持和面对疼痛的信心；放松训练如瑜伽、太极或音乐疗法等能有效减少肌肉紧张，促进身心放松。

（2）**腹部疼痛的药物护理** 根据疼痛的原因、性质和程度、患者的健康状况以及药物的不良反应来选择最合适的药物和剂量。常见药物包括解痉镇痛药物、非甾体抗炎药（NSAIDs）、阿片类药物等。监测患者的药物反应，并根据需要调整治疗方案。患者应遵循医嘱，按时按量服用药物，并在出现任何不良反应或药物反应时及时告知。

（3）**现代医学技术在腹部疼痛的运用** 现代医学技术在腹部疼痛的治疗中提供了多种先进的诊断和治疗手段。这些技术包括腹腔镜手术，用于诊断和治疗多种腹部疾病，如胆囊结石、阑尾炎、胃肠道疾病等；腹腔内窥镜检查，用于直接观察腹腔内部情况，诊断和治疗腹腔内疾病；放射治疗，用于治疗某些类型的腹部肿瘤；介入放射学，包括血管造影、动脉瘤治疗、栓塞治疗等，用于治疗某些类型的腹部疾病；生物治疗，使用生物制剂，如生长因子、抗体等，用于治疗某些类型的腹部疾病；以及基因治疗，用于治疗某些遗传性腹部疾病。这些技术的运用使得腹部疼痛的治疗更加精准和个性化，提高了治疗效果和患者的生活质量。

（4）**中医技术在腹部疼痛的运用** 穴位贴敷是将中药粉末调成糊状敷于特定部位，以通经活络、活血化瘀。中药烫疗是通过热敷中药于病变处，发挥温经通络、散寒祛瘀功效。拔罐利用负压吸附于体表，达到通经活络、消肿止痛。艾灸是通过艾草燃烧刺激穴位，实现温经散寒、活络止痛。穴位按摩以中医理论为基础，刺激穴位以通经活络、调整机能。中药足浴则通过热力和药物渗透，调节脏腑器官功能，促进气血运行。

（四）腹部疼痛的健康教育

1. 疼痛的原因

解释腹痛可能的原因，识别疼痛的性质和持续时间对于诊断的重要性。

2. 预防措施

教育患者保持健康的生活方式，如充足的睡眠、戒烟、限制饮酒、保持适当的体重、定期锻炼和保持良好的饮食习惯。鼓励患者了解并管理可能导致腹部疼痛的风险因素。

3. 症状监测

教育患者识别疼痛加剧的迹象，如伴随症状（如恶心、呕吐、腹泻等）或特定行为（如活动、情绪变化等）加重时应及时就医。

4. 治疗方法

解释可能的治疗方法，包括药物治疗、生活方式调整、手术治疗和心理治疗。强调遵循医嘱和治疗计划的重要性，以及与医疗团队保持沟通的必要性。

5. 自我管理

教授患者如何管理疼痛，包括使用非药物方法和药物管理。鼓励患者参与疼痛管理计划，包括设定个人目标、跟踪疼痛进展和调整治疗策略。

6. 心理支持

强调心理因素在疼痛管理中的作用，并提供资源和支持，如心理治疗、支持小组和应激管理技巧。

第七章　腰部疼痛及下肢疼痛

学习目标

❖ 知识目标

1. 掌握：腰部及下肢疼痛常见病的临床表现，腰部及下肢疼痛常见病痛评估方法和相应的治护原则，对腰部及下肢常见疼痛疾病的健康教育。

2. 熟悉：现代医学对腰部及下肢常见疼痛疾病的概念和分类，现代医学对于腰部及下肢常见疼痛疾病的特点及病因，中医学对腰部及下肢常见疼痛疾病的病因病机认识，以及对非药物干预的潜在风险与注意事项。

3. 了解：中医学对腰部及下肢常见疼痛疾病的辨证方法，药物治疗对腰部及下肢常见疼痛疾病的不良反应与注意事项，腰腿痛的病理特点。

❖ 能力目标

能够准确采集腰部及下肢疼痛患者的病史资料，运用恰当的评估方法对病情进行评估，提出针对性的问题，并制定科学合理的中西医结合管理措施与健康指导计划，有效缓解患者疼痛、促进功能恢复及预防复发。

❖ 思政目标

介绍腰部及下肢疼痛管理的前沿知识，激发学生科研热情与创新思维，培养其探索精神。引导学生关爱患者，注重身心整体护理，强化以患者为中心的服务理念，提升职业素养与社会责任感。

腰部疼痛及下肢疼痛是临床常见的症状组合，涵盖了众多疾病引发的不适表现，包括腰部、腰骶部、臀部以及一侧或两侧下肢的疼痛，甚至可能涉及马尾神经受压症状。现代医学表明，其病因多与椎间盘退变突出、软组织慢性损伤、脊柱结构异常、创伤、炎症、肿瘤及先天性疾患等因素相关。而在中医学里，此类疼痛多被纳入 “腰痛”“痹证” 等范畴，主要源于肾精不足、外邪入侵、外伤、房事过度等致使经络阻滞、气血不畅。近年来，随着生活与工作方式的转变，腰部及下肢疼痛的患病率持续攀升，发病年龄呈年轻化趋势，给患者身心造成极大痛苦，严重干扰其日常活动与工作效能，已然成为不容忽视的公共健康问题。因此，深入探究其管理策略对提升患者生活品质有重要意义。

导入案例 7-1

患者，王某，男性，55 岁，有长期从事重体力劳动史。近 2 个月来，常感腰部酸痛，近 1 周疼痛加剧，并出现左下肢放射性疼痛，行走困难，需借助拐杖行走，且伴有腰部活动受限，不能长时间站立或弯腰。患者精神状态不佳，情绪较为低落，体型偏胖，舌紫暗，苔白腻，脉弦紧。西医查体：直腿抬高试验左侧阳性，加强试验阳性，L_4-L_5、L_5-S_1 棘间及椎旁压痛明显，腰椎生理曲度减小。既往有高血压病史 5 年，规律服用降压药物，血压控制平稳。

1. 该患者亟待解决的疼痛管理问题有哪些？
2. 请结合该患者的病情，制定一份以患者为中心的中西医疼痛管理方案。

第一节　中医对腰背部疼痛及下肢疼痛的认识

一、内 伤 腰 痛

1. 内伤腰痛的概述

内伤腰痛是临床常见的病症之一，主要源于肾精亏虚、外邪侵袭、腰部外伤、过度劳累、房事不节或气血瘀滞等因素，致使腰部经络不畅、气血失和而引发疼痛，常伴有腰部酸胀、活动受限等表现，部分患者可能出现下肢牵涉痛或麻木症状。在各年龄段均有发病，尤其在中老年人及长期从事重体力劳动或腰部劳损人群中较为常见，在中医理论中属 "腰痛""痹证" 等范畴。

2. 内伤腰痛的病因病机

（1）肾精不足　内伤腰痛多由肾精不足引起，导致腰部缺乏濡养和温煦。肾精不足时，若表现为阴虚，则腰部缺乏濡养；若表现为阳虚，则腰部缺乏温煦，从而引起腰痛。

（2）外邪影响　外界的风、寒、湿、热等邪气侵入人体，阻塞经络，影响气血流动，导致腰痛。寒邪使气血凝滞，湿邪黏滞沉重，热邪与湿邪胶结，流注腰部导致经络不畅。

（3）外伤及气血不畅　因跌倒、撞击、不当用力、跌仆、挫伤、扭伤等情况，致使腰部气血运行受阻，形成气滞血瘀，经络阻塞，进而引发腰痛。

（4）房事过度　长期劳累、年老体衰或频繁的房事会导致肾精亏损，使腰部失去濡养。

3. 内伤腰痛的辨证论治

（1）辨证要点

1）证候：起病缓、病程长，腰部隐痛、酸软，劳累或房事后加重，休息减轻，伴头晕、耳鸣、神疲等。偏阳虚有畏寒肢冷、面色苍白；偏阴虚见五心烦热、咽干口燥。实证是起病急，疼痛剧烈、拒按，或刺痛固定，或重着冷痛，与气候变化关联不显。脾虚：兼见食欲不振、腹胀便溏、神疲乏力，因脾失健运，气血生化不足，不能濡养腰部。伴胁肋胀痛、情志抑郁，因肝主疏泄，调畅气机，肝虚气滞，影响腰部气血运行。

2）病史：有腰部受邪、外伤或劳损的病史。

3）检查：实验室或影像学检查有助于诊断，如风湿性腰痛实验室检查显示出现特定的炎症指标异常，腰肌劳损影像学检查显示腰部肌肉、筋膜等结构改变。

（2）辨证论治

1）肾阴虚型

证候表现　腰部隐隐作痛，酸软无力，心烦少寐，口燥咽干，面色潮红，手足心热。舌红少苔，脉弦细数。

护治法则　滋补肾阴，濡养筋脉。

治疗代表方　左归丸加减。若阴虚火旺，出现潮热、盗汗，加知母、黄柏清热降火；若腰痛日久不愈，可加桑寄生、续断、杜仲等强腰健肾。

2）肾阳虚型

证候表现　腰部冷痛，缠绵不愈，局部发凉，喜温喜按，遇劳更甚，卧则减轻，常反复发作，少腹拘急，面色皖白，肢冷畏寒，舌淡，脉沉细无力。

护治法则　补肾壮阳，温煦经脉。

治疗代表方　右归丸加减。若腰部冷痛明显，可加制川乌、细辛温经散寒止痛；若兼下肢水肿，可加茯苓、泽泻、车前子利水消肿。

3）脾肾两虚型

证候表现　腰部酸痛，腿膝无力，食少腹胀，便溏，神疲乏力，或面浮肢肿。舌淡胖，苔薄白，

脉沉细弱。

护治法则　补肾健脾。

治疗代表方　无比山药丸加减。若脾虚气陷，脱肛或子宫脱垂，加黄芪、升麻、柴胡升举阳气；若腹泻较甚，加肉豆蔻、补骨脂温肾止泻。

4）气滞腰痛

证候表现　腰痛牵及胁腹，腹胀叹息，疼痛部位不定。

护治法则　疏肝理气。

治疗代表方　逍遥散加减。

二、急性腰扭伤

1. 急性腰扭伤的概述

急性腰扭伤属中医“腰痛”“筋伤”范畴，指腰部肌肉、筋膜、韧带等软组织因突然遭受牵拉、扭转等暴力引起的损伤。

2. 急性腰扭伤的病因病机

致使肌肉挫伤，血脉破损，筋膜损伤，引起瘀血肿胀、疼痛、活动受限等严重者还可合并肾脏损伤，间接暴力使肢体和关节突然发生超出正常生理范围的活动，外力远离损伤部位，发病却在关节周围，其关节及关节周围的筋膜、肌肉、肌腱、韧带、软骨板等过度扭曲、牵拉而引起损伤（图 7-1）。

图 7-1　搬运重物的姿势与腰扭伤的关系

3. 急性腰扭伤的辨证论治

（1）辨证要点　依据疼痛部位判断涉及经络。如疼痛在脊柱正中，多属督脉损伤；在脊柱两侧膀胱经循行部位，常为足太阳膀胱经受损；若疼痛连及少腹、腹股沟，可能与足厥阴肝经有关；腰部刺痛，痛点固定，局部有青紫瘀斑，多为瘀血阻滞，属血分；腰部胀痛，痛无定处，且与情志相关，多为气滞，在气分。常气血同病，需辨清主次；急性腰扭伤多实证，因外力致气滞血瘀、经络不通。但年老体弱或反复扭伤者，可虚实夹杂，既有新伤气滞血瘀，又有正气亏虚，辨证时需兼顾。

（2）辨证施治

1）气滞血瘀型

证候表现　腰部突发剧痛，痛处固定，活动受限，常伴胸闷腹胀，舌质紫暗或有瘀斑，脉弦涩。

护治法则　活血化瘀，行气止痛。

治疗代表方　身痛逐瘀汤加减。疼痛剧烈可加三七粉冲服；肿胀明显加泽兰、泽泻利水消肿。

2）痰湿阻络型

证候表现　腰部刺痛，压痛明显，局部可见肿胀或瘀斑，屈伸旋转困难。

护治法则　通络止痛，消肿散瘀。

治疗代表方　舒筋活血汤加减。瘀血严重加丹参、赤芍；疼痛难忍加制乳香、制没药。

三、腰肌劳损

1. 腰肌劳损的概述

长期弯腰劳作、腰部持续负重，使腰部肌肉劳损，气血运行受阻，气滞血瘀。久病体虚或年老肾气亏虚，腰府失养，不荣则痛。外邪侵袭，如寒湿之邪，痹阻经络，也会引发疼痛。腰肌劳损属中医“腰痛”范畴。

2. 腰肌劳损的病因病机

引起腰肌劳损的病因较多，而主要原因是劳逸过度的积累性损伤，其次是急性外伤迁延、风寒湿邪侵袭和先天性畸形等。积累性损伤，多由于腰部肌肉疲劳过度，如长时间的弯腰工作，或由于习惯性姿势不良，或由于长时间处于某一固定体位，致使肌肉、筋膜及韧带持续牵拉，肌肉内的压力增加，血供受阻，肌纤维在收缩时消耗的能量得不到补充，产生大量乳酸，加之代谢产物得不到及时清除，积聚过多，而引起炎症、粘连。如此反复，日久即可导致组织变性，增厚及挛缩，并刺激相应的神经而引起慢性腰痛。急性损伤之后失治或误治，或反复多次损伤，致使受伤的腰肌筋膜不能完全修复，因慢性无菌性炎症反应，受损的肌纤维变性或瘢痕化，可刺激或压迫神经末梢而引起慢性腰痛。风寒湿邪侵袭可妨碍局部气血运行，促使和加速腰骶部肌肉、筋膜和韧带紧张痉挛而变性，从而引起慢性腰痛。

（1）急性腰肌损伤　局部的肌肉、筋膜、韧带、关节囊等组织会发生渗出与肿胀的情况，促使组织痉挛、缺血、水肿以及无菌性炎症细胞浸润等问题出现，从而导致疼痛产生。倘若不能获得及时有效的治疗，又或者治疗手段有误，便可能造成瘢痕组织形成、肌纤维变性以及局部粘连等现象，这些情况会对末梢神经产生刺激，最终导致腰痛症状的出现。

（2）慢性积累性损伤　腰部在人体维持平衡以及开展各类动作与活动时，扮演着关键枢纽角色。其中，肌肉与韧带是受力较大且频繁承受牵拉的组织。长期从事劳作，会引发微小的纤维损伤、出血以及渗出情形，由此造成粘连并留下瘢痕。而且，腰背肌肉若长时间处于牵伸状态，容易出现疲劳性损伤，久而久之，便易形成慢性劳损。在天气寒冷且潮湿时，症状会趋于加重。

（3）脊柱外伤　脊柱遭遇外伤后，通常会伴有韧带受损以及脊柱稳定性被破坏的状况。如此一来，脊柱的内在平衡体系便会受到波及，进而致使外源性平衡体系失调，还会造成结构方面的错乱，这是诱发腰肌劳损的一项关键因素。

（4）局部结构缺陷　像隐性脊柱裂这类先天性畸形，小儿麻痹症遗留的下肢畸形，腰骶角异常等情况，会致使腰椎姿势处于不平衡状态，从而引发腰肌劳损等病症。

（5）风寒湿痹阻　寒邪具备收引之性，湿邪则较为黏滞。当风寒湿邪侵犯人体时，会造成局部气血经络阻塞不畅，使得气血运行受到阻碍。依据“不通则痛”的原理，便引发了该病症。在中医的领域里，腰肌劳损被划分至肾虚腰痛或者风湿痹证的范畴之中。

3. 腰肌劳损的辨证论治

（1）辨证要点　多由长期劳损，气血瘀滞所致。起病急骤，疼痛部位固定，刺痛拒按，劳累或久坐久站后加重，局部肌肉紧张，或有条索状硬结。常因先天不足、年老体弱或久病耗损引起。发病缓，腰部酸痛绵绵，时轻时重，喜揉喜按，劳累后加剧，休息后减轻，伴有腰膝酸软、神疲乏力等。有长期腰部劳作史，疼痛部位多在腰骶部肌肉附着点，压痛明显，舌质紫暗或有瘀斑，脉涩。

（2）辨证论治

1）寒湿痹阻型

证候表现　腰部冷痛重着，转侧不利，静卧病痛不减，受寒及阴雨加重，肢体发凉，舌淡、苔白腻，脉沉紧或迟缓。

护治法则　散寒行湿，温经通络。

治疗代表方　甘姜苓术汤加味。可酌加独活、桑寄生、杜仲增强祛湿通络、强腰止痛之效。

2）湿热蕴结型

证候表现　腰部疼痛，重着而热，暑湿阴雨天加重，活动后减轻，身体困重，小便短赤，苔黄腻，脉濡数或弦数。

护治法则　清热利湿，舒筋止痛。

治疗代表方　四妙丸加减。若热象明显，可加栀子、泽泻清热利湿。

3）气滞血瘀型

证候表现　腰痛如刺，痛有定处，痛处拒按，日轻夜重，轻者俯仰不便，重者不能转侧，舌质紫暗，或有瘀斑，脉涩。

护治法则　活血化瘀，通络止痛。

治疗代表方　身痛逐瘀汤加减。若疼痛剧烈，可加乳香、没药增强化瘀止痛之力。

4）肾气亏虚型

证候表现　腰部隐痛，酸软无力，缠绵不愈。偏阳虚者，喜温喜按，形寒肢冷，面色㿠白；偏阴虚者，心烦失眠，口燥咽干，面色潮红，手足心热。舌淡、苔白，或舌红、少苔脉沉细或细数。

护治法则　补肾壮腰，通络止痛。偏阳虚者，温补肾阳；偏阴虚者，滋补肾阴。

治疗代表方　阳虚用右归丸，阴虚用左归丸。偏阳虚者，可加巴戟天、仙灵脾温肾助阳；偏阴虚者，加龟甲、鳖甲滋阴潜阳。

四、腰椎间盘突出症

1. 腰椎间盘突出症的概述

腰椎间盘退变与肾精亏虚紧密相连，年老体弱，肾精渐亏，骨髓生化无源，椎间盘失于濡养，致其弹性和韧性降低，易发生退变突出。先天禀赋不足，腰部骨骼与软组织发育薄弱，也增加患病风险。无论因何致腰椎间盘突出，都会压迫周围经络与神经，阻碍气血流通。或因气滞血瘀，或因寒湿痹阻，或因湿热蕴结，使经络不通，引发疼痛、麻木、肢体活动受限等症状。久病还可致肝肾亏虚、气血不足，出现腰膝酸软、下肢无力等表现。腰椎间盘突出症在中医里归属于“腰痛”“痹证”“痿证”等范畴。

2. 腰椎间盘突出症的病因病机

其病证具有本虚标实的临床特点。引发腰痛的因素包括风、寒、湿、热、闪挫、瘀血、气滞、痰饮等，根本原因在于肾虚。痹是因气血闭塞不通导致的肢体疼痛，骨节错乱、风寒湿邪外袭、气血虚弱、运化乏力均是其成因。所以，本病的病因病机是肝肾不足，筋骨不健，又遭遇扭挫，或者感受风寒湿邪，导致经络痹阻，气滞血瘀，不通则痛。若病程迁延日久，那么气血会更加亏虚，瘀滞凝结，从而致使病症缠绵难愈。

椎间盘作为连接各椎体的重要结构（图 7-2）以及脊柱活动的关键部位，处于相邻两椎体之间，依据病理与影像特征，本病可分为膨出型、突出型、脱出型、游离型。

3. 腰椎间盘突出症的辨证论治

（1）辨证要点　居处潮湿或冒雨涉水后发病。若为寒湿，腰部冷痛重着，遇寒加剧，得温痛减，舌淡苔白腻，脉沉紧；属湿热者，腰部疼痛且热，遇热或暑湿天气加重，舌红、苔黄腻，脉濡数。起病急，疼痛剧烈，拒按，多因瘀血、寒湿、湿热阻滞经络。如外伤后瘀血内阻，腰部刺痛；寒湿痹阻，冷痛重着。发病缓，病程长，腰部隐痛、酸软，喜揉喜按，伴腰膝酸软、神疲乏力等，多为肝肾亏虚。偏阳虚，畏寒肢冷；偏阴虚，五心烦热。

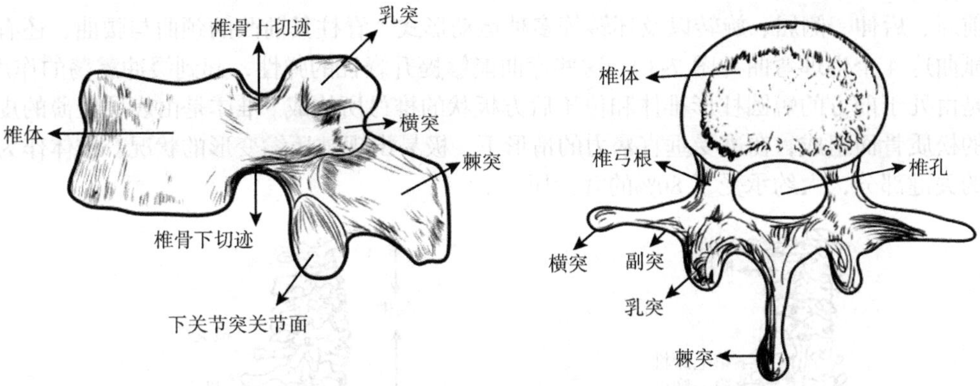

图 7-2　典型的腰椎椎骨

（2）辨证论治

1）血瘀气滞型

证候表现　腰腿痛剧烈，痛有定处，刺痛，腰部僵硬，活动受限，舌质紫暗，有瘀斑，脉弦涩。

护治法则　活血化瘀，行气止痛。

治疗代表方　身痛逐瘀汤加减。可加独活、牛膝，增强通络止痛、引药下行之力。

2）寒湿痹阻型

证候表现　腰腿冷痛重着，转侧不利，静卧不减，受寒及阴雨加重，肢体发凉，舌质淡、苔白或腻，脉沉紧或濡缓。

护治法则　散寒除湿，温经通络。

治疗代表方　独活寄生汤加减。冷痛明显，可加制川乌、干姜，增强散寒止痛功效。

3）湿热痹阻型

证候表现　腰部疼痛，腿软无力，痛处有热感，遇热或雨天加重，活动后减轻，小便短赤，苔黄腻，脉濡数或弦数。

护治法则　清热利湿，舒筋止痛。

治疗代表方　四妙丸加减。若疼痛严重，加忍冬藤、络石藤，清热通络止痛。

4）肝肾亏虚型

证候表现　腰酸痛，腿膝乏力，劳累加剧，卧则减轻。偏阳虚者，面色苍白，手足不温，少气懒言；偏阴虚者，咽干口燥，面色潮红。偏阳虚者，舌淡、苔白，脉沉细；偏阴虚舌红少苔，脉弦细数。

护治法则　偏阳虚补肾壮阳，偏阴虚滋补肝肾。

治疗代表方　偏阳虚用右归丸，偏阴虚用左归丸。偏阳虚可加杜仲、续断，加强补肾壮腰；偏阴虚加龟甲、鳖甲，滋阴潜阳。

第二节　现代医学对腰背部疼痛及下肢疼痛的认识

一、腰腿痛解剖生理概要

1. 脊柱腰段生理性弯曲

椎骨、骶骨以及尾骨凭借骨连接而构成脊柱，其具备支撑躯干与护卫脊髓的功能效用。脊柱于相邻的两块椎骨之间所能够实现的活动范围较小，然而就整个脊柱而言，其活动范围相对较大，能够实施前屈、后伸、侧屈、旋转以及环转等多种运动形式。脊柱具前凸的颈曲与腰曲，还有后凸的胸曲和骶曲这 4 个生理弯曲（图 7-3），这些弯曲能够提升脊柱的弹性，起到缓冲震荡的作用。胸、腰椎均是由处于前方的短圆柱形椎体和位于后方板状的椎弓所构成。椎体是由表层较薄的皮质骨包裹内部的松质骨而组成，在遭受垂直暴力的情形下，极易出现被压缩变形的状况。椎体作为椎骨承载重量的关键部分，大约承受了 80%的载荷压力。

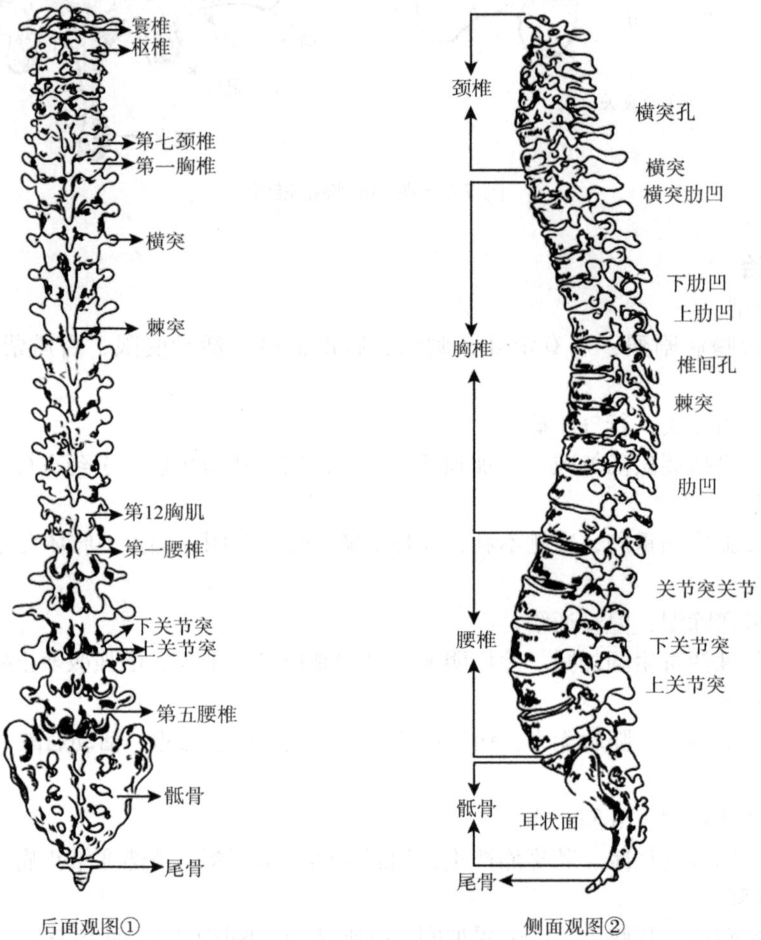

图 7-3 脊柱的构成与侧、后面观

2. 脊柱结构

椎骨、骶骨与尾骨通过骨连接构成脊柱，其在人体中承担着支撑躯干以及保护脊髓的重要使命。尽管脊柱在相邻的两块椎骨之间的运动幅度相对受限，然而就整个脊柱而言，它具备较为宽泛的活动区间，能够完成诸如前屈、后伸、侧屈、旋转以及环转等多样的运动形式。脊柱存有呈现前凸状态的颈曲与腰曲，以及呈现后凸状态的胸曲与骶曲这四个生理弯曲，这些弯曲能够有效地增强脊柱的弹性，起到缓冲震荡的积极作用。

胚胎发育至 4 个月时，脊柱的生长速度就开始超过脊髓。这使得成人阶段脊髓和脊柱的长度不一致，脊柱节段和脊髓节段也不是精确匹配的。在成年人中，通常采用这样的对应关系：上颈髓节段（C_1～C_4）基本上和同序数的椎骨相对应；下颈髓节段（C_5～C_8）以及上胸髓节段（T_1～T_4），它们在水平位置上，和同序数椎骨上方的第 1 节椎体相对；中胸部的脊髓节段（T_5～T_8）大概在水平方向上，与同序数椎骨上方的第 2 节椎体相对；下胸部的脊髓节段（T_9～T_{12}）约与同序数椎骨上方的第 3 节椎体呈水平对应；腰髓节段在水平位置上，和第 10～12 胸椎相对；骶、尾髓节段大致和第 1 腰椎处于同一水平位置。

3. 椎间盘构造

椎间盘作为连接各个椎体的核心结构，同时也是脊柱开展活动的关键枢纽，其所处位置在相邻的两个椎体之间，由纤维环、髓核以及软骨板这三个部分组合而成，具备承载负荷、适应活动以及稳定脊柱的功能特性。椎间盘退变乃是引发相关病症的基础要素。

4. 脊柱生物力学之椎间盘压力测定情形

（1）椎间盘压力测定的目标意图 旨在测定腰椎间盘突出病变部位以及髓核所承受的压力，进而深入探究破碎型与退变型腰椎间盘突出症在病理以及病理生理学方面的差异特征。

（2）椎间盘的生物力学特质表现 椎间盘由外部的纤维环和内部的髓核以及上下的软骨终板所构成，是脊柱功能单位的负载活动核心所在。正常状态下，椎间盘的最大应力集中于髓核区域，尤其以后侧更为显著，纤维环的应力同样集中于后侧，并朝着后外侧方向传导。

椎间盘展现出独特的黏弹性与蠕变现象，能够有效地分散并吸收脊柱所承担的生理负荷，赋予脊柱相应的刚性与韧性。

（3）生物力学对椎间盘营养状况的影响作用 发育成熟的椎间盘属于人体中最大的无血管组织，其主要依靠纤维环和终板这 2 条途径来获取营养供给，其中终板途径是最为关键的营养获取渠道。压力负荷能够直接对小分子营养物质进出椎间盘产生影响，这一影响既与压力负荷的大小紧密相关，又与压力负荷的持续时间密切相连。

二、病因及分类

1. 病因

腰腿痛是临床中较为常见的一组症状，主要是指腰、腰骶、骶髂、臀部等部位出现疼痛，并且可能伴有一侧或者两侧下肢疼痛、马尾神经受压的症状。除了像椎间盘突出症、腰椎管狭窄症这类致痛原因明确的疾病之外，肌肉、韧带等软组织的慢性损伤也是引发该症状的主要因素。鉴于腰腿痛临床症状多样、病程较长且治疗难度较大，所以研究其病因对于预防工作具有重要的临床价值。腰腿痛只是一组临床症状，治疗重点在于明确致痛原因并做好鉴别诊断，同时也应关注患者心理因素的影响。

腰腿痛的病因繁多，创伤、炎症、肿瘤和先天性疾患这四大基本病因都包含在内。躯干的稳定性主要依靠脊柱来维持，当辅助脊柱骨性结构稳定的软组织受损时，脊柱会失去稳定性，长时间后会出现代偿性肥大、增生和退变的情况。腰部肌肉组织长期处于紧张状态会使小血管受压，导致氧气供应不足，代谢产物堆积，刺激局部形成损伤性炎症，部分患者会出现非特异性腰背痛。

2. 分类

腰背痛（low back pain，LBP）是一种常见病症，对患者的生活质量有严重影响，可能导致运动功能障碍，甚至丧失生活自理能力。在临床上，将那些病因不明，由除脊柱特异性疾病及神经根性疼痛以外的其他原因引起的、位于肋缘以下、臀横纹以上以及两侧腋中线之间区域内的疼痛与不适，伴或不伴有大腿牵涉痛的腰背痛，定义为非特异性腰背痛。根据病程长短，非特异性腰背痛又分为急性非特异性腰背痛和慢性非特异性腰背痛。

（1）急性非特异性腰背痛的药物治疗策略 急性非特异性腰背痛是指病程小于 6 周的非特异性腰背痛，通常具有自限性，大约 90%的患者在 6 周内病情可好转，2%～7%的患者会发展为慢性非特异性腰背痛。

急性非特异性腰背痛的临床表现多样，起病急骤，多数伴有机械性外力损伤，例如搬提重物、扭转腰部等情况；疼痛程度大多比较剧烈，可能伴有局限性或者弥漫性压痛；腰椎活动多可引发腰背痛，伴或不伴有下肢放射性疼痛；多数患者会有腰部僵硬感、活动受限或者协调能力下降的情况。

药物使用情况如下：

布洛芬：每次 400～600 mg，口服，每日 2 次或 3 次，最大日剂量 3600 mg；双氯芬酸：每次 25～50 mg，口服，每日 2 次或 3 次，最大日剂量 150 mg；美洛昔康：每次 7.5～15 mg，口服，每日 1 次，最大日剂量 15 mg；塞来昔布：每次 100～200 mg，口服，每日 1 次或 2 次，最大日剂量 400 mg；依托考昔：每次 30～120 mg，口服，每日 1 次，最大日剂量 120 mg。

肌肉松弛药：苯二氮䓬类药物地西泮：每晚 5～10 mg；非苯二氮䓬类药物乙哌立松：每次 50 mg，口服，每日 3 次；巴氯芬：每次 10～25 mg，口服，每日 3 次。

（2）**慢性非特异性腰背痛的药物治疗策略** 慢性非特异性腰背痛是指病因不明、病程持续 12 周以上，由除脊柱特异性疾病及神经根性疼痛以外的原因引起的、位于肋缘以下、臀横纹以上以及两侧腋中线之间区域内的疼痛与不适，伴或不伴有大腿牵涉痛。慢性非特异性腰背痛主要表现为腰背部、腰骶部疼痛，多数患者同时会伴有腰部无力、僵硬感、活动受限或者协调性下降的情况，严重者可出现睡眠障碍。弯腰、久坐、久站后疼痛会加重，卧床休息可缓解。慢性非特异性腰背痛的治疗包括非药物治疗和药物治疗。非药物治疗方法有物理/康复治疗和认知行为疗法等。

药物使用情况如下：

布洛芬：每次 400～600 mg，口服，每日 2 次或 3 次，最大日剂量 3600 mg；双氯芬酸：每次 25～50 mg，口服，每日 2 次或 3 次，最大日剂量 150 mg；美洛昔康：每次 7.5～15 mg，口服，每日 1 次，最大日剂量 15 mg；塞来昔布：每次 100～200 mg，口服，每日 1 次或 2 次，最大日剂量 400 mg；依托考昔：每次 30～120 mg，口服，每日 1 次，最大日剂量 120 mg。

肌肉松弛药：非苯二氮䓬类药物乙哌立松：每次 50 mg，口服，每日 3 次；巴氯芬：每次 10～25 mg，口服，每日 3 次；苯二氮䓬类药物地西泮：每次 5～10 mg，口服，每晚 1 次、2 次或 3 次。

中枢性镇痛药：曲马多，初始剂量每次 50 mg，口服/肌肉注射/静脉注射，每日 1 次、2 次或 3 次，最大日剂量 400 mg；阿片类药如吗啡、羟考酮、氢化吗啡酮、芬太尼等。

抗抑郁药：阿米替林，初始剂量每次 10～25 mg，口服，每日 1 次、2 次或 3 次，最大日剂量 150 mg。

三、疼痛的性质及压痛点

1. 局部疼痛

这种疼痛是由病变本身或者继发性肌痉挛导致的。疼痛部位比较局限，多数有固定的、明显的压痛点，使用麻醉剂进行局部封闭治疗后，疼痛能够在短期内快速消失。

2. 牵涉痛

又称反射痛。当腰骶椎、腹膜或是盆腔脏器发生病变时，刺激会传至脊神经后根、脊髓丘脑束以及对应的一二级神经元，致使同一节段的神经元处于兴奋状态，进而在相应皮肤支配区域产生感觉异常现象。这类疼痛的位置较为模糊，一般缺乏神经损害的客观体征，不过有可能出现肌痉挛情况。

3. 放射痛

这是神经根受到损害后的典型表现。疼痛沿着受损神经向末梢放射，具有较典型的感觉、运动、反射损害的定位体征。

4. 压痛点

患者取俯卧位肌肉放松时，比较容易确定压痛点。表浅组织疾病的压痛点通常有特定的部位，例如棘上或棘间韧带劳损，压痛点在该棘突表面或者两个相邻棘突之间；第 3 腰椎横突综合征的压痛点在横突尖端；臀肌筋膜炎时，压痛点大多在髂嵴内下方；臀上皮神经炎的压痛点在髂嵴外 1/3；腰肌劳损的压痛点在腰段骶棘肌中外侧缘；腰骶韧带劳损的压痛点在腰骶椎与髂后上棘之间等。对于深部结构病变（小关节、椎体、椎间盘等），仅在该结构的体表位置有深压痛或者叩痛，不如软组织病变时那么明确。

第三节　急性腰扭伤

一、概　　述

1. 定义

急性腰扭伤（acute sprain of lumbar part）指的是腰部肌肉、筋膜、韧带以及关节突关节发生的急性损伤，多由突然到间接外力引发。俗称闪腰、岔气，在青壮年以及体力劳动者群体中较为多发。倘若急性腰扭伤没能得到及时处理或者治疗方式不当，那么症状就可能长期持续，进而演变成慢性腰痛。

2. 病因分析

急性腰扭伤的发病机制，要么是在弯腰转身时突然出现扭闪情况，要么是体位姿势存在不当，要么是弯腰提取重物时用力过猛，这些因素致使腰部肌肉产生强烈收缩，进而引起腰部肌肉、韧带、筋膜或者脊柱小关节被过度牵拉或扭转，甚至出现撕裂以及关节错缝现象。当脊柱处于屈曲状态时，其两旁的竖脊肌会收缩，以此来抵抗体重并维持躯干的位置，若此时负重过大，竖脊肌和腰背筋膜的附着部位就容易发生撕裂伤；而当脊柱完全屈曲时，主要依靠韧带限制椎骨间的过度活动来维持躯干位置，此时韧带处于高度紧张但肌肉收缩力量不足的状态，一旦负重过度，韧带就容易被牵拉受伤，严重时还会发生断裂。下腰椎关节突关节面处于冠状面与矢状面的斜向位置，关节囊比较松弛，当腰部活动范围过大且速度过快时，椎间小关节会遭受过度牵拉、扭转，使得间隙扩大，关节内负压升高，关节滑膜被吸入。在这种情况下，如果脊椎突然向后伸展，滑膜可能来不及退出就会被夹在关节面之间，从而造成小关节滑膜嵌顿或者关节突关节错位，引发腰部剧烈疼痛以及活动功能障碍。

二、临床表现情况

1. 腰痛表现

患者有着明确的外伤经历，受伤后腰部疼痛程度剧烈，部分患者受伤时腰部会有电击般的感觉、组织撕裂感或者发出响声；在检查时能够发现腰部肌肉处于紧张状态，大多数患者都存在明显且固定的压痛点，严重的患者甚至会出现腰椎生理弯曲消失或者功能性侧弯的情况。X 线片能够显示出腰椎生理弯曲的改变或者侧弯畸形状况。

2. 腰部活动受限情况

深呼吸、咳嗽、转换体位等行为均会诱发腰痛或者使疼痛加剧；部分患者伴有一侧或者两侧的臀部及大腿放射性疼痛；还有部分患者无法明确指出疼痛的具体部位；腰部活动受到限制，体位变动也比较困难。

3. 姿势异常状况

站立或者行走时，患者常常会用手托扶腰部。

4. 体检

检查时可发现腰部肌肉紧张，大多数患者均有明显且固定的压痛点，严重者可出现腰椎生理弯曲消失或功能性侧弯。X 线片可显示腰椎生理弯曲的改变或侧弯畸形。

5. 特殊检查相关情况

依据患者的病史、临床表现，并结合 X 线检查，一般都能够明确诊断。不过急性腰扭伤常常会导致腰部肌肉、筋膜、韧带、腰椎横突、椎间小关节等部位受损，在临床上可以通过确定压痛点以及相应的辅助检查来明确受伤部位。

三、治 疗 手 段

1. 卧床休息方面

在病症早期，适宜平卧硬板床休息 2～3 周，以此减轻疼痛、缓解肌肉痉挛、避免损伤进一步加剧，同时配合各类治疗。到了后期，疼痛有所缓解后，在离床活动时要佩戴腰围或者宽布带进行保护，加强腰背肌功能锻炼，促进气血循环，防止出现粘连情况，增强腰椎的稳定性。

2. 药物治疗情况

（1）内服药方面 对于气滞血瘀证，治疗应当遵循活血化瘀、消肿止痛的原则，扭伤者更侧重于行气止痛；气滞络阻证适宜理气通络、和营止痛；气滞血瘀证则适合行气消瘀。在后期主要以补益肝肾、强壮筋骨为主。疼痛较为剧烈的患者可以应用非甾体类抗炎镇痛药来止痛。

（2）外用药方面 局部存在瘀肿且伴有热痛症状的患者，可以使用双柏散、消炎散进行外敷；要是没有瘀肿，仅有疼痛症状的，则可以采用狗皮膏、伤科膏药、伤湿止痛膏等进行外贴。

（3）封闭治疗情况 痛点比较局限的患者，可以针对患处进行封闭注射，每 7 d 注射 1 次，3～4 次作为 1 个疗程，往往能够取得令人满意的疗效。

3. 物理因子治疗情况

针灸治疗通常选取阿是穴、肾俞、命门、志室、大肠俞、腰阳关、委中、承山等穴位，给予强刺激，留针 3～5 min，并且可以在腰部、骶部等痛点部位加拔火罐。

4. 推拿

针对急性腰扭伤者，可以运用揉按、拿捏腰肌以及压腰扳腿、揉摩舒筋等手法，达到行气活血、消肿止痛、舒筋活络的功效。对于椎间关节出现错缝或者滑膜嵌顿的情况，需要运用特定手法来解除滑膜嵌顿，纠正关节紊乱状态。

（1）俯卧位扳压操作法 让患者采取俯卧位，施术者用双手从胸背部至腰骶部的两侧，按照自上而下的顺序轻轻揉按，持续 3～5 min，以此缓解腰肌的紧张与痉挛状况。接着按压揉摩阿是穴、腰阳关、命门、肾俞、大肠俞、次髎等穴位，起到镇静止痛的作用。最后施术者用左手按压住腰部痛点，用右手托住患侧大腿，进行数次摇晃拔伸后，用力做反向扳动。要是腰部两侧都疼痛的患者，可以将两腿同时向背侧扳动。在整个推拿过程中，痛点应当作为手法重点关注区域，处于急性期且症状严重的患者可以每日进行 1 次推拿，症状较轻者则可隔日进行 1 次。

（2）斜扳操作法 安排患者侧卧，患侧下肢放在上方，屈髋屈膝都呈 90°，健侧肢体伸直，腰部放松。施术者面向患者（或者站在其身后），双手（或双肘部）分别扳推患者的肩前部以及臀上部，起初先轻轻转动腰部数次，然后两手交错进行扳推，待察觉到旋转有明显阻力时，再突然施加一个增大旋转幅度的扳推动作，此时常常能够听到“咔嗒”声。

（3）坐位旋转复位操作法 让患者坐在方凳上，腰部保持放松状态，两足间距与肩同宽。以向右侧旋转为例，助手面向患者站立，用两腿夹住患者大腿，双手按住大腿根部，以此稳定患者的坐姿。医生坐在（或弯腰站在）患者右后侧，右手从患者右腋下穿过，绕至颈后，用手掌扶住其颈项，左手拇指朝左顶推偏移棘突，然后先让患者腰椎缓缓前屈至特定角度（拇指下方有棘突活动触感）时，右手用力将腰椎向右侧屈旋转，左手拇指同步用力顶推棘突，通常能够听到“咔嗒”声，并且能感觉到拇指下有棘突跳动现象，这就提示复位成功了。最后让患者恢复正坐姿势，施术者用拇指与示指自上而下理顺棘上韧带及腰肌。

5. 腰背肌功能锻炼情况

（1）五点支撑法（拱桥法）　患者仰卧在床上，去掉枕头并屈膝，依靠双肘部以及背部顶住床面，将腹部和臀部向上抬起，凭借双肩、双肘部和双脚这五点来支撑起整个身体的重量，保持 3～5 s 后，让腰部肌肉放松，放下臀部，休息 3～5 s，如此便构成 1 个周期（图 7-4）。

（2）三点支撑法　在五点支撑法的基础上将双上肢抬离床面，持续 3～5 s，然后腰部肌肉放松，放下臀部休息 3～5 s 为 1 个周期（图 7-5）。

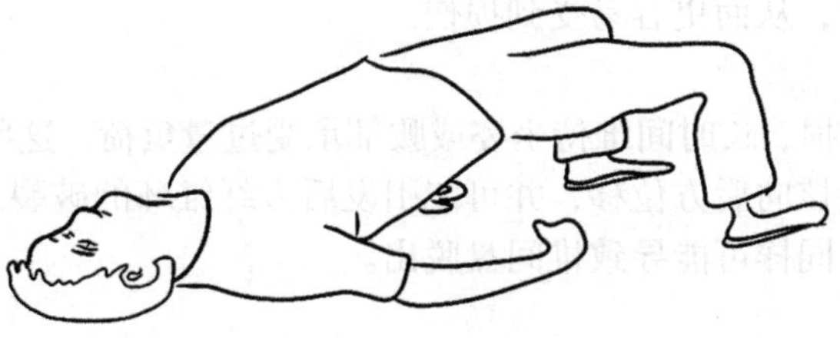

图 7-4　五点支撑法

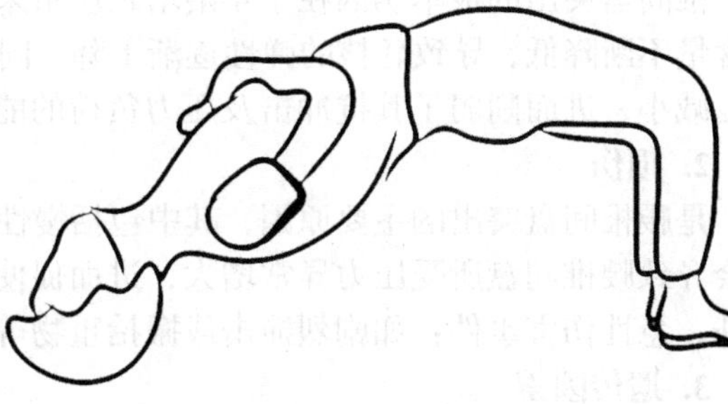

图 7-5　三点支撑法

（3）腰部前屈后伸运动　两足分开与肩同宽站立，两手叉腰，作好预备姿势。然后腰部充分前屈和后伸各 4 次，运动时要尽量使腰部肌肉放松（图 7-6）。

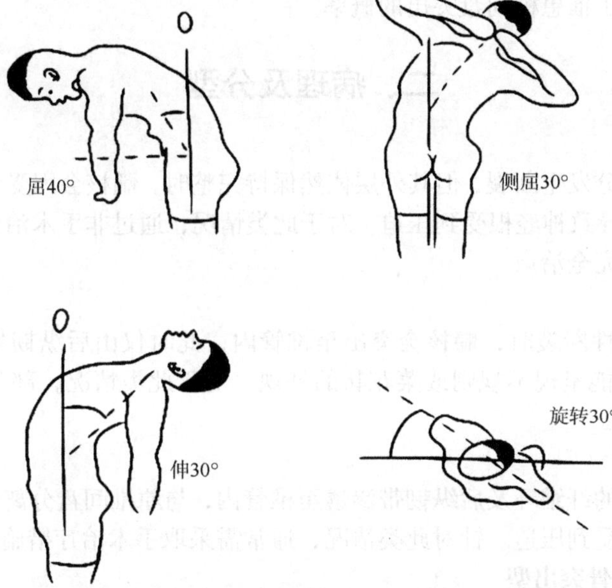

图 7-6　腰部前屈后伸运动

（4）核心训练　涵盖腹式呼吸、死虫式、猫式伸展、鸟狗式、臀桥、侧桥等项目，适用于全体非重度腰椎间盘突出患者，每周可开展运动 4～5 次，建议采用腹式呼吸并结合 HIIT（高强度间歇训练）训练法来施行。

腰背肌锻炼的频次与强度需依据个人状况而定，每日能够练习十余次至百余次，划分成 3～5 组予以完成。需遵循循序渐进的原则，逐步递增锻炼量。在锻炼时切勿突然发力过猛，防止因锻炼腰肌而致使腰部扭伤。倘若锻炼后次日察觉腰部有酸痛、不适、发僵等情形，应适度削减锻炼的强度与频率，或者暂停锻炼，以免致使症状加剧。

第四节 腰椎间盘突出症

一、病 因

1. 椎间盘退行性病变

椎间盘突出的根本诱因在于年龄增长所带来的生理变化。随着年龄的增长，纤维环与髓核的水分含量不断降低，导致髓核的弹性逐渐下降，同时纤维环开始出现裂隙。这一系列变化使得椎间盘厚度减小，进而削弱了其抗冲击及压力负荷的能力，从而更容易受到损伤。

2. 损伤

是腰椎间盘突出的主要原因，其中包括慢性劳损、长时间维持坐姿或腰部承受过量负荷，这些均会导致腰椎间盘所受压力异常增大，进而促使髓核向后方位移，并可能引发后方纤维环的破裂。此外，急性伤害事件：如剧烈撞击或搬抬重物等，同样可能导致椎间盘脱出。

3. 遗传因素

在 20 岁以下的青少年群体中，大约有 32%的个体具有家族遗传史阳性，相比之下，有色人种的发病率则相对较低。

4. 妊娠

在妊娠期间，体重的急剧增加导致腹内压力上升，此时，腰部韧带系统整体呈现松弛状态，这一生理变化进一步提升了罹患椎间盘突出的概率。

二、病理及分型

1. 膨隆型

当纤维环的某些部分发生断裂，但其外层依然保持完整时，髓核会因受到压力而向椎管内局部隆起，表面光滑，可能导致神经根受到压迫。对于此类情况，通过非手术治疗手段，大多数情况下可以实现症状的缓解或完全治愈。

2. 突出型

当纤维环发生完全性断裂时，髓核会突出至椎管内，此时仅由后纵韧带或一层薄薄的纤维膜覆盖。这层后纵韧带可能呈现不规则或菜花状的外观。对于此类情况，部分患者可能需要采取手术治疗。

3. 脱垂游离型

髓核物质经由破损的纤维环及后纵韧带渗透至椎管内，与原椎间盘分离并游离，这一过程可能导致马尾神经或神经根受到压迫。针对此类情况，通常需采取手术治疗措施。

4. 施莫尔结节及胫骨突出型

前者是指髓核通过上、下软骨板存在的先天性或后天形成的裂缝侵入椎体的松质骨区域；后者是髓核沿着椎体软骨终板与椎体间存在的血管通道向前纵韧带方向突出，最终在椎体前缘形成游离的骨块。这两种类型在临床上均未表现出神经受压的症状，因此无需进行手术治疗。

三、临 床 表 现

1. 症状

（1）腰痛 超过 90%的患者会表现出腰痛症状，也是最早出现的症状。腰痛既可先于腿痛出现，也可与腿痛同时或随后发生，其主要集中在下腰部及腰骶区域，表现为持续性的钝痛。疼痛在弯腰、咳嗽、用力活动或排便时可能会加剧，卧床休息后会缓解。

（2）**坐骨神经痛**　坐骨神经痛这一症状往往是逐渐出现的，其中绝大多数患者是由于 L_4～L_5 或 L_5～S_1 的椎间盘突出所导致。为了缓解疼痛感并松弛坐骨神经张力，部分患者在行走时会采取前倾姿态，而在卧床时则选择弯腰侧卧并屈髋屈膝的体位。值得注意的是，打喷嚏或咳嗽时腹压的增加可能会加剧坐骨神经痛的症状。

（3）**下肢放射痛**　当椎间盘突出发生在较高的腰椎节段（如 L_2～L_3 或 L_3～L_4）时，可能会压迫相应的上腰段神经根，进而引发大腿前内侧或腹股沟区域的疼痛感。

（4）**间歇性跛行**　随着步行距离持续增加，患者往往会遭遇腰背部疼痛，或者患侧下肢的放射性疼痛与麻木感显著加剧的问题。这种强烈的不适会使得患者不得不停止行走，甚至需要蹲下休息，直至症状得到一定程度的缓解，才能够再次迈步前行。该现象的根源在于，椎间盘组织对神经根形成压迫，或者椎管容积出现减小，进而致使神经根产生出血、水肿等炎性反应。在行走进程中，椎管内受阻的椎静脉丛会逐步扩张，这无疑进一步加大了对神经根的压迫力度。

（5）**马尾神经受压综合征**　由于中央型腰椎间盘突出或脱垂游离型腰椎间盘突出的存在，髓核组织会对马尾神经产生压迫，进而引发鞍区感觉减退以及大小便功能异常的症状。

2. 体征

（1）**腰椎侧凸**　是腰椎为了缓解由神经根受压所带来的疼痛而呈现出的一种姿势性代偿性畸形（图 7-7）。

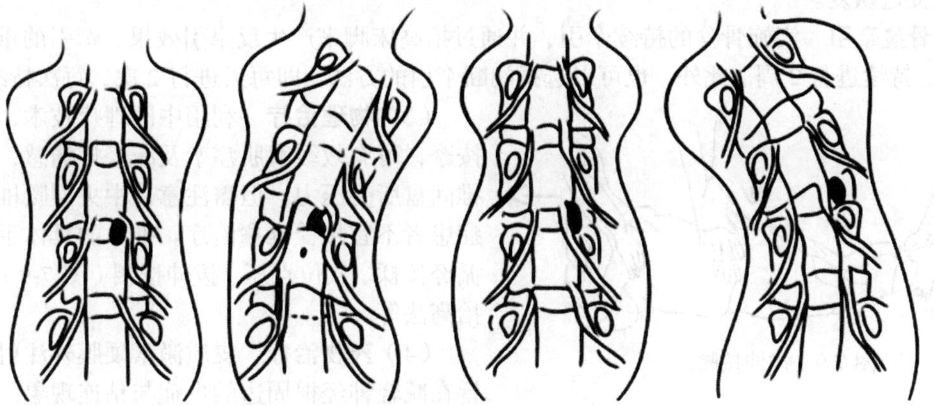

图 7-7　脊柱侧弯与缓解神经根受压的关系

（2）**腰部活动障碍**　绝大多数患者均存在腰部活动范围受限的情况，且以腰部前屈的活动受限最为显著。

（3）**压痛、叩痛**　多数患者在病变所涉及的椎间隙棘突部位能感受到压痛，且在椎旁约 1 cm 处施加压力时，会引发沿坐骨神经分布的放射性疼痛。

（4）**直腿抬高试验及加强试验**　90%以上的腰椎间盘突出患者做该试验结果为阳性（图 7-8）。

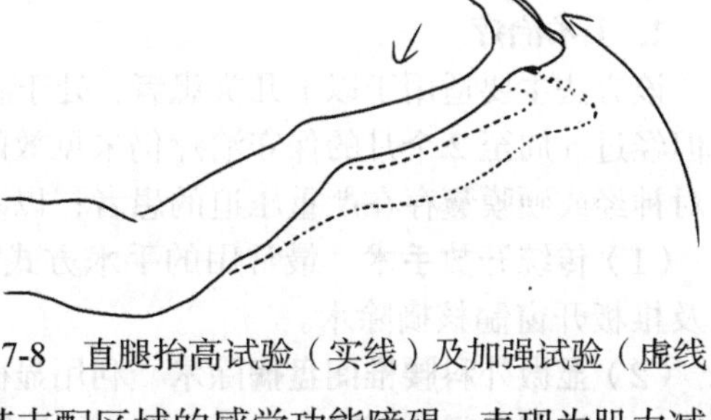

图 7-8　直腿抬高试验（实线）及加强试验（虚线）

（5）**感觉及运动功能减弱**　神经根的受损会引发其支配区域的感觉功能障碍，表现为肌力减退及反射异常。具体而言，受损部位可能出现皮肤感觉异常，如麻木感或皮温降低，呈现发凉状态。此外，部分患者还可能出现膝反射、踝反射以及肛门反射的减弱甚至消失。

3. 特殊检查

（1）**X 线检查**　能够直观显示腰部是否存在侧凸现象，以及椎间隙是否存在狭窄等异常情况。

（2）**CT 检查**　能够更详尽地展现出脊柱骨性结构的细节特征，包括黄韧带的增厚情况，以及椎间盘突出的尺寸和突出方向。

（3）MRI 检查 能够清晰地呈现出椎管的形态，全面揭示各椎体、椎间盘是否存在病变，以及神经根和脊髓是否受到压迫，对于该疾病的诊断具有重要价值。

（4）造影检查 如脊髓造影、硬膜外造影以及椎间盘造影等技术手段，能够间接地揭示椎间盘突出是否存在及其具体的病变程度。

（5）其他 电生理检查，如肌电图，对腰椎间盘突出症的诊断具有辅助作用，并能帮助推断出神经受损的具体节段。

四、处理原则

1. 非手术治疗

该方法适用于以下几类患者：初次发病且病程较短者；休息后症状能够得到缓解者；因特殊疾病状况而无法接受手术治疗者；以及影像学检查显示无严重突出者。大约 80%～90%的患者可以通过非手术治疗方式获得痊愈。

（1）绝对卧床休息 包括在床上进行大小便，通常需要卧床 3 周或直至症状有所缓解后，佩戴腰围下床进行活动。在接下来的 3 个月内，应避免进行弯腰拾物的动作，并逐步开展腰背肌的功能锻炼，以促进恢复。

（2）骨盆牵引 实施骨盆的持续牵引，并通过抬高床脚来产生反牵引效果。牵引的重量一般为 7～15 kg，持续进行 2 周。此外，也可以选择间断牵引的方法，即每天进行 2 次，每次持续 1～2 h。

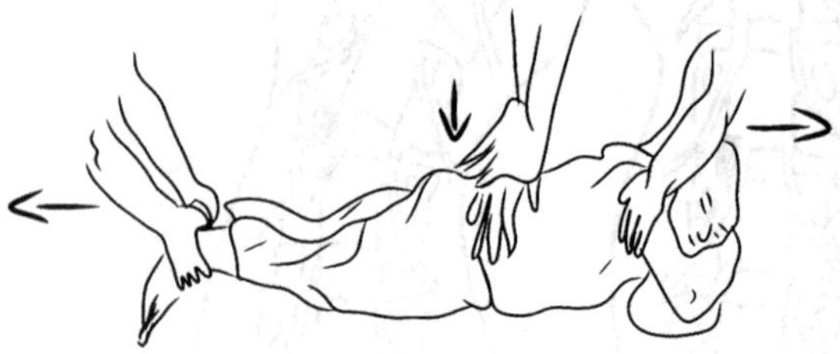

图 7-9 拔伸按腰法

（3）物理治疗 利用中医理疗技术，如推拿与按摩，可有效缓解肌痉挛及减轻疼痛感，同时降低椎间盘所受压力。但需注意，中央型腰椎间盘突出症患者不宜接受推拿治疗。推拿的具体手法涵盖了循经按揉、穴位点压、拔伸按腰（图 7-9）以及直腿抬高法等。

（4）药物治疗 皮质激素硬膜外注射：该方法旨在减轻神经根周边的炎症与粘连现象，常用的药物组合为长效皮质类固醇与 2%利多卡因，每周进行一次注射，3 个注射周期构成 1 个疗程。至于髓核化学溶解疗法，则是通过向椎间盘或硬脊膜与突出髓核之间的区域注入胶原酶，以达到选择性溶解髓核与纤维环、从而缓解相关症状的目的。

2. 手术治疗

该方法主要适用于以下几类患者：处于急性发作期且伴有明显马尾神经综合征的患者；诊断明确但经过 6 周至 2 个月的保守治疗仍未见效的患者；尽管病史不典型，但影像学检查明确显示椎间盘对神经或硬膜囊存在严重压迫的患者；以及合并腰椎管狭窄症的患者。

（1）传统开放手术 最常用的手术方式有：全椎板切除髓核摘除术、半椎板切除髓核摘除术以及椎板开窗髓核摘除术。

（2）显微外科腰椎间盘摘除术 利用显微镜辅助手术，行椎间盘摘除。

（3）微创椎间盘摘除手术 最初，经皮髓核切吸术是主流技术，但随着技术的不断革新，微创内镜下的椎间盘切除术（microendoscopic discectomy，MED）应运而生，随后又发展了经皮内镜下腰椎间盘切除术（percutaneous endoscopic lumbar discectomy，PELD）以及单侧双通道脊柱内镜下椎间盘切除术（unilateral biportal endoscopy，UBE）。

（4）植骨融合术 在椎体间插入椎间融合器（Cage）以达到脊柱融合。

（5）人工椎间盘置换术 是近年来在临床上新开展的一种手术方式，关于其手术适应证目前尚存在诸多争议，因此，在选择此手术时需要格外谨慎。

第五节　第三腰椎横突综合征

一、病因与病理

第三腰椎坐落于腰部的正中位置，其横突长度在所有腰椎中最为突出，且附着了诸多肌肉，包括竖脊肌、腰方肌及腰大肌。因此，第三腰椎横突成为了腰部肌肉收缩运动的一个关键支撑点。长期进行弯腰作业、久坐不动，会导致肌肉附着处受到慢性牵拉损伤，进而引发腰神经感觉支的疼痛。当脊柱遭受强力扭转时，横突处的肌肉筋膜可能会发生撕裂，导致局部水肿、渗出及肌肉痉挛等症状，这些无菌性炎症的刺激会产生疼痛。若未能及时或恰当地治疗，随着时间的推移，可能会出现以纤维增生为特征的慢性炎症，这是导致本病迁延不愈的主要原因。

二、临床表现

1. 症状

（1）腰部疼痛　腰部的一侧或两侧可能会出现疼痛，这种疼痛在久坐、久站、弯腰活动或晨起时可能会加剧，其程度轻重不一。而在卧床休息后，疼痛通常会得到缓解。

（2）放射痛　痛感可能会向臀部、大腿外侧或膝外侧区域放射，但一般不会越过膝关节。同时，腹压的增加通常不会加剧疼痛的症状。

（3）腰部活动受限　腰部在进行俯仰及转侧动作时，活动范围会受到限制，特别是在向健侧进行侧屈或旋转时，受限情况尤为明显。

2. 体征

（1）腰椎侧凸　腰椎的侧凸可以由慢性劳损引起，这种劳损使得腰椎在长期不良姿势的影响下逐渐发生形变；而急性劳损则会导致炎症和疼痛的产生，从而在恢复过程中引发腰椎的侧凸现象。

（2）压痛　在第三腰椎横突部位，存在局限性的压痛感，有时还能触及到活动的肌肉痉挛结节或是隆起的条索状硬结，而腰椎的整体活动通常保持在正常范围内（图 7-10）。

（3）直腿抬高试验阳性　患有第三腰椎横突综合征者在进行直腿抬高试验时结果呈阳性，表现为抬高腿部时会感到疼痛，膝关节无法完全伸展至最大角度。

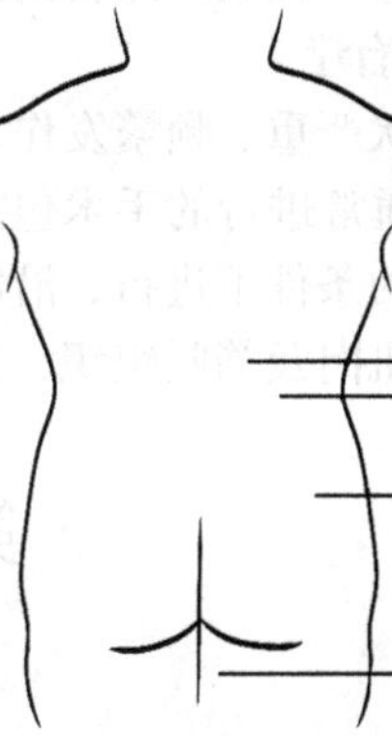

图 7-10　第三腰椎横突部压痛点

三、辅 助 检 查

1. X 线检查

能直接反映第三腰椎横突的形态特征，具体表现为第三腰椎横突可能呈现过长状态或左右两侧存在不对称的现象。

2. CT 检查

能更清晰地显示第三腰椎骨性结构细节。

3. MRI 检查

能清晰地看到第三腰椎横突及其周围软组织的病变情况。

4. 其他检查

肌电图等电生理检查有助于第三腰椎横突综合征的诊断。

四、治疗原则

1. 非手术治疗

缓解疼痛，解除痉挛。

（1）**弹拨法** 此治疗方法对本病具有显著疗效。在操作过程中，使用两手拇指精准地定位在第三腰椎横突的尖端部位（也就是疼痛敏感点），由外向内，垂直于纤维性硬结的方向进行反复弹拨。弹拨的力度需由浅入深，由轻至重以患者能耐受为度。随后，使用掌根或大鱼际肌在局部进行按揉，以达到松解的效果。

（2）**针灸疗法** 常采用阿是穴进行针刺治疗，针刺深度以达到横突骨膜为佳，采用强刺激泻法，留针时间控制在 10～20 min。每日实施 1 次治疗，10 次为 1 个疗程。

（3）**小针刀疗法** 在施行局部麻醉的条件下，采用小刀准确刺入达第三腰椎横突尖端，在该区域进行剥离与松解。此过程需确保穿刺位置准确无误，并合理控制刺入深度。

（4）**中药治疗** 肾气虚型患者，其症状表现为腰部慢性疼痛，劳作后会加剧并伴有倦怠乏力、面色苍白、畏寒肢冷等现象，治疗时应注重补肾益气、活血通络，可选用补肾活血汤加减。气滞血瘀型患者的腰部疼痛以酸胀为主，伴有刺痛感且疼痛部位相对固定，治疗方剂可选用桃红四物汤进行加减。而风寒湿阻型患者的疼痛则可能出现在腰部、臀部及大腿外侧，疼痛范围较广，并伴有恶寒畏风、活动受限等症状，此时可选用独活寄生汤进行加减治疗。

（5）**西医治疗** 封闭治疗，常选用确炎舒松-A 2 mL 联合利多卡因 4 mL 作为注射药物，针对痛点进行注射，治疗频率为 7 d/次，3 次为 1 个疗程。同时，患者可口服非甾体类抗炎药，如萘丁美酮或尼美舒利，以及外用膏药进行贴敷治疗。

2. 手术治疗

对于症状严重、频繁发作、经保守治疗无效且对工作和生活造成严重影响的患者，可考虑进行手术治疗。通常进行的手术包括第三腰椎横突的剥离或切除，以及横突周围软组织的松解。手术在硬膜外麻醉的条件下进行，沿骶棘肌外缘切开肌筋膜鞘，随后沿肌外缘定位横突尖端，并在其周围切断紧张的肌肉及筋膜组织，最终分离并切除横突尖端约 1～2 cm。

第六节 膝关节骨性关节炎

一、病因

1. 慢性劳损

（1）**不良姿势** 膝关节若长期处于不良姿势、承受过重的负荷或过度使用，均有可能对关节软骨造成损害。

（2）**退行变化** 随着年龄的增长，关节软骨会经历退行性变化，具体表现为软骨代谢功能的异常、功能减退，最终导致软骨逐渐剥落并破碎。

（3）**过度负荷** 长期从事繁重的体力劳动或进行不当的体育训练（例如频繁登山、深度下蹲、马拉松等长跑运动）均会进一步加速关节软骨的磨损和退行性改变。

2. 创伤

（1）**外部暴力损伤** 如坠压伤或剧烈撞击伤，会造成骨关节软骨的损伤，进而引发创伤性关节炎。

（2）**膝关节周围的骨折**　如股骨髁骨折、胫骨平台骨折，也会同时造成关节面软骨的损伤，加速关节的退变。

3. 关节面受力不平衡

1）外伤、劳损、姿势不良等因素可能导致关节面的受力不均，造成慢性摩擦和损伤。

2）长期保持某种特殊姿势或过度使用膝关节，如经常做深蹲等，也可能导致关节面的受力不平衡，从而引发膝关节骨性关节炎。

二、病　　理

最主要的病理变化包括关节软骨变性、磨损、缺失，软骨下骨硬化或囊性变，关节边缘产生骨赘，滑膜组织增生，关节囊及其周围韧带的增厚与挛缩，以及关节周围肌肉的萎缩。这一系列变化最终导致关节面的全面破坏，引发关节畸形。

1. 关节软骨

在关节病变的早期阶段，关节软骨会由正常的蓝白色转变为淡黄色并失去其原有的光泽，随后局部区域会软化，弹性逐渐丧失。当关节承受负荷活动时，软骨会发生磨损，其表面变得粗糙，进而出现碎裂与剥脱现象，形成关节内的游离体，最终导致软骨下骨质暴露于外。

2. 软骨下骨

在软骨磨损最为显著的中央区域，软骨下骨的密度会显著增高，骨小梁呈现增粗改变，这一变化被称为“象牙质变”。相比之下，外周区域所承受的应力较小，因此软骨下骨会出现骨质吸收现象，形成囊性改变，而囊壁可能伴随硬化表现。

3. 骨赘形成

在软骨边缘或肌腱附着处，由于血管增生，软骨细胞的代谢活动变得更为旺盛，这一过程促进了软骨内部成骨，进而引发骨质增生现象。

4. 滑膜

疾病初期的病理变化特征为增生性滑膜炎，表现为滑膜组织的充血与水肿现象，并伴有滑液分泌的增多。而在疾病进展至后期时，则转变为纤维增生性滑膜炎，此时滑液分泌减少，增生的滑膜组织逐渐被纤维条索所取代。

5. 关节囊、韧带与肌肉

关节囊与韧带的纤维变性及增厚现象会限制关节的活动范围。同时，关节周边的肌肉因疼痛刺激而产生防御性的痉挛反应，这进一步加剧了关节活动的受限。后期肌肉会出现萎缩现象。

三、临 床 表 现

1. 症状

（1）**关节疼痛**　在初期，表现为轻度或偶尔的隐痛，休息状态下减轻；活动时加重，与气候变化相关；后期为持续性的钝痛，甚至可能在夜间出现疼痛加剧的情况。

（2）**关节僵硬**　晨起时，关节会出现僵硬现象，即晨僵，活动后可缓解。当气压下降或空气湿度上升时，关节僵硬的症状会更为显著，但持续时间较短，一般不超过 30 min。

（3）**活动障碍**　行走时出现的膝关节软弱无力或关节交锁现象，以及膝关节无法完全伸展和弯曲，可由膝关节疼痛、肌肉组织萎缩、软组织挛缩以及关节腔内游离体的存在所导致。

2. 体征

（1）**关节畸形**　膝关节的肿大可源于关节积液及骨赘的增生，进而可能导致关节出现内翻或外翻的畸形表现。

（2）关节肿胀 膝关节显著肿大与变形，当骨质增生情况严重时，会在关节边缘部位产生骨赘，同时伴随着滑膜的异常增生以及关节腔内液体的积聚。

（3）骨擦音或骨擦感 关节活动时，关节软骨受损且关节面变得不平整，可能会导致骨擦音的产生。

3. X线检查

可见明显的非对称性关节间隙变窄，软骨下骨硬化和囊性改变，关节边缘骨赘形成，部分关节内可见游离体，严重者出现关节畸形，如膝内翻。

四、治　　疗

1. 非甾体镇痛消炎药

非甾体抗炎药（NSAIDs）的作用原理在于抑制环氧化酶的活性，进而阻断关键炎症介质前列腺素的合成，从而实现止痛、抗炎及解热的效果。在治疗选择上，可以采用局部外用的形式，如乳胶剂、软膏、贴剂或擦剂等，也可通过口服途径，如使用萘丁美酮、塞来昔布等药物。

2. 透明质酸钠膝关节腔注射

玻璃酸钠，作为黏多糖的一种，是人体软骨基质与关节滑液中不可或缺的组成部分。它能有效提升关节液的润滑性能，显著降低组织间的摩擦力。实施该治疗的具体步骤如下：首先，指导患者采取坐位或仰卧姿势，并确保患侧膝关节伸直。对于双侧发病的患者，需依次治疗每一侧。穿刺点选定于髌骨外侧中点，进行常规消毒后，使用 1%利多卡因进行局部麻醉。穿刺成功后，抽取关节积液，随后向关节腔内注入 2 mL 透明质酸钠。完成注射后，迅速拔针，并使用酒精及 2%碘酒对穿刺点进行消毒，覆盖无菌敷料。之后，引导患者缓慢活动膝关节 10 次以上，以确保玻璃酸钠均匀分布。此治疗每周进行 1 次，连续 4 周即可完成全部注射。

3. 氨基葡萄糖

盐酸氨基葡萄糖胶囊作为口服治疗药物，其成分盐酸氨基单糖源自天然，能有效促进软骨基质的合成与软骨细胞的生长。该药物通过提升骨骼对钙质的摄取，激发黏多糖的生化合成过程，进而增强软骨和骨组织的营养供应与代谢功能，同时增加滑膜液的黏稠度，实现关节的良好润滑。此外，盐酸氨基葡萄糖胶囊还能阻断骨关节炎的病理进程，延缓关节退行性病变进展，有效减轻患者疼痛，并抑制关节变性的发生。

4. 痛点局部注射

患者仰卧，病膝稍屈曲在膝关节周围寻找触痛点（trigger point）并做好标记。其触痛点通常分布在髌骨尖及其边缘、胫骨内上踝、内外侧关节缝等处。放射状局部注射 1%利多卡因和醋酸泼尼松龙混合液，每处 1～2 mL，需避免穿透骨膜。临床上常用的局部注射药液有曲安奈德（2 mL）加利多卡因 4 mL 做痛点注射。

5. 物理治疗

运用中医技术进行治疗，如针灸疗法，该疗法能有效缓解疼痛并改善相关症状。针灸疗法涵盖多种技术，包括毫针刺法、刺络拔罐、火针疗法、温针灸法以及穴位注射法等，这些技术多以局部选穴为主，常选取的穴位有血海、梁丘、膝眼、委中、阳陵泉等。此外，理筋手法作为中医特色疗法，根据病情，可选用穴位拨筋、捏揉推髌、摇旋利节等手法，旨在解痉止痛、松解粘连并促进功能恢复。运动疗法也是重要的治疗手段，加强膝关节周围肌群的锻炼对于预防和治疗膝骨关节炎（KOA）以及改善膝关节功能至关重要。具体运动包括直腿抬高、髋关节外展、屈膝空蹬及机械性持续被动运动（CPM）等，但需注意适当休息，减少膝关节的承受负荷。

6. 膝关节置换

人工膝关节置换术（total knee arthroplasty，TKA）是一种成熟的手术治疗方法，针对膝关节疾病，能有效缓解多种临床症状，具备较高的安全性，广泛适用于各类膝关节疾病的治疗。根据置换范围的不同，膝关节置换术可细分为单髁置换术、髌骨关节置换术以及全膝关节置换术。其具体操作流程如下：①采用腰硬联合麻醉，随后，将患者体位调整为仰卧位，手术切口选择于膝关节前正中，长度控制在 15～18 cm，以便充分暴露髌骨内侧。②适当切除周围脂肪组织，充分暴露胫骨平台。利用骨椎定位法进行精确截骨，并依据试模结果安装假体。术后，进行引流并缝合伤口。③将膝关节调整至屈曲位，并告知患者保持此体位。

7. SCH 三氧洗涤术治疗法

SCH 三氧洗涤术，即三氧疗法，是一种不开刀就能治疗骨关节炎的疗法。患者取坐位，将膝关节弯曲至 70°～90°,使用 1 %的利多卡因进行膝关节痛点的局部阻滞,并于各个痛点注射 2 ～ 3 mL 的医用三氧（25 μg/mL）。再经外膝眼穿刺，进入到膝关节腔内；将医用三氧匀速注入到膝关节腔内，剂量为 20 mL。注射结束后，患者充分放松膝关节，5 min 以后开始轻微活动膝关节。治疗时间为 1 次/周，以 3 次或 4 次为 1 个疗程。

第七节　腰背部疼痛及下肢疼痛的管理

一、腰背部疼痛与下肢疼痛的评估分析

慢性非特异性腰背痛首要的检查目的在于重复筛查与特异性腰背痛密切相关的症状及体征，也就是红色警示，同时评估可能致使腰背痛恶化或者慢性化的因素，即黄色警示，以此判定临床转归情况。所谓红色警示，是指腰背痛患者既往病史或者临床症状中与危险程度颇高的严重疾病密切相关的高危因素。一旦察觉红色警示，就必须进一步检查以排除潜在的严重疾病，诸如感染、炎性风湿性疾病或者肿瘤等。

黄色警示主要是指能够造成疼痛慢性化或者进行性加重、引发功能障碍与工作能力丧失、致使病症迁延难愈的各类危险因素。当发现黄色警示后，应当激励患者改变自身行为以及对腰背痛的认知，让患者意识到规律运动锻炼的关键意义，这或许有助于降低腰背痛的发生率，减轻其严重程度。

影像学评估的核心目标是针对存在红色警示或者神经根性疼痛的患者予以评估，并且为拟行手术治疗的患者确定手术方式提供依据。常用的影像学评估涵盖：X 线片、CT 断层扫描、磁共振成像（MRI）、单光子发射计算机断层成像术（SPECT）以及骨密度检查。

X 线片属于腰椎最为基础的影像学检查手段，能够反映出腰椎生理曲度的变化、畸形状况、失稳情形、椎体形态以及椎旁软组织等方面的改变。CT 在脊柱影像学评估中占据着重要地位，它能够生成不同层面的脊柱横断面影像，精准判断神经根的位置，可应用于神经根疼痛的诊断工作。MRI 在展示软组织方面独具优势，能够区分椎间盘的髓核与纤维环，清晰显示韧带。MRI 可以直接从矢状位和冠状位呈现椎管狭窄等状况，并且 MRI 无电离辐射，安全性较高，可用于腰背痛的诊断、严重程度与恢复情况的评估以及治疗方案的制定等事项。

二、腰背部疼痛与下肢疼痛的诊断分析

慢性非特异性腰背痛是指病程持续 12 周以上，病因未明的、除脊柱特异性疾病及神经根性疼痛以外的因素所引发的肋缘以下、臀横纹以上以及两侧腋中线之间区域内的疼痛与不适，伴或不伴大腿牵涉痛。当前还没有确切的非特异性腰背痛的患病率数据。一项系统综述报道显示，全球成人慢性腰背痛的时点患病率为：1 个月的患病率是 23.2%，1 年的患病率为 38.0%，终生患病率达 38.9%。

慢性非特异性腰背痛的临床表现多样，主要体现为腰背部、腰骶部疼痛。多数患者可能同时伴有腰部无力、僵硬感、活动受限或者协调性下降等情况，严重的患者甚至会出现睡眠障碍。疼痛症状大多在卧床休息后会减轻或者消失，而在弯腰、久坐、久站之后则会加重。经过热敷、按摩等保守治疗后，疼痛症状通常能够暂时得到缓解。体格检查时常常能够发现疼痛部位存在肌张力增高或者明显的局限性压痛点（扳机点），研究证实触发点的数量与疼痛程度以及睡眠质量密切相关。

三、腰背部疼痛与下肢疼痛的管理

（一）腰背部疼痛及下肢疼痛的问题

（1）**腰痛**　与椎间盘突出、肌痉挛、急慢性损伤有关。

（2）**便秘**　与马尾神经受压，长期卧床有关。

（3）**运动功能障碍**　与疼痛、神经受压及脊柱侧弯有关。

（4）**焦虑/恐惧**　与疾病反复发作，久治不愈及担心术后效果有关。

（5）**潜在并发症**　包括脑脊液漏、神经根粘连、肌肉萎缩、尿路感染等。

（6）**知识缺乏**　缺乏休息与腰背肌锻炼及疾病预防的知识。

（二）腰背部疼痛及下肢疼痛管理的目标

管理腰背部及下肢疼痛的主要目的在于提升患者的生活质量，降低疼痛强度，并有效防止疼痛的恶化或再次发作。这一目的可以细化为短期与长期两个层面的目标。

1. 短期目标

（1）**缓解疼痛**　在疼痛发作的初期，通过药物治疗、物理治疗或手术治疗等方法，迅速缓解疼痛，减轻患者的痛苦。

（2）**减轻炎症**　对于由炎症引起的疼痛，通过抗炎治疗减轻炎症，从而缓解疼痛和肿胀等症状。

（3）**改善姿势**　指导患者保持正确的坐姿、站姿和睡姿，以减少对腰背部和下肢的压力，缓解疼痛。

（4）**增强肌肉力量**　通过适当的锻炼，增强腰背部和下肢的肌肉力量，提高关节的稳定性，从而减轻疼痛。

（5）**心理支持**　提供心理干预与支持，帮助患者树立战胜疼痛的信心，减轻焦虑和恐惧等负面情绪对疼痛的影响。

2. 长期目标

（1）**控制疼痛**　通过持续的治疗和管理，将疼痛控制在可接受的范围内，避免疼痛成为患者日常生活的障碍。

（2）**功能恢复**　帮助患者恢复正常的活动能力，包括行走、坐立、弯腰等，以减轻疼痛对日常生活和工作的影响。

（3）**预防复发**　通过有效的管理和预防措施，降低疼痛复发的风险，使患者能够长期保持无痛或轻微痛状态。

（4）**提高生活质量**　通过缓解疼痛、恢复功能和预防复发，提高患者的整体生活质量，使其能够积极参与社会活动，享受健康的生活。

（三）腰背部疼痛及下肢疼痛管理的计划

针对腰背部疼痛及下肢疼痛的管理，可以制定一个综合性的计划，涵盖日常护理、锻炼、药物治疗和预防措施等多个方面。以下是一个详细的计划：

1. 日常护理

（1）卧床休息　在疼痛发作期间，卧床休息是必要的，可以消除腰部受到身体重力的影响，一般卧床3周或至症状缓解后带腰围下床活动，3个月内不能做弯腰拾物动作，逐步恢复腰背肌功能锻炼。

（2）减少弯腰活动　尽量避免弯腰系鞋带、穿袜子、拖地等动作，减少腰背肌肉的劳损。同时，避免大笑、咳嗽、便秘等增大胸腹腔压力的情况，以免加重疼痛。

（3）佩戴腰围支具　在疼痛较为剧烈时，可以戴腰围支具来支撑腰部，减轻疼痛。但需注意，腰围支具不宜长时间佩戴，以免导致腰背肌肉废用性萎缩。

（4）纠正不良姿势　无论是坐着还是站着，都要注意保持正确的姿势，避免给腰部带来过大的压力。

2. 日常锻炼

（1）核心肌群锻炼　定期加强腰背肌、髋部肌群、大腿肌群及小腿肌群等核心肌群的锻炼，如俯卧位背肌训练、五点支撑法等支撑运动。这些运动可以增强腰部肌肉、腿部肌肉的力量，提高腰椎的稳定性，从而减轻疼痛。

（2）低强度运动　如散步、慢跑、太极拳等低强度运动，有助于改善血液循环，减轻下肢水肿及疼痛。

（3）避免高强度运动　在疼痛发作期间，避免参加高强度的练习，如跑跳、锻炼、比赛等，以免加重疼痛。

3. 药物治疗

（1）非甾体抗炎镇痛药　如芬必得、美洛昔康等，这些药物可以抑制无菌性炎症反应，阻断疼痛因子对疼痛中枢的作用，从而缓解疼痛。但需在医师指导下规律、按时、按量服用。

（2）肌肉松弛剂　如盐酸乙哌立松片等，这些药物可以松弛痉挛的肌肉，缓解因肌肉紧张引起的疼痛。

（3）外用贴剂　如氟比洛芬凝胶贴膏等，这些药物可以直接作用于疼痛部位，缓解疼痛。

4. 预防措施

（1）合理规划饮食　保持均衡饮食，控制好体重，避免过度肥胖给腰部带来过大的压力。

（2）注意保暖　腰背痛与受冷、气候变化有关，因此应注意保暖，防止腰背部受冷、受风。

（3）劳逸结合　避免过度劳累或过度弯腰等动作，注意劳逸结合，每隔一段时间就站起来活动一下身体。

（4）定期检查　对于经常出现腰背部疼痛及下肢疼痛的人群，建议定期进行腰椎检查，以便及时发现并治疗腰椎疾病。

（四）腰背部疼痛及下肢疼痛管理的方法

1. 心理治疗

（1）疏释疑解惑法　护理人员需要耐心、和蔼的态度及时解答患者内心的疑问，从源头上疏导患者的负面情绪。

（2）移情相制法　根据“喜胜优、以情胜情”的原理，为患者播放一些轻音乐，以此来分散患者的注意力，转移患者对疾病的过度关注，从而消除疾病带来的负面情绪。

（3）顺情从欲法　通过与患者沟通和交流，掌握患者的内心诉求，尽可能地满足患者需求，以此来获取患者的认同感和归属感。

（4）心理暗示法　护理人员需要用最真诚的态度安慰患者，可以给患者讲解一些成功的案例，以此来增强患者战胜疾病的自信心。

2. 腰背部疼痛及下肢疼痛的药物治疗

（1）西药治疗

1）非甾体类抗炎药（NSAIDs）：非甾体类抗炎药具有抗炎、止痛的作用，是缓解腰背部疼痛及下肢疼痛的首选药物。常见的非甾体类抗炎药包括：芬必得、双氯芬酸钠、美洛昔康。

2）中枢性肌肉松弛剂：对于因肌肉痉挛或紧张引起的疼痛，肌肉松弛药可能有效。常见的肌肉松弛药包括：巴氯芬、盐酸乙哌立松、氯唑沙宗。

3）脱水剂：对于处于急性期的腰椎间盘突出症患者，由于腰椎神经根炎症反应和水肿明显，可能引起剧烈疼痛。此时，可以使用脱水剂来减轻水肿和炎症反应，从而缓解疼痛。常见的脱水剂如甘露醇。

4）神经营养药物：对于因神经受压或损伤引起的疼痛，营养神经药物可能有助于缓解疼痛和改善神经功能。常见的营养神经药物包括：维生素 B_{12}、维生素 B_1、甲钴胺。

5）封闭治疗：对于疼痛严重者，或经上述药物治疗无效者，可考虑采用封闭疗法。常用药物包括：利多卡因、曲安奈德。

（2）中药治疗 药物治疗根据辨证论治内外用药。

1）气血瘀滞型：曾有外伤史患者，急性发作时，表现为腰腿部位剧烈疼痛，犹如刀割，疼痛部位固定，触碰时疼痛加剧，且疼痛向下肢延伸。同时，伴有胸腹部胀满感，排便困难。舌象显示舌质淡红，边有瘀斑，苔薄黄，脉象涩或弦细。治疗上，宜采用活血化瘀、通痹止痛的原则，方剂可选用身痛逐瘀汤进行加减调整。

2）湿热痰滞型：下肢呈现疼痛、酸胀乃至麻木感，且麻痛感加重，症状反复出现，久治不愈。观察舌象，可见舌红并伴有边尖瘀点，舌苔或为白厚腻，或为黄腻。脉象表现为沉弦涩或濡滑。治疗上，宜采取祛风除湿、调理气机、化痰通络的方法，方剂可选用大活络丹进行加减调整。

3）风寒湿痹型：无明显外伤史患者，起病过程较为缓慢，腰部疼痛致转动不灵活，疼痛向下肢放射，遇寒冷时疼痛加剧，得温暖则疼痛减轻。观察舌象，舌淡苔白，脉象沉紧。治疗上，应采取祛风散寒、通络止痛的方法，方剂可选用独活寄生汤进行加减调整。

4）肝肾亏虚型：病程迁延较长，腰部呈现酸痛感，症状时轻时重，并伴有下肢酸软无力，患肢肌肉出现萎缩，食欲不佳，面色苍白无华。观察舌象，舌质淡，苔白且略显腻滑，脉象沉迟。治疗上，宜采用补肾强腰、通络利湿的方法，方剂可选用益肾蠲痹丸等进行治疗。

5）外用药：可采用宝珍膏、复方南星止痛膏外贴患处，亦可中药湿热敷。

3. 现代医学技术在腰背部疼痛及下肢疼痛的运用

（1）腰椎牵引 腰椎牵引在治疗腰椎间盘突出症具有显著疗效，能有效缓解肌肉痉挛，纠正脊柱侧凸现象；促进血液循环，缓解疼痛症状，增大椎间隙，减少椎间盘内部压力，从而缓解神经根所受的刺激与压迫，改善神经的运动及感觉功能。腰椎牵引方法多样，主要包括快速牵引与持续缓慢牵引两类。

牵引治疗的应用原则如下：对于处于急性期，腰痛及患侧下肢疼痛剧烈者，通常不急于实施牵引治疗，而是待药物治疗减轻疼痛后再行牵引；对于腰椎侧隐窝狭窄显著，下肢直腿抬高试验阳性（角度小于 30°）的患者，优先采用慢速牵引；若慢速牵引 5～7 次或快速牵引 2 次后疼痛未见缓解，则需考虑改用其他治疗方法。

（2）物理因子治疗 物理因子疗法在下腰痛的治疗中得到了广泛应用。针对腰椎间盘突出症的急性期，可优先选择穿透力较强的短波、超短波等物理治疗方法，以减轻神经炎症和水肿，提升疼痛阈值，缓解肌肉痉挛，促进症状缓解。然而，应避免使用高强度热疗，因为过高的温度可能加剧血液循环，加重水肿，进而使症状加重。对于接受高频治疗的患者，需仔细检查是否携带金属物品，腰椎内装有内固定钢钉或心脏起搏器的患者则禁止进行高频治疗。在亚急性期及慢性疼痛期，可选用中频电疗法、离子导入、超声波等物理治疗方法，以达到镇痛、消炎、激活神经肌肉功能和松解粘连的效果；同时，也可选择红外线、蜡疗等温热疗法，通过提高组织温度，改善血液循环，促进组织代谢，加速渗出物的吸收及损伤的修复，从而达到缓解疼痛的目的。

（3）运动疗法 运动训练在增强腰背及腹部肌肉力量方面效果显著，对维护脊柱稳定性、保障腰椎正常生理功能起着关键作用，是治疗腰痛及预防其复发不可或缺的手段。以下是一些常用的训练方法：

1）急性期：在发病初期的 1 周内，病变周围组织常出现严重的充血与水肿现象，此时应以卧床休息为主要治疗方式，同时可适当将下肢垫高，以减轻脊柱所承受的压力。

2）缓解期：为逐步提升腰腹肌力量，维持脊柱稳定性，应开展循序渐进的腰腹肌训练，确保训练动作平缓且不引发显著疼痛，防止腰椎过度屈伸。具体锻炼方法如下：①腹背肌等长收缩训练：取仰卧位，腰部下方垫置高度约 6～8 cm 的毛巾卷，吸气并收紧腹背肌群，向下施压，有助于缓解腰部肌肉痉挛，减轻疼痛。②拱桥式运动：包括五点支撑、四点支撑及三点支撑法。五点支撑为仰卧，以双肘及双脚为支点，抬高臀部；四点支撑则为仰卧，双手后伸触地，头部抬起，双脚支撑，同时挺起胸腹及臀部；三点支撑为头部后仰，双手置于胸前，双脚支撑，胸腹及臀部前挺，训练时由五点逐渐过渡到三点支撑。③背飞式训练：俯卧，以腹部为支点，双臂后伸，胸部及双腿同时上翘，形似飞燕，亦称“飞燕式”。④后摆腿训练：双手紧握床头，挺胸抬头，双腿交替向后摆动，尽量增大摆动幅度。⑤直腿抬高练习：仰卧，双手自然放于体侧，下肢缓慢抬起至约 30°，保持 5～10 s 后放下，双腿交替进行。⑥腰部后伸训练：站立，双脚分开与肩同宽，双手扶腰，腰部尽量后伸，维持 1～2 s 后还原，重复训练。⑦下蹲起立活动：站立，双脚与肩同宽，双手前伸 90°，身体前倾使脊柱呈 C 形弯曲下蹲，双手触地后反向起立，双脚不离地面。

3）恢复期：当临床症状得到有效缓解后，需进一步加强对腰腹肌的训练，以增大腰椎的活动范围。这包括腰椎的前屈、后伸、左右侧弯以及左右旋转等运动，建议每日坚持练习。同时，应适度增加有氧运动，以提升身体机能，逐步恢复从事体力活动的能力。

（4）手术治疗

1）腰椎间盘切除术：适用于腰椎间盘突出导致神经根受压的患者，通过切除突出的椎间盘，减轻对神经根的压迫，从而缓解疼痛。

2）椎管扩大术：对于腰椎管狭窄导致神经根受压的患者，可以通过椎管扩大术来扩大椎管容积，减轻神经根受压程度。

3）脊柱融合术：在某些情况下，如腰椎滑脱或脊柱不稳定导致的疼痛，可以通过脊柱融合术来稳定脊柱结构，从而缓解疼痛。

4）人工关节置换术：适用于严重的骨性关节炎、类风湿性关节炎、创伤性关节炎、强直性脊柱炎等导致的关节炎或关节疼痛、活动功能障碍。先天性发育畸形导致的关节炎或关节疼痛、活动功能障碍。Perthes 病以及骨关节的肿瘤等。如：膝、髋关节置换术。

（5）其他现代治疗技术

1）神经刺激疗法：如脊髓电刺激（SCS）和经颅磁刺激（TMS）等，这些疗法通过刺激神经系统来缓解疼痛。其中，SCS 可能对治疗某些特定类型的慢性疼痛有效，但其作用存在争议，且手术的临床应用受到有创性的限制。TMS 则是一种非侵入性的治疗方法，通过刺激大脑皮层来缓解疼痛，但需要反复应用，给患者带来一定不便。

2）介入治疗：如臭氧髓核消融术、射频热凝靶点消融术等，这些介入治疗技术可以通过微创手段直接作用于疼痛部位，达到缓解疼痛的目的。

4. 中医技术在腰背部疼痛及下肢疼痛中的运用

（1）推拿 推拿疗法是治疗腰部及下肢疼痛的高效手段之一，通过多样化的操作技巧，旨在实现经络畅通、缓解肌肉痉挛、消除疼痛及促进骨关节复位等效果。然而，对于存在显著突出物、突出物与神经根紧密粘连、椎管显著狭窄、腰椎滑脱、侧隐窝狭窄或脊柱骨质病变的患者，推拿治疗并不适宜。推拿技术以其作用区域精确且力度强劲为特点，操作迅速且技巧要求严格，主要应用于脊柱及四肢关节等部位，特别是在关节运动的极限位置，利用患者放松的时机突然施力，常用于纠正脊柱小关节紊乱、治疗椎间盘突出症及四肢关节脱位后的复位等。以下列举几种常用的推拿手法：

1）拔伸抖按法：患者俯卧位，一助手握患者两侧腋下部，一助手握两足踝部，分别在两端做持续拔伸牵引，术者先叠掌自上胸腰椎逐次按压脊柱棘突至腰骶部，然后在持续拔伸牵引下，嘱握两足踝部的助手向上一起一伏抖动，术者则双手叠掌根于腰骶部，随抖动起伏而按压，一般抖按 15～20 次。

2）屈髋牵伸法：患者仰卧位，患侧屈膝屈髋，术者立于患侧旁，以一手握住患肢踝关节前侧，另一手托住小腿后侧，在患者髋、膝部放松的情况下，术者双手配合做正、反方向旋转髋关节活动 3～5 次，然后用力牵拉患侧髋、膝关节于伸直位并加以抖动。

3）直腿抬高屈踝法：在患侧位于直腿抬高的基础上，术者一手分别使踝关节置于内旋或外旋位，另一手用力背屈踝部 2～3 次。必要时对侧亦以同样方法进行操作

4）直腿牵腰法：患者端坐床上两腿伸直，术者立于床头，以两侧大腿前部抵住患者伸直两腿的足底，以两手握住患者的双腕，使腰骶向前屈曲到一定程度之后，一拉一松，利用弹性冲击法使腰部产生一张一弛的屈曲活动，其活动范围以患者能耐受为度，可重复 6～10 次病情较重的患者应卧床休息，必要时做骨盆牵引或重力牵引，以利于扩大椎管容积。重体力劳动者工作时可佩戴腰围，以防止和减少腰骶部的过伸，亦有助于疼痛症状的缓解。肥胖患者应考虑适当减轻体重。

（2）针灸 针灸疗法在治疗腰部及下肢疼痛时，主要遵循循经选穴与局部选穴的原则，同时也可选取患椎旁的华佗夹脊穴（位于棘突旁开 0.5 寸处）。常用的针灸穴位包括：腰阳关、肾俞、腰夹脊、秩边、环跳、承扶、殷门、风市、阳陵泉、委中、承山、昆仑、悬钟等。治疗时一般选取患侧穴位，每次选取 3～5 个穴位，采用泻法或平补平泻手法，亦可使用电针进行刺激。留针时间通常为 15～20 min，其间使用红外线灯对穴位进行透热照射，直至皮肤呈现潮红且患者能耐受为度，其间进行 1 次强刺激的捻针操作。治疗频率可为每日或隔日 1 次，每 10 d 为 1 个疗程。

（3）中药热敷疗法 中药热敷疗法是一种将精选药材研磨成粗末，装入特制药包，并加热至适当温度后敷于病患部位的治疗方法。它利用药材的温热效应及药效，通过经络的传递，旨在实现扶正祛邪、温通经络、调和气血的功效。此疗法能有效疏通肌肤腠理，促进汗孔开放，扩张血管，进而加速组织内的血液循环与淋巴循环，提升机体代谢速率，加速炎性物质的吸收与排出，最终达到缓解疼痛的效果。

（4）关节松动术 关节松动术主要用于缓解由关节疼痛、肌肉紧绷及痉挛等因素导致的关节功能受限问题，旨在减轻疼痛、改善关节活动度并增强位置感与运动感知能力。此手法疗法适用于多数下腰痛患者，依据个体病情，选择恰当的手法进行操作，要求患者放松受累部位，积极参与治疗过程，每日 1 次，每次进行 20 min，10 次为 1 个疗程。

四、腰背部疼痛与下肢疼痛的健康教育要点

1. 培育良好的生活习性

（1）规范的站姿 抬头挺胸，确保肩部处于放松状态，收腹提臀，将身体重量均匀分布于双足，避免腰椎过度前凸。

（2）正确的坐姿 头部保持端正，切勿向前倾斜；工作电脑屏幕的高度应使视线与屏幕的上三分之一处相平齐；键盘高度应保证手臂能够伸直，手肘自然弯曲约 90°；腰背挺直，与臀部形成直角；大腿在椅子上能够得到完整支撑，膝关节呈直角，双脚能够自然放置于地面。

（3）恰当的睡姿 平躺时腰部的负重一般为体重的 25%，侧躺时则为 75%。推荐卧位姿势是仰卧位，在膝关节和头下分别放置一个枕头，使肩部得以抬高。

2. 规避长时间固定姿势

避免长时间持续坐位工作、学习，同时防止腰部长时间处于某一固定不变的姿势。建议在工作、学习 45 min 至 1 h 后活动腰部，以免加剧腰肌劳损，进而诱发或者加重腰椎间盘突出引发的疼痛。

3. 防范风寒湿的侵袭

注重腰部的保暖工作，选择睡硬板床，避免遭受风寒湿的侵害。

4. 正确运用劳动保护用具

教育患者在工作时正确使用劳动保护用具，强化工作期间腰部的防护，例如患者若经常需要弯腰劳动、挑抬重物或者长时间驾车，可使用腰带增强腰部的稳定性。

5. 强化锻炼活动

建议患者加强锻炼，因为这类患者腹部肌肉力量往往较为薄弱，致使腰背部承受过多且持久的压力。在运动时需增加一些腹部肌肉的训练项目，如卷腹和桥式支撑。同时要经常开展适当幅度的伸展动作，注意在进行伸展运动前，需先做好热身活动。

6. 掌握正确的提举姿势

学习正确的提举姿势对于预防背部损伤极为关键。髋关节应与肩关节保持平齐，切不可在双腿近乎伸直的状况下，弯腰伸手去提起物体。而应当同时弯曲髋关节和膝关节，借助伸直双腿来提起物体。

7. 治疗与缓解的策略

对于新出现的下腰部疼痛，首先要避免某些活动，例如举起重物和弯腰动作。卧床休息并不能加速疼痛的缓解，多数专家倡导持续进行低强度活动。倘若需要通过卧床休息来缓解严重疼痛，最多不要超过 1～2 d。

8. 热敷或冷敷的方法

受伤后的最初 2 d 内适宜采用冷敷而非热敷。冰敷的时长每次为 20 min，2 次冰敷之间应间隔 60～90 min。热敷可使用电热垫进行，时间与冷敷相同。

第八章　术后疼痛

学习目标

❖ 知识目标

学习者能够系统阐述术后镇痛的重要性，包括对患者康复进程、生理机能恢复及心理状态的积极影响。准确阐述各类术后镇痛药物的作用机制、适应证、不良反应及禁忌证，如阿片类、非甾体抗炎药等。

❖ 能力目标

熟练且准确地运用多种疼痛评估工具，如数字评分法、面部表情疼痛量表，为术后患者进行疼痛程度评估，并根据评估结果制定个性化镇痛方案。规范且安全地操作常见的术后镇痛设备。

❖ 思政目标

充分认识到术后镇痛对患者舒适度和康复效果的关键意义，主动关注患者疼痛感受，积极提供镇痛服务。与患者及家属建立良好沟通，耐心解答他们对术后镇痛的疑问，缓解其焦虑情绪，提升患者对镇痛治疗的依从性和满意度。

第一节　中医对术后疼痛的认识

《黄帝内经》："经脉流行不止、环周不休，寒气入经而稽迟，泣而不行，客于脉外则血少，客于脉中则气不通，故卒然而痛"。(《黄帝内经·素问·举痛论第三十九》)

《黄帝内经》："寒气客于背俞之脉则脉泣，脉泣则血虚，血虚则痛，其俞注于心，故相引而痛，按之则热气至，热气至则痛止矣"。(《黄帝内经·素问·举痛论第三十九》)

中医认为，疼痛有虚证和实证之分，因虚致痛为"不荣则痛"，因实致痛为"不通则痛"。术后疼痛是机体手术创伤后出现的疼痛，本质上属于中医的"金刃所伤"范畴。西医认为，术后疼痛即手术后疼痛，是手术后即刻发生的急性疼痛，通常持续不超过3～7 d。

一、术后疼痛的病因病机

1. 气血运行不畅

手术属外在损伤，伤及人体皮肤、肌肉、经络、血脉等，手术造成的伤口不能被机体及时修复，局部气血运行不畅而形成气滞血瘀的状态。气为血之帅，血为气之母，气行则血行，气血的正常流注被手术创伤所影响，导致气的推动功能减弱，使得血液无法流动而瘀滞在伤口局部，出现"不通则痛"，"不通则痛"是导致术后疼痛的最常见原因之一。

2. 经络受损阻塞

经络是运行全身气血、联络脏腑形体官窍、沟通上下内外、感应传导信息通路的系统，是人体结构的重要组成部分。手术过程中不可避免直接或间接损伤人体的经络系统，影响经络运行全身气血的作用，导致气血不能正常濡养脏腑与体表，出现不荣则痛。

3. 脏腑亏虚

“正气存内，邪不可干”，手术作为一种损伤性治疗，伤及人体正气，术后患者的脏腑处于相对虚弱的状态。人体正气受损，抗邪能力下降，机体易受外邪侵袭。脾为气血生化之源，术后脾胃运化功能减弱，气血生化不足，无法濡养机体。肾主一身之阳气，术后人体正气被伤，肾阳受损，气的温煦功能减弱，机体失于温煦，抗邪能力下降，机体易受外邪侵袭，内外合邪，导致疼痛。

二、术后疼痛的诊断与鉴别诊断

1. 诊断

（1）望诊 观察患者的神、色、形态，若患者术后出现面色苍白或萎黄，多提示气血不足，患者因术中失血较多，气血亏虚，无法濡养机体，导致“不荣则痛”。观察患者术后伤口，伤口多为红肿、有瘀斑，为瘀血阻滞、气血不畅，则导致“不通则痛”。

（2）闻诊 听患者声音的强弱，若患者术后出现声音无力虚弱，则可能因术中出血导致气血虚弱。若患者术后出现频繁的呻吟声，则一般表示疼痛较为剧烈。

（3）问诊 询问患者疼痛的性质，若疼痛为刺痛，夜间加重，则为瘀血阻滞，与手术损伤脉络有关；可根据患者的手术部位与疼痛部位作出诊断。

（4）切诊 若为弦脉，主痛证，与术后气血运行不畅有关；若为细脉，多为气血两虚，与手术耗伤气血有关。

2. 鉴别诊断

（1）神经病理性疼痛 疼痛性质为电击样、烧灼样、麻木样疼痛等。术后若出现此种性质的疼痛，则可能为手术过程中损伤神经，神经纤维发生异常放电所致。

（2）内脏痛 疼痛性质多为钝痛、胀痛、绞痛等，此种疼痛位置较深，定位相对不准确。

三、术后疼痛的辨证施治

1. 术后疼痛可分为实证与虚证

（1）实证 疼痛性质：多为刺痛、绞痛等较为剧烈的疼痛。刺痛的疼痛部位多固定，往往与瘀血阻滞，血行不畅相关，不通则痛。绞痛的疼痛较剧烈，如同刀绞，多与有形实邪阻滞气机或寒邪凝滞所致。实邪导致的疼痛通常较剧烈，患者难以忍受，疼痛常常影响睡眠、休息及日常活动。

（2）虚证 疼痛性质：多为隐痛、酸痛、空痛等较为轻微的疼痛。隐痛是指疼痛隐隐而作，绵绵不休，多由阴血亏虚、阳气不足、脏腑经脉失于濡养所致。酸痛是指疼痛时有酸楚不适感，多由气血亏虚，肌肉筋骨失养或湿着机表所致。空痛是指疼痛伴有空虚感，多由肾精亏虚、脑海失养或脏腑经络失养所致。虚证导致的疼痛通常较实证轻，患者一般可以耐受，但持续时间较长，且缠绵不愈。

2. 辨证分型

（1）气滞血瘀证

辨证要点 疼痛多为刺痛，疼痛部位固定，夜间加重，局部可见瘀斑或青紫肿胀。舌质紫暗或有瘀斑、苔薄白或薄黄，脉弦涩。

治法 活血行气、祛瘀通络、通痹止痛。

方药 身痛逐瘀汤加减。

药物 方中五灵脂、红花、桃仁、牛膝、川芎、没药通经活血；地龙、羌活、秦艽舒筋通络；香附行气通达；当归补血活血；甘草益气和中。

（2）气血亏虚证

辨证要点　疼痛多为隐痛，绵绵不休，活动后疼痛加重，面色无华，神疲乏力，少气懒言。舌淡、苔薄白，脉细弱。

治法　补益气血，缓急止痛。

方剂　八珍汤加减。

药物　人参、白术、茯苓、甘草健脾益气；当归、川芎、白芍、熟地黄养血活血。

（3）寒湿阻滞证

辨证要点　疼痛多为剧痛，遇寒加重，得温减轻，肢体沉重，或有冷感。舌质淡、苔白腻，脉濡缓或沉紧。

治法　散寒除湿，通络止痛。

方剂　独活寄生汤加减。

药物　独活、桑寄生、杜仲、牛膝祛风湿、补肝肾；细辛、防风、秦艽、肉桂散寒除湿、通络止痛；人参、茯苓、甘草、当归、川芎、白芍、熟地黄补益气血。

（4）热毒蕴结证

辨证要点　疼痛多为红肿热痛，伴发热，口干口苦，大便干结，小便短赤。舌质红、苔黄腻，脉滑数。

治法　清热解毒，消肿止痛。

方剂　五味消毒饮合黄连解毒汤加减。

药物　金银花、野菊花、蒲公英、紫花地丁、天葵子清热解毒；黄连、黄芩、黄柏、栀子泻火解毒。

第二节　现代医学对术后疼痛的认识

一、术后疼痛的定义和分类

1. 定义

术后疼痛即手术后疼痛（postoperative pain）是手术后即刻发生的急性疼痛，包括躯体痛和内脏痛，通常持续不超过 3～7 d，常见于创伤大的胸科手术和需较长时间功能锻炼的关节置换等手术，有时镇痛需持续数周。

2. 以受累部位为基础的分类方法

（1）切口痛　这是最常见的类型。手术切口周围皮肤有丰富的感觉神经末梢，当组织被切开，神经末梢受到刺激后产生疼痛信号传递到中枢神经系统。

（2）内脏痛　大部分手术操作涉及腹腔、胸腔等腔内脏器而引发疼痛。内脏器官的感觉神经对牵拉、炎症等刺激较敏感。

（3）肌肉痛　手术过程中，长时间牵拉、暴露肌肉或者局部缺血、乳酸堆积等原因使肌肉受损，出现疼痛。

3. 以疼痛程度为基础的分类方法

可根据视觉模拟评分量表（VAS）评估疼痛程度

（1）轻度疼痛（VAS 评分：1～3 分）　患者可以忍受，不影响日常活动（如休息、进食、简单的肢体活动等）。

（2）中度疼痛（VAS 评分：4～6 分）　患者会感到比较明显的疼痛，但是仍可以勉强忍受，对日常活动产生一定的影响。

（3）**重度疼痛（VAS 评分：7～10 分）** 患者难以忍受，会严重影响患者的睡眠、饮食和其他日常活动。

4. 以疼痛性质为基础的分类方法

（1）**急性锐痛** 疼痛性质尖锐，常在术后即刻出现，并且在伤口受到触碰、活动时加剧。

（2）**慢性钝痛** 疼痛性质多为隐痛、酸痛或者胀痛，通常术后数天、数周甚至数月后逐渐出现，并且随着时间的推移，疼痛的程度和频率可能会有所变化。

二、术后疼痛的产生机制

1. 外周敏化

手术直接损伤了创面部位的神经末梢，导致局部或全身炎症反应，释放致痛物质和炎性介质等物质，刺激位于外周初级伤害性痛觉感受器的 Aδ、C 类神经纤维末梢，使其对疼痛反应的阈值降低、对阈上刺激反应幅度增加，称为外周敏化。

2. 中枢敏化

外周伤害性刺激经初级感觉神经元敏化后促使脊髓背角突触后神经元末端释放 P 物质、脑源性神经营养因子等物质，引起脊髓背角神经元活动增强，对正常传入的信息产生过强的反应，上行传导至大脑皮层，加重疼痛反应，此过程称为中枢敏化。

三、术后疼痛对机体的影响

1. 术后疼痛的短期不利影响

（1）**氧耗量** 交感神经系统的兴奋增加全身氧耗，对缺血脏器有不良影响。

（2）**心血管功能** 心率增快、血管收缩、心脏负荷增加，心肌耗氧量增加，心脏病患者心肌缺血及心肌梗死的危险性增加。

（3）**呼吸功能** 手术损伤后伤害性感受器的激活能触发多条有害脊髓反射弧，使膈神经的兴奋脊髓反射性抑制，引起手术后肺功能降低，特别是上腹部和胸部手术后；疼痛导致呼吸浅快、呼吸辅助肌僵直致通气量减少、无法有力地咳嗽，无法清除呼吸道分泌物，导致肺不张和手术后肺部并发症。

（4）**胃肠运动功能** 导致胃肠蠕动减少和胃肠功能恢复延迟。

（5）**泌尿系统功能** 尿道及膀胱肌运动力减弱，引起尿潴留。

（6）**骨骼、肌肉和周围血管** 肌张力增加、肌肉痉挛、限制机体活动；促发深静脉血栓甚至肺栓塞。

（7）**神经内分泌及免疫** 神经内分泌应激反应增强，引发手术后高凝状态及免疫炎性反应；交感神经兴奋导致儿茶酚胺和分解代谢性激素的分泌增加，合成代谢性激素分泌降低；抑制体液和细胞免疫。

（8）**心理情绪** 可导致焦虑、恐惧、无助、忧郁、不满、过度敏感、挫折、沮丧；也可造成家属恐慌、手足无措的感觉。

（9）**睡眠** 睡眠障碍会产生心理和行为上的不良影响。睡眠障碍通常表现为：入睡困难、睡后易醒，醒后难以入睡、睡眠质量差，睡后仍感疲劳等。

2. 术后疼痛的长期不利影响

（1）手术后疼痛控制不佳是发展为慢性疼痛的危险因素。

（2）手术后长期疼痛（持续 1 年以上）是心理、精神改变的风险因素。

四、术后疼痛的影响因素

1. 患者因素

（1）**影响因素** 术后疼痛与患者的年龄、性别、性格特征和心理状态等密切相关。

（2）**痛阈个体差异** 不同患者的痛阈存在个体差异。

（3）**患者及家属的错误观念** 患者及家属存在害怕镇痛药物成瘾以及镇痛药物可能会引起呼吸抑制、恶心、呕吐等不良反应的错误观念，宁愿忍受疼痛也不愿使用镇痛药。

2. 手术因素

（1）**手术类型** 不同类型的手术对组织的损伤程度不同，从而影响术后疼痛的程度。例如开放手术与微创手术。

（2）**手术部位** 手术部位在神经分布密集区、深部组织、靠近关节部位等对术后疼痛影响的程度较大。

（3）**手术时间** 一般情况下，手术持续时间越长，组织暴露于外界的时间越长，受到的损伤可能越大，术后疼痛也就越严重。

（4）**手术操作技术** 手术过程中，医生对组织的牵拉或挤压程度会直接影响术后疼痛。同时，手术中的止血方式也与术后疼痛密切相关。

3. 环境因素

（1）**病房物理环境** 温度与湿度：病房温度过高或过低都会影响患者的舒适度，进而对术后疼痛产生影响。在高温环境下，人体新陈代谢加快，血管扩张，可能会使手术伤口局部充血、肿胀，增加疼痛感受器的刺激。相反，湿度过高则可能滋生细菌和霉菌，增加伤口感染的风险，感染后的炎症反应会加重疼痛。适宜的温度一般在 22～24℃，湿度在 50%～60%较为合适。

噪音水平：噪音是病房环境中常见的干扰因素。长时间处于嘈杂的环境中，患者的交感神经会兴奋，导致血压升高、心率加快，使患者对疼痛更加敏感。

（2）**病房社会环境** 医护人员的态度和沟通方式：医护人员的态度和沟通方式对患者的心理状态有着至关重要的影响，当医护人员详细地向患者解释疼痛的原因、持续时间以及缓解方法时，患者能够更好地应对疼痛，主观疼痛感受有所减轻。

家属的陪伴和支持：家属的陪伴与支持能够缓解患者的焦虑情绪，同时家属的积极参与也有助于患者更好地配合治疗和护理，促进康复，间接减轻术后疼痛的不利影响。

五、术后疼痛西医治疗原则

1. 预防性用药

采用超前镇痛模式，在术前使用镇痛药物（如非甾体抗炎药），减轻手术创伤引发的炎症反应与疼痛。术中合理应用麻醉药物，确保麻醉平稳，减少伤害性刺激传入；术后按时规律给予镇痛药物。术前、术中、术后预防性采取措施以提高疼痛治疗效果和减轻疼痛导致的不良反应。

2. 个体化用药

根据患者的年龄、性别、身体状况、手术部位及切口大小、疼痛耐受程度等制定个体化用药方案。

3. 多模式镇痛

联合使用不同作用机制的镇痛药物，协调发挥镇痛作用，增强镇痛效果（如非甾体抗炎药与阿片类药物联合使用）。

4. 按时规律给药

按时规律给药，维持有效的血药浓度，持续控制疼痛。避免按需给药导致血药浓度波动，使疼痛得不到有效控制。

第三节 术后疼痛评估

手术后疼痛是手术后即刻发生的急性疼痛，主要集中在术后 24～72 h，通常持续 3～7 d。据报道，60%～75%的患者会经历中度及以上的术后疼痛。疼痛评估包括对疼痛强度的评估，对疼痛原因及可能并发的生命体征改变的评估，对治疗效果和不良反应的评估，患者满意度的评估等。在急性疼痛中，疼痛强度是最重要的评估指标之一。

一、疼痛强度和治疗效果评估

（一）疼痛强度评分法

1. 视觉模拟评分法（VAS）

一条标尺，患者面无任何标记，医师面为 1～100 mm 刻度，一端标示“无痛”，另一端标示“最剧烈的疼痛”，患者根据疼痛的强度标定相应的位置，由医师确定其分值。

2. 数字等级评定量表（NRS）

用 0～10 数字的刻度标示出不同程度的疼痛强度等级，由患者指认，0 为无痛，10 为最剧烈疼痛，4 以下为轻度痛（不影响睡眠），4～7 为中度痛，7 以上为重度痛（导致不能睡眠或从睡眠中痛醒）。

3. 语言等级评定量表（VRS）

将描绘疼痛强度的词汇通过口述表达为无痛、轻度痛、中度痛和重度痛。

4. Wong-Baker 面部表情量表

由 6 张从微笑或幸福直至流泪的不同表情的面部象形图组成（详见第一章）。这种方法适用于交流困难的人群，如儿童、老年人、意识不清或不能用言语准确表达的患者，但易受情绪、文化、教育程度、环境等因素的影响，应结合具体情况使用。

（二）治疗效果评估

应定期评价药物或治疗方法的疗效和不良反应，尤其应关注生命体征的改变和是否出现患者难以忍受的不良反应，并据此作相应调整。在疼痛治疗结束后应由患者评估满意度。

评估原则包括：①评估静息和运动时的疼痛强度，只有运动时疼痛减轻才能保证患者术后躯体功能的最大恢复。②在疼痛未稳定控制时，应反复评估每次药物和治疗方法干预后的效果。原则上静脉给药后 5～15 min、口服用药后 1 h，药物达最大作用时应评估治疗效果；对于 PCA 患者应该了解无效按压次数，是否寻求其他镇痛药物。③记录治疗效果，包括不良反应。④对突发的剧烈疼痛，尤其是生命体征改变（如低血压、心动过速或发热）应立即评估，并对可能的切口裂开、感染、深静脉血栓和肺栓塞等情况做出及时诊断和治疗。⑤疼痛治疗结束时应由患者对医护人员处理疼痛的满意度及对整体疼痛处理的满意度分别做出评估。可采用 NRS 或 VAS，“0”为十分满意，“10”为不满意。

疼痛评估应定时进行，如能绘制出疼痛缓解曲线，则可更好地记录患者的疼痛和镇痛过程。

（三）评估方法

近年来，多项研究推荐使用功能活动评分法（Functional Activity Score，FAS）对手术患者进行活动性疼痛评估。FAS 用于评估患者日常生活中的功能活动能力。其适用范围广泛，可用于评估各类疾病和病情。临床上用来评估患者术后活动性疼痛，如在深呼吸、咳嗽、翻身、下床活动或进行物理治疗时，疼痛对术后患者功能活动的影响。评分标准为：

Ⅰ级：疼痛完全没有限制功能活动，患者能够如常完成某项功能活动；

Ⅱ级：疼痛轻度限制功能活动，患者经非药物措施（如按压伤口、使用胸带）后能如常开展功能活动；

Ⅲ级：疼痛中度限制功能活动，患者采用非药物措施（如按压伤口、使用胸带）后能尝试开展功能活动，但是因疼痛无法完成整项功能活动；

Ⅳ级：疼痛重度限制功能活动，患者即使采取了非药物措施（如按压伤口、使用胸带），仍然无法尝试开展功能活动。

以上疼痛评分方法适用于12岁以上儿童、成人及老年患者。

（四）手术后疼痛管理及监测

1. 目标

急性疼痛管理的目标有：

1）在安全的前提下，持续、有效镇痛。

2）无或仅有易于忍受的轻度不良反应。

3）最佳的躯体和心理功能，最高的患者满意度。

4）促进患者手术后康复。

2. 管理模式和运作

有效的手术后镇痛需由团队完成，成立全院性或以麻醉科为主，包括外科主治医师和护士参加的急性疼痛管理组（APS）或各种联合术后疼痛管理团队（PMDT），能有效提高手术后镇痛质量。工作范围和目的包括：①治疗手术后疼痛、创伤和分娩痛，评估并记录镇痛效应，处理不良反应及镇痛相关问题；②推广手术后镇痛必要性的教育和疼痛评估方法，既包括团队人员的培训，也包括患者的健康教育；③提高手术患者的舒适度和满意度；④减少手术后并发症。

良好的手术后疼痛管理是保证手术后镇痛效果的重要环节，在实施时应强调个体化治疗。疼痛治疗团队不但要制定镇痛策略和方法，还要落实其执行，检查所有设备功能，评估治疗效果和不良反应，按需作适当调整，制作表格记录手术后镇痛方法、药物配方、给药情况、安静和运动（如咳嗽、翻身、肢体功能锻炼）时的疼痛评分（VAS或NRS）、镇静评分及不良反应。

二、术后疼痛评估工具

（一）儿童术后疼痛评估工具

1. Oucher疼痛评分

该评分将垂直的0～10的数字量表和面部表情结合，并有专门针对亚洲儿童面部表情制作的评分尺。其与面部表情评分、VAS评分有很好的相关性（图8-1）。

该量表可以较好地评估患儿术后或使用镇痛药物后的疼痛程度变化情况，但一般只适用能数到100的6岁以上儿童。

2. Manchester疼痛评分

该评分在Oucher评分的基础上，用广受儿童喜爱的大熊猫面部表情代替了欧洲或者亚洲儿童的面像，将不同面部表情的大熊猫放在梯子上，越到梯子的上端疼痛越严重，同时小儿的活动也受到影响。分值0～10分，其适用范围同Oucher评分（图8-2）。

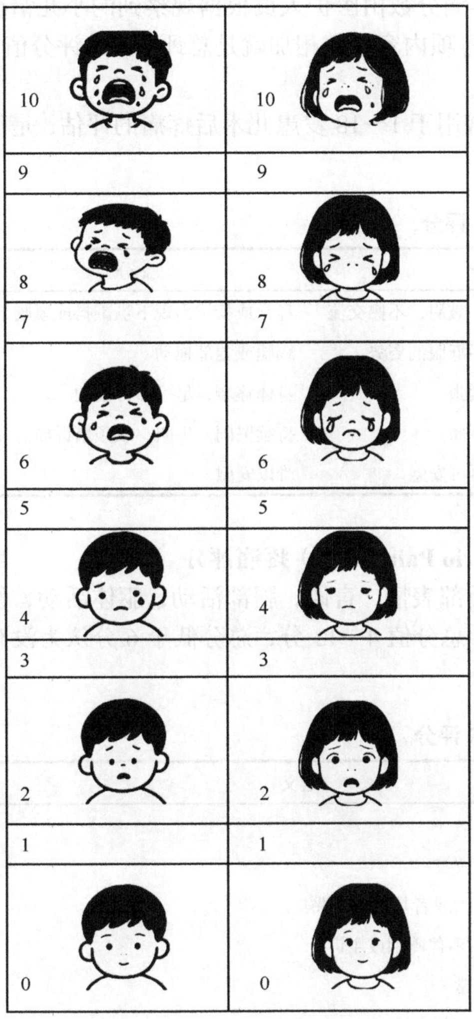

图 8-1 Oucher 疼痛评分

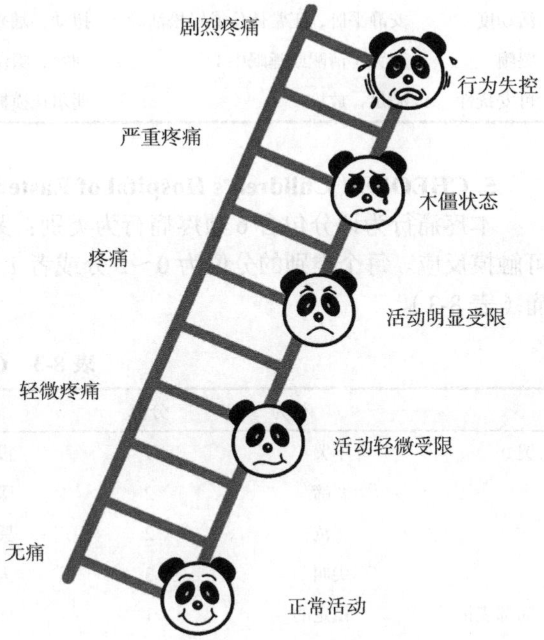

图 8-2 Manchester 疼痛评分

3. CRIES（Crying，Requires O_2 saturation，Increased vital signs，Expression，Sleeplessness）评分

通过哭泣、呼吸、循环、面部表情和睡眠等进行评估，分值 0～10 分（表 8-1）。分值越高，认为疼痛越严重。CRIES 评分适用于不能用言语表达疼痛的婴儿。

表 8-1 CRIES 评分

项目	0 分	1 分	2 分
哭闹	无（非高调哭）	高调哭但可安抚	高调哭但不可安抚
SPO_2＞95%所需的氧浓度（%）	无	＜30%	＞30%
生命体征	心率和平均血压≤术前值	心率或平均血压增高但幅度＜术前值的 20%	心率或平均血压增高
面部表情	无痛苦表情	频繁觉醒	幅度＞术前值的 30%
睡眠障碍	无		不能入睡

4. FLACC（Face，Legs，Activity，Cry，Consolability）评分

是儿童手术后疼痛评估的常用方法，它包括 5 项内容：表情（Face）、肢体动作（Legs）、行为

（Activity）、哭闹（Cry）和安慰性（Consolability）。疼痛分数由医护人员根据观察到的小儿情况与量化表中内容对照而得。每一项内容按 0～2 分评分，各项内容分数相加就是总评分，总评分值 0～10 分，分值越高，认为疼痛越严重。

用 FLACC 量表法，医师需观察儿童 1～15 min。常用于 1～18 岁患儿术后疼痛的评估，是住院手术患儿首推的评估方法（表 8-2）。

表 8-2 FLACC 评分

项目	0 分	1 分	2 分
脸	微笑或无特殊表情	偶尔出现痛苦表情，皱眉，不愿交流	经常或持续出现下颚颤抖或紧咬下颚
腿	放松或保持平常的姿势	不安，紧张，维持不舒服的姿势	踢腿或腿部拖动
活动度	安静平卧，正常体位或轻松活动	扭动，翻来覆去，紧张	身体痉挛，呈弓形，僵硬
哭闹	不哭（清醒或睡眠中）	呻吟，啜泣，偶尔诉痛	持续哭闹，尖叫，或频繁诉痛
可安抚性	满足，放松	偶尔抚摸拥抱和言语可安慰	难以安慰

5. CHEOPS（Children's Hospital of Eastern Ontario Pain Scale）疼痛评分

本疼痛行为评分包含 6 项疼痛行为类别：哭闹，面部表情，言语，腿部活动，躯体活动，伤口可触摸反应。每个类别的分值为 0～2 分或者 1～3 分，总分值 4～13 分，总分低于 6 分认为没有疼痛（表 8-3）。

表 8-3 CHEOPS 评分

行为		分值	定义
哭	不哭	1	没有哭闹
	悲啼	2	啜泣或无声哭泣
	哭泣	2	哭但哭声不大或者是抽噎的哭
	尖叫	3	大声哭喊伴/不伴呜咽或主诉
面部表情	镇定的	1	面部表情正常
	鬼脸	2	明确的负面面部表情
	微笑的	0	明确的正面面部表情
言语	无	1	不说话
	抱怨其他	1	抱怨，和疼痛无关，如：“我想见妈妈”或“我口干”
	抱怨疼痛	2	抱怨疼痛
	抱怨两者	2	抱怨疼痛，也抱怨其他的，如：“好痛；我想我妈妈”
	积极表现	0	儿童诉说的积极话语或者是谈论除疼痛外的其他事情
躯干	中立的	1	身体（不是四肢）静止，躯干没有活动
	弯曲的	2	身体呈移动或弯曲的姿势运动
	紧张的	2	身体弯曲成弓形或僵硬
	战栗的	2	身体不自主震颤或颤抖
	笔直的	2	儿童处于垂直位或直立位
	强迫体位	2	身体强迫体位
触摸	无触摸	1	儿童没有触摸或抓伤口
	伸手	2	儿童伸手拿东西但不触摸伤口
	触摸	2	儿童轻轻地触摸伤口或伤口区域

续表

	行为	分值	定义
腿	抓	2	儿童剧烈地抓伤口
	受限制	2	儿童的手被限制
	中立的	1	腿处于任何放松的姿势，包括轻轻的游泳状或分隔开样的运动
	扭曲/踢	2	腿和/或除去足或双足确定的不舒服或不自在的运动
	拖动/紧张的	2	腿紧张的和/或紧紧地拖动身体和保持不动
	直立	2	直立、蜷缩、跪位
	受限制的	2	小儿的腿被束缚

因其评分体系与其他量表的统计方法不同，评估内容较复杂，在繁忙的临床工作中不太实用。CHEOPS 疼痛评分适用于 6 个月以上儿童的术后疼痛评估。

6. Comfort 评分

通过观察患儿的警觉程度、情绪状态（平静或焦虑）、呼吸反应、体动、血压、肌肉张力、面部紧张程度等了解患儿镇静舒适程度，常用于辅助上面介绍的各种疼痛评分。Comfort 评分主要用于新生儿到 17 岁的 ICU 患者的观察，以及新生儿至 3 岁手术后患儿的疼痛评估。

表 8-4 Comfort 评分

	1	2	3	4	5
警觉程度	深睡眠	浅睡眠	昏昏欲睡	完全清醒和警觉	高度警惕
平静或激动	平静	轻度焦虑	焦虑	非常焦虑	惊恐
呼吸反应	无咳嗽且无自主呼吸	稍微的自主呼吸或对机械通气无反应	偶尔咳嗽或呼吸对抗	呼吸对抗活跃，频繁咳嗽	严重呼吸对抗、咳嗽/憋气
体动	无体动	偶尔轻微体动	频繁轻微体动	四肢有力活动	躯干及头部有力活动
血压	低于基线值	始终在基线值	偶尔升高超过 15%或更多（观察期间 1～3 次）	频繁升高超过 15%或更多（>3 次）	持续升高超过 15%
心率	低于基线值	始终在基线值	偶尔升高超过 15%或更多（观察期间 1～3 次）	频繁升高超过 15%或更多（>3 次）	持续升高超过 15%
肌肉张力	肌肉完全放松，没有张力	肌肉张力减低	肌肉张力正常	肌肉张力增加，手指和脚趾弯曲	肌肉极度僵硬，手指和脚趾弯曲
面部紧张程度	面部肌肉完全放松	面部肌肉张力正常，无面部肌肉紧张	面部部分肌肉张力增加	面部全部肌肉张力增加	面部扭曲，表情痛苦

Comfort 评分共包括 8 个项目，每一个项目评分为 1～5 分，总分为 40 分（表 8-4）。将镇静程度分为 3 级：8～16 分为深度镇静；17～26 分为轻度镇静；27～40 分为镇静不足、躁动。其中，Comfort 评分 17～26 分（轻度镇静）为镇静满意。

（二）老年患者疼痛评估工具

除上述疼痛评估工具外，老年患者还可采用行为疼痛评分（BPS），也适用于气管插管患者，评分越高，疼痛越剧烈（表 8-5），镇痛目标为 BPS<6 分。

表 8-5 行为疼痛评分量表（BPS）

疼痛行为相关指标	1 分	2 分	3 分	4 分
面部表情	放松	无疼痛相关发声	完全紧张	扭曲
上肢运动	无活动	部分弯曲	手指、上肢弯曲	完全回缩
机械通气顺应性（插管）	完全能耐受	呛咳，大部分时间能耐受	对抗呼吸机	不能控制通气
发声（非插管）	无疼痛相关发声	呻吟≤3 次/min 且每次持续时间≤3 s	呻吟>3 次/min 或每次持续时间>3 s	咆哮或使用“哦”“哎呦”等言语抱怨，或屏住呼吸

其中，VRS 是最敏感和可靠的方法，数字等级评分接受度最高。对完全无法交流的老年患者目前尚无国际公认的术后疼痛评估方式，患者的面部表情、发声和肢体动作等可作为疼痛评估的参考指标。

第四节 术后疼痛治疗

术后镇痛的目的是显著减轻疼痛，将术后疼痛控制在患者能够承受的范围内，并尽力把不良反应发生率降到最低。依据目前的技术水平，术后镇痛的安全性很高，效果也十分显著。

一、术后镇痛的目的及意义

1. 减少患者术后痛苦，符合以人为本的原则

术后疼痛是手术创伤的直接后果，有效的镇痛可以显著减轻患者的痛苦感受。这不仅有助于患者的身体舒适，还能改善其情绪状态，减少焦虑和烦躁，从而提高睡眠质量。

2. 使患者能早期进行术后康复训练，有助于术后短期和长期康复

镇痛有助于患者进行早期活动和功能锻炼，这对于预防术后并发症（如深静脉血栓形成、肌肉萎缩等）至关重要。例如在骨科手术后，疼痛控制良好的患者可以更早地进行关节活动和肌肉收缩练习，加快肢体功能的恢复。

3. 减少术后并发症的发病率和死亡率

根据相关研究，完善的术后镇痛可以提高病人的生活质量，通过减轻疼痛和不适，改善病人的呼吸和循环功能，促进伤口愈合，加快术后康复。此外，镇痛还能减少因疼痛导致的不敢深呼吸和咳嗽等现象，降低肺部感染的风险。

4. 降低慢性疼痛的发病率

通过合理的镇痛管理策略，可以显著减少手术后患者经历的长期疼痛，从而降低慢性疼痛的发生率。

有效的镇痛还可以通过改善睡眠、增强术后免疫功能、使患者敢于咳嗽排痰、提前下床活动等方式来提升术后康复效果，有效减少肺部感染、下肢静脉栓塞、肠粘连等术后并发症。良好的术后镇痛在有利于患者康复的同时，还能缩短住院时间以及相应的费用。

二、超前镇痛与多模式镇痛

早在 20 世纪初，Crile 首次提出了“超前镇痛”概念，指出外科手术切皮之前给予一定的药物治疗措施以阻断伤害性信息的产生及传递，由此显著降低术中痛和预防术后痛。目前，“超前镇痛”在临床麻醉镇痛领域已被定义为阻止外周伤害性传入冲动向中枢传递及传导而建立的一种临床多模式或多药物联合的镇痛治疗方法，在减弱术中疼痛和预防术后疼痛中发挥着重要的作用。

（一）超前镇痛

超前镇痛是一种在手术或创伤发生前采取的镇痛措施，旨在通过阻断疼痛信号的传递，减少外周和中枢神经的敏感化，从而减轻或预防术后疼痛。这种方法的关键在于在伤害性刺激发生之前就开始镇痛，以达到最佳的镇痛效果[13][14]。

1. 超前镇痛的机制

阻断疼痛信号的传递：通过使用药物或神经阻滞技术，减少伤害性刺激对神经末梢的影响，从而降低疼痛信号的传递。

减少外周和中枢神经的敏感化：通过干预疼痛信号的处理过程，防止外周和中枢神经对疼痛信号的过度反应，即防止痛觉过敏和痛觉超敏。

2. 超前镇痛的应用

药物应用：常用的超前镇痛药物包括阿片类药物、非甾体抗炎药（NSAIDs）、N-甲基-D-天冬氨酸（NMDA）受体拮抗剂等。这些药物可以通过不同的机制阻断疼痛信号的传导。具体如下：

（1）阿片类药物 阿片类药物的镇痛效果是共知的。需要注意的是，阿片类药物不是理想的超前镇痛用药方案，医生可以根据自己对药物的掌握程度组合用药。阿片类药物可针对不同的受体（如μ/δ/κ）而发挥时效长短不等的镇痛作用，可以选择作用不同受体的阿片类药物做超前镇痛。

（2）局部麻醉药 局部麻醉药的应用非常广泛，常用的有短效的利多卡因，中长效的布比卡因和罗哌卡因。在手术切皮前局部浸润麻醉，能够阻断因伤害性刺激所引起的系列心血管反应。而在手术结束前再次局部浸润伤口，可减少因伤口痛引起的术后疼痛。

（3）非甾体抗炎药（NSAIDs） NSAIDs药物在临床上应用很广泛，其主要通过降低外周环氧合酶和前列腺素合成酶活性，从而减少内源性炎性因子对伤害性神经纤维（如A-δ和C类）的刺激和兴奋作用，从而抑制外周敏化。

（4）NMDA受体拮抗剂 NMDA受体被激活后能促使疼痛反应增强。临床中使用NMDA受体拮抗剂（如氯胺酮和右美沙芬），通过抑制脊髓中枢敏化现象，来达到超前镇痛作用。

（5）镇痛措施

1）α_2-肾上腺素受体激动剂：α_2-肾上腺素受体激动剂是临床最常用的镇静剂，其应用最广泛的是右美托咪定，可通过抑制兴奋性氨基酸谷氨酸、门冬氨酸达到抑制疼痛反应的目的。

2）神经阻滞技术：如椎管内阻滞或区域神经阻滞，可以直接阻断疼痛信号的传导路径。

3）联合镇痛措施：联合镇痛是采用多模式的镇痛方案来缓解疼痛，作为超前镇痛的方法可获得较好的镇痛效果，又能减轻单一镇痛方法引起的不良反应。常用的联合镇痛方法有：a. 在外周应用局麻药、NSAIDs、阿片类药物或其他镇痛药。b. 在脊髓水平应用局麻药、阿片类药物等。c. 上述技术的联合使用。d. 术前、术中和术后镇痛的使用。

3. 注意事项

超前镇痛虽然可以显著减少术后疼痛，但也可能增加术中和术后的并发症风险，如恶心呕吐、呼吸抑制等。

因此，面对如此多可被用于超前镇痛的药物，在选择超前镇痛方案时，需要综合考虑患者的具体情况和手术需求。针对不同的手术类型及手术刺激强度，采用两种或多种镇痛药物的联合镇痛方法，达到围术期镇痛目的。例如，在手术切口局部麻醉药的基础上，联合阿片类药物，通过减少局部疼痛刺激引起的血流动力学显著波动，使患者术中循环更平稳，减少术后心、脑血管意外发生的概率。而对于骨科手术，可以在术前通过神经阻滞泵行持续性的神经阻滞，不仅可以减少术中麻醉药用量，还可在不影响患者肢体活动的前提下，达到术后镇痛目的。同时，右美托咪定作为临床中辅助性镇静镇痛药，联合阿片类药物，不仅达到了较好的镇痛作用，同时使患者减少苏醒期躁动，苏醒平稳，对于本身合并有心血管疾病的患者，苏醒期心脑血管意外的发生率明显下降。总之，超前镇痛是一种有效的疼痛管理策略，通过合理的药物选择和技术应用，可以在保证手术安全的同时，提高患者的术后生活质量。

（二）多模式围术期镇痛

多模式镇痛，是通过联合不同作用机制的镇痛药物和多种镇痛方法。通过作用于疼痛传导通路的不同靶点，发挥镇痛的相加或协同作用，减少外周和中枢敏感化，而获得最佳镇痛效果，同时减少单种镇痛药剂量，减少不良反应[15]。下面，我们系统地介绍多模式镇痛的各种模式：

1. 药物联合镇痛

主要是指经胃肠道（口服或者直肠给药）或静脉途径进行镇痛的方法，应用方便，操作简单。对于持续性术后疼痛患者可连续静脉输注联合患者自控镇痛。

阿片类药物 阿片类药物是一类最经典、镇痛作用最强的麻醉性镇痛药，是治疗中重度急性疼痛的最常用药物，通过激动外周和中枢神经系统阿片受体发挥镇痛作用。根据镇痛强度的不同，阿片类药物可分为强阿片药和弱阿片药：弱阿片类药物有可待因、双氢可待因等，主要用于轻、中度急性疼痛镇痛。强阿片类药物包括吗啡、芬太尼、哌替啶、舒芬太尼、羟考酮和氢吗啡酮等，主要用于手术后中、重度疼痛治疗。除了上述阿片类激动药物外，还包括激动拮抗药和部分激动药，如布托啡诺、地佐辛、喷他佐辛、纳布啡、丁丙诺啡，主要用于手术后中度疼痛的治疗，也可作为多模式镇痛的组成部分用于重度疼痛治疗。

阿片类药物常见不良反应，有术后恶心、呕吐、瘙痒、便秘、组胺释放、过度镇静、瞳孔收缩、呼吸抑制等。另外，使用时还应注意其成瘾性和耐受性。目前临床上主要是通过联合其他镇痛药物减少阿片类药物使用剂量，从而减少其不良反应。相关研究表明，胃肠道功能抑制是影响外科康复的主要因素之一。另外，在阿片类药物术后镇痛治疗时最危险的不良反应是呼吸抑制，应予以警惕。

下面，我们列举几个经典且临床广泛使用的阿片类药物的特点：

1）瑞芬太尼：在阿片类药物中，瑞芬太尼是一种具有出色的药代动力学特性的镇痛药，是真正的短效阿片类药物。瑞芬太尼对呼吸有抑制作用，但停药后恢复迅速，停止输注后 3～5 min 可恢复自主呼吸。瑞芬太尼不引起组胺释放，但也可引起恶心、呕吐和肌僵硬，发生率较低。

2）芬太尼：是当前临床麻醉中最常用的麻醉性镇痛药。芬太尼的镇痛强度为吗啡的 75～125 倍，作用时间约 30 min。芬太尼对呼吸有抑制作用，剂量较大时潮气量也减少，甚至呼吸停止。芬太尼对心血管系统的影响轻微，不抑制心肌收缩力，一般不影响血压。芬太尼同瑞芬一样，没有组胺释放的作用。芬太尼的脂溶性很强，易于透过血-脑脊液屏障而进入脑。反复多次注射芬太尼，可产生蓄积作用，其作用持续时间延长。快速静脉注射芬太尼，可引起胸壁和腹壁肌肉僵硬而影响通气。

3）舒芬太尼：舒芬太尼是芬太尼的衍生物，其作用与芬太尼基本相同。舒芬太尼的镇痛作用更强，为芬太尼的 5～10 倍，作用持续时间约为其 2 倍。舒芬太尼的亲脂性约为芬太尼的 2 倍，更易透过血-脑脊液屏障。

2. 非甾体抗炎药

阿片类药物虽有很强的镇痛作用，并不能阻止炎症介质的释放。非甾体抗炎药（NSAIDs）是一类一直被用于阻断急性和慢性疼痛中炎症介质释放的成熟药物，是一类具有解热、镇痛作用、绝大多数还兼有抗炎和抗风湿作用的药物。它们可以在术中和术后保持恒定的前列腺素抑制水平，非甾体抗炎药在痛觉中枢和外周均起作用。

下面，我们从非甾体抗炎药的作用机制、化学结构分类以及适用范围几个方面对其详细介绍：

1）作用机制：发挥镇痛作用的主要机制是抑制环氧化酶（COX），使前列腺素合成减少。

2）化学结构分类：非甾体抗炎药分为水杨酸类、苯胺类、吡唑酮类、吲哚醋酸类、邻氨基苯甲酸类和芳基烷酸类。根据对环氧化酶（COX）的选择性，可分为非选择性 COX 抑制剂（如布洛芬、萘普生、氟比洛芬、双氯芬酸、萘丁美酮，酮咯酸，吲哚美辛）和选择性 COX-2 抑制剂（塞来昔布，帕瑞昔布针剂等）。

3）适用范围：非甾体抗炎药常与阿片类药物、非阿片类镇痛药以及区域阻滞组成多模式镇痛；亦可单独用于小手术术后镇痛。非甾体抗炎药有封顶效应，无耐受性和依赖性。需要指出的是，凝血功能障碍、胃肠道出血、肾功能异常和影响骨骼愈合等不良反应主要与非甾体抗炎药抑制环氧化酶和前列腺素合成有关。因此，禁用于有消化性溃疡、肾功能不全、出血倾向病史、近期接受冠状动脉搭桥术的患者。另外，也有证据表明非甾体抗炎药在结直肠切除术中增加吻合口瘘率。

3. 对乙酰氨基酚

这是一种临床广泛应用的解热镇痛药物，口服在小肠被迅速吸收，生物利用度为63%～89%。对乙酰氨基酚可以和其他非甾体抗炎药合用，并且也可以经直肠或者静脉给药。

需要注意的是，对乙酰氨基酚的作用机制尚不明确；大部分在肝脏代谢，中间代谢产物对肝脏有毒性；以葡萄糖醛酸结合物形式从肾脏排泄，半衰期一般为 1～4 h。适用于轻、中度疼痛；与阿片类药物合用治疗中、重度疼痛。

4. 辅助镇痛药

主要包括抗惊厥药物、糖皮质激素及利多卡因。

（1）抗惊厥药物 对于神经病理性疼痛有良好的效果，在三叉神经痛和糖尿病周围神经病变中作用尤为突出。适用于合并神经病理性疼痛或术后慢性疼痛高危手术（如神经损伤大的手术，如骶骨肿瘤切除术）；加巴喷丁还可以用于术后疼痛治疗的辅助用药。

（2）糖皮质激素 由于其抗炎和可能的镇痛作用而广泛应用于疼痛的治疗。给药途径丰富，可以局部、口服、胃肠外、静脉、皮下、滑囊内、关节内和硬膜外给药。但需要注意的是，糖尿病患者慎用。

（3）利多卡因 相关研究表明，全身使用局部麻醉药物也可以用来治疗神经病理性疼痛。局部麻醉药物的全身应用可以产生镇静和中枢性镇痛作用，利多卡因是最为常用的药物。可以缓慢推注或连续输注给药。输注过程中应监测心电图、血压、呼吸和精神状态，备齐复苏设备。需要注意的是，当患者出现中毒症状时应减缓或终止注药，包括耳鸣、迟钝、过度镇静以及眼球震颤等。

5. 其他

主要包括氯胺酮、曲马多及右美托咪定。

（1）氯胺酮 是一种非竞争性的 NMDA 受体拮抗剂，其通过阻断 NMDA 受体，减少中枢“上发”的致敏作用，从而减少阿片类药的耐受。大量研究表明，氯胺酮可以减少术后恶心、呕吐的发生率，同时其不良反应轻微。

（2）曲马多 是一种非典型阿片类药物，与经典阿片类药物不同的是，它还通过抑制去甲肾上腺素能和血清素能再摄取来调节单胺能系统。这些特殊的药理特性使得曲马多成为治疗中度至重度疼痛最常用的处方止痛药之一。曲马多被认为在缓解神经性疼痛方面是有效的，此外，在同等剂量下曲马多比传统阿片类药物的戒断反应和呼吸抑制作用更少。曲马多与非甾体抗炎药联合使用时，具有协同作用。

（3）右美托咪定 是一种新型高选择性 α_2 肾上腺素受体激动剂，能够激活神经元的 G1 蛋白依赖性钾离子通道，使细胞膜超极化，从而阻断神经元的放电和局部信号传导。术后应用右美托咪定镇静的患者易被唤醒，并且具有抗焦虑、减少麻醉与手术引起的交感反射的作用，且可减少镇痛药物剂量，但对血容量不足和心脏传导阻滞的患者应慎用。

（三）微创镇痛技术

主要包括周围神经阻滞、中枢神经阻滞和伤口局部浸润等方法。特点是，镇痛效果确切，全身不良反应轻微，是多模式镇痛中重要的基础镇痛方式。操作技术要求较高，超声引导下可大大提高安全性和准确性。单次注射维持时间不够时，可反复注射，或采用留置导管持续给药的方式。必要时联合应用非甾体抗炎药或阿片类药物。

1. 外周神经阻滞方法

（1）**臂丛神经阻滞** 可阻滞 C_5～T_1 神经支配区域。

（2）**股神经阻滞** 可阻滞 L_2～L_4 神经覆盖范围。需要注意的是，单次股神经镇痛不能为膝关节置换及髋关节置换提供完善的术后镇痛，特别是膝关节置换后腘窝痛，还应联合应用口服药物或加用坐骨神经阻滞。

（3）**坐骨神经阻滞** 可阻滞 L_4～S_3 神经覆盖范围。

（4）**腰丛神经阻滞** 可阻滞由第 12 胸神经前支的一部分、第 1 至第 3 腰神经前支和第 4 腰神经前支的一部分。

（5）**腹横肌平面阻滞（TAP）** 可阻滞 T_{10}～T_{12} 神经覆盖范围。常用镇痛配方为 0.25%～0.35% 罗哌卡因 20～30 mL。需要注意的是，单次给药作用时间较短，术后应合用口服镇痛药物。

（6）**肋间神经阻滞** 除 T_1 神经前支和 T_{12} 神经前支分别参与组成臂丛和腰丛外，其余肋间神经均走行于相应肋间隙。常用镇痛配方为，每个肋间 0.5%～0.75%罗哌卡因或布比卡因 2～3 mL。需要注意的是，肋间神经阻滞可以作为外科手术后的辅助镇痛手段，此外还应口服阿片类药物、静脉镇痛药物等方式。高浓度局麻药阻滞时，一次不宜超过 4 个肋间，以避免影响同侧胸式呼吸。

（7）**椎旁阻滞** 可分为颈椎旁阻滞（C_2～C_7 进行）和胸椎旁阻滞（可自 T～T_{12} 椎旁入路）。常用镇痛配方为椎旁神经阻滞每个穿刺点可给予 0.375%～0.5%罗哌卡因或布比卡因 8～20 mL。需要注意的是，椎旁神经阻滞可以作为外科手术后的基础镇痛手段，多模式镇痛中还应联合非甾体抗炎药，可口服或胃肠外用药。

（8）**颈丛阻滞** 可阻滞 C_1～C_4 前支神经。一般单次给药，适用于颈部手术、锁骨手术及肩部手术（配合臂丛神经阻滞）术后镇痛。常用镇痛配方为 0.25%～0.5%罗哌卡因或 1%利多卡因 10～15 mL。需要注意的是，禁止双侧颈深丛阻滞；颈深丛阻滞可能出现 Horner 综合征和单侧膈神经阻滞；可能存在镇痛不全，需要配合应用静脉注射镇痛药物或口服镇痛药物。

（9）**前锯肌阻滞** 可阻滞肋间神经侧皮支。适用于胸廓前、侧部术后镇痛。常用镇痛配方为，0.5%～0.75%罗哌卡因或布比卡因 20～30 mL。需要注意的是，前锯肌阻滞可以作为外科手术后的辅助镇痛手段，此外还应联合应用口服阿片类药物、静脉镇痛等方式。

2. 中枢神经阻滞方法

（1）蛛网膜下腔阻滞，蛛网膜下腔注射局麻药或阿片类药物，用于下腹部手术术后镇痛及下肢手术术后镇痛。蛛网膜下腔注射吗啡，可用于全身各部位手术后疼痛的治疗。

常用镇痛配方单次给药：芬太尼 5～25 μg 或舒芬太尼 2～10 μg 或吗啡 0.1～0.2 mg。需要注意的是，老年患者需要注意体位性低血压。注射阿片类药物，需注意监测呼吸功能。

（2）硬膜外阻滞，在不同节段的硬膜外腔注射局部麻醉药或阿片类药物，硬膜外阻滞原则上能够满足颈部以下所有部位的手术后镇痛需求。常用镇痛配方为：罗哌卡因 0.125%～0.2%（年老体弱者用 0.125%）+芬太尼（2～4 μg/mL，或吗啡 0.05～0.1 mg/mL 或舒芬太尼 0.6 μg/mL）。电子泵设置建议：背景剂量 1～3 mL/h，PCA 量 3～4 mL，锁定时间 10～15 min。需要注意的是，必须通过对试验剂量观察，避免误将局麻药注入蛛网膜下腔或血管。

3. 局部注射镇痛

（1）**膝关节**

1）适用范围：膝关节置换术后镇痛。

2）镇痛配方：0.2%罗哌卡因+肾上腺素 0.25 mg，总容量 100 mL。

3）注意事项：膝关节周围浸润镇痛一般不单独应用于膝关节置换术后镇痛，需要联合应用股神经阻滞或收肌管阻滞镇痛或静脉镇痛药物或口服镇痛药物。

（2）髋关节

1）适用范围：髋关节手术术后镇痛。

2）镇痛配方：0.2%罗哌卡因，总容量 20～50 mL，伤口周围浸润。

3）注意事项：髋关节周围浸润镇痛一般不单独应用于髋关节置换术后镇痛，需要配合应用髂筋膜镇痛或静脉镇痛药物，同时还应加用口服镇痛药物。

（3）伤口周围浸润

1）适用范围：各种手术术后镇痛。

2）镇痛配方：0.2%～0.75%罗哌卡因，总容量 20～50 mL，伤口周围浸润。

3）注意事项：除非体表小手术，伤口周围浸润镇痛一般不单独应用，需要配合其他术后镇痛方式，同时还应加用口服镇痛药物。

4. 非药物镇痛方法

某些非药物措施，包括心理干预，都可以有很好的辅助镇痛作用。绝大多数非药物治疗均由护士完成。包括选择适当的休息体位，使用辅助支具，针灸、按摩、冷热敷等。

5. 给药技术

（1）口服给药 中、重度术后疼痛患者可以口服阿片类药物治疗，按需或者按时给药。

可以口服的阿片类药物主要有：氨酚羟考酮片、羟考酮控释片、盐酸曲马多缓释片、盐酸吗啡缓释片、可待因等。

适用范围：术后可以马上进食者。可单独用，也可作为镇痛装置的补救措施，或者镇痛装置撤除后的序贯治疗。

需要注意的是，术后镇痛不推荐使用长效缓释制剂，除非术后疼痛时间较长，或伴有慢性疼痛；疼痛缓解后，宜尽早减量直至停用阿片类药物。

（2）静脉给药 适用于手术室、恢复室、重症监护病房以及能够监测呼吸的普通病房；其他疼痛治疗方式无效时的补救治疗。

（3）患者自控镇痛（PCA） PCA 具有起效较快、无镇痛盲区、血药浓度相对稳定、可通过冲击剂量及时控制爆发痛，并有用药个体化、患者满意度高等优点，是目前手术后镇痛最常用和最理想的方法，适用于手术后中到重度疼痛。

PCA 根据给药途径可以分为静脉 PCA（PCIA）、硬膜外 PCA（PCEA）、皮下 PCA（PCSA）和外周神经阻滞 PCA（PCNA）。

1）PCIA：采用的主要镇痛药有阿片类（吗啡、羟考酮、氢吗啡酮、舒芬太尼、氢可酮、芬太尼、布托啡诺、地佐辛等）、曲马多或氟比洛芬酯、酮咯酸等。需要注意的是，阿片类药物和非甾体抗炎药有协同作用，如无禁忌，常联合应用。但阿片类药物应个体化给药，分次给予负荷剂量（如非阿片成瘾者，吗啡负荷量为每次 1～3 mg），给药后应观察 5～20 min 至最大作用出现，并酌情重复此量至 NRS 评分＜4 分。

2）PCEA：适用于手术后中、重度疼痛。虽然 PCEA 临床上取得了不错的镇痛效果，但其最佳镇痛配方和给药参数尚不明了，目前多采用低浓度罗哌卡因或布比卡因和局麻药复合芬太尼、吗啡、舒芬太尼等。胸段 PCEA 更有利于术后患者胃肠道康复，但对凝血功能异常的患者应慎用。

3）PCSA：适用于静脉穿刺困难的患者。药物在皮下可能有存留，如吗啡生物利用度约为静脉给药的 80%。起效慢于静脉给药，镇痛效果与 PCIA 相似，如采用留置管应注意可能发生导管堵塞或感染。常用药物为吗啡、曲马多、羟考酮、氯胺酮和丁丙诺啡。哌替啶具有组织刺激性，不宜用于 PCA。

4）PCNA：神经丛或神经干留置导管采用 PCA 持续给药，对于高龄和全身情况较差的患者而言是一种安全有效的镇痛方法，临床上常选择长效局麻药如布比卡因、左布比卡因和罗哌卡因等。

总之，术后快速康复（ERAS）是近20年来麻醉科、外科领域的创新，主张术后早期活动。而术后早期活动的前提之一，就是良好的疼痛控制，疼痛管理是ERAS的重要环节。随着信息化技术的快速发展，利用信息化、物联网、大数据、云计算、人工智能等技术，不断改进医疗质量。随着Ai-PCA管理的更广泛使用，提高效率，促进镇痛管理规范化，也将加速促进镇痛药物与技术发展，两者相辅相成，使我们医护人员和患者均有更多的获得感。

三、药物治疗方法

（一）经胃肠道给药

适用于神志清醒、非胃肠手术和术后胃肠功能良好患者的术后轻、中度疼痛的控制；可在使用其他方法（如静脉）镇痛后，以口服镇痛作为延续；可作为多模式镇痛的一部分。口服给药有无创、使用方便、患者可自行服用的优点，但因肝肠"首过效应"及部分药物可与胃肠道受体结合，生物利用度不一。

药物起效较慢，调整剂量时既应考虑药物的血液达峰时间，又要参照血浆蛋白结合率和组织分布容积。口服给药禁用于吞咽功能障碍（如颈部手术后）和肠梗阻患者。术后重度恶心、呕吐和便秘者慎用。

术后镇痛经胃肠道给药是一种常用的镇痛方法，特别是在胃肠功能良好的患者中。这种方法通常使用口服药物，如对乙酰氨基酚（扑热息痛）和非甾体抗炎药（NSAIDs），如布洛芬或氟比洛芬酯。具体如下：

1. 对乙酰氨基酚

对乙酰氨基酚主要通过抑制中枢神经系统中的前列腺素合成来发挥镇痛作用。它适用于轻至中度疼痛，并且对胃肠道的刺激较小。然而，其对持续性疼痛的效果较弱。对乙酰氨基酚的常用剂量是每6 h口服600～1000 mg，最大日剂量不超过3 g。

2. 非甾体抗炎药（NSAIDs）

NSAIDs，如布洛芬和氟比洛芬，通过抑制环氧化酶（COX）来减少前列腺素的合成，从而发挥解热、镇痛和抗炎作用。这些药物适用于术后轻至中度疼痛的镇痛，尤其适用于有胃肠道并发症风险的患者。NSAIDs的常用剂量通常根据具体的药物和患者的反应调整，一般建议在医生的指导下使用。

注意事项：长期或大量使用NSAIDs可能增加胃肠道出血、肾脏损害等风险，因此需要谨慎使用。对乙酰氨基酚虽然对胃肠道的刺激较小，但长期大量使用也可能导致肝功能异常。在使用这些药物时，应密切监测患者的不良反应，并根据需要调整剂量。

（二）肌内注射

术后镇痛肌内注射是一种常见的镇痛方法，适用于需要继续禁食禁饮的患者。这种方法的优点在于疼痛可以很快缓解并持续一段时间，且止痛药的一些不良反应随着时间的推移会自行消失或减退。然而，如果手术创伤的影响较大，止痛作用减弱或消失后仍然会感到疼痛。

常用药物及用法：

1）复方亚甲蓝注射液：1%的亚甲蓝注射液20 mg/2 mL加入长效局麻药（如布比卡因、罗哌卡因）5 mL+0.9%生理盐水5 mL，皮内或皮下注射。这种药物可以在4 h后使神经麻痹、痛觉消失，7～15 d可以完全恢复痛觉。

2）盐酸奥布卡因凝胶：用于小手术的表面麻醉和手术后换药止痛。

3）泯痛尔注射液（复方薄荷脑注射液）：其成分是薄荷脑、盐酸利多卡因、灭菌稀乙醇、丙三醇溶液等。用法是在肛周多点深层浸润注射或创缘皮下注射，有效止痛可长达 2～10 d。

注意事项：注射部位不宜过深，避免将药物注入血管、皮内、黏膜及椎管内，以免引起局部组织的坏死。

（三）静脉注射

1. 单次或间断静脉注射给药

适用于门诊手术和短小手术，但药物血浆浓度峰谷比大，镇痛效应不稳定，术后持续疼痛者应按时给药。对静脉有刺激的药物，可常见静脉炎等并发症。常用药物有对乙酰氨基酚、NSAIDs、曲马多、阿片类药物（包括激动药和激动拮抗药）的注射剂。

2. 持续静脉注射给药

用 0.9%氯化钠注射液或葡萄糖注射液稀释后持续给药。一般先给负荷量，阿片类药物最好以小量分次滴定法，滴定至合适剂量，达到镇痛效应后，以维持量或按药物的作用时间维持或间断给药。由于术后疼痛阈值会发生改变，药物恒量输注的镇痛效果个体差异较大，更主张使用患者自控的方法。

（四）硬膜外隙镇痛

硬膜外隙给药适用于胸、腹部及下肢术后疼痛的控制。其优点为不影响意识和病情观察，镇痛完善，也可做到不影响运动和其他感觉功能。手术后 T_3～T_5 硬膜外镇痛，不仅镇痛效果确切，还可改善冠状动脉血流量，降低心率，有利于纠正心肌缺血。腹部术后硬膜外镇痛虽然可能引起胸部和下肢血管代偿性收缩，但可改善肠道血流，有利于肠蠕动恢复和肠功能恢复。术后下肢硬膜外镇痛，深静脉血栓的发生率较低。在下腹部和下肢手术，几乎可以完全阻断手术创伤引起的过高应激反应。

术后硬膜外镇痛过去多采用单一局麻药，如 0.2%罗哌卡因和 0.15%布比卡因，但所需药物浓度较高，导致运动麻痹为其缺陷。单纯使用 1～4 mg 吗啡硬膜外镇痛起效慢，可能带来延迟性呼吸抑制，加之持续时间长（12 h 以上），不易调整剂量，已较少使用。局麻药中加入阿片类药物不仅可达到镇痛的协同作用，还可降低这两类药物的不良反应，是目前最常用的配伍，多以患者自控方式给药。

（五）骶管阻滞镇痛

骶管阻滞是硬膜外神经阻滞的一种，其通过向患者的骶管内注射麻醉药物或其他止痛药物，以阻断骶管神经的传导来实现局部疼痛缓解的效果。骶管阻滞在临床麻醉中常常用于直肠、肛门会阴部手术等，能够提供围手术期和术后的镇痛，减少手术后疼痛的影响。而在疼痛医学领域，骶管麻醉也有广泛的应用。除了治疗慢性腰痛外，骶管麻醉也被用于腰椎间盘突出症、腰椎管狭窄、腰椎滑脱症等疾病。

（六）单次鞘内阿片类药镇痛

鞘内镇痛治疗是保守治疗如阿片类药物、非阿片类药物及非药物疗法失败或不能耐受患者的最后选择。因此有患者已提出应该建立疼痛的诊断标准，将疼痛分为伤害性或神经性，并且按严重程度分级，以便指导鞘内给药的药物选择。另外，对于慢性痛的治疗需要昼夜给药的患者也是使用指征之一。

对鞘内镇痛患者进行明智的选择，可能是鞘内持续给药取得成功的关键。经过多项研究总结出需要接受鞘内镇痛治疗的指征如下：

1）疼痛的诊断已经确定，可以根据其症状分为神经病理性疼痛、伤害感受性疼痛或混合型疼痛。

2）由于癌性或非癌性原因引起的慢性或渐进性的疼痛。

3）疼痛时间几乎可以持续一整天，不能缓解。

4）患者经保守药物治疗无效。

5）患者对口服止痛药出现耐受或不能耐受其引起的不良反应。

6）纠正引起疼痛的病因时得不偿失。

7）植入假体时存在手术禁忌证及鞘内空间不足（如细菌感染或抗凝治疗）。

（七）周围神经阻滞

周围神经是指脑和脊髓以外的所有神经，包括神经节、神经干、神经丛及神经终末装置；周围神经可根据连于中枢的部位不同分为连于脑的脑神经和连于脊髓的脊神经。周围神经阻滞又叫作神经阻滞，是将局部麻醉药物注射到躯干或者四肢的神经干丛，暂时的阻断该神经的传导功能，使神经支配的区域产生麻醉止痛的作用。

本法适用于相应神经丛、神经干支配区域的术后镇痛。例如肋间神经阻滞、上肢神经阻滞（臂丛）、椎旁神经阻滞、下肢神经阻滞（腰丛、股神经、坐骨神经和腘神经窝）等，由于患者可保持清醒，对呼吸、循环功能影响小，特别适于老年、接受抗凝治疗患者和心血管功能代偿不良者。使用导管留置持续给药，可以获得长时间的镇痛效果。神经电刺激器和超声引导下的神经阻滞术可提高导管留置的精确性。

（八）经皮肤给药

经皮给药系统（TDDS）是指在皮肤表面给药，使药物以恒定速度（或接近恒定速度）通过皮肤各层，进入体循环产生全身或局部治疗作用的新剂型，代表剂型为透皮贴剂。可产生持久、恒定和可控的血药浓度，提高了疗效并减轻了用药的不适。

现有镇痛药物中，芬太尼脂溶性高、分子量小、镇痛作用强，是唯一经皮吸收的阿片类药物制剂，可用于疼痛持续强度较稳定者，也可用于合并恶心、呕吐、吞咽困难、便秘、肠梗阻及其他不能或不愿口服给药的患者。商品名为多瑞吉的芬太尼贴剂可持续 72 h 释放药物，期间药物经皮肤被吸收，血药浓度缓慢上升，通常 12～24 h 内达到稳态，并在此后保持相对稳定直至 72 h。目前广泛用于癌痛和慢性疼痛的治疗。

使用贴剂应注意：在躯干或上臂无刺激及无放射线照射的平整皮肤表面上贴用，最好选用无毛发部位。用药前可用清水清洗贴用部位，不能使用肥皂、油剂、洗剂或其他有机溶剂，因其可能会刺激皮肤或改变皮肤性质。在使用贴剂前皮肤应完全干燥，并在用药过程中避免贴药部位直接接触热源。

（九）其他

1. 静脉注射给药

（1）单次或间断静脉注射给药 适用于门诊手术和短小手术，但药物血药浓度波动大，可导致镇痛效应不稳定，术后需持续疼痛者应按时给药。对静脉有刺激的药物，可能引发静脉炎等并发症。常用药物有对乙酰氨基酚、NSAIDs、曲马多、阿片类药物（包括激动剂和激动拮-抗剂）的注射剂。

（2）持续静脉注射给药 用等渗盐水或葡萄糖液稀释后持续给药。一般先给负荷量，阿片类药物最好以小量分次注入的方式，滴定有效剂量，达到镇痛效应后，以维持量或按药物的作用时间维持或间断给药。由于术后疼痛阈值会发生改变，药物恒量输注的效应不易预测，更主张使用患者自控的方法。

2. 硬膜外腔给药

适用于胸、腹部及下肢术后疼痛的控制。其优点为不影响意识和病情观察，镇痛完善，也可做到不影响运动和其他感觉功能。手术后 T_3～T_5 硬膜外镇痛，不仅镇痛效果确切，还可改善冠状动脉血流量，减慢心率，有利于纠正心肌缺血。腹部术后硬膜外镇痛虽然可能导致胸部和下肢血管代偿性收缩，但可改善肠道血流，有利于肠蠕动恢复和肠功能恢复。术后下肢硬膜外镇痛，深静脉血栓的发生率较低。在下腹部和下肢手术，几乎可以完全阻断手术创伤引起的过高应激反应。

术后硬膜外镇痛过去多采用单一局麻药，如 0.2%罗哌卡因和 0.15%布比卡因，但所需药物浓度较高，导致运动麻痹为其缺陷。单纯使用 1～4 mg 吗啡硬膜外镇痛起效慢，可能带来延迟性呼吸抑制，加之作用时间长（12 h 以上），难以实时调整剂量，已较少使用。局麻药中加入阿片类药物不仅可达到镇痛的协同作用，还可降低这两类药物的不良反应，是目前最常用的配伍，多以患者自控方式给药。

四、术后镇痛常用药物

1. 阿片类镇痛药物

阿片类药物主要包括天然来源的阿片生物碱及其衍生物，例如吗啡、可待因、双氢可待因、美沙酮、芬太尼等，可与中枢特异性受体相互作用，从而缓解疼痛。按照其镇痛强度可分为弱阿片药和强阿片药。弱阿片药可用于轻、中度急性疼痛口服镇痛，包括可待因、双氢可待因等。吗啡、芬太尼、哌替啶、羟考酮等强阿片药，主要用于术后中至重度疼痛治疗。阿片类镇痛药是目前已发现的镇痛作用最强的药物，并且没有“封顶”效应，镇痛作用随剂量的增加而增强。但是部分阿片类药物均可以引起痛觉敏化，称为阿片诱导的痛觉超敏。这类药物最常见的不良反应包括恶心、呕吐、便秘、嗜睡和呼吸抑制等。

2. 非甾体抗炎镇痛药物（解热镇痛抗炎药）

解热镇痛抗炎药是一类具有解热、镇痛，且大多数还有抗炎、抗风湿作用的药物。由于其化学结构与糖皮质激素的甾体类不同，药理作用特点也不同，因此称为非甾体抗炎药（NSAIDs）。人体中，环氧合酶又称环氧化酶（COX），主要有 2 种同工异构体，即环氧化酶-1（COX-1）和环氧化酶-2（COX-2），此外，还有一种 COX-3 亚型。

NSAIDs 的作用机制主要是通过抑制环氧化酶，减少炎性介质前列腺素（PG）的生成，产生抗炎、镇痛、解热的作用。由于对乙酰氨基酚抗炎作用微弱且作用机制不同，故通常不将其归类于 NSAIDs，单独列出，与 NSAIDs 并列归于解热镇痛药。NSAIDs 与对乙酰氨基酚分类。

（1）**非选择性 COX 抑制剂** 如：吲哚美辛、阿西美辛、阿司匹林、布洛芬、洛索洛芬、酮咯酸、酮洛芬、芬布芬、双氯芬酸、萘普生、氯诺昔康、美洛昔康（抑制 COX-2 为主）等。

（2）**选择性 COX-2 抑制剂**（COX-2i） 塞来昔布、帕瑞昔布、艾瑞昔布、罗非昔布、尼美舒利、依托考昔、托美丁钠等。

COX-1 组成型表达酶，主要分布于胃、肾和血管组织中，具有促进生理性 PGs 的合成、调节外周血管张力、维持肾血流量、保护胃黏膜及调节血小板聚集的作用，可见 NSAIDs 类药物对该酶的抑制也是此类药物引起一系列不良反应的根本原因。COX-2 是诱导型酶，在脑、肾、骨骼及女性生殖系统中表达，而在其他组织中的表达随着炎症反应而增加（即主要存在于炎症部位），对 COX-2 的抑制是 NSAIDs 类药物最重要的药理作用，抑制的结果使 NSAIDs 类药物具有抗炎、镇痛、解热作用。

（3）COX-3 **抑制剂（对乙酰氨基酚）** 对乙酰氨基酚（COX-3 主要表达于大脑皮层和心脏，与对乙酰氨基酚中枢的镇痛、解热作用相关）、丙帕他莫（对乙酰氨基酚的前体药物）。这两个药物主要用于解热镇痛，其抗炎作用非常弱。

部分研究提出人体细胞和组织中可能存在 COX-3；解热镇痛药物可以穿透血脑屏障，抑制中枢神经系统产生的 COX-3；而对乙酰氨基酚对 COX-3 的抑制作用明显强于 COX-1 和 COX-2。治疗剂量的对乙酰氨基酚在达到稳态血药浓度（100 μmol/L）时，只有 COX-3 受到抑制。由于作用机制复杂，COX-3 可能并不是对乙酰氨基酚唯一的靶目标。

五、非药物干预

1. 经皮电刺激

经皮穴位电刺激（transcutaneous electrical acupoint stimulation，TEAS）是一种将物理医学的经皮电神经刺激疗法（transcutaneous electrical nerve stimulation，TENS）与中国传统医学针灸疗法中的穴位相结合，通过穴位表面皮肤将微量电流输入人体，刺激人体经络系统，改善机体功能，从而治疗疾病的一种新型治疗方法。已有大量临床研究指出，TEAS 具有清除乳酸，升高血红蛋白，清除氧自由基，调控血糖、氨基酸代谢等作用，能够有效提高运动能力，因而被广泛应用于体育竞技运动员。近几年，随着疼痛性疾病的高发，长期药物治疗不但引起严重不良反应，还会给患者带来巨大的经济压力，同时，痛证的反复发作严重影响患者的生存质量。因具有无痛、无创等优点，TEAS 应用于痛证的临床治疗已广泛开展。多项研究表明 TEAS 可治疗术后疼痛，产后疼痛，急性疼痛，慢性疼痛，癌性疼痛等疾病。

近十年来，经皮神经刺激疗法的应用已不再单单局限于止痛的功能，科学家发现，微量、近似人体的电流，还可以刺激组织再生。组织再生是一系列的热能与电气化学反应，也就是说，细胞再生的过程中，需要少量的电讯号，作为进行再生过程中所需的能量。

经皮神经电刺激疗法也叫作周围神经粗纤维电刺激疗法，能兴奋粗纤维，从而间接关闭了疼痛传入的闸门，能激活脑内的内源性吗啡多肽能神经元，引起内源性吗啡样多肽释放而产生镇痛效果。与传统的神经刺激疗法的区别在于：传统的电刺激，主要是刺激运动纤维；而经皮神经电刺激疗法则是刺激感觉纤维而设计的。

2. 针灸疗法

中医认为“不通则痛，不荣则痛”，病人手术后机体受到创伤，气血失和，气机阻滞，不通则痛，精气耗损，无法荣养机体，不荣则痛。针刺疗法以中医理论为指导，气血经络为基础，自身调节为特色，从而达到镇痛、调节全身机体作用。大量基础实验及临床研究已证实针刺在缓解疼痛方面积极、肯定的作用。

针刺治疗的形式多种多样，包括毫针针刺、电针、经皮电刺激、穴位埋线、浮针等方法，也可以将不同的疗法组合使用。临床疾病适应证广，取穴多以痛为腧或根据原发病辨证施治，三因制宜。

毫针针刺是临床最常见的针刺形式，可以单纯针刺、针药相结合，也可以针刺与物理治疗相结合，留针时间多为 20～30 min，频率多为每日 1 次。

研究发现电针刺激穴位能使内源性阿片类物质（β-EP）释放增加，同时还能抑制致痛性物质（5-HT 和 PGE2）的生成，干扰外周敏感性，从而产生镇痛效果。

经皮神经电刺激（transcutaneous electrical nerve stimulation，TENS）或经皮穴位电刺激（transcutaneous electrical acupoint stimulation，TEAS）是一种通过皮肤将低频脉冲电流输送给人体以缓解疼痛的一种电疗方法。

埋线疗法通过将羊肠线埋入穴位中，羊肠线在体内发生软化、液化并被吸收，作用持续时间较长，从而在埋线的腧穴产生较长时间的刺激，延长了对机体经络及腧穴的刺激时间，提高了疗效。

浮针通过扫散动作治疗激痛点（myofascial trigger point，MTrP），使增生、粘连的纤维结缔组织得到松解，缓解局部肌肉的紧张，使血液循环畅通，最终达到缓解疼痛的目的，实现“通则不痛”。

六、心理治疗

心理治疗在术后镇痛中也扮演着重要角色。焦虑、恐惧等负面情绪会加剧疼痛感受，而积极的心态和放松训练有助于缓解疼痛。

1. 放松训练

放松训练包括深呼吸、渐进性肌肉松弛、冥想等方法。这些训练能够帮助患者放松身心，减轻焦虑和疼痛感受。深呼吸通过调节呼吸节奏来放松身体和心情；渐进性肌肉松弛通过逐步放松全身肌肉来减轻紧张和疼痛；冥想则通过专注于呼吸或特定意象来平静心灵。

2. 心理支持

心理支持包括与医护人员、家人和朋友的沟通与交流。通过与他人的交流，患者能够获得情感上的支持和理解，减轻心理负担和疼痛感受。医护人员应关注患者的心理状态，及时提供心理支持和干预。

七、冰敷与热敷

1. 冰敷

冰敷是一种简单而有效的术后镇痛方法。手术后，由于局部软组织受损，通常会伴随疼痛和肿胀。使用毛巾包裹冰块对局部进行冰敷，能够促进血管收缩，减轻疼痛和肿胀症状。但需注意避免过度冰敷，以免造成局部组织损伤。

2. 热敷

与冰敷相反，热敷通过扩张血管和促进血液循环来缓解疼痛。可以使用热毛巾或热水袋在手术部位轻轻按摩，但同样需要注意热敷的时间和频率，避免过度使用。热敷尤其适用于肌肉痉挛和慢性疼痛。

八、按　摩

轻轻按摩手术部位和周围组织，可以缓解术后疼痛和恢复肌肉功能。但需注意按摩的力度和频率，避免过度按摩造成局部组织损伤。按摩不仅能够促进血液循环，还能帮助患者放松，减轻焦虑和压力。

第五节　术后疼痛的管理

一、围手术期疼痛管理

疼痛管理是围手术期的核心管理任务之一，早期规范化镇痛十分必要。疼痛管理项目包括：疼痛评估、疼痛教育、个体化治疗方案、物理治疗、心理支持等。

术后疼痛的管理

1. 术后疼痛的概念

手术后疼痛（postoperative pain）简称术后疼痛，是手术后即刻发生的急性疼痛，通常持续不超过 3～7 d。术后疼痛是伤害性疼痛，如果不能在初始状态下被充分控制，则可能发展为慢性术后疼痛（chronic post-surgical pain，CPSP），其性质也可能转变为神经病理性疼痛或混合型疼痛。良好的术后疼痛管理是保证术后镇痛效果的重要环节，在实施时应强调个体化治疗。

2. 术后疼痛产生的原因

术后疼痛的产生是多种因素共同作用的结果，包括生理病理因素、心理因素、个体差异等，均会产生不同程度的疼痛。

（1）生理病理因素 如手术切口部位的伤害性刺激、炎症反应、组织缺血缺氧、神经损伤、切口部位的血肿、感染等。

（2）心理因素 患者对手术的过度担忧与恐惧导致对疼痛的阈值降低，对疼痛的敏感性升高；患者既往有过痛苦的疼痛经历等。

（3）个体差异 对疼痛的敏感性与年龄有一定的关系，例如老年人神经系统功能减退因而对疼痛的敏感性较年轻人低。

3. 术后疼痛管理目标

（1）多模式镇痛方案 推荐采用多模式镇痛方案，目标是：①有效的运动痛控制（视觉模拟评分＜3 分）。②较低的镇痛相关不良反应发生率。③促进病人术后早期肠功能恢复。④有助于术后早期下床活动，降低术后跌倒风险。

（2）术后疼痛的管理模式和运作 有效的术后镇痛需由团队完成，成立全院性或以麻醉科为主，包括外科主治医师和护士参加的急性疼痛管理组（acute pain service，APS）或各种多学科协作的术后疼痛管理团队，可显著提高术后镇痛质量。

工作范围和目的包括：①治疗术后痛、创伤和分娩痛，评估和记录镇痛效应，处理不良反应和镇痛治疗中的问题。②推广术后镇痛必要性的教育和疼痛评估方法，即包括团队人员的培养，也包括患者及家属的教育。③提高手术患者的舒适度和满意度。④减少术后并发症。

4. 术后镇痛方法

术后镇痛方法包括药物治疗和非药物治疗，但以药物治疗为主。治疗目的是在安全和最少不良反应的前提下达到良好的止痛效果并且患者的满意度高。

（1）非药物治疗 如理疗、音乐治疗、解除焦虑治疗、分散注意力等方法。

（2）药物治疗

1）多模式镇痛：联合应用不同镇痛技术或作用机制不同的镇痛药，作用于疼痛传导通路的不同靶点，发挥镇痛的相加或协同作用，可使每种药物的剂量减少，不良反应相应减轻，此种方法称为多模式镇痛。

2）局部给予局麻药：包括切口局部浸润、外周神经阻滞和椎管内给药三种方法。

3）全身给药：包括口服给药、皮下注射给药、肌肉注射给药以及胸膜腔或腹膜腔给药、静脉注射给药、患者自控镇痛等。

在控制切口痛方面：

对于开放手术，推荐连续中胸段硬膜外患者自控镇痛（patient controlled epidural analgesia，PCEA）联合 NSAIDs 药物。NSAIDs 可使用至出院前，但应根据患者年龄、术前并存疾病（消化道疾病、心血管疾病等）、手术类型、术前肾功能等状况评价潜在吻合口瘘及急性肾损伤等风险。实施 PCEA 具有低血压、硬膜外血肿、尿潴留等并发症风险，应密切监测并予预防。局麻药切口浸润或连续浸润镇痛、外周神经阻滞联合低剂量阿片类药物患者自控静脉镇痛（patient controlled intravenous analgesia，PCIA）联合 NSAIDs 可作为腹腔镜手术的镇痛方案。局麻药物可选用罗哌卡因、利多卡因和布比卡因等。以激动 μ 受体为主的阿片类药物可致胃肠麻痹，而以激动 κ 受体为主的阿片类药物的肠麻痹及术后恶心呕吐等不良反应较轻，同时可有效减轻手术导致的内脏痛，可以考虑使用。

5. 术后患者的教育

术后患者及家属的宣教是帮助患者顺利康复、减少术后并发症的重要环节。

术后宣教的内容包括：患者对疼痛的认识；手术切口疼痛的不良影响；疼痛评估工具的认知；根据疼痛评估结果调整患者对术后疼痛的心理预期，采取措施安慰患者，缓解患者因疼痛产生的焦虑。同时医护人员应给予患者更多的人文关怀与共情沟通，根据疼痛评估结果适时调整镇痛药物剂量或种类。

二、患者的自控镇痛管理（patient controlled analgesia，PCA）

（一）患者自控镇痛

患者自控镇痛（patient-controlled analgesia，PCA）是医护人员根据患者疼痛程度和身体情况，利用自控镇痛设备预先设置镇痛药物的剂量及锁定时间，再交由患者实现疼痛"自我管理"的疼痛治疗技术。美国学者 Philip H.Sechzer 于 1968 年首次提出了患者自控镇痛（PCA）理念，即在患者控制下按需、间歇性静脉注射阿片类药物（有或无连续背景输注），旨在满足患者个性化的疼痛控制需求。1994 年，北京协和医院麻醉科率先将 PCA 引入临床，初步在院内开展并积极倡导 PCA 技术。

（1）工作原理 通过 PCA 镇痛泵这一新型镇痛药给药装置，该装置可以由患者或医护人员设置。患者根据疼痛强度按压按钮，系统自动注射预定剂量的药物。患者佩戴输液控制装置，当意识到疼痛时，通过控制器将一次镇痛药物注入体内，从而达到止痛目的。

（2）应用方式 PCA 可以通过多种途径给药，包括静脉、硬膜外、皮下等。静脉 PCA（PCIA）是最常用的给药方式，通过外周静脉或中心静脉穿刺将药物输注到体内。

（3）适用情况 PCA 适用于手术后疼痛、急性和慢性疼痛管理，尤其是那些需要长期控制疼痛的患者。

（4）优点

1）麻醉药物用药量比常规硬膜外镇痛少。

2）可以随时根据需要增加给药剂量，不需要等待麻醉医生。

3）它是唯一一种可以根据疼痛程度增减药量的镇痛方法，既能避免用药过量又能避免镇痛不足。

4）镇痛起效快，一般只需 10～15 min 就能起效。

5）减少术后并发症的发生率。

6）提高患者及其家属对医疗品质的满意率。

7）减轻医护人员的工作负担。

（二）评估患者

患者在自控镇痛前需进行多维度的评估，目的在于确保患者能够安全、有效地自我管理疼痛治疗。

1. 患者的教育

在实施患者的自控镇痛前，应向患者及家属解释 PCA 的工作原理、操作方法、注意事项，提高患者自我管理的能力。

2. 生命体征的监测

密切监测患者的体温、心率、呼吸和血压等指标，以便及时发现 PCA 使用过程中出现的异常情况。

3. 药物的管理

在患者自控镇痛前，提前设置好单次给药的剂量、给药间隔的时间等，避免药物的滥用和成瘾。

4. 不良反应的监测

在患者自控镇痛过程中管床医生及护士既要密切观察患者，同时也要嘱咐患者家属注意患者情况，了解患者是否出现药物过敏、呼吸抑制、恶心呕吐等不良反应，以便及时处理。

5. 心理护理

随时关注患者的心理状态，及时对焦虑、抑郁等情绪问题进行干预，帮助患者建立积极的心态和应对疼痛的信心。

6. 疼痛强度评估

1）视觉模拟评分法。

2）数字等级评定量表。

3）言语等级评定量表。

4）Wong-Baker 面部疼痛评分量表。

（三）PCA 泵的使用

PCA 泵即患者自控镇痛泵（patient controlled analgesia pump），是一种允许患者根据自身疼痛感受自行控制镇痛药物剂量的医疗设备。这种泵通常通过静脉、硬膜外、皮下或外周神经阻滞等方式给药，以减轻术后疼痛或其他类型的慢性疼痛。

PCA 常用参数：

1. 负荷剂量（loading dose）

是指在 PCA 开始时，为迅速达到镇痛所需的血药浓度而给予的首次剂量。目的：快速起效。手术或创伤后患者通常处于疼痛状态，负荷剂量能使镇痛药在体内迅速达到有效浓度，快速缓解疼痛。

2. 持续剂量（continuous dose）或背景剂量（background dose）

指在患者自控镇痛过程中，持续输注的药物剂量。目的是希望达到稳定的、持续的镇痛效果。静脉 PCA 不主张使用芬太尼等脂溶性高、蓄积作用强的药物，且最好不用背景剂量，以达到满意的镇痛效果，并减轻可能发生的不良反应。

3. 单次给药剂量（bolus dose）

临床又称冲击剂量，是指患者在感觉疼痛时可自行按压 PCA 装置控制键追加的镇痛药物剂量。目的为满足个体化疼痛需求。不同患者在手术或创伤后的疼痛程度和发作频率存在差异。单次注射剂量允许患者根据自身疼痛感受自主给药，及时缓解疼痛发作，提高患者的舒适度和对疼痛控制的满意度。一般冲击剂量相当于日剂量的 1/10～1/15。

4. 锁定时间（lockout time）

指在该时间段内，患者按压自控镇痛装置的给药按钮无效。保证在给予第一次冲击剂量达到最大效用后，才能给予第 2 次剂量，避免药物中毒。部分镇痛泵设定 1 h 限量（如吗啡 10～12 mg），4 h 限量等。

PCA 镇痛效果是否良好，以是否安全并达到最小不良反应和最大镇痛作用来评定。评价指标包括：平静时 VAS 0～1，镇静评分 0～1，无明显运动阻滞。不良反应轻微或无，PCA 泵有效按压/总按压比值接近 1，无睡眠障碍，患者评价满意度高。

5. PCA 常用给药途径

根据不同给药途径分为静脉 PCA（PCIA）、硬膜外 PCA（PCEA）、皮下 PCA（PCSA）和外周神经阻滞 PCA（PCNA）。

（1）静脉 PCA（Patient Controlled Intravenous Analgesia，PCIA） 主要镇痛药有阿片类药（吗啡、羟考酮、舒芬太尼、氢吗啡酮、芬太尼、布托啡诺、地佐辛等）、曲马多或氟比洛芬酯、酮咯酸等（表 8-6）。

表 8-6 静脉 PCA

药物	负荷（滴定）剂量/次	单次注射剂量	锁定时间/min	持续输注
吗啡	1～3 mg	1～2 mg	10～15	0～1 mg/h
芬太尼	10～30 μg	10～30 μg	5～10	0～10 μg/h
舒芬太尼	1～3 μg	2～4 μg	5～10	1～2 μg/h
羟考酮	1～3 mg	1～2 mg	5～10	0～1 mg/h
曲马多	1.5～3 mg/kg，术毕前 30 min 给予	20～30 mg	6～10	10～15 mg/h
布托啡诺	0.25～1 mg	0.2～0.5 mg	10～15	0.1～0.2 mg/h
地佐辛	2～5 mg	1～3 mg	10～15	30～50 mg/48 h
氟比洛芬酯	25～75 mg	50 mg	—	200～250 mg/24 h

注：上述所有负荷量均应缓慢（1 min 以上）注入

（2）**硬膜外** PCA（Patient Controlled Epidural Analgesia，PCEA） 常采用低浓度罗哌卡因或布比卡因等局麻药复合芬太尼、吗啡、布托啡诺等药物。主要用于术后中、重度疼痛（表 8-7、表 8-8）。

表 8-7 硬膜外 PCA

局麻药/阿片药	药物浓度
罗哌卡因	0.15%～0.25%
布比卡因	0.1%～0.2%
左旋布比卡因	0.1%～0.2%
普鲁卡因	0.8%～1.4%
（以上局麻药内可加入）	
舒芬太尼	0.4～0.8 μg/ ml
芬太尼	2～4 μg/ml
吗啡	20～40 μg/ml

表 8-8 PCEA 给药参数

首次剂量	6～10 ml	最大剂量	12 ml/h
维持剂量	4～6 ml/h	锁定时间	20～30 min
冲击剂量	2～4 ml		

（3）**皮下** PCA（patient controlled subcutaneous analgesia，PCSA） 常用药物为吗啡、曲马多、羟考酮、氯胺酮和丁丙诺啡。哌替啶具有组织刺激性不宜用于 PCSA。PCSA 起效慢于静脉给药，镇痛效果与 PCIA 相似，如采用留置管应注意可能发生导管堵塞或感染。适用于静脉穿刺困难的患者。

（4）**外周神经阻滞** PCA（patient controlled nerve analgesia，PCNA） 神经丛或神经干留置导管采用 PCA 持续给药。

（四）多模式镇痛

多模式镇痛：旨在通过作用于外周与中枢的多条伤害感受通路中的不同受体位点，实现对疼痛的有效缓解。这种方法不仅能减轻机体的炎症反应，还能降低患者的疼痛感。同时，它还有助于减少麻醉药物的用量，进而降低因使用麻醉剂而引发的相关不良反应。

常采用的方法有：

1）超声引导下的外周神经阻滞与伤口局麻药浸润复合。

2）超声引导下的外周神经阻滞和（或）伤口局麻药浸润+对乙酰氨基酚。

3）超声引导下的外周神经阻滞和（或）伤口局麻药浸润+非甾体抗炎药或阿片类药物或其他药物。

4）全身使用（静脉或口服）对乙酰氨基酚和（或）非甾体抗炎药和阿片类药物及其他类药物的组合。

（五）非药物镇痛

1. 物理治疗

电疗法（低频、中频脉冲电疗法，高频电疗法，直流电疗法）、光疗法（红外线、紫外线、激光疗法）、超声疗法、体外冲击波疗法、医疗体育（保健操、医疗体操）等。

2. 心理疗法

行为疗法、心理动力学疗法、支持疗法等。

（六）中医镇痛

术后疼痛患者可以适当采用针灸、中药内服、中药外敷等镇痛治疗。

第九章 关节与软组织疼痛

学习目标

❖ **知识目标**

1. 掌握：关节与软组织疼痛常见疾病的发病特点及临床表现，关节与软组织疼痛常见疾病的评估方法及治护原则，关节与软组织疼痛的健康教育。

2. 熟悉：现代医学关节与软组织疼痛疾病的概念与分类，关节与软组织疼痛常见疾病的特点，中医学对关节与软组织疼痛的病因病机认识，非药物干预的不良反应与注意事项。

3. 了解：中医学对关节与软组织疼痛的辨证方法，药物对关节与软组织疼痛的不良反应与注意事项。

❖ **能力目标**

通过本章节的学习，培养学生能够运用正确的知识辨别关节与软组织疼痛相关症状及制定相应的治疗方案。

❖ **思政目标**

选择关节与软组织疼痛患者的真实临床案例，通过案例介绍，让学生了解患者的疼痛体验、生活困扰和心理压力。在案例分析过程中，引入医学伦理和医德医风的教育，强调医生的人文关怀精神，以减轻患者的焦虑和恐惧。

关节与软组织疼痛在现代医学中泛指影响骨与关节及周围软组织（肌肉、滑膜、肌腱、筋膜等）的一组疾病，归属于风湿病范畴，临床上以关节疼痛为主要症状的风湿病主要包括：类风湿关节炎、骨关节炎、痛风性关节炎等疾病，此类疾病具有发病率高、复发率高、致残率高的特点，不仅给患者带来身体上的不适，还严重影响患者的生活质量。根据临床表现，中医学将关节与软组织疼痛归属于“痹证”范畴，认为痹证的发生是由于正气不足，感受风、寒、湿、热等外邪侵袭，导致经脉痹阻，“不通则痛”。关节与软组织疼痛的发病率呈逐年上升趋势，且长期的疼痛还可能引发心理问题，如焦虑、抑郁等，进一步加重患者的心理和经济负担。本节将剖析关节与软组织的结构与功能，探寻疼痛产生的根源，以帮助医者制定更有效的疼痛管理方案。

导入案例 9-1

患者，刘某，女性，70 岁，退休教师。自诉双膝关节间断性疼痛 20 年，加重 1 周余，因劳累后出现双膝关节疼痛，上下楼梯加重，屈曲活动受限，休息后无缓解，严重影响正常生活，发病以来神志清、精神差，纳眠差，舌淡，苔薄白，脉沉细。西医查体：双膝骨性膨大、肿胀，双膝内侧副韧带压痛（++），双膝关节压痛（++），活动度：左膝屈曲 115°，过伸–10°，右膝屈曲 120°，过伸 0°，磨髌试验（+），双膝浮髌试验（–），双下肢肌力、感觉正常，病理征阴性，余查体未见明显异常。发作时 VAS 评分 8 分。

1. 该患者亟待解决的疼痛管理问题有哪些？

2. 请结合该患者的病情，制定一份以患者为中心的中西医疼痛管理方案。

第一节 中医对关节与软组织疼痛的认识

一、膝骨关节炎

1. 概述

膝骨关节炎（knee osteoarthritis，KOA）是关节软骨进行性退变和膝关节功能丧失的一种疾病，以缓慢进展的关节疼痛、肿胀、关节僵硬、活动受限或畸形等为主要临床表现，好发于中老年人，是临床常见的骨关节疾病。流行病学显示，我国膝骨关节炎的发病率达 20%，女性的发病率明显高于男性。膝骨关节炎的病情发展呈逐渐加重的趋势，严重者可致残。膝骨关节炎属于中医“骨痹”“痹证”“膝痹”“历节”“鹤膝风”等范畴。

2. 病因病机

中医认为肝肾亏虚是根本原因，肝主筋，肾主骨，随着年龄增长，肝肾渐亏，肝血不足则筋失濡养，关节屈伸不利；肾精亏损则骨失所养，骨骼脆弱，易引发膝部病变；风寒湿邪侵袭常为诱因，风邪善行数变，故疼痛游走不定；寒邪凝滞收引，使气血不通，关节冷痛，遇寒加重；湿邪重浊黏滞，故关节沉重肿胀，缠绵难愈。三者常相兼为病，病情复杂。此外，外力损伤或慢性劳损也可致关节气血不畅，瘀血阻滞，经络不通而痛，久则筋骨失养发为膝痹。

3. 辨证论治

（1）辨证要点 本病本虚标实，年老体弱，脏腑亏虚，气血痹阻为本，风寒湿邪、瘀血、痰浊为标。风寒湿邪明显者，可辨为实证；病久入深，气血亏耗，损及脏腑，肝肾亏损，筋骨失养，可辨为虚证。

（2）辨证论治

1）寒湿痹阻型

证候表现 膝关节疼痛重着，遇冷加剧，得温则减，畏寒怕冷，肢体冷痛，屈伸不利，舌质淡，苔白腻，脉濡缓。

护治法则 温经散寒，养血通脉

治疗代表方 蠲痹汤加减。

2）湿热痹阻型

证候表现 膝关节红肿热痛，触之灼热，屈伸不利，步履艰难，发热，口渴不欲饮，烦闷不安，舌质红，苔黄腻，脉濡数或滑数。

护治法则 清热除湿，通络止痛。

治疗代表方 四妙汤加减。

3）气滞血瘀型

证候表现 膝关节疼痛如刺，休息后加重，面色黧黑，舌质紫暗，或有瘀斑，苔薄白脉沉涩。

护治法则 活血化瘀，通络止痛。

治疗代表方 桃红四物汤加减。

4）肝肾亏虚型

证候表现 膝关节隐隐作痛，腰膝酸软无力，酸困疼痛，遇劳更甚，舌质红，少苔，脉沉细无力。

护治法则 滋补肝肾。

治疗代表方 独活寄生汤加减。

二、类风湿关节炎

1. 概述

类风湿关节炎（rheumatoid arthritis，RA）是一种以对称性、侵蚀性关节炎为主要临床表现的自身免疫病，发病高峰年龄为45～60岁，也可发生于任何年龄。流行病学调查显示，类风湿关节炎的全球发病率为0.5%～1%，我国大陆地区发病率为0.42%，其基本病理改变为滑膜炎、血管翳形成，并逐渐造成关节软骨和骨破坏，最终导致关节畸形和功能丧失。除此之外，类风湿关节炎亦可并发肺部和心脑血管疾病、骨质疏松等，不仅造成患者身体机能、生活质量和社会参与度下降，亦给其家庭和社会带来巨大的经济负担。

2. 病因病机

类风湿关节炎属中医学“痹证”范畴，为本虚标实之证，多因正气不足、风寒湿热等外邪侵袭，痰湿与瘀血互结，气血脉络痹阻不通引起。《素问·痹论》中提出：“风寒湿三气杂至，合而为痹，风气胜者为行痹，寒气胜者为痛痹，湿气胜者为着痹也”，外邪致病多为外感风、寒、湿、热邪气，侵入肌表，留滞经络，凝痰成瘀，阻于经络，不通则痛。正气虚则多为肝脾肾三脏亏虚，肝肾不足，脾失健运，气虚推动无力，血虚不能濡润，筋骨失于濡养，气血运行不畅，阻于脉络，瘀于骨与关节，久而化热，聚而为毒，损伤筋骨，故外有风、寒、湿、热，内有虚、痰、瘀、毒，共同致病。

3. 辨证论治

（1）辨证要点

1）辨病邪的偏盛：痹证依其邪气的偏盛可分为风邪盛、寒邪盛、湿邪盛、热邪盛，其主要表现为关节疼痛游走不定者称之行痹；痛有定处，遇寒痛甚者为痛痹；关节酸痛、重着、漫肿者为着痹；关节肿胀、灼热疼痛者为热痹。若久治不愈，肿胀局限或见皮下结节者则为痰；若关节肿胀僵硬、痛处固定不移，肌肤紫暗或有瘀斑者则为瘀。

2）辨病性的虚实：痹证的初期以邪实致病者较多，分为风寒湿邪和风湿热邪两种。久病以正虚邪实较多见，正虚表现为气血不足和肝肾亏虚；邪实主要表现为痰瘀互结，或外感风寒湿热之邪。故应分清主次标本、轻重缓急和虚实兼夹的不同，以正确辨证施治应用于临床，以求疗效显著。

（2）辨证论治

1）风湿痹阻型

证候表现　关节肿胀疼痛，屈伸不利，晨僵，关节压痛，喜暖畏寒，腰膝酸软，舌质淡，苔白，脉沉细。

护治法则　祛风除湿、通络止痛。

治疗代表方　蠲痹汤加减。

2）寒湿痹阻型

证候表现　关节肌肉疼痛，遇寒加重，得热则减，或关节肿胀、肌肤麻木、屈伸不利，常伴肢体冷痛、痉挛，周身怕冷，舌淡，苔白腻，脉弦紧。

护治法则　温经散寒，祛湿通络。

治疗代表方　乌头汤加减。

3）湿热痹阻型

证候表现　关节肿痛发热，痛处拒按，晨僵，口渴，便干溲黄，舌质红，苔黄腻或白腻，脉滑数或濡数。

护治法则　清热解毒，活血消肿。

治疗代表方　宣痹汤加减。

4）痰瘀痹阻型

证候表现　肢体关节疼痛，或冷痛，或刺痛，或疼痛夜甚、关节屈伸不利、麻木拘挛，舌质紫暗或有瘀斑，苔白腻，脉弦涩。

护治法则 化痰除湿，活血止痛。

治疗代表方 双合汤加减。

5）气血两虚型

证候表现 肌肉关节酸痛，关节肿大、僵硬变形或肌肉萎缩，气短乏力，舌质淡，苔白，脉沉细。

护治法则 益气养血、通经活络。

治疗代表方 黄芪桂枝五物汤加减。

6）肝肾不足型

证候表现 痹证日久不愈，时轻时重，关节疼痛，关节屈伸不利，遇劳则剧，心烦口干，头目眩晕，腰膝酸软，舌淡，苔薄，脉细弱。

护治法则 补益肝肾，通络止痛。

治疗代表方 独活寄生汤加减。

三、肌筋膜疼痛综合征

1. 概述

肌筋膜疼痛综合征是一种发生于肌肉、筋膜等软组织的慢性非炎性疾病，以慢性肌肉疼痛且伴有一个或多个激痛点为核心的临床特征，好发于颈、肩、背、腰、腿部等部分的肌肉、筋膜、肌腱等软组织。该病发病率高达30%～85%，男女比例约为1∶3，多见于中年人。目前研究认为肌筋膜疼痛实际上的病变部位不在肌筋膜，而是在骨骼肌的运动终板部位，长期的肌筋膜的痛会导致脊髓水平的改变，急性疼痛转变为慢性疼痛。

2. 病因病机

肌筋膜疼痛综合征属中医“痹证”“经筋痹”等范畴，是肌肉筋膜长期过度负荷、风寒湿等侵袭，出现组织结构变性和坏死引发的慢性炎症或劳损性病变。肌筋膜疼痛综合征的发病与外邪入侵密切相关。《类证治裁·痹证》认为：“营卫先虚，腠理不密，风寒湿乘虚内袭，正气为邪所阻，不能宣行，因而留滞，气血凝涩，久而成痹。”该病多由于素体虚弱，长期慢性劳损，正气亏虚、营卫不和，外感风、寒、湿邪侵袭，寒湿凝滞经脉，致使经络痹阻，气血运行不畅，或跌扑扭闪，或久劳久坐，加重经络瘀阻，肌肉筋脉失于濡养，“不通则痛”或“不荣则痛”。

3. 辨证论治

（1）辨证要点

1）辨部位：肌筋膜疼痛综合征的主要病位在肌肉、筋膜，与肝脾有关。肝主疏泄，肝脾不调，正气不能有效抵御外邪，则外邪侵犯人体，寒使血脉凝滞，风使筋脉拘挛，风寒相合，气血瘀滞，引发畏寒、疼痛、活动受限等症。外感风寒湿邪，湿邪困阻脾胃，导致水液代谢失常，痰饮水湿流注腠理，引发肌肉酸沉困重、食欲不振；若脾虚水谷精微生成不足，血液生成受损，肝藏血，血舍魂，魂不安则失眠、焦虑，进一步加重病情。

2）辨别虚实：急性期起病急，病程短，痛势较剧者，多属实，常表现为颈肩腰背的疼痛、酸胀、沉重、屈伸不利，脉或浮缓，或浮弱，或沉细，苔白腻；慢性期病情反复发作，病程较长，痛势较缓者，多属虚，或虚实夹杂，常表现为肌肉酸痛、乏力、夜间加重，或伴腰酸软、头晕、失眠、多梦等，舌质淡、苔白，脉细数或细弱。本病的后期，病情复杂，常常虚实夹杂，正虚邪实，当明辨虚实，分清主次。

（2）辨证论治

1）风寒湿痹型

证候表现 肌肉疼痛，痛处冷或如湿状，屈伸不利，肌肤麻木不仁，遇寒加重，得热痛减，或疼痛无定处，舌淡，苔薄白，脉沉弦。

护治法则 祛风散寒，温经通络。

治疗代表方 蠲痹汤合乌头汤加减。

2）湿热痹阻型

证候表现 周身上下肌肉酸痛、沉重，发热，口干口苦，局部关节或有红肿热痛，烦闷不安，小便黄，纳差，大便干结，舌淡红，苔黄腻，脉滑或细数。

护治法则 清热通络，宣痹除湿。

治疗代表方 白虎桂枝汤合宣痹汤加减。

3）肝郁气滞型

证候表现 肌肉关节疼痛，或情绪抑郁，或胸胁疼痛，或乳房胀痛，喜嗳气，便秘，舌淡红，苔薄白，脉弦。

护治法则 疏肝理气。

治疗代表方 柴胡疏肝散加减。

4）阴虚内热型

证候表现 肌肉关节烦疼，入夜尤甚，筋脉拘急，屈伸不利，腰膝酸软无力，或失眠多梦，或五心烦热，舌质红，苔少，脉细数或弦细数。

护治法则 滋阴清热，荣筋通络。

治疗代表方 知柏地黄汤加减。

5）脾肾阳虚型

证候表现 肌肉冷痛，畏寒喜暖，四肢倦怠乏力，面色皖白，纳呆便溏，舌淡，苔白，脉沉细或细弱。

护治法则 温补脾肾，养血通络。

治疗代表方 右归饮合独活寄生汤加减。

四、纤维肌痛综合征

1. 概述

纤维肌痛综合征（fibromyalgia syndrome，FMS）亦称纤维肌痛症，是以慢性弥漫性疼痛、睡眠障碍或无恢复性睡眠、疲劳和认知障碍为核心症状，常伴有身体僵硬、感觉异常等躯体症状和焦虑、抑郁等心理症状的一种疾病。纤维肌痛综合征的患病率约 1.3%～8%，各个年龄段均可发病，高发年龄为 40～60 岁，女性明显多于男性，为 2∶1～7∶1，随年龄增长患病率呈增长趋势。纤维肌痛综合征常与其他系统性疾病合并存在，严重影响患者的生活质量。

2. 病因病机

纤维肌痛综合征属中医学“周痹”“肌痹”“筋痹”等范畴。本病多因情志失调，忧思郁怒使肝失调达，肝气郁结，气机不畅，血行受阻，脉络瘀滞而致。明代李梴在《医学入门》中说：“周身掣痛者，谓之周痹，乃肝气不行也”，本病多因情志失调，忧思郁怒使肝失调达，肝气郁结，气机不畅，血行受阻，脉络瘀滞，发为周身疼痛。本病的外因是风、寒、湿、热，内因是肝脾肾亏虚和阴阳失调，诱发因素是饮食不节和七情内伤，其核心病机是肝郁气滞、痹阻筋脉。

3. 辨证论治

（1）辨证要点

1）辨虚实：实证一般起病较急，疼痛较为剧烈，且疼痛部位相对固定，疼痛特点多为刺痛或胀痛。虚证起病往往比较缓慢，病程较长，疼痛性质多为隐痛、酸痛，劳累后加重，常伴有精神疲惫、面色无华、身体乏力等症状。

2）辨病位：肌肉疼痛为主要表现者，如四肢肌肉、腰背肌肉等，病位在肌肉，与脾胃有关。脾主肌肉四肢，脾胃虚弱，气血生化不足，不能濡养肌肉，“不荣则痛”，可伴有食欲不振、腹胀、便溏等脾胃功能失调的症状。若疼痛以关节为主者，病位主要在关节，与肝肾有关。肝肾同源，肝主筋，肾主骨，肝肾不足，则关节、筋脉失养，常伴腰膝酸软、头晕耳鸣等肝肾不足的症状。

3）辨气血：气滞血瘀型疼痛呈刺痛感，疼痛部位固定不移，夜间疼痛加重，因夜间气血运行相对缓慢，瘀血阻滞更明显，常伴有皮肤青紫或者瘀斑，女性月经不调，经色紫暗，有血块等症状，脉象弦涩，舌质紫暗或有瘀点、瘀斑。气血不足型全身肌肉酸痛、麻木，伴头晕目眩、心悸失眠、气短懒言等症状，因气血亏虚，不能上荣头目、濡养心神和四肢肌肉，脉象细弱无力，舌淡苔白，舌体胖大或边有齿痕。

（2）辨证论治

1）肝郁气滞型

证候表现 肌肉疼痛，焦虑易怒，胸胁胀闷，寐差多梦，每因抑郁恼怒，或情绪紧张时加重，或纳呆嗳气，或腹痛腹泻，疲乏无力，便溏，或疼痛夜甚，胸胁刺痛，月经不调，或痛经，经色紫暗有块，舌质暗淡，舌苔白或腻，脉弦细。

护治法则 疏肝解郁，行气止痛。

治疗代表方 逍遥散加减。

2）寒湿痹阻型

证候表现 肌肉酸胀、疼痛、僵硬，四肢痿弱无力，遇寒肢端发凉变色疼痛，无汗，或面浮肢肿，大便稀溏，小便不利，舌淡，苔白腻，或舌有齿痕，脉沉细或濡缓。

护治法则 散寒除湿，温经通络。

治疗代表方 蠲痹汤加减。

3）痰热内扰型

证候表现 肌肉疼痛、沉重，头重身困，胸脘痞闷，惊悸不安，口苦心烦，头痛失眠，食欲减退，渴喜冷饮，性情急躁，反复梦魇，腹胀或者便溏，舌质红，苔黄腻，脉弦滑或弦滑数。

护治法则 清热化痰，宁心安神。

治疗代表方 温胆汤加减。

4）肝肾不足型

证候表现 肌肉疼痛、无力，四肢怠惰，筋缩，手足不遂，畏寒肢冷，或肢体麻木，或面色萎黄，或面色㿠白，身体消瘦，失眠健忘，妇女见月经量少，舌淡，苔白，脉沉或弱。

护治法则 补益肝肾，养血柔筋。

治疗代表方 独活寄生汤加减。

第二节 现代医学对关节疼痛的认识

一、膝骨关节炎

（一）病因与发病机制

膝骨关节炎的病因与年龄、创伤、肥胖等有关，发病机制与软骨细胞增殖、炎性因子分泌等有关。

（1）年龄 随着年龄增长，关节软骨逐渐磨损，导致关节软骨退行性病变，从而引起膝骨关节炎。

（2）创伤 膝关节若遭受外力冲击，可能会导致关节面软骨损伤，从而引起膝骨关节炎。

（3）肥胖 患者若体重超标，可能会导致膝关节承受压力过大，容易使关节软骨磨损，从而引起膝骨关节炎。

除此之外，膝骨关节炎还与遗传、生活方式、工作环境、慢性炎症等有关。

（二）临床表现及辅助检查

1. 临床表现

膝骨关节炎主要表现为负重及关节活动后疼痛加重，早期可见关节僵硬，如膝关节长时间处于某一体位时，自觉活动不利，活动困难，后逐渐出现关节不稳，关节屈伸活动范围减少及步行能力下降，尤以上下台阶、下蹲、跑、跳等能力下降更加明显。部分患者晚期可出现畸形，以膝内翻最常见，即俗称的“罗圈腿”。

（1）**关节疼痛及压痛** 关节疼痛是最早的症状，疼痛特点主要有：起步痛，久坐或刚下床起步行走时疼痛较明显，活动后稍缓解；活动痛，行走一段时间后出现疼痛加剧；负重痛，膝关节在负重状态下如上、下楼梯时疼痛加剧；静息痛，膝关节在静息状态亦疼痛，以夜间为甚。

（2）**关节活动受限** 常见晨僵，但持续时间一般小于 30 min，可逐渐出现关节交锁，晚期关节活动明显受限，最终致残。

（3）**关节畸形、肿大** 疾病中晚期可见明显的内、外翻或旋转畸形。

（4）**骨擦感** 关节屈伸时可闻及骨摩擦音或触及骨擦感。

（5）**肌肉萎缩** 膝关节周围伸屈肌群萎缩，以伸肌萎缩为显著。

2. 辅助检查

（1）**实验室检查** 多用于膝骨关节炎的鉴别诊断。急性发作期血沉（ESR）和 C 反应蛋白（CRP）可增高，而血常规、免疫复合物及血清补体等可正常。

（2）**影像学检查**

1）X 线片：膝关节正、侧、轴位 X 线片是首选的影像学检查，亦是明确诊断的常规方法。典型改变为：关节间隙非对称性狭窄、软骨下骨硬化和（或）囊性变、关节边缘骨赘形成，或可见关节游离体。X 线分级以 Kellgren-Lawrence 分级为标准（表 9-1）。

表 9-1 X 线的 Kellgren-Lawrence 分级标准

分级	描述
0 级	无改变（正常膝关节）
Ⅰ级	关节间隙可疑变窄，可能有骨赘
Ⅱ级	关节间隙轻度变窄，有明显的小骨赘
Ⅲ级	关节间隙狭窄明确，有中等量骨赘，软骨下骨轻度硬化，可能出现关节畸形
Ⅳ级	关节间隙狭窄严重，可见大量骨赘，软骨下骨硬化明显，关节肿大、畸形明显

2）MRI：不作为常规检查，当 X 线表现与临床症状（如疼痛）明显不一致时，进行 MRI 检查，一般以 Recht 分级为标准（表 9-2）。

表 9-2 MRI 的 Recht 分级

分级	描述
0 级	正常软骨，软骨弥漫性均匀变薄但表面光滑
Ⅰ级	软骨分层结构消失，软骨内出现局灶性低信号区，软骨表面光滑
Ⅱ级	软骨表面轮廓轻至中度不规则，软骨缺损深度未及全层厚度 50%
Ⅲ级	软骨表面轮廓中至重度不规则，软骨缺损深度达全层厚度 50%以上，但未完全脱落
Ⅳ级	软骨全层缺损、剥脱，软骨下骨质暴露，有或无软骨下骨质信号改变

3）CT：较少使用，影像学改变类似于 X 线，用于膝骨关节炎的鉴别诊断。

（三）诊断与鉴别诊断

1. 诊断依据

根据患者的病史、临床症状、体征、影像学资料及实验室检查作出判断，诊断标准参照《骨关节炎诊疗指南（2018 年版）》（表 9-3）。

表 9-3　膝骨关节炎的诊断标准

条目	症状/体征
①	膝关节近 1 个月内反复疼痛
②	膝关节负重位 X 片示关节间隙变窄、软骨下骨硬化和（或）囊性变、关节边缘骨赘形成
③	年龄≥50 岁
④	晨僵时间≤30 min
⑤	膝关节活动出现骨擦音

注：满足条目①以及条目②、③、④、⑤中的任意 2 条即可诊断膝骨关节炎。

2. 鉴别诊断

膝骨关节炎应注意与类风湿关节炎、痛风性关节炎、银屑病关节炎等相鉴别。

（四）治疗要点

1. 非药物治疗

（1）运动治疗　①肌力锻炼：包括股四头肌训练、腘绳肌训练、髋外展肌训练等；②关节活动度训练：鼓励患者进行主动锻炼，不能进行主动锻炼的患者可在外力作用的辅助下进行被动的关节活动度训练；③有氧运动：主要包括步行、慢跑、瑜伽等。

（2）物理治疗　常用的方法包括：热疗、冷疗、磁疗、红外线照射、水疗、蜡疗、超声波及离子导入法等，临床应根据患者的具体情况择优选择。

（3）行动辅助　在医生的指导下，借助合适的辅助器械如拐杖、助行器、支具等，但应慎用改变负重力线的辅助工具如矫形鞋垫等。

2. 药物治疗

（1）局部外用药物　常用非甾体抗炎药（NSAIDs）凝胶贴膏、乳胶剂、膏剂等，但需注意局部皮肤不良反应的发生，中、重度疼痛者不建议单独使用。

（2）关节注射药物　糖皮质激素不超过 2～3 次/年，间隔时间窗不得小于 3～6 个月；玻璃酸钠注射液，每周 1 次，4～5 次/疗程。

（3）口服药物

NSAIDs：本类药物是膝骨关节炎治疗中最常用的药物，但应根据胃肠道及心血管系统的具体情况评估风险、合理选药，避免同时服用两种 NSAIDs 类药物。

镇痛药物：对 NSAIDs 类药物过敏、不能耐受或无效的患者可以考虑使用阿片类、对乙酰氨基酚类或两者复合制剂的镇痛药，但需要注意谨防阿片类药物的成瘾性。

缓解病情的慢作用药物：常用氨基葡萄糖和双醋瑞因等。

二、类风湿关节炎

（一）病因与发病机制

类风湿关节炎的病因及发病机制尚不明确，目前研究认为与环境、遗传、感染、内分泌及神经精神状态等因素密切相关。

（1）**感染因素**　细菌、支原体和病毒等可能通过被感染激活的 T、B 淋巴细胞，分泌致炎因子，产生自身抗体，影响类风湿关节炎的发病和病情进展，感染因子的某些成分也可通过分子模拟导致自身免疫反应。

（2）**遗传因素**　类风湿关节炎患者家族患病率远高于一般人群，说明本病有一定的遗传倾向。家系调查显示类风湿关节炎患者一级亲属患该病的概率为 11%。大量研究发现 HLA-DRB1 等位基因突变与类风湿关节炎相关。

（3）**免疫紊乱**　免疫紊乱是类风湿关节炎主要的发病机制，活化的 $CD4^{+}T$ 细胞和 MHC-Ⅱ类分子阳性的抗原提呈细胞（antigen presenting cell，APC）浸润关节滑膜。关节滑膜组织的某些特殊成分或体内产生的内源性物质也可能作为自身抗原被 APC 提呈给活化的 $CD4^{+}T$ 细胞，启动特异性免疫应答，导致相应的关节炎症状。此外，活化的 B 细胞、巨噬细胞及滑膜成纤维细胞等作为抗原提呈及自身抗体来源细胞，在类风湿关节炎滑膜炎症性病变的发生及演化中发挥了重要作用。

（4）**内分泌因素**　雌激素功能的下降可能是类风湿关节炎发病的危险因素。绝经后状态与绝经前状态相比，发生血清阴性类风湿关节炎的风险更高，尤其是绝经早期（发生于 44 岁以下）的女性，更年期与功能衰退的恶化有关。

（二）临床表现及辅助检查

1. 临床表现

本病多以缓慢、隐匿方式发病，初发病时可能一至两个小关节受累，逐步发展为对称性关节炎，受累关节以腕关节、掌指关节和近端指间关节最常见，其次为足、膝、踝、肘、肩、颈、颞颌及髋关节。少数患者可因感染、创伤、过度劳累等刺激，于数日内急性发作。除关节表现外，可伴有发热、全身不适，以及肺、心、神经系统和骨髓等受累表现。

（1）关节表现

1）晨僵：见于 95%以上患者，经夜间休息后，晨起时受累关节出现较长时间的僵硬，胶着样僵硬感觉，活动后减轻，一般持续 1 h 以上，其持续时间长短反映滑膜炎症的严重程度。

2）关节痛与压痛：关节痛及压痛是出现最早的表现。常见于腕、掌指关节、近端指间关节，其次是趾、膝、踝、肘、肩等关节，多呈对称性、持续性。

3）肿胀：常因关节腔积液及关节周围软组织炎症引起，病程长者可因滑膜慢性炎症后肥厚而引起肿胀，呈对称性，以腕、掌指关节、近端指间关节及膝关节最常受累。

4）关节畸形：多见于晚期患者，主要为关节骨质破坏造成的纤维性强直或骨性强直，也可为关节周围肌腱、韧带受损、肌肉痉挛或萎缩，致使关节不能保持正常位置，出现关节脱位或半脱位。常见的有手指关节的尺侧偏斜、鹅颈样畸形、纽扣花畸形等。

5）特殊关节：颈椎关节：超过 80%的患者会出现颈椎关节受累，特别是病情长期控制不佳者，表现为颈椎活动受限，最严重的表现为寰枢关节半脱位，可导致脊髓受压。肩、髋关节：其周围有较多肌腱等软组织包围，因此很难发现关节肿胀。最常见的症状是局部疼痛和活动受限，髋关节往往表现为臀部及下腰部疼痛。颞颌关节：表现为讲话或咀嚼时疼痛加重，严重者有张口受限。

6）关节功能障碍：关节肿痛和关节结构破坏都会引起关节活动功能障碍。美国风湿病学会将其分为 4 级：Ⅰ级：能照常进行日常生活和工作；Ⅱ级：能生活自理，并参加一定工作，但活动受限；Ⅲ级：仅能生活自理，不能参加工作和其他活动；Ⅳ级：日常生活和工作能力均受限。

（2）关节外表现

1）皮肤类风湿结节：结节是最常见的关节外特征，出现在 15%～30%的患者，多在关节的隆突部位及皮肤的受压部位，如上肢的鹰嘴突、腕部及下肢的踝部出现皮下小结，大小不一、质硬、无压痛、对称性分布，常提示疾病处于活动阶段。

2）类风湿血管炎：通常见于病程长、血清类风湿因子阳性且病情活动的类风湿关节炎患者，整体发病率不足1%。其皮肤表现各异，包括淤点、紫癜、指（趾）端坏疽、梗死、网状青斑，病情严重者可出现下肢深大溃疡，需积极应用免疫抑制剂治疗。

3）肺：肺部受累很常见，男性多于女性，有时可呈首发症状，主要包括肺间质病变、胸膜炎、结节样改变。

4）心脏：心包炎最常见，多见于类风湿因子阳性、有类风湿结节的患者，但不足10%的患者会出现临床症状，近半数患者可通过超声心动图检查发现。

5）神经系统：神经受压是类风湿关节炎患者出现神经系统病变的常见原因。除因类风湿关节炎血管炎和类风湿关节炎结节造成脑脊髓实质及周围神经病变外，还可因颈椎脱位造成脊髓、脊神经根及椎动脉受压，引发相应的临床症状和体征。

6）血液系统：正细胞正色素性贫血是最常见的血液系统表现，贫血程度与关节的炎症程度相关，在患者的炎症得以控制后，贫血也可得以改善。

7）其他：还可出现淀粉样变、干燥性角膜炎、表层巩膜炎和巩膜炎、骨质流失、乏力、胸膜炎、肾炎等表现。

2. 辅助检查

（1）实验室检查

1）血液学改变：轻至中度贫血，以正细胞正色素性贫血常见，多与病情活动程度相关。活动期患者血小板计数可增高。白细胞及分类多正常，免疫球蛋白升高，血清补体大多正常或者轻度升高，少数伴有血管炎者可出现补体降低。

2）炎症标志物：ESR 和 CRP 常升高，是反映病情活动度的主要指标，病情缓解时可降至正常。

3）自身抗体：如类风湿因子（RF）、抗环瓜氨酸肽抗体（ACPA）、抗聚丝蛋白抗体谱（包括抗角蛋白抗体、抗核周因子、抗环瓜氨酸肽抗体等），抗角蛋白抗体和抗核周因子有较高的特异性，但敏感性差。ACPA 持续阳性往往预示患者容易发生关节破坏。

4）关节滑液：正常人关节腔内的滑液不超过 3.5mL。在关节有炎症时滑液增多，呈淡黄色透明、黏稠状，滑液中的白细胞明显增多。临床上关节滑液检查可用于证实关节炎症，同时可鉴别感染和晶体性关节炎，如痛风、假性痛风等。

（2）影像学检查

1）关节超声检查：高频彩色多普勒超声能较为客观、准确地检测类风湿关节炎患者的滑膜增厚、形态结构、厚度、滑膜内部增生血管的血流和滑囊积液等病变。肌骨超声可以评估类风湿关节炎患者骨侵蚀程度，对疾病观察及进展情况的判断具有一定临床意义。

2）X 线检查：X 线检查可显示关节周围软组织肿胀及关节附近骨质疏松及关节面破坏、腔隙变窄或融合等情况。

3）MRI 检查：骨髓水肿、骨侵蚀和滑膜炎是早期类风湿关节炎的重要征象，而骨髓水肿和骨侵蚀的 MRI 征象对早期类风湿关节炎具有重要诊断价值。

（三）诊断与鉴别诊断

1. 诊断依据

对类风湿关节炎的诊断，主要以 1987 年美国风湿病学会分类标准或 2010 年美国风湿病学会/欧洲抗风湿病联盟类风湿关节炎分类标准为参考。见表 9-4、表 9-5。

表 9-4 ACR1987 年修订的类风湿关节炎分类标准

症状	表现
1）关节晨僵	关节或周围晨僵持续至少 1 h，至少持续 6 周
2）3 个或 3 个以上的关节区的关节炎	14 个关节区（即双侧近端指间关节、掌指关节、腕、肘、膝、踝和跖趾关节）中，至少同时有 3 个关节有软组织肿胀或积液，至少持续 6 周
3）手关节炎	腕关节、掌指关节或近端指间关节至少有 1 个区域肿胀 6 周以上
4）对称性手关节炎	左、右两侧关节同时受累
5）类风湿结节	位于骨突起部位、伸肌表面或关节旁的皮下结节
6）血清类风湿因子阳性	血清中类风湿因子含量升高
7）影像学改变	具有典型类风湿关节炎影像学改变，必须包括骨侵蚀或至少有骨质疏松

注：以上 7 项，具备 4 项或 4 项以上即可确诊

表 9-5 2010 年 ACR 和 EULAR 联合提出的类风湿关节炎分类标准

指标	表现
受累关节（0～5 分）	1 个大关节（0 分）；2～10 个大关节（1 分）；1～3 个小关节（2 分）；4～10 个小关节（3 分）
血清学（至少 1 项结果）（0～3 分）	RF 和 ACPA 阴性（0 分）；RF 和 ACPA 至少有 1 项是低滴度阳性（2 分）；RF 和 ACPA，至少有 1 项是高滴度阳性（3 分）
炎症标志物（0～1 分）	C 反应蛋白（CRP）和红细胞沉降率（ESR）均正常（0 分）；CRP 或 ESR 升高（1 分）
症状持续时间（0～1 分）	<6 周（0 分）；≥6 周（1 分）

注：综合评分 6 分或以上并排除其他可能的关节炎者，可确诊为 RA。受累关节数（压痛和肿胀）不包括远端指间关节、第一腕掌关节和第一跖趾关节等骨关节炎常受累关节。小关节是指掌指关节、近端指间关节、第二到第五跖趾关节、第一指间关节和腕关节。中大关节是指肩、肘、髋、膝和踝关节

2. 鉴别诊断

类风湿关节炎应与骨关节炎、痛风性关节炎、血清阴性脊柱关节病、系统性红斑狼疮、干燥综合征及硬皮病等其他结缔组织所致的关节炎相鉴别。

（四）治疗要点

1. 药物治疗

目前，治疗类风湿关节炎的常用药物包括非甾体抗炎药（NSAIDs）、改善病情抗风湿药（DMARDs）、生物制剂、糖皮质激素和植物药。

（1）非甾体抗炎药 具有镇痛抗炎作用，是缓解关节炎症状的常用药，但控制病情方面作用有限，应与 DMARDs 联用。选择药物需注意胃肠道等不良反应。NSAIDs 可增加心血管事件的发生，因而应谨慎选择药物并个体化为原则。

（2）传统 DMARDs 该类药物较 NSAIDs 发挥作用慢，需 1～6 个月起效，不具备明显的镇痛和抗炎作用，但可延缓和控制病情进展。类风湿关节炎一经确诊，都应早期使用 DMARDs 药物，药物的选择和应用方案要根据患者病情活动性、严重性和进展而定。

（3）生物类 DMARDs 生物类 DMARDs 治疗靶点主要针对细胞因子和细胞表面分子。包括 TNF-α 拮抗剂、IL-1 拮抗剂、IL-6 拮抗剂等，目前使用最普遍的是 TNF-α 拮抗剂、IL-6 拮抗剂。若传统 DMARDs 治疗未能达标，或存在有预后不良因素时应考虑加用生物制剂，其主要的不良反应包括注射部位反应和输液反应，可能增加感染，尤其是结核感染的风险，有些生物制剂长期使用会提高发生肿瘤的潜在风险。用药前应筛查结核、肿瘤、肝炎及排除感染。

（4）糖皮质激素 本药具有强大的抗炎作用，能迅速缓解关节肿痛症状和全身炎症，糖皮质激素治疗类风湿关节炎的原则是小剂量、短疗程。使用糖皮质激素必须同时应用 DMARDs，仅作为 DMARDs 的“桥梁治疗”。

（5）植物药制剂 治疗类风湿关节炎的植物制剂包括雷公藤多苷、白芍总苷、青藤碱等，对缓解关节症状具有较好作用。

2. 外科治疗

包括人工关节置换和滑膜切除手术，前者适用于较晚期有畸形并失去功能的关节，滑膜切除术可以使病情得到一定的缓解，但当滑膜再次增生时病情又趋复发，所以必须同时应用 DMARDs。

第三节 现代医学对软组织疼痛的认识

一、肌筋膜疼痛综合征

（一）病因与发病机制

1. 物理因素

肌筋膜疼痛综合征主要由颈、肩、背等部位的软组织的急性损伤未愈、长期慢性劳损或持续性负荷过重引起，与持续性的姿势不良、不正常的咬合习惯、缺乏运动、营养失衡等有关。肌肉、筋膜等在致病因素的作用下产生不同程度的创伤性无菌炎性反应，其中肌腱和筋膜附着处多为牵拉应力的集中部位，更易受到损伤而产生疼痛。

2. 情绪因素

焦虑、交感神经兴奋或睡眠剥夺导致的肌紧张和肌疲劳等，均可诱发肌筋膜疼痛综合征的神经肌肉结合功能异常。

3. 其他因素

可发生于创伤、劳累、寒冷、潮湿、肌肉过度或长时间维持在收缩状态之后；神经根受压导致脊髓节段敏化，甲状腺素和雌二醇缺乏亦可引起肌筋膜疼痛综合征。

（二）临床表现及辅助检查

1. 临床表现

肌筋膜疼痛综合征通常见于有软组织创伤史、长期固定姿势工作或劳动强度较大者。常见的临床症状包括局部肌肉疼痛、酸胀、沉重、麻木感。疼痛呈持续性，晨起加重，活动后减轻，亦可因感染、疲劳、潮湿等因素而加重，遇热可减轻，有时出现弹响感。在疼痛区域内存在激痛点，即压痛最明显点，压迫该点会引发相应区域的牵涉痛。

（1）颈部 颈部肌筋膜综合征常表现为颈部疼痛，呈持续性钝痛，也可表现为间歇性刺痛。颈部肌肉紧张、僵硬，活动受限，尤其是在转动头部或长时间保持一个姿势后，如长时间伏案工作或驾车。有时疼痛可放射至肩部、头部，引发头痛和肩部酸痛，严重影响患者的日常活动和生活质量。

（2）肩部 肩部肌筋膜综合征主要以肩部疼痛和活动受限为突出表现。疼痛通常在肩部的前方、外侧或后方，可在夜间加重，影响睡眠。在尝试抬举手臂、外展或内旋肩部时，会感到疼痛加剧，并且随着病情发展，肩部的活动范围会逐渐缩小。长期的肌筋膜问题可能导致肩部肌肉萎缩，进一步削弱肩部的力量和功能。在肩部周围的肌肉，如三角肌、冈上肌等，也可能出现紧张、压痛的情况，按压时疼痛可向周围放射。

（3）腰部 腰部肌筋膜综合征的症状较为典型，常感到腰部疼痛，疼痛程度不一，从轻微的酸痛到剧烈的疼痛都有可能。疼痛可在长时间站立、弯腰劳动或久坐后加重，休息后可有缓解。腰部肌肉紧张、发硬，严重时无法挺直腰部，行走姿势也会受到影响。此外，疼痛还可能向下肢放射，类似坐骨神经痛的症状，容易造成误诊。在腰部两侧或脊柱两侧的竖脊肌等部位，可以发现肌肉痉挛、压痛，有时能摸到硬结或条索状物，这些部位也是疼痛的主要来源。

（4）下肢 下肢的肌筋膜综合征多发生在臀部、大腿和小腿肌肉。臀部肌筋膜综合征表现为臀部疼痛，可伴有下肢的放射性疼痛，在久坐或行走时疼痛明显。大腿部位的肌筋膜综合征会导致大腿肌肉疼痛、压痛，活动时如屈伸膝关节会使疼痛加剧，肌肉紧张时可能出现局部肿胀的感觉。小腿肌筋膜综合征则主要表现为小腿后侧或外侧疼痛，在跑步、跳跃等运动后加重，可能出现跛行，影响正常行走，且在小腿肌肉处可摸到紧张、压痛的条索或结节。

2. 辅助检查

（1）实验室检查 血常规、血沉、C反应蛋白等指标大多正常，主要用于排除其他器质性疾病和风湿免疫性疾病。

（2）影像学检查 超声检查：可以清晰看到肌肉、筋膜的形态结构，帮助医生确定是否有筋膜增厚、结节等异常情况。比如，在有触发点的部位可能会观察到局部肌肉纹理紊乱或增厚。

磁共振成像（MRI）：能够更准确地显示肌肉、筋膜及周围软组织的病变情况，如肌肉水肿等，但费用相对较高。

（三）诊断与鉴别诊断

1. 诊断依据

肌筋膜疼痛综合征典型特征是激痛点，它存在于骨骼肌和筋膜上。临床诊断主要以患者主诉疼痛及体查触诊发现“激痛点”为依据，目前参考20世纪末Dr.Simons对激痛点的主要判断标准：

1）病史：主诉局部或机体多个区域疼痛史、损伤史，反复慢性受累肌肉疼痛，肌肉突然过用或跟随的短暂发作后疼痛，无明显原因的肌肉酸痛。

2）骨骼肌存在明确绷紧条索状带。

3）绷紧带上剧烈压痛的结节。

4）在压痛小结上施加压力，产生患者认定的疼痛主诉。

5）牵拉检测时完全活动范围存在疼痛性限制。

6）突然快速的触诊和针刺可能会引发局部肌肉颤搐。

7）针刺和按压激痛点可诱发疼痛和牵涉痛。

8）睡眠缺乏后可能会加重，并可能伴随耳鸣、头晕、头痛、健忘等症状。

2. 鉴别诊断

肌筋膜疼痛综合征应与纤维肌痛综合征、腰椎间盘突出症、颈椎病、风湿性关节炎相鉴别。

（四）治疗要点

（1）一般治疗 休息是缓解肌筋膜综合征的重要措施，应避免过度劳累，减少对受累肌肉和筋膜的持续刺激。对于疼痛明显的部位，可以通过热敷来改善血液循环，如使用热毛巾或热敷袋敷于患处，每次15～20 min，每天数次。

（2）物理治疗 物理治疗在肌筋膜综合征的治疗中效果显著。按摩是常用的方法之一，通过手法按摩，可缓解肌肉紧张，松解粘连的筋膜，促进局部血液循环。拉伸训练也很关键，针对不同部位进行特定的拉伸动作，能帮助拉长紧张的肌肉和筋膜，恢复其弹性。

此外，针灸、理疗（如超声波治疗、电刺激治疗等）也有助于减轻炎症、缓解疼痛。针灸通过刺激穴位，起到疏通经络的作用。超声波理疗能促进局部组织修复，改善疼痛症状。

（3）药物治疗 非甾体类抗炎药可有效减轻炎症和疼痛，如布洛芬、双氯芬酸钠等。患者可根据医嘱按适当剂量口服，缓解症状。对于激痛点明确的患者，局部注射糖皮质激素和局麻药的混合液也是一种选择，但不宜频繁使用，以免引起不良反应。

（4）手术治疗 当保守治疗无效时可考虑手术。手术主要是松解粘连的筋膜，切除病变的组织。但手术存在一定风险，术后也需要较长时间的康复治疗。

二、纤维肌痛综合征

（一）病因与发病机制

纤维肌痛综合征的病因和发病机制尚未完全明确。心理压力和精神创伤是重要因素之一，长期的焦虑、抑郁、紧张情绪可能诱发该病。此外，身体的创伤、感染、自身免疫异常等也可能在发病过程中起作用。

（1）中枢神经系统异常 中枢神经系统在纤维肌痛综合征的发病中起重要作用。大脑中的神经递质失衡，如血清素、多巴胺等水平降低，这些神经递质在调节疼痛感觉、情绪和睡眠方面有重要作用。血清素水平下降会导致疼痛阈值降低，使得患者对正常情况下不会引起疼痛的刺激也产生疼痛反应，同时影响睡眠质量，而睡眠障碍又会进一步加重疼痛感知，形成恶性循环。

（2）遗传因素 遗传易感性在纤维肌痛综合征的病因中占有重要地位。有研究发现，该病患者存在家族遗传倾向。某些基因的突变或多态性可能影响了神经系统的发育和功能，使得个体更容易受到外界因素影响而发病。这些基因可能涉及神经传导、免疫调节等相关通路。

（3）心理因素 长期的精神压力、焦虑、抑郁等心理问题与纤维肌痛综合征密切相关。心理创伤或慢性应激状态会引起神经内分泌系统紊乱，导致皮质醇等激素分泌异常。皮质醇的异常分泌会影响免疫系统和神经系统的功能，使肌肉更容易处于紧张状态，增加疼痛敏感性。

（4）创伤与感染 身体曾经遭受的创伤，如车祸、运动损伤等，可能损伤肌肉和周围组织，破坏了局部的神经和血管结构，引发炎症反应。此外，病毒感染，如流感病毒等可能影响免疫系统，导致免疫系统攻击自身组织，产生炎症介质，刺激神经末梢，从而诱发纤维肌痛综合征。

（二）临床表现及辅助检查

1. 临床表现

（1）疼痛和压痛 纤维肌痛综合征的疼痛表现为一种复杂的慢性广泛性疼痛，主要涉及肌肉骨骼系统。疼痛可以累及从头到脚的全身，包括肌肉、关节、骨骼、皮肤和皮下部位等，以肩胛带、上背、颈、腰、髋等部位最为常见，其次是四肢。疼痛性质多样，常表现为酸痛、尖锐痛、坠痛、冷痛和麻木等，而以酸痛最为常见。疼痛程度时轻时重，严重时影响患者情绪及睡眠，休息常常不能缓解疼痛，不适当的活动和锻炼可使疼痛症状加重。劳累、应激、精神紧张以及寒冷、阴雨天气等均可加重疼痛症状。

（2）疲劳 绝大多数患者会出现疲劳症状，包括身体疲劳（精力下降或疲惫）、认知疲劳（无法集中注意力和记忆力差等）和情绪疲劳（动力下降）。疲劳程度的差异很大，从轻度、中度疲劳到与流感等病毒性疾病期间经历的重度疲惫状态都可能出现。多数患者即使在清晨睡醒后也有明显疲倦感，部分患者表现出日常的行走、爬楼梯、手提物品等行为明显受限，严重者可出现不同程度的劳动能力下降，表现为侵扰性疲劳，导致误工、失业，甚至无法从事日常家务劳动。

（3）睡眠障碍 90%的患者有睡眠障碍，表现为入睡困难、睡眠浅、易醒、多梦和无恢复性睡眠。非恢复性睡眠指睡眠质量和持续时间正常，患者经常感到没有得到足够的休息。精神紧张、过度劳累、气候因素等会使上述症状加重。

（4）精神心理和神经系统表现 表现为注意力难以集中、记忆力减退、执行能力减退等认知症状，抑郁、焦虑、疼痛或睡眠问题对认知症状产生负面影响。纤维肌痛综合征患者常出现情绪低落、烦躁、易怒，对自己病情的过度关注，甚至呈严重的焦虑、抑郁状态。此外还有眩晕、阵发性头晕、记忆力减退等表现。头痛是常见症状，主要为在枕区或整个头部的压迫性钝痛，偏头痛更多见，但无任何神经系统异常的客观证据。

（5）其他症状 纤维肌痛综合征患者常伴有消化不良、腹痛、便秘和腹泻等。部分患者可伴低热、口干、眼干、视力模糊、畏光和雷诺现象。超过30%的患者出现下肢不适，需要持续活动腿（不宁腿综合征）。

2. 辅助检查

（1）实验室检查 迄今为止，尚未有足够诊断准确性的客观检查或生物标记物用于诊断纤维肌痛综合征。但相关实验室项目有利于排除其他疾病。这些实验室检查项目包括：血常规、生化（应包括钙、磷、碱性磷酸酶、肌酸激酶）、红细胞沉降率、C-反应蛋白、类风湿因子、抗核抗体和抗环瓜氨酸抗体等。部分患者存在体内激素紊乱，如血清促肾上腺皮质激素、促性腺激素、生长激素、类胰岛素样生长激素-1、甲状腺素等异常，脑脊液中P物质浓度可升高，但这些实验室检查结果异常不能作为纤维肌痛的诊断依据。

（2）影像学检查 纤维肌痛患者可出现额叶皮质、杏仁核、海马和扣带回等激活反应异常，以及相互之间的纤维联络异常。功能性磁共振成像（fMRI）检查可发现大脑部分区域激活反应异常，以及相互之间的纤维联络异常，但目前尚不能用于临床诊断。

（三）诊断与鉴别诊断

1. 诊断依据

本病诊断标准是美国风湿病学会1990年版纤维肌痛综合征的分类标准。在这一标准中有2个条件：①持续3个月以上的全身性疼痛；②18个压痛点中至少有11个部位疼痛。

同时满足以上两个条件者，可诊断为纤维肌痛综合征。

继发于各种风湿病，如骨关节炎、类风湿关节炎、强直性脊柱炎、系统性红斑狼疮、白塞综合征等，及非风湿性疾病，如甲状腺功能低下、恶性肿瘤等，则诊断为继发性纤维肌痛综合征。

压痛点是采用拇指按压（按压力约为4 kg/cm^2，直至检查者拇指甲床变白，恒定压力几秒钟）特定部位，这18个（9对）压痛点的部位：枕骨下肌肉附着点处两侧、两侧斜方肌上缘中点、第5～7颈椎横突间隙前面的两侧、两侧肩胛棘上方近内侧缘的起始部、两侧肱骨外上髁远端2 cm处、两侧第2肋骨与软骨交界处的外上缘、两侧臀部外上象限，臀肌前皱襞处、两侧大转子后方、两侧膝内侧脂肪垫关节皱褶线的内侧；同时还要使用相同方法按压前额中部、前臂中部、手指中节指骨、膝关节内外侧等部位，以排除“伪痛”。

2. 鉴别诊断

纤维肌痛综合征应与脊柱关节炎、类风湿关节炎、未分化结缔组织病、风湿性多肌痛相鉴别。

（四）治疗要点

1. 非药物治疗

（1）健康教育 患者教育是纤维肌痛综合征的首选基础治疗，在明确诊断后即应介入。教育的目的是帮助患者正确认识并以积极乐观的态度对待疾病，使其明确治疗目标是减轻症状、恢复功能，改善生活质量。教育内容包括：疾病知识、治疗计划与策略、预期结局、自我管理。应鼓励患者学习放松技巧，并参加正式的减压计划，必要时转介至精神心理科进行专业咨询。自我管理具体包括疼痛应对、改善睡眠、科学运动、合理饮食、药物治疗和非药物治疗的应用。

（2）运动 运动对纤维肌痛综合征患者的好处包括：预防功能障碍和疾病进展，恢复或维持有氧耐力、肌力、活动、灵活性、协调性、平衡性和功能，提高总体健康状况。同时可减轻疼痛、疲劳、僵硬、情绪障碍等主要症状，提高生活质量。科学运动应遵循：个体化原则，即制定与患者健康、体力相适应的运动方案。循序渐进原则，尤其在锻炼计划的初始阶段，遵循“从低强度开始，慢慢增加”的原则。

（3）心理治疗 纤维肌痛综合征进行心理治疗的目的是激发和调动患者改善其动机和潜能，促使其心理、行为以及躯体功能的积极变化，从而达到缓解消除症状、提高心理健康和促进人格发展的目的。进行治疗时，医生应告知患者与纤维肌痛综合征相关的心理痛苦、可能产生的负面影响并根据患者情况进行心理评估。要注意解释时机的选择，尽量避免引起患者反感抵触情绪。

2. 药物治疗

药物治疗应根据其特点结合患者共病的焦虑、抑郁、强迫、睡眠障碍、体重增加、性功能障碍等情况谨慎选择。治疗前告知患者可能出现的不良反应，并从小剂量逐渐增加至治疗量以提高患者耐受性，病情完全缓解并维持足够时间后药物可以逐渐减量或停用。

（1）度洛西汀 度洛西汀可显著改善纤维肌痛综合征患者的疼痛程度和抑郁症状并可维持长期效果。常见不良反应有恶心、纳差、口干、便秘、乏力、失眠、嗜睡、多汗等，可通过缓慢增加剂量及与食物同服的方法减少其不良反应，起始宜从小剂量 20 mg/次，1 次/d，逐渐加量至 60 mg/d。减量过快或突然停药，可能出现头晕等不适，因此如果病情控制良好，药物进行减停时应注意缓慢减量。

（2）普瑞巴林 普瑞巴林通过减少钙离子依赖的兴奋性神经递质释放起到镇痛作用，在减轻疼痛、改善睡眠和生活质量方面均有较好疗效，尤其适于疼痛为主并伴睡眠障碍和疲劳的患者。一般从 75 mg/次，1 次/d 晚起始，后根据疗效和耐受性逐渐加量至 150～225 mg，每日分 2 次服。普瑞巴林长期耐受性良好，常见不良反应为头晕、嗜睡、水肿和体重增加等，肾功能减退者需减量。

（3）阿米替林 阿米替林可用于未同时合用其他抗抑郁药物的纤维肌痛综合征患者，阿米替林兼具良好的改善睡眠作用，并可在一定程度上减轻疲劳，对睡眠障碍明显的纤维肌痛综合征患者，可每天睡前口服 10～50 mg 改善症状。阿米替林常有抗组胺、抗肾上腺素能等不良反应，如口干、便秘、视物模糊、排尿困难等，青光眼患者、老年人及有心血管疾病的患者应用需谨慎。

（4）米那普仑 米那普仑属于 SNRIs 类抗抑郁药，20～100 mg/d 可改善纤维肌痛综合征患者的疼痛、全身不适，但对睡眠障碍效果不佳。米那普仑最常见不良反应有心动过速、失眠、口干、便秘等。

（5）曲马多 曲马多为弱 μ 阿片类受体激动剂，有改善疼痛的作用，但不能改善健康相关的生活质量。曲马多通常用于对其他治疗方法无效的中至重度疼痛的患者，一般短期应用，剂量最高 150 mg/d。因曲马多常见的恶心、呕吐及头晕等不良反应，可以于睡前 25 mg 甚至更小剂量起服，若疗效不佳再逐渐加量，并嘱患者预防起床时的跌倒。曲马多具有与其他阿片类药物相似的不良反应，需要注意药物耐受或依赖问题。

（6）其他药物 针对纤维肌痛综合征伴发的重度失眠以及抑郁和焦虑等精神心理问题，可以个体化选用喹硫平和奥氮平。苯二氮卓类药物可提高纤维肌痛综合征患者的睡眠质量和改善焦虑。NSAIDs 具有解热镇痛、抗炎、抗风湿作用，但 NSAIDs 对于纤维肌痛综合征的作用效果有限。目前未证实糖皮质激素类药物对纤维肌痛综合征的治疗有效，不推荐用于治疗纤维肌痛综合征。阿片类药物可不同程度缓解纤维肌痛综合征患者的疼痛，但不能有效治疗纤维肌痛综合征，加之考虑其成瘾风险及不良反应，不建议在纤维肌痛综合征中使用强阿片类药物。

第四节　关节与软组织疼痛的管理

一、关节与软组织疼痛的评估

关节与软组织疼痛的评估主要包括视觉模拟评分量表、数字评定量表、面部表情疼痛量表，详见第三章。

二、关节与软组织疼痛的管理

（一）关节与软组织疼痛的问题

关节与软组织疼痛是临床上常见的问题，严重影响着人们的生活质量。无论是日常活动中的轻微不适，还是严重影响关节功能的剧痛，都可能是关节或软组织出现病变的信号。了解关节和软组织疼痛的原因对于准确诊断、有效治疗以及预防其进一步恶化至关重要。

1. 关节疼痛问题

（1）创伤性因素　运动损伤、意外事故等可直接导致关节受损。如运动员在剧烈运动时，可能出现膝关节半月板撕裂，这种创伤会引起关节剧痛、肿胀，活动受限。关节周围的韧带损伤临床常见，比如踝关节扭伤，会使外侧韧带拉伤，导致关节疼痛、瘀血。

（2）炎症相关　关节炎是关节疼痛的重要原因。如类风湿关节炎是自身免疫性疾病，免疫系统攻击关节滑膜，引起滑膜炎症，逐渐侵蚀关节软骨和骨组织，不仅引发关节疼痛，还会导致关节畸形。骨关节炎则多与年龄、肥胖等有关，关节软骨磨损后，骨与骨直接摩擦，以膝关节、髋关节等承重关节易发病，疼痛在活动后加重，休息可缓解。

（3）感染因素　细菌、病毒等感染关节也会导致疼痛。如化脓性关节炎，细菌进入关节腔后大量繁殖，引发急性炎症，关节出现红肿热痛，伴体温升高，病情进展迅速。

2. 软组织疼痛问题

（1）肌肉劳损　长期保持不良姿势或过度使用肌肉可致劳损。比如长时间低头，导致颈部和肩部肌肉持续紧张，形成慢性劳损，肌肉出现酸痛、僵硬，按压时疼痛加剧。体力劳动者反复搬运重物，腰部肌肉易劳损，导致腰部疼痛，影响正常活动。

（2）筋膜炎　筋膜在受到寒冷、潮湿环境刺激或反复微小损伤后，容易发生炎症。背部筋膜炎较为常见，患者会感到背部广泛疼痛，疼痛点不固定，晨起或长时间休息后疼痛加重，活动后可稍有缓解。足底筋膜炎则在行走、站立时疼痛明显，尤其是晨起第一步，疼痛呈针刺样，这是因为足底筋膜在夜间休息后短时间挛缩。

（3）神经卡压　当周围神经在走行过程中受到压迫时，会引起神经支配区域的软组织疼痛。如腕管综合征，正中神经在腕管内受压，导致手部拇指、示指、中指和环指桡侧半指出现麻木、疼痛，严重时手部肌力减弱。梨状肌综合征中，坐骨神经被梨状肌卡压，引起臀部及下肢后侧放射性疼痛、麻木。

（二）关节与软组织疼痛的治疗目标

1. 缓解疼痛

缓解疼痛是治疗关节与软组织疼痛的首要目标。非甾体类抗炎药在缓解炎症性疼痛方面发挥着重要作用，如布洛芬、阿司匹林等药物，能抑制体内炎症介质的产生，从而减轻关节和软组织因炎症反应引发的疼痛。此外，物理治疗手段具有重要作用，如热敷通过热传导，使局部血管扩张，促进血液循环，缓解肌肉和筋膜的紧张状态，当长时间保持不良姿势导致颈部或腰部软组织疼痛时，热敷可以放松紧张的肌肉，减轻疼痛。按摩可通过手法刺激，放松紧张的肌肉和筋膜，改善局部的代谢环境，减轻疼痛。

2. 改善功能

恢复关节和软组织的正常运动功能是治疗的核心目标。关节和软组织的正常功能是保证人体活动的基础，任何损伤导致的功能障碍都会对生活产生严重影响。对于创伤导致关节活动受限的患者，康复训练至关重要。临床要根据患者的具体情况制定个性化的训练方案，包括逐渐增加关节的活动范围，使用辅助器械或特定的康复动作，帮助患者恢复关节的正常屈伸功能。对于肩关节脱位后出现活动受限的患者，除了恢复屈伸功能外，还需要注重旋转等功能的训练。对于腰部软组织损伤引起肌肉力量下降，应针对性地加强肌肉锻炼，如仰卧起坐、平板支撑等，逐步增强腰肌力量，提高腰部的稳定性和活动能力。对于上肢软组织损伤的患者，通过握力训练、哑铃练习等方式，增强上肢肌肉力量。

3. 预防复发

深入分析疼痛产生的原因并采取针对性措施预防复发。对于长期伏案工作的人群，颈部软组织疼痛较为常见，需要指导患者调整坐姿，保持头部、颈部和脊柱在一条直线上。对于运动损伤引起关节疼痛者，要制定合理的训练计划预防复发，包括训练前的热身活动，如慢跑、关节活动操等。在训练过程中合理安排训练强度和时间，避免过度训练。此外，根据运动项目和身体状况，进行针对性的预防训练，增强关节周围肌肉力量，提高关节的稳定性，降低再次受伤的概率。

4. 提高生活质量

减轻疼痛和恢复功能的根本目的是提高患者的生活质量。关节与软组织疼痛会对患者的生活产生负面影响，不仅影响身体活动，还会对心理状态造成负担。减轻疼痛和恢复功能助于减少因疼痛对心理和生理造成的双重负担。长期的疼痛可能导致患者出现焦虑、抑郁等心理问题，而身体功能的恢复可以增强患者的自信心，改善心理状态，形成一个良性循环，使患者在生理和心理上都恢复健康，真正提高生活质量。

（三）关节与软组织疼痛管理的方法

1. 心理治疗

关节与软组织疼痛不仅是身体的感受，也会给患者心理带来压力。因此，心理治疗对患者具有重要作用。

（1）认知行为疗法 帮助患者认识对疼痛的负面思维和情绪，引导患者正确看待疼痛，改变不合理的观念，让患者学会如何应对疼痛。

（2）放松训练 包括深呼吸、渐进性肌肉放松训练等。深呼吸能调节自主神经系统，减轻紧张情绪。渐进性肌肉松弛是先让肌肉紧张起来，然后慢慢放松，帮助患者感受肌肉紧张和放松的差异，从而缓解肌肉紧张引起的关节和软组织疼痛。

（3）生物反馈治疗 通过仪器监测生理信号，如肌电图等，让患者直观看到自己的生理状态。例如，当肌肉紧张时，仪器会显示相应的肌电变化，患者根据反馈信息学习控制肌肉紧张程度，以减轻疼痛。

（4）催眠疗法 通过催眠疗法使患者进入一种高度放松的状态，让患者改变对疼痛的感知。

2. 关节与软组织疼痛的药物治疗

（1）非甾体类抗炎药 如布洛芬、阿司匹林等可抑制体内环氧合酶活性，减少前列腺素合成，从而减轻炎症和疼痛。布洛芬主要用于缓解轻至中度疼痛，像常见的关节扭伤、劳损等引起的疼痛。阿司匹林则还可以抗血小板的聚集，但该类药对胃肠道有不良反应，有胃肠道疾病者要慎用。

（2）肌肉松弛剂 对于软组织疼痛，尤其是肌肉紧张、痉挛导致的疼痛有较好效果。比如氯唑沙宗，能缓解因肌肉痉挛引起的疼痛，常用于因长时间姿势不良引起的肌肉紧张疼痛。

（3）糖皮质激素 适用于疼痛较为严重且其他药物效果不佳的患者，如泼尼松、地塞米松等，有强大抗炎作用，可快速减轻关节和软组织炎症反应。如类风湿关节炎急性发作期，可短期使用快速控制炎症，减轻疼痛。但长期使用有较多不良反应，如骨质疏松、血糖升高、感染风险增加等。

（4）局部麻醉药 用于局部疼痛缓解，如利多卡因凝胶，可在疼痛的关节或软组织局部涂抹，通过阻断神经冲动传导缓解疼痛，常用于局部、较表浅的疼痛。

（5）外用药物　包括双氯芬酸二乙胺乳胶剂等，直接涂抹在疼痛部位，经皮肤渗透发挥抗炎、止痛作用，能减少口服药带来的胃肠道等不良反应。

（6）镇痛药物　对于严重疼痛，可用曲马多等弱阿片类镇痛药物，该类药有一定的成瘾性，需要谨慎使用。

3. 现代医学技术在关节与软组织疼痛的运用

（1）诊断方面

1）实验室检查技术：红细胞沉降率、C 反应蛋白等炎症指标可以判断关节与软组织疼痛是否由炎症引起。对于类风湿关节炎的诊断，类风湿因子、抗环瓜氨酸肽抗体等特异性指标的检测非常关键。此外，尿酸水平的测定有助于诊断痛风性关节炎，当尿酸过高时，尿酸盐结晶在关节腔内沉积可引发剧烈疼痛。

2）影像学技术：X 线检查能够显示关节的骨骼结构，判断是否存在骨折、脱位、骨质增生等。CT（计算机断层扫描）能够显示骨骼的细微结构，对于复杂的骨折形态、关节内的微小骨病变能精准呈现。MRI（磁共振成像）对于软组织和关节内部结构的显示具有独特优势，可以清晰地呈现肌肉、肌腱、韧带、滑膜等软组织的形态和病变。超声检查可以实时观察肌肉、肌腱的运动情况，发现肌肉拉伤、肌腱炎等病变。

（2）治疗方面　精准靶向药物在类风湿关节炎等自身免疫性关节疾病的治疗中越来越受到重视，如 TNF-α、IL-6 等，能够有效抑制炎症反应，缓解关节疼痛和肿胀，且不良反应相对传统药物更小。

对于关节疼痛较严重者，关节腔局部注射糖皮质激素可以迅速减轻炎症反应，缓解疼痛。透明质酸钠可以增加关节液的黏稠度，改善关节的润滑功能，对骨关节炎患者有较好的疗效。在软组织疼痛方面，痛点注射治疗，即将局麻药和糖皮质激素混合后注射到疼痛点，可有效缓解肌肉劳损、筋膜炎等引起的局部疼痛。

物理治疗技术：激光疗法可以促进组织修复和减轻疼痛。对于软组织损伤后的修复和缓解关节疼痛有一定效果。冲击波治疗可以刺激局部组织产生一系列生物学效应，促进血管再生、松解粘连、减轻炎症，对于网球肘、跟腱炎等软组织疾病以及髋关节、膝关节等部位的骨关节炎有较好的治疗效果。

手术治疗技术：关节镜手术是一种微创手术，通过小切口插入关节镜，可以精确地清理损伤组织、修复或重建韧带和半月板，减少手术创伤，加速患者术后恢复。对于严重的肌肉、肌腱断裂或软组织缺损等情况，现代外科技术可以进行精细的修复手术。

（3）康复方面　对关节置换术后或严重关节创伤后的患者，智能康复机器人系统可以进行精准、个性化的康复训练。

4. 中医技术在关节与软组织疼痛的运用

（1）针灸疗法　根据中医经络学说，按照疼痛部位所属经络循行路线选取穴位。例如，膝关节疼痛，若为外侧疼痛，多与足少阳胆经有关，可选取阳陵泉、风市等穴位；若为内侧疼痛，常涉及足太阴脾经，可选用血海、阴陵泉等。对于软组织疼痛，如颈部肌肉劳损，可根据疼痛放射区域，选取天柱、大椎等颈部局部穴位，同时结合手太阳小肠经、足太阳膀胱经等相关经络上的远端穴位，如后溪、昆仑等，起到疏通经络、调和气血的作用。

针法操作：根据病情和穴位特点，采用不同的针法。提插补泻法中，补法操作时，先浅后深，重插轻提，幅度小，频率慢；泻法则相反。捻转补泻法里，补法捻转角度小，用力轻，频率慢，拇指向前捻转、示指向后捻转；泻法与之相反。对于寒证疼痛，可采用温针灸，在留针过程中，将艾绒搓团捻裹于针柄上施灸，通过针体将热力传入穴位，起到温通经络、散寒止痛之效，如对于寒湿型腰痛有很好的缓解作用。

（2）推拿按摩

1）揉法：以指、掌、拳等部位吸附于体表治疗部位，做轻柔缓和的环旋运动，对于关节周围的肌肉痉挛，揉法能松解肌肉，改善关节活动度。

2）㨰法：以手背近小指侧部分或小指、环指、中指的掌指关节突起部分着力于体表，常用于腰部、腿部等肌肉丰厚处，可缓解肌肉劳损引起的疼痛。

3）按法：用手指、手掌或肘部按压体表，通过刺激穴位和肌肉起止点，调节气血运行，减轻疼痛。

4）整复手法：针对关节错位或紊乱，可采用颈椎旋转复位法等整复手法，纠正关节错位，恢复关节的正常解剖位置，从而缓解疼痛和改善功能。

（3）中药内服 中医辨证论治，风寒湿痹证见关节肌肉疼痛，遇寒加重，得温则减，治法以祛风散寒、除湿通络为主，选用蠲痹汤加减；风湿热痹证见关节红肿热痛，发热，口渴，烦闷不安，治法以清热通络、祛风除湿为主，选用白虎加桂枝汤合宣痹汤加减；瘀血痹阻证见疼痛如针刺，痛处固定不移，夜间加重，治法以活血化瘀、通络止痛为主，选用身痛逐瘀汤加减。

（4）中药外敷

1）药膏贴敷：根据不同的病情，选用不同配方的药膏。如狗皮膏，其含有生川乌、生草乌、羌活、独活、青风藤等多味中药，具有祛风散寒、活血止痛的功效。将药膏贴于疼痛的关节或软组织部位，药物通过皮肤渗透，直达病所。对于寒湿痹痛、跌打损伤后的疼痛有较好的缓解作用。

2）中药熏蒸：将中药饮片如艾叶、花椒、木瓜、防风、透骨草等碾碎装入布袋，放入熏蒸仪器中加热，患者暴露疼痛部位，在合适的距离进行熏蒸。中药蒸汽的温热作用和药效成分可促进局部血液循环，温通经络，消肿止痛。对于关节僵硬、软组织粘连等引起的疼痛有改善作用，如类风湿关节炎关节活动不利、肩周炎后期的关节粘连等情况。

（5）拔罐疗法

1）留罐法：在疼痛的关节周围或软组织疼痛部位，如腰部肌肉劳损处，选择合适大小的火罐，利用燃烧排空罐内空气，形成负压，使罐吸附于体表。留罐时间一般为 10～15 min。通过这种方式可改善局部血液循环，缓解肌肉紧张，减轻疼痛。对于因风寒湿邪侵袭引起的关节和软组织疼痛有较好的效果。

2）走罐法：在罐口涂抹凡士林、板油等润滑剂后，将罐吸附于皮肤，然后在皮肤上来回移动火罐。常用于背部、大腿等肌肉丰厚、面积较大的部位。走罐能起到疏通经络、调整气血、改善肌肉痉挛的作用，对于大面积的软组织疼痛，如腰背肌筋膜炎等有良好的治疗效果。

3）刺络拔罐法：先用三棱针或皮肤针在疼痛部位点刺放血，然后再进行拔罐。这种方法能加强活血化瘀、消肿止痛的作用。对于急性软组织扭伤、挫伤后局部瘀血肿痛效果显著，如踝关节扭伤后的肿胀疼痛，可通过刺络拔罐排出瘀血，缓解疼痛和肿胀。

（四）关节与软组织疼痛的健康教育

1. 疾病知识

向患者介绍关节与软组织疼痛的常见原因，包括创伤、劳损、炎症、感染等。此外，长期伏案工作可能导致颈部软组织劳损，运动不当可能引起关节扭伤或肌肉拉伤，而自身免疫问题可能引发关节炎。了解病因有助于患者更好地预防和应对疼痛，解释关节和软组织的基本生理结构与功能，如关节的构成（包括关节软骨、关节囊、关节腔等）以及软组织（肌肉、肌腱、筋膜等）在运动中的作用。使患者知道关节和软组织的正常运作方式，以便理解疼痛对身体功能的影响。

2. 日常生活注意事项

指导患者保持正确的坐姿、站姿和睡姿。坐姿要保持背部挺直，肩部放松，眼睛平视电脑屏幕；站姿双脚均匀受力，挺胸收腹；睡眠选择合适的床垫和枕头，维持脊柱的生理曲度。避免长时间保持同一姿势或过度劳累。定时起身活动，进行简单的伸展运动，如颈部伸展、腰部扭转、关节屈伸等。同时，保证充足的睡眠，每晚 7～8 h，有利于身体恢复和缓解疼痛。对于体力劳动者，科学安排劳动强度和休息时间，防止肌肉和关节过度疲劳。

3. 运动指导

适合的运动方式包括游泳、散步、骑自行车等低冲击力的有氧运动，可以增强肌肉力量、改善关节活动度，同时减轻关节压力。对于关节疼痛患者，避免高冲击力的运动，如跑步、跳跃等，尤其是在疼痛发作期。对于软组织疼痛患者，可进行一些针对性的拉伸和力量训练，如颈部疼痛可做颈部拉伸和颈肌抗阻训练。

运动前要充分热身，包括全身关节的活动和肌肉的拉伸。对于容易受伤的关节，如膝关节，可佩戴护膝等防护用具。运动后进行拉伸放松，帮助缓解肌肉紧张，减少肌肉酸痛和损伤的风险。

4. 饮食建议

保持均衡的饮食结构，摄入足够的蛋白质、碳水化合物、脂肪、维生素和矿物质。蛋白质可选择瘦肉、鱼类、豆类等，有助于肌肉修复；富含维生素 C、D 和钙的食物，如新鲜水果、蔬菜、乳制品等，对关节和骨骼健康有益。对于肥胖患者，适当控制热量摄入，减轻体重，可降低关节负担，缓解关节疼痛。

5. 心理调适

长期的关节与软组织疼痛会导致心理压力和负面情绪，如焦虑、抑郁等。鼓励患者积极面对疼痛，通过与家人朋友交流、参加社交活动等方式缓解心理压力。可做一些放松技巧，如深呼吸、冥想、渐进性肌肉松弛训练等。当疼痛发作时，这些方法可以帮助患者放松身心，减轻疼痛的感受。

6. 疼痛管理与就医指导

教导患者如何自我评估疼痛程度，可使用简单的疼痛评分量表（如 0～10 分），使患者能准确向医生描述疼痛情况。同时，告知患者如果疼痛加重、出现新的症状（如关节肿胀、发热、活动严重受限等）或疼痛持续不缓解，应及时就医。提醒患者按医嘱正确用药，包括药物的剂量、服用时间和注意事项。如非甾体类抗炎药可能有胃肠道不良反应，应在饭后服用，若出现不适及时告知医生。对于需要长期治疗的患者，强调定期复诊的重要性，以便医生调整治疗方案。

第十章　神经病理性疼痛

学习目标

❖ 知识目标

1. 掌握：神经病理性疼痛常见疾病的概念、临床表现、管理问题和管理措施以及评估及护理原则。

2. 熟悉：神经病理性疼痛常见病治疗技术操作和健康指导，编制管理计划对神经病理性疼痛患者进行病史采集，提出管理问题，制定并实施相应的管理措施及健康指导。

3. 了解：脑卒中、糖尿病性神经病、带状疱疹后神经痛及三叉神经痛患者的临床表现，诊断问题，管理措施及健康宣教，神经病理性疼痛患者特殊治疗药物、神经阻滞治疗及微创介入治疗的管理。

❖ 能力目标

通过本章节的学习，培养学生能够运用中西医相应的知识辨别神经病理性疼痛相关症状，并能制定合理的管理方案与措施在临床上正确实施。

❖ 思政目标

神经病理性疼痛患者常伴随睡眠障碍、焦虑和抑郁，长期饱受疼痛折磨，生活质量显著下降。通过案例，引导学生理解作为医护人员应具备高度的职业责任感和使命感，不断提升自己的专业素养，以更好地服务患者。

第一节　中医对神经病理性疼痛的认识

中医虽无关于神经病理性疼痛的论述，但在中医文献中不乏相关疾病的描述与诊疗方法。中医认为神经病理性疼痛是一类病因、病机复杂多样的疼痛综合征，临床上常归类为“顽痹”和“久痛”范畴。中医对顽固痛证的认识源自辨证实践，强调辨证施治和整体治疗，意在调节机体阴阳，恢复阴阳平衡。

导入案例 10-1

患者，女，78 岁，退休教师。因左侧胸背部剧烈疼痛 1 周、疱疹 3 d 就诊。1 周前，患者无明显诱因出现左侧胸背部持续性疼痛、阵发性加重，为烧灼样、刀割样、针刺样、牵扯样痛，皮肤接触衣物及夜间疼痛加重，伴有口苦、咽干、心烦易怒，严重影响日常生活及休息。3 d 前，患者左侧胸背部疼痛区域出现斑丘疹、水泡。否认发热、咯痰血、胸闷心悸、呼吸困难。患者既往糖尿病史 16 年，规律服用二甲双胍等降糖药控制血糖达标。查体：BP 152/96 mmHg，NRS 评分 6～8 分，其余生命体征平稳。痛苦面容，舌质红，苔薄黄、脉弦滑。左侧胸背部 $T_{4\sim6}$ 神经节段分布区皮肤见红斑，呈簇状、条带状分布，米粒至胡豆大小粉红色丘疹、水泡，未超过躯干前后正中线。心肺查体阴性。

1. 该患者亟待解决的疼痛管理问题有哪些？

2. 请结合该患者的病情，制定一份以患者为中心的中西医疼痛管理方案。

一、蛇　串　疮

1. 蛇串疮病因与发病机制

蛇串疮，为患者皮肤上出现成簇小疱，痛如火燎，每多缠腰而发，故又名“缠腰火丹”“火带疮”，现代医学称为带状疱疹，是一种由水痘-带状疱疹病毒（VZV）引起的病毒性皮肤病。

在中医理论中，蛇串疮的病因病机主要包括以下几点：

（1）情志内伤　情绪波动、压力过大等情志内伤，导致肝郁气滞，久而化火，肝经火毒，外溢肌肤而发。

（2）饮食不节　饮食不节制，导致脾失健运，湿邪内生，蕴而化热，湿热内蕴，外溢肌肤而生。

（3）感染毒邪　外感风热邪毒侵入机体与体内之热相互交织，发于皮肤而致。

（4）年老体虚　年老体弱者常因血虚肝旺，湿热毒盛，气血凝滞，导致疼痛剧烈，病程迁延。

2. 蛇串疮诊断与鉴别诊断

（1）诊断要点

1）病史：常见于中老年人，可因过劳、情绪波动、恶性肿瘤、免疫抑制剂治疗和器官移植等诱发。

2）前驱症状：皮疹出现前常先有皮肤疼痛、麻木、瘙痒和感觉异常，可伴有低热、少食、倦怠等症状。

3）临床表现：皮肤上出现成簇水疱，痛如火燎，每多缠腰而发，故又名“缠腰火丹”“火带疮”，俗名“蛇串疮”。临床特点是急性发作，集簇性水疱，排列成带状，沿一侧周围神经分布区出现，伴有刺痛和淋巴结肿大。

（2）鉴别诊断　注意与以下疾病鉴别：

1）热疮：多发生在皮肤黏膜交界处，皮疹如针头到绿豆大小的水疱，常为群状，一周左右痊愈，但易复发。

2）漆疮、膏药风：发病前有明确的接触史，皮疹发生在接触部位，与神经分布无关。无疼痛，自觉灼热、瘙痒。

3. 蛇串疮辨证施治

蛇串疮的治疗原则：清热解毒，泻火去湿。根据不同证型进行辩证施治。

肝经郁热：症见皮损鲜红，灼热刺痛，疱壁紧张；口苦咽干，心烦易怒，大便干燥，小便黄；舌质红，苔薄黄或黄厚，脉弦滑数。中医方剂以龙胆泻肝汤加减。治疗除了内服汤药，还可以采用外治疗法、针灸治疗等中医疗法，根据皮损及患者情况选择应用不同的针灸疗法。

二、三叉神经痛

1. 三叉神经痛病因与发病机制

三叉神经痛可以分为原发性和继发性。原发性三叉神经痛的病因及发病机制尚不完全清楚，但多数观点认为病变可能在三叉神经半月节及其感觉神经根，与血管压迫、岩骨部位的骨质畸形等因素导致三叉神经机械性压迫、牵拉及营养代谢障碍有关。继发性三叉神经痛常为某一疾病的临床症状之一，由小脑脑桥角及其邻近部位的肿瘤、炎症、外伤以及三叉神经分支部位的病变所引起。中医认为三叉神经痛与外邪阻络（风邪为主，易夹寒、热）、风痰闭阻、火热上攻、阴虚阳亢、瘀血阻络等有关。病理机制要点为络脉闭塞，不通则痛，病变部位主要在面部经络，与肝、胆、脾、胃等脏腑密切相关。

2. 三叉神经痛诊断与鉴别诊断

（1）三叉神经痛诊断　主要依据典型的临床表现，包括疼痛部位、性质、面部扳机点及神经系统无阳性体征。原发性三叉神经痛表现为三叉神经分布区域内反复发作的短暂性剧烈疼痛，呈电击样、刀割样和撕裂样剧痛，突发突止。每次疼痛持续数秒至数十秒，间歇期完全正常。

（2）**鉴别诊断** 根据疼痛部位与发作特点，需要排除牙痛、舌咽神经痛、蝶腭神经痛等疾病。牙痛主要表现为牙龈及颜面部持续性胀痛、隐痛。舌咽神经痛疼痛部位多位于颜面深部、舌根、软腭等。蝶腭神经痛主要表现为面部（鼻根、眼眶、上颌）阵发性刀割样、电击样痛，伴鼻塞、流涕。

3. 三叉神经痛辨证施治

中医治疗三叉神经痛主要依据辨证施治原则，常见证型包括：

（1）**风寒袭络证** 颜面短暂性刀割样剧痛，遇寒而诱发或加重，发作时面部有紧束感，局部喜温，恶风寒，口不渴，苔薄白，脉浮紧。

（2）**风热伤络证** 颜面短暂烧灼或刀割样疼痛，遇热加重，得凉稍减，痛时面红，伴发热，恶风，口干咽痛，舌边尖红、苔薄黄，脉浮数。

（3）**胃火上攻证** 颜面阵发灼热剧痛，前额胀痛，面红目赤，牙龈肿痛，口臭咽干，口渴喜冷饮，便秘溲赤，舌质红、苔黄，脉滑数。

（4）**肝胆火炽证** 颜面阵发性电击样剧痛，面颊灼热，面红目赤，眩晕，烦躁易怒，口苦咽干，胸胁满闷，便秘，尿赤，舌质红、苔黄燥，脉弦数。

（5）**风痰阻络证** 颜面抽搐疼痛，麻木不仁，眩晕，胸脘痞闷，呕吐痰涎，苔白腻，脉弦滑。

（6）**瘀血内阻证** 面痛屡发，剧时如针刺刀割，面色晦暗，无明显寒热诱因，舌质紫暗或有瘀斑，脉弦涩或细涩。

（7）**阴虚阳亢证** 久病或老年患者，颜面阵发抽搐样剧痛，头晕目胀，失眠，心烦易怒，咽干口苦，腰膝酸软，舌红少津，脉弦细而数。

第二节 现代医学对神经病理性疼痛的认识

神经病理性疼痛（neuropathic pain，NP）是由躯体感觉系统的损害或疾病导致的疼痛。多种影响外周或中枢神经系统的疾病，如神经退行性病变、自身免疫性疾病、代谢性疾病、血管性疾病、肿瘤、感染、中毒、创伤、遗传性疾病、不明原因神经病变等，都有可能诱发 NP。NP 在普通人群中患病率为 3.0%～17.0%。NP 通常是慢性的，疼痛持续存在或反复发作，给患者带来极大痛苦并导致功能障碍。

一、神经病理性疼痛分类

国际疼痛学会（IASP）根据引起神经病理性疼痛疾病的解剖部位，将神经病理性疼痛分为周围性神经病理性疼痛和中枢性神经病理性疼痛两大类型，不同类型的疼痛具有相似或共同的发病机制。

二、神经病理性疼痛的病因及机制

1. 神经病理性疼痛病因

NP 病因复杂、多种多样，包括中枢神经系统损伤或疾病（如脊髓损伤、多发性硬化症）、周围神经系统损伤或疾病（如三叉神经痛、肿瘤浸润性神经痛）、代谢紊乱（如糖尿病性神经痛）、感染（如人类免疫缺陷病毒感染或带状疱疹后神经痛）、药物或放疗的神经毒性和梗死（如中风）等。

2. 神经病理性疼痛发病机制

神经病理性疼痛机制多样，涉及伤害性感受器敏化、传入神经元异常的异位兴奋性、脊髓后角处促伤害感受的易化、脊髓抑制性网络中伤害感受的去抑制、交感神经维持性疼痛、中枢神经系统重组过程等等。

三、神经病理性疼痛临床表现

神经病理性疼痛的症状和体征复杂多样，具有独特的性质和特点，包括自觉症状和诱发症状。主要表现如下：

（1）疼痛性质 神经病理性疼痛的性质可以包括尖锐刺痛、撕裂样疼痛、烧灼痛、电击样疼痛、麻木、无力等。疼痛可能持续较长一段时间，也可能在受到刺激或没有刺激的情况下加重。

（2）自发痛 在没有任何外伤、损伤性刺激情况下，局部或区域可出现疼痛。

（3）痛觉过敏 指对正常致痛刺激的痛反应增强。

（4）痛觉超敏 非痛刺激（如轻微羽毛刺激）所引起的疼痛。

（5）感觉异常 NP 患者可有感觉异常（paraesthesias）、感觉迟钝（dysesthesias）、瘙痒或其他一些不适的感觉。

（6）神经病理性疼痛伴随症状 神经病理性疼痛常伴随其他症状，这些症状可能进一步干扰、影响患者的日常生活。如：神经病理性疼痛可能伴有肌肉痉挛、僵硬、无力、萎缩等运动系统症状，伴随有出汗、心悸、恶心、腹胀等自主神经功能紊乱症状，伴随有焦虑、抑郁、失眠等情感与睡眠障碍。

四、常见神经病理性疼痛疾病诊断与鉴别诊断

（一）三叉神经痛

1. 概述

三叉神经痛（trigeminal neuralgia，TN）分为原发性和继发性两类。原发性 TN 是临床上最常见的类型，又分为经典的 TN 和特发性 TN。继发性 TN（存在潜在病理），又称症状性 TN，是指由颅内外各种器质性病变引起的三叉神经继发性损害导致的 TN。

2. 临床特点

发生在三叉神经分布区的阵发性剧烈疼痛，多为电击样、针刺样，历时数秒至数分钟，疼痛呈周期性，间歇期无症状。疼痛常由触及扳机点而诱发，且多发生于单侧，常见于上颌支和下颌支。发作严重时可伴有同侧面肌抽搐、面部潮红、流泪和流涎。

3. 诊断

典型原发性 TN ICHD-3β 版诊断标准如下：①三叉神经 1 支或多支发作性疼痛，无三叉神经外放射痛。②至少包含下列 4 项中的 3 项。A. 发作性疼痛持续几秒至几分钟。B. 疼痛剧烈。C. 电击样、闪电样、针刺样锐痛。D. 患侧触发痛。③临床无明显神经功能缺失。④排除 ICHD-3 所列的其他诊断。

诊断需符合①和②且至少 3 次单侧发作。

4. 鉴别诊断

需与舌咽神经痛、牙痛、丛集性头痛、非典型性面痛、蝶腭神经痛、三叉神经区带状疱疹后神经痛、颞下颌关节功能紊乱综合征、痛性眼肌麻痹综合征、冠心病等疾病相鉴别。

（二）带状疱疹后神经痛

1. 概述

带状疱疹后神经痛（post-herpetic neuralgia，PHN）是指带状疱疹皮疹愈合后持续 1 个月及以上的疼痛，是带状疱疹最常见的并发症。PHN 多见于老年人，随年龄增加患病率增高。

2. 临床特点

PHN 最常见的部位为胸背部，其次为头面部、颈部和腰背部，腰骶部发生率最低。患者疼痛范围往往与疱疹区域一致或扩大。PHN 患者表现为持续性疼痛，阵发性加重，疼痛性质多样，包括电击样、针刺样、烧灼样或刀割样痛。常出现自发痛、痛觉过敏、痛觉超敏、异常感觉等。

PHN 患者常有焦虑、抑郁、睡眠差、生活质量下降等伴随症状。

3. 诊断及鉴别诊断

诊断主要依据患者病史及临床表现，一般不需要其他特殊检查。

根据 PHN 发生部位，需与相关疾病鉴别，如头颈面部 PHN 应与原发性 TN、舌咽神经痛、枕神经痛鉴别，胸背部 PHN 应与肋间神经痛、原发性肿瘤压迫引起的疼痛等鉴别。

（三）痛性多神经病变

1. 概述

痛性多神经病变是指由多种原因，如代谢异常、自身免疫反应、家族遗传、感染性疾病引起，也可能是暴露于环境或职业毒素，或接受神经毒性药物治疗所致的多神经病变，并伴有疼痛症状的一类疾病。常见的痛性多神经病变有痛性糖尿病周围神经病变（painful diabetic peripheral neuropathy，PDPN）、化学治疗致周围神经病变（Chemotherapy for peripheral neuropathy，CIPN）、放射治疗后疼痛、术后/创伤后疼痛、HIV 感染性痛性多神经病变等。

2. 临床特点

（1）PDPN　常发生于四肢末端，足部多见，多呈持续性疼痛，常表现为针刺样、烧灼样、电击样疼痛，以静息痛和夜间痛为主。

（2）CIPN　包括感觉障碍和神经性疼痛，如手脚对称性的痛感和麻木；刺痛感、烧灼感或电击样感觉，夜间为甚；常伴有肌肉无力，后期出现运动功能受损，如肌肉萎缩或协调障碍。

（3）**放射治疗后疼痛**　是指对原发肿瘤或肿瘤转移进行放射治疗时，照射范围内神经、骨骼或软组织的直接或延迟性损害所致的疼痛，最常见的形式是辐射引起的慢性神经病变。

（4）**术后或创伤后疼痛**　是指因手术或组织损伤（包括烧伤在内的各种创伤）而产生或加剧的疼痛。疼痛部位常位于手术范围或组织损伤区域之内，或相对应的神经支配区域，以及由躯体深部或内脏组织手术或损伤对应的皮节区域。

（5）**其他痛性多神经病变**　如 HIV 感染性痛性多神经病变，通常表现为长筒手袜套分布区域内的感觉异常伴疼痛，主要影响脚和手部。维生素 B 族缺乏所致痛性多神经病变，临床表现主要是下肢烧灼样疼痛或麻木感，进行性加重，肌力下降甚至出现肌萎缩，严重影响行走。酒精性多神经病变患者常诉足底灼痛或麻木、发热感及腓肠肌痉挛性疼痛。

3. 诊断标准

（1）**糖尿病周围神经病变（PDPN）**　主要根据多伦多糖尿病神经病变专家组的诊断标准。

A. 可能存在 PDPN 糖尿病病史，PDPN 相关症状，如肢体末端袜套样改变并伴疼痛。

B. 较大可能性的 PDPN 综合考虑了两个或更多以下情况：神经性疼痛症状、远端感觉减退或跟腱反射减弱/消失。

C. 确诊为 PDPN 存在异常的神经传导检查。如果神经传导正常，则可行小纤维神经功能检查协助诊断。

（2）CIPN 没有特别明确的诊断标准，使用化疗药物，尤其以奥沙利铂或紫杉醇为主的化疗方案，更容易导致神经性疼痛，疼痛更严重，持续时间更长。建议使用棉签或木棒评估触觉，使用冷热物体评估温感，使用音叉试验评估振动感。

（3）其他痛性多神经病 无特殊诊断标准，主要依据病史和临床特点进行诊断。如 B 族维生素缺乏常见于肥胖症、肿瘤等胃肠道手术后以及长期慢性胃肠炎症等。酒精性多神经病变多见于酗酒 10 年以上者。

（四）外周神经损伤后神经病理性疼痛

1. 定义与病因

外周神经损伤后 NP 是由周围神经病变引起的持续性或复发性 NP。外周神经损伤多由牵拉损伤、卡压伤、切割伤等创伤引起，神经受损后的功能恢复不完全或恢复不良会导致 NP。

2. 临床特点

外周神经发生损伤后导致的 NP，病程持续时间长，临床表现复杂，如感觉受损、运动障碍、自主神经功能紊乱等。临床上多表现为神经支配区域的自发性疼痛、痛觉超敏、痛觉过敏、持续性疼痛或感觉异常。疼痛可表现为刀割样、闪电样、烧灼样、撕裂样、射击样、电击样、针刺样，表现各异，可为深在的或表浅的，多出现两种以上的疼痛性质。随活动、疲劳、精神紧张、环境或气候改变而加重。患者可出现肌肉痉挛、僵硬、无力、萎缩等症状。查体可见肌张力下降、肌肉萎缩以及腱反射减弱、消失，感觉异常等。即使原有病因去除、损伤愈合或得到有效控制，但疼痛仍迁延持续，严重影响患者生活质量，伴发情感障碍。

3. 诊断

外周神经损伤后 NP 诊断目前尚无统一的诊断标准，主要依赖于详尽的病史、系统的体格检查 NP 评估量表及必要的神经电生理检查等。主要采用的诊断标准如下。

（1）病史明确提示周围神经系统存在相关创伤史或疾病。

（2）疼痛发作与创伤发生有明确的时间关联。

（3）疼痛区域符合躯体感觉神经的解剖分布。

（4）神经系统体格检查证实存在体征与神经损害或疾病相关。

（5）至少 1 项辅助检查证实躯体感觉系统存在相关损害或疾病。

（五）痛性神经根病

1. 定义与病因

痛性神经根病是一种以神经根病变引起周围神经病理性疼痛的疾病，由累及颈、胸、腰或骶神经根的病变或疾病引起的持续性或复发性疼痛，属于周围神经病理性疼痛。脊柱退行性改变是痛性神经根病最常见的原因，创伤、肿瘤、肿瘤性脑膜转移、感染、出血或缺血、糖尿病、类风湿性关节炎、医源性因素等也可引起痛性神经根病。

2. 临床特点

主要表现为相应的神经根支配区域自发痛、痛觉过敏、感觉异常，疼痛性质可为持续性或阵发性刀割样、烧灼样、撕裂样、电击样、针刺样，常引起功能紊乱。

3. 诊断

诊断多依据病史、体格检查、神经病理性疼痛评估量表、影像学、神经电生理等辅助检查以及诊断性治疗。

（六）舌咽神经痛

1. 定义

舌咽神经痛（glossopharyngsal neuralgia，GN）是一种以短暂的发作性单侧疼痛为特征的疾病，疼痛性质为尖锐痛和刺痛，突然发作和停止，发生在舌咽神经分布区（下颌、耳朵、扁桃体窝和舌根），有时累及迷走神经的咽支和耳支，疼痛主要由吞咽引发。舌咽神经痛年发病率约为 0.7/100000，随着年龄的增长而增加。

2. 诊断标准

ICHD-3 关于舌咽神经痛的诊断标准如下。

（1）单侧舌咽神经分布区域的复发性、阵发性疼痛发作，应符合标准。

（2）疼痛特点：疼痛应具备以下所有特征。

1）持续时间：疼痛持续几秒钟至约 2 min。

2）强度：重度。

3）疼痛类型：尖锐痛、刺痛、射击样或电击样感觉。

4）诱发因素：咳嗽、打哈欠、吞咽或说话会诱发或加重疼痛。

（3）疼痛不能用任何其他 ICHD-3 诊断来解释。

3. 鉴别诊断

需要排除其他可能导致类似症状的疾病，如 TN、颞动脉炎、颞下颌关节功能障碍等。临床上常用咽部喷局麻药进行诊断性阻滞辅助鉴别诊断。

五、神经病理性疼痛的治疗

（一）药物治疗

1. 一线治疗药物

（1）钙通道调节剂 包括普瑞巴林、加巴喷丁、美洛加巴林、克利加巴林等。普瑞巴林、加巴喷丁原本是作为抗癫痫药开发的，但在过去二十年中已成为治疗神经病理性疼痛的首选药物，并被美国食品药品监督管理局（FDA）批准用于治疗与糖尿病周围神经病变、脊髓损伤和带状疱疹后神经痛相关的神经病理性疼痛。

（2）三环类抗抑郁药（TCAs）和 5-羟色胺-去甲肾上腺素再摄取抑制剂（SNRIs） 这些药物不仅对伴有抑郁的患者有效，对不伴抑郁的患者也同样有效，表明其镇痛作用机制可能涉及不同的调节靶点。其通过作用于疼痛传导系统，抑制 5-羟色胺（5-HT）和去甲肾上腺素（NE）的再摄取，增加突触后 NE 和 5-HT 的浓度，从而加强下行疼痛抑制通路。

（3）局部用药 如利多卡因贴剂可作为带状疱疹后神经痛的一线治疗药物。

（4）钠离子通道阻滞剂 卡马西平可作为三叉神经痛的一线用药。

2. 二线治疗药物

（1）阿片类镇痛药 尽管在治疗神经病理性疼痛中有效，但由于药物不良反应以及滥用、转移和成瘾的担忧，阿片类药物并不被视为首选。

（2）曲马多 作为二线治疗用药。

（3）其他抗癫痫药 如拉莫三嗪和托吡酯。

（4）NMDA 受体拮抗剂 用于治疗神经病理性疼痛。

（5）辣椒素局部外用 用于局部治疗神经病理性疼痛。

（二）治疗新技术

神经病理性疼痛（NP）的治疗新技术主要集中在微创介入治疗和神经调控治疗两大领域。

1. 微创介入治疗

微创介入技术利用影像设备如 CT、数字减影血管造影（DSA）、C 形臂、彩色多普勒超声引导定位，以最小的切口路径和最少的组织损伤完成对体内病灶的诊断及治疗。NP 的微创介入治疗包括：神经阻滞、射频热凝、神经毁损等。

2. 神经调控治疗

通过电学、化学或磁场力学的方法调控神经系统或释放药物到靶区，改变或调节神经活动，显著减轻慢性疼痛和提高患者生活质量。包括有创或无创神经调控治疗，其中有创神经调控技术主要是指脉冲射频、脊髓与外周刺激及鞘内药物输注系统植入。无创神经调控技术包括经颅磁刺激（TMS）、经颅直流电刺激（tDCS）、经颅聚焦超声刺激（tFUS）、光遗传学等，具有高效、确切、微创、绿色、安全、患者适应性好等优点。

六、管理常规

（一）全程管理

对 NP 患者早筛、早检，实现早诊断并引导患者到疼痛科等相应科室就诊，实现规范化诊疗，同时定期在综合医院门诊或社区随访。

（二）多学科合作

慢性顽固性 NP 的全程管理通常需要多学科合作，包括疼痛专家、神经学家、康复医师、心理学家、社会工作者等。

（三）个性化治疗计划

基于评估结果和团队讨论，制定个性化的疼痛管理计划，包括药物治疗、物理治疗、微创介入治疗、心理治疗、认知行为疗法、康复训练、手术治疗等多维度综合治疗手段。

（四）管理要点

1. 多维度治疗

NP 的治疗原则是多维度、个体化、阶梯化的多学科联合诊治。

2. 全面动态疼痛评估

使用神经病理性疼痛评估量表，如 ID 疼痛问卷量表（ID Pain Questionnaire，ID Pain）、神经病理性疼痛-4 项问卷量表（Douleur neuropathique 4 questions，DN4）、利兹神经病理性症状和体征评估量表（Leeds Assessment of Neuropathic Symptoms and Signs，LANSS）、疼痛检测问卷量表（Pain DETECT Questionnaire，PD-Q）、神经病理性疼痛问卷（Neuropathic Pain Questionnaire，NPQ）等量表进行筛查评估。

3. 借助影像学和神经电生理检查评估

对 NP 的诊断有一定的参考意义。

4. 心理评估

慢性疼痛程度与焦虑、抑郁等心理状态密切相关，需要进行心理评估。

5. 定期随访

对 NP 患者治疗需要制定规律的随访时间表，确保患者疼痛管理的连续性。

6. 健康指导

（1）一般健康教育和自我管理 神经病理性疼痛（NP）的治疗需要长期进行，患者健康教育和自我管理非常重要。患者应保持良好的生活习惯，避免熬夜、过度劳累、暴饮暴食、过度烟酒、过度辛辣食物等。同时，患者应自我调节情绪，坚持适当的运动，参加各种有益的社交活动，并与医师建立良好的医患关系，加强医患的信任和尊重，鼓励患者参与治疗决策，更好地理解和接受治疗，使得治疗的依从性更好，有助于提高治疗效果。

（2）疼痛评估工具的使用 临床上常采用 DN4、I-DN4、LANSS、S-LANSS、PainDETECT、NPQ、ID Pain 等量表进行筛查评估，这些工具有助于快速识别神经病理性疼痛及对患者病情进行动态评估。

（3）药物治疗指导 一线治疗药物包括抗惊厥药（如加巴喷丁、普瑞巴林）和抗抑郁药，这些药物通过不同机制减轻神经病理性疼痛。部分患者出院后仍需长期或短期使用，因此应了解药物的作用机制、剂量调整、可能的不良反应，并在医生指导下合理使用。

（4）非药物治疗和新技术 非药物治疗包括物理治疗、心理治疗、康复训练等。新技术如神经电刺激（脊髓电刺激、周围神经刺激）、鞘内药物输注系统等，为 NP 患者提供了更多的治疗选择，部分患者需要长期使用，故需要在医生的指导下进行患者程控。

（5）心理支持和康复训练 认知行为疗法、正念冥想、催眠等心理治疗可作为神经病理性疼痛的有效辅助治疗，可早期引入，康复治疗也是 NP 治疗的重要组成部分，有助于提高患者的生活质量。

（6）定期随访和疼痛日记 制订规范随访时间表，确保患者得到长期及时的随访和治疗。随访内容除了评估疼痛的情况，还应关注患者的心理状态、生活质量和治疗相关不良反应。同时，指导患者使用疼痛日记，记录疼痛的频率、强度和诱发因素，以及采取的缓解措施，这不仅可以帮助医师了解患者疼痛的变化，还可以使患者更加关注自己的身体，减轻 NP 患者的抑郁情绪，提高生活质量。

（7）生活方式的调整 患者应避免环境因素刺激及情绪变化等可能加重 NP 的因素，通过改善生活方式来辅助疼痛管理。

第三节 中枢性神经病理性疼痛的管理

导入案例 10-2

患者，胡某，女性，42 岁。因高坠伤导致胸 8 平面以下瘫痪 5 年，需要借助轮椅活动，保留导尿。最近 1 年多患者出现右下肢、脚趾、脚背、脚底疼痛，烧灼感，麻木，并且进行性加重，尤其夜间疼痛剧烈，严重影响患者睡眠，甚至伴有焦虑抑郁情绪。NRS 评分：5～7 分，ID-Pain 量表评分：4 分。双下肢肌力：3 级，针刺痛觉减弱。

问题：

1. 请根据此患者情况做出病情评估，提出健康管理问题。
2. 请为该患者制定合理的中西医治疗方案与疼痛管理措施。

一、脑卒中后的疼痛机制

脑卒中后的疼痛，特别是卒中后中枢性疼痛（Central pain after stroke，CPSP），是一种严重的神经病理性疼痛综合征。其特征为疼痛或感觉异常发生于血管损伤脑区域支配的身体部位。CPSP

继发于卒中影响的中枢躯体感觉通路改变，涉及的机制包括：

（1）**神经元损伤和功能障碍**　脑卒中导致神经元损伤和功能障碍，影响疼痛信号的处理。

（2）**神经可塑性变化**　卒中后大脑发生神经可塑性变化，包括突触重组和神经网络功能的改变，这些变化可能导致疼痛感知的异常。

（3）**情感和认知功能的改变**　脑卒中后的情感和认知功能的改变也可能与疼痛感知有关。

二、中枢性疼痛的临床表现与评估

（一）临床表现特点

原发性中枢神经系统病变的临床表现

1）中枢性疼痛的患者常有明显的原发性中枢神经系统病变的临床表现，如深浅感觉障碍、运动功能障碍、反射异常等。

2）疼痛程度：多为中至重度，部分患者难以忍受，在病程中的某个阶段疼痛往往成为主诉，并成为制约患者功能的重要问题，极大地降低患者的生活质量。

3）疼痛性质与分布：疼痛常延迟于原发性损害之后出现，疼痛的区域常与躯体感觉障碍或消失的区域部分或全部一致。疼痛性质与外周神经损害所致的非传入性疼痛相类似，患者常常描述为持续性钝痛、麻刺样痛、烧灼样痛或束带紧箍感。

4）伴随症状：情绪、睡眠障碍等。

（二）疼痛评估

（1）**疼痛评估的主观性**　因疼痛是患者个人的主观感受，难以用客观指标来衡量。目前常用的疼痛评估法多采取患者描述或问卷量表的形式，同样适用于中枢性疼痛的评估。

（2）**评估方法**　临床上多采用较为简便实用的方法，如视觉模拟评分法（VAS）、简式 McGill 疼痛问卷（MPQ）评定法、六点行为评分法（the 6-point behavioral rating scale）以及疼痛整合评分法（Pain Integrated Score）等。

（3）**神经病理性疼痛阳性、阴性体征的评估**　简单床边测试可初步鉴别疼痛类型。在目前的临床实践中，结合单维或多维专用量表的临床评估是主流方法。

（4）**量表评估**　美国 Mayer TG 团队开发了中枢敏化量表（CSI-25），该量表分为 A 和 B 两部分。A 部分包含 25 个中枢敏化常见症状的描述，每一个症状都采用李克特五分量表进行评估，得分范围 0～100 分。B 部分包含 10 种中枢敏化相关的疾病，收集患者既往的诊断信息，用以辅助判断。

三、诊断与鉴别诊断

（一）脊髓损伤相关中枢神经病理性疼痛

1. 定义

脊髓损伤相关的中枢性 NP，简称脊髓损伤后疼痛（spinal cord injury pain，SCIP），是脊髓损伤常见的后遗症之一。SCIP 分为两大类：

（1）**伤害感受性疼痛**　可分为肌肉骨骼疼痛和内脏疼痛。

（2）**神经病理性疼痛**　可分为损伤平面以上疼痛、损伤平面疼痛及损伤平面以下疼痛。大量研究表明，约 2/3 的脊髓损伤患者会发生 SCIP。除了运动功能障碍、括约肌功能障碍，SCIP 往往是脊髓损伤患者的最大痛苦。

2. 临床特点

（1）**肌肉骨骼疼痛** 是脊髓损伤后急性期最常出现的疼痛，疼痛发作多与肌肉收缩、肢体活动、体位变化有关，疼痛可放射至四肢和躯干。

（2）**脊髓损伤后内脏疼痛** 主要表现为胸腔、腹腔或盆腔疼痛，范围较弥散，定位不精确，性质多为钝痛、绞痛、隐痛等。多在脊髓损伤后数月或数年才出现，常呈间断性疼痛发作。

（3）**脊髓损伤后引起的NP** 常为剧烈的电击样、烧灼样、刀割样、针刺样疼痛，常合并束带样感觉异常。

3. 诊断标准

1）既往有明确脊髓损伤史，脊髓外伤、脊髓医源性损伤等。

2）至少1项辅助检查证实疼痛符合神经解剖范围。

3）至少1项辅助检查证实存在相关损害或疾病。

（二）大脑损伤相关中枢性神经病理性疼痛

1. 定义

慢性疼痛是创伤性脑损伤（traumatic brain injury，TBI）患者的常见后遗症，同时也是最常见的主诉之一。TBI患者慢性疼痛患病率超过50%，轻度TBI患者高达75%。大多数情况下，慢性疼痛位于组织损伤的身体区域。有一些慢性疼痛位于非创伤部位或者与任何病理无关的身体某一部位，有可能是由中枢引起的，即“中枢性疼痛”。TBI后慢性疼痛包括头痛、肌肉骨骼疼痛、中枢性疼痛等。

2. 临床特点

大脑损伤后慢性头痛有3种类型最为常见，即紧张性头痛、偏头痛及两者混合症状。头痛通常为中度疼痛，65%患者描述为双侧疼痛，限于额部，呈搏动性和压迫性的混合性头痛。中重度TBI患者中，约有12%可能出现复杂区域性疼痛综合征，主要表现为肢体痉挛。一些TBI患者可能出现迟发性疼痛综合征，常在受伤后数周至数月内出现，多限于一侧身体，疼痛呈持续性，阵发性加重。

3. 诊断

依据脑外伤病史，结合典型的症状、体格检查及相关影像学检查即可诊断。

（三）卒中后中枢性疼痛

1. 概述

卒中后中枢性疼痛（CPSP）是指缺血性或出血性脑卒中后出现的与病灶有关的躯体疼痛与感觉异常。CPSP发生率为1%～12%。CPSP多在脑卒中后3～6个月内发生。CPSP发展与感觉障碍密切相关。年轻、吸烟、抑郁及卒中的严重性是发生CPSP的高危因素。

2. 临床特点

疼痛部位常在中枢病变对侧肢体、面部或躯干，也可出现同侧偏身疼痛，但疼痛症状轻于对侧。疼痛性质呈烧灼样、针刺样、闪电样、压迫样、冰冷样、撕裂样。疼痛区域通常与感觉障碍分布一致。

3. 诊断

主要根据卒中病史、疼痛史和异常感觉的症状，并排除其他疾病进行诊断。Klit等推荐的CPSP诊断标准：①疼痛位于与中枢神经系统病灶相符的受累躯体部位。②有卒中病史，疼痛在卒中发生时或发生后出现。③临床检查发现有与病灶相符的感觉障碍体征。④神经影像显示相关病灶。⑤排除其他可能的疼痛原因。

（四）多发性硬化相关中枢性神经病理性疼痛

1. 定义

多发性硬化（multiple sclerosis，MS）相关的中枢性 NP 是一种中枢神经系统的慢性炎症脱髓鞘性疾病。疼痛在 MS 中很常见，通常是由神经系统损伤引起的，多数为中枢性 NP，少数为外周神经病理性疼痛或肌肉骨骼疼痛。50%～75%的 MS 患者在病程的某个时间出现，有时也可能是 MS 的首发症状。MS 患者出现的疼痛类型通常与所累及的神经系统有关。

2. 临床特点

痛性麻木是 MS 中最常见的疼痛类型，45%患者存在此类型疼痛，常表现为持续烧灼样疼痛，高温或天气变化时加重，可伴有触诱发痛和痛觉过敏。疼痛通常为双侧，影响腿和足部，夜间更为严重，体力活动可加剧疼痛。原发进展性 MS 患者还可出现颈后、下背部或身体其他部位与颈部运动相关的短暂电击样、放射样疼痛，持续时间一般不到 2 s，屈曲颈部诱发，恢复正常颈部姿势疼痛可立即缓解。

3. 诊断标准

MS 诊断主要依据临床症状及辅助检查结果进行综合分析，同时需要排除其他可能的疾病。

四、中枢性疼痛的治疗方法

中枢性疼痛的治疗是一个复杂的过程，需要病因与疼痛治疗同步进行，包括多种治疗方式，如药物治疗、心理治疗、物理治疗、针刺治疗以及微创介入手术治疗等。

1. 原发病治疗

中枢性缺血性疾病通过扩血管、降低血液黏度改善脑供血治疗后，一些患者的中枢性疼痛症状会有所缓解。多发性硬化或急性脊髓炎经系统性免疫调节治疗后，疼痛症状也会明显缓解甚至消除。

2. 心理治疗

心理因素在中枢性疼痛中具有重要作用，应给予患者心理及精神上的支持治疗，必要时配合放松疗法、生理反馈疗法、催眠疗法以及药物治疗，可有效改善患者精神状态，减轻疼痛症状。

3. 物理治疗

对于主要表现为单个肢体疼痛或疼痛区域较为局限的中枢性疼痛患者，可在疼痛部位采用经皮电刺激神经（TENS）疗法或调制中频电疗法，重复性经颅磁刺激（rTMS）、运动皮质电刺激（MCS）、经颅直流电刺激（tDCS）和深部脑刺激（DBS）有一定的镇痛作用。

4. 针刺治疗

针刺时产生的针感信息经脊髓上行传入，通过多级脑区激活了与内源性痛觉调制系统有关的结构和中枢神经递质调控系统，从而产生镇痛效应。

5. 药物治疗

抗抑郁药：如阿米替林、度洛西汀，有改善疼痛和抑郁症状的双重作用。抗癫痫药：如卡马西平、加巴喷丁、普瑞巴林，可以抑制病变神经细胞异常放电，从而减轻疼痛。麻醉性镇痛药：如曲马多、芬太尼、吗啡，对中枢性疼痛疗效有限，即使应用很大剂量也难以控制疼痛。

6. 微创介入及手术治疗

由于药物治疗效果非常有限，部分患者对药物治疗无效，手术治疗也是中枢性疼痛治疗的主要手段，包括各个区域的神经毁损术，脑深部电刺激，运动皮层电刺激，脊髓电刺激等。

五、管 理 要 点

中枢性神经痛的管理要点包括准确评估疼痛、确定病因、制定个体化治疗方案、定期评估治疗效果和调整治疗计划。

第四节 周围性神经病理性疼痛的管理

糖尿病神经病变（diabetic neuropathy，DN）是糖尿病最常见的慢性并发症之一，也是引起周围神经病理性疼痛最常见的病因，即糖尿病周围神经病理性疼痛（diabetic peripheral neuropathic pain，DPNP）。

一、发病机制

糖尿病神经病变发病机制复杂，可能与以下机制相关：①多元醇通路激活：长期高血糖可引起多元醇通路激活，导致细胞内山梨醇和果糖累积，这些物质的积聚会影响细胞功能，尤其是神经细胞。②氧化应激：高血糖和血脂异常增加氧化应激，导致神经细胞损伤。③微循环障碍：糖尿病可导致微血管病变，进而影响神经细胞的血液供应，造成神经缺血和缺氧。④蛋白激酶 C（protein kinase C，PKC）激活：高血糖激活 PKC，进而影响血管通透性，增加炎症反应，导致神经损伤。⑤晚期糖基化终末产物（AGE）形成：AGE 的形成及其与受体（RAGE）的相互作用，引发氧化应激和炎症反应，促进神经病变的发展。⑥神经营养因子缺乏：包括神经生长因子（NGF）、胰岛素样生长因子（IGF-1）等，这些因子的缺乏会影响神经细胞的生存和功能。⑦线粒体功能障碍：高血糖和血脂异常影响线粒体功能，减少 ATP 的产生，并产生活性氧（ROS），导致神经细胞能量供应不足和氧化损伤。⑧炎症反应：糖尿病状态加重了对缺血的炎症反应，导致神经细胞损伤。

二、糖尿病神经痛诊断

1. 糖尿病周围神经病诊断的基本条件

1）明确患有糖尿病。

2）存在周围神经病变的临床和（或）电生理证据。

3）排除导致周围神经病变的其他原因。

2. 糖尿病周围神经病的分类

糖尿病周围神经病有多种分类方法。按照周围神经受累的分布，可以分为多发性对称性周围神经病和局灶性非对称性周围神经病。

（1）远端对称性多发性周围神经病 是 DPN 最常见的类型。主要表现为隐袭起病，缓慢发展，临床表现对称，多以肢体远端感觉异常为首发症状，可呈现手套-袜套样分布的感觉障碍，早期即可有腱反射减低，尤以双下肢为著，可伴有自主神经受损表现。早期肌无力和肌萎缩通常不明显。

（2）糖尿病自主神经病 以自主神经病变为首发症状，一般隐匿起病，缓慢发展，表现有排汗异常、胃肠道症状、性功能减退、排尿困难、直立性低血压以及静息时心动过速等。由于小纤维受累，发生心绞痛或心肌梗死时可无心前区疼痛的表现，发生严重心律失常时猝死的风险增加。

（3）糖尿病单神经病或多发单神经病 以正中神经、尺神经、腓总神经受累多见，常隐袭发病，也有急性起病者。主要表现为神经支配区域的感觉和运动功能障碍。在神经走行易受嵌压部位（如腕管、肘管、腓骨小头处）更容易受累。脑神经亦可受累，如动眼神经、外展神经、面神经等，通常为急性起病。

（4）糖尿病神经根神经丛病 也称糖尿病性肌萎缩或痛性肌萎缩，为少见的糖尿病并发症，常见于腰骶神经根神经丛分布区。急性或亚急性起病，表现为受累神经支配区的疼痛和感觉障碍，相继出现肌肉无力和萎缩，以下肢近端为主，可以单侧或双侧受累，诊断时需要首先除外其他原因的神经根或神经丛病变。

（5）**其他糖尿病相关周围神经病**　糖尿病前周围神经病是糖耐量异常或空腹血糖受损相关的周围神经病，临床特点和 DPN 相似。糖尿病治疗相关的周围神经病较为少见，通常在采用胰岛素或其他方法过于快速地控制血糖后出现，主要表现为急性远端对称性神经痛，疼痛往往较难控制，部分患者在 1～2 年内可自行缓解。

3. 神经病理性疼痛量表

神经性疼痛量表可用于辅助诊断并且可能评价患者症状的严重程度。DN4 量表（Douleur neuropathique 4 questions，DN4）、LANSS 量表（Leeds Assessment of Neuropathic Symptoms and Signs）、PD-Q 量表、NPQ 量表（Neuropathic Pain Questionnaire）等。

4. 神经电生理检查

通过神经电生理检查可以发现神经传导异常等，有助于确诊周围神经病变。

如果上述条件都符合，并且疼痛范围和感觉神经支配区域是一致的，即可初步诊断糖尿病性神经痛。

三、糖尿病性神经痛的管理

糖尿病性神经痛的管理包括以下几个方面：

1. 血糖控制

加强血糖控制和危险因素管理是治疗糖尿病性神经痛的首要方法。

2. 药物治疗

（1）**抗抑郁药**　如阿米替林、度洛西汀等，用于缓解疼痛。

（2）**抗癫痫药**　如加巴喷丁和普瑞巴林，用于缓解神经痛。

（3）**阿片类药物**　如吗啡、曲马多等用于缓解疼痛，属于二线用药。

（4）**外用药物**　如辣椒素。

（5）**针对发病机制的药物**　主要包括 α-硫辛酸（抗氧化应激），苯磷硫胺（防止血管损害），醛糖还原酶抑制剂（抑制多元醇通路）。

3. 生活方式干预

进行饮食调整、规律运动、戒烟等生活方式的干预，以期延缓疾病的进展。

4. 足部护理和定期检查

对于病情严重或进行性加重的 DPN 患者则应尽早积极单用或联合应用针对抗氧化应激、抑制醛糖还原酶活性、改善微循环、营养修复神经等机制的药物，并进行相应的足部护理和定期检查，避免病情发展为糖尿病足。

5. 非药物治疗

包括经皮电刺激神经（TENS）疗法或调制中频电疗法等物理治疗，以及针灸治疗等。

第十一章 癌性疼痛

学习目标

❖ 知识目标

1. 掌握：癌症患者常见疼痛的临床表现、评估方法、管理方法和健康教育。

2. 熟悉：癌症患者常见疼痛的概念、分类，现代医学对癌性疼痛特点的认识，中医学对癌性疼痛的辨证论治。

3. 了解：中医学对癌症常见疼痛的病因病机的认识、辨证论治原则，癌性疼痛用药的不良反应与注意事项。

❖ 能力目标

能够正确地对癌性疼痛患者进行病史资料采集与评估、提出问题、制定合理的中西医管理方案及健康指导计划。

❖ 思政目标

结合癌性疼痛案例，了解中西医结合在缓解患者疼痛、提高生活质量方面的独特优势。强调在管理过程中对患者心理状态的关注和支持，以及伦理与规范意识，培养学生的同理心和人文关怀精神，树立“以患者为中心”的理念。

癌性疼痛（cancer pain）是指由癌症本身或癌症相关治疗过程中引发的疼痛，是癌症患者最常见的伴随症状之一，其剧烈程度、持续性及对身心的破坏性，往往成为影响患者生活质量、治疗依从性甚至生存期的关键因素。世界卫生组织（WHO）将癌性疼痛管理作为癌症综合治疗的重要组成部分，强调通过规范化的镇痛治疗减轻患者痛苦，帮助其维持尊严和生活质量。在癌性疼痛管理领域，中医与西医均发挥着重要作用。因此，了解中西医对癌性疼痛的认识，掌握常见治疗方法，制定规范、全面且综合的中西医结合镇痛方案，对于有效缓解癌性疼痛具有重要意义。

导入案例 11-1

患者，刘某，女性，78 岁，2 月前无明显诱因出现腹背疼痛伴恶心、呕吐，夜间疼痛明显，在外院 CT 示胰腺占位，考虑胰腺癌并肝脏多发转移，现口服盐酸吗啡缓释片 60mg，12 小时一次，疼痛控制可，发病后精神、睡眠、食欲尚可、大小便正常，体重减轻 5kg。NRS 疼痛评分：6 分。

1. 该患者亟待解决的疼痛管理问题有哪些？

2. 请结合该患者的病情，制定一份以患者为中心的中西医疼痛管理方案。

第一节　中医对癌性疼痛的认识

一、癌性疼痛

1. 中医对癌性疼痛的记载

中医古代文献中无“癌性疼痛”这一明确病名，根据其疼痛部位、症状特点等，可将其归属于“痛证”范畴，或散见于“积聚”“癥瘕”“岩”“恶疮”“骨疽”“痹证”“血痹”“络病”等多种病证名称之中。

《素问·玉机真脏论》提到“大骨枯槁，大肉陷下，胸中气满，喘息不便，内痛引肩项”。该描述与晚期肺癌疼痛及预后相似。《灵枢·邪气脏腑病形》中“肠中（切）痛（而鸣）濯濯，冬日重感于寒即泄，当脐而痛”的论述，与肠癌所致的腹痛、肠鸣、泄泻较为类似。《诸病源候论》在论“肺积”时提到“肺积脉浮而毛，按之辟易，胁下气逆，背相引痛……”，与肺癌所致胸痛十分相似。明·陈实功《外科正宗》曰：“初入豆大，渐若棋子，半年一年、二载三载，不疼不痒，渐渐而大，始生疼痛，痛则无解”，与现代乳腺癌疼痛描述一致。《济生方·噎膈》有“其为病也，令人胸膈痞闷，呕逆噎塞，妨碍饮食，胸痛彻背”的记载，类似食管癌疼痛。《肘后备急方》记载“治卒暴症，腹中有物如石，痛如刺，昼夜啼呼，不治之，百日死”，说明了癌性疼痛的程度，体现了病情的凶险程度，与重度癌性疼痛相似。《素问·举痛论》谓“经脉流行不止……客于脉中则气不通，故卒然而痛”，阐述了疼痛与气血运行不畅的关系，可作为癌性疼痛“不通则痛”病机的理论依据。

2. 癌性疼痛的病因病机

中医认为癌性疼痛的病因不外乎内因和外因两个方面。患者长期气机郁结导致七情内伤、正气亏虚以致经络不通是本病发生的内因。外感六淫之邪或饮食失调、烟酒、工业废气、石棉、煤烟、焦油、放射性物质等邪毒之气，由表入里，若正气不能抗邪，则致客邪久留，脏腑气血阴阳失调，而出现气滞、血瘀、痰浊等病变，终致癌毒形成，发生癌性疼痛。

中医认为癌性疼痛的病机主要是“不通则痛”与“不荣则痛”，同时融合痰瘀、癌毒、脏腑失调等。“不通则痛”和“不荣则痛”是癌痛的基本病机，其特点在于虚实夹杂，“虚”责之于正气损伤、阳气亏虚、阴血不足；“实”为气滞、血瘀、痰结、毒聚、寒凝等。“不通则痛”是由于外邪侵犯机体，正邪交争于体内脏腑经络，影响机体的功能使气机升降失常，气滞血瘀，瘀阻脉络，凝聚成块，不通则痛。“不荣则痛”则是因为肿瘤日久，邪伤正气，气血虚弱无法荣养脏腑经络而发生疼痛，由于肿瘤不同发展阶段的病机有异，虚实亦有偏重之别，临床常表现为本虚标实，虚实错杂。一般而言，早、中期肿瘤以实痛为主，晚期以虚痛为主，或虚实并见。

3. 癌性疼痛的辨证论治

（1）辨证要点　癌性疼痛的辨证要点是中医精准论治的前提，核心在于通过分析疼痛的性质、部位、诱因、伴随症状及舌脉等，判断其病机属于“不通则痛”（实邪阻滞）还是“不荣则痛”（正气亏虚），并进一步明确具体病邪（如气滞、血瘀、痰湿等）和亏虚类型（如气血、阴阳亏虚）。具体可从以下几方面综合辨析：

1）辨疼痛性质：疼痛性质是判断病机的关键，不同性质对应不同病理因素：

胀痛：多为气滞（气机阻滞，不通则痛），疼痛时轻时重，可随情绪波动（怒则痛甚，缓则痛减），常见于肝癌、胃癌等。

刺痛：多为血瘀（瘀血阻滞经络，血行不畅），痛如针刺，固定不移，夜间加重（瘀血属阴，夜间阴盛则瘀阻更甚），多见于实体瘤中晚期（如肺癌、乳腺癌骨转移）。

灼痛：多为热毒或阴虚火旺（热毒灼伤经络，或虚火灼络），疼痛伴灼热感，遇热加重，见于热毒内盛证（如癌性溃疡）或阴虚火旺证（如放疗后）。

冷痛：多为寒凝（寒邪凝滞气机，经络收引），疼痛伴凉感，遇寒加重，得温稍减，见于阴寒凝滞证（如骨转移癌）。

重痛、闷痛：多为痰湿（痰湿黏滞，阻滞气机），疼痛伴沉重感、闷塞感，常见于消化系统肿瘤（如胰腺癌、肠癌）。

隐痛、绵绵痛：多为虚证（气血或阴阳亏虚，不荣则痛），疼痛轻微但持续不止，劳累后加重，见于气血亏虚或阴虚证。

绞痛：多为实邪急骤阻滞（如结石、癌栓阻塞管腔）或寒凝剧烈，疼痛剧烈如绞，见于胆道、泌尿道肿瘤梗阻。

2）辨疼痛部位与关联脏腑：癌性疼痛的部位常与癌瘤所在脏腑相关，结合脏腑生理特点辅助辨证：

头面部：脑瘤或鼻咽癌疼痛，多与肝（肝开窍于目，肝经上达巅顶）、肾（肾主骨生髓，脑为髓海）相关，如阴虚火旺（肝阳上亢）或痰湿上蒙。

胸胁部：肺癌、肝癌、乳腺癌疼痛，多与肺（肺居胸中）、肝（肝脉布胁肋）相关，常见气滞（肝郁）、血瘀或痰热壅肺。

脘腹部：胃癌、肠癌、胰腺癌疼痛，多与脾、胃（脾胃居中焦）相关，常见痰湿、气滞或寒凝。

腰背部：肾癌、骨转移癌疼痛，多与肾（肾居腰府）相关，常见肾虚（阳虚或阴虚）或寒凝血瘀。

四肢关节：骨转移癌或癌性关节炎，多与肝肾（肝肾同源，主骨生髓）相关，见于肾虚不荣或寒湿痹阻。

3）辨伴随症状与全身状态：通过伴随症状判断病性（寒热虚实）及病邪性质：

实热证：伴发热、口渴、便秘、尿黄、舌红苔黄、脉数，多为热毒内盛。

寒证：伴畏寒肢冷、大便溏薄、舌淡苔白、脉迟，多为阴寒凝滞。

气滞证：伴情志抑郁、善太息、脉弦，多为肝气郁结。

血瘀证：伴肿块固定、面色晦暗、舌紫暗有瘀斑，多为瘀血内阻。

痰湿证：伴胸脘痞闷、纳差、苔腻、脉滑，多为痰湿蕴结。

虚证：气血亏虚：伴神疲乏力、面色苍白、气短、舌淡脉弱；阴虚：伴口干咽燥、潮热盗汗、舌红少苔、脉细数；阳虚：伴畏寒、手足不温、舌淡胖苔白、脉沉。

4）辨病程与病势

早期、中期：多以实邪为主（气滞、血瘀、痰湿、热毒），疼痛较剧，体质尚实，“不通则痛”为主。

晚期：多虚实夹杂，或纯虚证（气血、阴阳亏虚），疼痛缠绵，伴明显衰弱症状，“不荣则痛”突出，需兼顾扶正与止痛。

综上，癌性疼痛的辨证要点可概括为：以疼痛性质为核心，结合部位、伴随症状、病程及舌脉，区分虚实（实者“不通”，虚者“不荣”），辨别病邪（气滞、血瘀、痰湿、热毒、寒凝）与亏虚类型（气血、阴阳）。临床中需注意“虚实夹杂”（如气滞血瘀兼气血亏虚），分清主次。

（2）辨证论治 辨证论治是中医治疗癌性疼痛的核心，需结合癌瘤部位、疼痛性质、伴随症状及患者体质、舌脉象等。临床实践中，癌性疼痛多为虚实夹杂之证，论治时需兼顾扶正与祛邪，灵活调整方药，同时可配合针灸、中药外敷等外治法，以增强止痛效果，提高患者生活质量。临床常见癌性疼痛辨证论治如下。

1）气郁痰凝证

证候表现：肿瘤（或肿瘤治疗后）患者出现疼痛，疼痛伴有胀满，或痛处游走不定；或肌肤肿硬、麻木，局部可触及肿块，质地圆滑，推之可移；胸胁、腹胀闷，性情急躁或抑郁，或咳嗽咳痰，痰黏稠色白；舌质淡黯，苔白腻，脉弦滑。

治疗原则：理气行郁，化痰止痛。

代表方剂：越鞠丸加减。

2）热毒凝结证

证候表现：肿瘤（或肿瘤治疗后）患者出现疼痛，痛处灼热，疼痛持续而拒按，遇热加重，遇寒痛缓；发热，口干口渴，烦躁不安，干咳无痰或少痰，痰黄，或痰中带血，甚则咳血不止，小便短赤，大便秘结；舌质红，苔黄，脉数。

治疗原则：清热凉血，解毒止痛。

代表方剂：犀角地黄汤加减。

3）阴寒凝聚证

证候表现：肿瘤（或肿瘤治疗后）患者出现疼痛，痛处固定，疼痛持续不止而拒按，遇寒加重，得温痛缓；或见局部肿块或漫肿，质地软韧，皮色紫黯；或见关节肿胀，屈伸不利；四肢不温，面色苍白，口淡不渴，小便清长，舌质黯淡，舌苔白腻，脉沉迟或弦紧。

治疗原则：温阳散寒，通络止痛。

代表方剂：阳和汤加减。

4）瘀血阻滞证

证候表现：肿瘤（或肿瘤治疗后）患者出现疼痛，痛如针刺，痛处固定不移而拒按，常于夜间加重；或见局部肿痛、青紫；或可触及胁下或少腹肿块，固定不移，质地偏硬；面色晦暗，肢体麻木或偏瘫，或肌肤甲错，口唇、爪甲青紫：或皮下瘀斑、出血，血色紫黯或有血块：舌质紫黯或有瘀斑、瘀点，舌下静脉曲张，舌苔薄白，脉涩或结代。

治疗原则：行气活血，化瘀止痛。

代表方剂：血府逐瘀汤加减。

5）气血亏虚证

证候表现：肿瘤（或肿瘤治疗后）患者出现疼痛，疼痛绵绵不休而喜按；神疲乏力，气短懒言，自汗，面色淡白或萎黄，头晕目眩，口唇、眼睑、唇甲色淡，心悸失眠，形体消瘦，肢体麻木；舌质淡，脉细或弱或虚。

治疗原则：益气养血，扶正止痛。

代表方剂：八珍汤加减。

6）气阴亏虚证

证候表现：肿瘤（或肿瘤治疗后）患者出现疼痛，痛处低热，疼痛时作时止而喜按；口燥咽干，潮热盗汗，形体消瘦，神疲乏力，少气懒言，稍动则心慌、心悸、汗出，两颧潮红，五心烦热，头晕耳鸣，小便短黄，大便干结；舌红，舌苔少而干，脉细无力。

治疗原则：益气养阴，扶正止痛。

代表方剂：生脉地黄汤加减。

7）脾肾阳虚证

证候表现：肿瘤（或肿瘤治疗后）患者出现疼痛，疼痛轻微，绵绵不休而喜按，遇寒加重，得温痛缓；面色白，畏寒肢冷；腰膝酸软，久泻不止，或五更泄泻，完谷不化，便质清冷，或全身浮肿，小便不利；舌质淡胖，脉沉迟无力。

治疗原则：补脾益肾，温阳止痛。

代表方剂：肾气丸加减。

8）肾虚毒瘀证

证候表现：肿瘤（或肿瘤治疗后）患者出现疼痛，痛有定处，痛处拒按，或见结节积聚；腰膝酸软，神疲乏力，眩晕耳鸣，口燥咽干，自汗盗汗，烦躁，失眠健忘，夜尿频多：或肌肤甲错，面色黧黑，唇甲紫黯，皮下瘀斑；舌质淡红或紫黯有点，薄白或少苔，脉细数或沉弦。

治疗原则：益肾扶正，解毒止痛。

代表方剂：益肾骨康方加减。

二、化疗致周围神经毒病理性疼痛

1. 化疗致周围神经毒病理性疼痛的概述

中医对化疗致周围神经病理性疼痛无明确对应病名，根据其“肢体麻木、疼痛、感觉异常（如烧灼感、刺痛、蚁行感）”等核心症状，可归属于“痹证”“血痹”“筋痹”“麻木”等范畴，其认识基于化疗药物的“药毒”特性及对人体气血、脏腑的损伤，核心病机为“药毒伤正、经络失养或阻滞”。《金匮要略·血痹虚劳病脉证并治》载“血痹阴阳俱微，寸口关上微，尺中小紧，外证身体不仁，如风痹状”，强调“不仁（麻木）”“如风痹（疼痛）”，与化疗后肢体麻木、刺痛的表现一致。筋痹：《素问·痹论》“筋痹不已，复感于邪，内舍于肝”，指出筋脉失养或阻滞可致肢体挛痛、麻木，化疗后肢体拘急、疼痛符合“筋痹”特征。麻木：《证治准绳》“麻者，非痒非痛，肌肉之内，如虫行有声之状……木者，不痒不痛，自已肌肉如人肌肉，按之不知，掐之不觉”，精准描述化疗后肢体感觉异常。

2. 化疗致周围神经毒病理性疼痛的病因病机

（1）药毒伤气耗血，经脉失养（不荣则痛） 化疗药毒易耗伤脾胃气血，或直接损伤阴血，导致气血亏虚。《灵枢·本神》“血气皆虚，精神乃夺”，气血不足则无法濡养四肢末端（“四肢者诸阳之本”“血不足则麻，气不足则木”），出现麻木、隐痛、感觉减退。如紫杉醇、奥沙利铂等化疗药常见“手足麻木、乏力”，即属此类。

（2）药毒阻滞经络，气血不畅（不通则痛） 药毒属阴邪，易凝滞气血，或与体内痰湿相结，阻滞四肢经络，导致气血运行不畅。《医林改错》“血脉流通，病不得生……瘀血在内，脉道阻滞”，经络阻滞则肢体刺痛、烧灼感、遇冷加重（如奥沙利铂所致“冷敏感性疼痛”），符合“不通则痛”。

（3）药毒伤阴，肝肾亏虚，筋脉失养 化疗药毒易灼伤阴液，尤其损伤肝肾之阴。肝主筋、肾主骨，肝肾阴虚则筋脉失于濡养，出现肢体挛缩、灼痛、麻木，伴口干、便秘、腰膝酸软。如长春新碱类药物常致“手足灼热痛、肌肉痉挛”，即属肝肾阴虚、筋脉失养。

（4）药毒伤脾，痰湿内生，痹阻脉络 化疗损伤脾胃，脾失健运则痰湿内生，痰湿与药毒相结，阻滞四肢脉络，表现为肢体沉重、麻木、胀痛，伴纳差、便溏。《丹溪心法》“湿痰流入经络，四肢百节走痛”，与部分患者“手足肿胀、麻木胀痛”一致。

3. 化疗致周围神经毒病理性疼痛的辨证论治

（1）气血亏虚证

临床表现：四肢末端麻木、隐痛，劳累后加重，伴面色苍白、神疲乏力、气短懒言、纳差；舌淡苔薄白，脉细弱。

治疗原则：益气养血，通络止痛。

代表方剂：黄芪桂枝五物汤加减。

（2）气滞血瘀证

临床表现：肢体刺痛、麻木，固定不移，夜间加重，或伴皮肤瘀斑、肢体活动不利；舌紫暗有瘀点或瘀斑，脉弦涩。

治疗原则：行气活血，化瘀通络。

代表方剂：身痛逐瘀汤加减。

（3）肝肾阴虚证

临床表现：四肢末端灼痛、麻木，伴口干咽燥、腰膝酸软、手足心热、便秘；舌红少苔，脉细数。

治疗原则：滋补肝肾，养阴通络。

代表方剂：一贯煎合芍药甘草汤加减。

（4）痰湿阻滞证

临床表现：肢体麻木、胀痛，伴沉重感、手足肿胀，纳差、腹胀、便溏；舌淡胖苔白腻，脉滑。

治疗原则：化痰祛湿，通络止痛。

代表方剂：二陈汤合宣痹汤加减。

综上，中医对化疗致周围神经病理性疼痛治疗，以益气、活血、通络、祛湿原则为主，但不同阶段治则应有所侧重，预防阶段重在益气活血，祛痰化湿，治疗阶段重在温经通络止痛。临床治疗中，可根据患者具体情况配合针灸、穴位贴敷等外治法，如针刺曲池、合谷、足三里等穴位，或用通络止痛药膏贴敷疼痛部位，以增强疗效。同时，应注意避免接触寒凉之物，饮食上忌生冷、油腻，以减少对病情的不良影响。

三、骨转移性癌痛

1. 骨转移性癌痛的概述

骨转移性癌痛是癌症晚期常见的并发症，中医根据其“骨痛剧烈、缠绵难愈、易致肢体活动不利”的特点，将其归属于“骨痹”“骨蚀”“骨疽”“腰痛”等范畴，认为其发生与癌毒侵袭、正气亏虚、脏腑失调密切相关，形成了独特的病因病机认识与辨证论治体系。《素问·痹论》载“骨痹者，尻以代踵，脊以代头”，描述骨痛致肢体屈伸不利、活动受限，与骨转移癌的“肢体功能障碍”一致；《素问·长刺节论》“病在骨，骨重不可举，骨髓酸痛，寒气至，名曰骨痹”，强调“骨髓酸痛”“寒痛”，与骨转移癌的深部骨痛、冷痛特点相符。《灵枢·刺节真邪》“虚邪之中人也……其入深，内搏于骨，则为骨蚀”，指出外邪（癌毒属“虚邪”范畴）深入骨骼，腐蚀骨髓，导致骨痛，与骨转移癌“溶骨性破坏”的病理过程高度吻合。《外科证治全生集》“骨疽……初起不疼，漫肿无头，皮色不变，久则寒化为热，始痛”，描述骨痛由隐匿到剧烈的过程，与骨转移癌早期隐痛、晚期剧痛的病程演变一致。

2. 骨转移性癌痛的病因病机

骨转移的中医病机，可分为两个方面，一方面为久病及肾，肾精亏虚，骨失所养而致，另一方面为久病入络，经络传变，脉络瘀阻，癌毒留滞，痰瘀得生。即一方面正虚，不能养骨生髓，不荣则痛，一方面邪盛，痰、瘀、毒互结，不通则痛，于此消彼长之间，发为骨瘤骨痛。骨转移癌痛的核心病机是“癌毒侵袭骨骼，肾虚失养为本，痰瘀寒凝阻滞为标”，虚实夹杂贯穿始终，病位在骨，与肝、脾、肾三脏密切相关。

（1）癌毒内传，侵袭骨骼 原发癌灶的“癌毒”通过气血运行转移至骨骼，其性顽劣，易“耗伤正气、阻滞经络、腐蚀骨髓”；癌毒属“阴邪”，喜袭阴位（骨为阴，肾主骨），如乳腺癌、前列腺癌易转移至脊柱（肾之所主），符合“同气相求”理论；癌毒侵袭后，直接破坏骨的正常结构（“骨蚀”），导致骨骼失稳，引发“承重痛、活动痛”。

（2）肾虚为发病基础 “肾主骨生髓”，骨骼的滋养依赖肾精的充盛。癌症日久，癌毒耗伤肾精，或老年患者本身肾精亏虚，导致“骨失所养”；精不足，骨髓空虚，骨骼脆弱，易受癌毒侵袭（“正虚则邪凑”）；肾虚日久可致阴阳两虚：阳虚则寒自内生，加重“寒凝骨络”；阴虚则虚火内生，灼伤骨络，形成“虚热灼痛”。

（3）痰瘀寒凝，阻滞骨络 癌毒阻滞气机，气不行则血运不畅（血瘀），水湿不化（痰浊），加之肾虚阳虚生寒，三者相互搏结，阻滞骨骼经络，形成“不通则痛”。

血瘀：癌毒阻滞骨络，血行瘀滞，“瘀血不去，新骨不生”，骨痛如刺（“刺痛、固定痛”），《医林改错》“瘀血在骨，痛不移处”。

痰浊：癌毒影响脾的运化，痰湿内生，与癌毒相结，黏滞骨络，导致“重痛、闷痛”，《丹溪心法》“痰浊流于骨节，痛有定处，重着不移”。

寒凝：肾虚阳虚，寒邪内生，与癌毒相结，收引骨络，引发“冷痛、绞痛”，《素问·举痛论》“寒气客于骨髓，故痛甚不可按也”。

3. 骨转移性癌痛的辨证论治

中医治疗骨转移性癌痛多以补肾填精，益肾活血，壮骨止痛为治则。中药以甘温药补虚扶正，温阳活血祛其邪，佐以虫药通其络，体现攻补兼施、标本兼顾的治疗特点。

（1）肾阳虚寒，痰瘀阻滞证

临床表现：疼痛特点：骨痛剧烈，呈冷痛、绞痛，遇寒加重，得温稍减，夜间尤甚；全身症状：畏寒肢冷，腰膝酸软，面色㿠白，大便溏薄，肢体活动受限；舌脉：舌淡胖有齿痕，苔白腻，脉沉迟或沉涩。

治疗原则：温肾壮阳，散寒化痰，活血通络。

代表方剂：阳和汤合独活寄生汤加减。

（2）肾阴亏虚，瘀热互结证

临床表现：疼痛特点：骨痛呈隐痛、灼痛，夜间加重（阴虚则虚火旺），活动后痛甚；全身症状：口干咽燥，潮热盗汗，手足心热，腰膝酸软，便秘；舌脉：舌红少苔或有裂纹，脉细数或涩。

治疗原则：滋阴补肾，清热化瘀，通络止痛。

代表方剂：左归丸合知柏地黄丸加减。

（3）气血亏虚，痰湿瘀阻证

临床表现：疼痛特点：骨痛呈隐痛、酸痛，劳累后加重，喜按；全身症状：面色苍白或萎黄，神疲乏力，气短懒言，肢体沉重（痰湿），纳差；舌脉：舌淡胖，苔白腻，脉细弱或滑。

治疗原则：益气养血，化痰祛湿，活血通络。

代表方剂：八珍汤合二陈汤加减。

（4）气滞血瘀，骨络痹阻证

临床表现：疼痛特点：骨痛呈刺痛、胀痛，痛有定处，夜间痛甚，拒按；全身症状：局部可触及骨肿块或压痛明显，情志抑郁，胸胁胀闷；舌脉：舌紫暗或有瘀斑，脉弦涩。

治疗原则：行气活血，逐瘀通络，止痛强骨。

代表方剂：身痛逐瘀汤加减。

综上，中医对骨转移性癌痛的认识以“癌毒侵袭、肾虚为本、痰瘀寒凝为标”为核心，辨证分型围绕“肾阳虚、肾阴虚、气血虚、气滞血瘀”展开，治疗强调“补肾强骨与祛邪通络并重”“标本兼顾”的思路，达到缓解骨痛，改善功能目标。

四、癌性内脏痛

1. 概述

癌性内脏痛是癌症侵犯或压迫胸腔、腹腔、盆腔内脏器引发的疼痛。中医根据其“部位深隐、疼痛性质复杂（如胀痛、绞痛、闷痛）、常伴脏腑功能失调”的特点，归属于“脏腑痹”“胸痹”“腹痛”“积聚”等范畴，核心病机为“癌毒阻滞脏腑经络，气机逆乱，脏腑失和”。癌性内脏痛的部位与受累脏腑相关，古籍中对不同脏腑疼痛的描述为其病名提供了依据。胸痹（肺、心相关痛）：《金匮要略·胸痹心痛短气病脉证治》“胸痹之病，喘息咳唾，胸背痛，短气”，与肺癌侵犯胸膜、纵隔引发的“胸背部闷痛、气短”一致。积聚（癌肿压迫痛）：《难经·五十五难》“积者，阴气也，其始发有常处，其痛不离其部”，指出“积”（癌肿）固定不移，疼痛局限于病灶部位，与胃癌、肠癌的“脘腹固定痛”契合。

2. 病因病机

癌性内脏痛的病机以“癌毒侵袭内脏，气机阻滞、升降失常”为主，兼夹痰、瘀、热、寒等病邪，虚实夹杂。癌性内脏痛的发生与肿瘤的邪气伤正、气血阴阳亏虚、脏腑经络失养有关，导致“不荣则痛”。同时，肿瘤气滞、痰浊、瘀血、热毒等引起经脉闭阻，导致“不通则痛”。癌性内脏痛在临床上可虚实夹杂，本虚标实，全身属虚，局部属实。

（1）癌毒侵袭，脏腑气机阻滞　癌毒侵袭内脏（如肺、胃、肝、胰），首先阻碍脏腑气机的正常运行。肺气壅滞：肺癌或纵隔转移癌阻塞气道，肺气宣降失常，引发“胸部胀痛、闷痛”，伴咳嗽、气促，如《素问·至真要大论》“诸气膹郁，皆属于肺”；肝气郁结：肝癌、胆囊癌侵犯肝包膜，肝气疏泄失常，导致“胁肋胀痛、窜痛”，伴情志抑郁，如《灵枢·五邪》“邪在肝，则两胁中痛”；胃气阻滞：胃癌、胰腺癌压迫胃腑，胃气通降受阻，引发“脘腹胀痛、嗳气则舒”，如《素问·举痛论》“寒气客于胃肠，厥逆上出，故痛而呕也”。

（2）痰瘀互结，脏腑脉络痹阻　癌毒阻滞气机日久，必然影响血运与水液代谢，形成“痰瘀互结”，进一步加重疼痛。痰瘀阻肺：肺癌痰浊与瘀血阻塞肺络，引发“胸部刺痛、痰中带血”，如《证治汇补》“肺胀者，痰瘀碍气，所以痞满”；瘀血阻肝：肝癌或肝转移癌致肝脉瘀阻，引发“胁肋刺痛、夜间加重”，如《临证指南医案》“肝着，胁痛，痛在络脉，久病入血”；痰瘀阻胰：胰腺癌痰瘀阻塞胰络，引发“脘腹剧痛、拒按”，如《外科医镜》“胰痈……痛如刀割，寒热往来”。

（3）寒热错杂，脏腑功能失调　癌毒可化热或伤阳，导致脏腑寒热失衡。热毒炽盛：癌肿坏死或合并感染，热毒灼伤脏腑，引发“灼痛、伴发热”，如肠癌穿孔“腹痛剧烈、高热”，《金匮要略》“肠痈者，少腹肿痞，按之即痛”；寒凝脏腑：癌毒耗伤阳气，或素体阳虚，寒邪凝滞脏腑，引发“冷痛、喜温”，如晚期胃癌“脘腹冷痛、畏寒”，《素问·举痛论》“寒气客于小肠，小肠不得成聚，故后泄腹痛矣”。

（4）正气亏虚，脏腑失养　癌症晚期，癌毒耗伤气血阴阳，脏腑失于濡养，引发“隐痛、绵绵痛”。脾胃虚弱：胃癌、肠癌术后气血不足，胃失濡养，引发“脘腹隐痛、纳差”，如《脾胃论》“脾胃虚则腹痛绵绵”；肝肾阴虚：肝癌、肾癌晚期阴液耗伤，肝失濡养，引发“胁肋隐痛、口干”，如《医贯》“肝阴不足，胁痛不止”。

3. 辨证论治

（1）气机阻滞证

临床表现：疼痛特点以胀痛、窜痛为主，部位不固定，嗳气、矢气后稍减；伴随症状：胸胁或脘腹痞闷，情志抑郁或烦躁，脉弦。好发癌种：肺癌、肝癌、胃癌早期。

治疗原则：理气解郁，通腑止痛。

代表方剂：柴胡疏肝散合四逆散加减。

（2）痰瘀互结证

临床表现：疼痛特点为刺痛、闷痛，固定不移，夜间加重，局部可触及肿块；伴随症状：咳嗽痰多（肺）、胁下痞块（肝）、呕血黑便（胃），舌紫暗有瘀斑，苔腻，脉涩或滑。好发癌种：肺癌、肝癌、胰腺癌中晚期。

治疗原则：化痰逐瘀，通络止痛。

代表方剂：膈下逐瘀汤合二陈汤加减。

（3）热毒炽盛证

临床表现：疼痛特点为灼痛、跳痛，局部灼热感，伴发热；伴随症状：口渴喜冷饮，便秘尿黄，舌红苔黄燥，脉数。好发癌种：肠癌伴感染、肺癌阻塞性肺炎。

治疗原则：清热解毒，通腑泄热。

代表方剂：五味消毒饮合大黄牡丹汤加减。

（4）寒凝脏腑证

临床表现：疼痛特点为冷痛、绞痛，遇寒加重，得温稍减；伴随症状：畏寒肢冷，大便溏薄，舌淡苔白腻，脉沉迟。好发癌种：晚期胃癌、肠癌、前列腺癌。

治疗原则：温阳散寒，行气止痛。

代表方剂：良附丸合附子理中汤加减。

（5）正气亏虚证

临床表现：疼痛特点为隐痛、绵绵痛，喜按，劳累后加重；伴随症状：面色苍白，神疲乏力，气短懒言，舌淡苔薄，脉弱。好发癌种：晚期癌症、术后或化疗后患者。

治疗原则：益气养血，健脾益胃。

代表方剂：八珍汤合香砂六君子汤加减。

综上，癌性内脏痛的治疗需综合考虑脏腑病位、病因、疼痛性质、程度、诱因、舌脉象等因素，并结合全身情况进行辨证论治。必要时，可联合中医外治与三阶梯止痛法相结合的治疗方案，以有效缓解患者疼痛。

五、癌性爆发痛

1. 癌性爆发痛的概述

中医古籍虽无“癌性爆发痛”的明确病名，但对疼痛突发、剧烈的相关症状与病因病机早有论述，根据其“突然发作、疼痛剧烈、短暂而频繁”的特点，可归属于“痛证”范畴中的“卒痛”“暴痛”，多因癌毒内蕴基础上，遇诱因引发邪气骤盛、经络阻滞加剧所致。《素问·举痛论》：“卒然痛死不知人，气复反则生矣”，描述暴痛的急骤性，强调“气复”（气机调畅）是缓解关键。《肘后备急方》：“治卒腹痛……掘土作小坑，烧令热，以水沃之，令气上出，内痛处，须臾即止”，记载外治应急止痛法，类似现代热敷理疗。《本草纲目》：“延胡索，能行血中气滞，气中血滞，故专治一身上下诸痛，用之中的，妙不可言”，明确延胡索为突发疼痛的要药。

2. 癌性爆发痛的病因病机

癌性爆发痛的发生以“癌毒久羁、正气亏虚”为基础，诱因（如情志波动、劳累、气候变化、饮食不节）触发“邪气骤盛”，导致经络阻滞突然加重，表现为“不通则痛”的急性发作。

（1）癌毒与痰瘀互结，骤阻经络 癌症日久，癌毒与痰、瘀胶结于脏腑经络，平时阻滞尚缓，若遇情志不畅（气滞加剧）、劳累（气虚推动无力），则痰瘀瞬间壅塞脉道，气血逆乱而突发剧痛。

（2）热毒炽盛，灼络动风 癌毒化热，或外感热毒，热邪骤盛则灼伤经络，引发“灼痛、跳痛”突发，伴烦躁、面红目赤，如《素问·至真要大论》“诸痛痒疮，皆属于心”，心火亢盛可致痛势暴急。

（3）阳虚寒凝，寒邪骤闭 晚期癌症患者阳气亏虚，寒邪内生，若遇寒邪外袭，则寒凝血瘀骤然加重，经络收引挛缩，引发“冷痛、绞痛”爆发，得温稍缓，如《素问·举痛论》“寒气客于脉外则脉寒，脉寒则缩蜷，缩蜷则脉绌急，绌急则外引小络，故卒然而痛”。

（4）正气虚极，邪气乘势作祟 气血、阴阳亏虚者，正气难以御邪，稍有诱因（如劳累、感染）则邪气乘虚而盛，经络失养与阻滞并存，爆发痛兼具“虚痛”与“实痛”特点（如隐痛基础上突发刺痛）。

3. 癌性爆发痛的辨证论治

（1）辨证要点：辨诱因、痛性与基础证型 癌性爆发痛的辨证需结合基础癌痛证型与爆发特点，明确诱因与急发病机。

1）气滞血瘀诱发

诱因：情志抑郁、愤怒后突发。

痛性：刺痛、胀痛骤作，痛处固定，伴胸胁胀闷。

基础证型：多为气滞血瘀证（舌紫暗、脉弦涩）。

2）热毒骤盛诱发

诱因：感染、进食辛辣后突发。

痛性：灼痛、跳痛剧烈，伴发热、口干、便秘。

基础证型：多为热毒内盛证（舌红苔黄、脉数）。

3）寒凝加剧诱发

诱因：受凉、食生冷后突发。

痛性：冷痛、绞痛，遇温稍减，伴畏寒肢冷。

基础证型：多为寒凝血瘀证（舌淡紫、脉沉迟）。

4）正气虚损诱发

诱因：劳累、久病后突发。

痛性：隐痛基础上突发剧痛，伴气短、乏力。

基础证型：多为气血亏虚或肝肾阴虚证（舌淡或舌红少苔、脉弱）。

（2）治则与应急处理 癌性爆发痛的治疗需遵循“急则治标以止痛，缓则治本以减少复发”，结合内治与外治快速缓解疼痛，同时调理基础证型。

1）应急止痛（治标）

中药速效干预：气滞血瘀爆发痛：用失笑散（蒲黄、五灵脂）+延胡索、郁金，研末冲服（每次3～6g），活血行气止痛。热毒炽盛爆发痛：紫雪丹（每次1.5g）或安宫牛黄丸（1/4丸化服），清热解毒、开窍止痛。寒凝爆发痛：苏合香丸（1/4丸化服）+生姜汤送服，温阳散寒、开窍止痛。

外治法：针灸：针刺内关、合谷、阿是穴，用泻法强刺激，留针10～15分钟；寒痛加艾灸关元、气海。穴位贴敷：蟾酥膏（含蟾酥、麝香）贴于疼痛部位，通过皮肤渗透实现快速止痛。

2）调理基础证型（治本）：缓解后针对原发病机调理，减少爆发痛频率。气滞血瘀基础：常规服用血府逐瘀汤，加玫瑰花、佛手疏肝理气，避免情志诱因。热毒内盛基础：持续用五味消毒饮，加芦根、玄参滋阴降火，忌辛辣刺激。寒凝血瘀基础：阳和汤加减，加桂枝、细辛温经散寒，注意保暖避寒。正气亏虚基础：八珍汤或六味地黄丸，加黄芪、防风益气固表，避免劳累。

此外，可根据患者基础体质（如痰湿体质用二陈汤，阳虚体质用金匮肾气丸），长期调理以减少病理产物积聚，从根本上降低爆发痛发生。也可在非发作期采用艾灸（关元、足三里）或穴位贴敷（丹参、当归、延胡索打粉调敷肾俞、血海），温通经络、调和气血，提高疼痛阈值。同时，加强情志疏导，结合中医“形神共养”理论，通过逍遥散加减（疏肝解郁）配合心理疏导，缓解焦虑、抑郁（“肝气郁结”），避免因“神躁则痛甚”诱发爆发痛。

综上，中医认为癌性爆发痛是“基础癌毒病机与诱因叠加”的结果，核心为“邪气骤盛、经络阻滞急性加重”，治疗需结合应急止痛与基础调理，通过辨证干预快速缓解疼痛并减少复发，体现“标本兼顾”的整体观。

第二节　西医对癌性疼痛的认识

癌性疼痛是指由癌症本身、癌症相关治疗（如手术、放疗、化疗）或癌症并发症引发的疼痛，是癌症患者最常见的伴随症状之一。研究显示约60%～80%的晚期癌症患者会经历不同程度的疼痛，其中30%～50%为中重度疼痛，15%～20%为极度剧烈疼痛，严重影响患者生活质量（如睡眠、食欲、情绪及社会功能）。癌性疼痛可表现为急性痛（如爆发痛）或慢性痛（持续3个月以上），常兼具伤害性、神经病理性及心理性疼痛的混合特征。现代医学对癌症的研究范围广泛，涵盖了病理生理机制、循证医学证据以及规范化治疗体系。其核心在于将癌症视为“多因素驱动的复杂疼痛综合征”，强调从病因、机制到治疗的全过程综合干预。

一、癌症相关神经病理性疼痛

1. 概述

癌症相关神经病理性疼痛（cancer-related neuropathic pain，CRNP）是指由癌症直接侵犯、压迫神经，或癌症治疗（如手术、放疗、化疗）导致神经损伤，引起的以自发性疼痛、痛觉过敏和痛觉超敏为特征的疼痛综合征。癌症相关神经病理性疼痛是癌性疼痛的重要类型，约占癌性疼痛的30%～40%，其机制复杂，治疗难度较大。

根据病因可分为癌症本身所致神经病理性疼痛（如肿瘤浸润、压迫神经）和癌症治疗所致神经病理性疼痛（如化疗药物导致的周围神经病变、放疗引起的神经损伤等）。按神经损伤部位可分为周围神经病理性疼痛（如化疗致周围神经病变）和中枢神经病理性疼痛（如脊髓压迫、脑转移等）。

2. 病因和机制

（1）病因

1）肿瘤直接侵犯或压迫：肿瘤生长过程中可直接浸润、压迫周围神经、神经根、脊髓等，如胰腺癌侵犯腹腔神经丛，肺癌侵犯肋间神经等。

2）癌症治疗相关损伤

手术：如乳腺癌根治术可能损伤肋间神经，导致患侧胸壁、腋窝疼痛；直肠癌手术可能损伤阴部神经，引起会阴部疼痛。

放疗：头颈部肿瘤放疗可能损伤脑神经，盆腔肿瘤放疗可能损伤腰骶神经丛，导致相应部位神经病理性疼痛。

化疗：多种化疗药物可引起周围神经病变，如紫杉醇、顺铂、奥沙利铂等，导致手足麻木、疼痛等症状。

3）其他因素：如感染（带状疱疹后神经痛在癌症患者中发生率较高）、代谢异常等也可能诱发或加重神经病理性疼痛。

（2）机制 CRNP 的机制较复杂，包括外周敏化、中枢敏化、内源性痛觉调制下行抑制系统的作用减弱、脊髓胶质细胞活化、离子通道的改变等多种原因。

1）外周机制：神经损伤后，受损神经的轴突和髓鞘发生变性、再生，导致异位放电，这是自发性疼痛的重要原因。神经损伤可引起神经末梢释放多种炎症介质（如前列腺素、细胞因子等），使伤害性感受器敏感性增加，出现痛觉过敏和痛觉超敏。

2）中枢机制：脊髓背角神经元兴奋性增强，对传入的伤害性信号放大，导致疼痛信号上传增加。大脑皮层、丘脑等中枢结构参与疼痛的感知和调制，神经损伤后这些结构的功能异常可导致疼痛的持续和加重。中枢敏化是神经病理性疼痛持续存在的关键机制，表现为脊髓和脑区神经元对刺激的反应性异常增高。

3. 诊断与辅助检查

（1）病史采集 详细询问疼痛的起病时间、性质、部位、程度、诱发因素、缓解因素，以及癌症的诊断、治疗史（手术、放疗、化疗方案及剂量）等。

（2）体格检查 重点检查神经系统，包括感觉、运动、反射等，明确神经损伤的部位和范围。

（3）辅助检查

神经电生理检查：如肌电图、神经传导速度测定，可评估周围神经功能，明确神经损伤的程度和部位。

影像学检查：如 CT、MRI 等，可帮助发现肿瘤侵犯、压迫神经的情况，以及脊髓、脑等部位的病变。

（4）**诊断标准** 结合患者的癌症病史、疼痛特征、神经系统检查及辅助检查结果，排除其他原因引起的疼痛后作出诊断。

目前筛查神经病理性疼痛主要依靠问卷，如利兹神经病理性症状和体征评分（LANSS）、DN4量表和 ID Pain 量表等，所设计的问卷旨在筛查出可能存在的神经痛。2016 年国际疼痛学会神经病理性疼痛特别兴趣小组研制的神经病理性疼痛评估分级系统，将疼痛分为疑似、可能和确诊的神经痛，并建议对疑似神经痛即刻启动针对性治疗。

二、骨转移性癌痛

1. 概述

骨转移性癌痛是由原发于其他部位的恶性肿瘤（如乳腺癌、前列腺癌、肺癌等）通过血液或淋巴系统转移至骨骼，破坏骨组织，刺激骨膜神经末梢而引起的疼痛。骨转移性癌痛是癌症晚期患者最常见的并发症之一，约 70%的晚期癌症患者会出现骨转移，其中 80%～90%会伴随不同程度的疼痛，严重影响患者的生活质量。

骨转移性癌痛临床表现：①疼痛特点：疼痛性质多样，可为钝痛、酸痛、刺痛、绞痛等，初期多为间歇性疼痛，随病情进展逐渐变为持续性疼痛，夜间或活动后疼痛加重。②疼痛部位与骨转移灶的位置相关，如脊柱转移常表现为腰背部疼痛，肋骨转移可引起胸壁疼痛，四肢骨转移则出现肢体疼痛。③伴随症状：可伴有局部压痛、肿胀，若发生病理性骨折，可出现肢体畸形、活动受限。部分患者可出现全身症状，如乏力、消瘦、贫血等。当脊柱转移压迫脊髓或神经根时，可出现肢体麻木、无力、大小便失禁等神经功能障碍。

2. 病因、分类及机制

骨转移性癌痛的发生与肿瘤转移、骨组织破坏及神经刺激等密切相关，其病因、分类及机制的明确对精准治疗具有重要意义。

（1）**病因** 骨转移性癌痛的根本病因是恶性肿瘤细胞通过各种途径转移至骨骼并引发一系列病理改变，具体如下：

1）肿瘤细胞转移：原发于乳腺、肺、前列腺、肾、甲状腺等部位的恶性肿瘤，其肿瘤细胞可脱离原发灶，通过血液循环（最主要途径）或淋巴系统迁移至骨骼。例如，乳腺癌细胞可通过肋间静脉、椎静脉丛等途径转移至脊柱；肺癌细胞可经肺静脉进入体循环，播散至全身骨骼。

2）骨组织微环境改变：骨骼独特的微环境（如丰富的血流、骨基质中的生长因子等）为肿瘤细胞的定植、生长提供了适宜条件。肿瘤细胞到达骨骼后，会与骨微环境中的成骨细胞、破骨细胞、骨髓基质细胞等相互作用，促进自身增殖并破坏骨组织。

3）机体免疫力下降：癌症患者晚期机体免疫功能低下，无法有效清除循环中的肿瘤细胞，使得肿瘤细胞更容易在骨骼中存活、增殖，进而引发骨转移及疼痛。

（2）**分类** 根据不同的分类标准，骨转移性癌痛可分为以下类型。

1）按原发肿瘤类型

乳腺癌相关性骨转移性癌痛：乳腺癌是最易发生骨转移的恶性肿瘤之一，骨转移发生率可达65%～75%，常转移至脊柱、肋骨、骨盆等部位，疼痛多为持续性钝痛。

肺癌相关性骨转移性癌痛：肺癌骨转移发生率约为 30%～40%，以腺癌多见，易转移至肋骨、脊柱、骨盆，疼痛初期可为间歇性，随病情进展变为持续性剧痛。

前列腺癌相关性骨转移性癌痛：前列腺癌骨转移发生率高达 70%以上，多为成骨性转移，常见于脊柱、骨盆，疼痛表现为腰骶部持续性疼痛，可伴有神经根压迫症状。

其他类型：如肾癌、甲状腺癌等也可发生骨转移，引发相应部位的疼痛。

2）按骨转移灶的病理类型

溶骨性骨转移性癌痛：多见于乳腺癌、肺癌、肾癌等，肿瘤细胞刺激破骨细胞活性增强，导致骨组织被溶解破坏，骨皮质变薄，易发生病理性骨折，疼痛较为剧烈，呈持续性或间歇性加重。

成骨性骨转移性癌痛：主要见于前列腺癌，肿瘤细胞可促进成骨细胞活性，形成新骨，新骨形成过程中可刺激骨膜神经引起疼痛，疼痛程度相对溶骨性转移较轻，但也可因骨骼结构异常导致持续性疼痛。

混合性骨转移性癌痛：同时存在溶骨性和成骨性骨破坏，兼具两者的疼痛特点，临床较为常见。

3）按疼痛发生机制

伤害感受性骨转移性癌痛：由骨组织损伤、炎症等刺激伤害性感受器引起，如骨膜牵拉、骨折等导致的疼痛。

神经病理性骨转移性癌痛：因肿瘤侵犯、压迫周围神经或脊髓、神经根等引起，可表现为烧灼痛、电击样痛、麻木痛等，常伴有感觉异常。

4）按疼痛发作特点分类

持续性基础疼痛：持续存在，程度相对稳定，通常为中度至重度疼痛，与骨转移灶的大小、位置和骨破坏程度相关。

爆发性疼痛：在持续性基础疼痛的背景上，突然出现的剧烈疼痛，发作时间短，程度剧烈，可由活动、体位改变或无明显诱因引起。

运动相关性疼痛：与特定运动或活动相关的疼痛，如站立、行走、翻身等，严重影响患者的功能和生活质量。

（3）机制 骨转移性癌痛的发生机制复杂，涉及肿瘤细胞、骨组织细胞及神经末梢等多方面的相互作用，主要包括以下几个方面。

1）骨破坏相关机制：①破骨细胞活化：肿瘤细胞分泌多种因子激活破骨细胞，激活破骨细胞，增强其骨吸收功能，导致溶骨性骨破坏，如肿瘤坏死因子-α（TNF-α）促进破骨细胞前体分化并增强成熟破骨细胞的活性；白细胞介素-1（IL-1）：刺激破骨细胞形成并抑制成骨细胞功能；甲状旁腺激素相关蛋白（PTHrP）：是乳腺癌等肿瘤细胞分泌的主要破骨细胞活化因子。骨破坏过程中，骨小梁断裂、骨皮质受损，刺激骨膜内丰富的伤害性感受器，引发疼痛。②成骨细胞异常：在成骨性骨转移中，肿瘤细胞可刺激成骨性细胞因子释放，促进成骨细胞增殖和新骨形成，如转化生长因子-β（TGF-β）被破骨细胞释放后可促进肿瘤细胞增殖和转移；骨形态发生蛋白（BMPs）可促进成骨细胞分化和新骨形成；胰岛素样生长因子（IGFs）可增强成骨细胞活性并促进肿瘤细胞生长。在新骨形成过程中骨膜受到牵拉，同时新生骨组织的结构异常也可导致疼痛。

2）炎症介质释放机制：骨组织破坏后，局部可产生炎症反应，释放前列腺素、缓激肽、组胺等炎症介质。这些介质可直接刺激伤害性感受器，提高其敏感性，使疼痛加剧，同时还可扩张局部血管，增加组织水肿，进一步加重疼痛。

3）神经压迫与浸润机制：肿瘤细胞增殖可直接侵犯、压迫周围神经纤维或神经根，导致神经纤维变性、坏死，影响神经信号传导，产生疼痛。脊柱骨转移时，肿瘤可压迫脊髓，导致脊髓缺血、水肿，影响脊髓的感觉传导功能，引起放射性疼痛、麻木、无力等症状。

4）骨髓腔内压力增高机制：骨转移灶不断生长，可导致骨髓腔内压力升高，压迫骨髓内的神经末梢，产生疼痛。同时，压力增高还可影响骨髓的血液供应，加重骨组织缺血、缺氧，进一步加剧疼痛。

5）中枢敏化机制：长期的疼痛刺激可导致中枢神经系统（如脊髓背角、丘脑、大脑皮层等）发生可塑性改变，使中枢神经元对疼痛信号的敏感性增加，出现痛觉过敏和痛觉超敏。即使外周刺激减弱或消失，中枢神经系统仍可持续产生疼痛信号，导致疼痛迁延不愈。

3. 诊断与辅助检查

骨转移性癌痛的诊断需基于肿瘤病史、疼痛特征、影像学证据及排除其他疼痛原因，核心在于明确疼痛与骨转移灶的直接关联，具体如下：

（1）核心诊断标准 骨转移性癌痛的诊断需同时满足以下两项核心标准，二者缺一不可。

1）明确的骨转移癌病灶：存在原发恶性肿瘤病史（如乳腺癌、前列腺癌、肺癌等易骨转移类型）。影像学或病理证实骨转移：通过骨扫描（ECT）、CT、MRI 或 PET-CT 发现骨内转移灶，或病理活检证实骨组织中存在转移癌细胞。骨转移灶可表现为溶骨性（如乳腺癌）、成骨性（如前列腺癌）或混合性破坏。

2）疼痛与骨转移部位直接相关：疼痛部位与骨转移灶解剖位置一致（如脊柱转移表现为腰背痛，肋骨转移表现为胸壁痛）。疼痛特点符合骨转移癌痛特征：多为持续性钝痛、酸痛，活动后（如翻身、负重）或夜间加重；可伴局部压痛、肿胀，严重时出现病理性骨折或神经压迫症状（如肢体麻木、无力）。

（2）辅助诊断依据

1）疼痛评估：采用数字疼痛评分（NRS）量化疼痛程度（0～10 分），区分轻（1～3 分）、中（4～6 分）、重度（7～10 分）疼痛。记录疼痛性质（如刺痛、烧灼痛提示可能合并神经病理性疼痛）、发作规律及对睡眠、生活质量的影响（如 KPS 评分下降）。

2）影像学检查：骨扫描（ECT）作为骨转移初筛首选，可早期发现全身骨骼转移灶，敏感性高，但特异性较低，需结合其他检查确诊。X 线片可显示骨质破坏（溶骨性、成骨性或混合性）、骨皮质完整性及病理性骨折，适用于初步评估。CT/MRI：CT 清晰显示骨皮质破坏、骨膜反应及周围软组织侵犯；MRI 对脊髓、神经根受压及骨髓腔内病变敏感，可评估神经受累程度。PET-CT：精准定位骨转移灶，同时评估全身肿瘤负荷，对隐匿性转移灶检出率高。

3）实验室检查：肿瘤标志物如前列腺癌查 PSA、乳腺癌查 CA153、肺癌查 CEA 等，可辅助判断肿瘤活性。骨代谢指标为血钙、碱性磷酸酶升高提示骨破坏活跃；血清骨保护素（OPG）、核因子 κB 受体活化因子配体（RANKL）水平异常可反映骨代谢失衡。

4）病理检查：对疑似骨转移灶行穿刺或手术活检，通过病理组织学检查明确转移瘤性质，与原发性骨肿瘤鉴别。

5）排除诊断：需排除非骨转移相关疼痛，如肿瘤直接侵犯软组织、术后切口痛、放化疗相关神经痛、骨质疏松或退行性骨病等。

通过上述综合评估，可确诊骨转移癌痛并明确其严重程度，为制定个体化治疗方案奠定基础。

三、癌性内脏痛

1. 概述

（1）定义 癌性内脏痛是指由原发或转移性恶性肿瘤直接侵犯、压迫内脏器官，或引发内脏组织缺血、梗阻、炎症等病理改变，刺激内脏痛觉感受器而产生的疼痛，是癌症患者常见的疼痛类型之一，约占癌痛的 30%～40%。其疼痛机制与躯体痛存在显著差异，具有定位模糊、伴随自主神经症状等特点，临床诊治难度较高。

（2）临床表现

1）疼痛特征：①定位模糊：内脏器官痛觉感受器分布稀疏且定位不精确，疼痛多表现为弥漫性深部不适（如“肚子痛”“胸口闷痛”），难以准确定位。②性质多样：常为钝痛、胀痛、痉挛痛或烧灼痛，可呈持续性（如肝癌肝被膜受牵拉）或阵发性加重（如胰腺癌致腹腔神经丛刺激）。③牵涉痛明显：疼痛可放射至远离病变内脏的体表区域（如胰腺癌痛牵涉至腰背部，胆囊癌痛牵涉至右肩），与内脏神经和躯体神经在脊髓背角的“会聚投射”有关。④诱发因素：体位变化、进食、排便等可诱发或加重疼痛（如肠梗阻患者排便时腹痛加剧）。

2）伴随症状：①自主神经紊乱：恶心、呕吐、出汗、血压波动、心率加快等（如胃癌侵犯胃壁引发胃肠痉挛）。②内脏功能障碍：根据受累器官不同，可出现黄疸（肝癌压迫胆道）、呼吸困难（肺癌侵犯胸膜）、排便/排尿异常（结直肠癌梗阻、膀胱癌侵犯尿道）等。

2. 病因和机制

（1）病因 癌性内脏痛的根本病因是恶性肿瘤对内脏器官或其支配神经的侵犯、压迫或功能干扰，具体包括：

1）肿瘤直接侵犯：内脏实质浸润：肿瘤细胞浸润内脏器官实质（如肝癌侵犯肝组织、胰腺癌侵犯胰腺实质），破坏脏器结构并刺激内脏包膜（富含痛觉感受器），引发持续性胀痛。神经压迫或浸润：肿瘤压迫或侵犯内脏神经丛（如胰腺癌侵犯腹腔神经丛、直肠癌侵犯盆神经），导致神经纤维变性、坏死，产生烧灼痛或电击样痛。

2）内脏管腔梗阻或扩张：空腔脏器（胃肠道、胆道、输尿管等）被肿瘤阻塞（如结直肠癌致肠梗阻、胆管癌致胆道梗阻），管腔内压力升高，牵拉管壁平滑肌，引发痉挛性绞痛。

3）缺血与炎症反应：肿瘤压迫内脏血管（如肾癌压迫肾动脉），导致内脏组织缺血、缺氧，代谢产物（乳酸、组胺等）堆积，刺激化学感受器。肿瘤坏死、破溃或继发感染，释放炎症介质（前列腺素、TNF-α、IL-6 等），激活内脏伤害性感受器，放大疼痛信号。

4）治疗相关因素：放疗后内脏纤维化（如放射性肠炎）、化疗药物对黏膜的损伤（如顺铂致胃肠道黏膜溃疡）、手术粘连（如胃癌术后肠粘连）等，间接诱发内脏痛。

（2）机制 癌性内脏痛的机制较躯体痛更复杂，涉及外周信号异常传入、中枢痛觉敏化及神经-内分泌交互作用。

1）外周敏化机制：①痛觉感受器激活：内脏组织中的机械感受器（感知牵拉、扩张）、化学感受器（感知炎症介质、缺血代谢物）被肿瘤相关刺激激活，敏感性显著升高（如梗阻导致的管腔压力升高可使机械感受器阈值下降 50%以上）。②内脏神经重塑：肿瘤微环境中的神经生长因子（NGF）等促进内脏神经纤维异常增生、出芽，形成“神经瘤样结构”，自发性放电频率增加，产生自发性疼痛。

2）中枢痛觉敏化：①脊髓背角整合异常：内脏传入神经与躯体神经在脊髓背角神经元“会聚”，导致疼痛定位模糊（如肝癌痛牵涉至右肩），同时脊髓背角神经元兴奋性升高，对微弱刺激产生过度反应（痛觉超敏）。②大脑皮层重塑：长期疼痛刺激使丘脑、前额叶皮层等脑区神经元突触连接重塑，疼痛记忆形成，即使肿瘤负荷减轻，仍存在持续性疼痛感知。

3）神经-内分泌-免疫网络紊乱：①疼痛刺激激活交感神经-肾上腺轴，释放儿茶酚胺，进一步增强内脏平滑肌痉挛（如肠梗阻时交感兴奋加重肠绞痛）。②免疫细胞（如巨噬细胞）浸润疼痛部位，持续释放炎症因子，形成“炎症-疼痛”恶性循环。

4）离子通道与信号通路异常：①内脏神经纤维上的 TRPV1（辣椒素受体）、ASICs（酸敏感离子通道）被炎症介质或酸性微环境激活，介导持续性烧灼痛。②MAPK、PI3K/Akt 等信号通路在脊髓背角神经元过度激活，促进痛觉相关基因（如 *c-Fos*）表达，增强疼痛信号传导。

综上，癌性内脏痛的病因以肿瘤直接损伤和功能干扰为主，机制涉及外周感受器敏化、中枢网络重塑及多系统交互作用，这也导致其对常规镇痛药物反应较差，需结合病因针对性干预（如解除梗阻、神经阻滞等）。

3. 分类

癌性内脏痛可根据受累内脏器官、疼痛机制及临床特征进行分类，有助于精准判断病因和制定治疗策略，具体分类如下：

（1）按受累内脏器官分类 根据原发或转移肿瘤侵犯的内脏器官不同，可分为：

1）消化系统内脏痛：常见于胃癌、肝癌、胰腺癌、结直肠癌等，表现为腹部弥漫性胀痛、痉挛痛或烧灼痛，常伴恶心、呕吐、排便异常。例如，胰腺癌侵犯腹腔神经丛时，出现上腹部及腰背部持续性钝痛；结直肠癌梗阻时，表现为阵发性绞痛。

2）呼吸系统内脏痛：多见于肺癌、胸膜间皮瘤等，疼痛位于胸部深部，呈钝痛或刺痛，随呼吸、咳嗽加重，可伴呼吸困难、胸腔积液。例如，肺癌侵犯胸膜时，出现单侧胸部持续性疼痛；纵隔肿瘤压迫气管时，伴胸骨后闷痛。

3）泌尿生殖系统内脏痛：见于肾癌、膀胱癌、卵巢癌、前列腺癌等，疼痛位于腰腹部、盆腔，可呈胀痛或牵涉痛（如肾癌牵涉下腹部），伴排尿/排便不适。例如，膀胱癌侵犯膀胱壁时，出现下腹部坠胀痛；卵巢癌转移至腹膜时，伴盆腔弥漫性疼痛。

4）其他内脏痛：如乳腺癌转移至胸膜、淋巴瘤侵犯纵隔等，疼痛部位与受累内脏对应，伴相应器官功能异常。

（2）按疼痛机制分类 根据疼痛发生的病理生理机制，可分为：

1）肿瘤直接侵犯性内脏痛：肿瘤浸润内脏实质或包膜（如肝癌侵犯肝被膜）、压迫内脏神经（如胰腺癌侵犯腹腔神经丛），导致持续性疼痛，随肿瘤进展加重。

2）管腔梗阻性内脏痛：肿瘤阻塞空腔脏器（食管、胃肠道、胆道、输尿管等），管腔内压力升高引发牵拉痛，呈阵发性或持续性加重。例如，食管癌梗阻时，胸骨后持续性胀痛伴吞咽困难；胆管癌梗阻时，右上腹绞痛伴黄疸。

3）缺血性内脏痛：肿瘤压迫内脏血管（如肾癌压迫肾动脉、结肠癌压迫肠系膜血管），导致组织缺血、代谢产物堆积，引发持续性钝痛或灼痛。

4）炎症性内脏痛：肿瘤坏死、破溃或继发感染，释放炎症介质（前列腺素、TNF-α 等），刺激内脏痛觉感受器，表现为持续性隐痛伴局部压痛。

（3）按临床特征分类 根据疼痛的发作特点和性质，可分为：

1）持续性内脏痛：最常见，多因肿瘤持续侵犯或压迫内脏（如肝癌肝被膜牵拉），疼痛持续存在，程度稳定或逐渐加重，夜间更明显。

2）阵发性内脏痛：常因空腔脏器痉挛或梗阻（如肠梗阻、胆道痉挛），疼痛突发加剧，呈绞痛或锐痛，持续数分钟至数小时，可自行缓解或随诱因消除缓解。

3）牵涉痛：内脏痛信号通过脊髓背角神经元与躯体神经“会聚投射”，引发远离病变部位的体表疼痛。例如，肝癌痛牵涉右肩，胰腺癌痛牵涉腰背部，肺癌痛牵涉肩背部。

（4）按治疗反应分类

1）阿片类药物敏感性内脏痛：多数内脏痛对阿片类药物（如吗啡、羟考酮）反应较好，疼痛可明显缓解（如轻度肠梗阻痛）。

2）难治性内脏痛：因神经侵犯或复杂机制（如腹腔神经丛受累），对常规镇痛药物反应差，需联合神经阻滞、介入治疗等（如胰腺癌痛）。

综上，癌性内脏痛的分类需结合受累器官、机制及临床特征，其中按受累器官和疼痛机制分类最具临床实用价值，可为病因诊断（如定位肿瘤侵犯部位）和治疗选择（如解除梗阻、神经阻滞）提供直接依据。

4. 诊断与辅助检查

癌性内脏痛的诊断需结合肿瘤病史、疼痛特征、体征及辅助检查，核心是明确疼痛与肿瘤侵犯内脏器官或其支配神经的直接关联，排除非癌性病因（如炎症、结石等），具体如下：

（1）诊断核心依据 诊断癌性内脏痛需要满足两项核心标准：有明确的内脏肿瘤；疼痛与内脏器官受累直接相关。

1）存在明确的恶性肿瘤病史：原发肿瘤多为易侵犯内脏的类型，如胰腺癌、肺癌、胃癌、结直肠癌、卵巢癌、肾癌等；肿瘤分期多为中晚期，存在局部浸润或远处转移（如肝癌肝内转移、肺癌胸膜转移）。

2）疼痛与内脏器官受累直接相关：①疼痛部位：与受累内脏解剖位置一致（如胰腺癌痛位于

上腹部，膀胱癌痛位于下腹部），或存在典型牵涉痛（如肝癌牵涉右肩、胰腺癌牵涉腰背部）。②疼痛性质：多为弥漫性钝痛、胀痛、痉挛痛或烧灼痛，常呈持续性，可因体位变化、进食、排便等诱发或加重（如肠梗阻痛在排便时加剧）。③伴随症状：伴有受累内脏功能异常，如恶心呕吐（胃肠道受累）、黄疸（胆道梗阻）、呼吸困难（胸膜受累）、排尿困难（膀胱/尿道受累）等。

（2）临床评估要点

1）详细疼痛病史采集：记录疼痛发作时间、频率、持续时长及演变过程（如从间歇性隐痛进展为持续性剧痛，提示肿瘤进展）；明确疼痛诱发、缓解因素（如“餐后痛”提示胃癌或胰腺癌，“弯腰时减轻”提示胰腺癌腹腔神经丛受累）；评估疼痛对生活质量的影响（如睡眠障碍、食欲下降、活动受限），采用数字评分法（NRS）量化疼痛程度（0～10分）。

2）体格检查：腹部触诊以判断有无压痛、包块、肌紧张（如肝癌肝区压痛、胰腺癌上腹部深压痛）；特殊体征如肠梗阻时可见肠型、肠鸣音亢进或消失；胸膜转移时可闻及胸膜摩擦音；全身状况以评估有无消瘦、黄疸、腹水等肿瘤进展表现。

（3）辅助检查

1）影像学检查：①CT/MRI：首选方法，可清晰显示肿瘤侵犯内脏的范围（如胰腺癌侵犯腹腔神经丛、肺癌侵犯胸膜）、管腔梗阻（如肠管扩张、胆管扩张）及内脏结构破坏，为疼痛定位提供解剖学依据。②超声：便捷评估腹部内脏（肝、胆、胰、肾）及盆腔脏器的肿瘤浸润情况，适用于初筛或动态监测。③PET-CT：鉴别肿瘤活性与治疗后纤维化，明确疼痛是否由肿瘤进展引发（如放疗后肠壁增厚需区分肿瘤复发与放射性肠炎）。

2）实验室检查：①肿瘤标志物（如CEA、CA19-9、AFP）升高提示肿瘤活跃，辅助判断疼痛与肿瘤进展的关联；②生化指标：胆红素升高提示胆道梗阻，淀粉酶升高提示胰腺受累，肌酐升高提示泌尿系梗阻；③炎症指标（白细胞、C反应蛋白）排除感染性内脏痛（如胆囊炎、肾盂肾炎）。

3）内镜与病理检查：①胃镜、肠镜：直接观察消化道肿瘤浸润情况（如胃癌黏膜侵犯、结直肠癌管腔狭窄），并可取活检明确肿瘤性质；②腹腔镜检查：适用于腹腔内隐匿性肿瘤（如卵巢癌腹腔种植），可直观观察内脏表面肿瘤侵犯范围。

4）诊断性治疗试验：对疑似神经丛受累者（如腹腔神经丛痛），可行局部阻滞（如超声引导下腹腔神经丛阻滞），若疼痛暂时缓解（NRS评分下降≥3分），可反证疼痛来源于内脏神经受压或浸润。

（4）鉴别诊断 需排除非肿瘤性内脏痛，如：①良性疾病：胆石症（突发绞痛伴黄疸）、泌尿系结石（阵发性肾绞痛）、溃疡性结肠炎（黏液血便伴腹痛）；②治疗相关：放疗后肠炎（腹泻伴腹痛）、化疗药物胃肠道反应（恶心呕吐伴隐痛）。

鉴别要点：无恶性肿瘤病史，肿瘤标志物正常，影像学无肿瘤浸润证据，对症治疗（如解痉、抗炎）后疼痛缓解。

四、癌性爆发痛

1. 概述

（1）定义 癌性爆发痛是指在基础癌痛（持续性疼痛）得到相对控制（通常NRS评分≤3分）的前提下，突然出现的短暂、剧烈的疼痛发作，是癌痛管理中的常见难题，发生率约40%～70%，严重影响患者生活质量及治疗信心。其核心特征为“突发性、短暂性、剧烈性”，与基础癌痛形成明显反差。

（2）临床表现

1）疼痛特点：①发作迅速：从出现到峰值通常仅数分钟（<5分钟）；②程度剧烈：NRS评分多≥4分，常达7～10分，患者多描述为“撕裂样、电击样”剧痛；③持续短暂：一般持续数分钟至30分钟（极少超过1小时）；④发作频繁：每日可发作1～4次，部分患者可达10次以上。

2）诱发因素：①肿瘤相关：活动（如翻身、行走）、体位变化（如骨转移灶受压）、内脏蠕动（如胃肠道肿瘤受牵拉）；②治疗相关：阿片类药物剂量不足、给药间隔过长、药物吸收波动；③自发因素：无明确诱因，多与肿瘤进展（如病灶扩大、神经侵犯加重）相关。

3）伴随症状：躯体反应如出汗、心率加快、血压升高；心理反应如焦虑、恐惧、无助感，长期发作可导致抑郁及治疗依从性下降。

（3）分类 癌性爆发痛作为癌痛管理中的特殊类型，其分类需结合诱发因素、疼痛性质及与基础痛的关联，以精准指导治疗策略，常见分类如下。

1）按诱发因素分类（临床最常用）

①诱发性爆发痛

特点：由明确的外界因素触发，发作可预测，占癌性爆发痛的 60%～70%。常见诱因：躯体活动：骨转移患者翻身、行走、咳嗽时，病变骨骼受力增加，刺激骨膜神经；内脏蠕动：胃肠道肿瘤患者进食后胃肠蠕动增强，牵拉肿瘤浸润的肠系膜或腹膜。

治疗操作：放疗后组织水肿加重、穿刺检查时触碰肿瘤病灶。

临床意义：规避诱因（如指导骨转移患者缓慢体位变化）可减少发作，同时需优化基础镇痛方案以覆盖诱发场景。

②自发性爆发痛

特点：无明确诱因，突发且不可预测，占 30%～40%，治疗难度更高。

机制：与肿瘤进展密切相关，如肿瘤坏死、微出血刺激神经末梢，或中枢痛觉敏化导致脊髓背角神经元自发性放电。

临床意义：需强化长效阿片类药物剂量以稳定血药浓度，同时配备快速起效的解救药物（如芬太尼鼻喷剂）。

2）按与基础癌痛的性质关联分类

①同质性爆发痛

特点：疼痛性质与基础癌痛一致（如基础骨痛为钝痛，爆发痛为剧烈钝痛）。

机制：多因基础病灶刺激强度骤增，如骨转移灶扩大压迫神经、内脏肿瘤梗阻加重。

临床意义：治疗以强化基础镇痛为主（如增加长效阿片类药物剂量），解救药物选择与基础用药同源（如基础用吗啡缓释片，解救用吗啡即释片）。

②异质性爆发痛

特点：疼痛性质与基础癌痛不同（如基础内脏痛为胀痛，爆发痛为电击样痛）。

机制：常因新的病理因素出现，如肿瘤侵犯神经丛（如胰腺癌侵犯腹腔神经丛）、合并带状疱疹后神经痛。

临床意义：需联合辅助镇痛药物（如加巴喷丁缓解神经病理性成分），单纯增加阿片类药物剂量效果有限。

3）按发作频率与持续时间分类

高频爆发痛：每日发作≥4 次，多提示基础镇痛方案不足或肿瘤进展迅速，需紧急调整长效药物剂量或联合介入治疗（如神经阻滞）。

低频爆发痛：每日发作＜4 次，多与偶发诱因相关，重点优化解救药物使用时机。

短时效爆发痛：单次发作持续＜15 分钟，适合选择超快速起效的解救药物（如舌下含服芬太尼）。

长时效爆发痛：单次发作持续 15～60 分钟，需考虑解救药物的剂量调整或重复给药（间隔 15～30 分钟评估效果）。

4）按治疗反应分类

药物敏感性爆发痛：对常规解救药物（如即释吗啡）反应良好，NRS 评分可下降≥50%，多为诱发性或同质性疼痛。

难治性爆发痛：对解救药物反应差（NRS 评分下降<30%），常见于神经侵犯严重或中枢敏化明显的患者，需联合神经调控（如经皮电刺激）或介入治疗（如鞘内药物输注）。

综上，不同分类维度相互补充，例如“诱发性+同质性”爆发痛以调整基础镇痛和规避诱因为核心，“自发性+异质性”爆发痛则需多模式联合治疗，为个体化管理提供精准方向。

2. 病因和机制

（1）病因 癌症爆发痛（癌性爆发痛）的病因复杂，通常是癌症本身进展、治疗相关因素及患者自身状态等多方面因素共同作用的结果。其发生与肿瘤直接侵犯、神经损伤、治疗干预、患者生理及心理状态等密切相关，具体可分为以下几类：

1）肿瘤直接相关因素：肿瘤的生长、浸润、转移等生物学行为是引发爆发痛最主要的原因，通过直接或间接刺激周围组织、神经或器官，导致疼痛突然加剧。①肿瘤浸润与压迫：肿瘤直接侵犯骨骼、神经、内脏、软组织等部位时，可因肿瘤体积突然变化（如快速生长、坏死、出血）或位置变动（如体位改变时肿瘤对周围组织的牵拉、压迫加剧）引发爆发痛。例如：骨转移癌患者，肿瘤破坏骨皮质或压迫骨膜（富含感觉神经），轻微活动（如翻身、咳嗽）可能导致病变骨骼受力变化，刺激骨膜神经引发剧烈爆发痛；胃肠道肿瘤侵犯腹膜或肠系膜神经丛，进食后胃肠蠕动增加可能牵拉肿瘤，触发突发性疼痛。②肿瘤相关并发症：肿瘤继发感染（如癌性溃疡感染）、梗阻（如肠梗阻）、穿孔、出血等急性事件时，会通过炎症刺激或组织损伤突然激活痛觉信号，引发爆发痛。例如，肺癌患者肿瘤侵犯胸膜引发胸膜炎，胸腔积液突然增多时，可导致胸膜牵拉痛突然加剧。

2）治疗相关因素：癌症治疗过程中，手术、放疗、化疗等操作或药物不良反应，可能直接或间接诱发爆发痛。①手术治疗：术后创口愈合过程中，组织水肿、牵拉或神经损伤（如乳腺癌术后胸壁神经损伤）可能导致突发性疼痛；此外，术后活动（如起床、咳嗽）时，创口受力增加也可能诱发爆发痛。②放射治疗：放疗后数天至数周内，局部组织可能出现放射性炎症（如食管癌放疗后食管黏膜水肿），炎症刺激周围神经可引发突发性疼痛；若放疗导致骨组织坏死或脊髓损伤，也可能出现爆发痛。③化学治疗：化疗药物可能引起外周神经病变（如紫杉醇、奥沙利铂导致的肢端麻木、刺痛），这种神经损伤可表现为突发性、电击样爆发痛；此外，化疗导致的口腔黏膜炎、胃肠道黏膜损伤等，也可能在进食、排便等刺激下引发爆发痛。

3）患者自身因素：患者的生理状态、活动及心理因素等，可能通过影响痛觉敏感性或触发痛觉信号，诱发爆发痛。①生理活动与体位变化：日常活动（如翻身、行走、咳嗽、排便）可能牵拉肿瘤侵犯的组织或压迫神经，导致痛觉突然加剧。例如，胰腺癌患者因肿瘤侵犯腹膜后神经，弯腰或进食后可能触发腹部爆发痛。②心理与情绪因素：癌症患者常伴随焦虑、抑郁、恐惧等负面情绪，这些情绪可通过激活中枢神经系统的应激反应（如交感神经兴奋、下丘脑-垂体-肾上腺轴激活），降低痛觉阈值，增强对疼痛的感知，诱发或加重爆发痛。研究表明，情绪紧张时，中枢内促炎介质（如IL-6）释放增加，可进一步敏化痛觉通路，使轻微刺激即可引发剧烈爆发痛。

综上，癌症爆发痛的病因具有多源性，既与肿瘤本身的生物学行为（浸润、转移、并发症）直接相关，也与治疗过程中的组织损伤、炎症反应密切相关，同时患者的生理活动和心理状态也可能成为诱发因素。这些因素通过激活外周痛觉感受器、敏化中枢神经通路或打破镇痛平衡，最终导致突发性、剧烈的疼痛发作。明确病因是制定个体化治疗方案（如调整镇痛药物、控制肿瘤进展、干预心理状态）的关键。

（2）机制 癌症爆发痛的发生机制涉及多系统、多层面的交互作用，其核心是肿瘤进展、疼痛信号传导异常与机体镇痛调节能力失衡的综合结果，具体通过以下四方面协同介导：

1）外周痛觉信号异常增强：疼痛“输入端”的过度激活癌症患者外周组织因肿瘤浸润、转移或坏死持续处于“损伤状态”，痛觉感受器被异常激活或敏化，导致疼痛信号骤增。

①肿瘤直接机械刺激。肿瘤侵犯骨膜（如骨转移）、压迫内脏管腔（如胃肠道、胆道梗阻）或浸润神经丛（如腹腔神经丛）时，直接牵拉、挤压外周机械感受器（如骨膜的 Aδ 纤维、内脏的 C

纤维）。例如，骨转移灶扩大可使骨膜上的机械感受器对压力的敏感度提升 5～10 倍，轻微翻身、行走等动作即可触发剧烈疼痛信号，形成“诱发性爆发痛”。②炎症介质介导的感受器敏化。肿瘤坏死、继发感染或免疫细胞浸润会释放大量炎症介质（TNF-α、IL-6、前列腺素 E_2 等），这些物质通过以下方式敏化外周痛觉感受器：降低感受器激活阈值（如使原本需“中度刺激”才激活的 C 纤维，在“轻微刺激”下即可放电）；增强离子通道（如 TRPV1、ASICs）活性，TRPV1 对肿瘤微环境的酸性代谢物（乳酸）敏感，ASICs 对组织缺血的低 pH 环境敏感，二者异常激活可引发突发灼痛或刺痛。③神经浸润与异位放电。肿瘤侵犯外周神经（如胰腺癌浸润腹腔神经丛、乳腺癌侵犯肋间神经）会导致神经纤维髓鞘脱落、轴突再生异常，形成“神经瘤样结构”。这些受损神经纤维可自发产生高频电信号（异位放电），且不受正常生理调节控制，表现为“无明确诱因的自发性爆发痛”。

2）中枢神经系统敏化：癌性爆发痛的信号传入中枢神经系统（脊髓、脑干、丘脑、大脑皮层等）后，因神经可塑性改变、信号处理异常及调控失衡，导致疼痛被“放大”“易化”或“失控”的过程，是爆发痛突发、剧烈且难以控制的关键原因。其核心在于中枢痛觉通路的“兴奋性增强”与“抑制性减弱”失衡，具体涉及以下层面：

①脊髓背角的增益效应：脊髓背角是疼痛信号传入大脑的“第一站”，长期癌痛刺激会使脊髓背角神经元（如 NMDA 受体阳性神经元）兴奋性显著升高，NMDA 受体被谷氨酸持续激活后，钙离子大量内流，激活下游 MAPK、PKC 等信号通路，导致神经元对传入信号的放大作用增强（“增益效应”）。此时，即使外周传入的疼痛信号强度未显著增加，经脊髓背角放大后仍可引发爆发痛。此外，肿瘤释放的炎症因子（如 TNF-α、IL-1β）或外周神经损伤信号通过血液循环或神经通路抵达脊髓，激活胶质细胞。活化的胶质细胞会反过来释放更多促炎介质（如前列腺素、ATP）和神经活性物质（如脑源性神经营养因子 BDNF），进一步降低神经元的激活阈值，维持脊髓背角的高敏状态。例如，BDNF 可通过激活神经元的 TrkB 受体，增强钙通道开放，使神经元更易产生自发放电，导致“无诱因自发性爆发痛”。②下行疼痛调控系统：“内源性镇痛开关”失灵，抑制功能减弱。中脑导水管周围灰质（PAG）功能下调，对阿片受体敏感性降低，阿片肽分泌减少，导致对脊髓背角的抑制作用减弱，使原本可被“压制”的中等强度痛觉信号，直接“突破防线”引发爆发痛。其次，延髓头端腹内侧区（RVM）在癌痛晚期“易化”，发生表型改变，从“抑制为主”转为“易化为主”，通过释放 5-羟色胺激活脊髓背角的伤害性神经元，主动放大痛觉信号，形成“自发性爆发痛”。③丘脑与大脑皮层：痛觉“整合与感知”异常，放大疼痛体验。脑神经元过度同步化放电：丘脑接收脊髓上传的痛觉信号后，需通过“筛选”传递至皮层。癌痛时，丘脑腹后外侧核（VPL）和腹后内侧核（VPM）的神经元因谷氨酸过量释放，出现高频同步化放电，导致痛觉信号“无差别传递”，导致即使是短暂的刺激，也会被皮层感知为“持续剧烈的疼痛”。皮层情感—认知网络过度激活：前扣带回皮层（ACC）参与疼痛的情感体验，岛叶负责躯体感觉的整合，前额叶皮层调控疼痛的认知评价。癌痛患者因长期疼痛应激，ACC 和岛叶的神经元活动增强，导致对爆发痛的“厌恶感”“恐惧感”放大；同时，前额叶皮层的抑制功能减弱（如 γ-氨基丁酸 GABA 释放减少），无法有效调控负面情绪，形成“疼痛—焦虑—疼痛加剧”的恶性循环，使爆发痛的主观感受更强烈。④神经递质与调质失衡：中枢痛觉“信号传导”的化学紊乱。中枢内兴奋性与抑制性神经递质的失衡，是中枢敏化的核心化学基础。兴奋性递质过量，如谷氨酸（脊髓背角、丘脑）、P 物质（脊髓背角）、神经肽（如降钙素基因相关肽 CGRP）在中枢内蓄积，持续激活伤害性神经元，增强信号传导效率。抑制性递质（如 GABA、甘氨酸）在脊髓背角、皮层的含量减少，其对神经元的“制动作用”减弱，导致痛觉信号传导“失控”。

综上，癌性爆发痛的中枢机制本质是“脊髓敏化放大信号—下行抑制系统失灵—丘脑无差别传递—皮层情感认知强化”的级联反应，最终使痛觉信号从“输入”到“感知”的全链条均处于“高反应性”状态，这也是为何即使外周刺激轻微，患者仍会经历突发、剧烈的爆发痛，且常规镇痛药物难以快速控制的核心原因。

3. 诊断与辅助检查

癌性爆发痛的诊断以临床评估为核心，需结合患者的疼痛特征、肿瘤病史及辅助检查结果，明确疼痛的性质、诱因及潜在病因，同时排除其他急性疼痛（如感染、血栓等）。其诊断与辅助检查的具体内容如下：

（1）诊断标准 癌性爆发痛的诊断需满足“基础癌痛存在”及“爆发痛特征”两大核心要素。目前国际上常用的诊断标准包括欧洲肿瘤内科学会（ESMO）、美国国家综合癌症网络（NCCN）等指南的定义，诊断的基本条件：

1）基础癌痛的存在：患者已存在持续性癌痛（基础痛），且日常接受规律的镇痛治疗（如阿片类药物），基础痛控制相对稳定（通常疼痛强度≤3分，采用数字评价量表）。

2）爆发痛的特征：突发性：疼痛快速发作（通常数分钟内达高峰）；短暂性：单次发作持续时间短（多为30分钟内，少数可达1小时）；剧烈性：疼痛强度高（NRS评分通常≥4分，多数为7～10分）；反复性：24小时内发作频率≥1次，部分患者每日发作可达数次至十余次。

（2）临床评估

1）疼痛的诱发因素：是否与活动相关（如翻身、行走、咳嗽、排便）；是否与进食、体位变化、情绪波动相关；是否与治疗相关（如化疗后、放疗后）；是否为自发性（无明显诱因）。

2）疼痛的部位与性质：①部位：明确疼痛具体位置（如骨痛、腹痛、胸痛），判断是否与肿瘤侵犯部位一致（如骨转移患者的病变骨部位疼痛）；②性质：描述为刺痛、胀痛、绞痛、电击样痛等（如神经侵犯多为电击样痛，内脏梗阻多为绞痛）。

3）疼痛的伴随症状：如发热（提示感染）、恶心呕吐（提示梗阻）、肢体麻木（提示神经病变）等，帮助判断病因。

4）既往镇痛治疗反应：了解基础镇痛药物的种类、剂量、给药频率，以及爆发痛发作时的解救药物效果，评估是否存在镇痛治疗不足或药物剂量不合理。爆发痛的诊断需要根据其定义判断患者是否存在爆发痛，同时需要鉴别爆发痛、背景痛未控和剂量末疼痛，识别肿瘤急症导致的爆发痛。

5）常用评估工具

为标准化评估，临床常用以下工具记录爆发痛特征。

数字评价量表（NRS）：让患者用0～10分描述疼痛强度（0分为无痛，10分为最剧烈疼痛），用于评估基础痛和爆发痛的强度。

爆发痛评估量表（BTcP Assessment Tool）：包括发作频率、持续时间、诱因、伴随症状、对日常生活的影响等维度，全面记录爆发痛特征。

简明疼痛评估量表（BPI）：评估疼痛对患者睡眠、情绪、活动等生活质量的影响，辅助判断疼痛的严重程度。

（3）辅助检查 辅助检查的目的是明确爆发痛的潜在病因（如肿瘤进展、感染、神经损伤等），而非直接诊断爆发痛本身。根据患者的临床特征选择以下检查。

1）影像学检查：明确肿瘤进展或组织损伤。

CT/MRI检查：适用于怀疑肿瘤浸润、转移（如骨转移、内脏转移）或压迫（如脊髓压迫）时，CT可快速评估骨皮质破坏（如骨转移癌的溶骨性改变）、内脏梗阻（如肠梗阻的肠管扩张）；MRI对软组织、神经、脊髓的显影更清晰，可明确肿瘤是否侵犯神经丛（如腹膜后神经丛）、脊髓是否受压（如椎体转移导致的脊髓压迫）。

骨扫描（全身骨显像）：适用于怀疑骨转移引发的爆发痛（如肢体、脊柱疼痛），可早期发现全身骨转移灶（尤其是X线或CT难以识别的微小转移），明确骨痛的肿瘤源性病因。

超声检查：适用于怀疑腹腔、盆腔肿瘤侵犯或并发症（如肝癌破裂出血、卵巢癌腹水），可实时观察腹腔内肿瘤大小、位置，判断是否存在腹水、梗阻或出血，快速辅助诊断急性并发症引发的爆发痛。

2）实验室检查：排除感染、代谢异常等诱因。

血常规+炎症指标（如 CRP、PCT）：适用于怀疑肿瘤合并感染（如癌性溃疡感染、胆管炎），如白细胞升高、CRP/PCT 升高提示感染，需针对性抗感染治疗以缓解爆发痛。

肿瘤标志物：适用于监测肿瘤进展（如肺癌患者 CEA、NSE 升高提示肿瘤进展），应结合影像学，辅助判断爆发痛是否与肿瘤进展相关。

生化检查：适用于排查治疗相关不良反应（如化疗导致的电解质紊乱、肝肾功能损伤），如高钙血症（骨转移常见）可引发全身骨痛加剧，需降钙治疗。

神经电生理检查：评估神经损伤，适用于怀疑外周神经病变（如化疗药物导致的周围神经损伤）或神经压迫（如臂丛神经受肿瘤侵犯）。肌电图（EMG）、神经传导速度（NCV）用于明确神经损伤的部位和程度，区分痛觉异常是肿瘤直接侵犯还是治疗相关神经病变所致。

3）心理评估：判断情绪因素的影响。

适用于患者伴随明显焦虑、抑郁等情绪，怀疑心理因素加重爆发痛。评估工具可采用焦虑自评量表（SAS）、抑郁自评量表（SDS）、汉密尔顿焦虑/抑郁量表（HAMA/HAMD）等，可以明确心理状态对疼痛的影响，为联合心理干预提供依据。

综上，癌性爆发痛的诊断需以临床评估为核心（结合基础癌痛病史和爆发痛特征），辅助检查则用于明确病因（如肿瘤进展、感染、神经损伤等）。通过综合评估，可区分爆发痛的类型（如肿瘤浸润性、治疗相关性、心理诱发性），为个体化治疗（如调整镇痛药物、抗肿瘤治疗、抗感染或心理干预）提供关键依据。

第三节 癌性疼痛的管理

癌性疼痛的管理是肿瘤综合治疗的重要组成部分，通过全面持续的疼痛评估、个性化治疗方案、药物不良反应控制、中西医联合疼痛干预、心理社会支持等，消除或减轻患者的疼痛，改善患者负性情绪，提高生活质量，并鼓励患者及照顾者积极参与疼痛管理过程，形成一个动态、综合、以患者为中心的疼痛管理体系。

一、癌性疼痛的评估

癌性疼痛的评估是癌痛管理的核心环节，贯穿治疗全程，目的是明确疼痛的性质、强度、影响因素及对患者生活质量的干扰，为制定个体化镇痛方案提供依据。评估需遵循“全面、动态、个体化”原则，具体内容如下：

1. 评估的基本原则

（1）常规化 所有癌症患者初诊时及每次随访（如化疗、放疗期间）均需评估疼痛。

（2）量化与质化结合 既需用数字/量表量化疼痛强度，也需描述疼痛的性质、部位等质性特征。

（3）动态更新 疼痛可能随肿瘤进展、治疗干预而变化，需定期（如每日、每周）重复评估，及时调整方案。

（4）关注患者主观感受 疼痛是主观体验，应以患者自我报告为主要依据，尤其对无法沟通的患者（如昏迷、认知障碍）需结合行为观察（如躁动、表情痛苦）判断。

2. 评估的核心内容

（1）疼痛的基本特征

1）疼痛强度：是评估的核心指标，常用量化工具：数字评价量表（NRS）：患者用 0（无痛）～10（最剧烈疼痛）分描述疼痛，适用于大多数清醒患者。轻度疼痛：1～3 分；中度疼痛：4～6 分；重度疼痛：7～10 分。视觉模拟量表（VAS）：一条 10cm 长的直线，两端分别标“无痛”和“最剧烈疼痛”，患者在直线上标记疼痛位置，测量距离量化强度（与 NRS 等效）。面部表情疼痛量表

（FPS-R）：用6种面部表情（从微笑到哭泣）代表疼痛程度，适用于儿童、老年或认知障碍患者。

2）疼痛部位：明确疼痛的具体位置（如“右侧肋骨”“腰骶部”“上腹部”），可标记在人体图上，判断是否与肿瘤侵犯部位一致（如骨转移患者的病变骨区域、内脏肿瘤的相应脏器区域）。

3）疼痛性质：描述疼痛的感受，有助于判断疼痛类型（如躯体痛、内脏痛、神经病理性痛）。躯体痛：多为定位明确的锐痛、酸痛（如骨转移痛、手术切口痛）；内脏痛：多为定位模糊的胀痛、绞痛（如肝癌肝区胀痛、肠梗阻腹痛）；神经病理性痛：多为电击样、烧灼样、针刺样痛（如肿瘤压迫神经、化疗后周围神经病变）。

4）疼痛发作特点：发作时间：持续性（基础痛）、间歇性（爆发痛）、夜间加重（如骨转移痛）；持续时间：单次疼痛发作的时长（如爆发痛多<30分钟）；诱发/缓解因素：是否与活动（翻身、咳嗽）、体位、进食、情绪相关，是否有缓解方式（如药物、冷敷）。

（2）疼痛对患者的影响 评估疼痛对患者生活质量的干扰，明确镇痛治疗的目标，主要包括：睡眠：是否因疼痛入睡困难、频繁觉醒；活动：是否影响行走、翻身、日常自理；情绪：是否导致焦虑、抑郁、烦躁；社交：是否影响与家人交流、工作或社交活动；治疗依从性：是否因疼痛拒绝抗肿瘤治疗（如化疗、放疗）。

（3）疼痛相关的病史与治疗背景

1）肿瘤病史：原发肿瘤类型、分期、转移部位（如骨转移、肝转移），明确疼痛是否与肿瘤直接相关（如肿瘤侵犯、压迫）。

2）既往镇痛治疗史：目前使用的镇痛药物（如阿片类、非甾体抗炎药、辅助镇痛药物）、剂量、给药途径（口服、静脉、贴剂）；疼痛缓解效果（如药物是否有效、是否出现爆发痛）；药物不良反应（如恶心、便秘、嗜睡）。

3）合并症与其他疼痛原因：排除非癌性疼痛（如关节炎、带状疱疹后神经痛），避免漏诊或误判。

3. 常用评估工具

临床常用以下工具：

（1）简明疼痛评估量表（BPI） 包含疼痛部位、强度（当前、最严重、最轻、平均）、疼痛对生活质量（睡眠、活动等7个维度）的影响，是癌痛评估的“金标准”工具。

（2）数字评价量表（NRS） 快速量化疼痛强度，适用于日常动态监测。

（3）McGill疼痛问卷（MPQ） 通过描述词（如“跳痛”“烧灼痛”）评估疼痛性质，区分疼痛类型（躯体痛/神经病理性痛）。

（4）爆发痛评估量表 针对癌性爆发痛设计，包括发作频率、诱因、持续时间、解救药物效果等，辅助制定爆发痛管理方案。

（5）特殊人群的疼痛评估

1）无法沟通的患者（如昏迷、痴呆、儿童）：观察行为体征如躁动、呻吟、面部扭曲、肢体僵硬、出汗、心率加快等；或采用《疼痛行为评估量表（PAINAD）》，从面部表情、发声、身体运动、血压/心率变化等维度评分。

2）老年患者：注意认知功能下降对评估的影响，优先选择简单量表（如FPS-R），并结合家属观察反馈。

综上，癌性疼痛的评估需从“疼痛本身特征”“对患者的影响”“治疗背景”三个维度展开，通过量化工具与质性描述结合，动态追踪疼痛变化。准确的评估是选择镇痛药物、调整治疗方案的基础，最终目标是最大限度缓解疼痛，改善患者生活质量。

二、癌性疼痛的管理方法

癌性疼痛的管理是肿瘤综合治疗的重要组成部分，核心目标是持续、有效地缓解疼痛，减少不良反应，最大限度改善患者生活质量。管理需遵循“个体化、多模式、全程动态调整”原则，涵盖药物治疗、非药物治疗及多学科协作等多个维度。

1. 癌性疼痛管理的基本原则

（1）个体化治疗 根据患者疼痛强度、性质、基础疾病、药物耐受性等制定专属方案（如阿片类药物剂量需“按需滴定”，无统一标准）。

（2）按阶梯给药 依据 WHO 癌痛三阶梯镇痛原则，从非阿片类药物到弱阿片类、强阿片类药物逐步升级（特殊情况可跨阶梯，如重度疼痛直接用强阿片类）。

（3）首选口服给药 口服途径方便、安全、易调整剂量（如吗啡缓释片），无法口服时可选择透皮贴剂（如芬太尼）、静脉/皮下注射等。

（4）按时给药 针对持续性疼痛，需规律给药（如每 12 小时 1 次），而非“按需给药”，以维持稳定的血药浓度，预防疼痛反复发作。

（5）全程管理与多学科协作 ①动态评估：治疗初期每日评估，疼痛稳定后每周评估，记录疼痛强度、药物疗效、不良反应，及时调整方案（如增加剂量、更换药物或联合辅助治疗）；②患者教育：指导患者正确使用镇痛药物（如缓释片不可掰开/嚼碎）、记录疼痛日记、识别不良反应并及时就医；③多学科团队（MDT）：由肿瘤科、疼痛科、麻醉科、药剂科、心理科等组成，针对复杂癌痛制定个体化方案，提高管理效率。

2. 药物治疗

药物是癌痛管理的基础，根据疼痛强度（NRS 评分）和类型选择药物，分为非阿片类药物、阿片类药物、辅助镇痛药物三大类。

（1）WHO 三阶梯镇痛药物方案 根据疼痛强度（NRS）推荐药物和适用场景。

轻度（1～3 分）：第一阶梯非甾体抗炎药（NSAIDs）± 辅助药物，适用于骨转移轻度疼痛、肿瘤局部浸润引起的躯体痛（需注意 NSAIDs 的胃肠道、肾脏毒性）等癌性疼痛。

中度（4～6 分）：第二阶梯弱阿片类药物（如可待因、曲马多）± 非阿片类药物 ± 辅助药物，适用于非阿片类药物效果不佳的中度疼痛（目前临床应用减少，部分指南推荐直接用低剂量强阿片类）。

重度（7～10 分）：第三阶梯强阿片类药物（如吗啡、羟考酮、芬太尼）± 非阿片类药物 ± 辅助药物，适用于重度疼痛，尤其是癌性爆发痛、骨转移痛、神经病理性痛等。

（2）常用药物分类及特点

1）非甾体抗炎药（NSAIDs）：作用机制为抑制环氧化酶（COX），减少前列腺素合成，缓解炎症相关疼痛（尤其适用于骨转移、肿瘤浸润引起的躯体痛）。

代表药物：非选择性 NSAIDs：布洛芬、双氯芬酸（胃肠道不良反应较明显，需警惕胃溃疡、出血）；选择性 COX-2 抑制剂：塞来昔布（胃肠道安全性更高，但可能增加心血管风险，禁用于严重心衰、消化道出血病史患者）。

注意事项：有“天花板效应”（剂量增至一定程度后止痛效果不再增强，不良反应却增加），不可无限加量；长期使用需监测肾功能（尤其合并脱水、高龄患者）和消化道症状。

2）阿片类药物：作用机制为通过与中枢神经系统的阿片受体结合，抑制疼痛信号传导，是中重度癌痛的核心药物。

特点：无“天花板效应”（止痛效果随剂量增加而增强），需根据患者反应个体化调整剂量。

常用药物：强阿片类（第三阶梯）。吗啡：口服缓释片（如美施康定，每 12 小时 1 次）用于基础痛，即释片（如美菲康）用于爆发痛解救；羟考酮：缓释片（奥施康定，每 12 小时 1 次），镇痛强度为吗啡的 1.5～2 倍，恶心、呕吐等不良反应较轻；芬太尼：透皮贴剂（每 72 小时 1 次），适用于口服困难或胃肠道吸收差的患者，起效较慢（6～12 小时达稳态），不适合急性疼痛；氢吗啡酮：静脉或口服，镇痛强度为吗啡的 5～10 倍，适用于肾功能不全患者（代谢产物蓄积风险低）。弱阿片类（第二阶梯）。如可待因、曲马多（镇痛强度较弱，多用于中度疼痛，目前临床更倾向用低剂量强阿片类替代）。

不良反应及处理：便秘（最常见，发生率>90%）：预防性使用缓泻剂（如乳果糖、聚乙二醇），避免停药；恶心/呕吐（初期常见，1周左右耐受）：用止吐药（如昂丹司琼）；嗜睡呼吸抑制（剂量相关，多发生于过量或初次用药）：减少剂量，严重时用纳洛酮拮抗（需警惕疼痛反跳）。

3）辅助镇痛药物：此类药物与阿片类/非阿片类药物联用，增强镇痛效果，尤其适用于神经病理性痛、内脏痛等难治性疼痛。

常用药物：抗惊厥药：加巴喷丁、普瑞巴林（抑制神经异常放电，用于神经病理性痛，如肿瘤压迫神经、带状疱疹后神经痛）；抗抑郁药：阿米替林、文拉法辛（阻断5-羟色胺/去甲肾上腺素再摄取，增强中枢镇痛，适用于合并抑郁的神经病理性痛）；糖皮质激素：地塞米松、泼尼松（减轻肿瘤相关炎症、水肿，缓解骨转移痛、脊髓压迫痛、内脏胀痛，短期使用需监测血糖、感染风险）；双膦酸盐：唑来膦酸、帕米膦酸（抑制破骨细胞活性，减少骨吸收，用于骨转移痛，降低病理性骨折风险）；局部麻醉药：利多卡因贴剂（局部阻断神经传导，用于局限型神经病理性痛）。

3. 现代医学技术应用

适用于药物疗效不佳、不良反应明显或希望减少药物剂量的患者，需与药物治疗联合使用。

（1）肿瘤相关治疗（针对疼痛病因）

1）放射治疗：对骨转移痛（缓解率70%～80%）、肿瘤压迫神经/脊髓引起的疼痛效果显著（如椎体转移放疗可减轻骨痛、预防截瘫）。

2）手术：切除肿瘤原发灶或转移灶（如骨转移灶切除+内固定，缓解骨痛并预防骨折）、松解神经压迫（如胰腺癌腹腔神经丛阻滞术）。

3）化疗/靶向治疗：通过缩小肿瘤体积，减轻肿瘤对周围组织的侵犯或压迫（如肺癌脑转移靶向治疗缩小病灶后，头痛、神经痛缓解）。

（2）介入治疗（微创技术）

1）神经阻滞/毁损术：通过注射药物（如局麻药、无水乙醇）或物理手段（射频消融）。①阻断疼痛信号传导通路：腹腔神经丛阻滞：缓解胰腺癌、胃癌等上腹部内脏痛；②肋间神经阻滞：缓解胸壁、肋骨转移痛；③脊神经后根毁损术：用于难治性神经病理性痛。

2）鞘内药物输注系统（鞘内泵）：通过埋藏于皮下的泵将药物（如吗啡、布比卡因）直接注入蛛网膜下腔（中枢镇痛靶点），仅需口服剂量的1/100～1/300即可起效，适用于难治性癌痛（如阿片类药物耐受、不良反应严重者）。

3）经皮电神经刺激（TENS）：通过低频电流刺激皮肤神经，干扰疼痛信号上传，用于轻中度躯体痛、神经病理性痛（如术后切口痛、带状疱疹后神经痛）。

（3）物理治疗

1）微波治疗：通过将微波能量集中照射，短时间内温度迅速升高，作用于肿瘤组织，从而达到直接杀死肿瘤细胞的疗效。同时局部温度的升高可使细胞通透性增强，从而起到改善微循环的作用。缓解肿瘤对痛觉神经的刺激或压迫，促使局部炎症减轻或消退，减弱神经刺激信息，缓解疼痛。微波治疗距离照射部位30～50cm，温度50～70℃，照射时间30分钟，以患者感觉温热、不烫为宜，每天1次。

2）深部热疗：利用癌细胞的高温耐受性弱于正常组织细胞的特点，通过物理学原理加热机体，使局部组织达到有效治疗温度，同时瘤体周围的血管得以扩张，降低神经敏感性，起到缓解癌性疼痛的作用，具有简单易行、不良反应小、费用低等优点。热疗部位需要与癌痛部位保持10cm左右的间距，温度控制在40～43℃，每次45分钟，每周治疗2次。

3）超声药物透入：通过超声波透皮作用，使得皮肤及组织对药物的通透性增强，在组织内形成较高药物浓度而达到止痛作用。临床治疗推荐每日1次，每次30分钟。

4）离子导入：通过直流电将中药离子经皮肤引入病变部位，直接释放药物到皮肤并扩散到病变组织，加快药物止痛效果。该法对患者身体的不良反应小、安全性高且无依赖性。使用中药离子导入应根据疼痛部位及疼痛范围适当调整治疗电流、脉冲频率和时间，常规时间20分钟，每日1次。

4．特殊类型癌性疼痛的管理

（1）癌性爆发痛

1）基础用药优化：确保长效阿片类药物剂量充足（如增加缓释吗啡剂量）。

2）解救药物：用速效阿片类药物（如即释吗啡、芬太尼鼻喷剂），剂量为每日长效阿片总量的10%～15%，按需给药（单次给药后15分钟评估效果，无效可追加1次）。

（2）难治性癌痛

1）侵入性治疗：鞘内泵输注、神经毁损术。

2）学科协作：疼痛科、肿瘤科、麻醉科联合调整方案。

3）其他：氯胺酮（NMDA受体拮抗剂，用于阿片耐受患者）、心理干预等。

5．心理与行为干预

在药物治疗基础上，心理与行为干预作为多学科疼痛管理的核心组成部分，能有效打破“疼痛—负性情绪—疼痛加剧”的恶性循环，调整患者对疼痛的认知、情绪和行为反应，改善患者的疼痛体验，降低疼痛带来的心理痛苦，增强患者的应对能力，最终减少疼痛对生理、心理和社会功能的负面影响，提高生活质量。主要包括心理干预方法有认知行为疗法（CBT）、支持性心理治疗等；行为干预方法主要有放松训练、正念冥想与接纳承诺疗法（ACT）等。

心理行为干预需遵循一定的原则：①个体化原则：根据患者的年龄、文化背景、心理状态（如是否合并重度抑郁）、疼痛类型（如神经病理性疼痛 vs.骨痛）选择合适的干预方法（如儿童患者更适合游戏疗法，老年患者适合简化的放松训练）；②多学科协作：与肿瘤科、疼痛科医生配合，确保心理行为干预与药物治疗（如阿片类药物）协同，避免因“忽视药物治疗”导致疼痛失控；③动态调整：定期评估干预效果（如疼痛评分、焦虑抑郁量表），根据患者反应调整方案（如疼痛加重时增加支持性心理治疗频率）。

（1）认知行为疗法（CBT）

1）CBT的核心机制：通过改变患者对疼痛的“负面认知”（如“疼痛意味着病情恶化”“我无法忍受”），替代为更理性的认知（如“疼痛是可管理的”“我有能力应对”），进而改善情绪和行为反应。

2）具体技术：①认知重构：帮助患者识别并挑战关于疼痛的不合理信念（如“疼痛会一直加重”），用客观事实（如“目前的治疗方案能有效控制疼痛”）替代；②问题解决训练：引导患者将“应对疼痛”分解为具体可操作的小目标（如“按时服药”“每天做10分钟放松训练”），增强掌控感；③情绪管理：通过记录“疼痛-情绪”日记，帮助患者发现两者的关联（如“焦虑时疼痛评分升高2分”），并学习用积极情绪（如回忆愉快经历）中和负性情绪。

（2）支持性心理治疗

1）核心机制：通过倾听、共情、鼓励等方式，为患者提供情感支持，减少孤独感和无助感，增强其面对疼痛的信心。

2）适用人群：尤其适合晚期癌症患者或疼痛难以控制的患者，帮助他们接纳疼痛的存在，而非对抗或逃避。

3）具体方式：①一对一访谈：每周1～2次，每次30～60分钟，聚焦患者的即时情绪（如“疼痛让我觉得自己是家人的负担”），给予理解和肯定（如“你的感受很正常，家人也希望和你一起面对”）；②团体心理治疗：组织6～8名同类患者组成互助小组，通过分享疼痛应对经验（如“我用听音乐转移注意力很有效”），减少孤独感，增强归属感。

（3）放松训练

1）核心机制：通过降低交感神经兴奋性，减少肌肉紧张和儿茶酚胺释放，缓解因紧张、焦虑加重的疼痛（如癌性骨痛常因肌肉痉挛加剧）。

2）具体技术

渐进式肌肉放松：从脚趾到头部，依次绷紧肌肉5～10秒，再放松10～15秒，重复2～3轮，通过“紧张—放松”对比感知身体状态。

腹式呼吸法：用鼻缓慢吸气4秒（腹部鼓起），屏息2秒，用口缓慢呼气6秒（腹部收缩），每天练习3～4次，每次5～10分钟，稳定情绪并降低疼痛敏感度。

（4）正念冥想与接纳承诺疗法（ACT）

1）核心机制：通过“专注当下”（如关注呼吸、身体感受），减少对“过去疼痛”的回忆或“未来疼痛加剧”的担忧，接纳疼痛的存在而非对抗，从而降低心理痛苦。

2）具体应用

正念练习：每天10～15分钟，闭眼专注于呼吸，当注意力被疼痛或杂念带偏时，温和地将注意力拉回呼吸，培养“不评判”的态度；

ACT技术：引导患者明确“疼痛之外的生活价值”（如“陪伴家人”），并为这些价值采取行动，即使疼痛存在也不放弃目标。

癌性疼痛的心理与行为干预并非“替代药物”，而是通过打破“疼痛–负性情绪”的恶性循环，增强患者的心理韧性和应对能力。其核心是“以人为本”：不仅关注疼痛本身，更关注患者作为“完整的人”的心理需求，最终帮助患者在疼痛存在的情况下，仍能保持一定的生活质量和尊严。

6. 中医外治技术在癌性疼痛的运用

中医外治技术以“整体观念、辨证施治”为核心，通过药物或物理刺激作用于体表穴位、经络或病变局部，达到疏通经络、调和气血、散寒逐瘀、止痛散结，针对性改善癌性疼痛“不通”或“不荣”，实现止痛效果。在癌性疼痛的辅助治疗中应用广泛，可减少西药止痛剂的用量及不良反应。临床常用的癌性疼痛中医外治技术主要包括针刺治疗、艾灸、耳穴压丸、穴位贴敷、穴位埋线、穴位注射等技术。

（1）针刺法 是中医外治癌痛的核心技术之一，通过针刺刺激穴位，调理脏腑、调和阴阳、促进经络气血运行等，达到镇痛目的。适用于轻中度癌痛（NRS 1～6分），尤其适用于内脏痛、神经病理性疼痛（如化疗后周围神经痛）。现代研究证实，针刺可促进中枢释放内啡肽等镇痛物质，抑制疼痛信号传导；同时调节交感神经，改善局部血液循环。临床通常采取普通针刺、普通电针治疗、皮内针治疗等方式。

根据疼痛部位（病位）及病机选穴。如胸胁部疼痛（肺癌、肝癌）：选内关、支沟、阳陵泉、期门、阿是穴（疼痛最明显处）；腰背部疼痛（胰腺癌、骨转移）：选肾俞、命门、委中、大肠俞、阿是穴；腹部疼痛（胃癌、肠癌）：选中脘、天枢、足三里、公孙。根据患者体质情况留针，每次针刺15～20分钟，每天1次，10天一个疗程。

注意事项：肿瘤部位（如体表肿瘤、骨转移灶）禁直接针刺；有出血倾向（如血小板减少）者慎用；孕妇、晕针者需谨慎。

（2）中药贴敷疗法 药物透皮，直达病所将中药制成膏剂、散剂或糊剂，贴敷于疼痛部位或穴位，通过皮肤吸收药物成分，发挥通络止痛作用，是临床最常用的外治技术之一。

1）常用药物与配方：活血化瘀类（适用于血瘀阻络型疼痛，如刺痛、固定不移）：乳香、没药、当归、川芎、红花、桃仁、莪术等；温经散寒类（适用于寒凝气滞型疼痛，如冷痛、遇寒加重）：附子、细辛、干姜、肉桂、花椒等；清热解毒类（适用于热毒炽盛型疼痛，如烧灼痛、红肿热痛）：大黄、黄柏、冰片、青黛、蒲公英等；虫类通络药（增强止痛力度）：蜈蚣、全蝎、地龙、蟾酥（需严格控制剂量，避免毒性反应）。

2）临床应用：癌性骨痛（如乳腺癌、前列腺癌骨转移）：常用“骨痛贴”（含补骨脂、杜仲、川芎、乳香等），贴敷于骨痛部位，每日1次，每次6～8小时；胸腹腔肿瘤疼痛（如肝癌、胃癌）：贴敷于疼痛对应体表（如右上腹、胃脘部），配合穴位（如肝俞、胃俞）；癌性神经痛（如胰腺癌侵犯腹腔神经丛）：贴敷于腰背部对应穴位（如命门、腰阳关）。

3）优势与注意事项

优势：无创、副作用小（少数人出现皮肤过敏），可长期使用，尤其适合不能口服药物或对阿片类药物耐受者。

注意：皮肤破溃、过敏体质者慎用；含蟾酥、细辛等毒性药物的贴剂需避免长期大面积使用，防止中毒；贴敷后若出现皮肤瘙痒、红肿，需及时取下并清洁皮肤。

（3）艾灸 通过艾绒燃烧产生的温热刺激，温通经络、驱散寒邪，适用于“寒凝”“阳虚”所致的癌痛（如冷痛、隐痛、遇寒加重）。

1）操作方法：艾条灸：悬灸疼痛部位或穴位（如关元、气海、足三里），每次 15～20 分钟，每日 1 次；隔物灸（如隔姜灸、隔附子饼灸）：在穴位上垫姜片或附子饼，上置艾炷点燃，增强温阳散寒效果，适用于阳虚明显者（如晚期癌症恶病质伴疼痛）。

2）适用范围：寒性癌痛（如胰腺癌、肠癌术后腹痛，遇冷加重）；虚性疼痛（如晚期癌症气血亏虚所致的绵绵隐痛）；辅助改善阿片类药物所致的腹胀、便秘（艾灸足三里、天枢）。

3）注意事项：热毒型疼痛（如烧灼痛、红肿）禁用，以免加重“热象”；肿瘤部位（尤其是体表肿瘤）避免直接艾灸，防止刺激肿瘤增殖；艾灸时注意防火，避免烫伤皮肤（尤其糖尿病患者或感觉减退者）。

（4）耳穴疗法 常用王不留行籽点压耳穴穴位，通过激发全身经气、调节经络气血达到止痛作用。耳穴临床选穴常用相应部位、皮质下、神门、交感、三焦和肝，隔日 1 次，10 日为 1 个疗程。

（5）穴位埋线 采取特殊的针具与所埋之羊肠线作用于相关腧穴，除了利用腧穴止痛作用，还可以发挥羊肠线吸收时产生的持续穴位刺激效应，协调脏腑、疏通经络、调和气血而止痛。选穴以背腰部、腹部穴及四肢穴最常用。主穴为足三里、背俞穴。5 日为 1 个疗程（1 次刺激可持续 5 日），连续 2 个疗程，共 10 日。

（6）穴位注射 将腧穴功效与药物治疗作用相结合的治疗方式，即可通过穴位等局部刺激产生激发经气、通理阴阳的作用而止痛，同时注射的药物也能很好地吸收，在这双重作用下镇痛效果良好。穴位注射常于大椎、三阴交、足三里或局部阿是穴，药物可选择利多卡因或盐酸布桂嗪注射液等，通常起效快速而持久，尤其适用于癌痛急性暴发时。

中医外治技术通过“通经络、调气血、祛邪毒、扶正气”，在癌性疼痛治疗中展现出独特优势，尤其在改善患者生活质量、减少西药依赖方面作用显著。临床应用时需结合患者疼痛性质、体质及病情，与西医治疗协同，实现“减毒增效”，为癌痛患者提供更多止痛选择。

7. 癌性疼痛的健康教育

癌性疼痛的健康教育是疼痛管理中不可或缺的环节，是帮助患者及家属正确认识、科学应对疼痛的关键，通过向患者及家属传递疼痛相关知识、技能和态度，帮助他们从“被动承受”转变为“主动参与”，最终提高疼痛控制效果和生活质量。

（1）健康教育的核心目标

1）纠正对癌痛的错误认知，消除恐惧、抵触等负面情绪。

2）让患者及家属掌握疼痛评估方法，能准确描述疼痛情况。

3）教会规范使用止痛药物，了解副作用的预防和处理。

4）掌握非药物止痛技巧，提升自我管理能力。

5）建立良好的医患沟通模式，确保疼痛变化能及时反馈。

（2）核心教育内容

1）癌痛的基础认知：打破认知误区：①疼痛的可控制性：明确 80%～90%的癌痛通过规范治疗可有效缓解，并非癌症晚期的“必然痛苦”，也不是“无法解决的难题”。②疼痛的危害：持续未控制的疼痛会导致失眠、食欲下降、免疫力降低，还会引发焦虑、抑郁，形成“疼痛—负性情绪—

病情恶化”的恶性循环，强调及时干预的重要性。③纠正常见误区：“止痛药会上瘾，能忍就忍”“疼痛加重就是病情恶化”“止痛药只能疼到受不了再吃”。

2）疼痛评估：学会“精准描述疼痛”

教会患者或家属掌握常用癌性疼痛评估工具：①数字评分法（NRS）：用0～10分量化疼痛（0分无痛，10分最剧烈），需记录静息、活动时的评分，以及疼痛部位（如“右侧腰背部”）、性质（如“胀痛、刺痛、烧灼痛”）、持续时间和诱发/缓解因素（如“翻身时加重，卧床休息后减轻”）。②面部表情量表（FPS-R）：适合儿童、老年或语言表达困难者，通过选择“微笑（无痛）到哭泣（剧痛）”的表情反映疼痛程度。③主动报告的重要性：当疼痛评分≥4分，或出现新的疼痛、疼痛性质改变时，需立即告知医护人员，避免延误治疗调整。

3）止痛药物的规范使用：从“不敢用”到“会用善用”

①药物分类与适用场景：非甾体类抗炎药（如布洛芬）：适用于轻度疼痛（NRS 1～3分），注意可能损伤胃肠道和肾功能，需遵医嘱控制剂量和疗程；弱阿片类药物（如可待因）：适用于中度疼痛（NRS 4～6分）；强阿片类药物（如吗啡、羟考酮）：适用于重度疼痛（NRS 7～10分），强调“个体化剂量”，以“疼痛控制良好且不良反应可耐受”为标准，无固定“最大剂量”。②按时按量服药：缓释制剂（如吗啡缓释片）需固定时间服用（如早8点、晚8点），不可掰开、嚼碎或研末，否则会破坏药效持续时间；速效制剂（如吗啡即释片）用于“爆发痛”（突然加重的疼痛），服药后30分钟需评估效果，若无效及时告知医生。③药物不良反应的预防与处理：便秘（最常见）：需从用药开始就预防性使用缓泻剂（如乳果糖），同时多喝水、多吃膳食纤维；恶心呕吐（多在用药初期出现）：一般1～2周会逐渐适应，可遵医嘱用止吐药（如甲氧氯普胺）缓解；嗜睡、头晕：初期可能出现，避免驾驶或操作器械，通常数天后会减轻，不可突然停药，以免引发戒断反应。④剂量调整原则：疼痛加重时需在医生指导下增加剂量（而非自行加药）；疼痛缓解后需逐步减量（每周减10%～20%），防止出现戒断症状（如烦躁、出汗、腹痛）。

4）非药物止痛技巧：辅助增强止痛效果

物理与行为干预：①体位调整：骨转移患者避免剧烈活动（防骨折），可通过软枕支撑疼痛部位，减少压迫性疼痛；②放松训练：每天练习腹式呼吸（吸气4秒、屏息2秒、呼气6秒）、渐进式肌肉放松（从脚趾到头部，依次绷紧肌肉5秒后放松），缓解肌肉紧张引发的疼痛；③注意力转移：通过听音乐、看电影、与家人聊天、做手工等，减少对疼痛的关注。

生活方式调节：保证充足睡眠（疼痛影响睡眠时及时告知医生调整用药）、均衡饮食（避免辛辣刺激，预防便秘）、适度活动（如散步、太极，根据体力调整，避免过度劳累加重疼痛）。

5）家属的角色与配合：①观察者与协助者：家属需关注患者的疼痛变化（如表情、睡眠、活动量），提醒按时服药，协助记录疼痛日记（时间、评分、性质等）；②情绪支持者：避免说“别喊痛，忍一忍”等无效安慰，改为“我知道你很难受，我们一起告诉医生怎么缓解”，给予理解和陪伴；③沟通桥梁：当患者无法清晰表达时，家属需准确向医护人员传递疼痛细节，同时不隐瞒患者的不适（如“怕麻烦医生”而不说）。

（3）健康教育的实施要点

①个体化教育：根据患者的文化程度、年龄、病情阶段调整内容和方式。例如，对老年患者用图片、视频演示，对文化水平较高者提供详细手册；②分阶段推进：入院时介绍疼痛的可治性、基础评估方法；用药初期重点讲解药物作用、不良反应及处理，演示正确服药方式；出院前强化自我管理技巧（如疼痛加重时的应对步骤）、随访计划（如每周电话反馈，定期复诊调整方案）；③多形式结合：通过口头讲解、图文手册、短视频、病友经验分享会等，确保信息易懂易记。

癌性疼痛的健康教育需贯穿治疗全过程，核心是让患者及家属明白：疼痛是可以被有效管理的，主动参与是成功的关键。通过科学的知识传递和技能培训，帮助患者在控制疼痛的同时，维持生活尊严和质量，积极面对疾病。

第十二章　特殊人群疼痛

学习目标

❖ **知识目标**

1. 掌握：特殊人群患者常见疼痛的临床表现、疼痛评估方法以及相应的治护原则，特殊人群患者常见痛症的健康教育。

2. 熟悉：特殊人群患者常见疼痛的概念、诊断与鉴别，现代医学对于特殊人群患者常见疼痛特点，中医学对特殊人群患者常见疼痛的病因病机认识，以及对特殊人群患者常见疼痛的药物指导。

3. 了解：中医学对特殊人群患者常见疼痛的辨证方法，现代医学技术在特殊人群患者常见疼痛中的应用。

❖ **能力目标**

能够规范完成对特殊人群患者进行病史资料采集与评估、提出问题、制定合理的中西医管理措施及健康指导方案。

❖ **思政目标**

结合特殊人群疼痛案例，了解中西医结合在缓解患者疼痛、提高生活质量方面的独特优势。强调在管理过程中对患者心理状态的关注和支持，培养学生的同理心和人文关怀精神，学会以患者为中心，提供全面、有效的疼痛护理教育服务。

特殊人群，包括老年人、妇儿和男性，因其生理、心理和社会环境的特殊性，在疼痛的表现和治疗上存在显著差异。中医认为疼痛的发生与外因（如六淫之邪和疫疠之邪）、内因（如内伤七情、气滞、血瘀、气血津液亏虚）等有关。中医理论中，痛证的病机不外乎“不通则痛”和“不荣则痛”两个方面。由于外感之邪、寒凝、气滞、痰阻、血瘀等致经脉闭阻不通，阴阳之气相搏，气血逆乱，攻冲经脉而出现“不通则痛”；因各种原因导致的气、血、阴、阳虚损，使脏腑、经脉失于温煦、滋润、濡养而发生的疼痛导致“不荣则痛”。疼痛特殊群体中以创伤疼痛、烧伤疼痛、经行腹痛和妊娠腹痛及前列腺炎为主要研究对象。中医在疼痛管理中注重调和阴阳、疏通经络、补养气血，以及根据个体差异进行辨证施治，结合四诊合参，对不同类型的疼痛进行诊断和治疗。

导入案例 12-1

患者，陈某，女性，30岁，已婚。自13岁初潮以来，月经周期规律，但自初潮后不久即开始出现痛经症状，且症状逐年加重。平时身体非常怕冷，经常手脚冰凉，即使在冬季采取电热毯等保暖措施，仍感觉全身热量不足。自月经初潮以来，月经周期较短，痛经主要表现为月经来潮第一天小腹冷痛剧烈，喜温喜按，冷汗淋漓，甚至恶心呕吐。月经量偏少，色暗夹块，手足欠温，大便不实。婚后3年同居未孕。半年前妇科普查发现右侧附件小包块，经B超检查，诊为子宫内膜异位症，但因孕激素不良反应大而未继续服用。

1. 该患者亟待解决的疼痛管理问题有哪些？
2. 请依据该患者的病情，拟定一份以患者为核心，融合中西医理念的痛经治疗计划。

第一节 中医学对特殊人群疼痛的认识

一、创伤疼痛

1. 创伤疼痛的概述

创伤疼痛是指由于外伤、手术、炎症或其他损伤引起的疼痛。它是一种常见的临床症状，一般分为急性和慢性，急性创伤疼痛通常与新近发生的损伤有关，如骨折、扭伤、切割伤等；慢性创伤疼痛指损伤后持续存在的疼痛，可能与神经损伤、复杂的局部疼痛综合征或心理因素有关。中医认为创伤疼痛多由外因引起，如金刃、跌仆等意外事故所致皮肉筋骨或内脏的损伤。这些外因导致人体经络、血脉受损，气血运行不畅。

2. 创伤疼痛的病因病机

中医认为创伤疼痛的发病，不外乎内因和外因两个方面。气血损伤、脏腑功能失调是本病发生的内因。外感风寒湿邪，或外感六淫与邪毒感染致气血瘀滞、经脉痹阻等是本病发生的外因。此外，体质、情志、地域、气候等与发病有密切关系，正气不足是发病的内在依据。

（1）内因

1）气血损伤：《素问·阴阳应象大论》提到“气伤痛，形伤肿”，说明肿与痛是气血损伤的病理反应。《难经·第二十二难》指出气滞血瘀是疼痛的成因，气无形而血有形，气为血帅，血随气行，气先伤及于血，或血先伤及于气。

2）脏腑功能失调：《医宗金鉴·外科心法要诀》提到痈疽原是火毒生，经络阻隔气血凝，说明骨病疮疡由于外感邪毒，引起经络阻塞、气血凝滞而发病。

3）筋骨损伤：《杂病源流犀烛》提到损伤之患，必由外侵内，而经络脏腑并与俱伤，其治之之法，亦必于脏腑经络间求之。

（2）外因

1）外感六淫与邪毒感染：外感六淫（风、寒、暑、湿、燥、火）和邪毒感染是导致筋肉、关节发生疾患的重要因素。由于创伤、细菌感染、损伤积瘀、经脉受阻，亦可化热成毒，形成化脓性疾病。

2）经络阻塞：《杂病源流犀烛》提到跌扑闪挫导致的气血俱伤病，伤气则气滞，伤血则血凝，气滞能使血凝，血凝能阻气行，以致病变而为血瘀。

3. 创伤疼痛的诊断与鉴别诊断

（1）中医诊断 中医认为创伤疼痛的病因主要包括外感六淫和内伤七情（喜、怒、忧、思、悲、恐、惊）。此外，还包括跌打损伤、瘀血阻络等。病机主要为“不通则痛”和“不荣则痛”。中医诊断创伤疼痛时，通过望、闻、问、切四诊合参来收集信息，包括观察受伤部位的肿胀、颜色变化，询问疼痛的性质、部位、时间等，以及通过脉象和舌象来判断病情。

（2）鉴别诊断

1）疼痛性质

创伤性疼痛：通常表现为局部的胀痛、刺痛或固定痛，可能伴有肿胀、青紫或瘀斑，痛有定处而拒按。若为骨折，疼痛常呈一点或线状，随肿胀消退而疼痛可减轻，但不会消失，直至骨伤基本愈合。

非创伤性疼痛：可能表现为隐痛、酸痛或空痛，多因气血不足、阴血不足、阳气亏虚等内伤所致。例如，股骨头坏死早期可能表现为静息痛和关节沉重，属于非创伤性疼痛。

2）病史

创伤性疼痛：有明确的外伤史，如跌打、撞击或手术等。

非创伤性疼痛：可能没有明确的外伤史，而与内脏病变、气血失调或慢性疾病有关。

3）伴随症状

创伤性疼痛：可能伴有局部皮肤温度升高、发热、面色晦暗等症状，尤其是在瘀热证中。

非创伤性疼痛：可能伴有头晕、心悸、目涩昏花等血虚症状，或痛处固定、经久不愈等瘀血阻络症状。

4. 创伤疼痛的辨证施治

（1）辨证要点 创伤的治疗须以调理气血为主，气运血活有利于损伤的修复，更应区分所伤处经穴部位及有关脏腑、气分血分，按“急则治其标，缓则治其本”的原则进行辨证论治。

（2）辨证论治

1）早期（血肿形成期）：以攻下为主，损伤后气血运行受阻，血滞不散，形成血肿产生疼痛，瘀血不散则新血不生，影响损伤的修复。

护治法则 受伤后对于有瘀血停滞者应采用攻下逐瘀法。

治疗代表方 如桃核承气汤、大成汤等。

2）中期：肿胀渐趋消退，疼痛逐步减轻，但瘀阻未尽，症状减轻后，根据气血损伤情况治疗。

护治法则 和营止痛、接骨续筋、舒筋活络。

治疗代表方 和营止痛汤、续骨活血汤等。

3）后期：瘀肿已消，但筋骨尚未坚实，功能尚未恢复。

护治法则 以补为主，补气养血。

治疗代表方 四君子汤等。

二、烧伤疼痛

1. 烧伤疼痛的概述

中医诊疗烧伤历史悠久，1972 年于甘肃出土的东汉医学简牍《武威汉代医简》中有“汤火冻”的病名，《诸病源候论》称“汤火疮”。后世文献多沿用“汤烫疮”“火烧疮”“火疮”“水火烫伤”等病名。轻浅的烧伤一般不影响内脏功能，仅在局部呈现红晕、起疱或腐烂；重者损害面积大而深，皮焦肉烂，热毒炽甚，耗伤体内阴液，甚则热毒内攻，出现口渴、发热、神昏、便秘、小便不利等症状。

2. 烧伤疼痛的病因病机

（1）病因 烧伤由火热毒邪外伤所致，主要由沸水、滚油、火焰、电、放射线或化学物质等作用于机体引起。

（2）病机 热毒入侵：强热作用于人体，热毒入侵，气血瘀滞，轻者皮肉腐烂，重者热毒炽盛，伤及体内阴液，或热毒内攻脏腑，导致脏腑失和，阴阳失调。

耗阴损气：火毒或热毒侵犯机体，耗损阴液和损伤气机，导致经络阻塞，气滞血瘀，瘀久化热，热盛肉腐，火毒内攻，以致脏腑功能失调，阴阳失和。

邪毒乘虚侵入：严重者火毒炽盛，伤阴耗液，邪毒乘虚侵入营血，内攻脏腑而变生他证。

3. 烧伤疼痛的诊断与鉴别诊断

（1）中医诊断 有明确的火热灼伤史（如沸水、火焰等），局部皮肤肿胀、灼痛或有水疱、表皮松解或剥脱，病情严重时可伴口干、发热、烦躁等全身症状。具备上述病因及主要症状即可确诊。

（2）鉴别诊断

1）神经病理性疼痛：如带状疱疹后神经痛和三叉神经痛，特点是疼痛可以持续存在，常规止痛药效果不佳。

2）癌性疼痛：通常是因为肿瘤压迫周围组织，随着病情加重，疼痛也会逐渐加剧。

3）腰背痛：可能放射至臀部、大腿后侧等部位。

4）四肢痛可能涉及关节痛或肌肉痛：如冻伤表现为红肿、水疱、大疱、溃疡、坏疽等症状，并具有明确的受冻史。

5）水疱性丹毒：通常在红斑肿胀的基础上出现水疱、大疱，多见于小腿部位，并伴有发热、畏寒等全身症状。

6）接触性皮炎：有直接接触过敏原的病史，皮损为红斑、肿胀、水疱及大疱。

4. 烧伤疼痛的辨证施治

（1）辨证要点 中医治疗烧伤的辨证要点是清热解毒、活血化瘀、养阴生津、益气扶正、理气健脾，根据不同的烧伤阶段（如急性期、修复期、愈合后瘢痕期）来调整治疗策略，根据不同阶段疼痛的特点和治疗重点不同，注意观察患者的其他伴随症状，如发热、肿胀、感染迹象等。

（2）辨证论治

1）热毒袭表证

证候表现　轻度烧伤，无全身症状。

护治法则　清热解毒，凉血活血。

治疗代表方　银花甘草汤加味，包括金银花、连翘、黄芩、芦根、炒栀子、蒲公英、赤芍、牡丹皮、甘草等。

2）火毒伤津证

证候表现　壮热烦躁，口干喜饮，便秘尿赤；舌红绛而干，苔黄或黄糙，或舌光无苔，脉洪数或弦细数。

护治法则　清热解毒，益气养阴。

治疗代表方　黄连解毒汤、银花甘草汤、犀角地黄汤或清营汤加减。口干甚者加鲜石斛、天花粉；便秘加生大黄；尿赤加白茅根、淡竹叶等。

3）气血亏虚证

证候表现　创面基本痊愈，邪虽退而正亦虚，呈气血虚衰证。可伴低热、夜卧不安、食欲不振、消瘦、精神困倦、自汗或盗汗、皮肤瘙痒、嗜眠等，舌质淡红或红，苔薄，脉细弱。

护治法则　补气养血，兼清余毒。

治疗代表方　八珍汤加味。黄芪、金银花、黄芩、党参、炒白术、当归、茯苓、熟地黄、川芎、炒白芍、牡丹皮、知母、麦冬、甘草等。或具有同类功效的中成药（包括中药注射剂）。

三、经行腹痛

1. 经行腹痛的概述

中国古代文献中有关于“痛经”的记载，《诸病源候论》首次立“月水来腹痛候”，《金匮要略》载：“带下，经水不利，少腹满痛，经一月再见”；《景岳全书·妇人规》提到：“凡妇人经行作痛，挟虚者多”，为研究痛经奠定了理论基础。

2. 经行腹痛的病因病机

中医认为痛经的发生与冲任、胞宫的周期性生理变化密切相关。主要病机在于邪气内伏或精血素亏，更值经期前后冲任二脉气血的生理变化急骤，导致胞宫的气血运行不畅，“不通则痛”，或胞宫失于濡养，“不荣则痛”，故使痛经发作。常见的分型有气滞血瘀、寒凝血瘀、气血虚弱、肝肾亏损和湿热互结。

3. 经行腹痛的诊断与鉴别诊断

中医对痛经的诊断与鉴别诊断主要依据疼痛发生的时间、部位、性质、喜按或拒按等不同情况，以及伴随症状和舌脉表现来明辨其虚实寒热，在气在血。根据疼痛时间：痛在经前、经期，多属实；痛在经后、经期，多属虚；根据疼痛性质：痛胀俱甚、拒按，多属实；隐隐作痛、喜揉喜按，多属虚；得热痛减，多为寒；得热痛甚，多为热；痛甚于胀，多为血瘀；胀甚于痛，多为气滞；根据疼痛部位：痛在两侧少腹病，多在肝，痛连腰际，病多在肾。

4. 经行腹痛的辨证论治

（1）辨证要点 痛经在中医中被称为“经行腹痛”“经期腹痛”或“经痛”，分为原发性和继发性两种。原发性痛经无盆腔器质性病变，多为功能性痛经；继发性痛经是盆腔器质性疾病引起的痛经，如子宫内膜异位症、盆腔炎或宫颈狭窄、宫内异物等所致的痛经。中医对痛经的辨证施治主要依据痛经发生的时间、性质、部位以及疼痛的程度，结合月经的周期、经期、经量、经色、经质，以及全身出现的症状、舌象、脉象，并根据患者的体质情况，来进行综合辨识和治疗。

（2）辨证论治

1）气滞血瘀型

证候表现 经前或经期小腹胀痛或刺痛，血块多，胸胁或乳房胀痛，舌苔有瘀点，脉弦。

护治法则 疏肝理气、活血止痛。

治疗代表方 膈下逐瘀汤加减，常用药物如川楝子、川芎、桃仁、枳壳、红花等。

2）寒凝血瘀型

证候表现 经前或经期小腹冷痛拒按，得热痛减，经血量少，经色瘀黯有块，畏寒身痛，手足欠温，舌黯、苔白润或腻，脉沉紧。

护治法则 温经散寒、暖宫止痛。

治疗代表方 温经止痛汤加减或少腹逐瘀汤加减。

3）气血虚弱型

证候表现 经期或经后小腹隐隐作痛，喜按，月经量少，色淡质稀，头晕耳鸣，腰酸腿软，小便清长，面色晦黯，舌淡、苔薄，脉沉细。

护治法则 益气养血、调经止痛。

治疗代表方 圣愈汤加减。

4）肝肾亏损型

证候表现 经后少腹空痛或冷痛，经血量少且淡，腰酸背痛，膝关节酸软乏力，头晕耳鸣。

护治法则 益肾养肝，缓急止痛。

治疗代表方 调肝汤加减，常用药物如当归、白芍、山茱萸、巴戟天、阿胶、山药、甘草等。

5）湿热瘀互结

证候表现 经前或经期小腹疼痛拒按，有灼热感，或伴腰骶胀痛，或平时即感小腹疼痛，经期加剧，或低热起伏，伴有月经先期、月经过多或经期延长，经色黯红，质稠有块，或平时带下黄稠、阴痒，小便黄短，大便不爽，舌红、苔黄腻，脉弦数或滑数。

护治法则 清热除湿，化瘀止痛。

治疗代表方 清热调血汤。

四、妊娠腹痛

1. 妊娠腹痛的概述

妊娠腹痛是指妊娠期间，出现小腹疼痛者，称为妊娠腹痛，亦名“胞阻”，又称“痛胎”“胎痛”“妊娠小腹痛”等。妊娠腹痛是中医病名，以妊娠期小腹疼痛为主要临床表现，临床症状虽不伴随明显的下血症状，但是若不及时治疗，病情加重则可能会进一步出现下血并引起堕胎的发生。

2. 妊娠腹痛的病因病机

中医对妊娠腹痛的病因病机的认识主要包括以下几个方面：血虚：孕妇素体血虚，或失血过多，或脾虚化源不足而血虚，血虚则胞脉失养，以致腹痛；虚寒：孕妇素体阳虚，阴寒内生，不能生血行血，胞脉失于温煦，更致气血运行不畅，胞脉受阻，因而发生腹痛；气郁：孕妇素性抑郁，或为情志所伤，气郁则血行不畅，胞脉阻滞，不通则痛，因而腹痛。

3. 妊娠腹痛的诊断与鉴别诊断

（1）疾病诊断 妊娠后腹痛：有停经史及早孕反应，妊娠期出现小腹部疼痛，或小腹绵绵作痛，或冷痛不适，或小腹连及胁肋疼痛的临床表现，无阴道流血者，可诊断为妊娠腹痛。

（2）鉴别诊断

1）异位妊娠：有停经后阴道不规则流血史，其腹痛常拒按，如果输卵管妊娠破裂，有内脏撕裂痛，伴疼痛性休克，内出血多时伴失血性休克，病情危重；

2）胎动不安：除小腹疼痛外，同时有腰痛、小腹下坠、阴道出血等症状；

3）堕胎、小产：其小腹呈阵发性疼痛，阴道出血由少到多，最后胚胎或胎儿自然陨堕；与妊娠腹痛仅有小腹疼痛相鉴别。

4）妊娠合并附件炎、卵巢囊肿蒂扭转、孕痈（妊娠合并急性阑尾炎）：这些疾病也可能导致腹痛，需要通过妇科检查、B超等辅助检查进行鉴别。

4. 妊娠腹痛的辨证论治

（1）辨证要点 若素体血虚，孕后血聚养胎而愈虚，血虚胞脉失养，故小腹绵绵作痛；血虚不能上荣于面，为血虚；素体阳虚，孕后胞脉失于温煦，故小腹冷痛，喜温喜按，为虚寒；素性忧郁，肝失条达，气机不畅，孕后胞脉阻滞，为气郁；瘀血内停，阻滞胞脉，以妊娠小腹疼痛不适，或刺痛不移，或素有癥瘕，为血瘀。

（2）辨证论治

1）血虚型

证候表现 妊娠小腹绵绵作痛，头晕心悸，失眠多梦，面色萎黄，舌淡、苔薄白，脉细滑。

护治法则 补血养血，止痛安胎。

治疗代表方 当归芍药散（《金匮要略》）去泽泻，加党参。方中当归、川芎养血活血，行血中之滞；白芍养血缓急止痛；党参、白术、茯苓健脾益气以资生化之源。

2）虚寒型

证候表现 妊娠小腹冷痛，喜温喜按，形寒肢冷，倦怠无力，面色㿠白，舌淡，苔白，脉细滑。

护治法则 暖宫止痛，养血安胎。

治疗代表方 胶艾汤（《金匮要略》）。方中艾叶暖宫止痛；当归、川芎养血行滞；白芍、甘草缓急止痛；阿胶、干地黄养血安胎。

3）气郁型

证候表现 妊娠小腹胀痛，情志抑郁，或烦躁易怒，伴胸胁胀满，舌红，苔薄，脉弦滑。

护治法则 疏肝解郁，止痛安胎。

治疗代表方 逍遥散加苏梗、陈皮。

4）血瘀型

证候表现 妊娠后小腹常感隐痛不适，或刺痛，痛处不移，或腹部素有癥瘕，舌暗有瘀点，脉弦滑。

护治法则 养血活血，补肾安胎。

治疗代表方 桂枝茯苓丸。

五、前列腺炎痛

1. 前列腺炎疼痛概述

慢性前列腺炎是西医根据病灶及病程命名的疾病，根据临床症状及体征可归属为“淋证”“白淫”“白浊”“精浊”的范畴。《辨证录》曰：“人有小便流白浊者……忍精者居多”，提出了白浊病名。《景岳全书·淋浊》云：“便浊应区分赤白，辨精溺之异……有浊在精者……则溺孔涩痛，精浊并至。”张景岳是最早提出“精浊”病名的医家，同时指出了“精浊”的病因、病理及临床表现。临床中，慢性前列腺炎虽症状繁多且无特异性，但主要是盆底部不适或疼痛和阴茎头部有乳白色分泌物，与“精浊”的临床症状和体征最为一致。但在辨治时不能一概以一个病名统称，可根据不同症状，抓住主诉，确定病名。例如当患者出现下尿路症状，尿频、尿急、排尿困难等为主要症状时，应参照“淋证”；当主要症状是疼痛且部位涉及小腹、会阴、腰时，可参考“痛证”或“腰痛”等；当主要表现为焦虑、抑郁等精神症状时，可考虑“郁证”等。中医认为前列腺炎多与肾元亏损、脾气虚陷，不能固摄精微所致，或因湿热下注，扰动精室，迫精外溢。

2. 前列腺炎疼痛的病因病机

中医认为湿热是慢性前列腺炎之标，肾虚乃发病之本，瘀血是疾病发展的病理反应，前列腺是肾之所系，肾阳虚弱会导致前列腺功能失调，慢性前列腺炎基本病因为湿热瘀阻。病机的核心是本虚标实，肾虚、脾虚、湿热、气滞、血瘀被认为是主要致病因素。

3. 前列腺炎疼痛辨证施治

（1）辨证要点 中医认为前列腺炎与肝、脾、肾、膀胱相关，初起多为湿、热、瘀、滞，后期出现气虚、阴亏、阳衰等，久病多呈虚实夹杂。因过食辛辣或过度饮酒，脾失健运，湿热内生，壅滞下焦；或长期久坐湿热瘀血蕴结，相火久遏不泄，精道气滞血瘀，血运不畅；或生活压力大，情志不畅致肝气郁滞；禀赋不足，肾气不足，或相火妄动，阴精暗耗，或久病及肾，阴损及阳，精关不固，膀胱失约。故治疗时需分清寒热虚实。

（2）辨证论治

1）湿热下注型

证候表现 小便淋涩赤痛，少腹拘急，会阴部胀痛，尿道口白浊，舌苔黄腻，脉滑数。

护治法则 清热利湿。

治疗代表方 八正散加减，龙胆泻肝丸等。

2）气滞血瘀型

证候表现 会阴部、下腹部、腰骶部、腹股沟区疼痛，肛门、前列腺处肿胀疼痛、睾丸坠痛、腰背酸痛等，舌质紫黯，脉弦或涩。

护治法则 活血化瘀、行气通络。

治疗代表方 桃红四物汤、王不留行汤等加减。

3）肾阳虚型

证候表现 小便淋涩挟精，畏寒，腰膝酸冷，阳痿，早泄等。

护治法则 温肾壮阳。

治疗代表方 右归丸、菟丝子丸等加减。

4）肝肾阴虚型

证候表现 腰膝酸软、夜间潮热、容易出汗、尿道口也可以有滴白、会阴部坠胀不适。

护治法则 滋补肝肾。

治疗代表方 左归丸加减，大补阴丸等。

5）脾虚湿盛型

证候表现 小便呈白色、全身困倦、食欲不佳。

护治法则 健脾利湿。

治疗代表方 参苓白术散。

第二节 现代医学对特殊人群疼痛的认识

一、老年人疼痛

1. 老年人疼痛的定义

世界卫生组织对老年人的定义为 60 周岁以上的人群，随着年龄增加，老年人会经历一系列的生理和心理变化，对健康监测和医疗照护的需求也会增加。疼痛是个体对实际或潜在的组织损伤的一种不愉快的感觉和情感体验，老年人疼痛通常指在老年人群中出现的疼痛，这种疼痛可能是急性的或慢性的，并且可能与多种因素相关，包括肌肉骨骼问题、神经病理性疼痛，以及与年龄相关的生理变化。2020 年发布的《中国疼痛医学发展报告》指出，全球慢性疼痛的平均患病率接近 22.9%，并且患病率存在地区差异。疼痛已经成为继心脑血管疾病、肿瘤之后的第三大健康问题。随着我国老龄化趋势的显现，老年人口不断增加，疼痛问题愈加凸显，严重影响老年人的生命和生活质量。

2. 老年人疼痛的病因与发病机制

（1）**退行性变化** 随着年龄增长，老年人肌肉力量和骨密度减少，容易发生关节炎、骨质疏松症等，引起慢性疼痛。

（2）**恶性肿瘤** 老年人生理功能下降，对致癌物质的防御功能下降，易出现多发性恶性肿瘤。肿瘤浸润、压迫和破坏周围的器官组织和神经组织，导致患者出现疼痛等症状。

（3）**慢性疾病** 许多老年人合并慢性疾病如糖尿病性神经病变、慢性肾脏疾病、骨性关节炎、帕金森病、甲状腺功能亢进或减退等，引起老年人肌肉、关节、外周神经痛或者中枢性疼痛。

（4）**药物不良反应** 老年人器官储备功能和代偿能力降低，在服用某些药物时可能会发生不良反应，引起或加重疼痛。

（5）**社会和心理因素** 孤独、焦虑和抑郁等情绪体验是老年人慢性疼痛的重要组成部分。这些心理状态可以增加个体对疼痛的敏感性，使得疼痛感受更加强烈。

3. 老年人疼痛的特点

（1）**复杂性** 老年人的疼痛往往是多因素的，可能涉及多个系统和器官。且老年人可能同时遭受多种疼痛，这些疼痛可能相互影响，增加管理的复杂性。

（2）**慢性化** 老年人的疼痛多为慢性疼痛，起病缓慢、病程持续时间长，并伴有短时间的加重。这类疼痛多在老年性退变的基础上，因劳累、外感寒凉等因素引起，反复发作，表现为酸胀样疼痛，累及神经病变时可出现针刺、电击、烧灼样疼痛。

（3）**隐匿性** 老年人对疼痛的敏感性下降、痛感迟钝，在发病时症状和体征往往表现不典型，治疗时间延误。例如，老年人患有溃疡病时，可能不会出现明显疼痛感，往往出现上消化道出血或胃穿孔时才被发现。

4. 老年人疼痛的影响

（1）**生理影响** 疼痛可能导致睡眠障碍、食欲减退、活动能力下降等。

（2）**心理影响** 长期的疼痛可能导致抑郁、焦虑和其他心理健康问题。

（3）**社会影响** 疼痛可能限制老年人的社交活动，影响他们的生活质量和家庭关系。

二、儿童疼痛

1. 儿童疼痛的定义

联合国《儿童权利公约》中儿童泛指 18 岁以下的个体，除非相关法律规定成年年龄低于 18 岁。不同领域，不同国家对儿童的定义有略微不同。世界卫生组织将儿童分为几个年龄组：新生儿（0～27 d）、婴儿（1～11 个月）、幼儿（1～4 岁）和儿童（5～14 岁）。儿童疼痛是指儿童在生理或心理因素作用下所经历的一种不愉快的感觉和情绪体验，通常与实际或潜在的组织损伤相关联。因为儿童的神经系统和认知仍在发展中，其疼痛体验可能与成人有所不同。

2. 儿童疼痛的病因与发病机制

（1）生长痛 生长痛是儿童常见的疼痛类型，尤其在生长发育高峰期的儿童中。由于骨骼生长速度快于周围神经、肌腱和肌肉，牵拉作用会引发疼痛，通常出现在夜间，疼痛部位常见于膝关节周围或小腿前侧。

（2）外伤 儿童在玩耍和运动过程中容易受伤，导致疼痛。例如跌倒、撞击、扭伤造成的软组织损伤，或剧烈运动引起的肌肉拉伤。疼痛部位较为局限，可能伴有局部肿胀、瘀血等症状。

（3）慢性疾病 患儿伴有慢性疾病（如复发性腹痛、头痛、关节炎等）易出现反复疼痛。

（4）神经病理性疼痛 包括神经退行性病变、自身免疫性疾病、代谢性疾病、血管性疾病、肿瘤、感染、中毒、创伤、遗传性疾病及不明原因的神经病变等，这些疾病可能直接损伤儿童神经结构，导致神经病理性疼痛。

（5）心理因素 情绪紧张、压力过大可能导致儿童出现疼痛的症状。这种疼痛通常没有明显的器质性病变，疼痛部位不固定，疼痛程度因人而异。

（6）其他 医疗操作过程中引起的疼痛，如疫苗接种、术后感染、围术期镇痛方案欠佳等。

3. 儿童疼痛的特点

（1）发展性变化 儿童的疼痛感知随着年龄和认知发展而变化，不同年龄段的儿童对疼痛的感知存在差异。且儿童对疼痛的感受比成年人更具有可塑性，较易受环境和心理因素的影响，表现出损伤与疼痛感受的不一致性。

（2）表达差异 不同年龄阶段的儿童对疼痛的表现不同。新生儿可能通过心率和呼吸的变化、面部表情、哭声等来表达疼痛。婴幼儿可能通过哭泣和行为变化来表达疼痛，而较大的儿童可能能够更准确地描述疼痛的性质和强度。随着年龄的增长，儿童的疼痛表达方式逐渐复杂化，但他们可能仍难以准确描述疼痛。

（3）心理社会因素 儿童的心理状态和社会环境对疼痛的感知和表达有显著影响，例如，焦虑和抑郁可能增加疼痛的感知。

4. 疼痛对儿童的影响

（1）生理影响 儿童的疼痛反应强烈，疼痛时常伴有明显的生理生化改变，具体表现为呼吸频率、心率、血压和颅压均升高，耗氧量和代谢率也增加等。儿童的疼痛如未被处理，可导致能量消耗过多、激素分泌异常、睡眠障碍、食欲减退、生长发育受影响。

（2）心理影响 儿童疼痛不仅影响其生长发育，还对其心理和精神健康有重大影响，导致焦虑、抑郁和其他心理健康问题。此外，反复或强烈的疼痛刺激可能导致荷尔蒙分泌紊乱，影响儿童的结构和功能，并可能持续到成年阶段。

（3）社会影响 疼痛可能限制儿童的社交活动和学习能力，影响他们的生活质量。部分儿童疼痛时常用夸张的行为表现来引起人们的同情和注意。但另一方面，又对疼痛的回避性强，儿童为避免注射、吃药或住院等带来的不适，有时故意隐瞒疼痛，不向医护人员或家长陈述疼痛而延误治疗。

三、女性疼痛

1. 女性疼痛的定义

女性疼痛通常指的是女性在生殖、泌尿、神经、消化等多个器官系统中经历的疼痛。女性在不同的年龄和生理阶段会经历不同的疼痛。

（1）青春期 青春期女性可能会经历与生长发育相关的疼痛，如生长痛。此外，青春期也是偏头痛和肠易激综合征（IBS）的高发期，研究表明，受激素影响，女性患上肠易激综合征的概率是男性的 1.5～3 倍。

（2）月经周期 女性在月经周期中，尤其是在排卵期和月经期，可能会经历疼痛敏感期。排卵期时卵巢排出卵子，性激素水平变化，身体对外界刺激的敏感度提高，可能出现乳房胀痛、情绪波动等症状。月经期可能会引发疼痛、情绪不稳定、肌肉酸痛等症状。

（3）孕期 孕期女性会经历各种与怀孕相关的疼痛，如骨盆疼痛、腰背痛等。这些疼痛可能与胎儿的生长、子宫的扩张以及身体重心的改变有关。

（4）产后期 产后女性可能会出现产后疼痛，包括会阴切开或撕裂的疼痛、子宫收缩痛等。此外，产后抑郁和焦虑也可能加剧疼痛感受。

（5）围绝经期和更年期 围绝经期和更年期女性可能会经历与激素水平变化相关的疼痛，如热潮红、夜汗、关节痛等。雌激素的减少可能导致一些疼痛性疾病的发作减少，但更年期通常也意味着新的疾病如骨质疏松症和关节炎带来的疼痛。

2. 女性疼痛的病因与发病机制

（1）妇科疾病 如子宫腺肌病、子宫内膜异位症、慢性盆腔炎症、慢性子宫内膜炎、子宫平滑肌瘤等。

（2）内分泌失调 女性作息不规律、情绪不稳定等可能导致激素水平失衡，从而引发子宫收缩异常或其他炎症反应，导致女性疼痛。

（3）过度劳损 长期从事重体力劳动，会导致肌肉过度疲劳和紧张，产生大量的乳酸，进而引起全身疼痛，严重劳累者可能导致肌肉劳损，发生炎症反应，刺激神经末梢，引起疼痛。

（4）心理因素 情绪紧张、压力过大可能会导致女性出现疼痛的症状。这种疼痛通常没有明显的器质性病变，疼痛部位不固定，疼痛程度因人而异。

（5）生理疼痛 女性会经历青春期、月经周期、孕期、产后期、围绝经期和更年期等多个生理阶段，且在不同的年龄和生理阶段会经历不同类型的疼痛。

（6）其他 如恶性肿瘤、内脏器质性病变、外伤等。

3. 女性疼痛的特点

（1）普遍性与多样性 女性疼痛普遍存在于各生理阶段，包括痛经、分娩痛和更年期疼痛等，且疼痛类型多样。

（2）性别差异 女性对某些类型的疼痛更为敏感，这可能与激素水平波动、情绪状态和社会心理因素有关。

（3）病理变化的不明确性 许多女性疼痛患者仅有轻微的病理变化或无器质性改变，疼痛程度与病变的部位及严重程度不一定相关。

4. 女性疼痛的影响

（1）生理影响 长期的疼痛可能导致身体功能障碍，影响日常活动和生活质量。

（2）心理影响 慢性疼痛患者常表现出抑郁、焦虑和社交孤立，对婚姻、社会和职业生涯带来负面影响。

（3）社会影响 女性疼痛可能导致对其角色和功能的误解，以及对疼痛管理的忽视。

四、男 性 疼 痛

1. 男性疼痛的定义

男性疼痛是指男性在生理或病理因素作用下所经历的一种不愉快的感觉和情绪体验，通常与特定的身体部位或器官相关，如生殖器官、泌尿系统等。

2. 男性疼痛的病因与发病机制

（1）**感染性因素**　如尿路感染、性传播感染和前列腺炎等。

（2）**外伤或手术导致的损伤**　如骑跨伤可能致阴茎海绵体损伤。

（3）**前列腺问题**　如前列腺炎、前列腺增生等。

（4）**泌尿系统结石**　如肾结石、尿道结石等。

（5）**睾丸问题**　如睾丸炎、附睾炎、精索静脉曲张、睾丸扭转等。

3. 男性疼痛的特点

（1）**多样性**　男性疼痛可表现为多种感觉，如钝痛、剧烈刺痛、灼烧感等。

（2）**性别差异**　一般而言，女性对疼痛的敏感度高于男性，但男性和女性易患的疼痛类型有所不同，男性更容易受到运动损伤、职业相关疼痛的困扰。

（3）**心理因素影响**　压力、焦虑和抑郁有时会导致疼痛感知，思想和情绪在疼痛的感知中起重要作用。

4. 男性疼痛的影响

（1）**生理影响**　疼痛可能影响男性的社交活动和整体生活质量，如睾丸炎若久治不愈易造成精损肾亏，元气耗损，肢体畏寒，腰酸背疼，提早衰老。性生殖器疼痛可能导致死精、无精、丧失生育能力；性功能丧失，影响性生活质量。

（2）**心理影响**　长期的疼痛可能导致心理压力，影响情绪和心理健康。

（3）**社会影响**　疼痛可能会影响男性的工作能力，导致工作效率下降或无法工作，影响个人及社会经济。

五、损伤性疼痛

1. 损伤性疼痛的定义

损伤性疼痛是指由于身体组织受到损伤或潜在损伤而产生的疼痛。这种疼痛通常是身体对实际或潜在伤害性刺激的自然反应，是身体的一种保护机制。损伤性疼痛可以是急性的，也可以是慢性的。它通常被描述为钝痛、刺痛或烧灼感。

2. 损伤性疼痛的病因与发病机制

损伤性疼痛可以由多种原因引起，包括机械性损伤（如切割、撞击）、热损伤、化学损伤、炎症或感染等，通过伤害感受器感知并传递疼痛信号。当伤害感受器被激活后，它们通过脊髓将疼痛信号传递到大脑，大脑随后整合这些信号并产生疼痛感。

3. 损伤性疼痛的特点

损伤性疼痛可以局限于损伤区域，也可以投射到该区域神经的支配区，特别是深部躯体或内脏组织损伤后。

4. 损伤性疼痛的影响

损伤性疼痛严重影响患者的生活质量，可能导致神经病理性疼痛，影响患者的情绪与睡眠，并带来一系列心理及社会问题。

六、烧伤疼痛

1. 烧伤疼痛的定义

烧伤疼痛是指因烧伤造成皮肤、黏膜甚至深部组织结构破坏与完整性受损，导致皮肤神经末梢受损、暴露或受刺激，以及在烧伤病程中多种诊疗操作给患者带来的各种不愉快感觉与体验。

2. 烧伤疼痛的病因与发病机制

烧伤疼痛通常由热、冷、电、化学物质、摩擦或辐射引起组织损伤和炎症反应，从而引发的疼痛症状。皮肤烧伤后诱发局部或全身性炎症反应，产生如5-羟色胺、组胺、血清素、激肽及缓激肽、前列腺素、乙酰胆碱、P物质等多种致痛炎症介质，作用于神经末梢引起烧伤创面局部或邻近部位急性、剧烈疼痛。此外，由于皮肤组织被破坏，皮肤完整性损伤致使皮肤神经末梢暴露。受损暴露的神经末梢本身具有异位电流以及受空气和周围环境中各种因素刺激均将产生疼痛。

3. 烧伤疼痛的特点

（1）**持续性** 烧伤疼痛可能从烧伤即刻开始并可能持续存在于整个治疗过程中。有些患者在烧伤治愈后疼痛还可以持续一年以上，使患者长期处于焦虑、抑郁状态，严重降低了患者的生活质量。

（2）**阶段性** 患者疼痛性质可随时间发生显著变化，主要表现为：烧伤急性疼痛、烧伤背景性疼痛（静息痛）、操作性疼痛（于创面换药及护理等操作过程中出现）、烧伤术后疼痛以及烧伤暴发性疼痛（突然发生的剧烈、短暂的疼痛）。

（3）**剧烈性** 烧伤疼痛被认为是所有疼痛中最为剧烈的类型之一。由于皮肤组织被破坏、皮肤完整性损伤致使皮肤神经末梢暴露，受损暴露的神经末梢本身具有异位电流以及受空气和周围环境中各种因素刺激，产生剧烈疼痛。

4. 烧伤疼痛的影响

烧伤疼痛不仅给患者带来痛苦，影响日常生活、社会交往、情绪与睡眠，还带来一系列心理及社会问题。同时，疼痛还影响烧伤患者的预后与转归，并可直接影响创面的愈合速度与质量。

第三节 特殊人群疼痛的管理

一、特殊人群疼痛的评估

1. 老年人疼痛的评估

老年人的疼痛评估应包括疼痛的强度、性质、部位、持续时间、诱发因素、缓解因素以及行为观察。评估工具包括视觉模拟评分（VAS）、数字评定量表（NRS）和言语描述量表（VRS）、UBA疼痛行为量表（UBA pain behavior scale）（表12-1）等。

表12-1 UBA疼痛行为量表（UBA-PBS）

疼痛行为		评分标准	PBS评分
1. 语言性的发音性主诉	无	0	
	偶尔	1/2	
	经常	1	
2. 非语言性的发音性主诉（呻吟、喘气）	无	0	
	偶尔	1/2	
	经常	1	

续表

疼痛行为		评分标准	PBS 评分
3. 因为疼痛而躺着的时间	无	0	
	偶尔	1/2	
	经常	1	
4. 脸部扭曲	无	0	
	轻微或（和）偶尔	1/2	
	严重或（和）经常	1	
5. 站立姿势	正常	0	
	轻度变形	1/2	
	明显变形	1	
6. 运动	观察不出影响	0	
	轻度跛行或（和）影响行走	1/2	
	明显跛行或（和）吃力行走	1	
7. 抓、擦、揉、按、敲打、叩击痛处等肢体语言	无	0	
	偶尔	1/2	
	经常	1	
8. 非医嘱下无意识的支撑物体动作	无	0	
	偶尔	1/2	
	经常	1	
9. 静止运动	能持续坐或站	0	
	偶尔变换位置	1/2	
	一直变换位置	1	
10. 治疗	无	0	
	常规量非麻醉性镇痛药或（和）心理治疗能有效缓解	1/2	
	需增加非麻醉性药物剂量或次数或需使用麻醉性镇痛药，甚至麻醉性镇痛药无效者	1	

随着年龄增长，各种基础疾病的增加，老年人群特别是高龄人群中各种认知功能障碍的比例逐渐增高，目前已有多种评估量表应用于此类人群，如 Abbey 疼痛评估量表、阿尔茨海默痴呆不适评估量表、Doloplus-2 疼痛评估量表等。这些量表各有不同的观察侧重点，在临床中应灵活使用。

2. 儿童疼痛的评估

儿童在疼痛评估中需要考虑他们无法准确表达疼痛感受的因素。由于儿童的语言能力和情绪表达能力有限，医护人员可以通过观察儿童的面部表情、身体姿势、哭闹程度等行为来评估其疼痛程度。同时使用疼痛评估工具，针对不同年龄段的儿童，可以使用专门设计的疼痛评估工具，如 FLACC 疼痛评估量表、FACES 疼痛评分表等，来帮助评估疼痛程度。咨询家长和护理人员与儿童长期接触的家长和护理人员通常可以提供关于儿童疼痛经验的有用信息，医护人员需要与他们进行有效沟通，获取更准确的疼痛评估结果。

3. 女性疼痛的评估

妇科中常见类型的女性疼痛评估不仅包括对疼痛症状的详细病史收集，比如月经史、生育史以及诱发因素，还涉及诸如超声检查、腹腔镜检查、子宫输卵管造影、宫腔镜检查等辅助检查以排除潜在的器质性病变。此外，还要进行心理社会评估，包括女性患者对疼痛的态度、个人性格特点以及家庭和社会支持情况。对于分娩疼痛，评估时还应注意产妇的身体状况、宫缩和胎儿状况，以及产妇的心理状态和对分娩过程相关知识的认知程度。常用的评估工具有视觉模拟量表（VAS）、数字评分量表（NRS）、焦虑自评量表（SAS）以及抑郁自评量表（SDS）等。

4. 男性疼痛的评估

男科疼痛相关疾病的诊断和评估依赖于病史、体格检查、辅助检查、评估量表等。首先，根据病史、体格检查判断疾病的病程、治疗经过、症状特点。进而通过辅助检查确定相关病因，常见的辅助检查有：①尿常规：排除尿路感染。②“四杯法”或“二杯法”检查：明确感染部位以及是否合并尿路感染，明确疾病分型。③病原体检查：明确疾病致病病原体。此外，还需评估病情的严重程度及预后，以及是否存在并发症及合并症。常用的临床评估方法包括慢性前列腺炎症状指数（NIH-CPSI）、国际前列腺症状评分（IPSS）（表 12-2）等。

表 12-2 国际前列腺症状评分量表

在最近 1 个月内，您是否有以下症状?	无	在 5 次中				
		少于一次	少于半数	大约半数	多于半数	几乎每次
1. 是否经常有尿不尽感?	00	01	02	03	04	05
2. 每次排尿是否间隔小于 2h?	00	01	02	03	04	05
3. 是否曾经有间断性排尿?	00	01	02	03	04	05
4. 是否有排尿不能等待现象?	00	01	02	03	04	05
5. 是否有尿线变细现象?	00	01	02	03	04	05
6. 是否需要用力才能开始排尿?	00	01	02	03	04	05
7. 从入睡到晨起一般需要起来排尿几次?	00	01	02	03	04	05
评分	0 分（您已选择 0 个必选项，还有 7 个必选项未选）					

生活质量指数（QOL）评分表							
	高兴	满意	大致满意	还可以	不太满意	苦恼	很糟
8.如果在您今后的生活中始终伴有现在的排尿症状，您认为如何?生活质量评分（QOL）=	00	01	02	03	04	05	06
评分	0 分						

二、特殊人群疼痛的管理

（一）特殊人群疼痛的问题

（1）**焦虑** 与疼痛有关。

（2）**知识缺乏** 缺乏疼痛预防的相关知识。

（3）**睡眠形态紊乱** 与疼痛影响睡眠质量有关。

（4）**活动无耐力** 与疼痛所致活动受限有关。

（5）**其他** 如肢体功能障碍、皮肤完整性受损等。

（二）特殊人群疼痛管理的目标

主要管理目标是解除疼痛，改善临床症状和体征，提高生活质量。

（三）特殊人群疼痛管理的计划

推荐采用个性化多模式、多方案的联合治疗管理方案。包括心理治疗、药物治疗及中西医技术治疗、健康教育等多种管理措施，减轻特殊人群疼痛程度，改善生活质量。

（四）特殊人群疼痛管理的方法

1. 心理治疗

（1）老年人的心理治疗　积极的心理评估和干预治疗对于控制慢性疼痛有益，可作为镇痛药物控制不佳的替代或辅助治疗。

（2）儿童的心理治疗　掌握儿童的心理，调节儿童的心情，营造轻松愉悦的氛围，缓解儿童的紧张情绪。

（3）女性的心理治疗　女性患者常因焦虑、抑郁等精神疾病进而出现心理与躯体症状，临床上心理治疗常配合药物治疗，改善患者病情，常用的心理治疗包括认知行为疗法、催眠疗法、音乐疗法、正念心理干预等。

（4）男性的心理治疗　在中医理论指导下，以情胜情法调节情志，加上气功、导引等方式，调息、调心、调身相结合，达到强身健体、治病防病的目的。

2. 特殊人群疼痛的药物治疗

（1）镇痛药物　需遵循5个基本原则：口服、定时、按阶梯、个体化给药、注意具体细节。常用药物有：①非阿片类镇痛药：如对乙酰氨基酚、氯胺酮及非甾体类抗炎药；②阿片类镇痛药：吗啡和芬太尼是镇痛最常用的阿片类药物，阿片类药物有呼吸抑制效应，使用时应注意观察患者的生命体征；③镇静剂：临床常用的镇静剂包括苯二氮䓬类、右美托咪定、巴比妥类和水合氯醛等药物，具有镇静、抗焦虑、肌松弛和遗忘的作用。镇痛药使用应从小剂量开始，并经常进行评估和调整。

（2）其他药物　根据患者引起疼痛的病因进行对应的药物治疗措施，如前列腺炎使用抗生素、十二指肠溃疡使用质子泵抑制剂等。

（3）用药注意事项

1）老年人疼痛的药物治疗注意事项：随着年龄的增长，老年人的肝肾功能逐渐衰退，导致其药物的吸收、分布、代谢和排泄过程发生显著变化。因此，老年人使用止痛药需特别注意以下几方面：①避免多种止痛药并用；②需要合理安排服药时间；③明确病因再用药；④合并其他疾病时需慎用止痛药，如糖尿病神经疼痛不宜用非甾体抗炎药，哮喘患者慎用阿司匹林，高血压患者使用对乙酰氨基酚需关注血压变化等。

2）儿童疼痛的药物治疗注意事项：针对儿童疼痛，美国儿科学会（AAP）建议使用蔗糖、安抚奶嘴、皮肤接触等非药物方法减少对止痛药的需求。如婴儿期皮肤屏障发育不完善，应避免外用止痛药和酒精类药物。在止痛药选择上，常用对乙酰氨基酚和非甾体类抗炎药，而阿片类药物在儿童中建议谨慎使用或避免使用。此外，儿童药物中毒多为意外摄入，因此，提示医护人员采取重复核对剂量、药剂师协助药物管理等措施以提高用药安全。

3）女性疼痛的药物治疗注意事项：女性在经期、孕期、产后等特殊时期疼痛特点和用药需求不同，应根据个体情况在医生的指导下合理调整用药方案。如孕期长期使用阿片类药物可能致胎儿依赖，分娩后出现戒断症状。故孕期应尽量避免使用全身性止痛药，若必须使用，应选对胎儿影响小的药物，并严格评估风险。由于多数止痛药物可通过乳汁分泌，因此哺乳期如需止痛，应选择短效、蛋白结合率高、不易进入乳汁的药物，并在用药期间密切观察婴儿反应。

4）男性疼痛的药物治疗注意事项：男性由于职业相关因素，如从事高强度体力劳动或特定职业，容易出现肌肉骨骼疼痛，他们常因职业需求长期使用非甾体抗炎药，可能忽视了其潜在的胃肠道不良反应，从而增加了胃肠道溃疡等并发症的风险。因此，对男性疼痛的药物治疗应强调规律用药。此外，部分男性由于社会观念的影响，对疼痛的耐受性较高，可能会延误治疗或自行加大止痛药物的剂量。医务人员需详细询问患者的用药史，纠正其不良的用药习惯，并为其制定合理的止痛方案。

3. 现代医学技术在特殊人群疼痛的运用

（1）神经调控技术 神经调控技术是一种通过刺激或抑制神经系统活动来缓解疼痛的方法。近年来，随着电刺激、磁刺激等技术的发展，神经调控技术在疼痛治疗中的应用越来越广泛。例如，经皮神经电刺激和重复经颅磁刺激已被证实对慢性疼痛具有良好的治疗效果。

注意事项：①老年人：由于老年人的神经系统的退行性变化，对神经调控的反应可能与年轻人不同，治疗时应从较低的刺激强度开始，逐渐调整。此外，老年人常伴有多种慢性疾病和服用多种药物，需注意神经调控与其他治疗的相互作用。②儿童：儿童的神经系统仍在发育中，对神经调控的耐受性和反应性与成人不同。需特别评估皮质兴奋性的成熟、囟门闭合和外耳道的发育情况等，除临床亟需外，一般不建议对儿童使用。对于年龄较小的儿童（如小于2岁），更是禁忌。③孕妇：孕妇在使用神经调控技术时，需特别注意磁场强度和刺激部位。此外，孕妇的生理变化可能影响神经调控的效果和安全性，治疗时应更加谨慎。

（2）生物技术 生物技术的发展为疼痛治疗提供了新的手段和工具。例如，基因治疗技术可以通过改变疼痛相关基因的表达来缓解疼痛；细胞治疗技术则可以利用干细胞等具有再生能力的细胞来修复受损的神经组织，从而减轻疼痛。这些技术目前仍处于临床试验阶段，但具有巨大的发展潜力。

注意事项：①老年人：老年人的生物代谢能力下降，生物技术治疗时需考虑药物代谢和排泄能力的变化，避免药物蓄积和不良反应。同时，老年人常伴有多种慢性疾病，生物技术治疗可能与这些疾病相互影响，需综合考虑。②儿童：儿童的生长发育迅速，不同年龄段对生物技术治疗的反应差异大，应根据儿童的年龄、体重精确计算用药剂量或调整生物技术治疗的方案。此外，儿童的免疫系统尚未完全成熟，生物技术治疗可能对其免疫功能产生影响。③孕妇：孕妇在使用生物技术治疗时，需特别注意对胎儿的潜在影响。一些生物制剂可能通过胎盘，对胎儿的发育产生不良影响。因此，在治疗过程中，应尽量避免对孕妇使用可能对胎儿有害的生物技术。

（3）影像学技术 随着影像学技术的不断进步，我们现在可以更清晰地观察到疼痛相关神经结构和功能的变化。例如，功能磁共振成像可以实时监测大脑在处理疼痛信息时的活动情况；正电子发射断层扫描则可以定量分析疼痛相关神经递质的合成和释放情况。这些影像学技术不仅有助于我们更深入地理解疼痛机制，还可以为疼痛治疗方案的制定和调整提供客观依据。

注意事项：①老年人：老年人对辐射的耐受性相对较低，且常伴有多种慢性疾病，如骨质疏松、心脏疾病等，可能影响影像学检查的结果和安全性，使用影像学技术时需特别注意。②儿童：儿童对辐射较为敏感，使用影像学技术时应尽量减少辐射量，对于需要使用造影剂的检查，需特别注意儿童对造影剂的过敏反应。此外，儿童可能难以配合检查，需采取适当的安抚措施。③孕妇：孕妇在使用影像学技术时，需特别注意对胎儿的辐射防护，避免对胎儿产生不良影响。

4. 中医技术在特殊人群疼痛的运用

根据患者疾病不同证型可采用耳穴压豆、穴位贴敷、推拿、艾灸、拔罐、中药药熨、刮痧、中药敷脐等中医适宜技术，以缓解疼痛症状。

（1）耳穴疗法 耳穴疗法在治疗偏头痛的应用十分广泛，包括耳穴压豆、耳针、磁珠耳压、耳穴放血、经皮耳穴电刺激等方法，常用的穴位有神门、皮质下、交感、颞、枕、肝、胰胆、胃等。

具体操作：可根据患者的疾病进行辨证选穴，行耳穴压豆时，先用探笔点按相应耳穴寻找阳性反应点，核对穴位后，选用酒精消毒，将王不留行籽贴至相应穴位，以拇、示指对压所贴之处，至穴位出现热、麻、胀、痛的“得气”感，每穴位按压30～60 s，具体视病情而定，以达到活络止痛、调和气血的作用。在行耳穴贴压操作前应重点评估患者对酒精、胶布等过敏史、耳廓皮肤完整性和对疼痛的耐受程度。

（2）穴位贴敷 穴位贴敷疗法适应证广泛，如中风病后遗症、胸痛、胃脘痛、食积、黄疸、头痛、痛经、关节肿痛、跌打损伤等。

具体操作：根据患者的疾病状况和便利性安排合适的体位，清洁贴敷部位的皮肤，确保无污垢和油脂。例如用于治疗老年人关节疼痛类疾病，根据患者的证型常使用冰片、大黄、黄柏、黄连、黄芩、木香、威灵仙、川芎、延胡索等活血化瘀、清热解毒的中药，按医嘱将药物利用蜂蜜或醋等介质调成糊状，确保药物均匀涂抹于纱布或绵纸上，将制备好的药贴敷于选定的穴位后固定，以达到消肿止痛、活血化瘀、凉血解毒的作用。此外，还应注意对药物过敏、皮肤病等情况加以评估。

（3）小儿推拿疗法 小儿推拿疗法是用特定的手法治疗小儿疾病的一种中医外治方法，在儿科临床常用于学龄前小儿外感发热、泄泻、腹痛等疾病。

具体操作：在治疗小儿腹痛时，常用的穴位及手法是点揉一窝风、揉中脘、摩腹，具有健脾和胃、理气消食的作用。点揉一窝风操作时，可用一手固定住小儿的手腕，另一手拇指点按穴位，逐渐加力至患儿可忍受的最大力度，停留 3～5 s 后放开，或揉 3 下点按 1 下，操作 1～3min；揉中脘操作时，用拇指或手掌揉，约 100～300 次；摩腹操作时，可将全手掌放在腹部，做力度较轻、“皮动肉不动”的环形运动，顺时针 200 次，逆时针 100 次。小儿推拿法易为小儿接受，有促进气血循行、经络通畅、神气安定、脏腑调和的作用。

（4）艾灸 艾灸作为一种传统的中医外治法，是使用燃烧的艾叶对人体特定部位进行热刺激，达到治疗和预防疾病的目的。艾灸可用于缓解女性痛经症状，尤其是阳虚内寒型，治疗时常用的穴位有关元（在腹部前正中线上，肚脐下 3 寸，即肚脐下 4 横指处）、气海（在腹部正中线上，肚脐下 1.5 寸，即肚脐下 2 横指处）、三阴交（位于小腿内侧，足内踝尖上 3 寸处，即 4 横指处）。

具体操作：在经前 3 d 开始，每日选取 3 个穴位，每个穴位用艾条温和灸 20 min。每日一次，连续 4 d 为一个疗程。艾灸时，可感受到艾条热度向皮肤深处灌注，疼痛便逐渐缓解。此外，应注意极度疲劳、过饥、过饱、酒醉、情绪不稳时忌灸。

（5）火龙罐疗法 火龙罐疗法是融合点穴、推拿、烫熨、刮痧、艾灸、拔罐等 10 余种手法的新兴综合性疗法。临床可用于治疗男性前列腺增生引起的癃闭，即尿潴留。

具体操作：治疗时腰骶部应重点选择肾俞、命门、腰阳关、八髎、长强以及双侧臀部；腹部重点干预中脘、天枢、中极、气海、关元、曲骨、双侧腹股沟区域。每次治疗时间约 35 min，腹部约 20 min、腰骶部约 15 min，每日一次，7 次为 1 疗程。通过火龙罐治疗，达到补肾固本，活血通痹，滋阴利水，通利小便，缓解会阴部疼痛的作用。若为老年患者，应注意俯卧位施灸时，时间不宜超过 20 min。此外，内出血原因不明者、传染性疾病患者等禁用火龙罐治疗。

三、特殊人群疼痛的健康教育

1. 老年人疼痛的健康教育

对老年疼痛患者进行健康教育时，需充分考虑老年人的生理、心理及社会特点，采取有针对性的方法，以提高其对疼痛的认知和应对能力。例如，沟通时应当放慢语速，吐字清晰，语调温和且有耐心；结合老年人记忆特点，简化内容，重复强化，避免使用专业医学术语。此外，患者家属也应参与到健康教育中。老年人疼痛的健康教育常见的有以下几点：

1）指导患者按医嘱定时服药，如果未到服药时间疼痛难忍，应向医生询问后遵医嘱提高剂量或更换止痛药，不可自行调节止痛药的剂量。阿司匹林、布洛芬等常用的止痛药可能影响胃壁，导致消化不良，甚至胃出血。在一般情况下，不应空腹服药，也切勿与酒精同服。

2）减少活动幅度，保证足够休息，适当进行娱乐活动。

3）告知疼痛的原因及诱发因素。指导老年患者自我缓解疼痛的方法。教会老年患者自我评估和记录疼痛的方法。

2. 儿童疼痛的健康教育

针对儿童疼痛类疾病的健康教育，沟通时使用儿童化语言，借助故事、游戏拉近关系，保持耐心亲和；还应考虑儿童认知水平，按年龄循序渐进施教。此外，患儿家属也应参与到健康教育中，指导陪伴并共同学习。

1）通过贴合儿童特点的宣教，帮助家长和患儿理解疼痛的原因、产生机制以及相应的处理方法，提高他们对疼痛的自我认知和理解能力。

2）指导家长合理使用非甾体类抗炎药物，并在专科医生指导下谨慎应用，特别是患儿如合并肝肾、胃肠、血小板减少症等出血性疾病时。

3）对于低龄患儿，可以通过玩具、音乐及亲切地抚摸或按摩辅助镇痛治疗；对于 3 岁以上的患儿，可以通过做游戏、讲故事及行为锻炼等来辅助镇痛。

3. 女性疼痛的健康教育

对妇女开展疼痛类疾病的健康教育，要关注其特殊的生理与心理特征。女性在生理周期、孕期、更年期等阶段，因激素水平波动导致疼痛敏感性变化，例如经期可根据病情通过腹部热敷、适量运动缓解疼痛；孕期要指导正确坐姿、站姿及适度散步。同时，因疼痛和激素变化还易出现焦虑或抑郁情绪，需耐心倾听，并引导患者通过交流、听音乐调节情绪。

1）避免诱发因素，调畅情志。

2）起居有常，保证充足睡眠。讲究个人卫生，经期注意保暖，避免剧烈运动及冒雨涉水、游泳，未病先防。

3）注意饮食调养，经期避免过食生冷瓜果、酸涩、辛辣刺激、油腻之品，以防伤脾碍胃，寒从内生。

4）遵医嘱使用止痛剂，监测药物不良反应。

5）若为孕妇，应介绍孕期各阶段生理变化及异常应对；强调产检重要性。

4. 男性疼痛的健康教育

男性受社会角色影响，常压抑疼痛表达，在针对男性疼痛类疾病的健康教育时，需引导患者正确看待疼痛，鼓励坦率表露感受，重视其疼痛引发的负面情绪，助其通过运动等方式排解。同时，劝诫吸烟、饮酒等不良嗜好。

（1）改善生活方式 告知患者避免久坐、憋尿、熬夜等不良生活习惯，避免频繁的性刺激。推荐适当的热水坐浴及局部热敷，有助于缓解不适症状，但有生育需求者避免使用。

（2）改变饮食结构 告知患者忌酒及辛辣刺激饮食，以清淡饮食为主。

（3）心理和行为指导 在中医理论指导下，以情胜情法调节情志，加上气功、导引等方式，调息、调心、调身，达到强身健体、治病防病的目的。

第十三章　心理性疼痛

学习目标

❖ 知识目标

1. 掌握：心理性疼痛的概念、分类，疼痛的心理问题和治疗，心理性疼痛常见疾病患者的管理措施。

2. 熟悉：心理性疼痛常见疾病的病因、发病机制和治疗新进展，心理性疼痛常见疾病的评估和治疗。

3. 了解：心理性疼痛常见疾病的流行病学特点，心理性疼痛评估与方法。

❖ 能力目标

能够识别并描述不同类型的心理性疼痛及其临床表现、发病机制和常见触发因素。能够正确应用管理程序对心理性疼痛常见疾病患者进行病史资料的采集，提出管理问题，制定并实施相应的管理措施和健康指导。具备有效沟通与团队协作、批判性思维与问题解决能力。

❖ 思政目标

结合心理性疼痛管理案例，能正确辨别疼痛类型和原因，对心理性疼痛的常见疾病及时进行相应的护理与处理，培养学生积极关注社会弱势群体，通过专业护理帮助他们走出困境，提高生活水平的同理心和人文关怀，不仅关注疼痛本身，更关注患者的整体福祉。作为护理人员，不仅要有扎实的专业知识，还要有强烈的社会责任感和使命感。

在人类复杂的疼痛体验中，心理性疼痛作为一种特殊的疼痛类型，日益受到医学界和心理学界的广泛关注。心理性疼痛并非由明确的生理损伤或疾病直接引起，而是更多地与个体的心理状态、情绪反应、认知过程以及社会环境等因素密切相关。这种疼痛往往难以通过传统的医学手段完全缓解，因而对疼痛管理提出了新的挑战和要求。心理性疼痛的存在，不仅影响着患者的身体健康和生活质量，还可能导致其心理状态的恶化，形成恶性循环。因此，探索科学有效的心理性疼痛管理策略，对于减轻患者痛苦、促进其身心康复具有重要意义。

本章内容包括心理性疼痛的概述、疼痛的心理治疗以及不同心理性疼痛疾病的护理，全面介绍相关的理论、方法和实践。以及如何通过跨学科合作和人文关怀，为患者提供全面、个性化的疼痛管理服务。通过本章学习，学生能够深入理解心理性疼痛的本质和管理要点，掌握科学有效的评估和治疗策略，为患者提供更加精准、全面的疼痛管理服务。

导入案例 13-1

患者，李女士，45 岁，已婚，育有一子，中学教师。自诉近 3 个月来持续感到全身多处疼痛，包括头痛、背痛及四肢酸痛，疼痛程度时轻时重，但无明显外伤或器质性病变。疼痛已经影响了她的日常生活和工作，导致她难以集中精力教学，且睡眠质量显著下降。李女士有轻度抑郁症病史，2 年前经治疗后症状缓解，但近期因工作压力增大及家庭矛盾，情绪再次低落，出现兴趣丧失、疲劳感加重、自我评价降低等抑郁症状。

问题：

1. 该患者可能的诊断是什么？有哪些典型症状？
2. 请结合患者的病情，制定以患者为中心的疼痛管理策略。

根据国际疼痛学会的定义，疼痛不仅是一种生理反应，还包含了心理和情感层面的体验。患者的个性特征、心理治疗与护理在疼痛的发病及病程转归中起到重要作用。

第一节 心理性疼痛概述

一、心理性疼痛的概念与分类

1. 心理性疼痛的概念

心理性疼痛（psychogenic pain，PGP）是指在伤害感受性疼痛或神经病理性疼痛的机制不存在的情况下，由心理或精神因素引起的疼痛感觉。这种疼痛并非由器质性病变导致，而是由患者的心理状态、情绪反应或心理障碍等因素所引发。心理性疼痛在临床上较为常见，其疼痛程度往往与患者的心理状态密切相关。

2. 心理性疼痛的分类

医学界对心理因素与疼痛之间关系的研究不断深入，发现即使没有任何躯体疾病障碍，患者也可能出现疼痛。根据疼痛出现的主要原因对心理性疼痛进行了分类，主要包括广义的心理性疼痛和目前临床常见的心理性疼痛两类。

（1）广义的心理性疼痛 包括以下几种：

1）心因性疼痛：患者主诉疼痛，但经多项检查后未能发现器质性病变，且可以排除精神性疾病者，其疼痛可诊断为心因性疼痛。心因性疼痛的特点有：疼痛性质不固定；疼痛部位不明确；情绪改变时可使疼痛程度加重，心理因素影响显著。

2）心身疾病的疼痛：这类患者个性特征与某些心身疾病密切相关，心理-社会状况在病的发生、发展及预后中起重要的作用。在心身疾病中有疼痛症状的疾病包括内科的偏头痛、紧张性头痛、全身性肌肉痛。

3）精神性疾病导致的疼痛：这类患者具有某些精神病的症状和体征，并且无任何器质病变。因精神症状的不同，疼痛可包括多种临床类型，如癔症性疼痛、抑郁症性疼痛、焦虑症疼痛。

4）躯体疾病导致的疼痛：躯体疾病所致的疼痛在负性心理因素作用下会出现疼痛程度加重和持续时间增长的情况。

（2）临床常见的心理性疼痛 可以根据其产生的心理因素和具体表现进行分类，常见的分类包括：

1）幻觉性疼痛（hallucinatory pain，HP）：患者常有幻觉出现，自觉身体某部位受到某种外部刺激（如电波、磁场等）而产生疼痛或不适。疼痛部位和性质往往不固定，且伴有强烈的情感色彩。常规检查一般无阳性结果，但患者疼痛感受真实存在。

2）焦虑性疼痛（anxious pain，AP）：由过度焦虑引起的一种疼痛感觉，表现为紧张性头痛、背痛、腹痛、胸痛或肌肉痛等。疼痛往往伴随明显的焦虑症状，如紧张、不安、心慌、气促、出汗等。疼痛持续时间长，反复发作，且躯体治疗效果不佳。

3）癔症性疼痛（或称为歇斯底里性疼痛）（hysterical pain，HP）：患者常有一些心理社会因素存在，企图用疼痛来回避对自己不利的事情，以便获取同情或支持。疼痛部位和性质多变，不符合神经系统解剖分布特点。疼痛具有表演性、夸张性和转换性等特点。通过心理治疗，如暗示治疗、心理疏导等，可缓解疼痛症状。

4）抑郁症性疼痛（depressive pain，DP）：抑郁症患者常伴有疼痛症状，疼痛部位和性质各异，如头痛、背痛、腹痛等。疼痛可能掩盖抑郁症状，导致隐匿性抑郁。疼痛与抑郁情绪密切相关，抗抑郁治疗通常能缓解疼痛症状。

5）紧张性疼痛（tension pain，TP）：由心理冲突或长期的精神压力状态所致的一种疼痛感觉，表现为慢性疼痛，如头痛、背痛等。疼痛程度与心理压力程度相关，压力缓解后疼痛可能减轻或消失。

6）暗示性疼痛（suggestive pain，SP）：心理暗示可导致疼痛的产生。如患者受到医源性暗示后，可能因某种正常生理现象（如十二指肠逆蠕动波）而产生持续隐痛。此类疼痛往往与患者的心理预期和信念有关，通过心理干预和暗示治疗可缓解疼痛症状。

心理性疼痛是一种由心理因素或心理障碍引起的疼痛感觉，其分类多样且各具特点。对于这类疼痛的治疗，需要综合考虑患者的心理因素和疼痛症状，采用心理治疗、药物治疗和物理治疗等综合手段进行干预。

二、疼痛的心理因素和心理问题

1. 疼痛的心理因素

疼痛的心理因素在疼痛体验中起着重要作用。许多患者虽然没有明显的器质性病变，但常常感到疼痛不适，这可能与承受过大的精神压力有关。例如，腰背部的疼痛可能与过度焦虑和工作压力相关，头痛或肩颈部的紧张性疼痛可能是在表达愤怒、内疚等情绪。此外，疼痛患者还可能伴随乏力、失眠、消化不良、头晕、心悸等躯体化表现，这些症状在医学检查中往往无法得到相应的验证。

疼痛与心理状态密切相关。当精神高度集中时，人们可能对身体上的疼痛毫无知觉，而精神放松下来后，才会突然意识到疼痛的存在。自尊心强的人可能会将诉说疼痛视为软弱，而忍耐疼痛则被视为一种美德。敏感紧张的个性可能使人倾向于夸大疼痛或对疼痛过度表达。

2. 疼痛的心理反应

疼痛不仅是身体遭受伤害时的生理反应，更是一种复杂的心理现象。疼痛与心理状态之间存在着密切的相互作用，主要体现在以下几个方面：

1）疼痛常常引发患者的焦虑和恐惧情绪，使他们感到无助和不安。

2）疼痛导致患者难以入睡或保持良好睡眠，进而影响其休息和恢复。

3）疼痛导致患者自尊心下降和情绪波动，使其容易出现易怒和不稳定情绪。

4）疼痛还可能影响患者的社交活动和日常生活，导致生活质量下降。

5）长期疼痛可能导致患者陷入抑郁和沮丧的情绪中，影响其心理健康和生活质量。

6）心理状态可以对疼痛产生暗示作用，影响患者对疼痛的感知和耐受能力。

3. 疼痛患者的常见心理问题

（1）焦虑和恐惧　患者可能担心疼痛的原因、病情恶化、治疗结果等，这种不安和紧张可能导致焦虑和恐惧情绪。

（2）抑郁和沮丧　疼痛给患者带来身体上的痛苦和不便，可能影响其日常生活和工作，导致情绪低落、失去兴趣和活力。

（3）失眠和疲惫　疼痛的刺激可能使患者难以入睡或保持睡眠状态，导致睡眠不足和疲惫感。

第二节　疼痛的心理治疗

心理-社会状况会影响疼痛的性质、强度和持续时间，它们既是疼痛的结果，又会反过来影响疼痛。心理因素在慢性疼痛的起因、程度、恶化、维持、负性情绪的产生以及躯体功能障碍方面都有重要的作用。

一、疼痛心理治疗的现状和发展趋势

1. 疼痛心理治疗的现状

疼痛心理治疗旨在帮助患者理解和处理疼痛背后的心理和情感问题，从而减轻疼痛带来的困扰。心理治疗自古就有，心理疗法由来已久。中国是世界上最早采用心理治疗的国家之一，可见古人治病，先调治精神为主，即所谓“一日治神”，古人还创立了一套心理治疗的方法，情志相胜治疗就是依据五行相胜的制约关系，用一种情志去克服制约另一种情志过盛所产生的疾病，以达到治疗和康复之目的。例如恐胜喜、喜胜悲、悲胜怒、怒胜思、思胜恐等等。目前，该法在临床疼痛的治疗中也使用广泛。随着对疼痛心理因素的深入理解，疼痛心理治疗在临床实践中得到了广泛应用。

在临床的多项调查研究均证实进行多方面心理因素干预，如生活压力、经济、残疾等干预措施对慢性疼痛治疗的满意度有明显改善。研究发现，部分疼痛是“非解剖学”上的分布，疼痛蔓延至非损害区域，疼痛感受程度甚至可以超出组织损伤程度；而在完全没有组织损伤的情况下患者明显的焦虑，紧张和不安等情绪症状，亦会导致长期疼痛或反复多次的疼痛出现，这些都证明心理异常在疼痛中仍起一定的基础作用。无论从基础研究还是临床情绪评定研究上都阐述了疼痛与心理活动的相互影响，经常有疼痛为第一主诉的患者往返于精神科和疼痛科。精神心理学干预一直作为慢性疼痛治疗的热点研究，因此早期心理干预对慢性疼痛的发生起到了预防作用，催眠疗法、心理暗示、精神转移等方法都可以有效缓解各年龄段的患者的慢性疼痛。目前常用的心理治疗疼痛的方法有：

（1）认知行为疗法 认知行为疗法是疼痛心理治疗的主要方法之一。通过帮助患者识别和改变对疼痛的认知和应对方式，认知行为疗法可以减轻疼痛带来的焦虑、抑郁等负面情绪。例如，通过放松训练、正念冥想和自我暗示等技术，患者可以学会更好地管理疼痛和应对疼痛带来的压力。

（2）心理动力学疗法 心理动力学疗法关注疼痛患者潜意识中的冲突和未解决的情感问题。通过探索患者的童年经历、家庭关系等，心理动力学疗法可以帮助患者理解疼痛可能与其潜意识中的情感问题有关，并通过治疗解决这些问题，从而减轻疼痛。

（3）家庭与社会支持 家庭和社会支持在疼痛心理治疗中同样重要。患者的家人和朋友可以通过提供情感支持、理解和包容来帮助患者更好地应对疼痛。此外，社会支持网络如疼痛患者自助小组等也可以为患者提供交流和分享的平台，减轻其孤独感和无助感。

（4）药物治疗与心理治疗相结合 在疼痛治疗中，药物治疗和心理治疗常常相辅相成。通过合理使用镇痛药物和抗抑郁药物等，可以减轻患者的疼痛程度和负面情绪。同时，心理治疗可以帮助患者更好地应对药物治疗带来的不良反应和依赖性。

2. 疼痛心理治疗的发展趋势

随着神经科学、心理学和医学的不断发展，疼痛心理治疗也在不断进步。未来的发展趋势包括：

（1）跨学科合作 疼痛心理治疗需要跨学科的合作，包括神经科学、心理学、医学等多个领域。通过跨学科合作，可以更全面地理解疼痛的心理机制，并制定更有效的治疗方案。

（2）个性化治疗 每个患者的疼痛体验和心理需求都是独特的。因此，未来的疼痛心理治疗将更加注重个性化治疗，根据患者的具体情况制定个性化的治疗方案。

（3）新技术应用 随着脑成像技术、虚拟现实技术等新技术的不断发展，未来的疼痛心理治疗将更加注重技术的应用。例如，通过脑成像技术可以更准确地了解疼痛患者的脑区激活情况，从而制定更精准的治疗方案；通过虚拟现实技术可以为患者提供沉浸式的治疗体验，减轻其疼痛和焦虑。

二、疼痛的心理治疗方法

疼痛心理治疗在疼痛管理中扮演着重要角色。通过综合运用认知行为疗法、心理动力学疗法、家庭与社会支持以及药物治疗与心理治疗相结合的方法，可以帮助患者更好地应对疼痛带来的困扰。下面主要从疼痛的临床心理治疗来介绍其常用的方法。

1. 暗示疗法

暗示治疗是一种古老而悠久的训练方法，是指通过言语、动作或其他方式，也可以结合其他治疗方法，使患者受到积极暗示的影响，从而解除其心理上的压力和负担，实现消除或减轻疾病症状或加强某种治疗方法效果的目的。主要包括言语暗示、操作暗示、药物暗示及其他方法，如自我暗示、环境暗示等。

自我暗示法是一种通过患者自身的心理暗示来缓解疼痛的方法。在疼痛时，患者可以口念或心里默念一些积极的语句，如“一会儿就会不痛了”或“我能够忍受这种疼痛”，以此来减轻疼痛感。这种方法的理论基础是心理暗示能够影响个体的生理反应，从而起到缓解疼痛的作用。疼痛治疗的暗示疗法运用过程中，患者本人对治疗的信心对治疗效果具有举足轻重的作用。因此，在暗示疗法的治疗过程中，护士通过对患者的积极调动，自信训练来消除或减轻疼痛症状。

2. 支持心理疗法

支持心理疗法是通过给予患者情感上的支持和安慰来缓解疼痛的方法。在治疗过程中，医生或心理治疗师会倾听患者的诉说，理解其痛苦和困扰，给予积极的反馈和鼓励，帮助患者树立战胜疼痛的信心和勇气。这种方法能够增强患者的心理韧性，减轻疼痛感。在疼痛时，患者往往会出现焦虑、恐惧等负面情绪，这些情绪会加剧疼痛的感受。因此，首先需要保持情绪的镇定，可以减少疼痛的反应，从而减轻疼痛感。这种方法需要患者具备一定的自我调节能力，能够在疼痛时保持冷静和镇定。

3. 认知行为疗法

认知行为疗法是新近发展起来的一种心理治疗方法，是一种认知和行为的心理治疗方法。是一种通过改变患者的认知和行为模式来缓解疼痛的方法。该疗法认为，疼痛的感受与个体的认知和行为密切相关，通过改变患者的认知和行为模式，改变思维或信念来改变不良认知，达到消除不良情绪和行为的短程心理治疗方法。该方法的主要着眼点，放在患者非功能性的认知问题上。在疼痛的治疗过程中，采用认知-行为疗法来改变患者对自己、对疾病的看法与态度来改善焦虑、恐惧等心理状态可以改变其对疼痛的感受和反应。

CBT 包括认知重构、行为训练、放松训练等多种技术，旨在帮助患者重新评估疼痛的意义，学会应对疼痛的策略，从而减轻疼痛感。其中常用的放松训练，又称松弛疗法，它是按一定的练习程序，学习有意识地控制或调节自身的心理生理活动，以达到降低机体唤醒水平，调整那些因紧张刺激而紊乱了的功能。松弛疗法常与系统脱敏疗法结合使用，也可单独使用。不仅对精神紧张、焦虑、恐惧等症状有显著疗效，而且对各系统的心身疾病都有较好的疗效。在疼痛的治疗过程中，松弛疗法可使患者的心理生理得到放松，从而达到缓解疼痛、治疗疾病的目的，在一系列的治疗措施中起着特殊的作用。

4. 催眠疗法

催眠疗法是通过言语暗示或催眠术使患者处于催眠状态或类似睡眠的状态，然后进行暗示或精神分析来治疗疾病的一种心理治疗方法。在催眠状态下，患者能够更容易地接受暗示和引导，通过心理暗示来减轻或消除疼痛。在治疗过程中，通过催眠方法，将患者诱导进入一种特殊的意识状态，将治疗者的言语或动作整合入患者的思维和情感，从而产生治疗效果。在疼痛治疗过程中，催眠疗法的主要适应证有：神经症、偏头痛、神经痛、术后镇痛、癌症疼痛和关节炎疼痛、心身疾病等。

5. 转移注意法

转移注意法是通过将患者的注意力从疼痛转移到其他事物上，以减轻或消除疼痛的方法。患者可以通过看电视、听音乐、阅读书籍、讲故事等方式，将注意力从疼痛部位转移到其他有趣的事物上，从而降低疼痛的感受。这种方法能够减少患者对疼痛的关注度，从而减轻疼痛感。

6. 眼动脱敏和再加工治疗

眼动脱敏和再加工治疗是一种通过眼动等刺激来激活患者的心理加工过程，从而缓解创伤后应激障碍和疼痛的方法。这种方法通过引导患者在眼动的同时回忆和重新加工疼痛相关的记忆，从而减轻疼痛感。

综上所述，疼痛的心理治疗方法多种多样，每种方法都有其独特的理论基础和应用场景。在实际应用中，需要根据患者的具体情况和疼痛特点，选择合适的方法进行治疗。同时，心理治疗应与药物治疗、物理治疗等其他治疗方法相结合，形成综合治疗方案，以达到最佳的治疗效果。

三、疼痛患者的心理护理

在疼痛管理中，护理干预是不可或缺的一部分，旨在通过一系列科学、系统的措施，全面评估、缓解并管理患者的疼痛体验，提升其生活质量。根据评估结果制订出恰当的心理治疗措施，以减轻患者的疼痛感受和病态行为。疼痛的护理干预是一个全面、系统、个性化的过程，旨在通过科学、系统的措施，全面评估、缓解并管理患者的疼痛体验，提升其生活质量。

心理性疼痛患者的心理护理包括以下步骤和内容。

1. 心理护理评估

护理评估是心理护理程序的第一步，需要综合运用观察法、访谈法、心理测验法等多种方法全面收集患者的信息，分析资料，发现患者现存或潜在的疼痛相关心理问题，形成心理护理诊断的过程。对疼痛患者的综合评估可在四个主要方面鉴别患者功能障碍：认知、情感、身体（躯体）健康以及生活动力。所有这些功能障碍因素都可影响疼痛感受，并且都可通过心理治疗来调整。需要收集的患者资料主要包括：

（1）一般资料 如性别、年龄、职业、文化程度、民族、婚姻状况、疾病史、过敏史、生活习惯等。

（2）生理因素 遗传因素、生命体征、发生疼痛的时间、持续时间、性质、程度、诱因等。对患者的疼痛强度进行量化，确保评估的客观性和准确性。

（3）心理功能、认知功能、情绪状态以及行为表现 通过专业的评估量表主要评估个体的认知功能、情绪状态、行为表现等方面的关系，以及疼痛对日常生活的影响。

（4）心理-社会状况 如人格特点、生活事件、应对特点以及社会支持情况等与疼痛发生的关系。

基于上述评估结果，制定个性化的心理护理计划，旨在满足患者的具体需求，提升其应对疼痛的能力。

2. 心理护理诊断

心理护理诊断是心理护理程序的第二步，在心理评估的基础上对所收集的心理健康资料进行分析，从而确定引起患者疼痛的心理健康问题及引起心理健康问题的原因。常用的护理诊断参见《护理学导论》相关章节。

3. 制定心理护理计划

以护理诊断为依据，制定个性化护理计划，通过多种手段缓解患者的疼痛体验，改善其心理状态。尽量改善患者负面情绪和行为问题，达到心理护理的预期目标。计划主要包括：排列心理护理诊断的顺序、确定心理护理预期目标、制订心理护理措施。具体的措施见前面“疼痛的心理治疗方法”。

4. 实施心理护理措施

实施心理护理措施，是实现护理目标和心理护理程序中的关键步骤。包括实施措施并做好心理护理记录。

5. 心理护理效果评价

心理护理效果评价是心理护理程序的最后步骤，是心理护理程序中不可或缺的环节。疼痛患者的心理护理效果评价包括：

（1）功能评价　关注疼痛对躯体障碍的影响、心理异常的类型与程度、行为目标的建立、患者对治疗的感觉与期望等。

（2）行为评价　分析疼痛特征、疼痛与行为方式的关系、家庭与工作中的行为表现、对疼痛的生理心理反应、认知与情感反应等。

基于评估结果，及时向患者和医护人员提供反馈，肯定取得的进展，同时针对不足之处进行改进。包括调整心理护理方案、加强疼痛管理教育、优化护理服务等措施，以确保护理干预的持续性和有效性。

四、疼痛患者的心理管理

在疼痛管理的综合策略中，心理管理占据着举足轻重的地位。它不仅关乎患者的生活质量，还直接影响到疼痛感知的调控及治疗效果。

1. 认知重构与适应能力提升

首先，帮助患者重新评估疼痛的意义和影响是至关重要的第一步。通过专业的心理咨询与指导，引导患者认识到疼痛虽然是身体的一种警示信号，但过度的恐惧与消极认知会加剧其负面影响。因此，需要协助患者改变对疼痛的消极认知模式，如“疼痛即灾难”的错误观念，转而采用更为积极、理性的视角看待疼痛。这包括教育患者理解疼痛的生物心理社会模型，认识到疼痛体验的主观性和可调节性，从而增强对疼痛的适应和应对能力。

2. 心理技术与疼痛管理的融合

结合放松训练、生物反馈等现代心理技术，可以全面改善患者的心理状态，进而提升疼痛管理的效果。放松训练通过一系列系统的方法，如渐进性肌肉松弛、引导式想象等，帮助患者达到身心放松的状态，减少因紧张、焦虑而加剧的疼痛感知。生物反馈技术则利用电子设备监测并反馈患者的生理指标（如肌电活动、心率变异性等），使患者学会自我调节这些生理过程，达到减轻疼痛、提高自我控制能力的目的。

3. 放松训练与深呼吸

深呼吸练习：教导患者采用腹式呼吸法，通过缓慢而深长的呼吸，促进体内氧气与二氧化碳的交换，缓解身体紧张，减轻焦虑情绪，进而减轻疼痛感。

渐进性肌肉放松：指导患者从脚趾开始，逐步向上至头部，依次紧张并放松身体的每一块肌肉群，通过对比紧张与放松的感觉，帮助患者学会主动放松身体，达到身心放松的状态。

4. 积极心理干预与情绪调节

积极心理干预旨在激发患者的内在动力，培养乐观、坚韧的心理品质。通过正面心理学的方法，如感恩日记、积极想象等，帮助患者发现生活中的美好，提升幸福感，从而缓解疼痛和焦虑。同时，教授患者有效的情绪调节技巧，如情绪标签法、情绪转移法等，使其在面对疼痛时能够迅速调整情绪状态，保持冷静与理性，更好地适应疼痛带来的挑战。

5. 家庭与社会支持系统的构建

家庭是患者心理支持的第一道防线。家人的理解、关心和支持对于减轻患者的心理压力、提高其适应能力和自信心至关重要。鼓励家庭成员参与疼痛管理计划，共同学习疼痛相关知识，为患者营造一个温馨、支持的家庭环境。此外，社会支持也是不可或缺的一部分，包括亲友、同事、社区乃至专业机构提供的物质和精神上的帮助。通过组织疼痛患者支持小组、提供心理咨询热线等方式，拓宽患者的社会支持网络，增强其面对疼痛的信心与勇气。

综上所述，疼痛患者的心理管理是一个多维度、综合性的过程，需要医护人员、患者及其家庭乃至整个社会的共同努力，以实现对疼痛的有效控制，提升患者的生活质量。

第三节　常见的心理性疼痛及护理

一、紧张性疼痛

1. 概念

紧张性疼痛是指由紧张情绪引起的全身性或局部性疼痛，是紧张情绪常见的躯体症状之一。这种疼痛通常表现为肌肉紧张、僵硬和疼痛，可能涉及颈部、肩部、背部等多个部位。

2. 心理性发病原因

紧张性疼痛的原因主要包括神经生物学因素和心理因素。神经生物学因素方面，紧张情绪可能导致肌肉紧张度增加、血液循环障碍等生理变化，从而引发疼痛。心理因素方面，紧张情绪可能引发患者的注意力过度集中于疼痛部位，从而放大疼痛体验。

3. 中西医治疗

因该病与长期焦虑、神经紧张、过度疲劳有关，故首先避免精神刺激，生活规律化，限制烟、酒。长期处于不良工作姿势，使头、颈肩部肌肉持续收缩亦可出现此类头痛，因此养成良好的生活习惯、适当进行体育锻炼是非常必要的。对于长期慢性此类头痛患者，除进行心理治疗外，还可以配合使用镇静和止痛剂（如地西泮、布洛芬等）药物治疗。西医治疗紧张性疼痛主要采用肌肉松弛剂、镇痛药物等，以缓解肌肉紧张和疼痛症状。中医治疗则注重疏肝解郁、调和气血、疏通经络，通过中药、针灸、推拿等方法，缓解紧张情绪和疼痛症状。中西医结合治疗可以发挥各自优势，提高治疗效果。

4. 心理护理

（1）护理评估　通过交谈、观察、调查和量表等手段，对紧张性头痛患者的疼痛程度以及患者的生理、心理、社会等因素进行全面的评估，包括：疾病因素、药物因素、临床治疗因素和心理-社会状况。

（2）护理诊断　在对紧张性头痛患者的资料收集、整理、分析和评估的前提下，提出与其疼痛相关的心理护理诊断。

（3）护理计划与预期目标　心理护理的目的在于降低紧张性头痛的心理因素，恢复患者的舒适感，有效掌握紧张性头痛的非药物治疗方法。

（4）护理措施　有效的心理护理能减轻和避免紧张性头痛，其心理护理措施主要包括：

1）减轻患者心理压力：与患者建立良好的相互信赖关系，以同情、安慰和鼓励的态度支持患者，尊重患者在疼痛时的行为反应，以提高患者对疼痛的耐受力，提高疼痛阈值。告知患者可能诱发或加重头痛的因素，如情绪紧张；保持环境安静、舒适、光线柔和。

2）心理和行为干预：长期反复发作的头痛，可能导致患者出现焦虑、紧张，甚至恐惧的心理问题，理解患者的痛苦、耐心解释、适当诱导，解除其心理压力，保持身心放松，鼓励患者改变认知、树立信心，积极配合治疗。指导患者自我调节，如缓慢深呼吸、生物反馈疗法、松弛疗法（如听音乐、练习气功、瑜伽等）、引导式想象、指压止痛法，达到减轻焦虑、心理压力和疼痛的效果。

3）树立治疗信心：紧张性头痛的治疗有一定困难，必须以心理和生理治疗为主，辅以药物治疗；并结合松弛锻炼、生物反馈疗法使身体放松。在日常生活中，注意保暖，饮食合理，调节情绪，指导患者通过深呼吸调节紧张、抑郁情绪，同时保证充足的睡眠时间，针对患者病情给予有针对性的解释和对疾病知识的宣教，鼓励患者树立信心战胜疾病。

（5）效果评价 评价是否达到解除或缓解疼痛的心理护理目的，对于判断护理措施是否合适以及修正护理措施都有重要意义。评价的依据有：

1）患者表达疼痛感觉减轻，心理舒适感提高，精神状态良好。

2）重新建立一种行为方式，轻松参与日常活动，与他人正常交往。

3）采用有效心理行为应对机制处理疼痛的心理问题。

二、焦虑性头痛

1. 概念

焦虑性头痛是指由焦虑症引起的头痛症状，是焦虑症患者常见的伴随症状之一。这种头痛通常表现为紧张性头痛或偏头痛样症状，且往往与焦虑情绪密切相关。

2. 心理性发病原因

焦虑性头痛的原因同样复杂多样，包括神经生物学因素、心理因素和社会环境因素等。焦虑症患者的大脑皮质和边缘系统活动异常，可能导致痛阈降低。焦虑情绪可能引发患者的肌肉紧张、血管收缩等生理反应，从而加重头痛症状。工作压力、生活节奏加快等也可能成为焦虑性头痛的诱因。

3. 中西医治疗

西医治疗焦虑性头痛主要采用抗焦虑药物和镇痛药物，以调节神经递质水平和缓解疼痛症状。中医治疗则注重疏肝解郁、调和气血，通过中药、针灸、推拿等方法，缓解焦虑情绪和头痛症状。中西医结合治疗可以发挥各自优势，提高治疗效果。

4. 心理护理

（1）护理评估与诊断

1）全面评估：对患者进行全面的身体和心理评估，了解其疼痛的性质、部位、持续时间以及伴随的焦虑、抑郁症状。

2）疼痛评估：采用疼痛评估工具，如疼痛视觉模拟评分（VAS）等，对患者的疼痛程度进行量化评估。

3）心理评估：利用焦虑自评量表（SAS）对患者的心理状态进行量化评估，明确其焦虑、抑郁的严重程度。

（2）护理计划

1）个性化护理计划：根据评估结果，为患者制定个性化的护理计划，包括药物治疗、心理治疗、物理治疗、疼痛管理等方面的内容。

2）明确护理目标：设定短期和长期的护理目标，如减轻疼痛程度、缓解焦虑抑郁症状、提高生活质量等。

（3）护理措施

1）教会患者疼痛缓解技巧：如深呼吸、放松训练等。根据疼痛情况调整患者的体位和姿势，以减轻疼痛。

2）认知行为疗法和支持性心理治疗：帮助患者改变消极的思维模式和行为习惯。鼓励患者参与支持小组或心理教育项目，增加社交互动，提高自尊心。与患者建立良好的护理关系，提供情绪上的支持和鼓励，使其感到被理解和关心。

3）物理治疗：根据患者情况选择合适的物理治疗方法，如经颅磁刺激治疗等，以调节大脑内负责情绪症状的神经元。鼓励患者进行适量的运动或户外活动，以增强体质，缓解抑郁情绪。

4）前瞻性护理：密切关注患者的情绪变化，及时发现并处理自杀倾向或危险行为。为患者提供舒适的睡眠条件，避免强光、噪声等刺激因素。家属应 24 h 留陪，询问患者情况，观察情绪及面部表情，检查门窗，防止自杀。

（4）评价与调整

1）定期评估：定期对患者的疼痛程度、心理状态、生活质量等方面进行评估，以了解护理效果。

2）调整护理计划：根据评估结果，及时调整护理计划，包括药物种类和剂量的调整、心理治疗的改进等。持续监测：持续监测患者的用药依从性和药物过量的风险，以及其他可能影响一般身体健康的因素。

（5）健康教育 向患者及其家属普及疼痛管理知识，包括疼痛的性质、评估方法、缓解技巧等。教育患者及其家属如何识别和处理焦虑、抑郁等心理问题，提高心理健康水平。指导患者保持健康的生活方式，如合理饮食、适量运动、充足睡眠等，以促进身心康复。

三、抑郁性疼痛

1. 概念

抑郁性疼痛是指由抑郁症引起的躯体疼痛症状，是抑郁症患者常见的伴随症状之一。这种疼痛可能表现为头痛、背痛、关节痛、肌肉痛等多种形式的躯体不适，且往往难以用常规医学手段解释或缓解。

2. 心理性发病原因

抑郁性疼痛的原因复杂多样，包括神经生物学因素、心理因素和社会环境因素等。抑郁症患者的脑内神经递质（如 5-羟色胺、去甲肾上腺素等）水平异常，可能导致疼痛感受的敏感性增加。抑郁情绪可能引发患者对疼痛的过度关注，从而放大疼痛体验。生活压力、人际关系紧张等也可能加剧抑郁性疼痛。

3. 中西医治疗

西医治疗抑郁性疼痛主要采用抗抑郁药物和镇痛药物，以调节神经递质水平和缓解疼痛症状。中医治疗则注重整体调理，通过辨证施治，采用中药、针灸、推拿等方法，调节气血平衡，缓解抑郁情绪和疼痛症状。中西医结合治疗可以发挥各自优势，提高治疗效果。

4. 心理护理

同“焦虑性疼痛”相关内容。

本章主要介绍心理性疼痛的管理，首先明确了心理性疼痛的概念和类型，指出其并非由明确的生理损伤引起，而与心理状态、情绪反应等因素密切相关。心理性疼痛的类型包括心因性疼痛、心身疾病疼痛、精神性疾病导致的疼痛等。在心理治疗方面，包括认知行为疗法、心理动力学疗法、暗示疗法、支持性心理疗法、催眠疗法、转移注意法等多种方法，并强调了家庭与社会支持的重要性。不同类型的心理性疼痛如紧张性疼痛、焦虑性头痛和抑郁性疼痛等，通过全面的评估、个性化的护理计划和有效的治疗措施，可以帮助患者更好地管理疼痛，提升生活质量。

第十四章　临终患者的疼痛

学习目标

❖ **知识目标**

1. 掌握：临终疼痛控制、镇痛药的给药途径和方法，镇痛药物常见不良反应的处理，使用评估工具正确评估临终阶段疼痛。

2. 熟悉：临终阶段疼痛的特点、管理原则，护士在临终疼痛管理的角色。

3. 了解：患者在疼痛管理中的权利和义务，疼痛管理对临终患者的重要性。

❖ **能力目标**

能够正确使用评估工具评估临终阶段疼痛内容；能够正确实施临终疼痛患者的管理措施和健康教育。

❖ **思政目标**

结合疼痛管理中的伦理决策分析疼痛管理中的伦理难题，引导学生探讨在尊重患者自主权、保障患者利益的同时，遵守医疗伦理规范，培养学生的伦理意识和职业责任感，学会在复杂情况下做出正确的伦理决策。

第一节　临终患者的疼痛及控制现状

一、临终阶段疼痛的特点和影响

临终阶段的疼痛具有复杂性和多维度的特点。复杂性体现在疼痛往往伴随着多种病因，如恶性肿瘤、终末期器官功能衰竭、术后并发症等。这使得疼痛的管理变得十分复杂，需要综合考虑多种因素。多维度则体现在疼痛不仅仅是一种生理疼痛，还蕴含着强烈的心理和社会色彩。因此，在管理临终疼痛时，必须全面考虑患者的心理和社会因素。

临终阶段的疼痛对患者和家属都产生了深远的影响。对于患者而言，疼痛不仅带来了身体上的不适和痛苦，还可能导致心理压力的增加，影响生活质量。在生命的最后阶段，患者往往希望能够安详地走完最后的旅程，而疼痛则成为这一愿望的障碍。对于家属而言，看到亲人遭受疼痛折磨，不仅感到无助和焦虑，还可能产生内疚和自责的情绪。

临终阶段疼痛的影响还体现在医疗资源的利用和医疗费用的增加上。为了缓解患者的疼痛，医疗机构往往需要投入更多的医疗资源和人力资源，增加了医疗费用。同时，疼痛管理也考验着医护人员的专业素养和人文关怀能力。如何有效地管理临终患者的疼痛，成为了一个亟待解决的问题。

二、临终患者疼痛的流行病学

临终患者的疼痛是一个普遍存在的现象，其流行病学数据揭示了这一问题的严重性和普遍性。

研究显示，在临终关怀的养老机构老年居民中，疼痛的患病率接近 60%。对连续 40 年的 52 项研究的分析发现，64%的晚期癌症患者有疼痛，而在这些患者中，有三分之一的疼痛为中度或重度。在治愈性或姑息性化疗不再可行的个体中，癌症疼痛的患病率增加至 75%。在对生命结束时症状流行的系统评价中，疼痛的总体患病率确定为 52.4%。这些数据表明，临终患者的疼痛是一个不容忽视的重要问题，需要有效的管理和干预。

此外，对于不同人群，疼痛的患病率和管理情况也有所差异。例如，语言障碍的个体，特别是婴儿和儿童，以及发育或认知障碍的人，疼痛的治疗可能更为复杂和常见。而老年人、残疾人、社会和经济资源有限的群体，以及与医疗保健提供者语言不同的群体，则存在治疗不足的风险。这些差异提示我们，在疼痛管理中需要针对不同人群的特点和需求，采取个性化的措施。

三、临终患者的疼痛控制现状

1990 年，美国国家临终协会宣称，每一个临终患者都期待把控制疼痛作为疾病过程的一个要素。护士应了解疼痛控制的相关知识和技术，帮助临终患者减轻疼痛。

1. 全球临终疼痛控制的现状

全球疼痛控制现状面临严峻挑战。根据统计，全球慢性疼痛患者超过 3 亿人，且每年仍在快速增长。2023 年，我国慢性疼痛相关疾病住院患者多达 2 615 万例，疼痛科收治的患者增加了 35.1%。全球癌症负担沉重，2022 年新增癌症病例 1 996 万，预计到 2050 年将超过 3 500 万，其中 31%的癌症患者遭受中重度癌痛的困扰。这些数据表明，疼痛已成为一个全球性的公共卫生问题，给社会和个人带来沉重的负担。

2. 中国疼痛控制现状

我国是世界上人口最多的发展中国家，每年癌症患者数约 180 万，每年死于癌症的人数约为 150 万。随着现代医学的发展，已有 30%的患者可得到早期诊断和完善的治疗；但仍有 1/3 的患者在发现自觉症状时已是临终。疼痛控制现状也面临诸多挑战。尽管近年来疼痛学科发展迅速，诊疗能力和服务能力大幅提升，但仍然存在一些问题。例如，尽管疼痛科收治的患者逐年增加，但 68.7%的患者在三级医院进行诊疗，而二级医院的治疗有效率较低。此外，中国癌症患者中有超 40%存在癌痛控制不佳的现象，尽管治疗率有所上升，但仍有大量患者未能得到有效控制。由此可见，临终疼痛控制的社会需求非常突出。我国卫生健康委员会已将临终防治和临终疼痛控制列为社会和卫生事业发展中急需解决的重点问题之一。

3. 疼痛控制的主要挑战

（1）慢性疼痛的流行 慢性疼痛已成为公共卫生问题，给社会和个人带来沉重负担。数据显示，我国慢性疼痛患者超过 3 亿人，且每年仍在快速增长。

（2）性别差异 慢性疼痛在性别上存在差异，女性患者较多。这要求临床诊疗更加个体化，注重不同性别的社会心理因素对诊疗效果的影响。

（3）基层医疗资源不足 虽然疼痛科收治的患者逐年增加，但大部分患者在三级医院进行诊疗，基层医疗卫生机构的综合诊疗能力有待提升。

第二节 临终患者的疼痛管理

一、疼痛管理在临终关怀中的重要性

疼痛管理在临终关怀中占据着举足轻重的地位。它不仅能够缓解患者的身体不适，提高生活质量，还能够减少患者的心理压力，帮助患者保持尊严。对于临终患者而言，疼痛管理不仅是一种医疗手段，更是一种人文关怀的体现。

在临终关怀中，疼痛管理的重要性体现在以下几个方面：

1. 缓解疼痛

通过有效的疼痛管理，可以减轻患者的疼痛程度，使其能够更舒适地度过生命的最后阶段。

2. 提高生活质量

疼痛管理可以改善患者的整体生活质量，使其能够在有限的时间内享受更多的快乐和尊严。

3. 减少心理压力

疼痛不仅给患者带来身体上的痛苦，还可能导致心理上的压力和恐惧。疼痛管理可以缓解这些负面情绪，使患者能够更平静地面对死亡。

4. 促进医患关系

有效的疼痛管理需要医护人员和患者之间的密切合作和信任。通过共同制定疼痛管理计划，可以加强医患之间的沟通和理解，促进医患关系的和谐。

此外，疼痛管理还有助于提高医疗资源的利用效率。通过合理的疼痛管理策略，可以减少不必要的医疗资源和人力资源的浪费，降低医疗费用的负担。同时，疼痛管理也促进了医疗质量的提升，提高了医疗机构的服务水平和患者满意度。

二、临终患者疼痛管理的障碍

尽管疼痛管理在临终关怀中具有重要的地位和作用，但在实际操作中仍然面临着诸多障碍。这些障碍既有来自患者和家属方面的因素，也有来自医疗保健机构和医疗系统方面的因素。

（一）患者及家属方面的障碍

1. 疼痛认知不足

部分患者和家属对疼痛的认知不足，认为疼痛是疾病的自然组成部分并且无法缓解。这种观念导致他们不愿意接受疼痛管理或治疗。

2. 担忧和拒绝

部分患者和家属担心疼痛增加预示疾病进展，或担心疼痛治疗会带来不良反应或成瘾风险。因此，他们可能会拒绝疼痛管理或治疗。

3. 文化和社会因素

在某些文化中，忍受疼痛被视为一种美德或勇气。这种观念可能导致患者和家属不愿意表达疼痛或寻求疼痛管理。

（二）医疗保健机构方面的障碍

1. 疼痛评估不充分

部分医疗保健机构对疼痛的评估不充分，缺乏针对每位患者的特殊需求而设计的评估量表。这导致疼痛管理计划的制定缺乏科学依据和个性化特点。

2. 疼痛管理专业知识不足

部分医护人员对疼痛管理的知识掌握不够全面和深入，导致在疼痛管理中存在盲目性和随意性。这可能会影响疼痛管理的效果和质量。

3. 医疗资源限制

在一些医疗资源有限的地区或机构中，疼痛管理可能受到资源的限制。例如，缺乏疼痛管理专科人才、有效的疼痛治疗药物或设备等。

（三）医疗系统方面的障碍

1. 限制性处方集

部分医疗系统对疼痛治疗药物的处方存在限制，导致医护人员在治疗疼痛时面临药物选择上的困难。

2. 医保报销范围有限

一些有效的疼痛治疗方法（如物理和职业治疗、心理健康咨询等）可能不在医疗保险的覆盖范围内，导致患者无法获得这些治疗。

3. 缺乏疼痛教育支持

部分医疗系统缺乏针对医护人员和公众的疼痛教育支持，导致疼痛管理的知识和技能无法得到及时更新和普及。

为了克服这些障碍，我们需要采取一系列措施。例如，加强对患者和家属的疼痛教育，提高他们对疼痛管理的认识和接受度；加强医护人员的疼痛管理培训，提高他们的专业素养和技能水平；完善医疗系统的疼痛管理机制，提高疼痛管理的科学性和有效性；加强科研和教育投入，推动疼痛管理领域的创新和发展。通过这些措施的实施，我们可以为临终患者提供更加优质的疼痛管理服务，提高他们的生活质量，减轻家庭的照护压力。

三、临终患者在疼痛管理中的权利和义务

患者本身在疼痛管理中享有一定的权利和义务，正确履行权利和义务有助于全面控制疼痛。

1. 患者的权利

1）对疼痛作出准确的描述，医护人员应将重度疼痛视为急症。

2）得到专业医护人员控制疼痛的处理措施。

3）获得有关疼痛和止痛措施的信息。

4）对治疗有知情权。

5）接受疼痛治疗专家的治疗。

2. 患者的义务

1）主动向医护人员说明希望了解的疼痛和疼痛管理知识。

2）与医护人员充分沟通止痛方案。

3）当确定疼痛管理计划时配合医护人员。

4）出现疼痛时及时报告。

5）协助主治医护人员评估疼痛情况。

6）疼痛不缓解时应向主治医护人员报告。

7）同主治医护人员交谈对止痛药物的顾虑。

第三节　临终患者疼痛的筛查与评估

疼痛是临终患者最为严重的症状之一。它不仅影响患者的饮食、睡眠、活动和情绪，还可能对其临终期生活造成严重威胁，甚至导致患者产生绝望情绪。因此，对临终患者的疼痛进行及时、准确的筛查及评估至关重要。

导入案例 14-1

李先生，68岁，因肺癌晚期入院接受姑息治疗。近期，李先生频繁表示胸部疼痛，且疼痛在夜

间尤为剧烈，严重影响了他的睡眠质量和日常生活。护士小张负责李先生的日常护理工作，并参与了其疼痛管理计划。

问题：

1. 作为护士小张，你如何对李先生的疼痛进行初步评估和筛查？

2. 请详细描述你会采取的评估方法和工具，并解释选择这些方法和工具的理由。

一、临终患者疼痛筛查

（一）临终患者疼痛筛查的目的

疼痛筛查的主要目的是识别患者是否存在疼痛，并评估其疼痛的程度和性质。通过筛查，医护人员可以及时发现患者的疼痛问题，避免疼痛对患者的生活质量和健康状况造成不良影响，为制定个性化的治疗方案提供有力支持。

（二）临终患者疼痛筛查的方法

1. 主观评估

（1）询问患者 直接询问患者是否感到疼痛，以及疼痛的部位、性质、程度和持续时间等。这是疼痛筛查中最直接、最常用的方法。

（2）观察患者 观察患者的面部表情、身体姿势、行为反应等，以判断患者是否存在疼痛。例如，患者可能因疼痛而皱眉、呻吟、拒绝活动等。

2. 客观评估

（1）体格检查 通过触摸、按压等方式检查患者的疼痛部位，以评估疼痛的程度和性质。

（2）生理指标监测 监测患者的生命体征，如心率、血压、呼吸频率等，以判断疼痛是否对患者的生理功能造成影响。

（3）疼痛评估量表 使用标准化的疼痛评估量表，如视觉模拟评分表（VAS）、数字评定量表（NRS）等，对患者的疼痛进行量化评估。

（三）临终患者疼痛筛查的注意事项

疼痛的筛查有助于医护人员及时了解临终患者的疼痛状况，从而采取适当的治疗措施。在筛查中需注意以下事项：

（1）尊重患者的主观感受 疼痛是一种主观感受，因此筛查时应充分尊重患者的主观描述，避免对患者的疼痛感受进行质疑或否定。

（2）全面评估 疼痛可能涉及多个部位或系统，因此筛查时应进行全面评估，避免遗漏重要信息。

（3）动态观察 疼痛是一个动态变化的过程，因此筛查时应进行动态观察，及时了解患者的疼痛变化情况。

（4）及时记录 将筛查结果及时记录在病历中，以便后续治疗和评估。

（5）保护患者隐私 在筛查过程中，应保护患者的隐私，避免在公共场合讨论患者的疼痛问题。

二、临终患者疼痛的评估

1. 评估的原则

（1）全面性原则 收集全面、详细的疼痛史，包括疼痛的发病时间、部位、程度、性质、病程、持续性和间断性、加重或减轻的因素、疼痛治疗史、相关症状体征、患者的主观感受、行为表现和生理指标，以及家属提供的相关资料。

（2）客观性原则 评估过程中应尽可能使用客观、量化的评估工具，以减少主观判断带来的误差。

（3）动态性原则 疼痛是一个动态变化的过程，因此评估应定期进行，记录每次疼痛的发生、治疗效果，以及时调整疼痛管理计划。

（4）个性化原则 不同患者对疼痛的感受和耐受程度不同，因此评估时应考虑患者的个体差异，倾听并相信患者的主诉，制定个性化的评估方案。

2. 评估工具

为了更加准确、客观地评估临终患者的疼痛程度，医护人员可以使用多种评估工具。以下是一些常用的疼痛评估工具介绍。

（1）视觉模拟评分表 该方法简单易行，相对比较客观且敏感。但刻度较为抽象，需要患者具备一定的感觉、运动和知觉能力。

（2）数字评定量表 量表适用范围广，适用于老年人和文化程度较低者。可能受到患者主观感受的影响。

（3）根据主诉疼痛程度分级法 分为四级：

1）0级：无痛。

2）1级（轻度疼痛）：虽有疼痛但仍可忍受，并能正常生活，睡眠不受干扰。服用非阿片类止痛药，可使疼痛解除。

3）2级（中度疼痛）：疼痛明显，不能忍受，要求服用镇痛药，睡眠受干扰。服用非阿片类止痛药不能使疼痛缓解或疼痛加剧；服用弱阿片类止痛药可使疼痛缓解。

4）3级（重度疼痛）：疼痛剧烈，不能忍受，要求服用强镇痛药物，睡眠严重受到干扰，可伴有自主神经功能紊乱表现或被动体位。服用弱阿片类止痛药（加减号非阿片类，止痛药辅助药）不能使疼痛解除或疼痛加剧，需要服用强阿片类止痛药。

（4）行为疼痛量表（Behavioral Pain Scale，BPS） BPS包括面部表情、上肢运动、通气依从性（气管插管患者）或发声（非气管插管患者）等条目。每一项按1～4评分，总分为3～12分，总分越高说明患者的疼痛程度越高。适用于气管插管和非气管插管的ICU患者。需要医护人员对患者行为进行细致观察（表14-1）。

表14-1 行为疼痛量表

项目	1	2	3	4
面部表情	放松	部分紧张	完全紧张	扭曲
上肢运动	无活动	部分弯曲	手指、上肢完全弯曲	完全回缩
通气依从性（插管）	完全能耐受	呛咳，大部分时间能耐受	对抗呼吸机	不能控制通气
发声（非插管）	无疼痛相关发声	呻吟＜3次/min且每次持续时间＜3 s	呻吟＞3次/min或每次持续时间＞3 s	咆哮或使用“哦”“哎哟”等言语，或屏住呼吸

（5）重症监护疼痛观察工具 能够全面评估患者的疼痛程度，但评估过程相对烦琐。

（6）非语言成人疼痛评估量表 适用于气管插管和镇静的创伤患者，评估过程需要医护人员具备一定的专业知识和经验。

护士在运用上述工具对临终患者的疼痛进行评估时，应向患者提出下列问题并做好记录，从另一侧面对疼痛进行评估。具体问题是：疼痛是怎样开始的？何时开始的？何种刺激能够引发您的疼痛？您的疼痛持续多长时间了？您的疼痛是持续性的，还是间断性的？请用您自己的语言描述一下疼痛的程度和变化情况？怎样才能缓解疼痛？怎样会加重疼痛？是如何止痛的？您认为哪些方法没有止痛效果？疼痛发作时您有何症状？疼痛在哪些方面（如睡眠、食欲、身体活动、注意力、情绪、社交活动、性生活等）对您影响大？您认为什么原因引起现在的疼痛？

对认知障碍的患者，评估其疼痛程度时需将自我评定与行为观察和生理反应相结合。患者步态的变化、退缩或激动行为、食欲或睡眠改变、呻吟、哭泣，均可视为非语言性疼痛行为。国外报道，痴呆患者表明不适的最常见行为是痛苦面容、坐立不安、行为改变、呜咽、肌肉紧张或出汗。

综上所述，医护人员应根据患者的具体情况选择合适的评估工具，并结合患者的主观感受、行为表现和生理指标来全面、客观地评估临终患者的疼痛程度，为制定个性化的疼痛管理计划提供依据。

3. 评估内容

对临终患者的疼痛评估是疼痛管理的前提，是护士的基本职责。疼痛评估的内容包括：

（1）了解患者的个人及社会情况

1）个人背景：主要包括患者的年龄、受教育程度、职业、婚姻状况、居住地、宗教信仰、风俗习惯、种族等基本情况。

2）社会环境状况：主要包括临终患者目前的器官功能情况、健康状况、社会支持系统状况。

（2）临终患者关于疼痛的主诉 请患者自己对疼痛的性质和程度进行概括性描述，如：①用视觉模拟评分法表示疼痛的强度及动态变化；②用不同的符号或颜色标出疼痛的性质及疼痛部位的深浅度；③请患者自己对疼痛的强度进行描述，如“轻度疼痛”“中度疼痛”或“剧烈疼痛”等；④对目前疼痛情况和先前疼痛情况进行比较，是否“加重”或“减轻”。临终患者自己对疼痛的评估可以采用正式的疼痛量表，但此类量表的使用在临床上并不是必需的。

（3）详细询问病史 除向患者询问疾病的相关情况外，还应包括：①疼痛开始和持续的时间；②疼痛的部位和性质；③疼痛致身体活动的受限程度；④疼痛对睡眠的影响程度；⑤曾经服用的止痛药或采用过的治疗措施，以及这些药品或治疗措施对疼痛缓解的程度；⑥其他疾病和并发症。

（4）详细进行身体检查 包括全面的神经系统检查。对临终患者进行详细的身体检查，对确定导致临终患者疼痛的原因和选择适当的治疗措施是非常必要的。

（5）评估临终患者的心理状态 包括了解临终患者过去患病的情况和目前疾病的发展情况、对其心理的影响、对疾病和治疗的态度及是否存在焦虑、抑郁、恐惧等症状。

（6）必要的特殊检查 包括疼痛部位的 X 线、CT、B 超、MRI 等。有些病例，特别是在疼痛原因不能确定或者需要根据疾病发展状况来选择进一步的治疗措施时，特殊检查往往是非常必要的。如果临终患者的身体状况不适合抗肿瘤治疗，就没有必要进行特殊诊断性检查。

（7）与家属的沟通 请家属介绍临终患者的身体和活动情况，说明疼痛是否影响其工作、活动和日常生活，以及在食欲、睡眠、性功能、情绪和与同事、亲属间关系等方面的变化。

4. 评估的技巧

（1）建立良好的沟通 与患者建立信任关系，确保患者愿意分享自己的疼痛感受。使用简单、易懂的语言与患者交流，避免使用专业术语造成误解。

（2）全面评估 评估疼痛的部位、性质、持续时间以及伴随症状。评估疼痛对患者日常生活、睡眠、情绪等方面的影响。

（3）动态评估 疼痛是一个动态变化的过程，应定期进行评估以了解疼痛的变化情况。在采取疼痛管理措施后，应及时进行评估以了解治疗效果。

（4）结合客观指标 在评估过程中，可以结合患者的生命体征、疼痛部位的皮肤状况等客观指标来辅助判断疼痛程度。对于无法用言语表达疼痛的患者，如儿童或认知障碍患者，可以通过观察其行为表现来评估疼痛程度。

（5）记录与反馈 详细记录患者的疼痛评估结果和疼痛管理措施。将评估结果及时反馈给患者和家属，以便他们了解疼痛管理的情况并积极参与疼痛管理。

综上所述，实施疼痛评估时，医护人员应结合沟通技巧、全面评估、动态评估、客观指标以及记录与反馈等技巧来确保评估的准确性和有效性。为患者提供更加个性化的疼痛管理计划，提高患者的生活质量。

第四节　临终患者疼痛的治疗

对于临终患者而言，采取科学、合理的疼痛治疗方法，对于缓解临终患者的疼痛、提升其舒适度具有重要意义。本节将详细介绍临终患者疼痛的药物治疗和非药物治疗方法。

一、临终患者疼痛的药物治疗

药物治疗是临终患者疼痛管理中最常用、最有效的方法之一。通过选择合适的药物、制定个性化的用药方案，可以有效缓解患者的疼痛症状，提高其生活质量。

（一）药物治疗的原则

1. 个体化原则

根据患者的疼痛类型、程度、持续时间以及伴随症状，制定个性化的用药方案，确保治疗效果最大化。

2. 安全性原则

在选择药物时，应充分考虑患者的肝肾功能、药物相互作用等因素，确保用药安全。同时，应密切关注患者的用药反应，及时调整用药方案。

3. 有效性原则

选择疗效确切、作用迅速的药物，确保快速、有效地缓解患者的疼痛症状。

4. 经济性原则

在保证治疗效果的前提下，选择价格合理、性价比高的药物，减轻患者的经济负担。

（二）常用镇痛药物及用法

1. 阿片类药物

（1）作用机制　通过作用于中枢神经系统，抑制疼痛信号的传递从而缓解疼痛。

（2）常用药物　如吗啡、芬太尼等。

（3）用法　根据患者的疼痛程度，采用滴定法逐步调整用药剂量，直至达到满意的镇痛效果。同时，应注意监测患者的生命体征和用药反应，避免药物过量或不良反应。

2. 非甾体抗炎药（NSAIDs）

（1）作用机制　通过抑制炎症介质的合成和释放，减轻炎症反应和疼痛。

（2）常用药物　如布洛芬、吲哚美辛等。

（3）用法　根据患者的疼痛程度和炎症情况，选择合适的用药剂量和频次。同时，应注意监测患者的肝肾功能和用药反应，避免药物不良反应。

3. 辅助镇痛药物

（1）作用机制　通过作用于不同的疼痛传导通路或受体，增强镇痛效果，减轻药物不良反应。

（2）常用药物　如加巴喷丁、普瑞巴林等。

（3）用法　根据患者的疼痛类型和程度，选择合适的辅助镇痛药物，并与其他镇痛药物联合使用，以达到最佳的镇痛效果。

4. 药物治疗的注意事项

（1）**避免药物滥用**　应严格遵循医嘱用药，避免自行增减剂量或停药。同时，应避免使用非医嘱药物或保健品，以免对治疗效果产生负面影响。

（2）**监测药物反应**　在用药过程中，应密切关注患者的生命体征和用药反应，如出现恶心、呕吐、头晕等不适症状，应及时告知医护人员，以便及时调整用药方案。

（3）**注意药物相互作用**　在使用多种药物时，应注意药物之间的相互作用，避免药物之间的不良反应。

（三）镇痛药的给药途径和方法

针对临终患者的镇痛治疗，需要综合考虑患者的疼痛程度、身体状况、药物代谢以及给药途径的可行性。

1. 口服给药

口服给药是首选的镇痛药给药途径，简便、无创，便于患者长期用药。剂型多样，如片剂、胶囊、控释片和液体制剂等，可根据患者情况选择。适用于可以口服用药、不需要即刻镇痛以及需要长期用药的慢性疼痛患者。

2. 直肠给药

适用于不能口服用药的患者，效能与口服基本相同或更好。直肠的吸收面积小，但吸收后的药物有部分直接进入体循环，吸收率受直肠内粪便和药剂位置的影响。

3. 皮下注射给药

可不经过肠道，无药物的首关效应，摄入吸收的时间较口服用药方式明显缩短。镇痛作用产生快，生物利用度高，是患者自控镇痛（PCA）常用的给药途径之一。主要用于胃肠道功能障碍、顽固性的恶心呕吐以及严重衰竭需要迅速控制疼痛的临终患者。

4. 静脉途径给药

水溶性药物可以直接静脉注射，避开影响药物吸收的各种因素。但需注意药物浓度、注射速度和患者的耐受性。

5. 其他给药途径

如舌下含服、鼻腔给药、硬膜外间隙给药和蛛网膜下间隙注射以及脑室内注射等，这些途径在某些特定情况下可能更为适用。

（四）镇痛药物常见不良反应的处理

1. 胃肠道反应

如恶心、呕吐、上腹不适等，为非阿片类药物（如阿司匹林）的常见不良反应。应对措施包括指导患者餐后服药、同服止酸药（如米索前列醇、硫糖铝等）以及预防性应用维生素 K 等。

2. 出血倾向

某些药物可能加重患者的出血倾向。应密切关注患者的出血情况，及时采取措施止血，并预防性应用维生素 K 等药物。

3. 急性中毒

阿片类药物过量可能导致昏迷、深度呼吸抑制以及瞳孔极度缩小等急性中毒症状。应立即进行人工呼吸、适量吸氧及静脉注射阿片受体阻断药纳洛酮等急救措施。

4. 耐受性和依赖性

长期反复应用阿片类药物易产生耐受性和药物依赖性。应通过联合用药、个体化用药等方式来降低这些风险。同时，对于已经出现依赖性的患者，应逐步减少药物剂量并寻求专业帮助。

5. 便秘

便秘是阿片类药物最常见的不良反应之一。应对措施包括按摩腹部、多喝水、多吃蔬菜水果和粗纤维食物等。同时，在医生的指导下按时服用缓泻剂预防便秘。

6. 其他不良反应

如嗜睡、皮肤瘙痒、尿潴留等。应根据患者的具体情况采取相应的处理措施，如调整药物剂量、更换药物种类、保持皮肤清洁等。

综上所述，对于临终患者的镇痛治疗，应综合考虑患者的具体情况选择合适的给药途径和方法，并密切关注药物的不良反应。同时，加强与患者的沟通与交流，提高患者的舒适度和生活质量。

二、临终患者疼痛的非药物治疗

除了药物治疗外，非药物治疗也是临终患者疼痛管理的重要手段。通过采用物理疗法、心理疗法、中医疗法等多种方法，可以有效缓解患者的疼痛症状，提高其生活质量。

1. 物理疗法

物理疗法在临终患者的疼痛管理中扮演着重要角色，它通过非侵入性的方式，利用物理因素作用于人体，以达到缓解疼痛、促进康复的目的。以下是几种常见的物理疗法：

（1）热敷或冷敷 热敷和冷敷是物理疗法中最简单、最常用的方法之一。热敷通常使用热水袋、热毛巾或加热垫等工具，通过提高局部组织的温度，促进血液循环，缓解肌肉紧张和痉挛，从而减轻疼痛。冷敷则使用冰袋、冷毛巾等工具，通过降低局部组织的温度，减少炎症和肿胀，达到缓解疼痛的目的。在选择热敷或冷敷时，需要根据患者的疼痛类型和程度，以及局部组织的反应来决定。

（2）按摩 按摩是一种通过手法作用于人体，促进局部血液循环、肌肉松弛和淋巴循环的物理疗法。在临终患者的疼痛管理中，轻柔的按摩手法可以帮助患者缓解疼痛，减轻肌肉紧张和痉挛。按摩还可以促进患者的身心放松，提高其舒适度。然而，需要注意的是，在按摩过程中应避免过度刺激和压迫疼痛区域，以免加重疼痛。

（3）针灸 针灸是一种通过刺激人体特定穴位，调节气血运行和神经功能，以达到镇痛效果的物理疗法。针灸治疗具有操作简便、疗效确切、不良反应小等优点，在临终患者疼痛管理中具有广泛的应用前景。针灸可以通过调节神经递质和内分泌系统的功能，减轻疼痛感受，同时还可以通过促进局部血液循环和淋巴循环，加速炎症消退和组织修复。在针灸治疗过程中，需要根据患者的疼痛类型和体质特点，选择合适的穴位和针刺方法。

2. 心理疗法

心理疗法在临终患者的疼痛管理中同样具有重要作用。通过帮助患者调整心理状态，改变对疼痛的认知和应对策略，心理疗法可以显著减轻疼痛带来的心理负担和焦虑情绪。以下是几种常见的心理疗法：

（1）认知行为疗法 认知行为疗法是一种通过帮助患者树立正确的疼痛认知观念，改变其对疼痛的错误认知和应对策略，从而减轻疼痛带来的心理负担和焦虑情绪的心理疗法。在认知行为疗法中，治疗师会与患者一起探讨疼痛的性质、原因和影响，帮助患者认识到疼痛并非完全由身体损伤引起，而是与个人的心理、情绪和社会环境密切相关。通过调整患者的认知模式和行为习惯，认知行为疗法可以帮助患者更好地应对疼痛，提高其生活质量。

（2）放松训练 放松训练是一种通过深呼吸、渐进性肌肉松弛等技巧，帮助患者缓解紧张和焦虑情绪，从而减轻疼痛感受的心理疗法。在放松训练过程中，患者需要学会如何放松自己的身体和心灵，降低对疼痛的敏感度。通过反复练习，患者可以在面对疼痛时更加从容地应对，减少疼痛带来的不适感。

（3）心理支持 心理支持是一种通过提供心理咨询、心理疏导等服务，帮助患者面对疼痛带来的心理压力和挑战，提高其应对能力的心理疗法。在临终患者的疼痛管理中，心理支持服务可以帮助患者更好地理解和接受疼痛的存在，减轻其心理负担和焦虑情绪。同时，心理支持还可以帮助患者建立积极的心态和信念，提高其面对疼痛的勇气和信心。

3. 中医疗法

中医疗法在临终患者的疼痛管理中也具有一定的应用价值。通过运用中医理论和治疗方法，中医疗法可以帮助患者缓解疼痛，改善身体状况，提高其生活质量。以下是几种常见的中医疗法。

（1）**中药治疗**　中药治疗是中医疗法中最常用的方法之一。根据患者的疼痛类型和体质特点，中医医师会选择合适的中药方剂进行治疗。中药治疗具有不良反应少、疗效持久等优点，在临终患者疼痛管理中具有一定的应用价值。通过调节人体的阴阳平衡和气血运行，中药治疗可以缓解疼痛感受，促进炎症消退和组织修复。

（2）**拔罐疗法**　拔罐疗法是一种通过负压作用于人体局部组织，促进局部血液循环和淋巴循环的物理疗法。在临终患者的疼痛管理中，拔罐疗法可以帮助患者缓解疼痛，减轻肌肉紧张和痉挛。通过拔罐疗法，患者可以感受到局部组织的放松和舒适感，从而减轻疼痛带来的不适感。

（3）**刮痧疗法**　刮痧疗法是一种通过刺激皮肤表面的经络和穴位，调节人体的气血运行和神经功能，从而缓解疼痛的物理疗法。在刮痧过程中，治疗师会使用特制的刮痧板或刮痧棒等工具，在患者的皮肤上进行刮拭和摩擦。通过刺激经络和穴位，刮痧疗法可以促进局部血液循环和淋巴循环，加速炎症消退和组织修复。同时，刮痧疗法还可以帮助患者缓解紧张和焦虑情绪，提高其身心舒适度。

综上所述，物理疗法、心理疗法和中医疗法在临终患者的疼痛管理中都具有重要作用。通过综合运用这些疗法，可以为患者提供更加全面、个性化的疼痛管理服务，提高其生活质量，减轻家庭的痛苦。

4. 其他非药物治疗方法

（1）**音乐疗法**　通过播放舒缓的音乐，帮助患者放松身心，减轻疼痛感受。

（2）**芳香疗法**　通过使用精油等芳香物质，帮助患者缓解紧张和焦虑情绪，从而减轻疼痛感受。

（3）**冥想和瑜伽**　通过冥想和瑜伽等练习，帮助患者集中注意力、放松身心，从而减轻疼痛感受。

在临终患者疼痛管理中，药物治疗和非药物治疗方法各具特色、相辅相成。通过科学、合理的选择和应用这些方法，可以有效缓解患者的疼痛症状、提高其生活质量。未来，随着医疗技术的不断进步和疼痛管理理念的深入人心，相信临终患者疼痛管理将取得更加显著的成效。同时，我们也应不断探索新的疼痛治疗方法和技术手段，为临终患者提供更加全面、个性化的疼痛管理服务。

第五节　临终患者疼痛的管理

一、护士在临终患者疼痛管理中的角色

护士在临终患者疼痛管理中扮演着多重角色，他们的专业知识和人文关怀为患者提供了全方位的疼痛管理服务。为临终患者提供了全面、个性化的疼痛管理服务，提高了他们的生活质量，减轻了家庭的痛苦。

1. 疼痛管理的实践者

作为疼痛管理的直接实践者，护士在临终患者的疼痛控制中发挥着至关重要的作用。他们负责评估患者的疼痛程度、类型和影响因素，制定个性化的疼痛管理计划，并监测治疗效果。

评估者与监测者

1）疼痛评估：护士是临终患者疼痛的首要评估者。他们利用专业知识和技能，通过疼痛评估工具，对患者的疼痛程度、类型、部位及影响因素进行全面评估，以确保准确评估患者的疼痛状况。

2）病情变化监测：在治疗过程中，护士需要持续监测患者的病情变化，包括疼痛缓解情况、药物反应及不良反应等，以便及时调整治疗方案

3）疼痛缓解：护士需要根据患者的具体情况，选择合适的疼痛缓解措施，如药物治疗、物理治疗、心理治疗等，并根据患者的反应和病情变化，及时调整治疗方案。

2. 疼痛管理的教育者

护士在临终患者疼痛管理中还扮演着教育者的角色。他们需要对患者及其家属进行疼痛管理相关知识的健康教育，帮助他们理解疼痛的本质、评估方法和缓解措施。通过教育，护士可以提高患者及其家属对疼痛管理的认识，增强他们参与疼痛管理的积极性和主动性。此外，护士还需要指导患者及其家属正确使用疼痛缓解药物和辅助设备，避免药物滥用和误用，确保疼痛管理的安全性和有效性。

在教育过程中，护士需要注重沟通技巧的运用，以耐心、细致的态度解答患者及其家属的疑问，消除他们的疑虑和恐惧。同时，护士还需要关注患者及其家属的心理状态，提供必要的心理支持和安慰，帮助他们建立积极的心态和应对策略。

3. 患者的心理支持者

面对临终患者的疼痛和焦虑情绪，护士需要给予他们充分的心理支持。通过倾听、安慰、鼓励等方式，帮助患者缓解紧张情绪，增强战胜疾病的信心。对于即将离世的患者，护士还需要提供临终关怀服务。他们通过陪伴、安慰和尊重等方式，帮助患者平静、安详地度过生命的最后阶段。

4. 伦理守护者

在疼痛管理过程中，护士需要尊重患者的自主权和选择权。对于治疗方案的选择、药物的使用等，都需要在充分告知患者及其家属的基础上，征得他们的同意。还需要严格遵守患者隐私保护规定，确保患者的个人信息和病情资料不被泄露。

5. 协调者与合作者

护士作为医疗团队的一员，需要与医生、药师、物理治疗师等其他成员紧密合作，共同制定和执行疼痛管理计划。他们负责协调各方资源，确保治疗方案的顺利实施。护士还承担着与患者及其家属沟通的重任。他们需要将治疗计划、药物使用说明及注意事项等详细告知患者及其家属，并解答他们的疑问和担忧。

6. 疼痛管理的研究者

随着疼痛管理领域的不断发展，护士在临终患者疼痛管理中的研究者角色也日益凸显。他们需要通过参与科研项目、参加学术会议等方式，不断学习和掌握最新的疼痛管理理论和技术。同时，护士还需要结合临床实践，开展疼痛管理相关的研究，探索更有效的疼痛缓解方法和策略。在研究过程中，护士需要注重科学性和伦理性，确保研究结果的可靠性和有效性。

因此，我们应该高度重视护士在临终患者疼痛管理中的作用，为他们提供更好的培训和支持，以推动疼痛管理领域的不断发展和进步。

二、临终患者疼痛护理措施

1. 疼痛健康教育

护士对晚期患者进行疼痛相关的健康教育主要有以下几个方面：

1）为了帮助临终患者准确地表达疼痛程度，在评估前需向患者及家属提供通俗易懂的量表，并对患者和家属进行简单的培训，使患者及家属了解评估的目的和方法。

2）帮助患者了解所使用的止痛药物的疗效、方法和不良反应等。

3）让患者知道忍受疼痛的危害，不但影响睡眠和食欲，还会降低自身免疫力。

4）强调缓解疼痛是临终关怀的核心任务，他可以随时向医生、护士或其他工作人员诉说有关疼痛的感觉和感受，以便选择合适的止痛药及用量。

5）帮助患者解除耐药和成瘾的顾虑。

2. 心理护理

护士在对临终患者进行心理护理时应注意以下方面的工作：

（1）了解并相信患者提供的信息 临终患者对疼痛的恐惧往往超过对死亡的恐惧，这种恐惧以及随之而来的抑郁，会使晚期患者的痛阈下降，患者会对轻微的疼痛难以忍受，恐惧和抑郁只会加重疼痛，这就需要护士首先要相信患者提供的疼痛信息，对患者的疼痛给予同情和理解，进行心理安慰、鼓励，使其从精神上摆脱恐惧，从而有效配合治疗。鼓励患者说出自己的痛苦，及时准确地了解患者疼痛的特点、部位、诱发因素，迅速采取有效措施以减少患者的痛苦。

（2）应用适当的心理护理方法 在了解患者有关疼痛的信息后，护士应对患者的疼痛做出评估，并制定出相应的心理护理措施。采用认知-行为疗法，如疼痛加剧时指导患者进行缓慢的深呼吸、全身肌肉放松、听音乐，采取暗示疗法、鼓励法、与患者共同讨论感兴趣的问题等以分散患者的注意力，转换思维方式，去除烦躁、忧虑，减轻患者的疼痛和心理痛苦。

（3）设置优美舒适的环境 建立环境舒适的家庭式病室，可使疼痛患者获得安全感、舒适感。

1）一般应将患者安置在比较安静的病房，对剧烈疼痛者可安排单人房间，以利于患者休息和睡眠，特别是那些难以入睡的疼痛患者。

2）对绝望的患者要注意安全，积极地进行有效的心理疏导，及时发现自杀倾向。

3）安排合理的探视陪护制度，尽可能提供方便，鼓励组织、同事、亲友探视，积极协助解决患者提出的合理要求。

4）帮助建立家庭-社会支持网络，给予患者战胜疼痛的信心，鼓励患者保持社会交往。护士应帮助患者面对现实、正视死亡，使患者从容地认识死亡。加强和改善患者与家庭、朋友的关系，帮助他们探索精神问题，控制他们的症状。

3. 营养与睡眠

（1）营养支持 患者晚期的疼痛、活动受限、恶心、呕吐、肠蠕动减弱、恶病质等易造成患者的营养不良。同时，疼痛也会影响患者对营养物质的消化、吸收，利用率降低。因此，在护理过程中要注意评估患者有无食欲缺乏、厌食、摄入量不足、体重减轻，是否存在活动时心率增快、血清蛋白数值的降低、水及电解质代谢失调等。

护士应识别导致患者营养状态下降的有关因素，增加营养摄取以补充身体过度消耗。协助营养师根据患者的情况制定营养计划，改进饮食，刺激食欲，增加蛋白质的摄取量，允许患者按个人嗜好选择食物的品种，鼓励家属携带患者特别喜好的自制食品，在患者能忍受疼痛的范围内进食。

其次，服用吗啡类药物初期易引起恶心、呕吐，因此应取得患者的理解，鼓励患者少量多次进食碎冰或清凉饮料、气味较小的冷食，必要时给予止吐剂。饭后 2 h 内避免平卧。

（2）保证睡眠 由于疾病的困扰、疼痛以及镇痛药的不良反应，使晚期患者不能维持正常的睡眠。护士要注意评估患者的面部表情、眼圈是否发黑、眼睑是否下垂、是否经常因疼痛不适变换体位、有无难以入睡和难以维持正常的睡眠状态（易醒或早醒、昼夜颠倒的睡眠情况）。为保证睡眠，护士可帮助患者增加白天的活动量，建立起规律的生活，去除致痛因素，必要时使用镇痛药物。

4. 皮肤护理

晚期患者活动能力低下、长期卧床、营养不良，加之皮肤潮湿、排泄物和分泌物的刺激，容易发生压力性损伤。压疮一旦形成难以恢复，会增加患者的痛苦和营养消耗，因此护士应注意评估患者的受压部位，特别是骨隆突处，有无持续的压迫、红肿热痛及溃疡、糜烂。

5. 止痛效果观察

在晚期患者疼痛控制过程中，护士协助医生用药，并对疼痛治疗效果进行观察和记录。其目的和作用是为医生调整药物种类或剂量提供科学的临床依据。并及时与医生讨论止痛效果，才能将晚期患者的疼痛程度维持在满意的水平。

三、疼痛护理记录

对疼痛患者的评估和所做的干预结果记录是临终护理实践的重要组成部分，同时也是评估疼痛管理成效的依据。记录疼痛的方法大致可以分为住院晚期患者的疼痛护理记录和由家庭临终关怀机构、社区临终关怀门诊患者完成的自我护理记录两种。

1. 晚期患者的疼痛护理记录

简明疼痛量表（BPI）常作为晚期住院患者的疼痛评估记录，该量表对感觉、情感、评价三方面内容进行量化，评估疼痛的原因、部位、性质、疼痛对生活的影响等，其特点是时间短、形象、简洁，被广泛借鉴使用。

2. 家庭和社区临终关怀机构患者的疼痛护理记录

家庭和社区临终关怀机构的晚期患者的疼痛护理记录是在临终关怀护士的指导下，由患者自主记录。对于晚期疼痛患者，疼痛记录可以发挥很大的作用。

1）可以使晚期患者自己持续监测疼痛的强度及治疗后的变化。

2）记录每次用药剂量及下次给药时间，为自我管理提供指导。

3）有利于医患、护患间有关疼痛的信息交流。

4）有利于提高晚期患者自我控制疼痛的信心。

本章主要阐述了临终患者疼痛管理的重要性、评估方法、治疗及护理管理。

临终疼痛具有复杂性和多维度，严重影响患者生活质量，疼痛管理不仅能缓解身体不适，还能减少心理压力，促进医患关系。

疼痛的评估包括主观评估（询问患者、观察患者）和客观评估（体格检查、生理指标监测、疼痛评估量表等），确保准确评估疼痛状况。

药物治疗是疼痛治疗最常用方法，需遵循个体化原则；非药物治疗如放松训练、心理支持、中医疗法等也具有应用价值。

护士在疼痛管理中扮演多重角色，包括评估者、教育者、研究者等，提供全面、个性化的疼痛管理服务；疼痛护理记录是评估疼痛控制水平的重要依据。

第十五章　常见疼痛疗护技术的运用

学习目标

❖ **知识目标**

1. 掌握：现代医学常用的止痛技术的操作方法；中医常用的止痛技术的操作方法。
2. 熟悉：中医及现代医学常用的止痛技术的选择方法。
3. 了解：中医及现代医学常用的止痛技术的概念、注意事项。

❖ **能力目标**

通过本章节的学习，熟悉常用止痛技术的在疼痛中的运用，能够实际操作常用的止痛技术，培养学生的实践能力。

❖ **思政目标**

通过本章节的学习，培养学生的实践能力，能够运用适宜的止痛技术为患者解决疼痛问题，在潜移默化中灌输职业精神、敬业精神，培养有情怀、有温度、有担当的人才。关注疼痛患者的主观体验，能够运用适宜的止痛技术为患者解决疼痛问题，培养学生的仁爱之心，树立正确的职业价值观。

疼痛，作为第五大生命体征，其管理的好坏直接关系到患者的生活质量和医疗体验。除了药物止痛，还有很多非药物疗法可以帮助缓解，因此，掌握现代医学与中医止痛技术的操作方法，是我们作为医务工作者不可或缺的技能。

第一节　现代医学常用的止痛技术

疼痛是一种复杂的生理和心理现象，涉及感觉神经系统的多个层面。从神经解剖和生理学的角度来看，疼痛机制可以概括为以下几个关键步骤。痛觉感受器感受疼痛，在身体的各个部位如皮肤、肌肉、关节或内脏器官都分布有痛觉感受器，当痛觉感受到刺激后，产生神经冲动，这些冲动通过无髓鞘（C类）或有髓鞘（A类和B类）的传入神经纤维传递到脊髓。在脊髓，神经冲动可以通过脊髓背角的神经元进行处理。A类纤维主要传递锐痛（Fast pain）信息，而C类纤维传递慢性疼痛（Slow pain）信息。部分神经冲动通过脊髓丘脑束上行至丘脑，这是疼痛感觉的主要传递路径。丘脑是大脑中处理疼痛感觉的区域之一，它参与疼痛的感知和辨识。大脑皮层的前额叶和顶叶等区域参与疼痛的感知、情绪反应和疼痛记忆的形成。大脑可以通过下行路径对脊髓的疼痛传递进行调节，释放如内啡肽等物质，这些物质可以抑制疼痛信号的传递。现代医学常用的止痛技术很多，主要是围绕阻断疼痛传导通路，即阻断或干扰特异性传导通路和非特异性传导通路两个痛觉传导系统或提高局部疼痛阈值来实现止痛。现代医学常用的止痛技术有神经阻滞术、射频消融术、物理冷热疗法、心理治疗、微创神经切断术、脊髓刺激器植入、脑刺激器植入、使用生物制剂等，术后镇痛常用患者自控镇痛、硬膜外镇痛等。

一、神经阻滞术

神经阻滞术（Nerve Block）是疼痛治疗的重要方法，临床主要由麻醉医师完成。神经阻滞是在神经干、丛、节的周围注射局麻药，阻滞其冲动传导，使所支配的区域产生麻醉作用，阻断疼痛冲动传输而达到止痛的目的。神经阻滞只需注射一处，即可获得较大的麻醉区域。但操作不当、药物等有引起严重并发症的可能，故操作时必须熟悉局部解剖，了解穿刺针所要经过的组织，以及附近的血管、脏器和体腔等。

（一）神经阻滞术在疼痛中的运用范围

神经阻滞术在疼痛中的运用较为广泛，根据疼痛部位及神经支配。治疗上颌部的疼痛，如牙痛或上颌神经痛常用上颌神经阻滞；治疗下颌部的疼痛，如牙痛或下颌神经痛，如下颌神经阻滞；治疗颈部和上肢的疼痛，如颈丛神经阻滞；治疗颈部和上肢的疼痛，包括颈椎病、肩周炎和上肢神经痛常用星状神经节阻滞；治疗胸椎旁神经痛，如胸椎旁神经阻滞；治疗交感神经痛，如带状疱疹后神经痛可用交感神经阻滞；治疗上肢疼痛，如臂丛神经痛可用臂丛神经阻滞；治疗下背部和下肢的疼痛，如坐骨神经痛和腰椎间盘突出症，常用硬膜外阻滞；治疗面部疼痛，如三叉神经痛常用三叉神经阻滞；治疗肋间神经痛，如由带状疱疹或其他原因引起的疼痛，常用肋间神经阻滞；治疗坐骨神经痛，如腰椎间盘突出症，常用坐骨神经阻滞；治疗大腿疼痛，如股神经痛，常用股神经阻滞、腰部和下肢的疼痛常用腰丛神经阻滞；治疗髋部和大腿的疼痛，常用闭孔神经阻滞；治疗会阴部的疼痛可用阴部神经阻滞。

（二）神经阻滞术的适应证

神经阻滞术的适用范围广泛，但并非所有疼痛情况都适合使用神经阻滞术。在考虑神经阻滞术时，需要综合考虑患者的具体病情、疼痛程度、疼痛原因以及患者的整体健康状况。此外，神经阻滞术应由有经验的医生执行，以确保安全和效果。在某些情况下，神经阻滞术可能与其他疼痛管理策略（如药物治疗、物理治疗、心理治疗等）结合使用，以达到最佳治疗效果。临床常用于慢性疼痛管理，如治疗慢性背痛、坐骨神经痛、三叉神经痛、带状疱疹后神经痛等慢性疼痛症状；术后疼痛控制，如减轻腹部手术后的疼痛、关节置换术后的疼痛等；也可以用于缓解癌症患者尤其是晚期癌症患者的疼痛。诊断性镇静阻滞也可以用于某些诊断性测试前，如关节镜检查或神经活检前，以减轻检查过程中的疼痛。

（三）神经阻滞的禁忌证

神经阻滞术是一种常见的疼痛管理技术，但它并不适用于所有情况，神经阻滞术的禁忌证主要有以下几种。

（1）**局部感染**　如果注射部位有感染，应避免进行神经阻滞术，以防止感染扩散。

（2）**出血倾向**　有出血性疾病或使用抗凝药物的患者，可能增加出血风险。

（3）**神经损伤史**　如果患者有神经损伤史，神经阻滞术可能加剧神经损伤。

（4）**药物过敏**　对局部麻醉药或神经阻滞术中使用的药物有过敏史的患者。

（5）**严重心血管疾病**　在有严重心血管疾病的患者中，神经阻滞术可能引起严重的心血管反应。

（6）**解剖变异**　在解剖结构异常或变异的患者中，神经阻滞术可能难以实施或使风险增加。

（7）**其他**　妊娠、不配合者、有精神障碍者、感染性疾病、正在使用可能与局部麻醉药有相互作用的药物的患者等；糖尿病患者中，神经阻滞术的恢复时间可能延长。

（四）神经阻滞的操作方法

神经阻滞是通过注射局部麻醉药物来阻断特定神经传导，具体操作步骤可能因医生的经验和患者的具体情况而有所不同，操作流程图见图 15-1，主要的步骤如下：

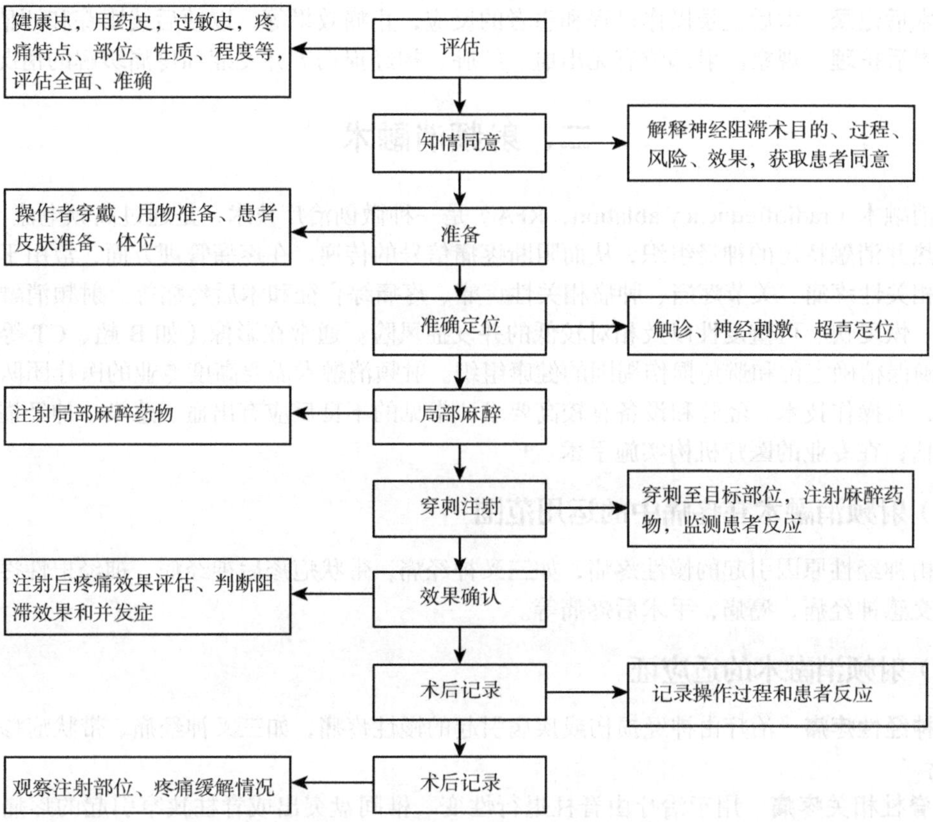

图 15-1 神经阻滞术的操作流程图

（1）**患者评估** 在进行神经阻滞术前，医生需要对患者进行全面的健康评估。了解患者的整体健康状况，如既往病史、药物使用史、过敏史、手术史等。详细询问患者的疼痛特点，明确疼痛的部位、性质、程度、持续时间以及疼痛的触发因素和缓解因素。对患者进行全面的体格检查，特别注意与疼痛相关的身体部位。进行神经系统检查，重点关注患者的神经功能，包括感觉、运动和反射。了解患者的心血管功能，心肺功能，根据疼痛部位，选择 X 线、CT、MRI 等，以确定神经的位置和阻滞的具体部位。评估患者正在使用的药物，特别是可能与局部麻醉药有相互作用的药物。关注患者心理状态。

（2）**知情同意** 向患者解释神经阻滞术的目的、过程、可能的风险和预期效果，并获取患者的同意，按照医疗规范签署知情同意书。

（3）**准备** 操作者按操作规范穿戴规范，备齐用物，环境符合操作要求。患者术前做好术区的皮肤准备，根据操作部位取适当的体位。

（4）**准确定位** 操作者通过触诊、神经刺激，必要时采用超声等成像术进行精确定位需要阻滞的神经。

（5）**局部麻醉** 在注射部位周围注射局部麻醉药物，减少穿刺疼痛。

（6）**穿刺并注射药物** 操作者将穿刺针穿刺至目标部位，确认无回血后，注射适量麻醉药物，根据神经的大小和阻滞的目的，选择合适的药物剂量，达到阻滞的效果。注射过程中，随时检测患者的反应，有异常情况及时调整或终止操作。

（7）效果确认 注射药物后即可进行止痛效果评估，根据疼痛部位、性质、药物等影响因素，在注射后半小时、1 h、24 h、数天等均可进行神经阻滞术后疼痛评估，判断阻滞效果和有无并发症。

（8）术后记录 术后记录操作过程和患者的反应，止痛效果等，以便后续跟踪和评估。

（9）术后护理 观察注射部位有无出血、红肿、神经损伤等并发症和疼痛缓解的情况。

二、射频消融术

射频消融术（radiofrequency ablation，RFA）是一种微创治疗技术，是通过高频电流产生热量，精确地加热并消融特定的神经组织，从而阻断疼痛信号的传递。在疼痛管理方面，常用于神经性疼痛、脊柱相关性疼痛、关节疼痛、肿瘤相关性疼痛、疼痛综合征和术后疼痛等。射频消融术的优点包括微创、恢复快、可重复性以及相对较低的并发症风险。通常在影像（如 B 超、CT 等）引导下进行，以确保精确定位和避免损伤周围的健康组织。射频消融术需要高度专业的医疗团队和先进的医疗设备，对操作技术、经验和设备有较高要求，常见的不良反应有出血、感染、神经损伤等，需要严格评估，在专业的医疗机构实施手术。

（一）射频消融术在疼痛中的运用范围

治疗由神经性原因引起的慢性疼痛，如三叉神经痛，带状疱疹后神经痛，神经根性疼痛，坐骨神经痛，交感神经痛，癌痛，手术后疼痛等。

（二）射频消融术的适应证

（1）神经性疼痛 治疗由神经损伤或疾病引起的慢性疼痛，如三叉神经痛、带状疱疹后神经痛（PHN）等。

（2）脊柱相关疼痛 用于治疗由脊柱退行性变、椎间盘突出或脊柱狭窄引起的疼痛、坐骨神经痛。

（3）关节疼痛 如肌筋膜疼痛综合征、膝关节炎疼痛等。

（4）术后疼痛 在使用神经阻滞或其他疼痛管理方法效果不佳的情况下。可以考虑使用射频消融术。

（5）交感神经性疼痛 如糖尿病神经病变等。

（6）癌性疼痛 不是首选，但是可以缓解由肿瘤压迫神经引起的疼痛。

（三）射频消融术的风险和禁忌证

（1）射频消融术的风险 射频消融术可能会引起穿刺点出血、感染、疼痛、皮肤灼烧等，吸收坏死组织可能会引起发热，进行阻断疼痛神经时，若定位不准确可能损伤神经根或脊髓，导致神经功能障碍。在肿瘤治疗中，射频消融术后拔针过程中肿瘤可能沿针道种植转移，间接引起肿瘤扩散等。

（2）射频消融术的禁忌证 术前需要对患者病情进行严格评估，若注射局部有感染，不适宜进行穿刺手术，以免引起感染。有出血病史或正在使用抗凝药物者，手术可能会引起出血。有神经损伤病史者，可能会加重神经损伤。严重心血管疾病、孕妇和哺乳期妇女、精神障碍患者、药物过敏者等不适宜进行射频消融术。

（四）射频消融术必备的条件

1. 从业资质和医师要求

医院有开展射频消融术的执业条件。开展射频消融治疗技术的医师需要取得医师资格证和执业证，执业范围应与应用射频消融治疗技术相关，用于肿瘤疼痛镇痛者需要有丰富的肿瘤诊疗临床工作经验。医师需经过省级以上卫生健康行政部门指定的培训基地进行射频消融治疗技术相关的系统培训，并具备临床应用能力，取得培训合格证。有相关专业技术人员团队，如护士、技师、射频操作技术人员等。

2. 硬件设备要求

手术室条件，包括消毒和无菌条件，应符合医院洁净手术室管理标准；射频消融仪，包括射频发生器、电极等；影像引导设备，包括超声、CT 或 MRI 等；急救设备，包括氧气通道、麻醉机、除颤器、吸引器、急救药品等。

3. 患者条件

身体符合射频消融术条件，签署知情同意书。

（五）射频消融术的操作方法

1. 患者评估

疼痛的部位、医疗诊断，患者生命体征，实验室检查，包括血常规、生化常规、凝血功能、肿瘤标志物等，心电图检查，影像学检查，包括 X 线、超声（包括超声造影检查），心肺功能，出凝血情况，手术部位评估，射频消融的目标神经点或刺激点。

2. 知情同意

手术治疗前患者签署知情同意书，告知手术过程、风险及预后可能，充分知情同意。

3. 术前准备

根据患者的具体情况和医生的建议，确定最佳的手术时间。完善术前检查，如心电图、胸部 X 线、血液检查等，以评估患者的整体健康状况和手术风险。术前患者需禁食、禁水 4～6 h，以减少术中呕吐和误吸的风险。

4. 麻醉准备

对穿刺部位进行麻醉，减少术中疼痛。

5. 置入导丝

通过穿刺点置入导丝至目标部位，为后续导管的引入提供路径。

6. 导管引入

通过引导的导丝，将导管引入目标区域，定位到疼痛治疗部位。

7. 射频消融

找出病灶所在部位后，使用特殊的消融导管进入病灶所在部位，短时间内释放射频电流，使病灶所在的局部组织坏死，阻断病灶引起的疼痛。

8. 消融效果验证

消融结束后医生还需要进一步验证病灶是否真的已被阻断，有没有恢复的可能，有时需要重复最初的电生理检查，有时还会需要应用药物辅助检查。

9. 术后护理

记录消融术过程，手术后应禁食 24 h，适当静脉补液，根据病情逐步恢复饮食，适度活动。对于术后手术部位疼痛的患者，可按需予以对乙酰氨基酚 500～1000 mg，每天不超过 4 次。如果对乙酰氨基酚不能完全缓解疼痛，可联合双氯芬酸钠 50 mg，每天不超过 2 次。操作流程图见图 15-2。

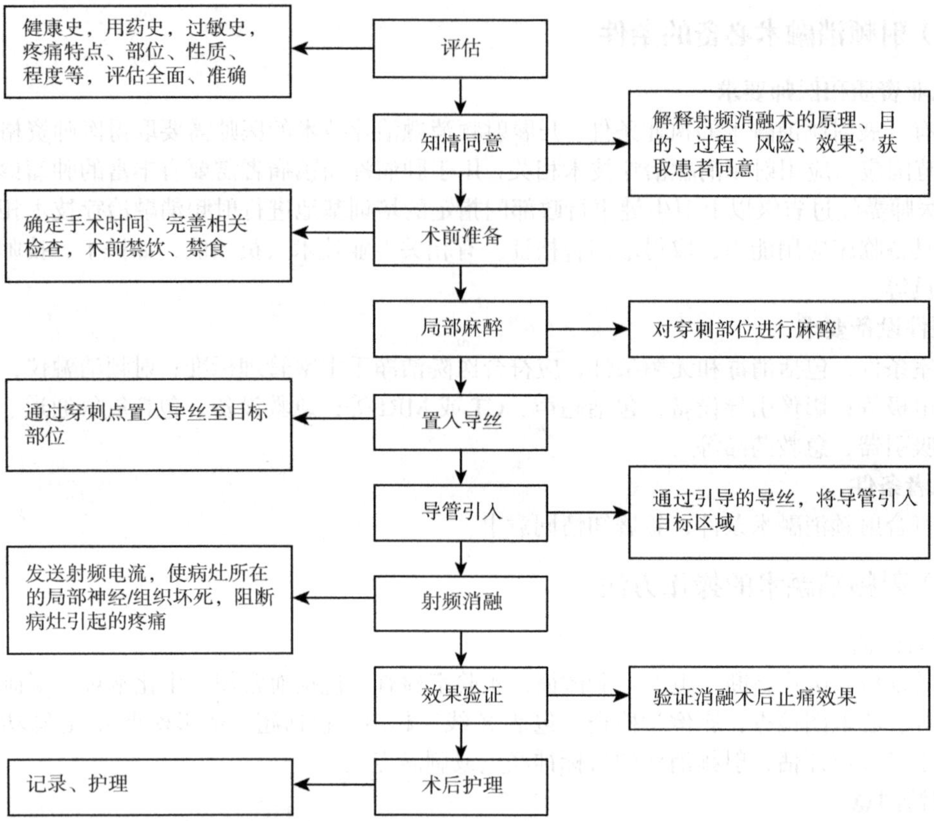

图 15-2 射频消融术的操作流程图

三、物理冷热疗法

（一）物理冷疗法

物理冷疗法是一种利用低于人体温度的物理因子作用于患处，使皮肤和内脏器官的血管收缩，改变人体局部或全身血液循环和新陈代谢状况，达到治疗目的的一种治疗方法。它在疼痛管理中具有降温、止痛、止血、减轻炎性水肿和渗出等作用。常用的有冰敷疗法、液氮冷冻疗法、循环加压冷疗法、高压气体冷冻疗法、运用体外低温冲击仪等方法。

1. 物理冷疗法的适应证

急性但创伤不严重的疼痛，如轻微的运动损伤，一般在受伤后 4～24 h 内使用；外科手术后疼痛，如髋关节、膝关节、肩关节、肌腱修复、骨移植或骨折术后，可防止术后疼痛或肿胀的发生；亚急性肌肉损伤，如运动损伤的治疗性锻炼阶段等。

2. 物理冷疗法的禁忌证

（1）血液循环障碍 常见于大面积组织受损、休克、周围血管病变、动脉硬化、糖尿病、神经病变、水肿、雷诺现象或雷诺病患者等。物理冷疗可加重血液循环障碍，导致局部组织缺血、缺氧，组织破损或有开放性伤口也不适宜进行物理冷疗法，因为冷疗法可以使局部毛细血管收缩，血液循环不良，导致组织营养不良，影响伤口愈合。有对冷过敏者，物理冷疗法可致红斑、荨麻疹、关节疼痛和肌肉痉挛等。昏迷患者、感觉异常者、年老体弱者、婴幼儿、心脏病患者不宜冷敷。

（2）冷疗的禁忌部位 枕后、耳廓、阴囊处，防止冻伤；心前区，防止引起反射性心率减慢；腹部，防止腹泻；足底，防止引起反射性末梢血管收缩而影响散热，或引起一过性冠状动脉收缩。

3. 冰袋冷敷疗法的操作方法

由于护理冷疗法种类较多，文中仅介绍最常用的冰袋冷敷疗法。冰袋冷敷疗法适用于多种疼痛，能够缓解疼痛，控制炎症扩散。操作流程图见图 15-3。

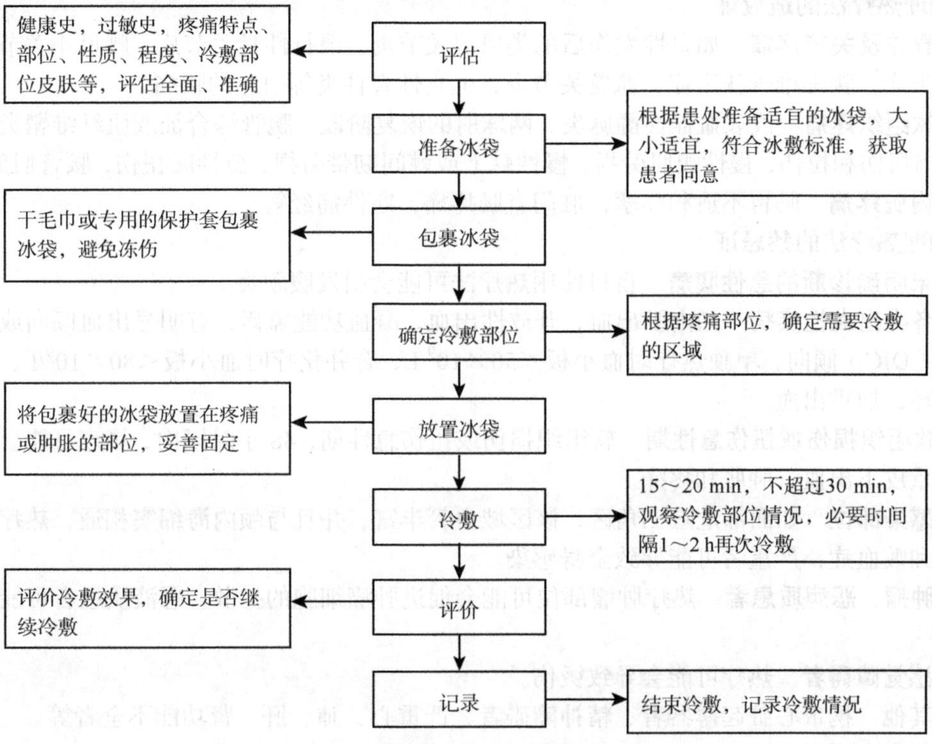

图 15-3　冰袋冷敷疗法的操作流程图

（1）**疼痛评估**　评估患者疼痛的原因、部位、性质、皮肤肌肉及有无开放性骨折，患者的心理状态，既往病史，耐受程度，有无冷敷的禁忌证等。

（2）**准备冰袋**　根据疼痛部位选择合适的冰袋，可以是一次性的化学冰袋或者可重复使用的冰袋。检查冰袋，确保无泄漏，符合使用标准。

（3）**包裹冰袋**　用干毛巾或专用的保护套包裹冰袋，避免冰袋直接接触皮肤导致冻伤。

（4）**确定冷敷部位**　根据疼痛部位，确定需要冷敷的区域。

（5）**放置冰袋**　将包裹好的冰袋放置在疼痛或肿胀的部位，并用弹性绷带或衣物固定，确保冰袋不移动，同时避免过紧，影响血液循环。

（6）**冷敷**　开始计时冷敷，常建议冷敷时间为 15～20 min，不超过 30 min，以防止冻伤。在冷敷过程中，定期检查皮肤，确保没有出现过度苍白、麻木或其他不适。冷敷后，移除冰袋，让皮肤休息至少 1～2 h 后再进行下一次冷敷。根据需要，可以每隔几小时重复冷敷，一天内可进行多次。

（7）**结束冷敷**　冷敷结束后，移除冰袋和固定物，轻轻按摩冷敷区域以促进血液循环。

（8）**疼痛评价**　对患处疼痛进行评价，确定冷敷效果。

（9）**记录**　记录冷敷时间，患处皮肤及血液循环状况等。

（10）**冷敷注意事项**　如果在冷敷过程中感到不适，如疼痛加剧或皮肤出现异常反应，应立即停止冷敷。血液循环障碍、糖尿病或感觉减退的患者，应在医生指导下进行冷敷。

（二）物理热疗法

物理热疗法，也称为热疗，是一种利用热能来治疗疾病和缓解症状的物理治疗方法。热疗法通过提高身体局部或全身的温度，以达到减轻疼痛、缓解肌肉紧张、促进血液循环和加速组织修复等目的。常用的物理热疗法有热水袋热疗法、湿热敷法、红外线灯、烤灯、热水坐浴法、热水疗法、蒸汽疗法、超声波热疗法等。

1. 物理热疗法的适应证

（1）**脊柱及关节疼痛** 如急性发作后的类风湿关节炎，退行性骨关节病，腰椎小关节紊乱，腰椎间盘突出症，腰椎椎管狭窄症，骶髂关节炎，强直性脊柱炎等引起的腰痛。

（2）**软组织疼痛** 浅表血栓性静脉炎，网球肘的恢复阶段，腕管综合征或肌纤维鞘炎等引起的疼痛，肌肉扭伤和拉伤，慢性腰肌劳损，慢性棘上或棘间韧带劳损，急性腰扭伤，腰背肌筋膜炎等。

（3）**内脏疼痛** 肠胃不适和痉挛，肛门直肠疼痛，寒性痛经等。

2. 物理热疗法的禁忌证

（1）**未明确诊断的急性腹痛** 盲目使用热疗法可能会引发腹膜炎。

（2）**各类出血性疾病** 如内脏出血，开放性出血，凝血功能障碍，有明显出血倾向或弥散性血管内凝血（DIC）倾向，单独热疗时血小板＜50×10^9/L，合并化疗时血小板＜80×10^9/L，热疗会加速血液循环，加重出血。

（3）**软组织损伤或扭伤急性期** 软组织损伤或扭伤急性期，48 小时以内，热疗可能会促进血液循环，加重皮下出血、肿胀和疼痛。

（4）**感染部位** 如面部危险三角区，该区域血管丰富，并且与颅内海绵窦相通，热疗可能造成颅内感染和败血症，严重者可能导致全身感染。

（5）**肿瘤、恶病质患者** 热疗肿瘤部位可能会促进肿瘤细胞的扩散。恶液质患者可能不能耐受热疗。

（6）**感觉障碍者** 热疗可能会导致烫伤。

（7）**其他** 携带心脏起搏器者、精神障碍者、严重心、肺、肝、肾功能不全者等。

3. 热疗的操作方法

热疗方法有很多种，热敷的时候要注意热敷的温度、时间和范围，热敷过程要注意观察，避免低温烫伤。本节只介绍热水袋热敷的方法。操作流程见图 15-4。

（1）**评估** 评估患者的全身状况、疼痛部位、疼痛性质。

（2）**准备** 患者准备取舒适体位，充分暴露需要热敷的部位；环境温湿度适宜，必要时备窗帘或屏风；干净、密封性良好的热水袋；毛巾；水温计等。

（3）**热水袋准备** 将热水袋的开口打开，确保开口处干净。使用热水（大约 60～70℃）来装填热水袋，但不要装满，留下约 1/3 的空间以防止过热和膨胀。也可以使用温水（大约 40～50℃），适用于对温度敏感的人群。在装水的过程中，轻轻摇晃热水袋，以确保热水均匀分布，并排除袋内的空气。装水后，迅速拧紧或密封热水袋的盖，确保没有漏水。在使用热水袋之前，先用手背测试热水袋的温度，确保不会过热。避免直接接触热水袋，可以用一块干净的毛巾或布包裹热水袋。

（4）**热敷** 将包裹好的热水袋放置在需要热敷的身体部位。确保热水袋不会直接接触到皮肤，避免烫伤。热敷时间为 15～20 min，不要超过 30 min，以防止高温烫伤。

（5）**监控及观察** 热敷时需密切观察，若患者感到不适或皮肤发红，应立即停止热敷。若患者是老年人、儿童或温度觉减退者，需要更加小心监控。

（6）**移除热水袋** 热敷结束后，小心地移除热水袋及包裹的毛巾。

（7）**清洁** 使用后，清洁热水袋的外部，确保其干燥后存放在阴凉处，避免阳光直射。

（8）**评估记录** 记录热敷的时间、部位，评估患者疼痛有无缓解，热敷部位的皮肤、血液循环等。

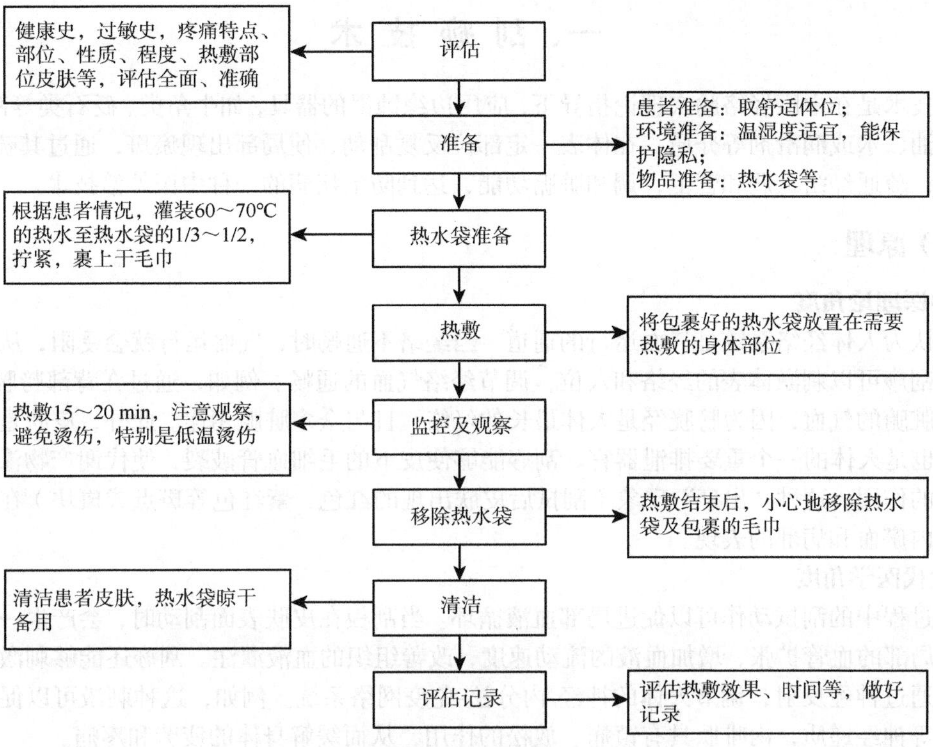

图 15-4　热水袋热敷疗法的操作流程图

第二节　中医常用的止痛技术

疼痛一直是困扰无数患者及医者的难题，它宛如一个隐匿在身体深处的恶魔，无情地侵蚀着人们的健康和生活质量。随着现代医学的发展，对疼痛的治疗手段日益丰富，但中医在这一领域展现出了独特而卓越的优势，这也是我们编写本书的重要出发点。中医对疼痛的认识源远流长，其理论体系蕴含着深刻的智慧，与现代医学单纯从解剖和生理病理角度看待疼痛不同，中医从整体观念出发，人体是一个有机的整体，经络气血在其中川流不息，疼痛往往是整体气血失调、脏腑功能紊乱在局部的表现。例如，肝主筋、肾主骨，肝肾不足则筋骨失养，则易出现关节疼痛问题；又如，风寒湿邪侵袭人体，阻滞经络气血，会引发关节疼痛、屈伸不利等症状。这种整体观念指导下的诊断方法，使得中医在治疗关节疼痛时，不仅仅关注疼痛本身，更注重调整全身的气血、脏腑功能，从根本上解决问题。中医治疗疼痛的方法丰富多样，这是其显著优势之一。中药内服是其中的重要手段之一，通过辨证论治，为患者量身定制个体化的方剂。例如对于寒湿痹阻型关节疼痛，可用祛风散寒、除湿通络的药物，如附子桂枝汤等，以驱散寒湿之邪，疏通经络气血；对于湿热蕴结型，则采用清热利湿、通络止痛之剂，从内而外调理机体的内环境。中药外用也是一大特色，包括膏药、热敷、熏蒸等。如膏药贴敷于疼痛处，药物可直接渗透肌肤，直达病所，起到消肿止痛、活血化瘀的作用。热敷和熏蒸则利用温热之力，使药力通过毛孔深入关节，温通经络，缓解疼痛，此外，这些疗法往往不良反应极小，避免了长期使用西药可能带来的不良反应。

在当今社会，人们对健康的需求越来越高，对治疗方法的安全性和有效性也有了更高的要求。中医治疗关节疼痛以其天然药物、非侵入性的治疗手段等特点，在减少不良反应的同时，往往能取得良好的疗效。它注重整体调理和长期康复，帮助患者提高生活质量。我们编写这本书，旨在系统地阐述中医治疗疼痛的优势，希望能为广大医学工作者提供参考，为深受疼痛困扰的患者带来希望之光，让中医智慧在现代疼痛治疗领域中绽放更加璀璨的光芒。

一、刮 痧 技 术

刮痧技术是在中医经络腧穴理论指导下，应用边缘钝滑的器具，如牛角类、砭石类等刮板或匙，蘸上刮痧油、水或润滑剂等介质，在体表一定部位反复刮动，使局部出现瘀斑，通过其疏通腠理，驱邪外出；疏通经络，调和营卫，调和脏腑功能，达到防治疾病的一种中医外治技术。

（一）原理

1. 中医理论角度

中医认为人体经络系统是气血运行的通道，当经络不通畅时，气血运行就会受阻，从而引发各种疾病。刮痧可以刺激体表的经络和穴位，调节经络气血的通畅。例如，通过在背部膀胱经刮痧，能够调节脏腑的气血，因为膀胱经是人体最长的经络，且与众多脏腑相连。此外，皮肤是人体的重要屏障，也是人体的一个重要排泄器官。刮痧能够使皮下的毛细血管破裂，使代谢产物渗出，从而起到排毒的作用。这种“出痧”现象（刮拭后皮肤出现的红色、紫红色等斑点或斑块）在中医看来是排出体内瘀血和病邪的表现。

2. 现代医学角度

刮痧过程中的刮拭动作可以促进局部血液循环。当刮板在皮肤表面刮动时，会产生一定的压力刺激，使局部的血管扩张，增加血液的流动速度，改善组织的血液灌注。刮痧还能够刺激体表的神经末梢，通过神经反射，调节人体的神经-内分泌-免疫网络系统。例如，这种刺激可以促使身体分泌内啡肽等神经递质，内啡肽具有镇痛、放松的作用，从而缓解身体的疲劳和疼痛。

（二）适用范围

1. 缓解疼痛

用于缓解疼痛，如颈椎病引起的颈部疼痛、肩周炎引起的肩部疼痛、腰椎间盘突出症引起的腰部疼痛等，通过改善局部血液循环，减轻肌肉痉挛，从而缓解疼痛症状。

2. 外感疾病

对感冒、中暑等外感疾病也有一定的辅助治疗作用。如感冒初期通过在背部和颈部刮痧，可以起到疏风解表的作用，促进身体恢复。

3. 亚健康状态

对于一些亚健康状态，如疲劳、失眠等也有调节作用，可以促进身体的新陈代谢，帮助改善睡眠质量。

（三）禁忌证

1）有严重心脑血管疾病（如高血压危象、冠心病急性发作期等）、肝肾功能不全者禁忌刮痧，因为刮痧可能会导致血压波动、增加心脏负担，加重肝肾代谢负担。

2）皮肤破溃、有传染性皮肤病（如疖肿、痈、癣等）者不能刮痧，以免引起感染扩散。

3）孕妇的腹部、腰骶部等部位禁忌刮痧，这些部位与胎儿发育密切相关，刮痧可能会引起子宫收缩，导致流产或早产。

（四）常用刮痧手法

（1）**轻刮法**　刮痧板接触皮肤下压刮拭的力量小，被刮者无疼痛及其他不适感。轻刮后皮肤仅出现微红，无瘀斑。本法宜用于老年体弱者、疼痛敏感部位及虚证患者。

（2）**重刮法**　刮痧板接触皮肤下压刮拭的力量较大，以患者能承受为度。本法宜用于腰背部脊柱两侧、下肢软组织较丰富处、青壮年体质较强及实证、热证、痛证患者。

（3）**快刮法** 刮拭的频率在每分钟 30 次以上。此法宜用于体质强壮者，主要用于刮拭背部、四肢以及辨证属于急性、外感病证者。

（4）**慢刮法** 刮拭的频率在每分钟 30 次以内。本法主要用于刮拭头面部、胸部、下肢内侧等部位以及辨证属于内科、体虚的慢性病者。

（5）**直线刮法** 又称直板刮法。用刮痧板在人体体表进行一定长度的直线刮拭。本法宜用于身体比较平坦的部位，如背部、胸腹部、四肢部位。

（6）**弧线刮法** 刮拭方向呈弧线形，刮拭后体表出现弧线形的痧痕，操作时刮痧方向多循肌肉走行或根据骨骼结构特点而定。本法宜用于胸背部肋间隙、肩关节和膝关节周围等部位。

（7）**摩擦法** 将刮痧板与皮肤直接紧贴，或隔衣布进行有规律的旋转移动，或直线式往返移动，使皮肤产生热感。此法适宜用于麻木、绵绵隐痛的部位，如肩胛内侧、腰部和腹部；也可用于刮痧前，使患者放松。

（8）**梳刮法** 使用刮痧板或刮痧梳从前额发际处，即双侧太阳穴处向后发际处做有规律的单向刮拭，如梳头状。此法适宜用于头痛、头晕、疲劳、失眠和精神紧张等病证。

（9）**点压法（点穴法）** 用刮痧板的边角直接点压穴位，力量逐渐加重，以患者能承受为度，保持数秒后快速抬起，重复操作 5～10 次。此法适宜用于肌肉丰满处的穴位，或刮痧力量不能深达，或不宜直接刮骨关节凹陷部位，如环跳、委中、犊鼻、水沟和背部脊柱棘突之间等。

（10）**按揉法** 刮痧板在穴位处做点压按揉，点压后做往返或顺逆旋转。操作时刮痧板应紧贴皮肤不滑动。每分钟按揉 50～100 次。此法适宜用于太阳、曲池、足三里、内关、太冲、涌泉、三阴交等穴位。

（11）**角刮法** 使用角形刮痧板或让刮痧板的棱角接触皮肤，与体表成 45°角，自上而下或由里向外刮拭。此法适宜用于四肢关节、脊柱两侧、骨骼之间和肩关节周围，如风池、内关、合谷、中府等穴位。

（12）**边刮法** 用刮痧板的长条棱边进行刮拭。此法适宜用于面积较大部位，如腹部、背部和下肢等。

（五）操作前准备

1. 评估

1）病室环境，室温适宜。

2）主要症状、既往史，是否有出血性疾病、妊娠或月经期。

3）体质及对疼痛的耐受程度。

4）刮痧部位皮肤情况。

2. 告知

1）刮痧的作用、简单的操作方法及局部感觉。

2）刮痧部位的皮肤有轻微疼痛、灼热感，刮痧过程中如有不适及时告知护士。

3）刮痧部位出现红紫色痧点或瘀斑，为正常表现，数日可消除。

4）刮痧结束后最好饮用一杯温水，不宜即刻食用生冷食物，出痧后 30 min 内不宜洗冷水澡。

5）冬季应避免感受风寒；夏季避免风扇、空调直吹刮痧部位。

3. 用物准备

治疗盘、刮痧板（牛角类、砭石类等刮痧类板或匙），介质（刮痧油、清水、润肤乳等），毛巾、卷纸、必要时备浴巾、屏风等。

（六）基本操作方法（图 15-5）

1）核对医嘱，评估患者，遵照医嘱确定刮痧部位，排空二便，做好解释。

2）检查刮具边缘有无缺损，备齐用物，携至床旁。

3）协助患者取合理体位，暴露刮痧部位，注意保护隐私及保暖。

4）用刮痧板蘸取适量介质涂抹于刮痧部位。

5）单手握板，将刮痧板放置掌心，用拇指和示指、中指夹住刮痧板，环指小指紧贴刮痧板边角，从 3 个角度固定刮痧板。刮痧时利用指力和腕力调整刮痧板角度，使刮痧板与皮肤之间夹角约为 45°，以肘关节为轴心，前臂做有规律的移动。

6）刮痧顺序一般为先头面后手足，先腰背后胸腹，先上肢后下肢，先内侧后外侧。

7）刮痧时用力要均匀，由轻到重，以患者能耐受为度，单一方向，不要来回刮。一般刮至皮肤出现红紫为度，或出现粟粒状、丘疹样斑点，或条索状斑块等形态变化，并伴有局部热感或轻微疼痛。对一些不易出痧或出痧较小的患者，不可强求出痧。

8）观察病情及局部皮肤颜色变化，询问患者有无不适，调节手法力度。

9）每个部位一般刮 20～30 次，局部刮痧一般 5～10 min。

10）刮痧完毕，清洁局部皮肤，协助患者穿衣，安置舒适体位，整理床单位。

（七）注意事项

1）操作前应了解病情，特别注意下列疾病者不宜进行刮痧，如严重心血管疾病、肝肾功能不全、出血倾向疾病、感染性疾病、极度虚弱、皮肤疖肿包块、皮肤过敏者不宜进行刮痧术。

2）空腹及饱食后不宜进行刮痧术。

3）急性扭挫伤、皮肤出现肿胀破溃者不宜进行刮痧术。

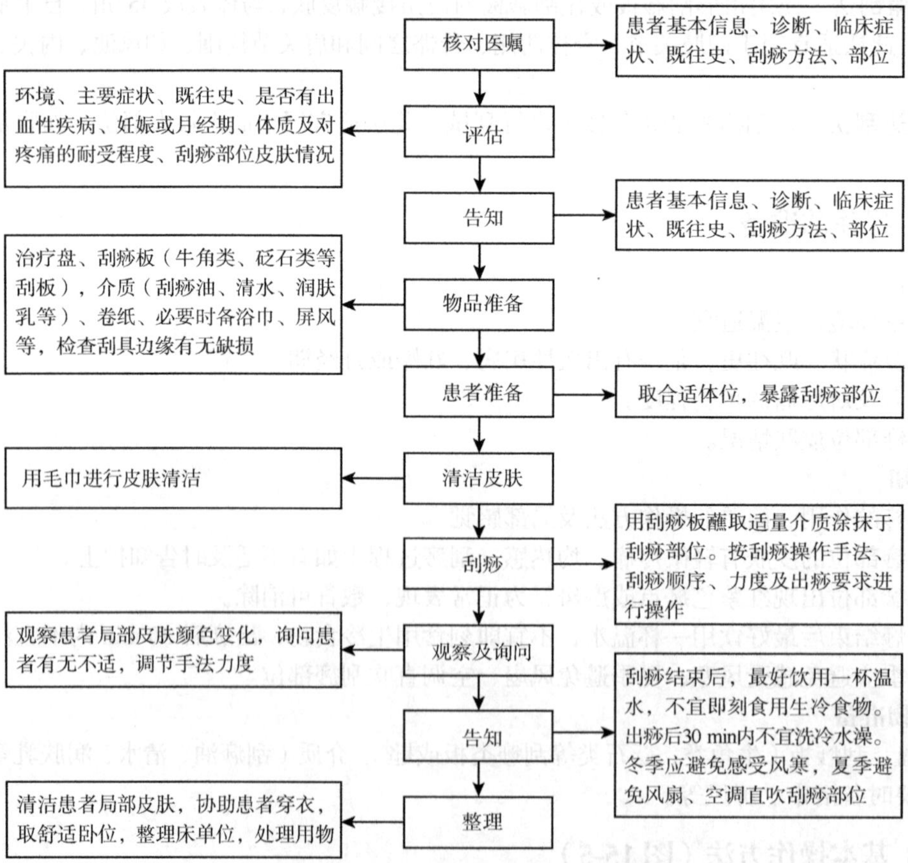

图 15-5　刮痧疗法的操作流程图

4）刮痧不配合者，如醉酒、精神分裂症、抽搐者不宜进行刮痧术。

5）孕妇的腹部、腰骶部不宜进行刮痧术。

6）刮痧过程中若出现头晕、目眩、心慌、出冷汗、面色苍白、恶心欲吐，甚至神昏仆倒等现象，应立即停止刮痧，取平卧位，立刻通知医生，配合处理。

二、拔罐技术

拔罐技术是以罐为工具，利用燃烧、抽吸、蒸汽等方法形成罐内负压，使罐吸附于腧穴或相应体表部位，使局部皮肤充血或瘀血，达到温通经络、祛风散寒、消肿止痛等防治疾病的中医外治技术，包括留罐法、闪罐法及走罐法。

（一）原理

1. 中医理论角度

中医认为人体是一个有机的整体，通过经络系统将脏腑、四肢百骸等联系在一起，气血在经络中循环运行，维持人体的正常生理功能。当经络气血不畅，如气滞血瘀、寒湿阻滞等情况出现时，就会引发各种疾病。拔罐通过在体表形成负压，吸附在经络穴位上，能够疏通经络，使气血通畅。例如，当人体受到外邪侵袭，寒邪凝滞于经络时，拔罐可以使局部气血运行恢复正常，驱散寒邪。拔罐还能调节脏腑功能，人体背部有许多与脏腑相对应的腧穴，如肺俞、心俞、脾俞等，通过在这些穴位所在区域拔罐，可以调节相应脏腑的气血。例如，在肺俞拔罐有助于调节肺气，改善呼吸系统疾病；在脾俞拔罐可调理脾胃功能，对脾胃虚弱、运化失调等情况有一定的辅助治疗作用。

中医讲“湿性重浊、黏滞”，湿邪容易在人体积聚，导致身体沉重、困倦等症状。拔罐可以通过负压作用，使皮肤毛孔张开，促使体内的湿气、热毒等病邪排出体外，就像把体内的“污水”通过毛孔这个通道排出去一样。例如，对于一些长期生活在潮湿环境中，体内湿气较重的人，拔罐后皮肤上可能会出现水珠样的分泌物，这在中医观念里被认为是湿气排出的一种表现。

2. 现代医学理论角度

（1）**改善血液循环** 拔罐时罐内的负压会使局部的血管扩张，当血管扩张后，血液流动的速度会加快，能够改善局部组织的血液灌注。例如，在肌肉劳损的部位拔罐，扩张的血管能够为受损的肌肉组织带来更多的氧气和营养物质，同时带走代谢废物，促进肌肉的修复。

（2）**调节神经系统功能** 拔罐对皮肤表面的感受器产生刺激，这种刺激通过神经传导通路传递到中枢神经系统。中枢神经系统会对这些刺激进行整合和调节，然后通过神经反射，调整身体其他部位的功能。例如，在疼痛部位附近拔罐，神经反射可以使身体分泌内啡肽等镇痛物质，从而减轻疼痛的感觉。

（二）适应范围

适用于头痛、腰背痛、颈肩痛、失眠及风寒型感冒所致咳嗽等症状；疮疡、毒蛇咬伤的急救排毒等。

（三）禁忌证

1. 皮肤破溃

如果皮肤有破损、溃疡、开放性伤口等情况禁止拔罐。因为拔罐会产生负压，可能导致伤口破损加深、扩大，而且破损的皮肤容易引发感染，让细菌等病原体更容易侵入人体。例如，皮肤擦伤处如果进行拔罐，会引起剧烈疼痛，还可能导致伤口化脓。

2. 皮肤过敏

当皮肤处于过敏状态，如出现红斑、丘疹、瘙痒等症状时，不宜拔罐。拔罐可能会加重皮肤过敏反应，使皮疹范围扩大、瘙痒加剧。特别是对罐体材质（如橡胶、竹罐等）或拔罐介质（如凡士林、精油等）过敏的人，更不能进行拔罐。

3. 体质极度虚弱

对于身体极度虚弱的人，如久病卧床、极度营养不良、晚期癌症患者等，拔罐可能会导致身体承受不住。因为拔罐会消耗一定的体力，并且在拔罐过程中，身体的气血会受到扰动，虚弱的身体可能无法适应这种变化，容易出现头晕、心慌、恶心、乏力等症状。

4. 严重的心脏病、高血压等心血管疾病

在心脏病急性发作期（如急性心肌梗死、心力衰竭等）或血压过高（如高血压危象）时，拔罐是非常危险的。拔罐过程中的负压刺激可能会引起血压急剧波动，增加心脏负担，导致心脏病病情加重，甚至可能引发心脑血管意外，如脑出血、急性心肌梗死等严重后果。

5. 孕妇

孕妇的腹部、腰骶部是绝对禁止拔罐的。因为这些部位与胎儿的生长发育密切相关，拔罐可能会引起子宫收缩，导致流产或早产。在怀孕早期，即使是在身体其他部位拔罐，也需要谨慎，因为怀孕初期胎儿着床尚不稳定，任何刺激都可能对胎儿产生不利影响。

6. 月经期女性

一般不建议在月经期对腰骶部和腹部进行拔罐。因为这个时期女性的盆腔处于充血状态，拔罐可能会加重盆腔充血，导致月经量过多、经期延长等情况。不过，对于一些月经量少、痛经严重的女性，在专业医生的指导下，可在非腰骶部和腹部适当拔罐，以起到温经散寒、通络止痛的作用。

（四）操作前准备

1. 评估

1）病室环境及温度。

2）主要症状、既往史、凝血机制、是否妊娠或月经期。

3）患者体质及对疼痛的耐受程度。

4）拔罐部位的皮肤情况。

5）对拔罐操作的接受程度。

2. 告知

1）拔罐的作用、操作方法，留罐时间一般为10～15 min，应考虑个体差异，儿童酌情递减。

2）由于罐内空气负压吸引的作用，局部皮肤会出现与罐口相当大小的紫红色瘀斑，此为正常表现，数日方可消除。治疗当中如果出现不适，及时通知护士。

3）拔罐过程中如出现小水疱不必处理，可自行吸收，如水疱较大，护士会做相应处理。

4）拔罐后可饮一杯温开水，夏季拔罐部位忌风扇或空调直吹。

3. 物品准备

治疗盘、罐（包括玻璃罐、陶罐、竹罐、抽气罐等）、润滑剂、止血钳、95%乙醇棉球、打火机、广口瓶、清洁纱布或自备毛巾，必要时备屏风、毛毯。

（五）基本操作方法（以玻璃罐为例）

1）核对医嘱，根据拔罐部位选择火罐的大小及数量，检查罐口周围是否光滑，有无缺损裂痕。排空二便，做好解释。

2）备齐用物，携至床旁。

3）协助患者取合理、舒适体位。

4）充分暴露拔罐部位，注意保护隐私及保暖。

5）以玻璃罐为例，使用闪火法、投火法或贴棉法将罐体吸附在选定部位上。

6）观察罐体吸附情况和皮肤颜色，询问有无不适感。

7）起罐时，左手轻按罐具，向左倾斜，右手示指或拇指按住罐口右侧皮肤，使罐口与皮肤之间形成空隙，空气进入罐内，顺势将罐取下，不可硬行上提或旋转提拔。

8）操作完毕，协助患者整理衣着，安置舒适体位，整理床单位（图 15-6）。

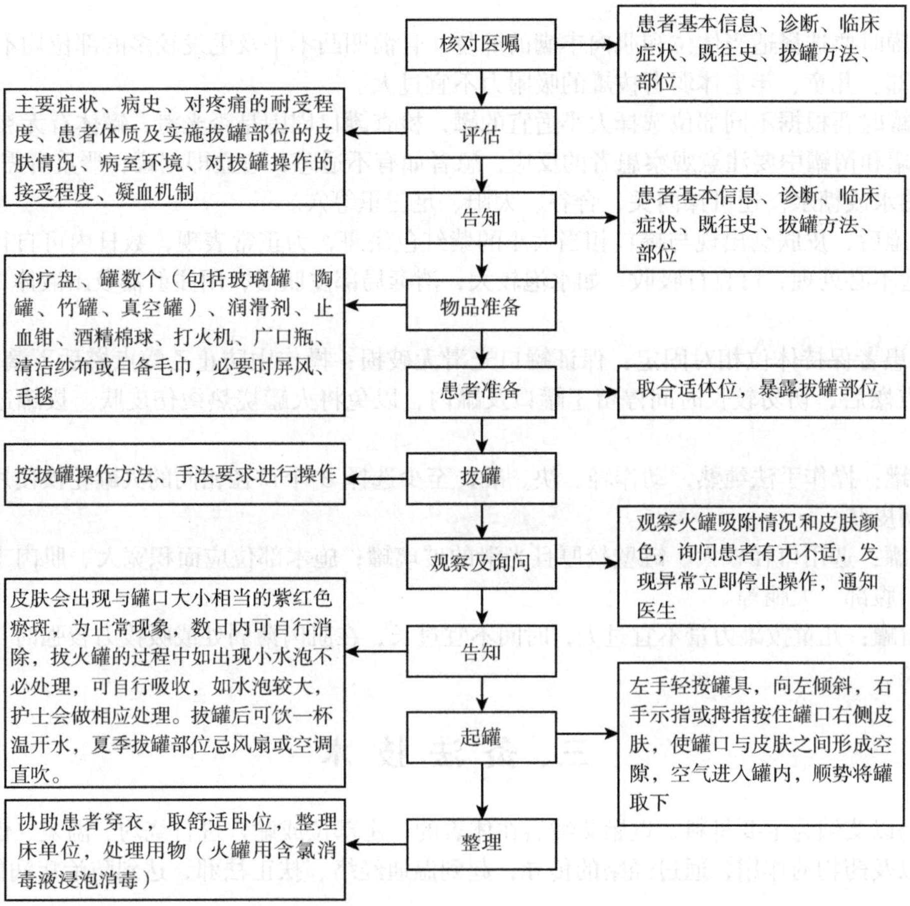

图 15-6　拔罐疗法的操作流程图

（六）常用拔罐手法

（1）**闪罐**　以闪火法或抽气法使罐吸附于皮肤后，立即拔起，反复吸拔多次，直至皮肤潮红发热的拔罐方法，以皮肤潮红、充血或瘀血为度。适用于感冒、皮肤麻木、面部病症、中风后遗症或虚弱病症。

（2）**走罐**　又称推罐，先在罐口或吸拔部位上涂一层润滑剂，将罐吸拔于皮肤上，再以手握住罐底，稍倾斜罐体，前后推拉，或做环形旋转运动，如此反复数次，至皮肤潮红、深红或起瘀为止。适用于急性热病或深部组织气血瘀滞之疼痛、外感风寒、神经痛、风湿痹痛及较大范围疼痛等。

（3）**留罐**　又称坐罐，即火罐吸拔在应拔部位后留置 10～15 min。适用于临床大部分病症。

（4）其他拔罐方法

煮罐法：一般使用竹罐，将竹罐倒置在沸水或药液中，煮沸 1～2 min，用镊子夹持罐底，提出后用毛巾吸去表面水分，趁热按在皮肤上半分钟左右，令其吸牢。

抽气罐法：用抽气罐置于选定部位上，抽出空气，使其产生负压而吸于体表。

（七）注意事项

1）凝血机制障碍、呼吸衰竭、重度心脏病、严重消瘦、孕妇的腹部、腰骶部及严重水肿等不宜拔罐。

2）拔罐时要选择适当体位和肌肉丰满的部位，骨骼凹凸不平及毛发较多的部位均不适宜。

3）面部、儿童、年老体弱者拔罐的吸附力不宜过大。

4）拔罐时要根据不同部位选择大小适宜的罐，检查罐口周围是否光滑，罐体有无裂痕。

5）拔罐和留罐中要注意观察患者的反应，患者如有不适感，应立即起罐；严重者需立即平卧，保暖并饮热水或糖水，还可揉内关、合谷、太阳、足三里等穴。

6）起罐后，皮肤会出现与罐口相当大小的紫红色瘀斑，为正常表现，数日内可自行消除，如出现小水泡不必处理，可自行吸收，如水泡较大，消毒局部皮肤后，用注射器吸出液体，覆盖消毒敷料。

7）嘱患者保持体位相对固定：保证罐口光滑无破损：操作中防止乙醇点燃后下滴烫伤皮肤，酒精棉球点燃后，切勿较长时间停留于罐口及罐内，以免将火罐烧热烫伤皮肤。拔罐过程中注意防火。

8）闪罐：操作手法纯熟，动作轻、快、准，至少选择 3 个口径相同的火罐轮换使用，以免罐口烧热烫伤皮肤。

9）走罐：选用口径较大、罐壁较厚且光滑的玻璃罐；施术部位应面积宽大、肌肉丰厚，如胸背、腰部、腹部、大腿等。

10）留罐：儿童拔罐力量不宜过大，时间不宜过长，在肌肉薄弱处或吸拔力较强时，则留罐时间不宜过长。

三、灸 法 技 术

灸法是以艾绒为主要材料，点燃艾绒后在体表的一定部位或腧穴进行烧灼、温熨、借助灸火的温热刺激以及药物的作用，通过经络的传导，起到温通经络、扶正祛邪，达到防治疾病的方法。

（一）灸法的原理

1. 中医理论角度

（1）温通经络 经络是人体气血运行的通道，气血在经络中周流不息，维持人体正常的生理功能。当寒邪、湿邪等外邪入侵人体，或者人体自身气血不足、气滞血瘀时，经络就会出现阻滞不通的情况。灸法主要是通过燃烧艾草等材料产生的温热刺激，作用于经络穴位，来达到温通经络的目的。例如，对于寒湿痹痛的患者，艾灸可以使温热之力沿着经络传导，驱散寒邪和湿邪，使经络通畅，气血得以正常运行。如艾灸足三里（位于小腿外侧，犊鼻下 3 寸），可以调和阳明经气血，对于下肢经络不通引起的冷痛、麻木等症状有很好的缓解作用。阴阳平衡的角度来看，人体的正常状态是阴阳平衡。寒为阴邪，易伤阳气，当寒邪入侵后，人体阳气受损，经络气血凝滞。灸法的温热刺激能够补充阳气，使阴阳重新达到平衡。如冬季人体容易受到寒邪侵袭，通过艾灸督脉（总督一身阳气）上的穴位，如大椎穴（位于第七颈椎棘突下凹陷中），可以振奋阳气，抵御寒邪，预防和治疗感冒等寒性病证。

（2）**调和气血**　气血是构成人体和维持人体生命活动的基本物质。气血之间相互依存，气为血之帅，血为气之母。当气血不和时，会出现各种疾病。灸法可以通过温热刺激调节气血的运行。例如，对于气虚血瘀的患者，艾灸能够补气活血。通过艾灸气海穴（位于下腹部，前正中线上，当脐中下 1.5 寸），可以补充元气，促进血液的运行，改善血瘀的状态。艾灸还可以调节气血在脏腑之间的分布，例如，艾灸中脘穴（位于上腹部，前正中线上，当脐中上 4 寸）可以调节脾胃的气血，增强脾胃的运化功能，使脾胃得到充足的气血供应，从而改善消化功能。

（3）**扶正祛邪**　人体在健康状态下，正气充足，可以抵御外邪的入侵。当正气不足时，外邪就容易侵犯人体，导致疾病。灸法可以激发人体的正气，增强机体的抵抗力。同时，灸法在扶正的基础上，也能够祛邪。当外邪已经入侵人体，如外感风热、风寒之邪时，艾灸可以通过调节人体的气血和经络，使外邪排出体外。例如，在风寒感冒初期，艾灸风池穴（位于胸锁乳突肌与斜方肌上端之间的凹陷中）和大椎穴，可以疏风散寒，帮助身体祛除寒邪。

2. 现代医学理论角度

（1）**调节免疫功能**　艾灸可以调节人体的免疫系统。在艾灸过程中，身体会产生一系列的免疫反应，艾灸产生的温热刺激可以激活巨噬细胞、淋巴细胞等免疫活性细胞，这些细胞可以吞噬病原体、清除体内的异常细胞，增强机体的非特异性免疫功能。例如，研究发现，经常艾灸足三里穴的人群，外周血白细胞、淋巴细胞亚群等免疫细胞的活性会增强，从而提高身体对疾病的抵抗力。

（2）**改善局部血液循环**　艾灸时产生的温热刺激可以使局部的血管扩张。血管扩张后，血液的流量和流速都会增加，能够为周围组织提供更多的氧气和营养物质，同时带走代谢废物。例如，对于患有肩周炎者，艾灸肩部的穴位，如肩髃穴（位于三角肌区，肩峰外侧缘前端与肱骨大结节两骨间凹陷外），可以改善肩部的血液循环，缓解肩部肌肉的疼痛和僵硬。艾灸的温热刺激还可以促进微循环的改善。微循环是指微动脉和微静脉之间的血液循环，它直接关系到组织细胞的营养供应和代谢终产物的排出。艾灸可以调节微血管的舒缩功能，使微循环的血流状态更加通畅，从而有利于组织的修复和再生。

（3）**调节神经功能**　艾灸的温热刺激可以作用于皮肤的神经末梢。这些神经末梢受到刺激后，会产生神经冲动，并通过神经传导通路传递到中枢神经系统。中枢神经系统会对这些信息进行整合和调节，然后通过神经反射，调整身体其他部位的功能。例如，艾灸可以刺激内啡肽的分泌，内啡肽是一种内源性镇痛物质，能够缓解身体的疼痛。对于痛经的女性，艾灸小腹部的穴位，如气海、关元等，可以通过刺激内啡肽的分泌，减轻痛经的疼痛程度。

（二）灸法的种类及其运用

1. 艾炷灸

将艾炷置于穴位上施灸称艾炷灸。艾炷灸可分为直接灸和间接灸两类。

（1）**直接灸**　又称明灸、着肤灸，即将艾炷直接置于皮肤上施灸的方法。根据灸法后对皮肤刺激的程度不同，又分为无瘢痕灸和瘢痕灸 2 种。

无瘢痕灸：又称非化脓灸，因施灸后皮肤不致起疱，不留瘢痕，故名。临床上多用中、小艾炷。施灸前先在施术部位涂以少量的凡士林，以增加黏附性。然后将艾炷直接置于腧穴，从上端点燃，当燃剩 2/5 左右，患者感到烫时，用镊子将艾炷夹去，换炷再灸，一般灸 3～6 壮，以局部皮肤充血，出现红晕为度。此法适用于慢性虚寒性疾病，如哮喘、眩晕、慢性腹泻、风寒湿痹等。

瘢痕灸：又称化脓灸，临床上多用小艾炷，亦有用中艾炷者。施灸前先在施术部位涂以少量大蒜汁，以增强黏附性和刺激作用，然后放置艾炷，从上端点燃，烧近皮肤时患者有灼痛感，可用手在穴位四周拍打以减轻疼痛。应用此法一般每个艾炷须燃尽后，除去灰烬，方可换炷再灸，一般灸 3～9 壮。灸毕，在施灸穴位上贴敷消炎药膏，大约 1 周可化脓（渗出液色白清稀）形成灸疮。灸疮 5～6 周愈合，留有瘢痕，故称瘢痕灸。在灸疮化脓期间，需注意局部清洁，每天换膏药 1 次，以避免继发感染（脓液黄稠）。《针灸资生经·治灸疮》云："凡着艾得灸疮，所患即瘥，若不发，其病不愈。"可见灸疮的发和不发与疗效有密切关系。因此，应叮嘱患者多吃羊肉、豆腐等营养丰富的食物以促进灸疮的透发。灸疮是局部组织烫伤后产生的无菌性化脓现象，对穴位局部能产生持续的刺激，有保健治病作用。临床常用于治疗哮喘、慢性胃肠病、瘰疬等。对于身体过于虚弱，或有糖尿病、皮肤病的患者不宜使用此法。由于本法灸后遗有瘢痕，故灸前必须征求患者的同意及合作。

（2）间接灸 又称隔物灸、间隔灸，即在艾炷与皮肤之间垫隔上某种物品而施灸的一种方法。古代的隔物灸法种类很多，广泛用于临床各种病证。所隔物品主要为动物、植物和矿物类中药。药物因病证而异，既有单方又有复方。间接灸可以发挥艾灸和药物的双重作用，故有特殊效果。现将临床常用的几种方法介绍如下。

隔姜灸：用鲜生姜切成直径 2～3 cm、厚 0.4～0.6 cm 的薄片，中间以针穿刺数孔，上置艾炷放在应灸的部位，然后点燃施灸，当艾炷燃尽后，可易炷再灸。一般施灸 6～9 壮，以皮肤红晕而不起疱为度。在施灸过程中，若患者感觉灼热不可忍受时，可将姜片向上提起，或缓慢移动姜片。此法应用很广，多用于因寒而致的呕吐、腹痛、泄泻、风寒湿痹、外感表证等。

隔蒜灸：用鲜大蒜头切成厚约 0.3～0.5 cm 的薄片，中间以针穿刺数孔，上置艾炷放在应灸的腧穴部位或患处，然后点燃施灸，待艾炷燃尽，易炷再灸，一般灸 5～7 壮。因大蒜液对皮肤有刺激性，灸后容易起疱，若不使起疱，可将蒜片向上提起，或缓慢移动蒜片。此法多用于治疗瘰疬、肺结核、腹中积块及未溃疮疡等。此外，尚有一种铺灸法，在自大椎穴至腰俞穴之间的脊柱上，铺敷一层蒜泥，宽约 2 cm，厚约 0.5cm，周围用棉皮纸封护，然后用艾炷在大椎及腰俞点火施灸。因所铺蒜泥形似长蛇，故名长蛇灸。民间用于治疗虚劳、顽痹等证。

隔盐灸：因本法只用于脐部，又称神阙灸。用纯净干燥的精制食盐填敷于肚脐，使其与脐平，上置艾炷施灸，如患者稍感灼痛，即更换艾炷。也可于盐上放置姜片后再施灸，一般灸 5～9 壮。此法有回阳、救逆、固脱之功，但需连续施灸，不拘壮数，以待脉起、肢、证候改善。临床上常用于治疗急性寒性腹痛、吐泻、痢疾、小便不利、中风脱证等。

隔附子饼灸：以附子片或附子药饼作为间隔物。药饼的制法，是将附子研成细末，以黄酒调和，制成直径约 3cm、厚约 0.8cm 的附子饼，中间以针穿刺数孔，上置艾炷，放在应灸腧穴或患处，点燃施灸。一般灸 3～9 壮。由于附子辛温大热，有温肾补阳的作用，故多用于治疗命门火衰而致的阳痿、早泄、遗精、宫寒不孕和疮疡久溃不敛的病证。

2. 艾条灸

又称艾卷灸。即用细棉纸或桑皮纸包裹艾绒，卷成圆筒形的艾卷（也称艾条），将其一端点燃，对准穴位或患处施灸的一种方法。有关艾卷灸的最早记载，见于明代朱权的《寿域神方》。该书卷三有艾卷灸治阴证的记载："用纸实卷艾，以纸隔之点穴，于隔纸上用力实按之，待腹内觉热，汗出即瘥。"后来发展为在艾绒内加进药物，再用纸卷成条状艾卷施灸，名为"雷火神针"和"太乙神针"。在此基础上又演变为现代的单纯艾卷灸和药物艾卷灸。

按操作方法艾卷灸可分为悬灸、实按灸两种。现介绍如下（图 15-7）。

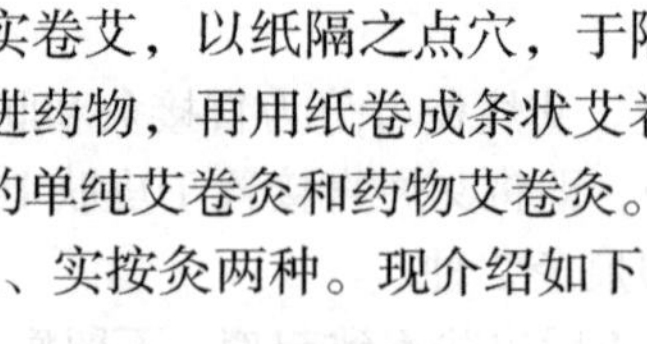

（1）温和灸

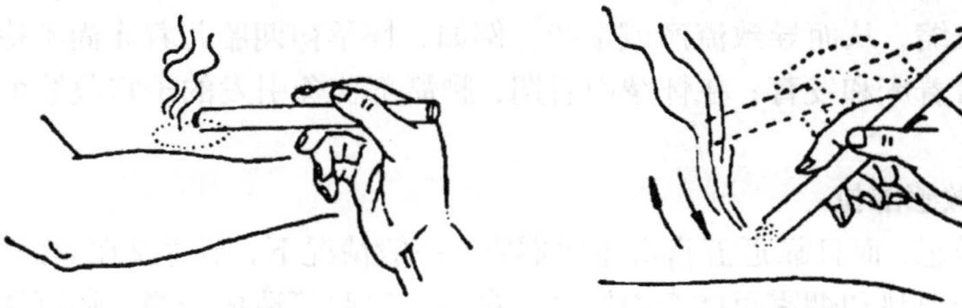

（2）雀啄灸　　（3）回旋灸

图 15-7　悬灸

（1）悬灸　按其操作方法又可分为温和灸、雀啄灸、回旋灸等。

温和灸：将艾卷的一端点燃，对准应灸的腧穴或患处，距离皮肤 2～3 cm 处进行熏灼，使患者局部有温热感而无灼痛为宜，一般每穴灸 10～15 min，至皮肤红晕为度。如果遇到局部知觉减退者或小儿等，操作者可将示、中两指，置于施灸部位两侧，以操作者的指腹感知患者局部受热程度，以便随时调节施灸时间和距离，防止烫伤。

雀啄灸：施灸时，艾卷点燃的一端与施灸部位的皮肤并不固定在一定的距离，而是像鸟雀啄食一样，一上一下，忽近忽远地移动施灸，以给施灸局部一个变量的刺激，一般每穴灸 5～10 min，至皮肤红晕为度。

回旋灸：施灸时，艾卷点燃的一端与施灸部位的皮肤虽保持一定的距离，但不固定，而是向左右移动或反复旋转施灸，一般每穴灸 5～10 min，至皮肤红晕为度。

（2）实按灸　施灸时，先在施灸腧穴部位或患处垫上数层棉布或棉纸，然后将药物艾卷的一端点燃，趁热按在施术部位上，使热力透达深部，若艾火熄灭，再点再按。或者以棉布 6～7 层包裹艾火，熨于穴位，若火熄灭，再点再熨。最常用的为太乙针灸和雷火针灸（图 15-8）。

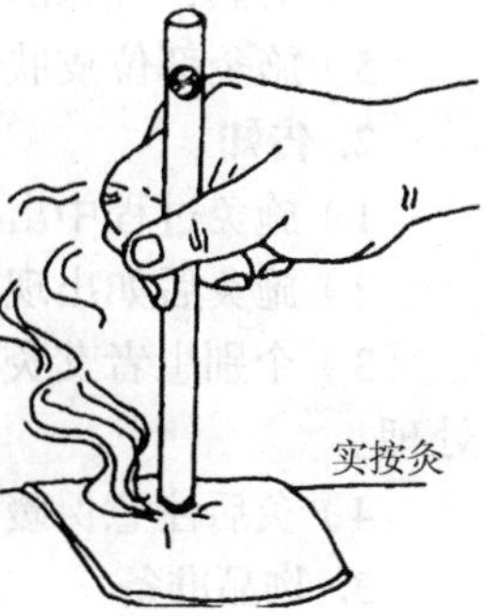

图 15-8　实按灸

（三）适应证

1）灸法：可适用于各种慢性虚寒性疾病及寒湿所致的疼痛，如胃脘痛、腰背酸痛、四肢凉痛、月经寒痛等。

2）隔姜灸：适用于缓解因寒凉所致的呕吐、腹泻、腹痛、肢体麻木酸痛、痿软无力等症状。

3）隔蒜灸：适用于缓解急性化脓性疾病所致肌肤浅表部位的红、肿、热、痛，如疖、痈等症状。

4）隔盐灸：适用于缓解急性虚寒性腹痛、腰酸、吐泻、小便不利等症状。

5）隔附子饼灸：适用于缓解各种虚寒性疾病所致的腰膝冷痛、肢端麻木、下腹疼痛及疮疡久溃不敛等症状。

（四）禁忌证

1. 实热证

实热证是指人体感受外邪，如风热之邪，或者体内脏腑功能失调产生的火热之邪过盛的情况。常见的症状包括高热、面红目赤、口渴喜冷饮、大便干结、小便短赤等。例如，当一个人患风热感冒，出现发热（体温可能高达 39℃及以上）、咽喉肿痛、流黄涕等症状时，就不适合使用灸法。因为灸法本身是温热性质的刺激，会使体内的热邪更加炽盛，可能会加重发热、咽喉肿痛等症状。

2. 孕妇的腹部及腰骶部

孕妇的腹部和腰骶部是禁灸区域。因为这些部位与胎儿的生长发育密切相关，艾灸产生的温热刺激可能会引起子宫收缩，从而导致流产或早产。例如，怀孕初期胎儿着床尚不稳定，在腹部艾灸可能会干扰胎儿的正常着床和发育；在怀孕中后期，腰骶部艾灸引发的子宫收缩可能会导致早产等严重后果。

3. 颜面部等皮肤敏感部位

颜面部皮肤较为敏感，而且靠近五官等重要器官。一般情况下，不建议在颜面部随意进行灸法，因为艾灸过程中产生的温热和烟雾可能会对眼睛、鼻腔、口腔等造成刺激，还可能会烫伤皮肤，留下瘢痕。但是，在一些特殊的疾病治疗中，如面瘫等，在专业医生的操作下，可以在面部的穴位（如地仓穴、颊车穴等）进行温和灸，以达到温通经络、治疗面瘫的目的。

（五）操作前准备

1. 评估

1）病室环境及温度。

2）主要症状、既往史及是否妊娠。

3）有无出血病史或出血倾向、哮喘病史或艾绒过敏史。

4）对热、气味的耐受程度。

5）施灸部位皮肤情况。

2. 告知

1）施灸过程中出现头昏、眼花、恶心、颜面苍白、心慌出汗等不适现象，及时告知护士。

2）施灸后如出现轻微咽喉干燥、大便秘结、失眠等现象，通常可自行缓解。

3）个别患者艾灸后局部皮肤可能出现小水泡，无需处理，可自行吸收。如水泡较大，遵医嘱处理。

4）灸后注意保暖，饮食宜清淡。

3. 物品准备

艾炷、治疗盘、间隔物、打火机、镊子、弯盘（广口瓶）、纱布，必要时准备浴巾、屏风。

（六）基本操作方法

1）核对医嘱，评估患者，嘱患者排空二便，做好解释。

2）备齐用物，携至床旁。

3）协助患者取合理、舒适体位。

4）按照医嘱确定施灸部位，充分暴露施灸部位，注意保护隐私及保暖。

5）点燃艾灸，根据病人病情选择合适灸法进行施灸。

6）灸毕，及时将艾灰弹入弯盘，熄灭艾火，防止灼伤皮肤。

7）施灸过程中询问患者有无不适，观察患者皮肤情况，如有艾灰，用纱布清洁，协助患者穿衣，取舒适卧位。

（七）注意事项

1）大血管处、孕妇腹部和腰骶部、皮肤感染、溃疡、瘢痕处，有出血倾向者不宜施灸。空腹或食后 1 h 左右不宜施灸。

2）一般情况下，施灸顺序自上而下，先头身，后四肢。

3）施灸时防止艾灰脱落烧伤皮肤或衣物。

4）注意观察皮肤情况，对糖尿病、肢体麻木及感觉迟钝的患者，尤应注意防止烧伤。

5）如局部出现小水泡，无须处理，自行吸收；水泡较大，可用无菌注射器抽吸泡液，用无菌纱布覆盖。

操作流程见图 15-9。

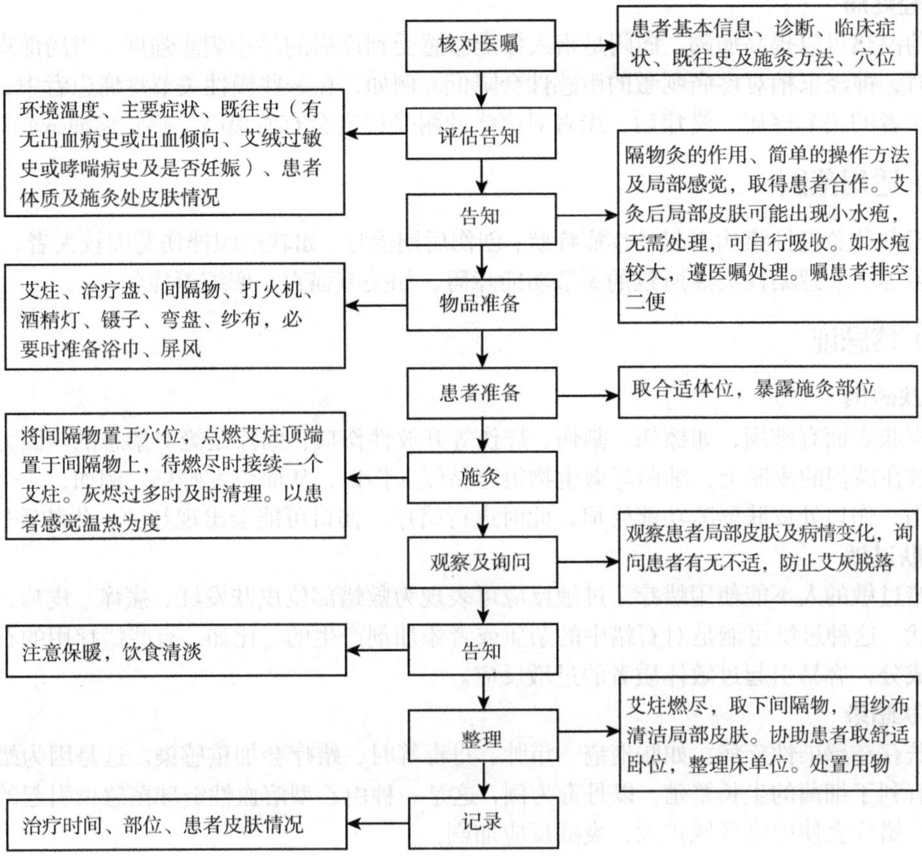

图 15-9　灸法的操作流程图

四、蜡 疗 技 术

蜡疗技术是将加热熔解的蜡制成蜡块、蜡垫、蜡袋等形状敷贴于患处，或将患部浸入熔解后的蜡液中，利用加热熔解的蜡作为热导体，使患处局部组织受热，从而达到活血化瘀、温通经络、祛湿除寒的一种操作方法。

（一）蜡疗技术的原理

1. 改善血液循环

当蜡疗中的石蜡敷于皮肤表面时，其温热效应会使局部皮肤血管扩张。皮肤血管扩张后，血流速度加快，单位时间内通过局部的血液量增多，有助于改善局部组织的血液灌注，为组织细胞带来更多的氧气和营养物质，同时带走代谢废物，如二氧化碳和乳酸等。特别是对于一些微循环障碍的疾病，如糖尿病性周围神经病变引起的肢体末端血液循环不良等情况，蜡疗可以在一定程度上改善微循环。

2. 缓解肌肉痉挛

温热可以使肌肉的兴奋性降低。肌肉在痉挛状态下，肌纤维会处于持续收缩状态。蜡疗的温热刺激可以使肌肉的紧张度下降，肌纤维逐渐松弛。例如，对于因长时间保持不良姿势导致的颈部肌肉痉挛，蜡疗通过使局部肌肉温度升高，改变了肌肉内的理化环境，从而缓解肌肉痉挛，减轻疼痛和僵硬感。同时，温热作用可以促进肌肉内的血液循环，加速肌肉组织的新陈代谢。在代谢加快的情况下，肌肉内堆积的乳酸等疲劳物质能够更快地被清除，有助于肌肉功能的恢复。

3. 减轻疼痛

蜡疗的温热可以提高痛阈。痛阈是指人体能够感受到疼痛的最小刺激强度。当局部皮肤和组织温度升高时，神经末梢对疼痛刺激的敏感性会降低。例如，在一些慢性关节疼痛患者中，如类风湿性关节炎患者的关节疼痛，蜡疗后，患者对疼痛的耐受程度会有所提高，感觉疼痛减轻。

（二）适用范围

适用于各种急慢性疾病引起的疼痛症状；创伤后期治疗，如软组织挫伤范围较大者、关节扭伤、骨折复位后等；非感染性炎症所致的关节功能障碍，如关节强直、挛缩等症状。

（三）禁忌证

1. 皮肤破损

如果皮肤表面有破损，如擦伤、割伤、烧伤等开放性伤口，蜡疗是绝对禁忌的。因为石蜡不是无菌的，敷在破损的皮肤上，细菌等微生物很容易侵入伤口，从而引发感染。例如，一个人腿部有新鲜的擦伤，伤口处皮肤屏障功能受损，此时进行蜡疗，伤口可能会出现红肿、化脓等感染症状。

2. 皮肤过敏

对石蜡过敏的人不能使用蜡疗。过敏反应可表现为敷蜡部位皮肤发红、瘙痒、皮疹，甚至出现水疱等症状。这种过敏可能是对石蜡中的杂质或者添加剂产生的。比如，有些蜡疗用的石蜡可能含有香料等成分，容易引起过敏体质者的过敏反应。

3. 皮肤感染

当皮肤存在感染性疾病，如脓疱疮、疖肿、丹毒等时，蜡疗会加重感染。这是因为蜡疗产生的温热环境有利于细菌的生长繁殖。以丹毒为例，这是一种由乙型溶血性链球菌感染引起的皮肤网状淋巴管炎，蜡疗会使感染区域扩大，炎症反应加剧。

4. 感觉障碍

如果患者存在局部或全身的感觉障碍，如糖尿病周围神经病变导致肢体末端感觉减退或丧失，蜡疗时可能会因为患者无法准确感知温度而导致烫伤。因为患者不能及时反馈蜡疗温度是否过高，正常的温热刺激可能会对其皮肤和组织造成热损伤。

5. 出血性疾病

对于患有出血性疾病，如血小板减少性紫癜、血友病等的患者，蜡疗的机械压迫作用可能会导致局部出血。这些患者本身凝血功能存在障碍，蜡疗过程中即使是轻微的压力变化都可能使脆弱的血管破裂出血，而且一旦出血，很难自行止血。

（四）操作前准备

1. 评估

1）病室环境（如病室温度和湿度）。

2）主要症状、既往史及过敏史。

3）对热的耐受程度。

4）体质及局部皮肤情况。

2. 告知

1）基本原理、作用及简单操作方法。

2）穿着宽松棉质衣物。

3）局部有灼热感或出现红肿、丘疹等情况，应及时告知护士。

4）操作时间一般为30～60 min。

3. 物品准备

治疗盘、备用蜡块、纱布、搪瓷盘或铝盘、一次性防水垫单、棉垫、绷带或胶布、测温装置，必要时备屏风、毛毯、小铲刀、排笔、毛巾等。

（五）基本操作方法

1）核对医嘱，评估患者，做好解释，确定蜡疗部位。嘱患者排空二便，调节室温。

2）备齐用物，携至床旁，协助患者取舒适卧位，充分暴露蜡疗部位皮肤，注意保暖及隐私保护。

3）清洁局部皮肤，若采取手足浸蜡法，则协助患者清洗手足。

4）根据患处情况，选择合适的蜡疗方法。常用蜡疗方法：

蜡饼法：将加热后完全熔化的蜡液倒入搪瓷盘或铝盘，厚度 2～3 cm，冷却至初步凝结成块时（表面温度 45～50℃），用小铲刀将蜡饼取出，敷贴于治疗部位。初始时，让患者感受温度是否适宜，5～10 min 能耐受后用绷带或胶布固定，外包塑料布与棉垫保温，30～60 min 后取下。

刷蜡法：熔化的蜡液冷却至 55～60℃时，用刷子蘸取蜡液快速、均匀地涂于治疗局部，使蜡液在皮肤表面冷却凝成一层蜡膜；如此反复涂刷，使在治疗部位形成厚度 0.5～1 cm 的蜡膜，外面再覆盖一块蜡饼，或者用塑料布及棉垫包裹保温。

浸蜡法：常用于手足部位。熔化的蜡液冷却至 55～60℃时，在手足部位先涂薄层蜡液，待冷却形成保护膜：再将手足反复迅速浸蘸蜡液，直至蜡膜厚达 0.5～1 cm 成为手套或袜套样；然后将手足持续浸于蜡液中，10 min 左右取下蜡膜。

蜡袋法：将熔化后的蜡液装入耐热的塑料袋内，排出空气封口。使用时需采用热水浸泡加热，蜡液处于半融化状态，以患者能耐受的温度为宜，敷于治疗部位。

5）观察患者局部皮肤情况，询问有无不适感，防止蜡液流出。

6）操作结束后，协助患者清洁局部皮肤，整理衣着，安排舒适体位。

（六）注意事项

1）局部皮肤有创面或溃疡者、体质衰弱和高热患者、急性化脓性炎症、肿瘤、结核、脑动脉硬化、心肾功能衰竭、有出血倾向及出血性疾病、有温热感觉障碍以及婴幼儿童禁用蜡疗技术。

2）准确掌握蜡温，涂布均匀，不能用力挤压，待蜡充分凝固后方可敷上。

3）蜡疗部位每次不超过 3 个，操作时间一般为 30～60 min。

4）当患者皮肤发红或出现过敏现象，应立即报告医生。

5）操作后休息半小时，注意防寒保暖。

操作流程见图 15-10。

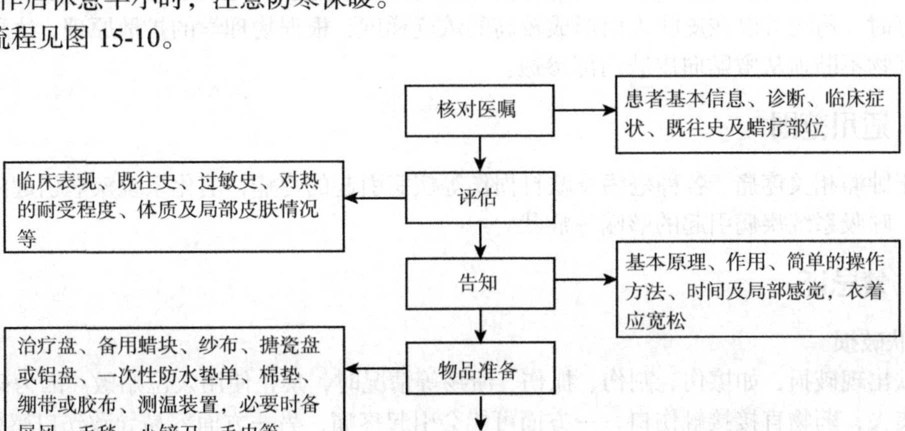

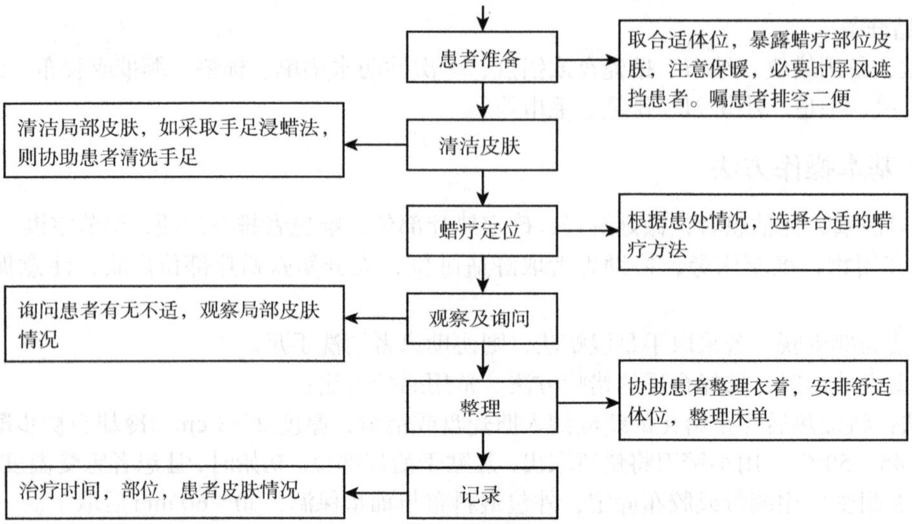

图 15-10　蜡疗的操作流程图

五、穴位敷贴技术

穴位敷贴技术是将药物制成一定剂型，敷贴到人体穴位，通过刺激穴位，激发经气，达到通经活络、清热解毒、活血化瘀、消肿止痛、行气消痞、扶正强身作用的一种操作方法。

（一）原理

1. 皮肤的吸收功能

皮肤是人体最大的器官，具有吸收外界物质的功能。敷贴药物直接作用于皮肤表面，药物可以通过皮肤的角质层、毛囊、皮脂腺等途径进入体内。角质层是皮肤吸收的主要屏障，但药物中的一些小分子成分可以通过角质层细胞间的脂质双分子层进行扩散。例如，一些含有脂溶性成分的敷贴药物，如薄荷脑等，能够透过皮肤角质层，进入真皮层的毛细血管，进而进入血液循环。同时，毛囊和皮脂腺也为药物的吸收提供了通道，药物可以通过这些附属器深入皮肤内部。

2. 药物的渗透促进因素

敷贴中的药物基质和辅助成分可以促进药物的渗透。例如，一些膏剂敷贴中含有透皮吸收促进剂，如月桂氮䓬酮等。这些成分可以增加药物在皮肤中的溶解度，改善药物的扩散系数，使药物更容易透过皮肤进入体内。而且，敷贴药物与皮肤之间的紧密接触也有利于药物的吸收。当敷贴与皮肤贴合良好时，药物可以在皮肤表面形成较高的浓度梯度，根据物理学的扩散原理，这种浓度梯度可以驱动药物不断地从敷贴向皮肤内部渗透。

（二）适用范围

适用于肿瘤相关疼痛、各种疮疡及跌打损伤等疾病引起的疼痛，消化系统疾病引起的腹胀、腹泻、便秘；呼吸系统疾病引起的咳喘等症状。

（三）禁忌证

1. 皮肤破损

当皮肤出现破损，如擦伤、割伤、抓伤、溃疡等情况时，禁止使用穴位贴敷。因为破损的皮肤屏障功能丧失，药物直接接触伤口，一方面可能会引起疼痛，另一方面容易导致伤口感染。例如，在手部有开放性伤口时，如果进行穴位贴敷，伤口处可能会被敷贴中的药物成分刺激，引发红肿、化脓等感染症状。

2. 皮肤过敏

对敷贴药物或敷贴材料过敏的人群不能使用。过敏反应可能表现为敷贴部位皮肤瘙痒、发红、丘疹、水疱等。这种过敏可能是对药物中的某种成分（如中药中的某些成分）过敏，或者敷贴的胶布材质过敏（如有些人对橡胶过敏，使用含有橡胶成分的敷贴胶布就会出现接触性皮炎）。

（四）操作前准备

1. 评估

1）病室环境，温度适宜。

2）主要症状、既往史、药物及敷料过敏史，是否妊娠或哺乳期。

3）敷药部位的皮肤情况。

2. 告知

1）出现皮肤微红为正常现象，若出现皮肤瘙痒、丘疹、水泡等，应立即告知护士。

2）穴位敷贴时间一般为6～8 h。可根据病情、年龄、药物、季节调整时间，小儿酌减。

3）若出现敷料松动或脱落及时告知护士。

4）局部贴药后可出现药物颜色、油渍等污染衣物。

3. 物品准备

治疗盘，棉纸或薄胶纸，遵医嘱配制的药物，压舌板，无菌棉垫或纱布，胶布或绷带，0.9%生理盐水棉球；必要时备屏风、毛毯。

（五）基本操作方法

1）核对医嘱，评估患者，做好解释，注意保暖。

2）备齐用物，携至床旁。根据敷药部位，协助患者取适宜的体位，充分暴露患处，必要时屏风遮挡患者。

3）更换敷料，以0.9%生理盐水或温水擦洗皮肤上的药渍，观察创面情况及敷药效果。

4）根据敷药面积，取大小合适的棉纸或薄胶纸，用压舌板将所需药物均匀地涂抹于棉纸上或薄胶纸上，厚薄适中。

5）将药物敷贴于穴位上，做好固定。为避免药物受热溢出污染衣物，可加敷料或棉垫覆盖。以胶布或绷带固定，松紧适宜。

6）温度以患者耐受为宜。

7）观察患者局部皮肤，询问有无不适感。

8）操作完毕后擦净局部皮肤，协助患者着衣，安排舒适体位。

（六）注意事项

1）孕妇的脐部、腹部、腰骶部及某些敏感穴位，如合谷、三阴交等处都不宜敷贴，以免局部刺激诱发宫缩。

2）药物应均匀涂抹于绵纸中央，厚薄一般以0.2～0.5 cm为宜，覆盖敷料大小适宜。

3）敷贴部位应交替使用，不宜单个部位连续敷贴。

4）除拔毒膏外，患处有红肿及溃烂时不宜敷贴药物，以免发生感染性溃疡。

5）对于残留在皮肤上的药物不宜采用肥皂或刺激性物品擦洗。

6）使用敷药后，如出现红疹、瘙痒、水泡等过敏现象，应暂停使用，报告医师，配合处理。

操作流程见图15-11。

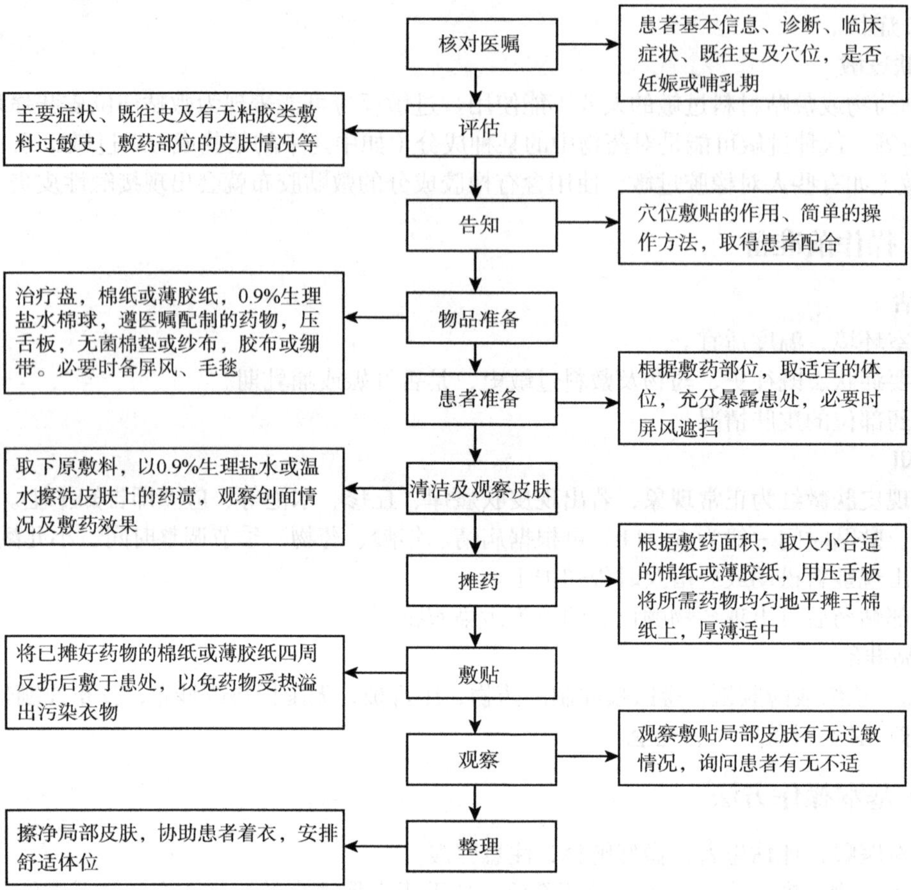

图 15-11　穴位贴敷疗法的操作流程图

六、中药泡洗技术

中药泡洗技术是借助泡洗时洗液的温热之力及药物本身的功效，浸洗全身或局部皮肤，达到活血、消肿、止痛、祛瘀生新等作用的一种操作方法。

（一）原理

1. 中医理论角度

（1）药物直接作用于局部　中药泡洗液中的药物成分可以直接作用于泡洗部位的皮肤、肌肉和关节等。例如，对于患有足癣者，在中药泡浴液中加入具有抗真菌作用的中药，如苦参、黄柏等，这些药物可以直接接触足部皮肤表面的真菌，抑制其生长繁殖，起到治疗足癣的作用。对于一些局部的跌打损伤，泡洗液中的活血化瘀药物，如红花、乳香等，可以直接作用于损伤部位的皮肤和皮下组织，促进局部血液循环，减轻肿胀和疼痛。

（2）药物的全身性调节作用　中药泡洗所使用的药物组合可以根据患者的病情进行调整，从而起到全身性的调节作用。例如，对于失眠患者，在泡洗液中加入具有安神作用的中药，如酸枣仁、夜交藤等。这些药物的有效成分通过皮肤吸收和经络传导后，能够调节人体的神经系统，改善睡眠质量。又如，对于一些患有高血压者，使用含有平肝潜阳药物的泡洗液，如钩藤、石决明等，药物成分进入体内后，可以调节人体的气血运行和脏腑功能，对血压起到一定的辅助调节作用。

2. 西医理论角度

（1）**皮肤的生理结构利于吸收**　皮肤是人体最大的器官，由表皮、真皮和皮下组织构成。表皮中的角质层是药物吸收的主要屏障，但它并非完全不透水和不透药。角质层细胞间充满了脂质，形成脂质双分子层结构，一些脂溶性的中药成分可以通过这个结构扩散进入皮肤。例如，中药中的挥发油成分，如薄荷油、艾叶油等，能够较好地穿透角质层。

（2）**温度是影响皮肤吸收药物的一个重要因素**　在中药泡洗时，温水可以使皮肤的血管扩张，增加皮肤的血流量。同时，温热的环境也会使角质层的脂质结构变得相对疏松，增加药物的通透性。例如，当水温保持在38～42℃时，皮肤的吸收能力会比常温下有所提高，药物分子更容易穿透皮肤进入体内。

（二）适用范围

适用于外感发热、失眠、便秘、皮肤感染及中风恢复期的手足肿胀等症状。

（三）禁忌证

1. 皮肤破损

如果皮肤有开放性伤口，如割伤、擦伤、烫伤等，应避免中药泡洗。因为破损的皮肤会使伤口直接暴露于泡洗液中，泡洗液中的成分可能刺激伤口，引起疼痛和感染。例如，皮肤有较深的割伤，泡洗时细菌可能会随着泡洗液进入伤口，引发炎症，出现红肿、化脓等症状。

2. 皮肤过敏

对泡洗中药成分过敏的患者禁止使用。过敏反应可能表现为泡洗部位皮肤瘙痒、红斑、丘疹、水疱等。比如，有人对艾叶过敏，当使用含有艾叶的中药泡洗液时，接触皮肤后很快就会出现过敏症状。

3. 皮肤传染性疾病急性期

在某些皮肤传染性疾病的急性期，如脓疱疮、手足癣伴有明显渗出、急性湿疹等，不宜进行中药泡洗。以脓疱疮为例，泡洗可能会导致脓疱破裂，使脓液扩散，从而加重感染范围，而且可能将病菌传播到其他部位。

4. 严重心脑血管疾病

严重心力衰竭、心肌梗死急性期、严重高血压（血压＞180/110 mmHg且未得到有效控制）、脑出血急性期等患者一般不宜中药泡洗。因为泡洗过程中，尤其是热水泡洗时，会使全身血液循环加快，血管扩张，可能会加重心脏和血管的负担。例如，对于心力衰竭患者，泡洗可能导致心脏无法承受突然增加的回心血量，使心力衰竭症状加重。

5. 糖尿病足患者（有破溃）

如果糖尿病足已经出现破溃，中药泡洗是禁忌的。这是因为糖尿病患者的伤口愈合能力差，泡洗容易引发感染，而且一旦感染，很难控制。同时，糖尿病患者可能存在周围神经病变，对温度感觉不灵敏，容易发生烫伤。

6. 特殊人群

孕妇应谨慎使用中药泡洗。尤其是在孕早期，胎儿着床尚不稳定，泡洗可能会因药物吸收或水温等因素对胎儿产生不良影响。例如，含有麝香、三棱、莪术等可能导致流产的药物成分的泡洗液绝对不能用于孕妇。而且，孕妇身体重心改变，行动不便，泡洗过程中容易滑倒，增加意外受伤的风险。

由于婴幼儿皮肤娇嫩，对药物和温度的耐受性较低，一般不建议使用中药泡洗。如果确实需要，应该在医生的严格指导下，使用温和、无刺激的药物，并且要严格控制水温和泡洗时间，防止烫伤和药物过敏等情况发生。

（四）操作前准备

1. 评估

1）病室环境（如温度是否适宜）。

2）主要症状、既往史、过敏史、是否妊娠或处于月经期。

3）体质、对温度的耐受程度。

4）泡洗部位皮肤情况。

2. 告知

1）餐前、餐后 30 min 内不宜进行全身泡浴。

2）全身泡洗时水位应在膈肌以下，以微微汗出为宜，如出现心慌等不适症状，及时告知护士。

3）中药泡洗时间 30 min 为宜。

4）泡洗过程中，应饮用温开水 300～500 mL，小儿及老年人酌减，以补充体液及增加血容量以利于代谢废物的排出。有严重心肺及肝肾疾病患者饮水不宜超过 150 mL。

3. 物品准备

治疗盘、药液及泡洗装置、一次性药浴袋、水温计、毛巾、病员服。

（五）基本操作方法

1）核对医嘱，评估患者，做好解释，调节室内温度。嘱患者排空二便。

2）备齐用物，携至床旁。根据泡洗的部位，协助患者取合理、舒适体位，注意保暖。

3）将一次性药浴袋套入泡洗装置内。

4）常用泡洗法

全身泡洗技术：将药液注入泡洗装置内，药液温度保持 40℃左右，水位在患者膈肌以下，全身浸泡 30 min。

局部泡洗技术：将 40℃左右的药液注入盛药容器内，将浸洗部位浸泡于药液中，浸泡 30 min。

5）观察患者的反应，若感到不适，应立即停止，协助患者卧床休息。

6）操作完毕，清洁局部皮肤，协助着衣，安置舒适体位。

（六）注意事项

1）心肺功能障碍，出血性疾病患者禁用。糖尿病、心脑血管病患者及妇女月经期间慎用。

2）防烫伤，糖尿病、足部皲裂患者的泡洗温度适当降低。

3）泡洗过程中，应关闭门窗，避免患者感受风寒。

4）泡洗过程中护士应加强巡视，注意观察患者的面色、呼吸、汗出等情况，出现头晕、心慌等异常症状，停止泡洗，报告医师。

操作流程见图 15-12。

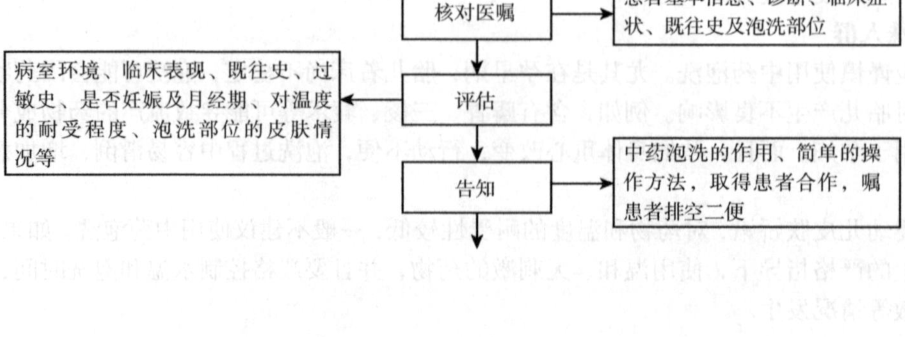

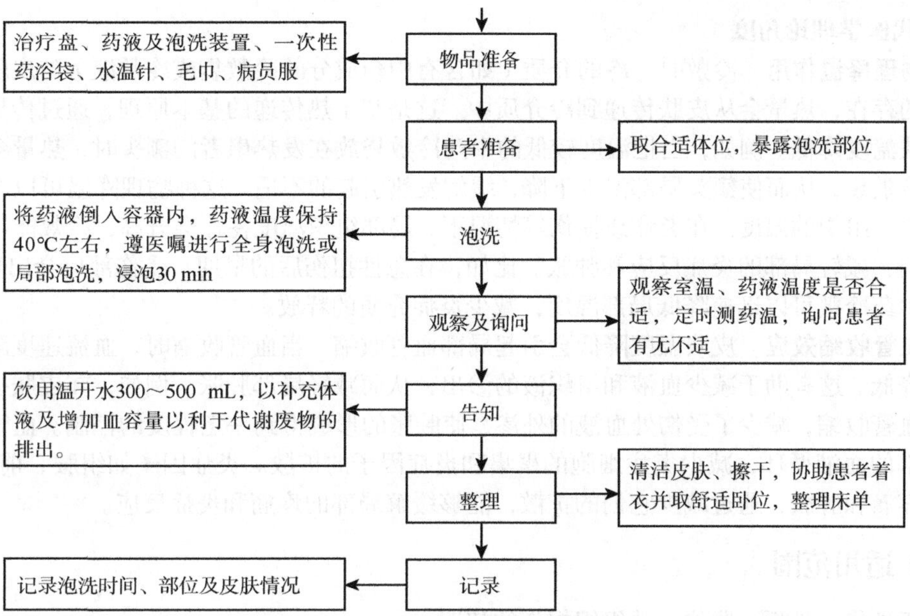

图 15-12　中药泡洗疗法的操作流程图

七、中药冷敷技术

中药冷敷技术是将中药洗剂、散剂、酊剂冷敷于患处，通过中药透皮吸收，同时应用低于皮温的物理因子刺激机体，达到降温、止痛、止血、消肿、减轻炎性渗出的一种操作方法。

（一）原理

1. 中药理论角度：中药成分药理作用

（1）清热解毒药物的作用　许多用于冷敷的中药具有清热解毒的功效。例如，金银花、连翘等中药，在冷敷过程中，其有效成分可以直接作用于局部皮肤。这些药物成分能够抑制细菌、病毒等病原体的生长繁殖。从现代医学角度看，可能是通过破坏病原体的细胞膜结构、干扰其代谢过程等方式发挥抗菌抗病毒作用。在热毒蕴结导致的皮肤疮疡初期，如疖肿、痤疮等，中药冷敷中的清热解毒药物可以减轻局部的红、肿、热、痛，促进疮疡的消散，其原理是药物作用于病变局部，调节局部的免疫反应，增强机体对病原体的抵抗力。

（2）凉血止血药物的作用　对于一些有出血倾向的局部病变，如鼻衄（鼻出血）、牙龈出血后冷敷，其中的凉血止血中药发挥着重要作用。像小蓟、白茅根等中药成分，通过冷敷与局部组织接触，能够收缩局部血管，起到止血的作用。这些药物可能是通过增强血管壁的收缩力、促进血液凝固等方式来达到止血效果。同时，在局部损伤导致少量出血时，凉血止血药物还可以减少血液渗出，防止瘀血形成，有利于损伤组织的恢复。

（3）消肿止痛药物的作用　含有消肿止痛中药成分的冷敷剂也很常见。例如，大黄、黄柏等中药。在冷敷时，药物的有效成分可以减轻局部的疼痛和肿胀。其减轻疼痛的机制可能是通过抑制神经末梢的兴奋性来实现的。这些药物对于跌打损伤、扭伤等引起的疼痛和肿胀效果较好。它们能够减轻局部组织的充血和水肿，改善局部的血液循环，从而缓解疼痛和肿胀。而且，中药冷敷可以使药物在局部保持较高的浓度，持续发挥消肿止痛的作用。

2. 现代医学理论角度

（1）物理降温作用 冷敷时，冷的介质（如含有中药成分的冷敷袋或冷敷液）与皮肤接触，由于温度差的存在，热量会从皮肤传递到冷介质中。这是基于热传递的基本原理，通过传导、对流等方式使皮肤温度降低。例如，当把温度较低的中药冷敷袋放在发热患者的额头时，热量会从额头的皮肤流向冷敷袋，从而使额头局部温度下降，缓解发热引起的不适。这种物理降温可以有效降低局部皮肤及皮下组织的温度。在炎症或损伤等情况下，局部组织温度往往会升高，冷敷能够使温度回归正常范围，减轻局部的炎症反应和肿胀。比如，在急性扭伤后的早期，受伤部位会出现红、肿、热、痛，中药冷敷可以迅速降低局部温度，减少炎症介质的释放。

（2）血管收缩效应 皮肤温度降低会引起局部血管收缩。当血管收缩时，血流速度减慢，血管的通透性降低。这有助于减少血液和组织液的渗出，从而减轻局部肿胀。例如，在皮肤挫伤后，冷敷使局部血管收缩，减少了受伤处血液的外渗，使肿胀的形成得到一定程度的控制。血管收缩还可以抑制局部的血液循环，减少炎症细胞的聚集和炎症因子的扩散。炎症因子如组胺、前列腺素 E_2 等会引起疼痛和肿胀，通过减少它们的扩散，能够缓解局部的疼痛和炎症反应。

（二）适用范围

适用于外伤、骨折、脱位、软组织损伤的初期。

（三）禁忌证

1. 皮肤状态方面

（1）皮肤破损：当皮肤有开放性伤口，如擦伤、割伤、裂伤等情况时，不能进行中药冷敷。因为冷敷可能会使伤口受到刺激，引起疼痛加剧，还可能导致伤口感染。例如，一个人腿部有新鲜的擦伤，若进行冷敷，外界的细菌可能会随着冷敷介质进入伤口，引发炎症，出现红肿、化脓等症状。

（2）皮肤过敏：对冷敷中药成分过敏的患者禁止使用。过敏反应可能表现为敷用部位皮肤发红、瘙痒、出现皮疹、水疱等。例如，若对含有黄柏的冷敷中药过敏，接触后皮肤可能会迅速出现瘙痒、红斑等过敏症状。

（3）皮肤感觉障碍：如糖尿病周围神经病变导致局部皮肤感觉减退或丧失的患者，使用中药冷敷时需谨慎。由于患者不能准确感知冷敷的温度，容易导致局部冻伤。例如，这类患者在冷敷时可能无法察觉到冷敷介质温度过低，长时间接触后，皮肤可能会出现冻伤，表现为皮肤发白、变硬、起水疱等。

2. 疾病状态方面

（1）寒凝血瘀证：中医理论认为，寒邪易导致气血凝滞。对于寒凝血瘀型的疾病，如雷诺病（寒凝血脉型）、痛经（寒凝血瘀型）等，一般不宜使用中药冷敷。因为冷敷会加重寒邪，使气血更加瘀滞。以寒凝血瘀型痛经为例，冷敷可能会使子宫的血液循环进一步受阻，导致痛经症状加剧，如疼痛加重、月经量减少且颜色发暗等。

（2）阳虚体质或阳虚证：阳虚的人本身阳气不足，身体机能减退，易出现虚寒的症状。例如，对于肾阳虚的患者，可能会有腰膝冷痛、畏寒肢冷等症状。在这种情况下进行中药冷敷，会进一步损伤阳气，加重阳虚的症状。如可能会使腰膝冷痛更加明显，手脚更加冰凉。

3. 特殊人群方面

（1）孕妇：孕妇的腹部、腰骶部等部位一般禁忌中药冷敷。因为这些部位与胎儿密切相关，冷敷可能会引起子宫收缩，导致流产或早产。例如，在怀孕早期，冷敷孕妇的下腹部可能会刺激子宫，对胎儿的着床和发育产生不良影响。不过，在某些特殊情况下，如孕妇出现局部皮肤的热毒症状，在医生的严格指导下，可谨慎地对非腹部、腰骶部的局部区域进行冷敷。

（2）婴幼儿：由于婴幼儿的体温调节中枢尚未完全发育成熟，皮肤娇嫩且对温度变化较为敏感，一般不建议随意进行中药冷敷。如果需要，必须在医生的严格指导下进行，并且要严格控制冷敷的温度、时间和面积，避免引起婴幼儿体温过低或局部冻伤等情况。

（四）操作前准备

1. 评估

1）病室环境，温度适宜。

2）当前主要症状、既往史及药物过敏史。

3）患者体质是否适宜中药冷敷。

4）冷敷部位的皮肤情况。

2. 告知

1）冷敷时间为 20～30 min。

2）局部皮肤出现不适时，及时告知护士。

3）中药可致皮肤着色，数日后可自行消退。

3. 物品准备

治疗盘、中药汤剂（8～15℃）、敷料（或其他合适材料）、水温计、纱布、治疗巾，必要时备冰敷袋、凉性介质贴膏、屏风等。

（五）基本操作方法

1）核对医嘱，评估患者，做好解释。

2）备齐用物，携至床旁。协助患者取合理、舒适体位，暴露冷敷部位。

3）测试药液温度，用敷料（或其他合适材料）浸取药液，外敷患处，并及时更换（每隔 5 min 重新操作一次，持续 20～30 min），保持患处低温。

4）观察患者皮肤情况，询问有无不适感。

5）其他湿冷敷方法

中药冰敷：将中药散剂敷于患处，面积大于病变部位 1～2 cm。敷料覆盖，将冰敷袋放置于敷料上保持低温。

中药酊剂凉涂法：将中药喷剂喷涂于患处，喷 2～3 遍，面积大于病变部位 1～2 cm。敷料覆盖，将冰敷袋放置于敷料上保持低温。

中药散剂冷敷法：将中药粉剂揉于患处或均匀撒在冷感贴剂上，敷于患处，面积大于病变部位 1～2 cm，保留膏贴 1 h。

6）操作完毕，清洁皮肤，协助患者取舒适卧位。

（六）注意事项

1）阴寒证及皮肤感觉减退的患者不宜冷敷。

2）操作过程中观察皮肤变化，特别是创伤靠近关节、皮下脂肪少的患者，注意观察患肢末梢血运，定时询问患者局部感受。如发现皮肤苍白、青紫，应停止冷敷。

3）冰袋不能与皮肤直接接触。

4）注意保暖，必要时遮挡保护患者隐私。

操作流程见图 15-13。

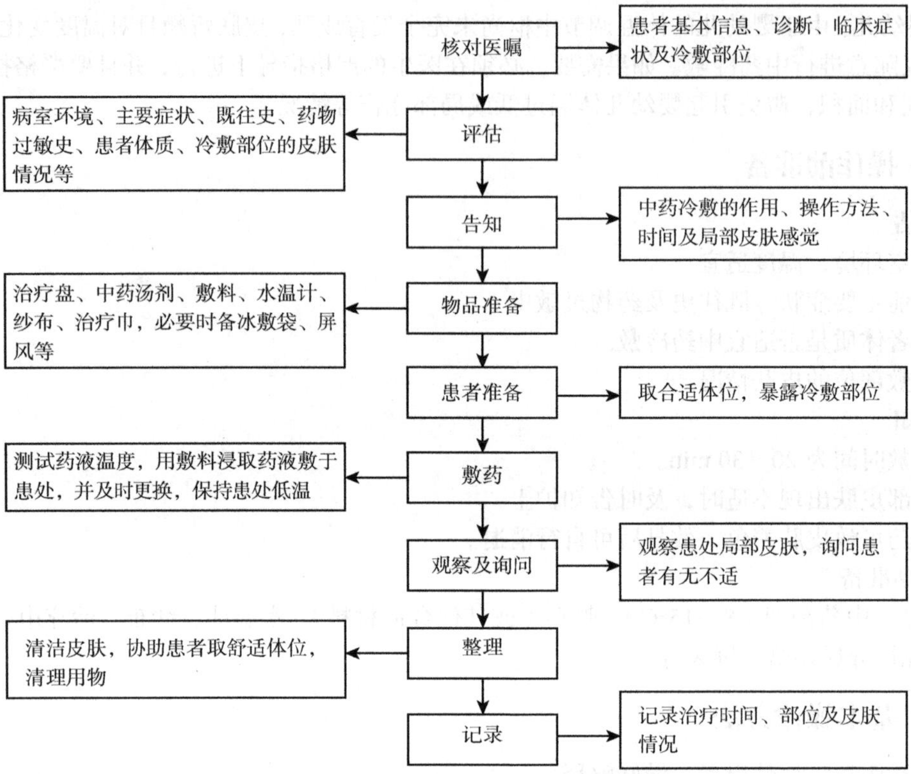

图 15-13　中药冷敷疗法的操作流程图

八、中药湿热敷技术

中药湿热敷技术是将中药煎汤或其他溶媒浸泡，根据治疗需要选择常温或加热，将中药浸泡的敷料敷于患处，通过疏通气机、调节气血、平衡阴阳，达到疏通腠理、清热解毒、消肿止痛目的的一种操作方法。

（一）原理

（1）改善血液循环　当湿热敷的中药敷料接触皮肤后，温热刺激会使局部皮肤血管扩张。这是因为温热可以使血管平滑肌松弛，从而使血管扩张。例如，正常情况下局部皮肤的小动脉直径可能为 0.1～0.2 mm，经过湿热敷后，血管直径可能会增加到 0.3～0.4 mm。血管扩张后，血液流动的阻力减小，血流速度加快，单位时间内通过局部的血液量增多，为组织细胞带来更多的氧气和营养物质。同时，温热环境也有利于促进微循环。微循环是指微动脉和微静脉之间的血液循环，在湿热敷的温热作用下，毛细血管前括约肌舒张，使微循环的灌注增加。对于一些局部血液循环不良的情况，如肢体末端的冻疮恢复阶段，中药湿热敷可以有效改善微循环，加速组织的修复。

（2）缓解肌肉痉挛　温热能够降低肌肉的兴奋性。肌肉痉挛是肌肉的兴奋性增高，导致肌肉持续收缩。中药湿热敷的温热刺激可以使肌肉纤维的紧张度下降，使痉挛的肌肉得到放松。例如，长时间伏案工作导致的颈部肌肉痉挛，通过湿热敷，肌肉温度升高，肌肉内的肌质网对钙离子的摄取增加，从而使肌肉收缩的触发因素减少，肌肉逐渐松弛。而且，湿热敷改善血液循环的作用也有助于缓解肌肉痉挛。血液循环的改善可以加速肌肉内代谢产物（如乳酸）的清除，乳酸的堆积是导致肌肉疲劳和痉挛的一个重要因素。当这些代谢产物被及时清除后，肌肉的功能得到恢复，痉挛症状得到缓解。

（3）**减轻疼痛**　湿热敷的温热可以提高痛阈。痛阈是指人体能够感受到疼痛的最小刺激强度。当局部皮肤和组织温度升高时，神经末梢对疼痛刺激的敏感性会降低。例如，在慢性腰腿痛患者中，中药湿热敷后，患者对疼痛的耐受程度会有所提高，感觉疼痛减轻。温热还可以促进局部炎症的消退，从而减轻疼痛。炎症过程中会产生各种炎性因子，如组胺、前列腺素 E_2 等，这些因子会刺激神经末梢引起疼痛。湿热敷加速血液循环后，能够将这些炎性介质更快地带走，减少炎性介质在局部的堆积，进而减轻炎症反应和疼痛。

（二）适用范围

适用于软组织损伤、骨折愈合后肢体功能障碍，肩、颈、腰腿痛，膝关节痛，类风湿性关节炎，强直性脊柱炎等。

（三）禁忌证

1. 皮肤状态方面

（1）**皮肤破损**　如果皮肤有开放性伤口，如擦伤、割伤、抓伤、烫伤或溃疡等情况，是不能进行中药湿热敷的。因为伤口的存在会破坏皮肤的完整性，使皮肤的屏障功能丧失。在湿热敷过程中，外界的细菌等微生物很容易通过伤口进入体内，引发感染。例如，手部有新鲜割伤，进行湿热敷时，可导致伤口处红肿、化脓等感染征象。

（2）**皮肤过敏**　对热敷所用中药成分、敷料材质（如纱布、无纺布等）或者热敷过程中使用的介质（如凡士林等）过敏的患者，禁止使用中药湿热敷。过敏反应可表现为敷用部位皮肤发红、瘙痒、出现皮疹、水疱等。比如，若对含有红花的热敷中药过敏，接触后皮肤可能很快出现瘙痒、红斑等过敏症状。

（3）**皮肤炎症急性期**　在皮肤炎症的急性期，如丹毒、急性接触性皮炎等，一般不建议湿热敷。以丹毒为例，这是一种由乙型溶血性链球菌感染引起的急性皮肤炎症，湿热敷可能会导致炎症扩散，因为温热的环境有利于细菌的生长繁殖。不过，在某些特殊的治疗方案下，经过医生判断，可能会有针对性地使用中药湿热敷来辅助治疗，但这种情况相对较少。

2. 疾病状态方面

对于不明原因的高热患者，一般不宜使用中药湿热敷。因为湿热敷会使身体局部或全身温度升高，不利于散热，可能会加重发热症状。人体正常体温在 36～37℃，高热时身体的散热机制已经处于紧张状态，湿热敷可能会干扰身体的散热过程，使体温进一步升高，增加患者的不适，甚至可能引发惊厥等严重后果。

（四）操作前准备

1. 评估

1）病室环境（如温度是否适宜）。

2）主要症状、既往史及药物过敏史。

3）对热的耐受程度。

4）局部皮肤情况。

2. 告知

1）湿热敷时间 20～30 min。

2）如皮肤感觉不适，过热、瘙痒等，及时告知护士。

3）中药可致皮肤着色，数日后可自行消退。

3. 物品准备

治疗盘、药液、敷料、水温计、镊子 2 把、纱布，必要时备中单、屏风等。

（五）基本操作方法

1）核对医嘱，评估患者，做好解释。

2）备齐用物，携至床旁。取合理体位，暴露湿热敷部位。

3）测试温度，将敷料浸于38～43℃药液中，将敷料拧至不滴水即可，敷于患处。

4）及时更换敷料或频淋药液于敷料上，以保持湿度及温度，观察患者皮肤反应，询问患者的感受。

5）操作完毕，清洁皮肤，协助患者取舒适体位。

（六）注意事项

1）外伤后患处有伤口、皮肤急性传染病等忌用中药湿热敷技术。

2）湿敷液应现配现用，注意药液温度，防止烫伤。

3）治疗过程中观察局部皮肤反应，如出现水疱、痒痛或破溃等症状时，立即停止治疗，报告医师。

4）注意保护患者隐私并保暖。

操作流程见图15-14。

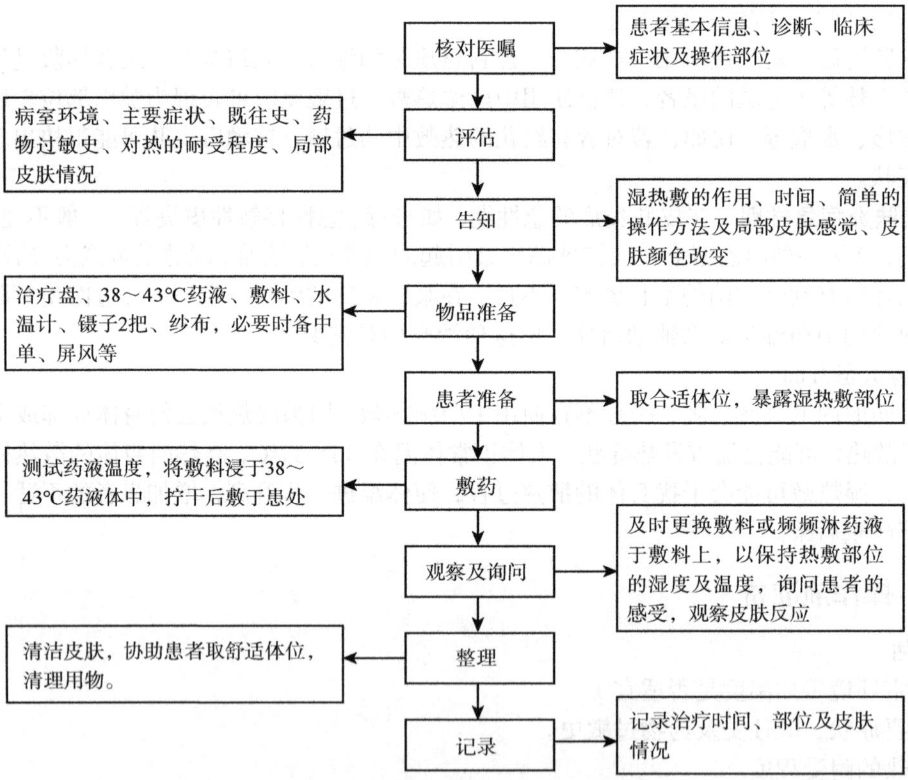

图15-14　中药湿热敷疗法的操作流程图

九、中药涂药技术

中药涂药技术是将中药制成水剂、酊剂、油剂、膏剂等剂型，涂抹于患处或涂抹于纱布外敷于患处，达到祛风除湿、解毒消肿、止痒镇痛的一种操作方法。

（一）原理

1. 药物剂型对吸收有重要影响

例如，膏剂一般含有较多的脂质基质，能使药物与皮肤接触时间延长，并且有助于药物中脂溶性成分的吸收。而酊剂中的乙醇等溶剂可以增加药物的溶解度，使药物更容易透过皮肤。油剂则利用油的特性，一方面对皮肤有滋润作用，另一方面有利于脂溶性药物的吸收。涂药后适当的按摩可以使药物在皮肤表面分布更加均匀，可使局部皮肤温度升高，血管扩张，使药物分子更容易进入皮肤内部的血液循环。

2. 皮肤疾病的中药涂药技术

对于皮肤疾病，中药涂药可以直接作用于病变部位。例如，对于湿疹，使用含有清热燥湿、祛风止痒中药（如苦参、白鲜皮）的药膏涂抹。这些药物成分直接接触皮肤病变处，能够抑制局部的炎症反应，减轻瘙痒和红肿。从现代医学角度看，可能是通过抑制炎症细胞的活性、减少炎性介质（如组胺）的释放来发挥作用。

（二）适用范围

适用于跌打损伤、烫伤、烧伤、疖痈、静脉炎等。

（三）禁忌证

同中药湿热敷技术。

（四）操作前准备

1. 评估

1）病室环境，温度适宜。
2）主要症状、既往史、药物过敏史、是否妊娠。
3）对疼痛的耐受程度。
4）涂药部位的皮肤情况。

2. 告知

1）涂药后如出现痛、痒、胀等不适，应及时告知护士，勿擅自触碰或抓挠局部皮肤。
2）涂药后若敷料脱落或包扎松紧不适宜，应及时告知护士。
3）涂药后可能出现药物颜色、油渍等污染衣物的情况。
4）中药可致皮肤着色，数日后可自行消退。

3. 物品准备

治疗盘、中药制剂、治疗碗、弯盘、涂药板（棉签）、镊子、盐水棉球、纱布或棉纸、胶布或弹性绷带、治疗巾等，必要时备中单、屏风、大毛巾。

（五）基本操作方法

1）核对医嘱，评估患者，做好解释，调节病室温度。
2）备齐用物，携至床旁。根据涂药部位，取合适体位，暴露涂药部位，必要时屏风遮挡。
3）患处铺治疗巾，用生理盐水棉球清洁皮肤并观察局部皮肤情况。
4）将中药制剂均匀涂抹于患处或涂抹于纱布外敷于患处，范围超出患处 1～2 cm 为宜。
5）各类剂型用法

混悬液先摇匀后再用棉签涂抹。

水、酊剂类药物用镊子夹棉球蘸取药物涂擦，干湿度适宜，以不滴水为度，涂药均匀。

膏状类药物用棉签或涂药板取药涂擦，涂药厚薄均匀，以 2～3 mm 为宜。

霜剂应用手掌或手指反复擦抹，使之渗入肌肤。

对初起有脓头或成脓阶段的肿疡，脓头部位不宜涂药。

乳痈涂药时，在敷料上剪一缺口，使乳头露出，利于乳汁的排空。

6）根据涂药的位置、药物的性质，必要时选择适当的敷料覆盖并固定。

7）涂药过程中随时询问患者有无不适。

8）操作完毕，协助患者着衣，安排舒适体位。

（六）注意事项

1）婴幼儿颜面部、过敏体质者及妊娠患者慎用。

2）涂药前需清洁局部皮肤。

3）涂药不宜过厚以防毛孔闭塞。

4）涂药后，观察局部及全身的情况，如出现丘疹、瘙痒、水泡或局部肿胀等过敏现象，停止用药，将药物擦洗干净并报告医生，配合处理。

5）患处若有敷料，不可强行撕脱，可用生理盐水棉球沾湿敷料后再揭，并擦去药迹。

操作流程图见图 15-15。

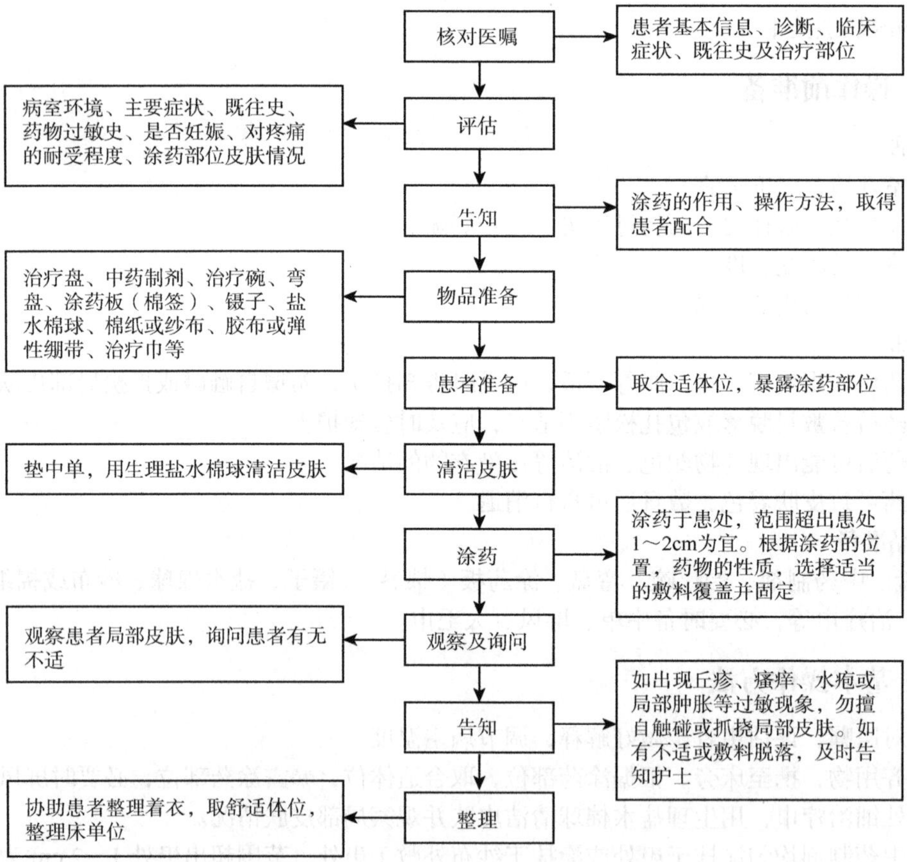

图 15-15　中药涂药疗法的操作流程图

十、中药熏蒸技术

中药熏蒸技术是借用中药热力及药理作用熏蒸患处达到疏通腠理、祛风除湿、温经通络、活血化瘀的一种操作方法。

（一）原理

同中药泡洗技术。

（二）适用范围

适用于风湿免疫疾病、骨伤、妇科、外科、肛肠科及皮肤科等各科疾病引起的疼痛、炎症、水肿、瘙痒等症状。

（三）禁忌证

同中药泡洗技术。

（四）操作前准备

1. 评估

1）病室环境，温度适宜。

2）主要症状、既往史及过敏史、是否妊娠或经期。

3）体质及局部皮肤情况。

4）进餐时间。

2. 告知

1）熏蒸时间 20～30 min。

2）熏蒸过程中如出现不适及时告知护士。

3）熏蒸前要饮淡盐水或温开水 200 mL，避免出汗过多引起脱水。餐前餐后 30 min 内，不宜熏蒸。

4）熏蒸完毕，注意保暖，避免直接吹风。

3. 用物准备

治疗盘、药液、中单、容器（根据熏蒸部位的不同选用）、水温计，治疗巾或浴巾，必要时备屏风及坐浴架（支架）。

（五）基本操作方法

1）核对医嘱，评估患者，做好解释，调节室内温度。

2）备齐用物，携至床旁。协助患者取合理、舒适体位，暴露熏蒸部位。

3）将 43～46℃药液倒入容器内，对准熏蒸部位。

4）随时观察患者病情及局部皮肤变化情况，询问患者感受并及时调整药液温度。

5）治疗结束观察并清洁患者皮肤，协助患者整理着衣，取舒适体位。

（六）注意事项

1）心脏病、严重高血压病、妇女妊娠和月经期间慎用。肢体动脉闭塞性疾病、糖尿病足、肢体干性坏疽者，熏蒸时药液温度不可超过 38℃。

2）熏蒸过程中密切观察患者有无胸闷，心慌等症状，注意避风，冬季注意保暖，洗毕应及时擦干药液和汗液，暴露部位尽量加盖衣被。

3）包扎部位熏蒸时，应去除敷料。

4）所用物品需清洁消毒，用具一人一份一消毒，避免交叉感染。

5）施行熏蒸时，应注意防止烫伤。

操作流程图见图 15-16。

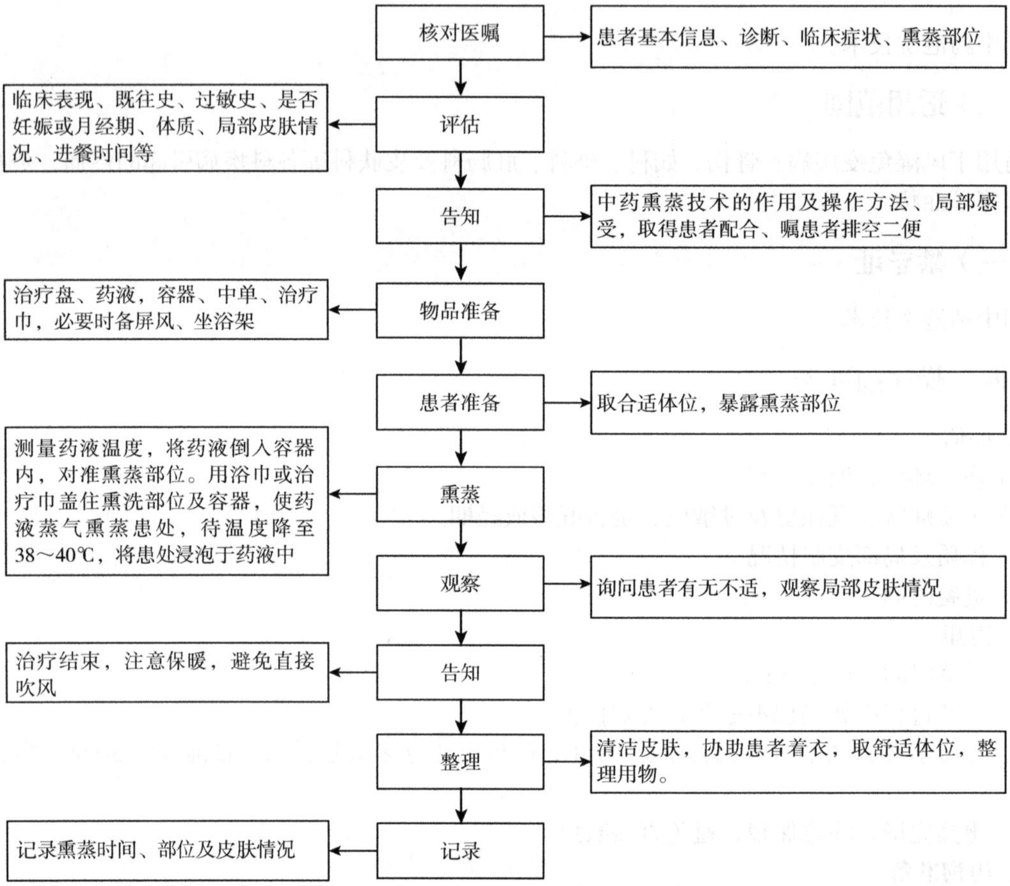

图 15-16　中药熏蒸疗法的操作流程图

十一、中药离子导入技术

中药离子导入是利用直流电将药物离子通过皮肤或穴位导入人体，作用于病灶，达到活血化瘀、软坚散结、抗炎镇痛等作用的一种操作方法。

（一）原理

1. 离子的定向移动

根据同性相斥、异性相吸的电学原理，在直流电场的作用下，中药药液中的离子会产生定向移动。例如，如果药物离子带正电荷，在电场中就会向阴极移动；带负电荷的离子则向阳极移动。这种定向移动使得药物离子能够有目的地聚集到治疗部位。以治疗关节炎为例，将含有抗炎镇痛中药离子（如某些生物碱离子带正电）的药液放在阳极一侧，当接通直流电后，这些正离子就会向阴极方向（即患关节炎的关节部位，因为电极放置通常会使关节处于离子移动的路径上）移动，从而使药物能够精准地作用于病变关节。

2. 电场对细胞膜的影响

直流电场可以改变细胞膜的通透性。在电场作用下，细胞膜上的脂质双分子层和蛋白质等成分的排列会发生变化，使细胞膜的微孔变大，让药物离子更容易进入细胞内部。例如，对于一些局部病变组织，在电场作用下，其细胞的细胞膜通透性增加，中药离子能够更顺利地穿过细胞膜进入细胞内，发挥其药理作用。这有助于提高药物的治疗效果，尤其是对于一些难以透过正常细胞膜的药物成分。

3. 离子导入促进药物渗透

中药离子导入技术能够有效克服皮肤的屏障作用。正常情况下，皮肤角质层是药物吸收的主要障碍，但在离子导入过程中，药物离子在电场力的驱动下，可以顺着皮肤附属器（如毛囊、汗腺等）和角质层细胞间的通道深入皮肤。例如，当导入含有活血化瘀中药成分的离子时，这些离子可以通过外泌汗腺导管等通道进入皮肤深层，进而到达皮下组织和肌肉等部位。相比单纯的药物涂抹，离子导入能够使更多的药物成分进入体内，增加药物的吸收量和吸收速度。

4. 局部药物作用

导入的中药离子在病变局部发挥药效。对于跌打损伤，导入含有消肿止痛、活血化瘀中药（如红花、乳香等）的离子，这些药物离子可以直接作用于损伤部位的组织细胞。它们能够抑制局部炎症反应，减少炎性介质的产生，如降低组胺、前列腺素 E_2 等的释放，从而减轻肿胀和疼痛。

（二）适用范围

适用于各种急、慢性疾病引起的关节疼痛、腰背痛、颈肩痛及盆腔炎所致的腹痛等症状。

（三）禁忌证

同中药湿热敷技术

（四）操作前准备

1. 评估

1）主要症状、既往史及过敏史、是否妊娠。

2）感知觉及局部皮肤情况。

2. 告知

1）治疗时间一般为 20～30 min。

2）治疗期间会产生正常的针刺感和蚁走感，护士可根据患者感受调节电流强度。

3）若局部有烧灼或针刺感不能耐受时，立即通知护士。

4）中药可致皮肤染色，数日后可自行消退。

3. 物品准备

中药制剂、离子导入治疗仪、治疗盘、镊子、棉衬套（垫片）2 个、绷带或松紧搭扣、沙袋、隔水布、小毛巾、水温计，必要时备听诊器。

（五）基本操作方法

1）核对医嘱，评估患者，做好解释，调节室温。

2）备齐用物，携至床旁。

3）协助患者取舒适体位，暴露治疗部位。

4）打开电源开关，将 2 块棉衬套（垫片），浸入 38～42℃的中药液后取出，拧至不滴水为宜，将电极板放入衬套内，平置于治疗部位，2 个电极板相距 2～4 cm，外用隔水布覆盖，绷带或松紧搭扣固定，必要时使用沙袋，启动输出，调节电流强度，至患者耐受为宜。具体操作参照仪器说明书进行。

5）治疗中询问患者感受，调节电流强度。如患者主诉疼痛，立即停止治疗。

6）治疗结束，取下电极板，擦干局部皮肤，观察皮肤情况。

7）操作完毕，协助患者着衣，安排舒适体位，整理床单位。

（六）注意事项

1）治疗部位有金属异物者、带有心脏起搏器者慎用此治疗方法。

2）同一输出线的两个电极不可分别放置于两侧肢体。

3）注意操作顺序，防止电击患者。

4）治疗时注意遮挡保护隐私，注意保暖。

5）治疗过程中要注意观察患者的反应和机器运行情况。

6）治疗部位皮肤出现红疹、疼痛、水疱等，应立即停止治疗并通知医生，配合处置。

操作流程图见图 15-17。

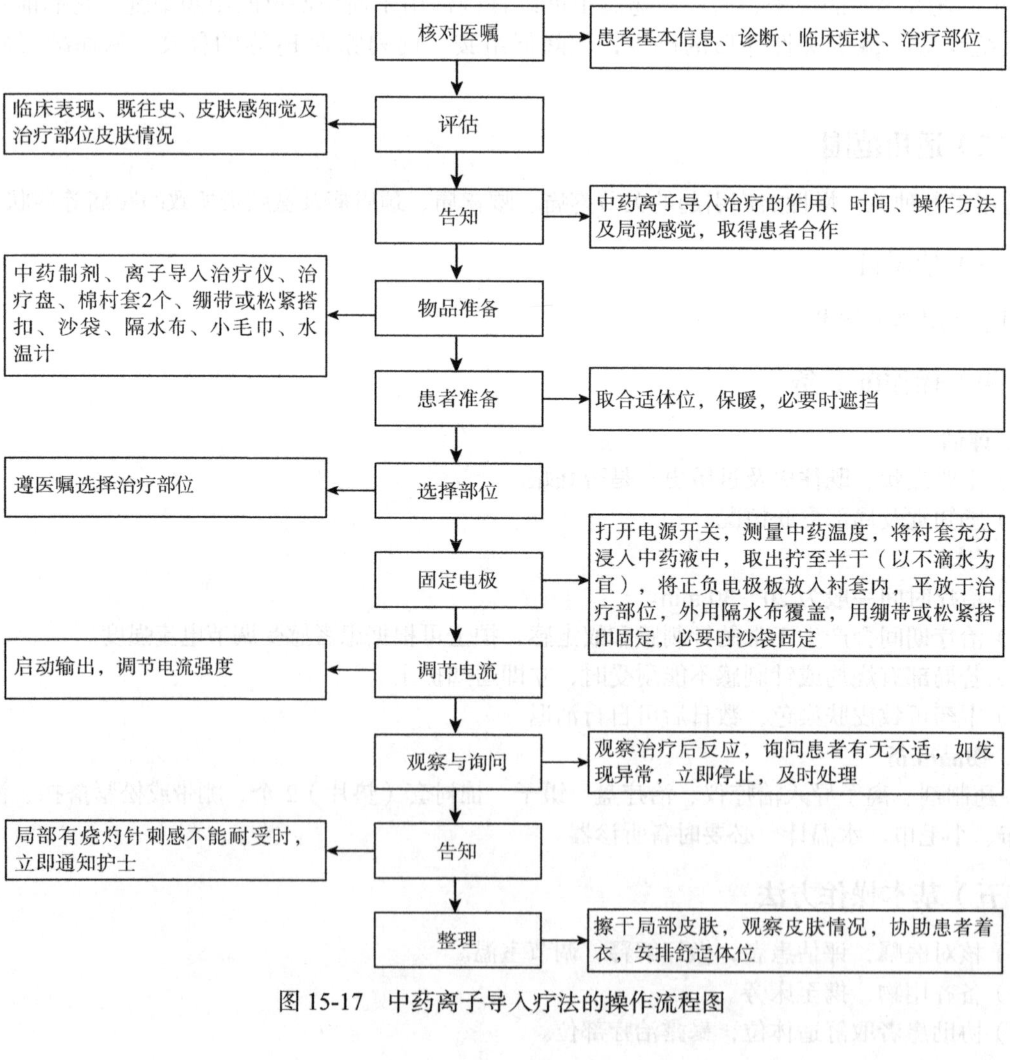

图 15-17　中药离子导入疗法的操作流程图

十二、穴位注射技术

穴位注射技术又称水针疗法，是将小剂量药物注入腧穴内，通过药物和穴位的双重作用，达到治疗疾病的一种操作方法。

（一）原理

1. 局部药物浓度高

通过穴位注射，药物可以在穴位周围形成较高的局部药物浓度。与普通的肌内注射或静脉注射相比，穴位注射能够使药物更精准地作用于病变部位相关的穴位区域。例如，对于局部关节疼痛，将消炎镇痛药物注射到关节附近的穴位，如膝关节疼痛时注射到犊鼻或阳陵泉，药物在穴位周围聚集，能够直接作用于关节周围的神经末梢、肌肉和血管，有效减轻炎症和疼痛。

2. 药物的吸收和扩散

穴位处的组织有丰富的毛细血管和淋巴管，注射的药物可以通过这些血管和淋巴管吸收进入血液循环。同时，药物还会在穴位周围的组织间隙中扩散。从血液循环角度看，药物进入血液后可以随着血液循环到达全身，发挥全身性的治疗作用。例如，将具有调节免疫功能的药物注射到穴位，药物吸收后可以在全身范围内调节机体的免疫反应。从组织间隙扩散角度讲，药物在穴位周围扩散能够持续刺激穴位和周围组织，延长药物的作用时间，增强治疗效果。

（二）适用范围

适用于多种慢性疾病引起的眩晕、呃逆、腹胀、尿潴留、疼痛等症状。

（三）禁忌证

1. 患者体质和状态方面

（1）过敏体质者（对注射药物过敏） 对穴位注射所用药物过敏的患者，绝对禁止使用该疗法。过敏反应可能包括局部的红肿、瘙痒、皮疹，严重时可能出现全身过敏反应，如呼吸困难、过敏性休克等。例如，若患者对青霉素过敏，而穴位注射药物含有青霉素成分，一旦注射就可能引发严重的过敏后果。

（2）体质极度虚弱者 身体极度虚弱、恶病质状态的患者一般不适合穴位注射。因为他们可能无法耐受药物的刺激和注射过程。例如，晚期癌症患者身体极度消瘦、虚弱，进行穴位注射可能会引起身体过度反应，甚至导致虚脱等情况。

2. 皮肤和穴位状况方面

（1）皮肤破损或感染 如果穴位周围皮肤有破损，如擦伤、割伤、溃疡等，或者皮肤有感染情况，如疖、痈等，不能进行穴位注射。因为注射可能会导致伤口感染加重或使感染扩散。例如，穴位附近有脓疱疮，注射过程可能会使脓疱破裂，脓液扩散，引发更严重的皮肤感染。

（2）穴位局部有瘢痕、硬结等 当穴位局部存在瘢痕组织或硬结时，会影响药物的吸收和扩散，同时注射时也可能增加患者的疼痛。例如，既往手术切口形成的瘢痕位于穴位处，药物注射后可能会在瘢痕组织周围聚集，无法正常发挥药效，还可能引起局部疼痛、肿胀等不适。

3. 疾病和特殊情况方面

（1）孕妇 孕妇的腹部、腰骶部等穴位一般禁止穴位注射。这些部位与胎儿密切相关，药物刺激可能会引起子宫收缩，导致流产或早产。例如，孕妇的关元穴、气海穴位于下腹部，若在这些穴位注射具有活血化瘀作用的药物，就会对胎儿产生极大的危险。

（2）**严重心脑血管疾病急性期** 在心肌梗死急性期、脑出血急性期、严重高血压（血压>180/110 mmHg 且未得到有效控制）等情况下，穴位注射可能会对患者的病情产生不利影响。例如，在心肌梗死急性期，心脏功能已经严重受损，穴位注射的刺激可能会加重心脏负担，导致心律失常等并发症。

（3）**出血性疾病** 患有血小板减少性紫癜、血友病等出血性疾病的患者，穴位注射可能会导致局部出血或血肿形成。因为这些患者的凝血功能存在障碍，注射后针孔难以正常止血。例如，在血友病患者身上进行穴位注射，即使是轻微的损伤，也可能导致局部大量出血，形成血肿。

（四）操作前准备

1. 评估

1）主要症状、既往史、药物过敏史、是否妊娠。

2）注射部位局部皮肤情况。

3）对疼痛的耐受程度及合作程度。

2. 告知

注射部位会出现疼痛、酸胀的感觉属于正常现象，如有不适及时告知护士。

3. 物品准备

治疗盘、药物、一次性注射器、无菌棉签、皮肤消毒剂、污物碗、利器盒。

（五）基本操作方法

1）核对医嘱，评估患者，做好解释，嘱患者排空二便。

2）配制药液。

3）备齐用物，携至床旁。

4）协助患者取舒适体位，暴露局部皮肤，注意保暖。

5）遵医嘱取穴，通过询问患者感受确定穴位的准确位置。

6）常规消毒皮肤。

7）再次核对医嘱，排气。

8）一手绷紧皮肤，另一手持注射器，对准穴位快速刺入皮下，然后用针刺手法将针身推至一定深度，上下提插至患者有酸胀等“得气”感应后，回抽无回血，即可将药物缓慢推入。

9）注射完毕拔针，用无菌棉签按压针孔片刻。

10）观察患者用药后症状改善情况，安置舒适体位。

（六）注意事项

1）局部皮肤有感染、瘢痕、有出血倾向及高度水肿者不宜进行注射。

2）孕妇下腹部及腰骶部不宜进行注射。

3）严格执行三查七对及无菌操作规程。

4）遵医嘱配制药物剂量，注意配伍禁忌。

5）注意针刺角度，观察有无回血。避开血管丰富部位，避免药液注入血管内，患者有触电感时针体往外退出少许后再进行注射。

6）注射药物患者如出现不适症状时，应立即停止注射并观察病情变化。

操作流程图见图 15-18。